Zur Sache 4/98

Konzept Nachhaltigkeit

Vom Leitbild zur Umsetzung

Abschlußbericht der Enquete-Kommission „Schutz des Menschen und der Umwelt – Ziele und Rahmenbedingungen einer nachhaltig zukunftsverträglichen Entwicklung“ des 13. Deutschen Bundestages

Die Deutsche Bibliothek — CIP-Einheitsaufnahme

Abschlußbericht der Enquete-Kommission „Schutz des Menschen und der Umwelt – Ziele und Rahmenbedingungen einer nachhaltig zukunftverträglichen Entwicklung“ des 13. Deutschen Bundestages:

Konzept Nachhaltigkeit. Vom Leitbild zur Umsetzung/Hrsg.: Deutscher Bundestag, Referat Öffentlichkeitsarbeit. – Bonn: Dt. Bundestag, Referat Öffentlichkeitsarbeit, 1998

(Zur Sache; 98, 4)
ISBN 3-930341-42-5

Herausgeber:

Deutscher Bundestag
Referat Öffentlichkeitsarbeit
Bonn 1998

Graphiken:
iD:lab, agentur für informationsgestaltung gmbH, Köln

Gesamtherstellung:

Bonner Universitäts-Buchdruckerei

Vorwort

*„Man kann nicht in die Zukunft schauen,
aber man kann den Grund für etwas
Zukünftiges legen
– denn Zukunft kann man bauen"
(Antoine de Saint-Exupéry)*

Grundlagen für unsere Zukunft zu bauen – ein Anliegen, das wir im bewegten politischen Alltag leicht aus den Augen verlieren. Wir spüren aber zunehmend, daß unser gesellschaftliches Fundament dringend einer Renovierung bedarf, denn technischer Fortschritt und gesellschaftlicher Wandel stellen uns täglich vor neue Herausforderungen. Die Enquete-Kommission „Schutz des Menschen und der Umwelt" geht deshalb neue Wege: Die Phase des Theoretisierens muß endlich vorbei sein, die Kommission formuliert darum nicht nur konkrete Zielvorstellungen, sondern vor allem einen gangbaren Weg, wie Nachhaltigkeit tatsächlich umgesetzt werden kann.

Eine solche Nachhaltigkeitsstrategie für Deutschland muß Ziele, Instrumente und Maßnahmen in Beziehung zueinandersetzen. Dabei sind – wie für jedes andere Vorhaben – drei wesentliche Fragen zu beantworten: „Was" soll erreicht werden, d. h. welche konkreten Ziele verbergen sich hinter der allgemeinen Zustimmung zum Leitbild der Nachhaltigkeit? „Wie", also mit welchen Instrumenten und Maßnahmen kann dies erreicht werden? und „Wer" ist dabei jeweils verantwortlich?

In der Kritik steht vor allem das Netzwerk der Institutionen, die unsere Gesellschaft steuern helfen; Grund genug für die Kommission, hier einen Arbeitsschwerpunkt zu setzen. Welche Rolle soll der Staat im Strukturwandel spielen? Im Idealfall eine gestaltende, indem er geeignete Rahmenbedingungen schafft. Er muß vermitteln zwischen unterschiedlichen Einzelinteressen, und er muß sich für gleiche Chancen einsetzen. Nicht die Einzelregelung, das ordnungsrechtliche Gebot oder Verbot soll an der Spitze der Handlungsoptionen stehen, sondern geeignete Instrumente für eine gemeinsame Zielformulierung und ein effizientes Controlling. Dort, wo der Markt funktioniert, gilt es mit marktwirtschaftlichen Mitteln zu erreichen, daß möglichst viele Menschen mitarbeiten können und am Erfolg der Arbeit teilhaben. Dort, wo der Markt offensichtlich versagt, etwa in der Vorsorge für die „eine Welt", also für unsere natürlichen Lebensgrundlagen ebenso wie für globale Mindeststandards, muß gehandelt werden. So muß die Nutzung von Natur und Umwelt Eingang in die Kostenrechnungen finden.

Um diesem Anspruch auch in der Institutionenlandschaft gerecht werden zu können, plädiert die Kommission für eine Straffung und neue Aufgabenstellungen des bestehenden Institutionengeflechts. Die Einsetzung eines Rates für nachhaltig zukunftsverträgliche Entwicklung wird empfohlen, angesiedelt beim Bundeskanzleramt, ausgestattet mit dem Recht zur Selbstbefassung und unabhängig von den Legislaturperioden. Als weitere Bausteine hat die Kommission, unter Berücksichtigung bereits vorhandener oder zeitgleich an anderer Stelle geleisteter Betrachtungen, Empfehlungen am Beispiel dreier praxisnaher Handlungsfelder erarbeitet:

Das Thema *Versauerung von Böden* steht stellvertretend für eine klassische umweltpolitische Problemstellung. Der Mensch greift seit langem durch Landnutzung, Bebauung und Versiegelung in die natürlichen Bodenfunktionen ein. Doch auch durch die Einwirkung von Luftschadstoffen, vor allem durch Säurebildner verändert sich der Boden zum Schaden unseres Ökosystems. So werden säureempfindliche Pflanzen- und Tierarten geschädigt oder sterben aus, Waldschäden nehmen seit Jahrzehnten zu und die Qualität des Grundwassers verschlechtert sich. In der Vergangenheit wurden verschiedene Reduktionsziele für den Eintrag versauernd wirkender Substanzen diskutiert. Die Enquete-Kommission unterstützt die Zielvorstellungen der EU-Kommission für eine Gemeinschaftsstrategie, die überkritisch belastete Fläche (Stand 1990) bis zum Jahr 2010 zu halbieren. Darüber hinaus müssen weitergehende Maßnahmen ergriffen werden, zumal technisch und wirtschaftlich ein erhebliches Potential vorhanden ist. So spielen auch andere Sektoren eine wichtige Rolle: Beispielsweise bedeutet die Einhaltung des CO_2-Reduktionsziels von 25 % nicht nur einen Erfolg im Klimaschutz, sondern liefert auch einen erheblichen Beitrag zur Reduktion der Versauerung. Obergrenzen für Tierbestände pro Fläche oder die Ausweitung des ökologischen Landbaus bieten erhebliche Minderungspotentiale für den Ammoniak-Ausstoß, und im Verkehrssektor reichen die Möglichkeiten von den neuen Euro-Normen für Kraftfahrzeuge bis zur Neuordnung verkehrsbezogener Steuern.

Das Handlungsfeld *Bauen und Wohnen* ist gleichermaßen von zentraler wirtschaftlicher und sozialer Bedeutung, und es bietet die größten Handlungspotentiale für eine nachhaltige Gestaltung unseres derzeit verschwenderischen Umgangs mit Ressourcen. So liegt der aktuelle Flächenverbrauch z. Zt. mit mehr als 120 Hektar pro Tag noch über dem langjährigen Mittel. Daher einigte sich die Kommission schon im Zwischenbericht auf das vorläufige Umwelthandlungsziel, bis 2010 eine Verringerung der Umwandlungsrate von unbebauten Flächen in Siedlungs- und Verkehrsflächen auf 10 % der Rate für die Jahre 1993 bis 1995 zu erreichen. Darüber hinaus regt die Kommission an, etwa 15% der Fläche Deutschlands dem Naturschutz zu widmen.

Unter Berücksichtigung auch der sozialen und ökonomischen Dimension werden drei Strategien für die zukünftige Bau- und Wohnungspolitik vorgeschlagen: die Stärkung städtischer Strukturen gegen das zunehmende Wachstum in die Fläche (Stadt der kurzen Wege), die Konzentration auf den Wohnungsbestand sowie ressourcensparendes Bauen und Wohnen. Hier müssen ökonomische und fiskalische Instrumente verändert werden. Im Vordergrund müssen eine Reform der Grundsteuer, eine Versiegelungsabgabe, die weitere Umorientierung der Wohnungsbauförderung auf den Bestand und auf ökologisches Bauen, eine Änderung der Honorarordnung für Architekten, eine Stärkung der Regionalplanung und allgemeine Maßnahmen zur Verbesserung der Kooperation und der Information stehen. Dazu gehört beispielsweise auch die Einführung eines Gebäudepasses, der u. a. Auskunft über Energiekennzahlen gibt.

Am Thema *Informations- und Kommunikationstechniken* schließlich können die Aspekte Zukunft und menschen- bzw. bedarfsgerechte Innovation beleuchtet werden. Zwar lassen uns die schnellen Innovationszyklen in der Branche kaum Zeit zum Luftholen, dennoch ist es höchste Zeit, die Potentiale der IuK-Technik für die Schaffung einer nachhaltigen Zukunft zu nutzen. Zu den Zielen zählt einerseits die Optimierung der IuK-Technik selbst, beispielsweise durch die Minimierung des Energieverbrauchs in der Produktion und im Gebrauch (z.B. unnützer Stand-by-Verbrauch), die Verringerung von Elektronikschrott und die Vermeidung von Problemstoffen. Andererseits müssen aber vor allem auch die Anwendungen der IuK-Technik zu mehr Nachhaltigkeit beitragen.

Hier reichen Zielsetzungen von der Verminderung des Fachkräftemangels über die Sicherung des freien Informationszuganges in der Bevölkerung und die Schaffung neuer Aus- und Weiterbildungsangebote bis zur Minimierung der Umwelt- und Sozialkosten unserer gesamten Produktion vom Rohstoff bis zum Abfall. Mit der Strategie der „informierten Gesellschaft" werden Verständigungsprozesse verbessert, wird Medienkompetenz ebenso wie Nachhaltigkeitskompetenz gestärkt. Hier sind die Sicherung eines informationellen Grundangebots sowie der freie Zugang zu Informations- und Kommunikationsquellen wichtige Schlüsselfunktionen.

Nachhaltigkeit muß zur Chefsache werden und im Mittelpunkt der Bemühungen des Staates stehen. Eine ökologische Finanzreform muß ebenso angegangen werden wie die Förderung sozialverträglicher Innovationen. Neben der Nabelschau ist aber auch der Blick auf das globale Geschehen wichtig. Von einer Weltumweltorganisation, ausgestattet mit der notwendigen Kompetenz, könnten hier entscheidende Impulse erwartet werden.

Letztlich muß das Thema Nachhaltigkeit in allen Bereichen von Wirtschaft und Gesellschaft weit oben auf die Agenda gesetzt werden, damit der Prozeß der Globalisierung mehr Chancen als Risiken bietet. Auch wenn wir nur eine ungenaue Vorstellung davon haben, wie das Ziel „nachhaltige Gesellschaft" aussieht, können wir doch Schritt für Schritt einen Richtungswechsel vollziehen und die Weichen in Richtung Nachhaltigkeit stellen. Der vorgelegte Bericht will alle einladen, sich an diesem Zukunftsprojekt zu beteiligen.

Marion Caspers-Merk

Marion Caspers-Merk, MdB
Vorsitzende der Enquete-Kommission
„Schutz des Menschen und der Umwelt"

Zusammensetzung der Enquete-Kommission „Schutz des Menschen und der Umwelt“

Mitglieder

Marion Caspers-Merk, MdB (SPD) Vorsitzende
Erich G. Fritz, MdB (CDU/CSU) stellvertretender Vorsitzender

Renate Blank, MdB (CDU/CSU)
Prof. Dr. Paul Laufs, MdB (CDU/CSU)
Christa Reichard, MdB (CDU/CSU)
Prof. Dr. Norbert Rieder, MdB (CDU/CSU)
Ulla Burchardt, MdB (SPD)
Dr. Angelica Schwall-Düren, MdB (SPD)
Dr. Dietrich Sperling, MdB (SPD)
Prof. Dr. Jürgen Rochlitz, MdB (BÜNDNIS 90/DIE GRÜNEN)
Birgit Homburger, MdB (F.D.P.)
Rolf Köhne, MdB (Gruppe PDS) (beratend)
Dr. Joachim Borner (beratend)
Prof. Dr. Kurt Findeisen
Dr. Henning Friege
Prof. Dr. Georges Fülgraff
Prof. Dr. Arnim von Gleich
Prof. Dr. Paul Klemmer
Prof. Dr. Immo Lieberoth
Prof. Dr. Otto Rentz
Dr. Wilfried Sahm
Prof. Dr. Rolf-Ulrich Sprenger
Prof. Dr. Jürgen Starnick
Jürgen Walter

Kommissionssekretariat

Ministerialrat Friedhelm Dreyling (Leiter)
Dr. Martin Baumert
Dörte Bernhardt
Dr. Peter Büchler
Doris Gerking
Dr. Nicola Schuldt
Marianne Wollenweber
Lieselotte Hamann
Christiane Kahlert
Elisabeth Fischer

Inhaltsverzeichnis

Seite

Vorwort 5

Zusammensetzung der Enquete-Kommission „Schutz des Menschen und der Umwelt“ 8

1. Hintergrund, Aufgabenstellung und Vorgehen der Enquete-Kommission 13

1.1 Einführung 13

1.2 Entstehung und Auftrag der Enquete-Kommission 13

1.3 Vom Zwischenbericht zum Abschlußbericht 17

1.4 Arbeitsweise der Enquete-Kommission 19

2. Das Leitbild einer nachhaltig zukunftsverträglichen Entwicklung 27

2.1 Die Herausforderungen 27

2.2 Die drei Dimensionen und ihre Integration 30

2.2.1 Ökologische, ökonomische und soziale Ziele 32

2.2.2 Ökologische, ökonomische und soziale Dimension 43

2.2.3 Integration der drei Dimensionen 52

3. Vom Leitbild zu Handlungsoptionen – Strategie einer nachhaltig zukunftsverträglichen Entwicklung als innovativer Prozeß und neues Steuerungsmodell 55

3.1 Einführung 55

3.2 Agenda 21: Stand der internationalen Debatte 55

3.3 Vorarbeiten in der Bundesrepublik Deutschland 60

3.4 Vorgehensweise der Enquete-Kommission 69

3.4.1 Grundsätzliche Überlegungen 69

3.4.2 Bausteine einer nationalen Nachhaltigkeitsstrategie und Akteure 72

3.4.3 Zielfindungsprozesse und Gewinnung von Handlungsoptionen 78

Seite

4.	**Untersuchungen in Beispielfeldern**	87
4.1	Bodenversauerung	88
4.1.1	Einleitung	88
4.1.2	Umweltproblem Versauerung	90
4.1.3	Entwicklung der Emissionen in Sektoren	100
4.1.4	Importe und Exporte versauernd wirkender Luftschadstoffe	103
4.1.5	Umwelthandlungsziele	104
4.1.6	Minderungspotentiale und Kostenabschätzungen	107
4.1.7	Diskussion weiterer Instrumente	109
4.1.7.1	Beurteilungskriterien für Maßnahmen und Instrumente	109
4.1.7.2	Sektorübergreifendes Instrument	113
4.1.7.3	Instrumente im Sektor produzierendes Gewerbe	114
4.1.7.4	Instrumente im Sektor Kfz-Verkehr	122
4.1.7.5	Instrumente im Sektor Landwirtschaft	127
4.1.8	Bedeutung der Klimapolitik für eine Versauerungspolitik	135
4.1.9	Schlußfolgerungen und Empfehlungen	137
4.2	Informations- und Kommunikationstechnik	147
4.2.1	Die Informationsgesellschaft vor dem Hintergrund einer nachhaltig zukunftsverträglichen Entwicklung	147
4.2.2	Status- und Trendanalyse	151
4.2.2.1	Die ökologische Dimension	151
4.2.2.2	Die ökonomische Dimension	170
4.2.2.3	Die soziale Dimension	180
4.2.3	Ziele für eine nachhaltig zukunftsverträgliche Entwicklung	192
4.2.4	Strategien und Handlungsempfehlungen für eine nachhaltig zukunftsverträgliche Entwicklung	199
4.3	Bauen und Wohnen	232
4.3.1	Leitbilder und Ziele	233
4.3.1.1	Leitbild Wohnen	233

Seite

4.3.1.2 Landschaftszersiedelung und Flächeninanspruchnahme 238

4.3.2 Status- und Trendanalyse 242

4.3.2.1 Die ökologische Dimension 244

4.3.2.2 Die ökonomische Dimension 264

4.3.2.3 Die soziale Dimension 281

4.3.3 Strategien zur Verringerung der Inanspruchnahme von Flächen und zur Optimierung der Stoffströme 292

4.3.3.1 Interdependenzen der drei Dimensionen 292

4.3.3.2 Siedlungsentwicklung 294

4.3.3.3 Stärkung städtischer Strukturen gegen Zersiedelung 298

4.3.3.4 Konzentration auf den Wohnungsbestand 311

4.3.3.5 Ressourcensparendes Bauen und Wohnen 326

4.3.3.6 Erste Überlegungen zur Bewertung der Instrumente 334

4.3.4 Schlußfolgerungen und Empfehlungen 348

5. Innovationen für eine nachhaltig zukunftsverträgliche Entwicklung 355

5.1 Einführung 355

5.2 Methoden und Kriterien zur Bewertung von am Leitbild orientierten Innovationen 359

5.2.1 Zur Bewertung von Neuerungsprozessen 359

5.2.2 Bewertungskriterien 361

5.2.3 Bewertungsmethoden 362

5.2.4 Akteure im Bewertungsverfahren 365

5.2.5 Ergebnis 366

5.3 Probleme und Handlungsbedarf bei der Realisierung technischer, sozialer und institutioneller Innovationen für eine nachhaltig zukunftsverträgliche Entwicklung 367

5.3.1 Technische Innovationen: Von der Akzeptanzdebatte zur Entwicklung einer konsensfähigen gesellschaftlichen Zukunftsstrategie 368

Seite

5.3.2 Soziale Innovationen: Von der Wissensvermittlung zur Förderung verantwortlichen Verhaltens 373

5.3.3 Institutionelle Innovationen: Gestaltungsaufgabe Globalisierung 378

5.4 Institutionelle Innovationen zur Förderung einer nachhaltig zukunftsverträglichen Entwicklung 384

Abkürzungsverzeichnis 425

Verzeichnis der Abbildungen und Tabellen 430

Sachregister 434

Literaturverzeichnis 440

Verzeichnis der Kommissionsdrucksachen 461

1 Hintergrund, Aufgabenstellung und Vorgehen der Enquete-Kommission

1.1 Einführung

An der Schwelle zum 21. Jahrhundert stellt sich die Frage, wie unsere Gesellschaft zukunftsfähig gestaltet werden kann. Spätestens seit dem Erdgipfel von Rio steht das Thema Nachhaltigkeit auf der politischen Agenda. Die Bundesrepublik Deutschland als eine der reichsten Industrienationen der Erde ist besonders gefordert, wenn es darum geht, eine Vorreiterfunktion für eine nachhaltige Entwicklung zu übernehmen und Impulse für eine ökologisch, ökonomisch und sozial gleichermaßen vertretbare Zukunftsperspektive zu geben.

Der Deutsche Bundestag hat sich seit 1969 mit der Einrichtung von Enquete-Kommissionen eine Möglichkeit geschaffen, Zukunftsfragen von übergeordneter Bedeutung abseits von der Tagespolitik mit Hilfe externer Sachverständiger zu erörtern und politische Entscheidungen vorzubereiten. Enquete-Kommissionen haben sich in der Vergangenheit als sinnvolles Instrument der Politikberatung erwiesen.

Der Deutsche Bundestag beschloß bereits in der 12. Legislaturperiode die Einsetzung der Enquete-Kommission „Schutz des Menschen und der Umwelt". Nach Jahren einer in Teilbereichen äußerst kontrovers und konfliktreich geführten umweltpolitischen Diskussion bestand die Notwendigkeit, Antworten auf die grundsätzlichen Herausforderungen einer nachhaltigen Entwicklung in die öffentliche Debatte zu bringen und tragfähige Strategien für eine zukunftsfähige Gesellschaft zu entwerfen.

1.2 Entstehung und Auftrag der Enquete-Kommission

Die Enquete-Kommission „Schutz des Menschen und der Umwelt – Bewertungskriterien und Perspektiven für umweltverträgliche Stoffkreisläufe in der Industriegesellschaft" des 12. Deutschen Bundestages hat ihre Arbeit mit der Vorlage des Berichtes „Die Industriegesellschaft gestalten – Perspektiven für einen nachhaltigen Umgang mit Stoff- und Materialströmen" im Jahr 1994 abgeschlossen. Hierzu gehörte die Ableitung grundlegender Regeln zum Umgang mit Stoffen, die Auseinandersetzung mit der Bedeutung des Produktionsfaktors Natur als eines Engpaßfaktors für die wirtschaftliche Entwicklung sowie die Beschreibung von ökonomischen, ökologischen und sozialen Kriterien für eine nachhaltig zukunftsverträgliche Entwicklung. In dem Bericht wird darauf hingewiesen, daß die Kommission Teilbereiche ihres Auftrages nicht in dem wünschenswerten Umfang bearbeiten konnte. Entsprechend empfahl die Kommission dem Deutschen Bundestag, die Arbeit in der 13. Legislaturperiode über die Einrichtung einer neuen Enquete-Kommission fortzuführen.

Auf Antrag der Fraktionen von CDU/CSU, SPD, Bündnis 90/DIE GRÜNEN und F.D.P. setzte der 13. Deutsche Bundestag am 1. Juni 1995 die Enquete-Kommission „Schutz des Menschen und der Umwelt – Ziele und Rahmenbedingungen einer nachhaltig zukunftsverträglichen Entwicklung“ ein. Diese wurde am 21. Juni 1995 durch die Präsidentin des Deutschen Bundestages konstituiert. Zum Vorsitzenden der Kommission wurde der Abgeordnete Ernst Schwanhold, SPD, bestimmt, zu dessen Stellvertreter der Abgeordnete Erich G. Fritz, CDU/CSU. Aufgrund der Wahl zum wirtschaftspolitischen Sprecher seiner Fraktion legte der Abgeordnete Ernst Schwanhold in der 4. Sitzung am 5. Oktober 1995 sein Amt als Vorsitzender der Enquete-Kommission nieder. Neue Vorsitzende wurde die Abgeordnete Marion Caspers-Merk, SPD.

Der Einsetzungsbeschluß formuliert den Auftrag der Enquete-Kommission wie folgt (BT-Drucksache 13/1533):

Der Deutsche Bundestag beauftragt die Enquete-Kommission, folgende Schwerpunkte zu bearbeiten:

1. Erarbeitung von Umweltzielen für eine nachhaltig zukunftsverträgliche Entwicklung

Im Zuge einer Orientierung von Wirtschaft und Gesellschaft am Leitbild „Sustainable Development“ ist ein Strukturwandel im Wirtschafts- und Gesellschaftssystem erforderlich.

Die Bedingungen für eine nachhaltige Entwicklung können nicht benannt werden, ohne die Frage nach den Randbedingungen dieser Entwicklung zu klären. Einerseits können Umweltziele nur unter Berücksichtigung der ökologischen, sozialen und wirtschaftlichen Folgen formuliert werden. Andererseits können soziale und wirtschaftliche Ziele nicht ohne Rücksicht auf ökologische Auswirkungen erreicht werden. Die Entwicklung neuer Konzepte und Strukturen wird oft notwendig sein.

Die Begrenzung des Eintrages von Schadstoffen in die Umwelt und von klimaschädlichen Emissionen sind wesentliche Voraussetzungen, um eine nachhaltig zukunftsverträgliche Entwicklung zu erreichen. Dem umfassenden Anspruch des Leitbildes folgend, sind nicht nur die regional begrenzten unerwünschten Auswirkungen auf das Ökosystem zu betrachten, sondern auch die globalen Wirkungen.

Im Hinblick auf die Ausgestaltung nationaler Ziele wie auch der Maßnahmen zu ihrer Erreichung müssen daher die Möglichkeiten zur internationalen Ausweitung berücksichtigt werden.

Um Maßstäbe für die Umweltpolitik zu erhalten, sind folgende Arbeiten zu bewältigen:

- Bestandsaufnahme der Umwelt unter besonderer Berücksichtigung der Quellen und der Senken belastender Stoffe,

- Identifikation von konkreten Problemfeldern und Stoffströmen,
- Fortentwicklung übergeordneter Bewertungskriterien für den Umgang mit Stoffen, besonders bei umweltoffener Anwendung,
- Normative Festlegung von Umweltzielen und Umweltqualitätszielen,
- Erarbeitung von Grundlagen für einen nationalen Umweltplan.

2. *Erarbeitung ökonomischer und sozialer Rahmenbedingungen für eine nachhaltig zukunftsverträgliche Entwicklung*

Zur Erarbeitung ökonomischer und sozialer Rahmenbedingungen sind folgende Schritte notwendig:

- In einem ersten Schritt müssen die Anpassungs- und Leistungsfähigkeit des bestehenden Systems einer sozialen Marktwirtschaft und des bestehenden sozio-kulturellen Systems analysiert und beschrieben werden. Die Grenzen ihrer Wandlungsfähigkeit im Rahmen einer nachhaltig zukunftsverträglichen Entwicklung müssen herausgearbeitet, Mindestanforderungen zur nachhaltigen Sicherung der Stabilität dieser Systeme gegebenenfalls definiert werden.
- In einem nächsten Schritt gilt es, die Wechselwirkungen zwischen den sozio-ökonomischen Aspekten und Rahmenbedingungen auch in Verbindung mit den ökologischen Zielsetzungen darzustellen.
- Schließlich geht es um die Analyse der sozio-ökonomischen Systeme im Hinblick auf ihre fundamentalen Steuerungsprinzipien und -mechanismen. Dabei ist zu untersuchen, wie sich die Prinzipien der Marktsteuerung, Vertragsfreiheit, Eigentumsordnung sowie die Vorstellungen von Freiheit und Gerechtigkeit an das Leitbild anpassen lassen.

3. *Notwendigkeit gesellschaftlicher, wirtschaftlicher und technischer Innovationen*

Eine nachhaltig zukunftsverträgliche Entwicklung ist nur durch einen Wandel zu erreichen, der neben technischen auch soziale und gesellschaftliche Innovationen umfaßt.

Die Umsetzung des Leitbildes „Sustainable Development" kann letztlich nur durch das Zusammenwirken aller Akteure auf Basis eines entwickelten Problembewußtseins gelingen.

Es ist daher nötig:

- Strategien zur Förderung neuer, ressourcenschonender und schadstoffvermeidender Verfahren, Produkte und Strukturen zu entwickeln,
- Szenarien zur Erreichung des übergeordneten Leitbildes einer nachhaltig zukunftsverträglichen Entwicklung im internationalen Rahmen zu entwikkeln,

- Schwerpunktsetzungen im Bildungsbereich zur Vermittlung des Leitbildes und der zu seiner Verwirklichung erforderlichen Qualifikationen vorzunehmen,
- innovationsfördernde Rahmenbedingungen in Kultur und Gesellschaft zu verbessern,
- die Einflußfaktoren auf das Handeln und Verhalten von Konsumenten und Produzenten im Hinblick auf die individuelle Umsetzung von Umwelteinstellungen zu analysieren,
- den notwendigen Wandel zur Umsetzung des Leitbildes und die damit einhergehende Neubewertung von Werthaltungen, Einstellungen, Konsummustern und Lebensstilen auf Basis der gesellschaftlichen Ziele und vorhandener Erfahrungswerte zu beschreiben.

4. Maßnahmen zur Umsetzung einer nachhaltig zukunftsverträglichen Entwicklung

Zur Wahrnehmung seiner Aufgabe, geeignete Rahmenbedingungen für gesellschaftliche, wirtschaftliche und technische Innovationen zu schaffen, stehen dem Staat verschiedene Möglichkeiten zur Verfügung, die im Sinne der aus dem Leitbild abgeleiteten gesellschaftlichen Ziele entworfen, umgestaltet, ergänzt oder kombiniert werden müssen. Im Lichte der Knappheit der Umwelt und anderer Güter ist die Frage zu klären, auf welche Weise bislang von der Allgemeinheit getragene nachteilige Effekte am besten verursachergerecht in interne Kosten überführt werden können.

Dabei sind folgende Bereiche verstärkt zu behandeln:

- Überprüfung und Weiterentwicklung des umweltpolitischen Instrumentariums:
  - Vorschläge zur verbesserten Anpassung ordnungsrechtlicher Bestimmungen an die Anforderungen und Möglichkeiten eines betriebs- und medienübergreifenden Umweltschutzes,
  - Untersuchung und Bewertung der Einsatzmöglichkeiten ökonomischer Instrumente in einer sozialen und ökologischen Marktwirtschaft anhand konkreter Beispiele aus verschiedenen Bereichen (Abgaben, Steuern [z. B. „ökologische Steuerreform“], Zertifikate, Haftungsrecht etc.),
  - Überprüfung der Möglichkeiten zur Förderung informatorischer Instrumente und freiwilliger Maßnahmen (Umweltmanagementsysteme, Öko-Audit, Ökobilanzen, Environmental Performance Evaluation, Responsible Care, etc.),
- Überprüfung bzw. Neubewertung staatlicher Einnahmen und Ausgaben auf ihre Umweltwirkung,
- Darlegung der ökologischen Folgen von Gesetzesvorhaben,

- Weiterentwicklung der Methodik des Stoffstrommanagements unter besonderer Berücksichtigung diskursiver und kooperativer Vorgehensweisen,
- Diskussion darüber, wie Instrumente einzeln oder in Kombination eingesetzt werden können, um konkrete Umweltziele treffsicher und effizient zu erreichen (Untersuchung an konkreten Beispielen aus verschiedenen Bereichen).

1.3 Vom Zwischenbericht zum Abschlußbericht

In ihrem Zwischenbericht „Konzept Nachhaltigkeit – Fundamente für die Gesellschaft von morgen" hat die Kommission an ausgesuchten Beispielfeldern belegt, wie Nachhaltigkeit konkretisiert werden kann.

Für den Problembereich „Böden" wurde ein umfassender Katalog von Umweltqualitäts- und -handlungszielen erstellt. Nachhaltig zukunftsverträgliche Nutzung der Böden heißt, ihre Funktionsfähigkeit dauerhaft zu erhalten.

Für das Beispielfeld Bauen und Wohnen hat die Enquete-Kommission ein Zieldreieck entworfen, das die ökologische, die ökonomische und die soziale Dimension in einem Leitbild „Wohnen" zu verknüpfen sucht. Wohnen ist zum einen ein grundlegendes Bedürfnis, die Bauwirtschaft ist ein wichtiger Wirtschaftsfaktor, aber auch die Belastungen der Umwelt – durch Flächen- und Materialverbrauch – sind in diesem Bereich erheblich.

Als dritten Bereich hat die Enquete-Kommission versucht, erste Impulse zur Förderung von Innovationen im Sinne einer nachhaltig zukunftsverträglichen Entwicklung zu geben.

Der Zwischenbericht „Konzept Nachhaltigkeit – Fundamente für die Gesellschaft von morgen" ist in der Öffentlichkeit auf eine durchweg positive Resonanz gestoßen und hat der Nachhaltigkeitsdebatte gerade aufgrund der Empfehlungen für die drei genannten Bereiche neue Impulse gegeben. Die deutsche Ausgabe des Berichtes war in kurzer Zeit vergriffen, die englische Kurzfassung wurde ebenfalls sehr stark nachgefragt.

Mit ihrem Abschlußbericht dokumentiert die Enquete-Kommission die Ergebnisse ihrer dreieinhalbjährigen Arbeit. Seit ihrem Bestehen hat sich die Kommission für einen integrativen Ansatz in der Nachhaltigkeitsdebatte eingesetzt. Sie verfolgt den Anspruch, gemäß den Zielen der Agenda 21, dem auf der Rio-Konferenz verabschiedeten Aktionsprogramm, Elemente einer nationalen Nachhaltigkeitsstrategie vorzuschlagen. Bereits in der 12. Legislaturperiode hat sich die Kommission für den ökologischen Zugang zur Nachhaltigkeitsdebatte entschieden und grundlegende Regeln als Basis einer nachhaltigen Entwicklung formuliert, die an Beispielfeldern auf ihre wirtschaftlichen und sozialen Folgewirkungen untersucht wurden. Anknüpfend an ihre bisherige Arbeit hat die Kommission den Versuch unternommen, der Dreidimensionalität des Leitbildes gerecht zu werden und als Diskussionsanstoß Regeln auch für die ökonomische und soziale Dimension aufzustellen.

Auch bei ihren Empfehlungen für Bausteine einer nationalen Nachhaltigkeitsstrategie ist die Kommission von einer umfassenden Betrachtungsweise ausgegangen. Die Träger hoheitlicher Verantwortung – Bund, Länder, Gebietskörperschaften – stehen vor der Aufgabe, Prozesse zur Ausgestaltung des Leitbildes auf allen Ebenen anzustoßen und zu organisieren und zwar sowohl für ihr eigenes Handeln als auch für das Handeln der nichtstaatlichen gesellschaftlichen Akteure unter Beteiligung und Vernetzung jeweils einschlägiger Vertreter aus den wirtschaftlichen, sozialen und ökologischen Bereichen.

Nachhaltigkeit kann nicht als Programm verordnet werden. Sie ist ein Lernprozeß, der allerdings auch verläßlicher Strukturen für die Akteure bedarf. Institutionelle Reformen und Innovationen können einen wichtigen Beitrag zur nachhaltigen Entwicklung leisten. In diesem Sinne schlägt die Kommission die Durchforstung der bestehenden Institutionenarrangements vor.

Die Kommission schlägt die Bildung eines Rates für nachhaltig zukunftsverträgliche Entwicklung vor. Sie unterstreicht damit, daß die nachhaltige Entwicklung eine Aufgabe von nationaler, ressortübergreifender und gesamtgesellschaftlicher Bedeutung ist, der in Staat, Wirtschaft und Gesellschaft höchste Priorität gebührt.

Des weiteren knüpft die Kommission in ihrem Abschlußbericht an die bereits im Zwischenbericht thematisierten Beispielfelder an. Für das Umwelthandlungsziel im Beispielfeld Versauerung wurden Vorschläge diskutiert. Sie bieten Lösungsansätze zur Verbesserung der Qualität von Wasser und Boden. So bedeutet die Einhaltung des nationalen CO_2-Reduktionsziels von 25 Prozent nicht nur einen Erfolg im Klimaschutz, sondern liefert einen erheblichen Beitrag zur Reduktion des Eintrags versauernd wirkender Substanzen. Ein Minderungspotential sieht die Kommission in diesem Zusammenhang auch im Bereich der Landwirtschaft und im Verkehrsbereich.

Im Beispielfeld Bauen und Wohnen ist die Kommission bereits im Zwischenbericht davon ausgegangen, daß die Flächeninanspruchnahme in der Bundesrepublik Deutschland als nicht nachhaltig einzustufen ist. Deshalb schlägt die Kommission Instrumente und Maßnahmen vor, wie der Flächenverbrauch zu steuern und einzudämmen ist. Die Kommission nennt folgende Strategien: Stärkung städtischer Strukturen gegen Suburbanisierung, Konzentration auf den Wohnungsbestand sowie ressourcensparendes Bauen und Wohnen. Sie begreift den Bereich Bauen und Wohnen als Handlungsfeld, das sich dazu eignet, nachhaltige Entwicklung auf nationaler Ebene zu steuern.

Als weiteres Beispielfeld hat die Kommission den Bereich der Informations- und Kommunikationstechnik (IuK) untersucht. Im Gegensatz zum Bereich Bauen und Wohnen handelt es sich hierbei um ein internationales Phänomen mit häufig sehr kurzen Innovationszyklen. Im diesem Bereich mit seinen weitreichenden ökologischen, ökonomischen und sozialen Wirkungen liegen zwar schon zahlreiche Analysen zu ökologischen Problemen vor, es wurden aber bisher kaum Instrumente zur Steuerung und Umgestaltung in Richtung Nachhaltigkeit entwickelt.

Die Kommission hat auch die Diskussion zum Themenfeld Innovationen wieder aufgenommen. Auf dem Weg zu einer nachhaltig zukunftsverträglichen Entwicklung nehmen technische, soziale und institutionelle Innovationen eine Schlüsselrolle ein. Die Kommission hat sich mit Bewertungskriterien und -methoden zur Richtungssicherung von Nachhaltigkeitsstrategien und Innovationen befaßt. Sie ist zu dem Ergebnis gelangt, daß vor dem Hintergrund der Innovationshemmnisse und -potentiale, wie sie in den Beispielfeldern beobachet wurden, Handlungsbedarf und -möglichkeiten für institutionelle Innovationen bestehen.

1.4 Arbeitsweise der Enquete-Kommission

Zusammensetzung der Enquete-Kommission

Die Enquete-Kommission setzt sich aus 11 Mitgliedern der im Deutschen Bundestag vertretenen Fraktionen und 11 Sachverständigen zusammen. Die Gruppe PDS wirkt entsprechend den Beschlüssen des Bundestages und den Vereinbarungen des Ältestenrates mit einem Mitglied beratend mit. Sie hat von der vereinbarten Möglichkeit Gebrauch gemacht, einen Sachverständigen ohne Stimmrecht zu benennen. Ein Sekretariat unterstützt die Arbeit der Kommission in organisatorischer und wissenschaftlicher Hinsicht.

Mitglieder

Abgeordnete

Ordentliche Mitglieder:	*Stellvertretende Mitglieder:*
Fraktion der CDU/CSU	
Renate Blank	Wilhelm Dietzel
Erich G. Fritz, stellv. Vorsitzender	Dr. Renate Hellwig
Kurt-Dieter Grill (bis 2. März 1998)	Dr. Christian Ruck
Prof. Dr. Paul Laufs (seit 2. März 1998)	Max Straubinger
Christa Reichard	Wolfgang Zöller
Prof. Dr. Norbert Rieder, Sprecher	
Fraktion der SPD	
Ulla Burchardt, Sprecherin	Reinhard Schultz (Everswinkel)
Marion Caspers-Merk, Vorsitzende	Ernst Schwanhold
Sabine Kaspereit (bis 18. Februar 1997)	Antje-Marie Steen
Dr. Angelica Schwall-Düren (seit 18. Februar 1997)	Prof. Dr. Bodo Teichmann
Dr. Dietrich Sperling	

Fraktion BÜNDNIS 90/DIE GRÜNEN

Prof. Dr. Jürgen Rochlitz, Sprecher | Ulrike Höfken

Fraktion der F.D.P.

Birgit Homburger, Sprecherin | Prof. Dr. Gisela Frick

Gruppe PDS (beratend)

Rolf Köhne | Eva Bulling-Schröter

Sachverständige

Dr. Joachim Borner
Institut für Sozialwissenschaften an der Humboldt-Universität zu Berlin
(beratend)

Prof. Dr. Dr. Udo Di Fabio
Professor für Rechtswissenschaften an der Ludwig-Maximilians-Universität München
(Kommissionsmitglied bis 6. Februar 1996)

Prof. Dr. Kurt Findeisen
Bundesverband der Deutschen Industrie e.V., Abteilung Umweltschutz, Köln

Dr. Henning Friege
Beigeordneter der Landeshauptstadt Düsseldorf, Dezernent für Umweltschutz und öffentliche Einrichtungen

Prof. Dr. Georges Fülgraff
Professor für Gesundheitswissenschaften an der Technischen Universität Berlin

Prof. Dr. Arnim von Gleich
Professor für das Lehrgebiet Technikbewertung am Fachbereich Maschinenbau und Chemieingenieurwesen der Fachhochschule Hamburg

Prof. Dr. Paul Klemmer
Präsident des Rheinisch-Westfälischen Instituts für Wirtschaftsforschung e.V. (RWI), Essen

Prof. Dr. Immo Lieberoth,
Vizepräsident der Deutschen Bodenkundlichen Gesellschaft
(Kommissionsmitglied seit 22. November 1996)

Prof. Dr. Otto Rentz,
Professor für Betriebswirtschaft an der Universität Karlsruhe,
Leiter des Deutsch-Französischen Instituts für Umweltforschung und des Instituts für Industriebetriebslehre und industrielle Produktion

Dr. Wilfried Sahm
Hauptgeschäftsführer des Verbandes der Chemischen Industrie e.V. (VCI), Frankfurt

Prof. Dr. Rolf-Ulrich Sprenger
Leiter der Abteilung Umweltökonomie des ifo Institutes für Wirtschaftsforschung, München

Prof. Dr. Jürgen Starnick
Professor für Technische Chemie an der Technischen Universität Berlin

Jürgen Walter
Mitglied des geschäftsführenden Hauptvorstandes der IG Bergbau-Chemie-Energie, Hannover

Mitarbeiter der Fraktionen und der Sachverständigen

CDU/CSU-Fraktion:
Kai Marcus Bickel

SPD-Fraktion:
Dr. Thomas Schauer

Fraktion BÜNDNIS 90/DIE GRÜNEN:
Sabine Lehmann

F.D.P-Fraktion:
Dr. Johanna Hoffmann

Für die Sachverständigen der Koalitionsfraktionen:
Dr. Alex Föller

Für die Sachverständigen der SPD-Fraktion:
Uwe Schellerer

Kommissionssekretariat

Leiter des Sekretariates:
Ministerialrat Friedhelm Dreyling

Wissenschaftliche Mitarbeiter/innen:

Dr. Martin Baumert, Diplom-Wirtschaftswissenschaftler
Dörte Bernhardt, Diplom-Chemieingenieurin
Dr. Peter Büchler, Diplom-Biologe
Doris Gerking, Diplom-Ökonomin
Dr. Nicola Schuldt, Diplom-Volkswirtin
Marianne Wollenweber, M. A., Politikwissenschaftlerin
Claudia Engelhardt, Diplom-Biologin (bis 30. Sept. 1997)

Sachbearbeiterin:
Lieselotte Hamann

Sekretärinnen:
Christiane Kahlert
Elisabeth Fischer

Beratungsverlauf

Die Kommission führte in der Zeit von ihrer Konstituierung am 21. Juni 1995 bis zur Verabschiedung des Abschlußberichtes in der Sitzung am 22. Juni 1998 67 Sitzungen sowie eine zweitägige Klausurtagung durch.

Zur Unterstützung der Arbeit richtete die Kommission wegen des breiten Arbeitsspektrums und der großen Themenvielfalt Arbeitsgruppen ein. In das Aufgabengebiet der Arbeitsgruppen fielen neben der thematischen Vorstrukturierung und Vorbereitung öffentlicher und interner Anhörungen auch die Erarbeitung von Vorschlägen für die Vergabe von Studien und Berichtstexten. Die Koordinatoren der Arbeitsgruppen bereiteten die Ergebnisse für die Diskussion in der Enquete-Kommission vor.

Die Arbeit der Kommission wurde unterstützt durch das Büro für Technikfolgenabschätzung beim Deutschen Bundestag (TAB), Vertreter des Bundesministeriums für Umwelt, Naturschutz und Reaktorsicherheit (BMU), des Umweltbundesamtes (UBA), des Bundesministeriums für Raumordnung, Bauwesen und Städtebau (BMBau), des Bundesamtes für Bauwesen und Raumordnung (BBR), des Bundesministeriums für Wirtschaft (BMWi), des Bundesministeriums für Ernährung, Landwirtschaft und Forsten (BML) und durch Vertreter der Länder.

Anhörungen

Darüber hinaus nutzte die Kommission die Möglichkeit, sich durch öffentliche Anhörungen über den Diskussions- und Sachstand zu bestimmten Themenschwerpunkten, die für eine nachhaltige Entwicklung relevant sind, zu informieren. Insbesondere die Anhörungen mit Nichtregierungsorganisationen und zur Lokalen Agenda 21, die mit rund 250 Teilnehmern eine beachtliche öffentliche Resonanz fand, belegten, daß Nachhaltigkeit und Kommunikation untrennbar miteinander verbunden sind.

Im einzelnen fanden folgende Anhörungen statt:

- *„Elemente für ein Konzept der nachhaltigen Entwicklung“* – Vorstellung der Diskussionsgrundlage des Interdepartementalen Ausschusses Rio (IDARio), Schweiz (26. Februar 1996)
- *„Umweltökonomische Gesamtrechnungen (UGR)“* – Vorstellung des Konzeptes des Statistischen Bundesamtes (26. Februar 1996)
- *„Nachhaltigkeitskonzepte in der Wirtschaft“* (29. und 30. April 1996)
- *„Soziale Entwicklungen und Innovationen im Lebensbereich Bauen und Wohnen“* (3. und 4. Juni 1996)
- *„Kommunen und nachhaltige Entwicklung – Beiträge zur Umsetzung der Agenda 21“* (18. November 1996)
- *„EXPO 2000 – Themenpark Mensch-Natur-Technik“* (2. Dezember 1996)

- *„Nichtregierungsorganisationen und nachhaltige Entwicklung – Beiträge und Perspektiven“* (29. September 1997)
- *„Umweltgesetzbuch-Entwurf der Unabhängigen Sachverständigenkommission beim Bundesministerium für Umwelt, Naturschutz und Reaktorsicherheit“* (9. Februar 1998)
- *„Die Rolle des Haftungsrechts und der Versicherer bei der Umsetzung einer nachhaltig zukunftsverträglichen Entwicklung“* (9. Februar 1998)
- *„Nachhaltig zukunftsverträgliche Informationsgesellschaft“* (23. März 1998)

Die zuletzt genannte Anhörung wurde gemeinsam mit der Enquete-Kommission „Zukunft der Medien in Wirtschaft und Gesellschaft – Deutschlands Weg in die Informationsgesellschaft“ des Deutschen Bundestages durchgeführt.

Die Sitzungsniederschriften der Anhörungen sind ebenso wie die schriftlich vorgelegten Stellungnahmen der Öffentlichkeit zugänglich *(siehe Anhang).*

Mit internen Anhörungen bzw. Fachgesprächen verschaffte sich die Kommission zusätzliche Informationen über die wichtigsten Ansätze der Nachhaltigkeitsdiskussion. Es wurden Veranstaltungen zu folgenden Themen durchgeführt:

„Nachhaltig zukunftsverträgliche Entwicklung: Indikatoren für Nachhaltigkeit, Umweltqualitätsziele und Umweltziele – Diskussionsstand und Perspektiven“, „Studie ‚Zukunftsfähiges Deutschland‘ des Wuppertal-Instituts für Klima, Umwelt, Energie“, „Boden – Ressource, Stoffeinträge“, „Umweltgutachten 1996 des Rates von Sachverständigen für Umweltfragen – Zur Umsetzung einer dauerhaft-umweltgerechten Entwicklung“, „Globalisierung und nachhaltig zukunftsverträgliche Entwicklung“, „Verfassungs- und parlamentsrechtliche Implikationen der Studie 'Institutionelle Reformen für eine Politik der Nachhaltigkeit'“, „Studie ‚Nachhaltiges Deutschland‘ des Umweltbundesamtes“

Im Rahmen der Arbeitsgruppen der Enquete-Kommission fanden weitere Anhörungen bzw. Fachgespräche zu den Themen *„Neue Energiedienstleistungen“, „Aktuelle Innovationsprozesse in Deutschland“, „Innovationsprozesse und Umwelttechnik“* sowie *„Langfristperspektive der Weltenergiesituation“* statt.

Auswärtige Kommissionssitzungen

Die Kommission führte zwei auswärtige Kommissionssitzungen durch. Sie traf am 14. Oktober 1996 in Aachen mit Mitgliedern des Ausschusses für Umwelt der Zweiten Kammer im niederländischen Parlament zur Erörterung der Themen „Nationaler Umweltplan“, „Freiwillige Vereinbarungen“ und „Ökonomische Instrumente“ zusammen.

Am 20. Januar 1997 informierte sich die Kommission in Gelsenkirchen am Standort der Internationalen Bauausstellung – Emscher Park – über das Programm des Landes Nordrhein-Westfalen zur nachhaltigen Erneuerung der Industrieregion nördliches Ruhrgebiet.

Informationsreisen

Die Kommission legte Wert darauf, über den eigenen, national angelegten Tellerrand hinauszuschauen und sich durch Informationsreisen einen Überblick über den Stand der Umsetzung des Leitbildes einer nachhaltig zukunftsverträglichen Entwicklung in Europa und den USA zu verschaffen.

Im Auftrag der Enquete-Kommission reiste eine Delegation zu Gesprächen mit der Kommission der Europäischen Gemeinschaften nach Brüssel sowie nach Österreich, Polen, Schweden, Dänemark, Frankreich, Italien, Großbritannien und in die Schweiz. Die Reisen in die Schweiz und nach Österreich waren von besonderer Bedeutung für die Enquete-Kommission. Sie konnte sich vor Ort über die in diesen Staaten bereits initiierten nationalen Umweltpläne informieren. Bei dem Besuch in den USA informierte sich eine Delegation unter anderem über den Stand der Umsetzung der von der Regierung Clinton angekündigten Nachhaltigkeitsstrategie.

Neben Begegnungen mit Vertretern von Regierung und Parlament zu Strategien zur Umsetzung des Leitbildes der nachhaltig zukunftsverträglichen Entwicklung nutzten die Delegationen die Gelegenheit zum direkten Informations- und Meinungsaustausch mit internationalen Organisationen wie der Europäischen Umweltagentur (European Environmental Agency – EEA) in Kopenhagen, der Welthandelsorganisation (World Trade Organisation – WTO) in Genf, den Regionalbüros bzw. Vertretungen des United Nations Environment Programme (UNEP) in Genf und Paris, der Organisation für wirtschaftliche Zusammenarbeit und Entwicklung (Organisation for Economic Co-operation and Development – OECD) und der Internationalen Handelskammer (International Chamber of Commerce – ICC) in Paris, dem VN-Sekretariat in New York, dem Internationalen Währungsfonds (International Monetary Fund – IMF) und der Weltbank (World Bank) in Washington.

Berichte der Bundesminister vor der Kommission

Die Kommission führte einen intensiven Dialog mit Vertretern der Bundesregierung. Die Bundesministerin für Umwelt, Naturschutz und Reaktorsicherheit unterrichtete die Kommission über die Schwerpunkte ihrer Arbeit für eine nachhaltige Entwicklung, namentlich über die Aufnahme des Diskurses mit wichtigen Akteuren in zentralen Gebieten der Umweltpolitik im Rahmen des Rio-Nachfolgeprozesses. Der Bundesminister für Raumordnung, Bauwesen und Städtebau unterrichtete die Kommission im Vorfeld der Weltkonferenz zu Fragen der menschlichen Siedlungen (Habitat II) im Juni 1996 in Istanbul und im Hinblick auf das Schwerpunktthema der Kommission über die Arbeiten seines Ressorts im Themenfeld „Nachhaltiges Bauen und Wohnen“. Der Bundesminister für Wirtschaft äußerte sich zu den Chancen und Restriktionen der nachhaltig zukunftsverträglichen Entwicklung für den Standort Deutschland und zu Handlungsspielräumen, die er für Deutschland im internationalen Rahmen und angesichts der Globalisierung sieht.

Studien

Neben der Durchführung von externen und internen Anhörungen und der Erstellung von Arbeitspapieren aus den Reihen der Kommission wurden die Fragestellungen der Enquete-Kommission insbesondere durch die Vergabe von Studien bearbeitet. Sie dienten dazu, die wesentlichen Arbeitsergebnisse der Kommission zu stützen. Durch Abstimmung mit den Bundesressorts wurde sichergestellt, daß es einerseits zu keiner Doppelvergabe kam und andererseits die Ergebnisse von anderweitig veranlaßten Studien von der Enquete-Kommission verwendet werden konnten. Die von der Kommission in Auftrag gegebenen Studien werden als Verlagspublikationen unter den nachfolgend aufgeführten Titeln gesondert veröffentlicht.

- *„Nationale Umweltpläne in ausgewählten Industrieländern"*
  Prof. Dr. Martin Jänicke, Forschungsstelle für Umweltpolitik an der Freien Universität Berlin; Alexander Carius, Helge Jörgens, Gesellschaft für Internationale und Europäische Umweltforschung, Berlin
- *„Nachhaltigkeit und Globalisierung – Herausforderungen und Handlungsansätze"*
  Ulrich Petschow, Susanne Dröge, Jürgen Meyerhoff, Institut für ökologische Wirtschaftsforschung (IÖW), Berlin; Prof. Dr. Kurt Hübner, Fachhochschule für Wirtschaft, Berlin
- *„Nachhaltigkeit trotz Globalisierung – Handlungsspielräume auf regionaler, nationaler und europäischer Ebene"*
  Christian Hey, Ruggero Schleicher-Tappeser, EURES, Institut für Regionale Studien in Europa, Freiburg
- *„Umweltbewußtsein und Umweltverhalten"*
  Privatdozent Dr. Udo Kuckartz, Freie Universität Berlin
- *„Risiko- und Technikakzeptanz"*
  Prof. Dr. Ortwin Renn, Dr. Michael M. Zwick, Akademie für Technikfolgenabschätzung in Baden-Württemberg, Stuttgart
- *„Stoffströme und Kosten in den Bereichen Bauen und Wohnen"*
  Prof. Dr. Herbert Paschen, Institut für Technikfolgenabschätzung und Systemanalyse des Forschungszentrums Karlsruhe (ITAS), Prof. Dr. Niklaus Kohler, Institut für industrielle Bauproduktion der Universität Karlsruhe (ifib) und Partner
- *„Bauprodukte und gebäudebedingte Erkrankungen"*
  Dipl.-Chem. Armin Radünz, Bonn
- *„Institutionelle Reformen für eine Politik der Nachhaltigkeit"*
  Dr. Jürg Minsch, Dr. Uwe Schneidewind, Tobias Schulz, Institut für Wirtschaft und Ökologie an der Universität St. Gallen (IWÖ-HSG), Schweiz, Peter-Henning Feindt, Dr. Hans-Peter Meister, Institut für Organisationskommunikation (IFOK), Bensheim

- *„Bodenbelastungen durch Luftschadstoffe – Perspektiven eines umweltpolitischen Handlungsfeldes"*
  Felix Matthes, Anke Herold, Öko-Institut e.V., Berlin/Freiburg, Karsten Sommer, Charlotte Streck, Anwaltsbüro Gaßner, Groth & Siederer, Berlin
- *„Innovationen zur Nachhaltigkeit: Ökologische Aspekte der Informations- und Kommunikationstechniken"*
  Siegfried Behrendt, Ralf Pfitzner, Prof. Dr. Rolf Kreibich, Institut für Zukunftsstudien und Technologiebewertung (IZT), Berlin, Dr. Kurt Hornschild, Deutsches Institut für Wirtschaftsforschung (DIW), Berlin
- *„Akteurskooperationen im Bereich Bauen und Wohnen – Stoffstrommanagement in der Altbaumodernisierung"*
  Edelgard Gruber, Ulla Böde, Fraunhofer-Institut für Systemtechnik und Innovationsforschung (ISI), Karlsruhe, Klaus Beck, Freier Architekt, Spenge
- *„Mögliche Maßnahmen, Instrumente und Wirkungen einer Steuerung der Verkehrs- und Siedlungsflächennutzung"*
  Dr. Kilian Bizer, Dieter Ewringmann, Finanzwissenschaftliches Forschungsinstitut (FIFO) an der Universität zu Köln, Eckhard Bergmann, Dr. Fabian Dosch, Bundesforschungsanstalt für Landeskunde und Raumordnung, Bonn, Klaus Einig, Gerard Hutter, Institut für ökologische Raumentwicklung, Dresden

2 Das Leitbild einer nachhaltig zukunftsverträglichen Entwicklung

2.1 Die Herausforderungen

Seit der Vorlage des Abschlußberichtes „Our Common Future" der Brundtland-Kommission der Vereinten Nationen im Jahr 1987, spätestens aber seit der Konferenz der Vereinten Nationen in Rio de Janeiro im Jahr 1992 ist die Diskussion über eine nachhaltig zukunftsverträgliche Entwicklung (Sustainable Development)[1]) aus der wissenschaftlichen und politischen Diskussion nicht mehr wegzudenken. Der Erdgipfel von Rio ist zum Symbol eines neuen Bewußtseins für die gemeinsame Verantwortung der Weltgesellschaften geworden: 178 Staaten haben auf den dringenden Handlungsbedarf zur Erhaltung der Lebensgrundlagen hingewiesen. Sie haben sich dazu bekannt, das Leitbild „sustainable development" auszufüllen, und deshalb weltweite Maßnahmen in der Umwelt-, Entwicklungs-, Sozial- und Wirtschaftspolitik gefordert.

In der deutschen Diskussion stand bislang der Umweltaspekt als Grundlage für eine Politik der nachhaltig zukunftsverträglichen Entwicklung im Vordergrund, während man die entwicklungspolitische Komponente, die soziale und ökonomische Dimension des Leitbildes vernachlässigte und diese vorrangig den weniger industrialisierten Ländern als Entwicklungsdimension und -perspektive zugestand.

Nachhaltig zukunftsverträgliche Entwicklung reicht weit über Umweltfragen hinaus. Das zeigt sich heute in allen Bereichen staatlicher und nichtstaatlicher Aktivität – von kommunalen Aktivitäten rund um die „Lokale Agenda 21" bis hin zur Arbeit der seit 1992 tätigen „Commission on Sustainable Development (CSD)" der Vereinten Nationen. Im Rahmen der ersten Folgekonferenz „5 Jahre nach Rio", die der Bewertung des bisher Geschehenen und der Formulierung weiterer Schritte zur Umsetzung der Agenda 21 dienen sollte, wurde ein weiteres Defizit deutlich, unter dem die gesamte Diskussion um eine nachhaltig zukunftsverträgliche Entwicklung bis heute leidet. Die Auffassungen darüber, wie eine nachhaltig zukunftsverträgliche Entwicklung angestoßen und unterstützt werden kann, waren so unterschiedlich, daß sich die Regierungsvertreter auf eine dem Abschlußbericht üblicherweise vorangestellte gemeinsame politische Erklärung nicht einigen konnten. Auch in der deutschen Diskussion wird bis zum heutigen Tage um eine Interpretation und Operationalisierung dieses Leitbildes gerungen. Zur Zeit ist nicht abzusehen, ob und wann sich eine für alle verbindliche Definition herausschält.

Gerade in modernen, funktional hochgradig ausdifferenzierten Gesellschaften stellt sich die Frage, wie die umfassende, normative Idee der nachhaltig zu-

---

[1]) Die Enquete-Kommission „Schutz des Menschen und der Umwelt" des 12. Deutschen Bundestages hat sich intensiv mit den verschiedenen Definitionen und Übersetzungen des Begriffs „sustainable development" auseinandergesetzt. Vgl. Enquete-Kommission „Schutz des Menschen und der Umwelt" (1993) 21 ff

kunftsverträglichen Entwicklung mit Leben gefüllt werden kann. Als Ausweg zumindest aus dem Definitionsdilemma bietet sich an, nachhaltig zukunftsverträgliche Entwicklung ähnlich wie die positiven und offenen Begriffe Freiheit oder Gerechtigkeit als „regulative Idee“ zu verstehen, für die es nur vorläufige und hypothetische Zwischenbestimmungen geben kann. Es ergibt sich nämlich nicht nur das Problem, daß die gesellschaftlichen Vorstellungen von nachhaltig zukunftsverträglicher Entwicklung sowohl zeit-, situations- als auch kultur- und wissensabhängig sind. Darüber hinaus hängen die mit dem Leitbild verbundenen Problemempfindungen und politischen Schwerpunktsetzungen vom jeweiligen gesellschaftlichen und wirtschaftlichen Entwicklungsstand ab. Eine für alle Gesellschaften verbindliche Definition scheint deshalb ohne Aussicht auf Erfolg. Folglich kann auch nicht vorgegeben oder definiert werden, wie eine nachhaltig zukunftsverträgliche Gesellschaft oder eine nachhaltige Wirtschaft konkret auszusehen hat.

Eine nachhaltig zukunftsverträgliche Entwicklung ist insofern offen, als niemand einen allgemein verpflichtenden Zielzustand der Gesellschaft daraus ableiten könnte. Gleichzeitig ist sie insofern verbindlich, als sich eine Gesellschaft zum einen auf variable Leitplanken einigen kann, deren Nichtbeachtung zu gesellschaftlichen Entwicklungen führt, die offenkundig als nicht nachhaltig zukunftsverträglich empfunden werden. Zum anderen besteht durchaus die Möglichkeit, auch konkrete und verbindliche, gemeinsam anzustrebende Ziele aufzustellen, die den Charakter von Etappen- oder Zwischenzielen haben und die durch ihre laufende Überprüfung spätere Entscheidungsoptionen und -wege offenhalten (siehe Kapitel 2.2.1, Seite 32). Mit diesem Verständnis von nachhaltig zukunftsverträglicher Entwicklung lassen sich auch Richtungen für die dazu notwendigen Such-, Lern- und Erfahrungsprozesse ermitteln und die Prozesse politisch initiieren und unterstützen.

Was die grundlegenden Herausforderungen des Leitbildes einer nachhaltig zukunftsverträglichen Entwicklung betrifft, besteht mittlerweile breites Einvernehmen in der Diskussion. Ausgehend von dem im Brundtland-Bericht 1987 hervorgehobenen Handlungsprinzip – „Sustainable development meets the needs of the present without compromising the ability of future generations to meet their own needs“ – läßt sich der Anspruch ableiten, die Bedürfnisse einer wachsenden Zahl von Menschen heute und in Zukunft befriedigen zu können und gleichzeitig eine auf Dauer für alle unter menschenwürdigen, sicheren Verhältnissen bewohnbare Erde zu erhalten. Darin sind vielfältige ökonomische, ökologische, demographische, soziale und kulturelle Problemdimensionen enthalten, die ein globales, regionales, lokales und zugleich in die Zukunft gerichtetes Handeln erfordern.

Generell wird heute die Auffassung vertreten, daß die Entwicklungen in einigen gesellschaftlichen Teilsystemen nicht mehr zukunftsfähig sind. Diskutiert werden gegenwärtig in Deutschland die ökologische Frage, die mannigfachen Probleme der bisherigen Systeme gesetzlicher Alters- und Gesundheitssicherung, die Anpassungsprobleme in weiten Bereichen des Arbeitsmarktes und des Bildungssystems, die Entscheidungsschwierigkeiten aufgrund der Rahmenbedingungen des politischen Systems und weiteres mehr. Welche Schwerpunkte im Kräftefeld Ökologie-Ökonomie-Soziales für eine nachhaltig zukunftsverträgliche Entwicklung zu setzen sind, darüber wird jedoch gestritten und wird auch weiter zu streiten sein. Gerade diese Auseinandersetzung ist kennzeichnend für eine lebendige, sich technisch wie geistig fortentwickelnde Gesellschaft.

Weitgehende Einigkeit besteht in der Auffassung, daß die wesentliche Voraussetzung für Zukunftsfähigkeit darin liegt, den teils rasanten technischen und ökonomischen Wandel mit den viel trägeren, traditionellen sozio-politischen und sozio-kulturellen Strukturen sowie den ökologisch-natürlichen Prozessen, die wiederum eigene Gesetzmäßigkeiten und Geschwindigkeiten kennen, in Übereinstimmung zu bringen.[2]) Vieles deutet folglich – unabhängig von Prioritätensetzungen – darauf hin, daß überkommene Regelungen bzw. Verhaltensweisen geändert werden müssen, damit Gesellschaftssysteme wichtigen Datenänderungen Rechnung tragen. Dies gilt in Deutschland beispielsweise für die Veränderung der Altersstruktur der Gesellschaft und die damit verbundene Veränderung der Konsumstile, das offensichtlich derzeit nicht beschäftigungsfördernde Wirtschaftswachstum, die von der Gesellschaft akzeptierten und als notwendig anerkannten ökologischen Leitplanken, die Globalisierung der Märkte und die Internationalisierung der Produktion, die Verkürzung der Produktlebenszyklen vor allem im Bereich der Informations- und Kommunikationstechniken und die Veränderung wichtiger Technologielinien (siehe Kapitel 4.2, Seite 147).

Bei all diesen Fragen wird grundsätzlich die Steigerung der gesellschaftlichen Anpassungsfähigkeit bzw. die Fähigkeit zum innovativen Reagieren und vor allem auch Proagieren zur wichtigsten Überlebens- und damit Nachhaltigkeitsaufgabe. Hierzu erscheint eine umfassende gesellschaftliche Reformstrategie erforderlich, über deren inhaltliche Ausgestaltung jedoch noch gestritten und gerungen wird. Der Erfolg politischer Nachhaltigkeitsstrategien wird nicht zuletzt davon abhängen, wie gut es gelingt, sämtliche Politikfelder mit den Leitbildvorstellungen zu durchdringen.

Während das Leitbild auf normativer Ebene die Forderung nach Respektierung ökonomischer, ökologischer und sozialer Ziele impliziert, ergibt sich analog dazu auf politischer Ebene keine eindeutige Ressortzuständigkeit, die alle Anliegen der nachhaltig zukunftsverträglichen Entwicklung vollständig aufzugreifen vermag, sondern vielmehr die Notwendigkeit eines ressortübergreifenden Vorgehens.

Interdisziplinäre Zusammenarbeit ergibt sich nicht von selbst, sondern bedarf der Organisation. Selbst dann vollzieht sie sich in der Regel additiv, d. h. in multidisziplinärer Form. Das in akademischen Festreden viel beschworene Prinzip der Interdisziplinarität kann als „Sitzen zwischen den Stühlen“ eher problema-

---

[2]) Bevölkerungswissenschaftler betonen diese Wechselwirkungen bereits seit längerer Zeit. Vgl. Hauser (1997) 88 ff.

tisch sein. Gemeint ist positiv die Integration unterschiedlicher disziplinärer Theorieansätze und Methodenzugänge zu gemeinsamer Problemlösung. Diese muß, wie es bei jeder wissenschaftlichen Tätigkeit der Fall sein sollte, durch Reflexion des eigenen Tuns ergänzt werden.[3])

Schließlich ist auf strategischer Ebene zu hinterfragen, ob das in der Gesellschaft gewachsene Institutionengefüge Nachhaltigkeitsanliegen eher behindert oder befördert und wie jeder einzelne in die Lage versetzt werden kann, die Konsequenzen des eigenen Handelns für die heute und in Zukunft lebenden Generationen abzuschätzen.

2.2 Die drei Dimensionen und ihre Integration

Die bisherige Diskussion über das Leitbild der nachhaltig zukunftsverträglichen Entwicklung umfaßt im Grunde drei Entwicklungsphasen. Standen zu Beginn die in Zukunft zu erwartenden, entwicklungsbegrenzenden Ressourcenengpässe etwa im Sinne des Berichtes an den Club of Rome im Jahre 1973 im Vordergrund, stellten neuere Modelle in den achtziger und beginnenden neunziger Jahren auf die begrenzte Belastungsfähigkeit der Umwelt ab. Im Grundsatz gehen solche Überlegungen davon aus, daß bei einer über einen bestimmten Grad hinausgehenden Belastung eines ökologischen Systems Einschränkungen seiner Leistungsfähigkeit zu erwarten sind – möglicherweise sogar der Zusammenbruch mit entsprechenden Folgen für die nachfolgenden Generationen. In jüngster Zeit und damit in der aktuellen – dritten – Diskussionsphase setzt sich zunehmend die Erkenntnis durch, daß auch im Bereich ökonomischer und sozialer Ordnungen Grenzen der Belastungsfähigkeiten existieren, die bei Überbeanspruchung zu ähnlichen Konsequenzen führen können. So werden in Deutschland notwendige Reformen des auf Dauer nicht mehr finanzierbaren und des damit für künftige Generationen zunehmend zur Belastung werdenden sozialen Sicherungssystems als Teil einer Nachhaltigkeitspolitik eingefordert.[4])

Die in der ersten Diskussionsphase betonte Ressourcenproblematik findet sich auch in dem Nachhaltigkeitsbegriff wieder, so wie er zur Mitte des vergangenen Jahrhunderts in der Forstwirtschaft geprägt wurde. Einen Wald nachhaltig zu nutzen bedeutete, nur so viel Holz zu ernten, wie nachwächst. Aus einem Ver-

---

[3]) Das Institut für sozial-ökologische Forschung (ISOE) stellt den Sachverhalt folgendermaßen dar: Spiegelbildlich sind auf analytischer Ebene aufgrund der Mehrdimensionalität des Nachhaltigkeitsleitbildes die Voraussetzungen für die Verständigung zwischen den wissenschaftlichen Disziplinen zu schaffen, um überdisziplinäres Forschen und Suchen zu gewährleisten. Als Koordinationstypen disziplinärer Zusammenarbeit werden in diesem Zusammenhang die zielorientierte Multidisziplinarität, die problemorientierte Interdisziplinarität und die selbstreflexive Transdisziplinarität vorgeschlagen. Um gesellschaftliche Zielkonflikte schneller identifizieren und offener bearbeiten zu können und gleichzeitig auch die Grenzen der jeweiligen Disziplinen und die Reichweite ihrer eigenen Theorien und Methoden darlegen zu können, ist das Modell der Selbstreflexivität am ehesten geeignet, dem integrativen Charakter der Nachhaltigkeit Rechnung zu tragen. Vgl. Stieß, Wekking (1997) 122 f.

[4]) Vgl. u. a. Raffelhüschen, Walliser (1997)

gleich zwischen der Nutzungsrate auf der einen und der Wachstumsrate des Waldes auf der anderen Seite konnte mit vergleichsweise einfachen Modellen eine bestandserhaltende und damit nachhaltige Waldnutzung berechnet werden. Daraus ließe sich die Maxime ableiten, sich mit den Zinsen zu begnügen, das Kapital hingegen nicht anzurühren.

Es wurde recht schnell erkannt, daß eine Reduktion des Nachhaltigkeitsanspruchs auf natürliche Ressourcen zu einer verengten und wahrscheinlich auch fehlgeleiteten Nachhaltigkeitspolitik führen würde. Anthropogen erzeugte ökologische Effekte traten zunehmend in den Vordergrund der Analysen, wie sie sich beispielsweise in den Klimamodellen des Intergovernmental Panel on Climate Change (IPCC) dokumentieren. Danach kommt es aufgrund der Schädigung der lebensnotwendigen Ökosystemfunktionen zu teils erheblichen Gefährdungen des Handlungsspielraums bzw. des Wohlstandsniveaus zukünftiger Generationen. Um diesen problematischen Aspekten der Naturnutzung zu begegnen, reicht das Spektrum an Politikvorschlägen von der normativen Festlegung von Verbrauchs- bzw. Belastungsobergrenzen über die schrittweise Reduktion als schädlich erkannter Stoffumsätze bis zur Förderung innovativer Technologielinien und Verhaltensmuster zur vorsorgenden Vermeidung von Umweltbelastungen.

Ressourcen- und Senkenproblematik sind wesentliche Aspekte der ökologischen Dimension und Herausforderung des Leitbildes der nachhaltig zukunftsverträglichen Entwicklung. Unsere natürlichen Lebensgrundlagen sind durch die heute verbreiteten Produktions- und Konsummuster in zum Teil hohem Maße gefährdet. Dementsprechend heißt es in einem Bericht der Bundesregierung zum Thema nachhaltige Entwicklung:

> „Menschliches Leben und Wirtschaften ist an einem Punkt angelangt, an dem es Gefahr läuft, sich seiner eigenen natürlichen Grundlagen zu berauben." [5])

Diese Feststellung begründet aus nachvollziehbarer ökologischer Sicht in vielen Bereichen einen vorrangigen Handlungsbedarf zum Schutz dieser natürlichen Lebensgrundlagen.

Selbst wenn man hieraus ein Primat der Umweltpolitik ableiten würde: der Sache wäre damit letztlich jedoch nicht gedient. Eine ökologisch dominierte Nachhaltigkeitspolitik wird im gesellschaftlichen Abwägungsprozeß immer dann unterliegen, wenn sich andere Problemlagen als unmittelbarer, spürbarer und virulenter erweisen und damit auch für politisches Handeln dringlicher und attraktiver sind. Selbst wenn sie sich durchsetzen kann, bleibt sie ohne Wirkung, denn letztlich dürfte nur eine Politik der Integration der drei Dimensionen in der Lage sein, die konzeptionelle Schwäche einer von wirtschaftlichen und sozialen Fragestellungen isolierten Umweltdiskussion zu überwinden. Ein strategischer Durchbruch, gerade auch für ökologische Anliegen, kann nur gelingen, wenn

---

[5]) BMU (1997 b) 9

Umweltbelange nicht länger einer hochspezialisierten Fachpolitik und -bürokratie zugewiesen werden, sondern integraler Bestandteil der Gesellschaftspolitik sind. Die neue Politik muß anerkennen, daß wirtschaftliche Entwicklung und damit auch soziale Wohlfahrt nur in dem Maße möglich sind, in dem die Natur als Lebensgrundlage nicht gefährdet wird.

2.2.1 Ökologische, ökonomische und soziale Ziele

In Deutschland reift allmählich die Erkenntnis, daß mit dem Leitbild der nachhaltig zukunftsverträglichen Entwicklung wichtige Entwicklungslinien auch „jenseits der ökologischen Dimension“ angesprochen werden. Aufgrund der komplexen Zusammenhänge zwischen den drei Dimensionen bzw. Sichtweisen von Ökologie, Ökonomie und Sozialem müssen sie integrativ behandelt werden. Dabei geht es – bildhaft gesprochen – nicht um die Zusammenführung dreier nebeneinander stehender Säulen, sondern um die Entwicklung einer dreidimensionalen Perspektive aus der Erfahrungswirklichkeit. Die Diskussion tendiert dahin, Nachhaltigkeitspolitik als Gesellschaftspolitik zu interpretieren, die im Prinzip und auf lange Sicht alle genannten Dimensionen gleichberechtigt und gleichwertig behandelt.

Die Enquete-Kommission hat sich darauf verständigt, die Entwicklung und Zusammenführung von Zielen nicht auf abstrakter Ebene, sondern anhand konkreter Beispiele auf Basis einer Bestandsaufnahme der Zustände und Bedingungen in den betrachteten Feldern und unter Beachtung der relevanten Zeitaspekte vorzunehmen. Dabei kann sie grundsätzlich auf Erfahrungen anderer Politikbereiche zurückgreifen. In ökonomischer und sozialer Hinsicht liegen Ziele in vielfältiger Weise bereits vor. Ökonomische Ziele wurden beispielsweise auf gesamtwirtschaftlicher Ebene im Rahmen des Stabilitäts- und Wachstumsgesetzes in bezug auf Preisniveaustabilität, hohen Beschäftigungsstand, außenwirtschaftliches Gleichgewicht sowie stetiges und angemessenes Wirtschaftswachstum formuliert.[6]) Auch die Reduzierung der Staatsquote, des Anteils der Staatsausgaben am Sozialprodukt, zählt zu den gesamtwirtschaftlichen Zielsetzungen. Auf einzelwirtschaftlicher Ebene werden Umsatz-, Marktanteils- und Gewinnziele formuliert. Soziale Ziele sind seit langem z. B. in Form von Existenzminima, Einkommenszielen in Rentenformeln oder im Ziel der Einheitlichkeit der Lebensverhältnisse festgelegt. Die praktische Umweltpolitik war bislang – unter Berücksichtigung des technisch Machbaren und wirtschaftlich Vertretbaren – primär kurzfrist-, einzelfall- und emissionsorientiert und weniger auf die quantitative Vorgabe mindestens einzuhaltender Schutzziele (etwa Immissionsstandards) ausgerichtet. Soweit dabei der Vorsorgeaspekt vernachlässigt wird, ist ein Wandel in Richtung Nachhaltigkeit erforderlich. Diese notwendige Umorientierung – bei Anerkennung auch sichtbarer Erfolge deutscher Gewässer- und Luftreinhaltepolitik – soll, wo immer möglich, zu gesetzlich fixierten Umwelt-

---

[6]) Vgl. Gesetz zur Förderung der Stabilität und des Wachstums der Wirtschaft (StWG) vom 14. Juni 1967

qualitäts- und Umwelthandlungszielen führen, die in den Nachhaltigkeitsansatz integriert sind.

Im Kontext der Nachhaltigkeitsdiskussion geht es im ökonomischen und sozialen Sinne jedoch weniger um numerische und quantifizierte normative Zielsetzungen, als eher um qualitative Zielvorstellungen, die in ihrer Gesamtheit auf die Erhaltung der ökonomischen und sozialen Stabilität von Entwicklungsprozessen einerseits sowie die Aufrechterhaltung ihrer dynamischen und damit innovativen Funktionen andererseits ausgerichtet sind. Zentrales Ziel des Nachhaltigkeitsanliegens ist die Sicherstellung und Verbesserung ökologischer, ökonomischer und sozialer Leistungsfähigkeiten. Diese bedingen einander und können nicht teiloptimiert werden, ohne Entwicklungsprozesse als Ganzes in Frage zu stellen. So ist die Herstellung von Gerechtigkeit oder Chancengleichheit aus primär sozialpolitischem Interesse nicht allein ein soziales Ziel, sondern auch Voraussetzung für langfristige ökonomische Leistungsfähigkeit und folglich auch ein ökonomisches Ziel. Auch ökologische Ziele können kaum umgesetzt werden, wenn es Menschen aufgrund ihrer materiellen Bedingungen schwer gemacht wird, Rücksicht auf ökologische Ziele zu nehmen. Ähnliche Überlegungen ergeben sich auch in umgekehrter Ziel-Mittel-Zweck-Relation.

Damit sollte deutlich geworden sein, daß einzelne, eindimensional orientierte Ziele immer nur fragmentarisch für einen Ausschnitt des gesellschaftlichen Lebens, für eine raum- und zeitbezogene Momentaufnahme Geltung erlangen können. Für sich genommen können sie der Komplexität der Problembereiche und deren Vernetzungen nicht gerecht werden und müssen im Zeitablauf an veränderte Bedingungen angepaßt werden. Die Formulierung von Zielen stellt daher zwar die Basis dar, gleichzeitig aber nur einen ersten Schritt bei der Institutionalisierung von Suchprozessen, die in erwünschte Veränderungen der gesellschaftlichen Rahmenbedingungen einmünden. Letztlich kommt es darauf an, ob und zu welcher Verständigung auf gemeinsame und verbindliche Ziele ein solcher Such- und Lernprozeß führen kann. Ziele sind damit gleichzeitig Impuls und mögliches Ergebnis von Nachhaltigkeitsstrategien.

Die Notwendigkeit, zur Umsetzung der Nachhaltigkeit alle drei Dimensionen der gesellschaftlichen Wirklichkeit zu beachten, ließ es der Kommission sinnvoll erscheinen, neben den ökologischen Grundregeln auch ökonomische und soziale Regeln zu formulieren. Die im folgenden beschriebenen Überlegungen der Enquete-Kommission zur ökonomischen und sozialen Bedingung für eine nachhaltig zukunftsverträgliche Entwicklung sind ebenso wie die formulierten ökonomischen und sozialen Regeln weit weniger ausgereift als die ökologischen Regeln. Denn die Kommission mußte feststellen, daß bisher weder ausreichende wissenschaftliche Grundlagen für dieses Vorhaben zur Verfügung stehen noch eine ausführliche, politische Debatte geführt werden konnte.

Die ökologischen Grundregeln wurden bereits von der Enquete-Kommission des 12. Deutschen Bundestages formuliert.[7]) Sie basieren auf einer wissen-

[7]) Vgl. Enquete-Kommission „Schutz des Menschen und der Umwelt" (1994) 42 ff.

schaftlichen Grundlage und haben als Ergebnis eines breiten Diskurses in Wissenschaft, Politik und Gesellschaft eine hohe Akzeptanz gefunden. Die Kommission versteht ihre Ausführungen deshalb als einen ersten Entwurf. Sie ist sich der Vorläufigkeit und Skizzenhaftigkeit der Thesen bewußt. Gerade deshalb erhofft sie sich, Diskussionen provozieren und die wissenschaftliche und politische Auseinandersetzung mit dem Thema anregen zu können.

Ökologische Ziele

Offensichtlich nicht zukunftsfähig und langfristig nicht durchhaltbar sind aus ökologischen Gründen diejenigen Formen des Wirtschaftens bzw. gesellschaftlicher Entwicklungsprozesse, die auch mit Begriffen wie lineares Wirtschaften oder Durchflußwachstum umschrieben werden.

Die Kommission hat mit ihren Grundregeln für das Management von Stoffströmen die Beachtung der Belastungsgrenzen der Umwelt, die Berücksichtigung des zeitlichen Anpassungsbedarfs natürlicher Systeme bei der Entscheidung über den Einsatz von Stoffen und den immer effizienteren Umgang mit endlichen Ressourcen eingefordert.

Umwelt- bzw. ökologische Ziele sind Ziele für einen umweltpolitischen Regelungsbereich oder für ein Umweltmedium und können in der Regel aus den grundlegenden Regeln zum Umgang mit der Umwelt und mit Stoffen unmittelbar abgeleitet werden (siehe Kapitel 2.2.2, Seite 43). Umweltziele sollen sich am Leitbild einer nachhaltig zukunftsverträglichen Entwicklung orientieren. Ein Umweltziel kann durch eines oder mehrere Umweltqualitätsziele konkretisiert werden.

Umweltqualitätsziele beschreiben, ausgehend von einem identifizierten ökologischen Problembereich, (langfristig) angestrebte, am Leitbild der nachhaltig zukunftsverträglichen Entwicklung und am Nachhaltigkeitsziel der Erhaltung der Funktionsfähigkeit des natürlichen Realkapitals orientierte Zustände oder Eigenschaften (= Sollwerte) der Umwelt, bezogen auf Systeme, Medien oder Objekte. Sie streben eine Erhaltung oder Veränderung konkreter Eigenschaften oder Zustände auf globaler, regionaler oder lokaler Ebene an.

Grundlage für die Erarbeitung von Umweltqualtitätszielen sind einerseits der wissenschaftliche Erkenntnisstand über qualitative und, soweit verfügbar, quantitative Ursache-Wirkungsbeziehungen und andererseits auf den Zustand oder die Eigenschaften der Umwelt bezogene gesellschaftliche Wertvorstellungen. Letztere sind als normative Vorgaben unverzichtbar, da Umweltqualitätsziele nicht ausschließlich wissenschaftlich abzuleiten und zu begründen sind. Aufgabe der Wissenschaft ist es vielmehr, in erster Linie Grundlagen für die Entwicklung gesellschaftlicher Wertvorstellungen und Handlungsoptionen zu liefern.

Umwelthandlungsziele geben die Schritte an, die notwendig sind, um die in Umweltqualitätszielen beschriebenen Zustände oder Eigenschaften der Umwelt zu erreichen. Dazu bedarf es der Formulierung quantifizierter und meßbarer oder anderweitig überprüfbarer Ziele, die sich an verschiedenen Belastungsfaktoren orientieren und Vorgaben für notwendige Entlastungen (Belastungsminderung) enthalten. Bei der Formulierung der dazugehörigen Zeitvorgaben sind die sozialen und ökonomischen Rahmenbedingungen und Wirkungen zu beachten.

Die Enquete-Kommission hat in ihrem Zwischenbericht ökologische Ziele für den Problembereich „Böden" vorgeschlagen.[8]) Akute Probleme wie nutzungsbedingte Bodenerosion, Hochwassergefahr, Waldschäden, Grundwasserbelastung, Biotopverlust sowie die schleichende Anreicherung von Schwermetallen und persistenten organischen Verbindungen in Böden verlangen nach effektiven Lösungen. Langfristig schwerwiegende oder gar irreparable Schädigungen der Böden gilt es zu vermeiden. Die Enquete-Kommission fordert daher unter anderem eine Rückführung des zusätzlichen Flächenverbrauchs für Siedlungs- und Verkehrszwecke, die Verhinderung von Bodenerosion und -verdichtung und die Minderung von Schadstoffeinträgen in Böden.

Im Vordergrund bei der Formulierung ökologischer Ziele steht der Erhalt bzw. die Wiederherstellung der vielfältigen Funktionen der Natur zum Nutzen der Menschen. Anthropogene Eingriffe in die Umwelt sollen sich an der Leistungsfähigkeit der betroffenen Systeme orientieren.

Ökonomische Ziele

Die Bundesrepublik Deutschland verdankt ihre wirtschaftliche Entwicklung einer liberalen, sozialen Wirtschaftsordnung, in der Elemente zentraler Steuerung zugunsten dezentraler Organisation der Wirtschaftsprozesse zurücktreten. Das Leitbild für diese Wirtschaft, die „soziale Marktwirtschaft", ist in der Gesellschaft tief verankert. Die Legitimität dieser Wirtschaftsordnung mit ihren grundlegenden Werten, Regeln und Normen als Basis des wirtschaftlichen Lebens gilt als gesichert.

Neben einer hohen Kontinuität in der allgemeinen gesellschaftlichen Wertschätzung der Wirtschaftsordnung ist dennoch festzustellen, daß spürbare und tiefgreifende ökonomische Defizite bestehen. Diese manifestieren sich u. a. in der Verschlechterung von Leistungsindikatoren, insbesondere des Beschäftigungsstandes, der Wachstumsdynamik und der Wettbewerbsfähigkeit in einigen Sektoren, sowie in einer Konzentration der Einkommen und Vermögen, die von vielen Gruppen als ungerecht empfunden wird.

Staatliche Regulierungen, die für sachgerechtes und sozial adäquates wirtschaftliches Handeln sorgen sollen, werden häufig als Behinderung unternehmerischer Freiheit und individueller Selbstverwirklichung wahrgenommen. Die für sich genommen jeweils wohl begründeten Eingriffe des Staates in die wirtschaftliche Freiheit einzelner bzw. in die Gestaltungsspielräume einzelner Märkte

[8]) Vgl. Enquete-Kommission „Schutz des Menschen und der Umwelt" (1997) 43 ff.

können zu Widersprüchlichkeiten führen, die die Effizienz des ökonomischen Systems mindern. Funktionsverluste können teilweise nicht ausgeschlossen werden.

Der Staat hat in der Vergangenheit in einigen Bereichen Aufgaben übernommen, die er nicht bewältigen konnte. Dies hat zu einer Diskussion um Bereiche und Gründe eines Staatsversagens geführt. Dabei wurde aber stets festgehalten, daß es auch Fälle eines Marktversagens (Kollektivgüterproblem, gravierende externe Effekte usw.) gibt, die neben normativen Überlegungen staatliche Regulierungen erfordern.

Oft ist die Frage, ob in einem bestimmten Bereich die Eingriffe des Staates notwendige Reaktionen auf Mißstände sind, oder ob sie nicht im Gegenteil diese Mißstände mit verursachen, nicht mehr einfach zu beantworten und damit heftig umstritten. Beispiele für solche Situationen findet man in der Landwirtschaft oder im Gesundheitssektor.

Staatliche Eingriffe, die auf Dauer angelegt sind, bestimmen die Rahmenbedingungen des Wirtschaftens – sei es bei der Produktion von Gütern und Dienstleistungen, bei deren marktlicher Verwertung und bei der Verteilung von Einkommen und Vermögen. In weiten Bereichen stellt der Staat selbst das Angebot bereit oder greift lenkend in Wirtschaftskreisläufe ein. Wo es aber nur darum geht, eine bestimmte, exakt spezifizierte Leistung zu erbringen, findet Wettbewerb allenfalls noch als „Kostenwettbewerb" statt. In anderen Sektoren werden Unternehmen, deren Angebote am Markt zu herrschenden Preisen nicht oder nicht mehr nachgefragt werden und deshalb aus dem Marktprozeß ausscheiden würden, mittels finanzieller Unterstützung (Subventionen) oder durch Ausschaltung der Konkurrenz (Regulierungen) von staatlicher Seite am Leben erhalten. Häufig steht dabei der Staat unter internationalem Druck, wenn andere Länder durch ihre Subventionen den Wettbewerb ebenfalls verzerren und der Wettbewerb mit Produkten und Dienstleistungen durch einen „Subventionswettbewerb" abgelöst wird. Die Tauglichkeit des Instruments unbefristeter Subventionen zur langfristigen Erhaltung von Wirtschaftszweigen muß allerdings auch in diesem Fall bezweifelt werden.

Staatliche Eingriffe in Form von Regulierungen, Abgaben und Subventionen haben in den vergangenen Jahrzehnten merklich zugenommen und zu einer wachsenden Staatsquote und Regelungsdichte geführt. Die Wirkungen all dieser Eingriffe manifestieren sich in unterschiedlichen Kostenbe- und -entlastungen: Auf der einen Seite haben sich durch staatliche Abgaben und Regulierungen u. a. die Kosten der Auflagenerfüllung, die Lohnnebenkosten und die Transaktionskosten von Staat und Wirtschaft erhöht. Auf der anderen Seite wird durch Subventionen und sonstige Transferzahlungen das System der relativen Preise ebenfalls erheblich beeinflußt. Während manche staatlichen Regulierungen und Abgaben zu einer Harmonisierung der Wettbewerbsbedingungen beitragen, führen andere eher zu einer Verzerrung bei den Kosten und Preisen, die somit nicht einmal mehr die „ökonomische Wahrheit" sprechen können. Daneben ist auf die Verzerrung des Preissystems durch nicht internalisierte Kosten (z. B. im Falle von Umweltschäden) hinzuweisen. Insgesamt haben die unterschiedlichen Belastungs- und Entwicklungswirkungen zu einer Verzerrung von Preisen und Wettbewerb zwischen den Produktionsfaktoren Arbeit, Natur und Kapital geführt. In diesem Zusammenhang ist darauf hinzuweisen, daß über die letzten 25 Jahre hinweg der Anteil der auf „Arbeit" gelegten Lasten von 45 auf 62 % stieg, hingegen der auf den Naturverbrauch fallende Anteil von 12 auf 9 % und der dem Kapital zuzurechnende von 17 auf 11 % sank. Der Anteil der gegenüber den Produktionsfaktoren „neutralen" Steuern sank von 26 auf 18 %.[9])

Die Wirkung dieser Entwicklung auf das ökonomische „System der relativen Preise" ist z. B. im Arbeitsmarkt nicht ausgeblieben. Ökonomisch betrachtet haben wir es mit einem nicht ausgeglichenen Arbeitsmarkt zu tun, sozial mit einer erheblichen Belastung der noch Erwerbstätigen, mit Steigerungen der Lohnnebenkosten, die sich auch aus Arbeitslosigkeit ergeben, und ökologisch gleichzeitig mit einer Übernutzung der Natur.

Eine Debatte über eigene Nachhaltigkeitsregeln der Fachpolitiken wäre angesichts der Problemlage angebracht: Sie müssen die wichtigsten eigenen Entscheidungsfelder erst bestimmen und dann bearbeiten, mit denen ein in Richtung einer nachhaltig zukunftsverträglichen Entwicklung wirkendes System der relativen Preise herbeigeführt werden kann. Die Wirtschaftssubjekte brauchen eine langfristig wirksame Orientierung auf eine nachhaltig zukunftsverträgliche Entwicklung für ihr Verhalten im Wettbewerb und bei der Effizienzsteigerung.

Welche Nachhaltigkeitserwägungen müßten die Verkehrspolitik, die Landwirtschaftspolitik, die Wirtschaftspolitik, die Finanzpolitik bestimmen? Und ebenso wichtig ist: Welche staatlich garantierte Infrastruktur, z. B. für Verkehr oder für Bildung und Forschung, soll überhaupt nicht oder nur geringfügig vom Preismechanismus gesteuert werden? Das wäre die Belohnung für Beiträge zur Herstellung solidarischen und kenntnisreichen Verhaltens im Interesse der Idee einer nachhaltig zukunftsverträglichen Entwicklung.

Damit die Gesellschaft und die Verteilungswirkungen der Wirtschaft als gerecht empfunden werden, sind langfristig wirkende Ordnungsrahmen notwendig, die ohne Regelung im Einzelfall Gerechtigkeit bewirken. Daneben muß der Rechtsstaat ohne Überstrapazierung auch Einzelfälle nach allgemeinen Regelungen überprüfbar und entscheidbar machen. Auch seine Nachhaltigkeit gilt es zu bedenken!

Gleichzeitig sinkt die gesellschaftliche Akzeptanz staatlicher Regulierung und Vorschriften: Schwarzarbeit, illegale Beschäftigung, Steuerhinterziehung oder resignativer Rückzug vom Arbeitsmarkt sind heute allgegenwärtige Symptome in unserer Volkswirtschaft dafür, daß die Staatlichkeit an ihre Grenzen gestoßen ist.

---

[9]) Vgl. UBA (1997 a) 290; Görres u. a. (1994) 117

Es ist notwendig, die Ziele, die seit langem bekannt sind, und die im Rahmen der sozialen Marktwirtschaft angestrebt werden sollen, ernsthafter und konsequenter zu verfolgen, um sowohl die Markt- und Wettbewerbsbedingungen als auch die soziale Akzeptanz dieser Ordnung zu erhalten und zu verbessern. Es scheint auch notwendig zu sein, die Rückbesinnung auf grundlegende Gesetze der Ordnungspolitik (z. B. Gesetz gegen Wettbewerbsbeschränkungen) und auf das grundlegende Gesetz der Prozeßpolitik (Stabilitäts- und Wachstumsgesetz) einzufordern. Die dynamischen Wettbewerbsfunktionen müssen vor allem im Hinblick auf eine zunehmende Wettbewerbsintensität im europäischen Binnenmarkt gestärkt werden.

Hinter diesen grundlegenden Gesetzen stehen in der sozialen Marktwirtschaft Ziele wie Frieden, Freiheit, Gerechtigkeit, Sicherheit und Wohlstand. Marktwirtschaft ist nicht Selbstzweck. Sie muß im Dienst der Bedürfnisse des Menschen stehen. Die Rahmenbedingungen des Wirtschaftens werden durch die Notwendigkeit des Einfügens in die uns umgebenden Ökosysteme und die Notwendigkeit eines sozialen Ausgleichs gegeben. In diesem Rahmen geht es darum, Bedingungen zu schaffen, die eine möglichst effiziente Allokation von Gütern und Dienstleistungen auf hohem Niveau gewährleisten.

Die Rahmenbedingungen des Wirtschaftens werden auf den nationalen und internationalen Arbeits-, Finanz-, Kapital-, und Gütermärkten durch die natürlichen, gesellschaftlichen, institutionellen, rechtlichen und technischen Gegebenheiten beschrieben. Bei der ökonomischen Zielsetzung geht es darum, Bedingungen zu schaffen und zu erhalten, die ein möglichst gutes Versorgungsniveau hervorbringen können. Zentrale Zielsetzung ist folglich die Sicherstellung von Rahmenbedingungen und Systemeigenschaften, die ein effizientes Wirtschaften fördern – weniger die Formulierung eines bestimmten Versorgungsniveaus.

Die grundsätzliche Ausrichtung gesamtwirtschaftlicher Zielsetzungen ist damit die Schaffung und Erhaltung der Effizienz von Interaktionsprozessen. Die in den meisten Industrieländern festgelegte Markt- und Wettbewerbsordnung ist letztlich grundsätzlich darauf angelegt, die Herausbildung von Preisen einem durch Markt und Wettbewerb institutionalisierten Verfahren zu überlassen. Die der regulativen Idee der Nachhaltigkeit innewohnende Vorstellung eines Such- und Lernprozesses findet im Wettbewerb der Marktwirtschaft ihre ökonomische Ausprägung. Die Allokation der Ressourcen, ihre Zuordnung auf die verschiedenen Verwendungen an den geeigneten Standorten mit den effizientesten Verfahren, wird als die eigentliche Aufgabe der Marktsteuerung gesehen.

Ein funktionierender Wettbewerb ist schließlich die Voraussetzung für die Entstehung von Innovationen im weitesten Sinne, was sich schon aus der Definition des Wettbewerbs als Organisation eines dynamischen Suchverfahrens ergibt. Diese dynamische Anreizfunktion wirkt im Suchprozeß der nachhaltig zukunftsverträglichen Entwicklung, da sie Innovationen hin zu einer besseren Befriedigung menschlicher Bedürfnisse (neue Techniken, neue Organisation, höheres Niveau etc.) zu fördern vermag. Die Erhaltung der Leistungsfähigkeit und die damit verbundene innovatorische Kapazität des ökonomischen Systems ist eine notwendige, wenn auch nicht hinreichende Bedingung zur Erreichung makroökonomischer Zielsetzungen.

Die Erhaltung und nachhaltige Sicherung der Wettbewerbs- und Marktfunktionen ist somit ein unverzichtbares Zwischenziel zur Erreichung gesellschaftlicher Ziele, denen die Wirtschaft zu dienen hat. Unter dieser Prämisse gilt es, ökonomische Qualitätsziele zu beschreiben. Ökonomische Qualitätsziele sollen langfristig angestrebte, am Leitbild der nachhaltig zukunftsverträglichen Entwicklung und damit am Ziel der Erhaltung der Funktionsfähigkeit der ökonomischen Systeme orientierte Eigenschaften beschreiben. Im Hinblick auf die fundamentalen Funktionen der Märkte sind diese Qualitätsziele mit Blick auf die Wettbewerbsregeln, die die Wettbewerbsintensität bestimmen, und im Hinblick auf die Marktfunktionen zu definieren. Außerdem ist der notwendige Umfang sog. konstitutiver staatlicher Maßnahmen für das Marktgeschehen, die auch das grundsätzliche Ausmaß an Dezentralität der Entscheidungs- und Bewertungsstrukturen festlegen, zu bestimmen. Dabei muß es der staatlichen Autorität immer unbenommen bleiben, aus übergeordneten Gründen des Gemeinwohls direkt in die Märkte einzugreifen.

Ökonomische Handlungsziele geben Schritte an, die notwendig sind, um die in ökonomischen Qualitätszielen beschriebenen Zustände und Eigenschaften der ökonomischen Dimension der Nachhaltigkeit zu erreichen. Dazu bedarf es überprüfbarer Ziele und einer Übereinkunft über die Kriterien, die Aussagen über den Grad der Zielerreichung erlauben. Handlungsziele orientieren sich primär an den Rahmenbedingungen, die über die Qualität der Wettbewerbs- und Marktprozesse entscheiden.

Eine weitere Operationalisierung und Quantifizierung ökonomischer Ziele kann nur vor dem Hintergrund der nachfolgend dargestellten ökonomischen Handlungsprinzipien der Nachhaltigkeit („grundlegende Regeln“) sowie einer konkret vorliegenden Problemkonstellation erfolgen.

Soziale Ziele

Soziale Stabilität und individuelle Freiheit sind unverzichtbare Pfeiler für eine nachhaltig zukunftsverträgliche Entwicklung. Solidarität bestimmt den Kern unseres Sozialstaatsverständnisses und hat unsere Gesellschaft sozial, wirtschaftlich und kulturell gestaltet. Solidarität ist für eine nachhaltig zukunftsverträgliche Entwicklung weit mehr als karitative Hilfe der Starken für die Schwachen, sondern gewährleistet gleiche, gerechte Entwicklungschancen für alle Menschen. Solidarität ist damit die Voraussetzung individueller Freiheit und Entwicklung für die Mehrheit der Menschen und keine Selbstverständlichkeit, auf die man aufgrund gleicher Lebenslagen, gleicher sozialer Herkunft und gleicher kultureller Bedingungen bauen kann. Sie ist stärker als früher Ergebnis von Einsicht, die geweckt und gestärkt werden muß. Gemeinsam verabredete und auf Solidarität gründende Regeln sind und bleiben Voraussetzung für Individualität und Selbstentfaltung.

Solidarität und soziale Gerechtigkeit sind die Voraussetzung für die Freiheit des einzelnen. Eine gesellschaftliche Ordnung, die die freie Entfaltung der Persönlichkeit als Grundrecht anerkennt, muß demnach dafür sorgen, daß größtmögliche Handlungs- und Entscheidungsfreiräume für jeden eröffnet werden. Die individuellen Entfaltungsräume sind dort begrenzt, wo die Handlungsspielräume anderer Individuen in ihren Grundrechten bedroht und/oder verletzt werden oder gesellschaftliche Grundwerte bedroht sind. Die Gesellschaft braucht insofern eine die Freiheit definierende Ordnung, die jedes Individuum in die Lage versetzt, seine Lebensplanungen in Abhängigkeit von seiner Leistungsfähigkeit frei zu gestalten. Ist es dabei Risiken ausgesetzt, deren Auswirkungen es nicht allein überblicken bzw. bewältigen kann, bedarf es übergeordneter Institutionen, die diese Risiken auffangen.

> „Der auf diese Weise angewachsene Bestand an gesetzlichen und vertraglichen Regelungen mit sozialpolitischer Zielsetzung sowie die auf ihrer Grundlage errichteten Institutionen bilden in ihrer Gesamtheit die Sozialordnung eines Staates. Sie formuliert die Regeln, nach denen der einzelne zum Erreichen der sozialen Ziele beizutragen hat, weist den gesellschaftlichen Gruppen die ihnen obliegenden sozialpolitischen Aufgaben zu und grenzt schließlich den Einflußbereich des Staates gegenüber den individuellen Freiheitsräumen ab. In der bestehenden Sozialordnung finden die als verbindlich anerkannten gesellschaftlichen Wertvorstellungen ihren Ausdruck.“ [10])

Eine nachhaltig zukunftsverträgliche Entwicklung gestaltet sich als ein gesellschaftlicher Such-, Lern- und Entscheidungsprozeß, der von permanenten, dynamischen wirtschaftlichen und strukturellen Veränderungen begleitet ist. Gerade die soziale Dimension der Nachhaltigkeit steht in ihrer Entwicklung angesichts der sich ständig verändernden Rahmenbedingungen unter besonderem Druck. Die Bedeutung sozialer Probleme wird in den nächsten Jahren weiter zunehmen. [11]) Weil aber soziale Stabilität sowohl für das Individuum als auch für die Gemeinschaft unverzichtbar ist, liegt das Wesen der sozialen Dimension in ihrer Schutzfunktion und der Umsetzung von gesellschaftlich determinierten Gerechtigkeitsvorstellungen und -zielen und damit im sozialen Ausgleich. Soziale Gerechtigkeit und soziale Sicherheit sind verfassungsrechtlich garantierte Güter. Ihre „Bereitstellung“ ist darauf ausgerichtet, allen Mitgliedern der Gesellschaft menschenwürdige Lebensbedingungen zu ermöglichen und zu erhalten. Soziale Zielsetzungen geben der sozialen Dimension der Nachhaltigkeit in ihrer weiteren Entwicklung eine Orientierung und bestimmen, z. B. in Form verfassungsrechtlicher Grundrechte eine erste Stufe qualitativer und normativer Vorgaben. Soziale Ziele legen Pflichten und Rechte fest, die aus dem Gemeinschaftsleben erwachsen. Über die Sicherung eines gesellschaftlich anerkannten und verfassungsrechtlich garantierten Grundbedarfs hinaus (z. B. Wohnen) geht es insbesondere um die

---

[10]) Kath (1988) 403

[11]) Vgl. Enquete-Kommission „Schutz des Menschen und der Umwelt“ (1994) 61

Herstellung und Sicherung von Gesundheit, Erwerbsfähigkeit und -möglichkeit, Bildungs- und Ausbildungschancen, Arbeitsbedingungen, Altersversorgung und um die Einkommens- und Vermögensverteilung als Anhaltspunkte für die Ermittlung sozialer Qualitätsziele.

Problematisch ist bei dieser Entwicklung vor allem die Tatsache, daß in immer größerem Ausmaß von der Verschuldung des Staates bei seinen Bürgern Gebrauch gemacht wurde. Bei weiterhin steigenden Anforderungen an das soziale Sicherungssystem aufgrund der sozialökonomischen Entwicklung läuft die gegenwärtige Sozialordnung Gefahr, sich ihrer Grundlagen zu berauben. Gesellschaftliche Krisen sind sogar zu erwarten, sollten die den sozialen Zielen zugrundeliegenden Sozialnormen Gerechtigkeit, Sicherheit und Frieden (weiter) erodieren: Die Gräben zwischen den gesellschaftlichen Gruppen, die mit ihren Beiträgen die Sozialordnung finanzieren, und denjenigen, die daraus Zuwendungen erhalten, werden immer tiefer. Auch der Generationenkonflikt erhält dadurch eine neue Dimension. Kommen heute geborenen Generationen noch knapp 80 % ihres Lebenseinkommens selbst zugute, werden nachfolgende Generationen bei unveränderten Rahmenbedingungen von über der Hälfte ihres Einkommens nicht mehr unmittelbar selbst profitieren können. Immer größere Teile der Gesellschaft werden somit auf staatliche Hilfe angewiesen sein.

Das Konzept des „Generational Accounting“

In ihrem Monatsbericht vom November 1997 hat die Deutsche Bundesbank den finanzpolitischen Kurs Deutschlands mit Hilfe des Konzepts des „Generational Accounting“ auf den Prüfstand gestellt. Danach wird unter der Berücksichtigung der Bevölkerungsentwicklung und anderer Rahmendaten untersucht, wie sich die augenblickliche Finanz- und Sozialpolitik als Belastung für unterschiedliche Altersgruppen niederschlägt. Der Bericht kommt zu folgendem Ergebnis:

„Die hier vorgenommenen Untersuchungen zeigen unter den angeführten Vorbehalten auf, daß die Beibehaltung der finanz- und sozialpolitischen Bedingungen des Jahres 1996 zukünftigen Generationen erdrückende Lasten aufbürden würde. Zwar sind bereits einige Maßnahmen ergriffen worden, um diese intergenerative Umverteilung zu reduzieren (...) Dennoch machen die gefundenen Ergebnisse deutlich, daß weitere Konsolidierungsanstrengungen nicht nur kurz- und mittelfristig, sondern vor allem auch unter langfristigen Aspekten dringend notwendig sind. (...) Die aktuelle Konsolidierung darf dabei angesichts der jetzt schon bestehenden hohen Belastungen künftiger Generationen nicht mit der Verschiebung von finanziellen Problemen in die Zukunft verbunden sein.“ [12])

---

[12]) Deutsche Bundesbank (1997) 30

Im Spannungsfeld zwischen den Bedürfnissen der Menschen nach Individualität und Solidarität muß das soziale Rahmengefüge im Hinblick auf seine ureigenen Zielsetzungen neu überdacht werden. Die Unterstützung durch die Solidargemeinschaft und eine finanzierbare Sozialpolitik sind erforderlich, um denjenigen zu helfen, die nicht oder noch nicht am Produktionsprozeß teilnehmen können, und um ihnen den notwendigen Schutz zukommen zu lassen oder aber Nachteile auszugleichen. Auf der anderen Seite darf die Finanzierung dieses Schutzes die Gestaltungsfreiheit des einzelnen auf Dauer nicht über Gebühr einengen. Nur beides zusammen kann gewährleisten, daß eine Sozialordnung dauerhaft ist.

Die in den sozialen Zielen beschriebenen und zu beschreibenden Werte und Normen sind in Form sozialer Qualitätsziele zu konkretisieren und zu operationalisieren. Sie beschreiben, ausgehend von einem identifizierten sozialen Problembereich, (langfristig) angestrebte Zustände oder Eigenschaften der sozialen Dimension der Nachhaltigkeit bezogen auf das soziale System und die sozialen Rechte und Pflichten des Individuums. Qualitätsziele streben als – über den politischen Diskurs ermittelter Konsens – quantitative oder qualitative politische Vorgaben im Sinne gesamtgesellschaftlicher Verabredung eine Erhaltung oder Veränderung konkreter Eigenschaften oder Zustände sozialer Systeme auf globaler, regionaler und lokaler Ebene an. Orientierung und Grundlage für die Erarbeitung von sozialen Qualitätszielen ist der verfügbare Erkenntnisstand über gesellschaftliche Wertvorstellungen und ihre Entwicklung.

Soziale Handlungsziele geben die Schritte an, die notwendig sind, um die in den sozialen Qualitätszielen beschriebenen Zustände oder Eigenschaften der sozialen Dimension der Nachhaltigkeit zu erreichen. Dazu bedarf es der Formulierung überprüfbarer Ziele, die sich an den sozialen Problemlagen orientieren, bei gleichzeitiger Festlegung der Kriterien, die das Erreichen der Ziele bestimmen. Bei der Formulierung der dazugehörigen Zeitvorgaben sind die ökonomischen und ökologischen Rahmenbedingungen und Nebenwirkungen zu beachten.

Lebenslange Lernbereitschaft und ein hohes Maß an Lernfähigkeit sind notwendig, um sich an verändernde Strukturen anzupassen und Grundbedingungen für eine zukunftsfähige Gesellschaft zu schaffen. Erziehung, Bildung und Forschung sind daher wesentliche Stützen der Zukunftssicherung. Familien- und Bildungspolitik gehören zu den wichtigsten sozialen Aufgaben, um die Herausforderung der Globalisierung und des demographischen Wandels zu bestehen.

Die Gesellschaft des 21. Jahrhunderts wird mehr denn je darauf angewiesen sein, soziale, intellektuelle, kreative und kooperative Fähigkeiten und Fertigkeiten zu entfalten. Materielle Ressourcen müssen durch Erweiterung des Wissensbestandes ersetzt werden.

Die Wertevermittlung im Bildungssystem, im privaten Bereich und in der durch die modernen Medien geprägten Öffentlichkeit, auch durch Selbstbeschränkung und Vorbild, muß verbessert werden. Die derzeitige Bildungspolitik im Zusammenspiel von Bund und Ländern muß die Anpassung an neue Methoden und veränderte Rahmenbedingungen fördern.

Alle Mitglieder der Gesellschaft sollen ihren Beitrag für eine solidarische und langfristige Stabilisierung unseres Gemeinwesens leisten können. Notwendig ist eine umfassende Überprüfung der Staatseingriffe in das Leben des einzelnen, eine Reform der umlagefinanzierten Systeme sozialer Sicherung, der Aus-, Weiter- und Fortbildung sowie die Stärkung kleiner gesellschaftlicher Einheiten.

2.2.2 Ökologische, ökonomische und soziale Dimension

Das Leitbild verlangt in kürzester Form, nicht auf Kosten der Enkel und Urenkel zu leben. In dieser Forderung kommt der Zusammenhang der ökonomischen, sozialen und ökologischen Dimension unmittelbar zum Ausdruck. Staatliche und private Verschuldung, denen keine Zukunftsinvestitionen gegenüberstehen, Egoismen politischer und wirtschaftlicher Machteliten, Verteidigung sozialer Besitzstände, mangelnde Anpassungsfähigkeit des Bildungs- und Ausbildungssystems verletzen das Nachhaltigkeitsgebot ebenso wie die Beeinträchtigung der natürlichen Lebensgrundlagen oder des Erdklimas. Alle genannten Beispiele belasten zukünftige Generationen.

Im Sinne des Leitbildes der nachhaltig zukunftsverträglichen Entwicklung gilt es deshalb, zukünftigen Generationen zumindest die gleichen Lebenschancen zu bewahren. Dies umfaßt neben dem Erhalt des natürlichen Kapitals die Weitergabe von Sach- und Humankapital. Das institutionelle Kapital, d.h. die Ausgestaltung der Rahmenbedingungen für das Leben des einzelnen und der Gesellschaft als Ganzes, muß in einer sich dynamisch verändernden Gesellschaft, in einem sich verändernden globalen Umfeld weiterentwickelt werden. Individuelle Freiheit, Freiräume zur Entfaltung und Weltgestaltung, gesellschaftliche Solidarität, Schutzräume durch soziale Sicherung und die Bewahrung der natürlichen Lebensgrundlagen gehören zu den elementaren Bestandteilen einer nachhaltig zukunftsverträglichen Entwicklung.

Die Veränderung der Natur, die gesellschaftliche, technische und wirtschaftliche Entwicklung treten als treibende Kräfte in den drei betrachteten Dimensionen in den Vordergrund. Die Einflußnahme des Staates in einer ökologischen und sozialen Marktwirtschaft muß darauf gerichtet sein, diese Kräfte in gesellschaftlich akzeptierte Richtungen zu lenken, d. h. auf demokratischer Basis Erhaltenswertes zu definieren und zu schützen, aber auch Neues in seiner Entstehung zu fördern und Veränderungen zuzulassen. Mit dem Erhalt und der Anpassung von Demokratie, sozialer Marktwirtschaft, Tarifautonomie usw. sollen Chancen und Gestaltungsfreiräume für die eigene Entwicklung zukünftiger Generationen in ökologischer, ökonomischer und sozialer Hinsicht eröffnet und gewahrt werden. Der Weg einer nachhaltig zukunftsverträglichen Entwicklung liegt im Spannungsfeld zwischen Bestandswahrung und Erneuerung.

Damit sind Ansätze und Grundlagen für ein integratives Vorgehen im Rahmen einer Nachhaltigkeitsstrategie bereits angedeutet. Um die gesellschaftliche Entwicklung mit den drei Bereichen Ökologie, Ökonomie und Soziales in Richtung zu mehr Nachhaltigkeit zu bringen, bedarf es jedoch konkreterer, gleichsam allgemein gültiger „Richtschnüre" oder „Handlungsmaximen", deren Befolgung dabei helfen kann, den richtigen Kurs einzuschlagen. Dabei ist ein Aspekt von besonderer Bedeutung: das Bewußtsein der eigenen Grenzen bzw. sich verschiebender Bedingungen. Am Ende kommt man bei der Gestaltung gesellschaftlicher Prozesse selten dort an, wohin man wollte – und wenn doch, hat das ursprüngliche Ziel seine Bedeutung geändert, hat der Weg selbst mit seinen Stationen und Umwegen längst die Perspektiven verschoben, neue Horizonte geschaffen. Notwendig ist deshalb die Offenheit der Suchprozesse, damit Versuch und Irrtum einander ablösen und einmal gesetzte Ziele revidiert werden können, wenn sie sich als Irrtum erweisen. Die Formulierung von ökologischen, ökonomischen und sozialen Zielen darf nicht zur Lähmung und Handlungsunfähigkeit der Gesellschaft führen.

Bereits in der 12. Legislative des Deutschen Bundestages hat die Enquete-Kommission solche Handlungsmaximen aus primär ökologischem Antrieb heraus vorgeschlagen. In der aktuellen Diskussion der Enquete-Kommission tauchte jedoch immer wieder die Frage auf, ob diese ausreichen, um das Leitbild der nachhaltig zukunftsverträglichen Entwicklung in einem ersten Schritt zu operationalisieren bzw. einer Operationalisierung zuzuführen. Es überwog schließlich die Ansicht, daß man nicht umhin könne, ähnliche grundlegende Regeln auch für die ökonomischen und sozialen Entwicklungen („driving forces") vorzuschlagen. Die Kommission ist sich bewußt, daß sie die Diskussion solcher Regeln mit ihrer Arbeit erst anstoßen kann und die hierfür notwendige fachliche Debatte der Wirtschafts- und Sozialwissenschaften noch in den Anfängen steckt.

Die Kommission ist sich darüber hinaus bewußt, daß dieses Thema nicht den Fachpolitiken allein überantwortet werden sollte, sondern daß eine nachhaltig zukunftsverträgliche Entwicklung integrales Ziel des Regierungshandelns sein muß. Sie weiß, daß sie mit diesem Anliegen von der politischen Realität weit entfernt ist. Gleichwohl sieht sie nur darin einen gangbaren Weg, um das Leitbild der nachhaltig zukunftsverträglichen Entwicklung breit zu verankern, anstatt es zur Zuständigkeit nur eines Politikbereichs zu deklarieren.

Die Betrachtung der drei Dimensionen und ihrer aus Sicht der Enquete-Kommission grundlegenden Handlungserfordernisse erfolgt zunächst unabhängig voneinander. In einem weiteren Abschnitt soll der Versuch einer Integration der drei Dimensionen dargestellt werden.

Ökologische Dimension der nachhaltig zukunftsverträglichen Entwicklung

Ökosysteme sind durch das Wirken des Menschen heute praktisch alle anthropogen beeinflußt oder geformt. Mit Stoffeinträgen, der Nutzung für landwirtschaftliche Produktion, der Gestaltung der Siedlungs- und Verkehrsfläche, mit touristischen Nutzungen und vielem anderen mehr hat der Mensch die Erde seinen Bedürfnissen entsprechend geformt. Jeder Eingriff hat dabei zu einer mehr oder weniger drastischen Veränderung von Ökosystemen geführt. Viele dieser Veränderungen sind inzwischen so groß, daß sie die derzeitigen und noch mehr die zukünftigen Nutzungsmöglichkeiten beeinträchtigen und damit das Ziel der nachhaltig zukunftsverträglichen Nutzung gefährden oder praktisch sogar unmöglich machen. Indikatoren für diese Veränderungen sind das Verschwinden vieler Tier- und Pflanzenarten oder auch das Verschwinden ganz bestimmter Biotoptypen.

Die Umwelt nimmt für den Menschen vielfältige Funktionen wahr. Sie entwickelt sich scheinbar in Kreisläufen. Diese Kreisläufe sind jedoch nicht geschlossen. Sowohl die natürlichen Rahmenbedingungen als auch die Stoffströme selbst verändern sich. Aufgrund der laufenden Veränderung durch die eigene Entwicklungsdynamik als auch durch menschliche Eingriffe gibt es keine eindeutigen Bezugspunkte, die es erlauben würden wissenschaftlich zu entscheiden, was optimale Umweltzustände sind. Einzelne Arten sterben aus – neue Arten entstehen, je nachdem wie sich die Lebensbedingungen gestalten. Dabei verändern sich in einem Ökosystem die Lebensumstände auch dadurch, daß sich einzelne Arten und das Artengefüge dauernd verändern.

Der Bewahrung der Artenvielfalt sowie einzelner Arten, die im Zuge menschlicher Umweltnutzung zu verschwinden drohen, sowie dem Erhalt aller Arten und Biotoptypen widmet sich u. a. der Umwelt- und Naturschutz. Angesichts immer umfassenderer Eingriffe des Menschen in die Ökosysteme sollen unerwünschte Einflüsse auf deren Entwicklung begrenzt werden. So werden z. B. Biotope zum Erhalt bestimmter Arten geschützt oder angelegt, Schutzgebiete ausgewiesen und andere Arten von Nutzungsbeschränkungen der Umwelt durchgesetzt.

Es gilt, die Belastbarkeit der Ökosysteme nicht zu überschreiten, die natürlichen Lebensgrundlagen zu erhalten und die Gesundheit des Menschen zu schützen. Damit ist der schonende Umgang mit Ressourcen ebenso erfaßt, wie der verantwortliche Umgang mit globalen und lokalen Senken, die räumliche Verteilung von Stoffen in der Umwelt und die möglichen humantoxischen und ökotoxischen Folgen, die auf anthropogene Risiken zurückgehen. Dem entspricht der Handlungs- und Gestaltungsauftrag des Artikels 20a GG, der den Staat ausdrücklich zum Schutz der natürlichen Lebensgrundlagen, auch in Verantwortung für künftige Generationen verpflichtet.

Vor diesem Hintergrund hat die Enquete-Kommission „Schutz des Menschen und der Umwelt“ des 12. Deutschen Bundestages vier grundlegende Regeln zum Management von Stoffströmen formuliert. Die fünfte Regel wurde vom Sachverständigenrat für Umweltfragen (SRU)[13]) eingeführt, um dem „Aspekt der Risikovorsorge im Blick auf die Wahrung des Lebens und der Gesundheit des Menschen in Gegenwart und Zukunft“ Rechnung zu tragen.

---

[13]) Vgl. SRU (1994)

1. **Die Abbaurate erneuerbarer Ressourcen soll deren Regenerationsrate nicht überschreiten. Dies entspricht der Forderung nach Aufrechterhaltung der ökologischen Leistungsfähigkeit, d.h. (mindestens) nach Erhaltung des von den Funktionen her definierten ökologischen Realkapitals.**

2. **Nicht-erneuerbare Ressourcen sollen nur in dem Umfang genutzt werden, in dem ein physisch und funktionell gleichwertiger Ersatz in Form erneuerbarer Ressourcen oder höherer Produktivität der erneuerbaren sowie der nicht-erneuerbaren Ressourcen geschaffen wird.**

3. **Stoffeinträge in die Umwelt sollen sich an der Belastbarkeit der Umweltmedien orientieren, wobei alle Funktionen zu berücksichtigen sind, nicht zuletzt auch die „stille" und empfindlichere Regelungsfunktion.**

4. **Das Zeitmaß anthropogener Einträge bzw. Eingriffe in die Umwelt muß im ausgewogenen Verhältnis zum Zeitmaß der für das Reaktionsvermögen der Umwelt relevanten natürlichen Prozesse stehen.**

5. **Gefahren und unvertretbare Risiken für die menschliche Gesundheit durch anthropogene Einwirkungen sind zu vermeiden.**

Die ersten vier grundlegenden Regeln stellen vor allem auf die Funktionsfähigkeit des Naturhaushaltes sowie die Nutzungsfähigkeit von Naturgütern ab. Die fünfte Regel knüpft zugleich an den ersten Grundsatz der Rio-Deklaration[14]) und an den Bericht der Enquete-Kommission der 12. Legislaturperiode, in dem die menschliche Gesundheit als wichtiges Kriterium für ökologisches Handeln angegeben wird. Auch im Entwurf der Unabhängigen Sachverständigenkommission zum Umweltgesetzbuch[15]) wird der Grundsatz in § 5 „Vorsorgeprinzip" genannt.

Daneben existieren weitere Ziele, etwa das, die Natur so zu schützen, zu pflegen und zu entwickeln, daß die Pflanzen- und Tierwelt sowie die Vielfalt, Eigenart und Schönheit von Natur und Landschaft als Lebensgrundlagen des Menschen nachhaltig gesichert sind.

Ökonomische Dimension der nachhaltig zukunftsverträglichen Entwicklung

Wirtschaften hat die übergeordnete Funktion, knappe Güter mit möglichst geringen Kosten der Verwendung mit der höchsten Wertschätzung zukommen zu lassen: So sollen die verfügbaren Ressourcen an Arbeitskraft und natürlicher Produktivität so eingesetzt werden, daß eine bestmögliche Versorgung der Bevölkerung mit Gütern und Dienstleistungen erreicht wird. Alle vorhandenen Produktionsfaktoren sollen ihrer produktivsten Verwendung zugeführt werden.

---

[14]) „Die Menschen stehen im Mittelpunkt der Bemühungen um eine nachhaltige Entwicklung. Sie haben das Recht auf ein gesundes und produktives Leben im Einklang mit der Natur." BMU (1993)

[15]) Vgl. BMU (1997 e)

Konstituierend für das System der sozialen Marktwirtschaft ist das dezentrale Entscheidungssystem der Märkte mit dem Wettbewerb als Motor wirtschaftlicher Entwicklung, die sich vor allem im Spannungsfeld zwischen freiem Unternehmertum (Artikel 2 Abs. 1 GG), Berufsfreiheit (Artikel 12 GG), Koalitionsfreiheit (Artikel 9 Abs. 3 GG) und Sozialpflichtigkeit des Eigentums (Artikel 14 Abs. 2 GG) vollzieht. Gleichwohl hoben deren geistige Väter den unlösbaren Zusammenhang zwischen freien Märkten und einer funktionsfähigen Rahmenordnung hervor, die den Wettbewerb in gesellschaftlich erwünschte Bahnen lenken soll. Damit marktwirtschaftliche Ordnungen auf Dauer erhalten werden können, müssen „selbstzerstörerische" Kräfte neutralisiert werden. So können freie Marktprozesse dazu führen, daß Wettbewerb ausgeschaltet wird und sich Oligopole oder Monopole bilden. Um damit verbundene negative Auswirkungen zu unterbinden, muß wohlbegründet in die Marktstrukturen oder die Marktergebnisse eingegriffen werden.

Die Vernachlässigung sozialer und ökologischer Belange ist eine mögliche unerwünschte Nebenwirkung der Vorteile, die mit einem freien Wettbewerb einhergehen. Auch hier sind Korrekturen durch entsprechende Interventionen des Staates notwendige Bedingung für die Erhaltung der Verhältnisse für alles Wirtschaften. Was auf den ersten Blick wie eine Einschränkung ökonomischer Freiheiten anmutet, ist auf lange Sicht die nachhaltige Sicherung freier Marktprozesse. Insofern ist auch aus „puristisch" ökonomischer Sicht die ökologische und soziale Marktwirtschaft eine Notwendigkeit, um moderne Marktwirtschaften überlebensfähig zu machen.

Grundlegend für die soziale Marktwirtschaft ist zugleich die Idee der sozial verantworteten Freiheit, der „gerecht" entlohnten Leistung, des funktionsfähigen Wettbewerbs und der individual-ethisch gesicherten Eigenverantwortung, mit der übergeordnete Ziele wie soziale Gerechtigkeit, Solidarität und soziale Sicherung in Übereinstimmung gebracht werden sollen. Märkte werden durch verschiedenste institutionelle Regelungen organisiert. Als Mindestanforderungen sind hierbei die Definition von Eigentums- und Nutzungsrechten und des Vertragsrechts zu nennen. Staatliche Regulierungen sollen an dieser Stelle dazu dienen, den Markt in den Bereichen, in denen er nur unzureichend bzw. gar nicht in der Lage ist, Güter und Dienstleistungen zur Befriedigung menschlicher Bedürfnisse bereitzustellen, zu begrenzen, zu korrigieren und zu ergänzen.

Die unbeschränkte Haftung der Eigentümer für durch die unternehmerische Tätigkeit entstandene Schäden wäre eigentlich in der sozialen Marktwirtschaft die Kehrseite des Privateigentums an Produktionsmitteln. Um Investitionen nicht von vornherein zu verhindern, wird sie in vielen Fällen beschränkt. Transparenz und eine verläßliche Kontrolle treten daher zum Schutze von Allgemeinheit und Arbeitnehmern in den Vordergrund.

Der Wettbewerb zwischen Unternehmen auf funktionierenden Märkten läßt die Effizienz wirtschaftlicher Entwicklung in den Vordergrund treten. Technischer und organisatorischer Fortschritt führen dazu, daß Produkte ihre Funktionen in verbesserter Form erfüllen, Unternehmen ihre Marktpositionen durch verbesserte Produktionsabläufe mit geringerem Einsatz an Produktionsfaktoren erobern, neue Produkte entwickelt und vermarktet werden. Arbeitsteilung und Spezialisierung ermöglichten im Zusammenspiel mit dem technischen Fortschritt die Steigerung der produzierten Menge an Gütern und Dienstleistungen bzw. eine effizientere Anpassung an neue Knappheiten als Voraussetzung für einen steigenden Wohlstand.

Im Wettlauf um die Wertschätzung durch die Konsumenten wachsen Unternehmen, schrumpfen sie, entstehen neue Unternehmen, andere scheiden aus dem Markt aus, je nachdem inwieweit sie bereit und in der Lage sind, sich an die sich verändernden Marktstrukturen anzupassen. Dabei lassen sich zwei grundsätzliche Wirkungen des Wettbewerbs unterscheiden: Zum einen wirkt er darauf hin, Produkte und Dienstleistungen kostengünstiger bereitzustellen, zum anderen löst er Anreize für neue Ideen, Organisationsformen, Produkte und Dienstleistungen aus.

Vor diesem Hintergrund schlägt die Enquete-Kommission als Anregung für die weitere Diskussion in und mit den entsprechenden Fachgebieten nachstehende, noch nicht abschließend diskutierte Regeln vor, die aus ökonomischer Sicht der Nachhaltigkeit beachtet werden sollten.

1. **Das ökonomische System soll individuelle und gesellschaftliche Bedürfnisse effizient befriedigen. Dafür ist die Wirtschaftsordnung so zu gestalten, daß sie die persönliche Initiative fördert (Eigenverantwortung) und das Eigeninteresse in den Dienst des Gemeinwohls stellt (Regelverantwortung), um das Wohlergehen der derzeitigen und künftigen Bevölkerung zu sichern. Es soll so organisiert werden, daß es auch gleichzeitig die übergeordneten Interessen wahrt.**

2. **Preise müssen dauerhaft die wesentliche Lenkungsfunktion auf Märkten wahrnehmen. Sie sollen dazu weitestgehend die Knappheit der Ressourcen, Senken, Produktionsfaktoren, Güter und Dienstleistungen wiedergeben.**

3. **Die Rahmenbedingungen des Wettbewerbs sind so zu gestalten, daß funktionsfähige Märkte entstehen und aufrechterhalten bleiben, Innovationen angeregt werden, daß langfristige Orientierung sich lohnt und der gesellschaftliche Wandel, der zur Anpassung an zukünftige Erfordernisse nötig ist, gefördert wird.**

4. **Die ökonomische Leistungsfähigkeit einer Gesellschaft und ihr Produktiv-, Sozial- und Humankapital müssen im Zeitablauf zumindest erhalten werden. Sie sollten nicht bloß quantitativ vermehrt, sondern vor allem auch qualitativ ständig verbessert werden.**

Vordringliches Ziel dieser Handlungsanleitungen ist die Minderung von Knappheiten, der sich die Menschen ausgesetzt sehen, sowie die Erhöhung des Wohlstandes. Die ökonomische Dimension, verstanden als durch Menschen gesetzte Rahmenordnung, kennt ökonomische Ziele wie statische oder dynamische Effizienz nicht als Selbstzweck, da hinter diesen Zielen immer soziale und ökologische Ziele stehen, die unter dem Begriff des Gemeinwohls subsumiert werden können. Vor diesem Hintergrund wird die erste Regel verständlich, die darauf abzielt, die Rahmenordnung so zu gestalten, daß die eigensüchtigen Triebkräfte der Menschen in geeigneter Weise auch der Allgemeinheit nützlich gemacht werden.

Die zweite und dritte Regel betonen die Funktionen von Markt und Wettbewerb („invisible hand") für die Überwindung von Knappheit vor dem Hintergrund vielfältig unterschiedlicher individueller Bewertungen des Nutzens bzw. Schadens, des Risikos und der Chancen, die mit Gütern, Dienstleistungen, Lebenssituationen usw. verbunden sind.

Die letzte Regel zielt auf die Erweiterung des Möglichkeitsraumes zur Überwindung von Knappheiten für nachfolgende Generationen. Die Forderung nach Erhalt des Produktiv-, Sozial- und Humankapitals beinhaltet hierbei auch den Erhalt der Ertragskraft eines sich in seiner Zusammensetzung stets wandelnden Kapitalbestandes.

Soziale Dimension der nachhaltig zukunftsverträglichen Entwicklung

Für eine nachhaltig zukunftsverträgliche Entwicklung ist die Schaffung einer solidarischen Gesellschaft, die Demokratie, Rechtsstaatlichkeit, Freiheit, soziale Gerechtigkeit, Wohlstand und ökologische Verantwortung gewährleistet, unerläßliche Voraussetzung. Zu den unverrückbaren Fundamenten dieses Prozesses gehören die parlamentarisch-demokratische Grundordnung einer Gesellschaft, die soziale Marktwirtschaft, die Tarifautonomie sowie Koalitionsfreiheit, Chancengleichheit der Geschlechter und benachteiligter Menschen. Diese strukturellen Kernelemente sind die existenziellen Grundlagen unserer Gestaltungsfähigkeit für die Verbesserung der Lebens- und Arbeitsbedingungen und für die Zukunftsperspektiven der Menschen in Deutschland.

Gesellschaften entwickeln sich ständig weiter. Diese Entwicklung bezieht sich nicht nur auf das kodifizierte Recht als Ausdruck staatlich garantierter Normen, sondern insbesondere auch auf die Vielzahl normativer Erwartungen (Trends, Geschmacksrichtungen, Mode etc.), die sich im Zuge der kulturellen und technischen Entwicklung ständig verändern. Die Veränderung dieser normativen Erwartungen sichert den Erhalt und Zusammenhalt einer Gesellschaft ebenso wie die Konstanz der Wertehaltungen in überschaubaren Systemen verläßlich das menschliche Handeln in verschiedenen Rollen prägt. Gemeinsame Werte bilden eine notwendige Voraussetzung für ein gesellschaftliches Gleichgewicht zwischen Individuum und Gruppe, welches ein friedliches Zusammenleben sichert. Der Wertewandel, der seinen Ausdruck in der Veränderung der gesellschaftlichen Haltungen und der Rechtsnormen findet, spiegelt die evolutionäre Entwicklung der Gesellschaft wider.

Die Regeln zur Ausgestaltung der sozialen Dimension umfassen ein historisch gewachsenes System von Grundwerten, Schutz- und Gestaltungsprinzipien,[16]) Verhaltensmaximen, Prinzipien und gesellschaftlichen Normen im weiteren Sinne, die als Basis eines friedlichen und solidarischen Zusammenlebens grundlegende Voraussetzung für eine nachhaltig zukunftsverträgliche Entwicklung sein sollen. Arbeit, aktive Teilhabe am gesellschaftlichen Wohlstand, gerechte Verteilung von Einkommen und Lebenschancen und die Erhaltung und Weiterentwicklung sozialer Sicherungssysteme sind neben der Befriedigung elementarer Grundbedürfnisse, der Förderung gesellschaftlicher Integrationsprozesse, der Anerkennung und Förderung der Belange sozial Benachteiligter – und damit des solidarischen Miteinanders – wesentliche Voraussetzungen für den sozialen Frieden und eine zukunftsfähige Entwicklung.

Zur Minderung von Risiken für das einzelne Gesellschaftsmitglied haben Staaten vielfältige und ausdifferenzierte Sicherungsmechanismen entwickelt. Im Fall des Eintretens bestimmter Kriterien, die für bestimmte Risiken entwickelt wurden, treten Umverteilungsmechanismen in Kraft, die dem einzelnen ein menschenwürdiges Dasein in der Gesellschaft gewährleisten sollen. Ein Beispiel dafür ist z. B. die gesetzliche Rentenversicherung in Deutschland. Der jeweils aktive Teil der Bevölkerung finanziert durch Beiträge gesellschaftlich fixierte und individuell festgesetzte Leistungen zugunsten eines nicht aktiven Teils der Bevölkerung. Diese Regelung tritt an die Stelle der Fürsorge durch die Familie, welche bis Ende des 19. Jahrhunderts im wesentlichen allein diese Funktion wahrgenommen hat. Diese Belange werden durch die Grundrechte und das Sozialstaatsprinzip in Artikel 20 Abs. 1 GG, Artikel 28 Abs. 1 GG verankert.

Der Betonung der Einheit des gesellschaftlichen Ganzen im Solidaritätsprinzip entspricht die Betonung der Eigenständigkeit untergeordneter Gemeinschaften im Subsidiaritätsprinzip. Es zielt darauf, das Bedürfnis des einzelnen nach Individualität zu befriedigen und der unnötigen Bevormundung untergeordneter Gemeinschaften durch die Gemeinschaft vorzubeugen:

> „Was in der Reichweite der Glieder liegt, hat die Gemeinschaft diesen zur selbständigen Erledigung zu überlassen; die Gemeinschaft ist lediglich für dasjenige da, was die Glieder nur in der Gemeinschaft und durch die Gemeinschaft erlangen können. Diesem Prinzip zufolge soll die Gemeinschaft somit ihren Gliedern, insbesondere ihren letzten Gliedern, den Einzelmenschen, hilfreich sein, d.h. deren Selbständigkeit fördern, nicht deren Eigenleben erdrücken."[17])

Der Sozialstaat unserer Prägung legt seinen Schwerpunkt nicht allein auf die Erbringung von Leistungen, sondern steht, um Polarisierungen zu vermeiden, für gerechte Lastenverteilung und Herstellung von Gerechtigkeit (Sozialstaatsprin-

---

[16]) Vgl. z. B. Enquete-Kommission „Schutz des Menschen und der Umwelt" (1994) 495 f., Tabelle 5.4

[17]) von Nell-Breuning (1964) 7

zip). Es geht darum, Lebensrisiken für jeden erträglich zu machen, die „Schwachen“ zu schützen und Leistungsträger in die Verantwortung zu nehmen.[18])

Zu den elementaren Ordnungsprinzipien des Systems der sozialen Absicherung gehören in unserer Tradition:

- Das Prinzip der Versicherung.

  Die Versicherten zahlen Beiträge und erwerben den Anspruch auf Leistungen – bei der Renten- und Arbeitslosenversicherung nach dem Prinzip der Leistungsgerechtigkeit; bei der Krankenversicherung und der Pflegeversicherung nach dem Prinzip der solidarischen Absicherung des Notwendigen. Bezogen auf das Rentensystem heißt das z. B.: Rente ist Alterslohn für Lebensbeitragsleistung. Rente ist kein Gnadenbrot, das staatlich nach Belieben gewährt oder genommen wird.

- Das Prinzip der Verknüpfung von staatlicher Rahmengesetzgebung und sozialer Selbstverwaltung.

  Der Staat setzt die gesetzlichen Rahmenbedingungen, innerhalb derer die Versicherten und Arbeitgeber ihre Sozialversicherung möglichst selbst verwalten.

- Das Prinzip der organisatorischen Vielfalt der Versicherungsarten und -träger.

Die Sicherungssysteme des Sozialstaates ersetzen nicht die ursprünglichen rein personalen Solidargemeinschaften wie Ehe und Familie, sondern ergänzen sie, indem sie die Aufgaben übernehmen, die den einzelnen oder die Familie überfordern. Subsidiarität ist das wesentliche Gliederungsprinzip sozialstaatlicher Solidarität. Dies gilt auch für die verschiedenen Zweige der Sozialversicherung: Sie sind keine Untergliederungen des Staates, sondern selbstverwaltete Institutionen, die das Ziel einer gemeinschaftlich organisierten Selbsthilfe verfolgen. Das Gliederungsprinzip der Subsidiarität wird zu einer nahtlosen Verzahnung der verschiedenen Kompetenzebenen, der persönlichen und gemeinschaftlichen, der privaten und öffentlich-rechtlichen, der ehrenamtlichen und der professionalisierten. Das soziale Netzwerk umfaßt diese Ordnungsprinzipien, die größtmögliche Gerechtigkeit mit Solidarität, Bürgernähe, Vielfalt und Effizienz verknüpfen.

Vor diesem Hintergrund schlägt die Enquete-Kommission als Anregung für die weitere Diskussion in und mit den entsprechenden Fachgebieten nachstehende, noch nicht abschließend diskutierte Regeln vor, die aus sozialer Sicht der Nachhaltigkeit beachtet werden sollten.

1. **Der soziale Rechtsstaat soll die Menschenwürde und die freie Entfaltung der Persönlichkeit sowie Entfaltungschancen für heutige und zukünftige Generationen gewährleisten, um auf diese Weise den sozialen Frieden zu bewahren.**

---

[18]) Vgl. IFOK (1997) 263

2a. Jedes Mitglied der Gesellschaft erhält Leistungen von der solidarischen Gesellschaft:

1. **entsprechend geleisteter Beiträge für die sozialen Sicherungssysteme,**
2. **entsprechend Bedürftigkeit, wenn keine Ansprüche an die sozialen Sicherungssysteme bestehen.**

2b. Jedes Mitglied der Gesellschaft muß entsprechend seiner Leistungsfähigkeit einen solidarischen Beitrag für die Gesellschaft leisten.

3. Die sozialen Sicherungssysteme können nur in dem Umfang wachsen, wie sie auf ein gestiegenes wirtschaftliches Leistungspotential zurückgehen.

4. Das in der Gesellschaft insgesamt und in den einzelnen Gliederungen vorhandene Leistungspotential soll für künftige Generationen zumindest erhalten werden.

Im Vordergrund der Sozialordnung steht der Erhalt der gesellschaftlichen Solidarität, d.h. des gesellschaftlichen Zusammenhaltes und der gesellschaftlichen Leistungsfähigkeit. Die zweite Regel mit den Begriffen „Leistungsfähigkeit“ und „Bedürftigkeit“ bildet die Grundlage für allgemein akzeptierte Handlungsmaßstäbe. Verkürzt orientieren sie sich an der Maxime: Die Starken helfen den Schwachen.

Die dritte Regel betrifft die Entwicklung der Leistungsansprüche von einzelnen oder von Gruppen an die Gesellschaft vor dem Hintergrund der Entwicklung des Leistungspotentials in der Zeit und im Hinblick auf den Erhalt der integrativen Funktion der Gesellschaft.

Der Begriff des Leistungspotentials gilt sowohl für die emotionale Bereitschaft als auch für die geistige, rechtliche und materielle Absicherung solidarischen Zusammenlebens.

Das heißt im Bereich der „personalen Solidarität“ die Bereitschaft von Menschen, sich in ihren kleinen Gemeinschaften (Partnerschaft, Ehe, Nachbarschaft) zu helfen; im Bereich der „Gruppensolidarität“ die Bereitschaft und Fähigkeit zur Organisation von Selbsthilfe, von sozialen Diensten und Interessen; im Bereich der „kollektiven Solidarität“ die Erhaltung der Leistungsfähigkeit der großen sozialen Sicherungssysteme zur Absicherung der Lebenssituation.

2.2.3 Integration der drei Dimensionen

Eine Politik der Nachhaltigkeit wird als strategische Herausforderung begriffen, die auf einer dimensionenübergreifenden Problemanalyse fußt. Sie soll sicherstellen, daß die traditionelle, partielle Optimierung von Teilbereichen in ein Verfahren integriert wird, das zu einer integrativen Bearbeitung der in einem konkreten Erkenntniszusammenhang identifizierten ökologischen, ökonomischen und sozialen Ziele führt. Dazu müssen die Wechselbeziehungen und Wechselwirkungen zwischen den drei Dimensionen und der Zielsetzungen ermittelt, dargestellt und beachtet werden. So erscheint es wenig realistisch, einzelne Fachpolitiken nach den Erfordernissen ihres Teilgebietes zu behandeln und die Interdependenz aller gesellschaftlichen Erscheinungen auszublenden. Die ökonomische, ökologische und soziale Dimension eines Problems sind schließlich lediglich unterschiedliche Blickwinkel auf einen und denselben Wirklichkeitsbereich.

Mit den vier grundlegenden Regeln zum dauerhaften Umgang mit natürlichen Ressourcen hat die Enquete-Kommission in der 12. Legislaturperiode die Begrenztheit der Entnahme- und Regenerationsfähigkeit des Naturhaushaltes in den Vordergrund gerückt. Wie beschrieben, ist eine fünfte Regel zum Schutz der menschlichen Gesundheit hinzugefügt worden (siehe Seite 45 f.). Die ökonomischen und sozialen Regeln ergänzen diese Regeln im Sinne von Verhaltensweisen als Grundlage einer integrativen Politik zur Sicherung einer zukunftsfähigen gesellschaftlichen Entwicklung. Sie stellen Orientierungshilfen für die Beurteilung von ökonomischen, ökologischen oder sozialen Eingriffen und Dysfunktionalitäten dar und schärfen den Blick für die Ursachen bestehender Probleme. Sie sollen bei Entscheidungen helfen zu erkennen, welche politischen Eingriffe vorgenommen werden sollten und wie mit diesen umgegangen werden kann, um deren vielfältige Funktionen dauerhaft zu sichern.

Von großer Bedeutung im Zusammenhang mit Belastbarkeiten und gesellschaftlichem Wandel ist die Anwendung des Vorsorgeprinzips. Menschliche Handlungen haben nahezu ausnahmslos Auswirkungen auf die Zukunft. Die Wahrnehmung dieses Sachverhalts und daraus abgeleitete Erkenntnisse gehören zu den wesensbestimmenden Denk- und Kulturleistungen des Menschen: Der Wunsch, den weiteren Verlauf von Handlungen sowie eine richtige Abschätzung der Handlungsfolgen vorzunehmen, ist ebenso alt wie ausgeprägt. Dem steht oftmals entgegen, daß Art und Ausmaß einer Entwicklung so beschaffen sind, daß angemessene Gegenmaßnahmen nicht ergriffen werden können oder aber die Handlungsfolgen selbst aus Gründen unvollständiger Information oder fehlender Erkenntnisse nicht richtig zu erfassen und zu beschreiben sind. Selbst wenn wir nicht in der Lage sind, die möglichen Folgen von Eingriffen in ökologische, ökonomische und soziale Systeme genau zu prognostizieren, so zeigt die Erfahrung doch, daß bestimmte Eingriffe folgenreicher sind als andere. Mit zunehmender Eingriffstiefe in die Systeme und zunehmender Wirkung der Maßnahmen nehmen auch die unbeabsichtigten Neben- und Folgewirkungen zu, steigt die Zahl und die Länge der ausgelösten Wirkungsketten in Raum und Zeit bis hin zu globalen und irreversiblen Wirkungen. Das Vorsorgeprinzip gebietet deshalb insbesondere dort, wo nach einer Risikoabschätzung mögliche Handlungsfolgen als besonders kritisch bis katastrophal einzuschätzen sind, nach Möglichkeit den Rückgriff auf behutsamere, weniger tiefgreifende, fehlertolerante und rückholbare Maßnahmen.

Grundsätzlich stellt sich also immer die Frage nach dem angemessenen Maß des Verhaltens sowie einer sachgerechten Politikberatung. Zu beantworten ist jeweils die Frage, welches Risiko eine Gesellschaft zu tragen bereit ist, wenn eine bestimmte Handlung erfolgen soll – oder aber nicht erfolgen soll. Risiken birgt nicht nur der gesellschaftliche Wandel, sondern auch der gesellschaftliche Stillstand. Sogenannte Nullrisiken von Entwicklungen wird es nicht geben können, da jedes Risikomanagement zur Minimierung von Risiken wieder eigene Risiken mit sich bringt. Risikominimierungen sind damit immer nur bis zu einer gewissen Schwelle möglich. Übersteigt man dieses Maß, so gelangt man wiederum in eine Zone höheren Risikos. Um diese Schwellen zu identifizieren und Anreize zur Risikominimierung zu setzen und zu erhalten, bedarf es einer geeigneten Mixtur aus Maßnahmen der Risikoabschätzung, der Selbstverantwortung und entsprechender Haftungs- und Versicherungslösungen.

Für eine langfristig angelegte Politik kommt erschwerend hinzu, daß sich Werte, Normen und Bedürfnisse von Menschen im Zeitablauf ändern. Menschen haben Prioritäten hinsichtlich der Befriedigung bestimmter Bedürfnisse. Können die materiellen Grundbedürfnisse nicht befriedigt werden, fällt es den Menschen schwer, bestimmte Probleme wahrzunehmen und deren Lösung anzugehen.

Die Gesellschaft ist in einem permanenten, wenn auch säkularen Wandel begriffen. Ökonomischer Wandel hat stets auch soziale Veränderungen zur Folge gehabt. Der sich in Teilen der Gesellschaft vollziehende Wertewandel von materiellen zu immateriellen Werten könnte umgekehrt eine Veränderung der Produktionsweise mit sich bringen.

Stand im 19. Jahrhundert bei großer wirtschaftlicher Expansion infolge industrieller Produktion und vermehrter Arbeitsteilung die soziale Frage im Vordergrund und limitierte die gesellschaftliche Entwicklungsfähigkeit, trat ab der Mitte des 20. Jahrhunderts die ökologische Frage verstärkt in den Mittelpunkt gesellschaftlicher Aufmerksamkeit. Heute stehen neben ökologischen soziale Fragen wie z. B. Massenarbeitslosigkeit, Jugendkriminalität, Ausbildungsplatzmangel oder Finanzierung der sozialen Sicherungssysteme wieder im Brennpunkt der politischen Diskussion.

Gesellschaftliche Zielsetzungen müssen im Zeitablauf immer wieder aufs neue an die veränderten Realitäten angepaßt werden. Notwendig dazu sind verbindliche Etappenziele. Durch verläßliche Zielvorgaben sollen die Anstrengungen der Akteure die gewünschte Richtung einschlagen. Sollten positive Ziele weder vorliegen noch formulierbar sein, so lassen sich bestimmte Entscheidungen, Maßnahmen und Zustände zuweilen eindeutig als Verstöße gegen die Postulate der nachhaltig zukunftsverträglichen Entwicklung identifizieren. Ziele müssen im Sinne der Idee der Nachhaltigkeit weiterentwickelt, ein ausgewogenes Maß an allgemein akzeptierten Leitplanken für die gesellschaftliche Entwicklung formuliert werden.

zu Kapitel 2 Sondervotum des Kommissionsmitglieds Prof. Dr. Jürgen Rochlitz, siehe Seite 216

3 Vom Leitbild zu Handlungsoptionen – Strategie einer nachhaltig zukunftsverträglichen Entwicklung als innovativer Prozeß und neues Steuerungsmodell

3.1 Einführung

Eine nationale Nachhaltigkeitsstrategie steht als innovatives und ressortübergreifendes Politikkonzept vor der Herausforderung, gesellschaftliche Entwicklungen aufzugreifen und zu gestalten. Auf Dauer kann dies nur gelingen, wenn die individuellen Wertvorstellungen in einer Gesellschaft berücksichtigt werden.

In einer freiheitlichen Gesellschaft können und sollen sich unterschiedliche individuelle Wertvorstellungen artikulieren und behaupten. Es bedarf daher einer Rahmenordnung, die Verhaltensanreize setzt, d. h. grundlegende Regeln, die darauf hinwirken, das individuelle Handeln in eine gesellschaftsverträgliche Richtung zu lenken und einen sich selbst tragenden gesellschaftlichen Prozeß zu etablieren. Eine nationale Nachhaltigkeitsstrategie muß damit gleichzeitig auch ein entsprechendes Kommunikationskonzept umfassen, welches die Gestaltung von Möglichkeiten und die Nutzung von Chancen in den Vordergrund stellt.

Heute bestehen große Schwierigkeiten, selbst die als notwendig erkannten Reformen in Angriff zu nehmen. Organisierte Sonderinteressen üben im Prozeß der politischen Willensbildung großen Einfluß aus, gruppenspezifische Privilegien wuchern und kämpfen um ihren Bestand. Staatliche Institutionen scheinen nicht ausreichend in der Lage zu sein, grundlegende Reformen anzugehen, sondern schieben sich wechselseitig Lasten und Verantwortungen zu. Es bedarf aber eines breiten Konsenses über die Ausgestaltung einer ökologischen und sozialen Marktwirtschaft als Instrument zur Umsetzung einer nationalen Nachhaltigkeitsstrategie, um der zwischen Gruppeninteressen und Wahlterminen eingezwängten Politik eine Erneuerung und Langfristorientierung zu ermöglichen.

Die Enquete-Kommission versteht die Erarbeitung einer nationalen Nachhaltigkeitsstrategie als einen Beitrag zur Erneuerung und Modernisierung der Gesellschaft.

3.2 Agenda 21: Stand der internationalen Debatte

Die Staaten der Weltgemeinschaft haben sich auf der Konferenz der Vereinten Nationen für Umwelt und Entwicklung im Juni 1992 in Rio de Janeiro mit der Agenda 21 auf strategische Handlungsfelder (z. B. Internationale Zusammenarbeit, Armutsbekämpfung und Bevölkerungsdynamik, Schutz und Förderung der menschlichen Gesundheit usw.) geeinigt. Auf der Folgekonferenz in New York wurde 1997 das „Programme for the further Implementation of Agenda 21" verabschiedet, das die Bedeutung von nationalen Strategien betont.

Somit sind die einzelnen Staaten angehalten, mit Initiativen und Maßnahmen für die Umsetzung der Vereinbarungen zur nachhaltig zukunftsverträglichen Entwicklung auf der nationalen Ebene zu sorgen. In der Agenda 21 werden die Unterzeichnerstaaten aufgefordert, bis zum Jahr 2002 eine auf Nachhaltigkeit ausgerichtete nationale Strategie zu verabschieden.

> „Diese Strategie soll sich auf die verschiedenen sektoralen wirtschafts-, sozial- und umweltpolitischen Leitlinien und Planungen eines Landes stützen und sie in Einklang bringen. Die im Rahmen gegenwärtiger Planungsaufgaben – wie etwa die der Konferenz vorzulegenden nationalen Berichte, nationalen Naturschutzstrategien und Umweltaktionspläne – gewonnenen Erfahrungen sollen umfassend genutzt und in eine von der Länderebene aus gesteuerte Nachhaltigkeitsstrategie eingebunden werden. Zu den Zielen dieser Strategie gehört die Gewährleistung einer sozial ausgewogenen wirtschaftlichen Entwicklung bei gleichzeitiger Schonung der Ressourcenbasis und der Umwelt zum Wohle zukünftiger Generationen. Sie soll mit möglichst großer Beteiligung entwickelt werden. Außerdem soll sie von einer genauen Bewertung der aktuellen Situation und aktuellen Initiativen ausgehen." [19])

Internationale Vereinbarungen, die diesen Grundsätzen folgen, sind von besonderer Bedeutung, um einen nachhaltigen Entwicklungsprozeß anzustoßen, da sie den Willen der Staatengemeinschaft ausdrücken, globale Probleme gemeinsam zu lösen. Wenn es aber an die Umsetzung solch weitreichender und kaum erprobter Strategien geht, muß man sich darauf einstellen, daß die Verhandlungen zäh und mühsam sind. Gerade deshalb bleiben nationale Initiativen und Initiativen von Staatengemeinschaften in Richtung einer nachhaltig zukunftsverträglichen Entwicklung notwendig. In diesem Zusammenhang ist bemerkenswert, daß Europa hierin international eine Vorreiterrolle einnimmt.

Auf der Ebene der Europäischen Union ist das 5. Umweltaktionsprogramm 1993 als „umfassender Rahmen und strategisches Konzept für eine dauerhafte und umweltgerechte Entwicklung"[20]) verabschiedet worden. Zwischenzeitlich wurden der Grundsatz der nachhaltigen Entwicklung in den EU- und den EG-Vertrag sowie die Verpflichtung zur Integration von Umweltaspekten in alle anderen Gemeinschaftspolitiken im Grundsatzkapitel des EG-Vertrages aufgenommen. [21])

---

[19]) BMU (1993) Tz. 8.7

[20]) EU (1993) 2

[21]) Vgl. BMU (1997d)
Der Europäische Rat hat am 16./17. Juni 1998 die Arbeiten der Regierungskonferenz zur Reform des europäischen Vertragswerkes abgeschlossen. In diesem Rahmen wurde der Grundsatz der nachhaltigen Entwicklung in die Präambel des EU-Vertrages – s. o. – aufgenommen. Damit sind EU und EG auf die Verwirklichung einer nachhaltigen Entwicklung verpflichtet. Darüber hinaus wurde die Verpflichtung zur Integration von Umweltaspekten in alle Gemeinschaftspolitiken im Grundsatzkapitel des EG-Vertrages verankert.

Die Frage der Umsetzung und Verbindlichkeit dieser Strategien ist aber noch nicht geklärt. Zudem zeigt die Erweiterung der Spielräume einzelner Mitgliedstaaten für nationale Schutzverstärkungen, daß ein Konsens auf europäischer Ebene nationale Entscheidungen nicht ersetzen kann.

Insgesamt haben weltweit rund zwei Drittel der Industrie- und 60 Entwicklungs- oder Schwellenländer eine nationale Strategie mit unterschiedlicher Reichweite und Breite entworfen.[22]) Die in der Regel sich vorrangig auf die Lösung von Umweltproblemen beziehenden Strategien gehen von der Erkenntnis aus, daß komplexe Probleme wie Flächen- und Ressourcenverbrauch, Erosion und Bodendegradation, Gefährdung des Grundwassers, Schwund der Biodiversität oder die Zunahme von Verkehrsdichten eine ressortübergreifende, integrative Langfristplanung notwendig machen.

Die Enquete-Kommission hat eine Studie erarbeiten lassen, in der die wesentlichen Inhalte nationaler Umweltpläne und -strategien in fünf ausgewählten OECD-Ländern – Niederlande, Großbritannien, Kanada, Österreich und Schweiz – dargestellt sowie der Prozeß ihrer Erstellung beschrieben werden. Ergänzend greifen die Studiennehmer auf Untersuchungen über Pläne in weiteren Industriestaaten zurück. Der systematische Vergleich basiert auf drei wesentlichen Kriteriengruppen, die in den Umweltplänen auf unterschiedliche Weise erfüllt werden:

- Genauigkeit und Relevanz der Umweltziele
- Partizipation und Integration von Akteuren im Planungsprozeß
- Institutionalisierung der Umweltplanung

Bezüglich des Kriteriums der Zielqualität prüfen die Studiennehmer, ob der Plan konkrete, quantitative und relevante Umweltziele formuliert oder ob er wichtige nationale Umweltprobleme ignoriert. Schließlich stellt die Studie darauf ab, ob die Ziele realistisch sind, ob sie wissenschaftlich basiert sind und ob bei ihrer Formulierung die vorhandenen Restriktionen, die Kapazitäten des politischen Systems und die Möglichkeiten der Zielgruppen, dieses Ziel zu erreichen, berücksichtigt wurden.

In der Mehrheit der Pläne bleiben die formulierten Ziele unkonkret und werden nicht quantifiziert. Der niederländische „National Environmental Policy Plan" (NEPP) enthält allerdings über 200 quantitative Ziele und damit verbundene Maßnahmen. Auch die schwedische Umweltplanung und der südkoreanische „Masterplan for the Preservation of the Environment" kennzeichnen konkrete Ziele und geplante Maßnahmen.

Das zweite Untersuchungskriterium betrifft den Grad der Partizpation und Integration im Planungsprozeß und damit zunächst das Ausmaß der Integration umweltpolitischer Aspekte in andere Politikbereiche. Nach Auffassung der Autoren sind Umfang und Seriosität der Zusammenarbeit zwischen relevanten Ministerien

[22]) Vgl. Jänicke u. a. (1997) 5

in der Phase der Planerstellung hierfür Indikatoren. In den meisten Ländern ging die Initiative zur Erstellung von Umweltplänen von den nationalen Umweltministerien aus. Der Ablauf des Planerstellungsprozesses war in den betrachteten Staaten mehrstufig angelegt: In der Regel folgte einem informellen Vorlauf mit einer Trägergruppe im Umweltministerium eine offizielle Beauftragung durch das Kabinett. Zu diesem Zeitpunkt erwies sich ein intensiver wissenschaftlicher Input als wesentlich. Diese Schritte wurden häufig von formellen und informellen interministeriellen Abstimmungsprozessen begleitet.

Ein erster Entwurf wurde überwiegend durch das Umweltressort erstellt, dieser Entwurf wurde anschließend im Kabinett diskutiert und unter dem Einfluß einzelner Fachressorts abgeändert. In einigen Fällen wurden relevante Ministerien bereits in die Erstellung des Entwurfs einbezogen. So übernahmen innerhalb des Interdepartementalen Ausschusses Rio in der Schweiz (IDARio) drei verschiedene Bundesbehörden die Federführung bei der Planerstellung. In den Niederlanden waren neben dem Umweltministerium drei weitere Ressorts aktiv an der Erarbeitung beteiligt und für den Plan verantwortlich (Industrie, Verkehr und Landwirtschaft). In Österreich entstanden zur Erstellung eines „Nationaler Umweltplan" (NUP) Koordinierungsgremien auf drei Ebenen mit unterschiedlichen Aufgaben. Das NUP-Komitee besteht aus jeweils einem Vertreter des Kanzleramtes, der einzelnen Ministerien, der Bundesländer und der fünf großen Interessenvertretungen des Landes unter dem Vorsitz des Umweltministeriums. Das NUP-Sekretariat wurde für die Koordination der sieben Arbeitskreise eingerichtet, die verursacherbezogen sektoral gegliedert waren.

In der Praxis zeigen sich zahlreiche Varianten der generellen Vorgehensweise, so auch bei der Art der Bestellung der Akteure (Auswahl, Benennung, Selbstbestellung) sowie der Tiefe ihrer Partizipation. In Österreich und der Schweiz oblag der Prozeß der Planung, der interministeriellen Integration und der Beteiligung von Interessengruppen im wesentlichen den neu geschaffenen Planungsinstitutionen. In Österreich wurde eine starke Formalisierung des Willensbildungsprozesses mit der NUP-Struktur erreicht. Die Arbeitskreise des NUP diskutierten relevante Problemfelder und Zielvorgaben. Einen anderen Weg wählte Kanada, das über zahlreiche landesweite Anhörungen gesellschaftliche Akteure einzubinden suchte. Jänicke u. a. bezeichnen in ihrer Studie den gesellschaftlichen Diskurs als ganz entscheidend für den Erfolg nationaler Strategien, da sich daraus eine eigene Dynamik entwickele. Hinzukommen müsse Transparenz des Prozesses sowohl hinsichtlich der Erstellung der Strategie als auch hinsichtlich des Ergebnisses. So wurde in Österreich beispielsweise damit begonnen, ein Public Relations-Konzept umzusetzen; der NUP wird beispielsweise auch im Internet als Homepage präsentiert.

Das dritte von den Autoren der Studie für die Enquete-Kommission angewendete Kriterium betrifft den Grad der Institutionalisierung der nationalen Umweltplanung. Aus diesem Kriterium ergeben sich Fragen nach der legitimatorischen Verankerung des Plans – insbesondere in Form eines bindenden Parlamentsbeschlusses –, nach der Einrichtung einer verantwortlichen Planungsinstitution, nach der Statuierung einer Berichtspflicht einschließlich einer regelmäßigen Evaluierung des Planungsfortschrittes sowie der Darlegung der finanziellen Auswirkungen der Planung.

Japan hat beispielsweise beschlossen, die Umsetzung des Planes jährlich zu überprüfen. Nach fünf Jahren ist eine Revision vorgesehen. In Österreich besteht die Absicht, den Plan in einem Zeitraum von zwei bis drei Jahren zu evaluieren und neu aufzulegen. In einigen Ländern – Niederlande, Japan, Südkorea, Neuseeland, Portugal – ist die Umweltplanung in einem nationalen Gesetz festgeschrieben, in anderen Ländern – Dänemark, Schweden, Österreich, Schweiz – finden sich parlamentarische Bestätigungen. Regelmäßige Berichte über den Fortschritt des Planungsprozesses sind in den meisten Ländern vorgesehen. Insbesondere Großbritannien hat eigenständige nationale Einrichtungen geschaffen, die das Thema nachhaltige Entwicklung verantwortlich bearbeiten.

Die Frage der Institutionalisierung steht in engem Kontext mit dem Ziel der Langfristigkeit des Leitbildes der nachhaltigen Entwicklung. So betont die OECD, daß die Frage der Institutionalisierung in dem Maße an Bedeutung gewinnt, wie der Zeitrahmen nachhaltiger Umweltplanung die Dauer von Legislaturperioden und Amtszeiten überschreitet.[23])

Die Studie zeigt, daß die Ausgangsvoraussetzungen, Prioritäten und Vorgehensweisen nationaler Strategien zur Umsetzung des Nachhaltigkeitspostulats höchst unterschiedlich sind. Patentrezepte für eine erfolgreiche Strategie gibt es sicherlich nicht, aber Kriterien für den Erfolg. Erforderlich ist, daß die Strategie

- im Dialog mit gesellschaftlichen Gruppen erarbeitet,
- aus dem engen Ressortdenken heraus als Querschnittaufgabe begriffen,
- durch parlamentarische Beschlüsse verbindlich gemacht,
- als offener Planungsprozeß mit nachprüfbaren Etappenzielen gestaltet und
- auch wieder mit der Gesellschaft kommuniziert wird.

Die systematische Untersuchung für die Enquete-Kommission zeigt aber auch, daß in allen betrachteten Ländern – mit Ausnahme der USA – zur Ausfüllung des Leitbildes Umweltpläne bzw. -strategien in der Erwartung erarbeitet wurden, durch intensive Akteursbeteiligung zumindest implizit die soziale und die ökonomische Dimension zu berücksichtigen. Die von der Enquete-Kommission vorgeschlagene Nachhaltigkeitsstrategie beginnt dagegen mit einer Integration der ökologischen, ökonomischen und sozialen Dimension. Dem liegt die Erfahrung und die Einsicht zugrunde, daß Nachhaltigkeitstrategien nur dann eine Realisierungschance haben, wenn auch die ökonomischen und sozialen Politikfelder dem Leitbild folgen.

---

[23]) Vgl. OECD (1995 a) 19

3.3 Vorarbeiten in der Bundesrepublik Deutschland

In Deutschland erhielt die Enquete-Kommission „Schutz des Menschen und der Umwelt – Ziele und Rahmenbedingungen einer nachhaltig zukunftsverträglichen Entwicklung" mit dem Einsetzungsbeschluß vom 1. Juni 1995 den Auftrag, u. a. eine nationale Nachhaltigkeitsstrategie und Grundlagen für einen nationalen Umweltplan zu erarbeiten (siehe Kapitel 1 „Einsetzungsbeschluß der Enquete-Kommission Schutz des Menschen und der Umwelt", Seite 13). Anfang 1997 faßte der Deutsche Bundestag einstimmig den Beschluß, die Bundesregierung aufzufordern, „ein ressortübergreifendes Gesamtkonzept – eine konsensfähige nationale Umweltstrategie – zur Konkretisierung und Umsetzung des Leitbildes ‚sustainable development' im Dialog mit Wissenschaft, Wirtschaft und gesellschaftlichen Gruppen zu entwickeln und dem Deutschen Bundestag vorzulegen".[24]) Im Herbst 1997 wurde im Bundestag eine kontroverse Debatte zur Erstellung eines nationalen Umweltplans auf der Grundlage von Anträgen zur Erstellung eines nationalen Umweltplans geführt.[25]) Die Bundestagsfraktion Bündnis 90/Die Grünen forderte die umgehende Initiierung eines Prozesses zur Erstellung eines nationalen Umweltplans durch die Bundesregierung; sie sah sofortigen Handlungsbedarf und wollte nicht das Ende und die Empfehlung der Enquete-Kommission abwarten. Die anderen Fraktionen sprachen sich mit unterschiedlichen Begründungen gegen den Antrag aus. Dabei wurde u. a. auf die Behandlung des Themas in der Enquete-Kommission verwiesen.

Die Umweltminister der Länder forderten ein Konzept, „das sowohl eine Konkretisierung der weltweiten Aussagen der Agenda 21 und der europaweiten Aussagen des 5. Umweltaktionsprogramms der EU für Deutschland darstellt als auch eine Grundlage für landesweite und kommunale Agenden oder ähnliche Ausarbeitungen bildet."[26])

Damit wird gleichsam an den Prozeß Anfang der 70er Jahre angeknüpft, in dem mit einer breiten Beteiligung von Wirtschaft, Wissenschaft und Behörden im Konsens die Grundlagen für das erste Umweltprogramm der Bundesregierung 1971 erarbeitet wurden.[27])

> „Die Bundesregierung hat zur Erarbeitung von Unterlagen für das Umweltprogramm eine Reihe von Projektgruppen gebildet und wissenschaftliche Gutachten eingeholt. Zum ersten Male wird eine Bestandsaufnahme der Probleme und diskutierten Lösungsansätze auf dem gesamten Umweltgebiet vorgelegt. (...) Die Bundesregierung hat die von den Projektgruppen gemachten Vorschläge sowohl in der Sache als auch auf Kapazitätsbegrenzungen, Finanzierungszuständigkeiten, den vorhandenen Finanzierungsspielraum in öffentlichen Haushalten und Wirtschaft und auf organisatorische Voraussetzungen hin überprüft. Sie ist dabei teilweise zu anderen Ergebnissen gekommen als die Projektgruppen und die wissenschaftlichen Gutachter."[28])

[24]) Deutscher Bundestag (1997 a) 6
[25]) Vgl. Deutscher Bundestag (1997b); Deutscher Bundestag (1997 a)
[26]) UMK (1997)
[27]) Vgl. Deutscher Bundestag (1971)
[28]) Deutscher Bundestag (1971) Vorwort

Ebenso wie damals begonnen wurde, das neue Politikfeld Umweltschutz zu etablieren, gilt es heute, einen breiten gesellschaftlichen Konsens für eine nachhaltig zukunftsverträgliche Entwicklung herzustellen. Wissenschaftler, Umweltverbände, Industrie und auch die Bundesregierung arbeiten an eigenen Konzepten und Vorschlägen einer nationalen Umweltstrategie. Betrachtet man die bereits vorliegenden Ergebnisse, so besteht Einigkeit über die Notwendigkeit, Ziele und Umsetzungsstrategien gemeinsam mit den betroffenen Akteuren festzulegen.

Jede der vorliegenden Arbeiten setzt aber unterschiedliche Schwerpunkte. Über den aktuellen Stand der Bestrebungen zur Erreichung einer nachhaltig zukunftsverträglichen Entwicklung in Deutschland gibt es Sachstandsberichte sowohl des BMU als auch des Nationalen Komitees für nachhaltige Entwicklung. Der vor der Sondergeneralversammlung der Vereinten Nationen in New York vom BMU veröffentlichte Sachstandsbericht enthält Ausführungen zum Leitbild, eine Zwischenbilanz zum Stand des Umweltschutzes in Deutschland seit 1992 sowie einen Überblick über die Strategien einzelner Fachpolitiken wie Wirtschaft, Energie, Verkehr, Landwirtschaft und Entwicklungszusammenarbeit zur Verwirklichung einer „nachhaltigen Entwicklung". [29]) Das Nationale Komitee für nachhaltige Entwicklung hat die Ergebnisse der VN-Konferenz in Rio 1992 aufgegriffen und diskutiert. Die Publikation „Zeit zu Handeln" enthält eine Darstellung der Beiträge einzelner gesellschaftlicher Gruppen. [30])

Von diesen Bestandsaufnahmen umweltpolitischer Aktivitäten sind die Bemühungen, Akteure in den Prozeß einer nachhaltig zukunftsverträglichen Entwicklung einzubinden, zu unterscheiden:

1996 startete das Bundesministerium für Umwelt, Naturschutz und Reaktorsicherheit (BMU) seine Initiative „Schritte zu einer nachhaltigen, umweltgerechten Entwicklung". [31]) Sechs Arbeitskreise diskutierten über die Ausgangslage und die Anforderungen an die Umweltqualität in verschiedenen Handlungsfeldern. Im Juni 1997 wurden die Berichte aus den Arbeitskreisen „Schutz des Klimas", „Schutz des Naturhaushaltes", „Ressourcenschonung", „Schutz der menschlichen Gesundheit", „Umweltschonende Mobilität" und „Umweltethik" anläßlich einer Zwischenbilanzveranstaltung veröffentlicht. [32])

Im April 1998 hat das BMU einen Entwurf für ein umweltpolitisches Schwerpunktprogramm mit konkreten, zum Teil quantifizierten Umweltqualitäts- und Umwelthandlungszielen und Maßnahmen vorgelegt. Dieser Entwurf soll eine erste

[29]) Vgl. BMU (1997 a)
[30]) Vgl. BMU (1997 b)
[31]) Vgl. BMU (1996)
[32]) Vgl. BMU (1997 c)

Grundlage für eine gesellschaftlichen Debatte sein; eine Abstimmung mit den verschiedenen Ressorts ist dabei wesentlich. [33])

In seinem Umweltgutachten 1994 versuchte der Rat von Sachverständigen für Umweltfragen (SRU), das Leitbild einer „dauerhaft-umweltgerechten Entwicklung" durch eine methodische Grundsatzreflexion zu einem sektorübergreifenden, in sich abgestimmten Handlungskonzept zu entwickeln, das in der Umweltpolitik einen kohärenten Bezugsrahmen für konkrete Entscheidungen und somit zugleich eine langfristige Perspektive zu geben vermag. [34]) Der SRU setzte sich in diesem Gutachten außerdem mit der umweltpolitischen Zielfindung auseinander. [35]) Er formulierte, daß die Bestimmung umweltpolitischer Ziele im Sinne handlungsorientierter Beschreibungen der sachlich, räumlich und zeitlich angestrebten Umweltqualität und damit auch die Bestimmung der maximal zulässigen Nutzung der Umwelt eine grundlegende Voraussetzung der Umweltpolitik ist. Der Rat folgerte weiter, daß die Ziele ihre Steuerungsfunktion nur erfüllen können, wenn aus ihnen individuell spezifizierte Handlungsvorgaben abgeleitet werden. Der SRU forderte die Orientierung der Ziele und Zielfindungsverfahren am Leitbild der dauerhaft-umweltgerechten Entwicklung. „Umweltqualitätsziele, wie Grenzwerte und Standards, können nur im Rahmen einer systemaren Betrachtung der ökologischen, ökonomischen und soziokulturellen Interdependenzen festgelegt werden." [36])

An diese Ergebnisse anknüpfend untersuchte der SRU in seinem Umweltgutachten 1996, „wie die Leitbildsystematik von wesentlichen gesellschaftlichen Akteursgruppen rezipiert wurde". [37]) Aus der Analyse wird vor allem die Schrittmacherfunktion der Regionen und Kommunen für die Entwicklung einer nachhaltigen Entwicklung deutlich. [38]) Darüber hinaus kommt nach Überzeugung des Rates der Vermittlung des Leitbildes innerhalb des Bildungssystems eine herausragende Rolle zu. [39])

In seinem jüngsten Umweltgutachten 1998, das unter dem Titel „Erreichtes sichern – Neue Wege gehen" [40]) steht, betont der SRU, daß die Umweltpolitik als langfristig vorsorgendende Politik auch in Krisenzeiten vorangetrieben werden muß. [41]) Für neue Wege plädiert der SRU u. a. bei der Gestaltung künftiger Zielfindungsprozesse, des internationalen Handels, der Tourismus- und Freizeitpolitik, der Rahmenbedingungen für die Risikobewertung bei der Freisetzung gentechnisch veränderter landwirtschaftlicher Nutzpflanzen und bei der Umgestaltung

[33]) Vgl. BMU (1998 a)
[34]) Vgl. SRU (1994) 3
[35]) Vgl. SRU (1994) Tz. 28 f.
[36]) SRU (1994) Tz. 130
[37]) SRU (1996a) 15
[38]) Vgl. SRU (1996 a) 15
[39]) Vgl. SRU (1996 a) 3
[40]) Vgl. SRU (1998 a)
[41]) Vgl. SRU (1998 b)

der Abfallwirtschaftspolitik.[42]) In seinem Eingangsteil empfiehlt der SRU, die Grundlagen der umweltpolitischen Zielfindung und -festlegung stärker zu systematisieren. Dazu analysiert und bewertet der SRU die gegenwärtige Diskussion um den Prozeß der Zielfindung und entwickelt auf dieser Grundlage ein Verfahrensschema zur Ableitung, Formulierung und Festlegung von Umweltqualitäts- und Umwelthandlungszielen.[43])

In seinem Jahresgutachten 1996 fordert der „Wissenschaftliche Beirat der Bundesregierung Globale Umweltveränderungen" (WBGU), daß sich die Forschungsaktivitäten am Leitbild einer „nachhaltigen Entwicklung" orientieren sollten.[44]) Der Beirat übt Kritik an der „bislang vorwiegend sektoral geprägten Forschung" und plädiert dafür, herkömmliche Forschungen „durch einen systemaren Ansatz zu ergänzen, der verschiedene disziplinäre Forschungsstränge miteinander verknüpft".[45]) „Die Grundthese des Beirats ist, daß sich die komplexe globale Umwelt- und Entwicklungsproblematik auf eine überschaubare Anzahl von Umweltdegradationsmustern zurückführen läßt."[46]) Ausgehend von dieser Feststellung entwickelte der Beirat daher zur Beschreibung und Analyse globaler Umweltveränderungen das „Syndromkonzept".

Das Syndromkonzept des WBGU[47])

Beim Syndromansatz handelt es sich – in Anlehnung an den medizinischen Sprachgebrauch – um das komplexe Zusammenwirken von wichtigen Trends des Globalen Wandels (z. B. wachsender Verbrauch von Rohstoffen und Energien, Globalisierung der Märkte, Verlust von Artenvielfalt, verstärkter Treibhauseffekt) aus allen Teilsphären des Erdsystems (z. B. Wirtschaft, Gesellschaft, Boden, Atmosphäre).

Ein Beispiel ist das „Suburbia-Syndrom": das Zusammenwirken von Trends wie der zunehmenden Anspruchssteigerung, wachsendem Verkehrsaufkommen, wachsender Flächeninanspruchnahme für Siedlungs- und Verkehrszwecke sowie dem damit verknüpften typischen Muster der Boden-, Wasser- und Luftbelastungen ist für viele hochentwickelte Industrieländer charakteristisch. Der WBGU hat insgesamt 16 solcher Syndrome des globalen Wandels identifiziert, deren Dynamik in ihrer Gesamtheit den Bereich der nicht-nachhaltigen Entwicklung umschreibt.

Im Sinne des Syndromkonzepts kann Nachhaltigkeit umgekehrt als ein globaler gesellschaftlicher Entwicklungskorridor verstanden werden, der sich dann eröffnet, wenn die Syndromdynamik gebremst bzw. dem möglichen (regionalen oder globalen) Ausbrechen von Syndromen vorgebeugt wird.

---

42) Vgl. SRU (1998 b)
43) Vgl. SRU (1998 a) 35
44) Vgl. WBGU (1996b) 4
45) WBGU (1996b) 4
46) WBGU (1996b) 4
47) Vgl. WBGU (1996b) 111 ff.

Im Kapitel 28 der Agenda 21, das dem Teil III „Stärkung der Rolle wichtiger Gruppen" zugeordnet ist, werden besonders die Kommunen aufgefordert, eine eigene Lokale Agenda 21 zu verabschieden. So soll „jede Kommunalverwaltung in einen Dialog mit ihren Bürgern, örtlichen Organisationen und der Privatwirtschaft eintreten und eine Kommunale Agenda 21 beschließen". [48])

Hintergrund ist die Anerkennung der wichtigen Rolle, die die kommunale Ebene für die konkrete Umsetzung der Agenda 21 spielt:

> „Da viele der in der Agenda 21 angesprochenen Probleme und Lösungen auf Aktivitäten der örtlichen Ebene zurückzuführen sind, ist die Beteiligung und Mitwirkung der Kommunen ein entscheidender Faktor bei der Verwirklichung der in der Agenda enthaltenen Ziele. Kommunen errichten, verwalten und unterhalten die wirtschaftliche, soziale und ökologische Infrastruktur, überwachen den Planungsablauf, entscheiden über die kommunale Umweltpolitik und Umweltvorschriften und wirken außerdem an der Umsetzung der nationalen und regionalen Umweltpolitik mit. Als Politik- und Verwaltungsebene, die den Bürgern am nächsten ist, spielen sie eine entscheidende Rolle bei der Informierung und Mobilisierung der Öffentlichkeit und ihrer Sensibilisierung für eine nachhaltig umweltverträgliche Entwicklung." [49])

Die Lokale Agenda 21

Die ganzheitliche Herangehensweise an die Herausforderungen des 21. Jahrhunderts stellt die örtlichen Entscheidungsträger vor besondere Schwierigkeiten. Herkömmliches Verwaltungs- und Politikhandeln ist vor allem ressortorientiert und einzelthemenbezogen. Verknüpfungen zwischen den einzelnen Bereichen herzustellen, war bisher vorrangig die Aufgabe von Verwaltungsspitze und Politik. Der Auftrag der Agenda 21 – Einleitung einer nachhaltigen Kommunalentwicklung – richtet sich jedoch an das örtliche Gemeinwesen insgesamt, also an die Gemeinschaft der Bürger, ihre kommunalen Vertreter, ihre Verwaltung und an ihre örtlichen Institutionen und Gruppierungen. Neue organisatorische und inhaltlich-konzeptionelle Ansätze sind somit gefordert. Zusätzlich sei hier auf die Probleme hingewiesen, die sich auf kommunaler Ebene auswirken, ohne daß sie dort angemessen gelöst werden können, z. B. steigende Arbeitslosigkeit und steigende Sozialhilfekosten bei sinkenden Einkünften. Folglich kommt Bund und Ländern eine besondere Mitverantwortung bei der Gestaltung des Agenda 21-Prozesses auf lokaler Ebene zu.

---

[48]) KDrs. 13/3 (1996); Im Bewußtsein der besonderen Bedeutung der Partizipation Betroffener im Prozeß der nachhaltig zukunftsverträglichen Entwicklung hat die Enquete-Kommission unterschiedliche Akteure zu einer Anhörung eingeladen und zu ihren Beteiligungsvorstellungen befragt. Vgl. KDrs. 13/3 (1996)

[49]) BMU (1993) Tz. 28.1

Gerade weil die Spielräume enger werden, bekommen neue Steuerungs- und Handlungsstrategien zunehmend Gewicht. Geht der breite und umfassende Ansatz der Lokalen Agenda 21 von Beginn an in die kommunalen Aktivitäten ein, so kann sich die Lokale Agenda zu einem effizienten Instrument für die Bewältigung der kommunalen Pflicht- und (Zukunfts-)Gestaltungsaufgaben entwickeln. Dabei sind die Mitwirkungspotentiale örtlicher Gruppierungen und Akteure zu mobilisieren.

Die Lokale Agenda 21 ist im wesentlichen durch folgende Merkmale gekennzeichnet:

- Sie ist erstens ein kommunales Handlungsprogramm mit festgelegten Zielen und Maßnahmen, um diese Ziele zu erreichen.

- Zweitens soll eine Agenda zur Konsensbildung zwischen den verschiedenen gesellschaftlichen Akteuren (Bürgerinnen und Bürger, Kommunalverwaltung, Kirchen, Umweltverbände, Geschäftswelt u. a.) beitragen.

- Und drittens stellt sie einen systematischen, schrittweisen Planungsprozeß dar, einschließlich der Umsetzung konkreter Projekte.

Umfragen und Untersuchungen belegen, daß zahlreiche deutsche Städte und Gemeinden auf dem Weg zu einer nachhaltigen Entwicklung nicht erst am Anfang stehen, daß vielmehr in den vergangenen 20 Jahren wichtige Maßnahmen zur Verbesserung der Lebens- und Umweltbedingungen durchgeführt werden konnten. Die Städte und Gemeinden können dabei auf eine Vielzahl von Instrumenten zurückgreifen, die auf kommunaler Ebene verankert sind: Stadtentwicklungsprogramme, Bauleitpläne, Landschaftspläne, Verkehrsentwicklungspläne, Klima- und Energiekonzepte, Umweltberichte, Umweltverträglichkeitsprüfungen, Ausgleichs- und Ersatzmaßnahmen, Bürgerbeteiligung an der Planung u. a.

Es eröffnet sich nunmehr die Möglichkeit, die verschiedenartigen Ansätze kommunaler Umwelt- und Entwicklungspolitik unter dem Schirm einer Lokalen Agenda systematischer, gebündelter und unter dem speziellen Vorsorge- und Nachhaltigkeitsgesichtspunkt zusammenzufassen. Außerdem können solche Aspekte aufgegriffen werden, die in stärkerem Maße mit der kommunalen Umweltentwicklung verknüpft werden müssen. Dazu zählen wirtschaftliche und soziale Fragen, die Kooperation zwischen Stadt und Region, der Dialog der verschiedenen Akteure sowie die städtepartnerschaftliche Entwicklungszusammenarbeit. Von 150 großen deutschen Städten, die auf eine Umfrage geantwortet haben, sehen 75 % die Lokale Agenda 21 als ihre Aufgabe an; die Hälfte von ihnen hat bereits einen entsprechenden förmlichen Beschluß gefaßt.

Einige Faktoren, die zum Erfolg eines „Lokale Agenda 21-Prozesses" beitragen, seien im folgenden genannt:

- Die Anpassung der verwaltungsinternen und -externen Organisationsstrukturen an den Lokale Agenda-Auftrag (Bsp.: Einrichtung von Bürgerforen und Arbeitskreisen),
- die stärkere Verknüpfung der inhaltlichen Schlüsselbereiche „Umweltvorsorge" und „Stadtentwicklung" unter dem neuen politischen Leitbild der Nachhaltigkeit,
- die Unterstützung des Prozesses durch die Verwaltungsspitze und durch politische Meinungsbildner,
- die Bereitstellung von Geldern zumindest für die Anschubphase (Stellen für Personal, Modellprojekte, Begleitforschungsvorhaben usw.),
- die Gliederung des Prozesses in inhaltliche Schwerpunkte und zeitliche Phasen sowie die Festschreibung von Aktivitäten und Zuständigkeiten in Beschlüssen,
- die Erarbeitung von Indikatoren und Maßstäben zur Bewertung der Maßnahmen und zur Kontrolle, ob und inwieweit Ziele erreicht worden sind,
- eine professionelle Moderation der gruppenspezifischen Interessen,
- die Mobilisierung der Bürger, sich aktiv zu beteiligen und
- die Einbindung kommunaler Aktivitäten in den regionalen Kontext sowie in Kampagnen und Wettbewerbe auf nationaler und internationaler Ebene.

Aufgabe von Bund, Ländern und den kommunalen Spitzenverbänden muß es sein, unter Berücksichtigung der grundsätzlich verankerten Selbstverwaltungsgarantie der Kommunen den „Lokale Agenda 21-Prozeß" im Dialog mit allen Akteuren zu unterstützen und zu forcieren. In einer gemeinsamen Erklärung vom 10. September 1997 sicherten die Bundesumweltministerin und die Bundesvereinigung der kommunalen Spitzenverbände zu, die Kommunen bei der Umsetzung der Agenda 21 auf lokaler Ebene weiterhin zu unterstützen. Ziel ist, alle Kommunen für diesen Prozeß zu gewinnen. Die Anhörung der Enquete-Kommission zum Thema „Kommunen und nachhaltige Entwicklung – Beiträge zur Umsetzung der Agenda 21" im November 1996 oder die jüngste vom Bundesministerium für Umwelt, Naturschutz und Reaktorsicherheit und den Kommunalen Spitzenverbänden im Juni 1998 durchgeführte bundesdeutsche Konferenz mit internationalem Erfahrungsaustausch dienten ebenfalls diesem Zweck.

Dem Wunsch der Kommunen nach Informationen und Beratung über den Agenda-Prozeß ist neben vielen gesellschaftlichen Gruppen und Institutionen, den Ländern etc. auch der Bund durch einige Forschungsprojekte entgegengekommen. Beispielhaft sei das im Juni 1998 erschienene „Handbuch Lokale Agenda 21 – Wege zur nachhaltigen Entwicklung in den Kommunen" genannt, das im Rahmen des Forschungsvorhabens „Umweltwirksamkeit Kommunaler Agenda 21-Pläne" des Umweltbundesamtes vom Internationalen Rat für kommunale Umweltinitiativen (ICLEI), Freiburg, erstellt wurde.[50]) Eine umfassende Literaturliste und Ansprechpartner können dem „Wegweiser ‚Lokale Agenda 21'" entnommen werden, der vom BMU herausgegeben wurde.[51]) Das genannte Forschungsvorhaben ergänzt zudem das bestehende Angebote für die Städte und Gemeinden, sich in Netzwerken zusammenzuschließen und auf regelmäßig stattfindenden Workshops etc. Informationen auszutauschen. Die bundesweiten Informations- und Beratungsangebote für Kommunen werden im Rahmen eines längerfristig angelegten FuE-Vorhabens weitergeführt.

Neben diesen Bestandsaufnahmen, Diskursprojekten und den Empfehlungen des SRU und des WGBU an die Bundesregierung gibt es ausführliche Berichte, die mit Hilfe von Szenarien aus ökologischer Sicht konkrete Anpassungserfordernisse für eine nachhaltig zukunftsverträgliche Entwicklung aufzeigen.

Die Studie „Zukunftsfähiges Deutschland"[52]), die 1996 vom Bund für Umwelt und Naturschutz Deutschland (BUND) und dem Bischöflichen Hilfswerk MISEREOR herausgegeben wurde, versucht, den Umweltraum zu quantifizieren und ihn unter dem Gerechtigkeitspostulat für alle Menschen aufzuteilen, namentlich die ökologischen Grenzen für die Bundesrepublik Deutschland zu formulieren. Aus möglichen Zukunftsbildern und Szenarien sollen Handlungsnotwendigkeiten und -empfehlungen abgeleitet werden. Als Motivation zur Erarbeitung von Umweltzielen, Leitbildern und Zukunftsvisionen geben die Autoren der Studie „Zukunftsfähiges Deutschland" an, bei den Menschen Neugierde, Experimentierlust und Engagement wecken zu wollen.

Die Vorarbeiten zu dieser Studie wurden bereits 1992 unter dem Eindruck der Konferenz in Rio aufgenommen. Aufgrund der intensiven Diskussion in den Niederlanden zur Studie „Action Plan Sustainable Netherlands"[53]) faßte der BUND den Entschluß, eine ähnlich geartete Studie auch für die Bundesrepublik Deutschland anzustoßen. Im Hinblick auf den Zusammenhang zwischen Umwelt und Entwicklung entschied sich der BUND, diese Studie gemeinsam mit einer Entwicklungshilfeorganisation in Auftrag zu geben. Ungeachtet weltanschaulicher

---

50) Vgl. BMU, UBA (1998)
51) Vgl. BMU (1998 b)
52) Vgl. BUND, Misereor (1996)
53) Vgl. Friends of the Earth Netherlands (1993)

Unterschiede entwickelte sich über die intensiven Arbeitskontakte des BUND mit Misereor im Vorfeld der Rio-Konferenz der gemeinsame Auftrag.[54])

Seit dem Erscheinen der Studie im Jahr 1996 wurden ihre zentralen Ergebnisse, so auch die besonders plastischen „Leitbilder einer zukunftsfähigen Entwicklung“, die von dem „Rechten Maß für Zeit und Raum“, einer „Grünen Marktagenda“ bis „Gut leben statt viel haben“ und „Gerechtigkeit und globale Nachbarschaft“ reichen, einer breiten Öffentlichkeit auf mehr als 1000 Veranstaltungen in der gesamten Bundesrepublik Deutschland zur Diskussion gestellt.

Ein im Auftrag des Verbandes der Chemischen Industrie und der damaligen Industriegewerkschaft Chemie-Papier-Keramik von März 1996 bis April 1997 durchgeführtes Diskursprojekt beschreibt „Bausteine für ein zukunftsfähiges Deutschland“.[55]) An der Projektarbeit haben rund 240 Experten aus über 130 Organisationen der verschiedensten gesellschaftlichen Bereiche – aus Wissenschaft, Wirtschaft, Gewerkschaften, Umweltverbänden, Kirchen und Medien – teilgenommen. Ziel war es zum einen, im Rahmen von Workshops und Gesprächsforen die Vorstellungen der Auftraggeber mit anderen gesellschaftlichen Akteuren zu diskutieren und die bereits vorliegenden Ansätze weiterzuentwickeln. Darüber hinaus sollten die Konflikt- und Dissenslinien der unterschiedlichen Vorstellungen zum Leitbild einer nachhaltig zukunftsverträglichen Entwicklung ermittelt werden. Der Bericht enthält auch Anregungen und Empfehlungen zu möglichen Beiträgen, die die Gesellschaft von der chemischen Industrie zur Mitgestaltung einer nachhaltig zukunftsverträglichen Entwicklung erwartet.

Als ein besonders interessantes Ergebnis sind die inhaltlichen Schwerpunkte des Projektes zu nennen, die nicht von den Auftraggebern, sondern von den Diskursteilnehmern festgelegt wurden. Es fand ein sehr breiter Einstieg in die Diskussion statt, die weit über Fragen zum Umgang mit Umwelt und natürlichen Ressourcen hinausging und die die Zukunftsverträglichkeit der gesellschaftlichen Entwicklung in all ihren Facetten auf den Prüfstand stellte. Es wurde immer wieder deutlich, daß Zukunftsverträglichkeit letztlich nur auf Basis einer Integration der unterschiedlichen Dimensionen der nachhaltig zukunftsverträglichen Entwicklung angestrebt werden kann. Dies erfordere, so der Projektbericht, in vielen Bereichen eine Abkehr von traditionellen Politikstilen, aber auch von traditionellem Rollenverständnis der unterschiedlichen Akteure in Staat, Wirtschaft und Zivilgesellschaft.

Eine weitere Veröffentlichung, die das Thema nachhaltig zukunftsverträgliche Entwicklung konzeptionell vom ökologischen Ansatz her betrachtet, stammt vom Umweltbundesamt. Nach einer bereits 1994 veröffentlichten Bestandsaufnahme über Ziele, Kriterien und Standards in der Umweltpolitik[56]) werden in dem Bericht „Nachhaltiges Deutschland – Wege zu einer dauerhaft-umweltgerechten Ent-

---

[54]) Vgl. Enquete Kommission „Schutz des Menschen und der Umwelt“ (1995) 6

[55]) Vgl. IFOK (1997)

[56]) Vgl. UBA (1994 a)

wicklung"[57]) die bisher getrennt betrachteten Einzelprobleme der Umwelt zusammengeführt. In den ausgewählten Feldern der Energienutzung, Mobilität, Nahrungsproduktion, Stoffstrommanagement und Konsummuster entwickelt das Umweltbundesamt Zukunftsbilder mit Blick auf das Jahr 2010. Aus der Darstellung von drei unterschiedlichen Szenarien (Fortschreibung des gegenwärtigen Trends, Verbesserung der technischen Effizienz und einem zusätzlichen Bewußtseins- und Strukturwandel) zeigen die Autoren Handlungsnotwendigkeiten und -empfehlungen zum Teil mit konkreten Zielen sowie Instrumenten auf. Eine explizite Diskussion der ökonomischen und sozialen Dimension der nachhaltig zukunftsverträglichen Entwicklung erfolgt jedoch nicht.

In der Zusammenfassung zeigt sich, daß die in Deutschland bereits vorliegenden Arbeiten in der Regel Einzelaspekte aufgreifen oder in erster Linie Zukunftsbilder aus ökologischer Sicht über die Entwicklung in der Bundesrepublik Deutschland liefern. Eine gleichwertige Integration umweltpolitischer Zielsetzungen in die gesamtgesellschaftliche Entwicklung erfolgte bisher nicht. Dies hat zur Folge, daß umweltpolitische Forderungen im Vergleich zu sozial- und wirtschaftspolitischen Zielsetzungen nur schwer bestehen können.

Auch sozial- und wirtschaftspolitische Zielsetzungen müssen dem Leitbild der Nachhaltigkeit entsprechen. Erst hierdurch eröffnen sich Spielräume für eine nachhaltig zukunftsverträgliche Entwicklung. Eine eindimensionale Politik steht nicht im Einklang mit einer nachhaltig zukunftsverträglichen Entwicklung. Die offensichtlichen Defizite eines solchen Ansatzes haben die Enquete-Kommission bewogen, mögliche Verfahren zur Entwicklung einer integrativen nationalen Strategie für eine nachhaltig zukunftsverträgliche Entwicklung zu beschreiben.

3.4 Vorgehensweise der Enquete-Kommission

3.4.1 Grundsätzliche Überlegungen

In der politischen und wissenschaftlichen Diskussion werden die Begriffe Nachhaltigkeitsstrategie, Umweltstrategie und Umweltplan nicht deutlich voneinander abgegrenzt. Oftmals verbergen sich hinter diesen Begriffen vorwiegend eindimensionale Ansätze zur Durchsetzung ökologischer Zielvorgaben. Diese Zielvorgaben müssen sich dann im politischen Entscheidungsprozeß mit vielfältigen sozialen und ökonomischen Ansprüchen messen. In der Konkurrenz mit diesen Interessen erweisen sie sich häufig als nicht oder nur wenig durchsetzbar. Integrative Politikansätze, die sich bewußt mit dieser Problematik auseinandersetzen, wurden bisher zugunsten von Kurzfriststrategien in den Hintergrund gestellt, die auf die Lösung von Einzelproblemen zugeschnitten sind. In einer zunehmend komplexer werdenden Welt verlieren aber derartige Strategien an Bedeutung. Die immens anwachsende Zahl immer neuer Einzelprobleme in einem globalisierten

[57]) Vgl. UBA (1997a)

und durch neue Technologien extrem beschleunigten Geschehen verlangt nach übergreifenden Ansätzen. Ökologisches, soziales und ökonomisches Wohlergehen hängen mittel- und langfristig in hohem Maße voneinander ab bzw. bedingen einander. In diesem Sinne ist Ökologie Langzeitökonomie. Allein aus diesem Grund bedarf sie dringend der Integration und der stärkeren Berücksichtigung vorsorgender Aspekte. Hier muß eine nationale Nachhaltigkeitsstrategie ansetzen.

Nach Auffassung der Enquete-Kommission beinhaltet eine nationale Nachhaltigkeitsstrategie deshalb Richtungsbestimmungen, die auf den in den drei Dimensionen vorgeschlagenen grundlegenden Regeln und den im konkreten Fall vorliegenden respektive ermittelbaren Zielsetzungen aufbauen sollten und im Sinne der regulativen Idee der nachhaltig zukunftsverträglichen Entwicklung revidierbar, ergänzbar oder weiterentwickelbar sein sollten. Enthalten sind daher vor allem auch Überlegungen, wie ein Prozeß für eine nachhaltig zukunftsverträgliche Entwicklung eingeleitet, angestoßen und aufrechterhalten werden kann.

Die Enquete-Kommission unterscheidet somit zwei Ebenen: (1) die Ebene der Strategie, die alle Maßnahmen zur Gestaltung von Such-, Lern- und Lösungsprozessen zur Ermittlung von Zielen bzw. Richtungsvorgaben im Sinne des integrativen Leitbildes einer nachhaltig zukunftsverträglichen Entwicklung umfaßt. (2) Die Ebene von Plänen bzw. Programmen zur Konkretisierung und Umsetzung von Zielen, die sich je nach Problemlage auf ökonomische, ökologische oder soziale Bereiche beziehen und quantitative Handlungsziele enthalten.

Wesentliche Voraussetzungen für eine Nachhaltigkeitsstrategie sind:

- Langfristigkeit,
- Integration der drei Dimensionen und
- lokale, regionale und globale Orientierungen- im Sinne des Subsidiaritätsprinzips.

Zu den wesentlichen Bestandteilen der Nachhaltigkeitstrategie gehören:

- die Identifizierung prioritärer Handlungsfelder sowie relevanter Akteure und Sektoren,
- die Partizipation der gesellschaftlichen Akteure unter Maßgabe von Legitimation, Verbindlichkeit und Verantwortlichkeit,
- Berichterstattung, Monitoring und Revision,
- eine ressortübergreifende Politik sowie
- die institutionelle Absicherung des Prozesses.

Nur unter Berücksichtigung dieser grundlegenden Voraussetzungen können konkrete Schritte in allen Politiksektoren, Wirtschaftsbranchen, in den Regionen oder für verschiedene gesellschaftliche Gruppen formuliert werden. Auf diese Weise kann aus jedem Teilbereich das für eine sinnvolle Lösung unerläßliche Wissen einfließen, und nur so werden die beteiligten Akteure sich selbst als teilhabend an einem entscheidenden gesellschaftlichen Wandel empfinden können. Die Neigung zur kurzfristigen Nutzenmaximierung, die die Kosten nicht durchgeführter Anpassungen einer Bugwelle vergleichbar in die Zukunft verschiebt, findet man leider überall dort, wo Menschen entscheiden müssen.

Auf die notwendige Implementierung eines Langfristdenkens wird auch in der aktuellen Diskussion immer wieder hingewiesen:

> „Auf das, was auf uns zukommt, müssen wir uns langfristig einstellen und vorbereiten. Der Markt hat diese Langfristigkeit nicht. Die großen Firmen dieser Welt haben es in den letzten fünf Jahren zum Betriebsdogma gemacht, über nicht mehr als zehn Jahre zu reden. Vorzugsweise redet man noch über das nächste Vierteljahr. Dies ist ganz realistisch, weil sich die Marktsignale plötzlich und stolpernd verändern und langfristige Politik permanent bestraft wird. Der Staat muß etwas für die Langfristigkeit tun.“ [58]

> „Je später wir handeln, desto rigider werden die Maßnahmen sein müssen, wenn wir zum Beispiel den Treibhauseffekt bremsen wollen.“ [59]

Die Rolle der an der Erarbeitung der nationalen Nachhaltigkeitsstrategie, der darauf folgenden Zielfindung und der wirksamen Umsetzung von Maßnahmen und Instrumenten beteiligten Akteure ist in diesem Zusammenhang entscheidend und wird in der Agenda 21 hervorgehoben:

„Eine der Grundvoraussetzungen für die Erzielung einer nachhaltigen Entwicklung ist die umfassende Beteiligung der Öffentlichkeit an der Entscheidungsfindung. Darüber hinaus hat sich im spezifischeren umwelt- und entwicklungspolitischen Zusammenhang die Notwendigkeit neuer Formen der Partizipation ergeben. Dazu gehören die Mitwirkung von Einzelpersonen, Gruppen und Organisationen an Umweltverträglichkeitsprüfungen sowie ihre Unterrichtung und Beteiligung an Entscheidungen, insbesondere solchen, die eventuell die Gemeinschaft betreffen, in der sie leben und arbeiten.“ [60]

Da eine nationale Nachhaltigkeitsstrategie gesellschaftliche Wertvorstellungen und individuelle Einstellungen verändern und nach übereinstimmender Meinung von Wissenschaft und Politik weitreichende Veränderungen bewirken soll, kann sie in einem demokratischen Gemeinwesen nicht von oben verordnet werden.

Dementsprechend steht für die Enquete-Kommission nicht ein fertiger Entwurf mit klaren, möglichst sogar quantitativ hinterlegten Vorgaben im Vordergrund, sondern das Anstoßen eines sich selbst tragenden Prozesses. Die Enquete-Kommission sieht ihre Aufgabe vor diesem Hintergrund darin, einen solchen Prozeß zu beschreiben und einzelne Elemente des Prozesses zu entwickeln und zur Verfügung zu stellen. Es ist Aufgabe der Bundesregierung im Zusammenwirken mit den Ländern, im Sinne von Vorsorge und der eingegangenen internationalen Ver-

---

[58]) von Weizsäcker (1997)
[59]) Troge (1997)
[60]) BMU (1993) Tz. 23.2

pflichtungen die Entwicklung einer langfristigen Strategie anzustoßen, welche die bereits vorliegenden Empfehlungen und Ansätze aufgreift.

3.4.2 Bausteine einer nationalen Nachhaltigkeitsstrategie und Akteure

Die Beteiligung von Akteuren sollte sich nicht nur auf gesellschaftliche Gruppen wie Unternehmen, Wirtschafts- und Umweltverbände sowie Sozialpartner erstrecken, sondern schließt auch die unterschiedlichen staatlichen Ebenen, die Länder und die Kommunen ein. Auf Bundesebene sollte dem integrativen Charakter der nachhaltig zukunftsverträglichen Entwicklung darüber hinaus durch breite Beteiligung der betroffenen Ressorts Rechnung getragen werden.

Bezogen auf die an der Erstellung und Umsetzung einer nationalen Nachhaltigkeitsstrategie beteiligten Akteure sind daher folgende Fragen zu beantworten: Welche Akteure sollen in welcher Phase des Prozesses beteiligt werden? In welchem Umfang bzw. mit welcher Intensität sollten die relevanten gesellschaftlichen Akteure in den Prozeß einbezogen werden, welche Verbindlichkeit der Beteiligung ist erstrebenswert? Wichtig ist hier, den Akteuren klare und verläßliche „Strukturen" zur Verfügung zu stellen. Dies ist jedoch keinesfalls gleichbedeutend mit der Etablierung einer Vielzahl neuer, dauerhafter Institutionen.

Akteure sollten ihr Handeln nicht nur an der sie umgebenden Rahmenordnung orientieren, sondern sich als Teil eines vernetzten Ganzen begreifen. Sie sollten die Handlungsbedingungen anderer betroffener Akteure sowie die Entwicklungs- und Funktionsbedingungen der Gesellschaft als Ganzes verstehen und bei eigenen Entscheidungen berücksichtigen. Ein besseres Verständnis wechselseitiger Abhängigkeiten ist eine Voraussetzung für jeden Akteur, sich besser auf die langfristigen Funktionsbedingungen des gesellschaftlichen Umfelds einzustellen und damit auch seinen Beitrag für eine nachhaltige Entwicklung zu leisten (lernende Organisation).

Lernende Organisationen

Nachhaltigkeit als regulative Idee erfordert einen gesellschaftlichen Suchprozeß, da sich aus dem Leitbild unmittelbar keine Gestaltungsvorschriften ableiten lassen. Diskurse spielen in diesem Suchprozeß eine zentrale Rolle. Die Durchführung dieser Diskurse erfordert als Teilnehmer sogenannte ‚lernende Organisationen', die dadurch gekennzeichnet sind, daß sie sowohl Signale und Impulse für Lernprozesse in der Gesellschaft nach außen geben als auch von außen aufnehmen. Lernende Organisationen bzw. die lernende Gesellschaft sind damit sowohl Voraussetzung als auch Ergebnis der Diskursprozesse.[61])

---

[61]) Ausführlichere Aussagen zu „lernenden Organisationen" finden sich in IFOK (1997). Vgl. IFOK (1997) 68 ff.

Gleichwohl vermag Verständnis allein diesen Beitrag nicht sicherzustellen. Akteure können nicht gewillt sein, sich selbst Handlungsbeschränkungen aufzuerlegen, d. h. selbst auf Basis eines höheren Maßes an Selbstreflexion gemeinwohlorientierte Ziele zu verfolgen. Von niemandem kann auf Dauer verlangt werden, sich am Markt gegen die eignenen ökonomischen Interessen zu verhalten. Der „Ort der Moral", der Ethik oder der Gerechtigkeit in einer sozialen Marktwirtschaft ist in erster Linie die Rahmenordnung.

Vor diesem Hintergrund übernimmt der Staat eine führende, den gesellschaftlichen Prozeß aktivierende Rolle. Staatliche Institutionen tragen vorzugsweise die Verantwortung, die gesellschaftliche Entwicklung in Richtung einer nachhaltig zukunftsverträglichen Entwicklung anzustoßen. Der Staat agiert in einer Doppelrolle, in dem er einerseits moderierende und koordinierende Aufgaben übernimmt, andererseits als eine dem Gemeinwohl verpflichtete, lenkende Instanz auftritt. Um die gesellschaftlichen Akteure zu einer zunehmenden Nachhaltigkeitsorientierung ihres Handelns zu motivieren, muß der aktivierende Staat entsprechende Strukturen für die Beteiligung der Akteure an den entsprechenden Prozessen schaffen.

Diskurse dürfen keine Tabuthemen auslassen. Ein Klimadiskurs kann beispielsweise die Themen Kernenergie, externe Kosten und Subventionierung des Verkehrs, Steinkohlesubventionierung oder Landwirtschaft nicht ausgrenzen, ein Rentendiskurs muß grundsätzliche Alternativen von Leistungsart und -umfang und der Finanzierung einbeziehen, ein Diskurs über die Staatsfinanzen kann nicht allein auf die Einnahmenseite beschränkt bleiben.

Zielführend werden solche Diskurse jedoch erst dann, wenn sie dem integrativen Charakter des Leitbildes einer nachhaltig zukunftsverträglichen Entwicklung gerecht werden. Es geht damit um die Einrichtung eines kontinuierlichen gesellschaftlichen Such-, Lern-, und Entdeckungsprozesses, der zur Anpassungsfähigkeit und größeren Flexibilität der Gesellschaft insgesamt an veränderte Rahmenbedingungen führt. Mit der Anpassungsfähigkeit und größeren Flexibilität stehen gleichzeitig die Innovations- und die Reformfähigkeit von Staat, Wirtschaft und Zivilgesellschaft auf dem Prüfstand. Hier wird es vor allem darum gehen, mit Hilfe institutioneller Reformen Handlungsspielräume zu eröffnen, die zuvor noch blokkiert waren.

Appelle und Einsicht allein können Entscheidungen und Handeln der Akteure nicht verändern. Diese handeln zweckrational innerhalb der Logik ihrer jeweiligen Systeme. Es wäre verfehlt, den Akteuren, wie z. B. Unternehmen, Gewerkschaften oder Verbänden, dieses dann vorzuwerfen, wenn ihr Handeln der regulativen Idee der nachhaltig zukunftsverträglichen Entwicklung zuwiderläuft. Offenbar erlauben die Rahmenbedingungen ihres Handelns, die z. B. rechtlicher, fiskalischer oder ökonomischer Art sein können, es den Akteuren nicht, zugleich ihren Interessen zu folgen und sich an Nachhaltigkeitszielen zu orientieren. Es ist daher die wichtigste, ja unerläßliche staatliche Aufgabe, innerhalb einer Nachhaltigkeitsstrategie die Rahmenbedingungen für die Akteure in Wirtschaft und Gesellschaft so zu gestalten, daß deren rollengerechtes und interessengeleitetes Handeln notwendigerweise in Richtung der Nachhaltigkeitsziele führt.

Auch staatliches Handeln selbst muß am Leitbild der Nachhaltigkeit orientiert sein. Es sollte insbesondere in Bezug auf Langfristorientierung, ressortübergreifende Vernetzung und Denken in globalen Zusammenhängen ausgerichtet und organisiert sein.

Rat für nachhaltig zukunftsverträgliche Entwicklung

In diesem Zusammenhang stellt sich die Frage, mit welchen Institutionen der Staat diesem gleichermaßen nach innen wie auch außen gerichteten Aufgabenspektrum gerecht werden kann. Brauchen wir zusätzliche Gremien, wie etwa einen Nachhaltigkeitsrat, oder müssen wir eher die derzeit existierenden politischen Gremien einer Revision unterziehen und sie auf ihre Tauglichkeit für den Prozeß der Nachhaltigkeit überprüfen? Nach Ansicht der Enquete-Kommission sollten angesichts geänderter Ausgangsbedingungen, wie sie durch die beschleunigte technische Entwicklung der letzten Jahrzehnte sowie durch das veränderte politische und wirtschaftliche Gefüge hervorgerufen wurden, zweifellos beide Aspekte in Betracht gezogen werden. Letztlich muß für alle derzeitigen Organisations- und Entscheidungsstrukturen beantwortet werden, inwieweit sie in der Lage sind, den Erfordernissen einer nachhaltig zukunftsverträglichen Entwicklung zu entsprechen, bzw. wo neue Strukturen notwendig erscheinen oder bestehende Strukturen und/oder Elemente modifiziert und/oder abgebaut werden sollten.

Grundlage einer jeden Strukturreform ist aber vorab eine Bestandsaufnahme und Evaluierung der bestehenden Strukturen. Kursorisch gezeichnet ergibt sich folgendes Bild: Bereits 1984 bestand das Beratungs- und Kommissionswesen der Bundesregierung aus 528 Gremien mit mehr als 7.000 Mitgliedern. In der Zwischenzeit dürften mehr neue Gremien hinzugekommen als alte aufgelöst worden sein. Darunter sind solche mit unmittelbaren Arbeitsschwerpunkten im Bereich Nachhaltigkeit, aber auch weitere Gremien, von der Pappelkommission über die Kosmetikkommission bis zur Trinkwasserkommission, um nur einige zu nennen. Sie legen mehrheitlich ihre Arbeit in Berichten nieder, die der Bundesregierung und dem Parlament als Entscheidungshilfe dienen sollen. Derzeit summiert sich die Zahl der Berichte der Bundesregierung und ihrer Gremien auf über 130, mindestens ein Dutzend müssen unmittelbar vom Umweltministerium gegeben werden.

Angesichts dieser Intensität erscheint es zunächst wenig sinnvoll, neben die bestehenden Räte noch einen „Rat für nachhaltig zukunftsverträgliche Entwicklung“ zu stellen, und sei es auch nur im Rahmen einer Art „Flurbereinigung der Räte“. Die Rätevielfalt zu reduzieren, um an ihre Stelle einen Nachhaltigkeitsrat treten zu lassen, wird sich jedoch nur schwer realisieren lassen, da die meisten Räte ressortorientiert sind und – je nach politischer Bewertung – mehr oder weniger verzichtbare Spezialgebiete zu bearbeiten haben.

Dennoch sind für die Realisierung und aktive Ausgestaltung einer integrativen Politik institutionelle Innovationen nötig, die helfen, Entscheidungsprozesse zu optimieren, ohne eine Vielzahl neuer, dauerhafter Institutionen zu schaffen. Vielmehr soll die Möglichkeit eröffnet werden, bestehende Strukturen auf ihre Defizite zu analysieren und notwendige Änderungen, wie z. B. Konzentrierungen, Zusammenlegungen und/oder Auflösungen herbeizuführen. Angesichts der Vielzahl der derzeitigen regierungsfinanzierten Beratungsgremien bzw. der sich daraus ergebenden Redundanzen in ihrer Arbeit, erscheint eine Straffung ebenso wie eine Neuorientierung dringend geboten.

In diesem Sinne sollte vorrangig überlegt werden, wie die unter Nachhaltigkeitsgesichtspunkten beklagenswerte Segmentierung der Politikberatung überwunden und die Berichtspflichten bzw. die Arbeit der bestehenden Gremien proaktiv zugunsten einer nachhaltig zukunftsverträglichen Entwicklung verbessert werden können. Eine Zusammenarbeit zwischen so vielen Räten ist jedoch äußerst schwierig zu gestalten. Darum sollte nach Ansicht der Enquete-Kommission dafür Sorge getragen werden, daß vor allem Räte, die zur sozialen, ökonomischen und ökologischen Dimension des Nachhaltigkeitsanliegens relevante Aussagen zu liefern vermögen und gleichzeitig ein hohes Ansehen genießen, zusammenwirken und hierbei auch globale Aspekte berücksichtigt werden.

Vieles spricht dafür, daß schon eine bessere Kooperation beispielsweise zwischen dem SRU und den Fünf Wirtschaftsweisen (Rat von Sachverständigen zur Begutachtung der gesamtwirtschaftlichen Entwicklung) nachhaltig zukunftsverträgliche Entwicklung voranbringen und Ressourcen sparen könnte. In diese Zusammenarbeit sollte man auch den WBGU einbinden, da er explizit auf globale Umweltfragen ausgerichtet ist. Eine solche Vorgehensweise wurde auch durch schriftliche Stellungnahmen des BUND und des Forums Umwelt & Entwicklung anläßlich der Anhörung „Nichtregierungsorganisationen und nachhaltige Entwicklung“ der Enquete-Kommission am 29. September 1997 angeregt. Beide haben unabhängig voneinander den fast gleichlautenden Vorschlag entwickelt, die vorhandene Gremienvielfalt nicht nur im Bereich des Umweltschutzes, sondern auch die für Fragen der Wirtschafts- und Sozialpolitik zuständigen Beratungseinrichtungen zu einem gemeinsamen Rat zusammenzuführen bzw. zumindest auf Kooperationsmöglichkeiten unter der gemeinsamen Aufgabe der Nachhaltigkeit zu überprüfen. Diese könnten beispielsweise zum Thema „Nachhaltigkeitsorientierte Finanzreform“ eine gemeinsame Stellungnahme erarbeiten.

Die Überwindung der segmentierten Beratungstätigkeit bzw. die Bewältigung der Integrationsaufgabe geht weit über die traditionellen Berichts- bzw. Beratungspflichten der bestehenden Räte hinaus. Deshalb hat die Enquete-Kommission über die ergänzende Einrichtung einer neuen Institution nachgedacht. Eine solche Einrichtung könnte „Rat für nachhaltig zukunftsverträgliche Entwicklung“ genannt werden und hätte die Aufgabe, bei der Erstellung und Umsetzung einer

Nachhaltigkeitsstrategie mitzuwirken, indem sie den Staat – und selbstredend auch die nichtöffentlichen Akteure – immer wieder an ihre Aufgaben im Rahmen der nationalen Nachhaltigkeitsstrategie erinnert. Der Rat erfüllt vor allem dort eine wichtig Frühwarnfunktion, wo auf die Konsequenzen der eingeschlagenen Entwicklungspfade hinzuweisen ist, damit diese deutlicher erkennbar und in die Entscheidungsfunktionen der Akteure einbezogen werden können.

Zusammenfassend lassen sich folgende Schlußfolgerungen ableiten:

- Stärkere Verpflichtung der bestehenden Räte auf die Berücksichtigung von Nachhaltigkeitsbelangen und damit von Langfrist, Synergie- und Integrationsaspekten. Dies könnte über eine Änderung der Einrichtungserlasse geschehen.
- Vernetzung des fachwissenschaftlichen und ressortpolitischen Sachverstandes im Sinne einer nachhaltig zukunftsverträglichen Entwicklung durch noch näher zu behandelnde Kooperationsregeln bzw. -pflichten.
- Indirekte Einbindung wichtiger Räte, die zu den drei Dimensionen des Leitbildes unter Berücksichtigung globaler Aspekte wichtige Aussagen zu liefern vermögen, in einen „Rat für nachhaltig zukunftsverträgliche Entwicklung".

Mögliche Aufgaben des Rates

Aus dem Leitbild der nachhaltigkeit zukunftsverträglichen Entwicklung lassen sich folgende Aufgabenstellungen ableiten:

- Lösung der Integrationsaufgabe

  Sollte es gelingen, über eine entsprechende Änderung der Einrichtungserlasse bestehende Räte stärker auf das Nachhaltigkeitsanliegen sowie die explizite Berücksichtigung von Langfrist-, Synergie- und Integrationsaspekten zu verpflichten, muß eine an den drei Dimensionen des Leitbildes ausgerichtete Interaktionsaufgabe gelöst werden. Dies verlangt mehr als eine lose Kooperation bestehender Räte, sondern impliziert eine verpflichtende Mitwirkung in einem neuen, durchaus übergeordnet gedachten „Rat für nachhaltig zukunftsverträgliche Entwicklung".

- Erfüllung einer Monitoringfunktion

  Primäre Aufgabe eines solchen Rates sollte es zunächst sein, in einer Art Frühwarnfunktion auf nichtnachhaltige Entwicklungstrends aufmerksam zu machen. Hierzu sollte er möglichst ein spezifisches Indikatorensystem entwickeln bzw. prüfen, ob bestehende Indikatorensysteme in Kombination zueinander – oder in sinnvoller Ergänzung – zu belastbaren Ergebnissen führen können.

- Entwicklung von Nachhaltigkeitsstrategien

  Der Rat für Nachhaltigkeit sollte auf der Grundlage des angesprochenen Indikatorenmodells, des Monitoring und der Evaluation Strategien – einschließlich Ziel- und Handlungsvorschläge – zur Zielerreichung und zur Korrektur von Fehlentwicklungen entwerfen. Diese Vorschläge sind als Grundlage in den gesellschaftlichen Diskussionsprozeß, zur Festlegung von Zielen, Maßnahmen und Instrumenten, einzuspeisen. Dies kann im Rahmen gezielter Interventionen oder aber eines Regelwerkes mit gewünschter Anreizwirkung geschehen. Hier sollte der Rat eine innovatorische Aufgabe erfüllen.

Zusammenfassend müßte ein derartiger Rat gleichzeitig Antreiber und Monitor der gesellschaftlichen Entwicklung sein. Er müßte einerseits ermahnen, ermuntern und öffentliches Bewußtsein für eine Strategie der Nachhaltigkeit bilden, andererseits müßte er bestehende Prozesse und Einrichtungen evaluieren. Dazu müßte teilweise ein eigenes Instrumentarium entwickelt werden, das es dem Rat und damit auch den Akteuren ermöglicht, die Konsequenzen der eingeschlagenen Entwicklungspfade qualitativ und quantitativ zu verdeutlichen, um frühzeitig Richtungsänderungen vereinbaren zu können. Generell könnten derartige Szenarien weit darüber hinaus für alle zentralen gesellschaftlichen und wirtschaftlichen Reformvorhaben entwickelt werden. Wichtig ist vor allem, daß der Rat ein Selbstbefassungsrecht hat, d. h. sich neben seiner Berichtspflicht seine Themen selbst setzen kann.

Mögliche Zusammensetzung des Rates

Die Zusammensetzung hängt letztlich von den Aufgaben ab, die der Rat zu leisten hat. Da er neben einer wichtigen Monitor- und Kontrollfunktion, sach- und ergebnisorientierte Arbeit leisten soll und konsultative Elemente eine wichtige Rolle spielen, spricht viel für eine Verzahnung von wissenschaftlicher und gesellschaftlicher Kompetenz. Die institutionelle Verankerung des Leitbildes kann sich der Dynamik der gesellschaftlichen Entwicklungsprozesse nicht ohne gesellschaftliche Anknüpfungspunkte stellen. In diesem Fall würde Politik den Entwicklungen immer mehr oder weniger reaktiv folgen, statt die Förderung, Organisation und Kontinuität von permanenten Suchprozessen nach immer besseren Problemlösungen zu aktivieren.

Es bedarf nach Auffassung der Enquete-Kommission der Richtlinienkompetenz der politischen Führung, um die Integration des Leitbildes sowohl in den politischen Prozeß als auch in die Gesellschaft zu ermöglichen, was für eine Anbindung des Rates an das Bundeskanzleramt spricht.

Um die Akzeptanz eines solchen Gremiums zu gewährleisten, sollte man sich zwangsläufig um eine ausgewogene Besetzung und um die Berufung qualifizierter Persönlichkeiten bemühen. Dabei wird man auf die Mitwirkung von Vertretern bestehender Räte angewiesen sein, ohne eine Bestandsgarantie für diese zu geben. Insofern käme z. B. folgende Vorgehensweise in Frage:

- Als relevante Räte für die Bewältigung der oben angeführten Aufgaben kommen gegenwärtig der Sachverständigenrat zur Begutachtung der gesamtwirtschaftlichen Entwicklung, der Rat von Sachverständigen für Umweltfragen sowie der Wissenschaftliche Beirat der Bundesregierung Globale Umweltfragen in Frage.

- Die Einrichtungserlasse dieser wissenschaftlichen Räte werden durch explizite Betonung des Nachhaltigkeitspostulats geändert und die explizite Berücksichtigung von Langzeit-, Synergie- und Integrationsaspekten eingefordert.
- Jeder Rat entsendet aus den Reihen seiner Mitglieder Vertreter in einen neu zu schaffenden Rat für nachhaltig zukunftsverträgliche Entwicklung.
- Die Vertreter bilden zusammen mit einer gleichen Anzahl von Mitgliedern, die auf Vorschlag der Arbeitgeber, Gewerkschaften und Umweltverbände berufen werden, den neuen Rat für nachhaltig zukunftsverträgliche Entwicklung.
- Ein weiteres Mitglied sollte als Ombudsmann die Interessen zukünftiger Generationen verteten.
- Ansiedlung des neu zu schaffenden Rates beim Bundeskanzleramt mit Verpflichtung zur Berichtsberatung im Parlament.

Die Enquete-Kommission spricht sich für eine von den Wahlperioden abgekoppelte Berufungsdauer aus.

3.4.3 Zielfindungsprozesse und Gewinnung von Handlungsoptionen

Die Enquete-Kommission beschreibt im Folgenden Verfahrenselemente zur Gewinnung von Handlungsoptionen im Rahmen einer nationalen Nachhaltigkeitsstrategie. Diese können eher planerisch instrumentell und auf quantitative Ziele hin orientiert sein. Sie können aber auch weniger formalisiert, eher diskursiv und auf Trends, Tendenzen oder neue Qualitäten hin ausgerichtet sein. In letzterem Falle werden nur einzelne Elemente in der Erwartung genutzt, daß das Leitbild Zugkraft entwickelt und sich die gesellschaftlichen Akteure (Unternehmen, soziale Organisationen, etc.) in selbstorganisierten Prozessen auf solchen Entwicklungspfaden in Richtung auf das Leitbild bewegen.

Die Studien „Zukunftsfähiges Deutschland“ sowie „Nachhaltiges Deutschland“ weisen beide Varianten auf. In den genannten Untersuchungen findet sich ein erster Teil mit quantifizierten Zielen und Hinweisen auf entsprechende Instrumente und ein zweiter Teil mit eher qualitativen trendbeschreibenden Vorstellungen.

Für den Problembereich „Böden“ formulierte die Enquete-Kommission Umweltqualitäts- und Umwelthandlungsziele. Die ökologisch geprägte Problematik des Bodenschutzes eröffnet gute Möglichkeiten, quantifizierte und mit Zeitvorgaben versehene Ziele zu formulieren und entsprechende Instrumente und Maßnahmen zur Umsetzung zu untersuchen. Konkret wählte die Kommission den Eintrag säurebildender Substanzen zur vertieften Quantifizierung von Umwelthandlungszielen (siehe Kapitel 4.1, Seite 88).

Für den Bereich der „Informations- und Kommunikationstechnik“ formulierte die Enquete-Kommission zunächst einen handlungsspezifischen Entwicklungspfad.

Ausgehend von dieser Operationalisierung des Leitbildes wurde untersucht, welche technologischen, wirtschaftlichen und sozialen Innovationspotentiale kurz-, mittel- und langfristig vorhanden sind und wie die Innovationskompetenz der verschiedenen am Stoffstrom beteiligten Akteure verbessert werden kann. [62]) Dabei wurde deutlich, daß gerade in diesem sich schnell wandelndem Bereich konkrete quantitative Handlungsziele nicht sinnvoll zu formulieren sind. Dennoch erlaubt die Orientierung an den grundlegenden Regeln die Ableitung qualitativer Handlungsoptionen, die den Weg zu einer nachhaltigeren zukunftsverträglichen Entwicklung in diesem Handlungsfeld weisen und dabei flexibel genug sind, die Innovationskraft dieses Bereichs nicht zu behindern (siehe Kapitel 4.2, Seite 147).

Im Lebensbereich *„Wohnen“* wurde ein am Leitbild der nachhaltig zukunftsverträglichen Entwicklung orientierter Zielkatalog formuliert. Die Stoffe und Energieströme sowie die Flächeninanspruchnahme werden hochgerechnet. Die Enquete-Kommission zeigt damit eine Kombination planerisch-instrumenteller, zielorientierter Verfahrenselemente einerseits sowie diskursiver, auf Trends und neue Qualitäten hin orientierte Elemente andererseits (siehe Kapitel 4.3, Seite 232).

Das Verfahren der Zielfindung ist durch Zyklen gekennzeichnet, die mehrfach durchlaufen werden können, bis bestimmte Ziele optimiert und akzeptiert sind oder bis ein Problem gelöst ist oder andere Probleme desselben Politikbereichs wichtiger geworden sind. Sie enthalten die zu berücksichtigenden Elemente: Handlungsfelder, Ziele und Zeitrahmen, Akteure, Handlungsoptionen sowie Maßnahmen und Instrumente. Dabei sind die nachfolgenden Ausführungen zur Modellgestaltung nicht im Sinne „1:1 in die Praxis“ übertragbarer Verfahren zu verstehen, vielmehr wird eine prototypische und idealtypische Vorgehensweise aufgezeigt, die so in der Praxis nicht oder nur teilweise wiedererkannt werden kann.

Dem ggf. mehrfach zu durchlaufenden Entscheidungs- und Handlungszyklus (siehe Abbildungen 2 und 3) muß eine politisch-gesellschaftliche Diskursebene vorausgehen, die zur Formulierung vorläufiger Handlungsziele führen soll (siehe Abbildung 1). Auf der politisch-gesellschaftlichen Diskursebene werden aus dem Leitbild der nachhaltig zukunftsverträglichen Entwicklung, das eine ökologische, ökonomische und soziale Dimension besitzt, grundlegende Regeln mit ökonomischen, ökologischen und sozialen Zielen abgeleitet (siehe Kapitel 2). Diese bilden zusammen mit den erkannten ökologischen, ökonomischen und sozialen Problemlagen die Grundlage für eine integrative Politik der Nachhaltigkeit in ihren drei Dimensionen.

Aus Gründen des politischen Pragmatismus muß ein Einstieg regelmäßig von dem Politikfeld aus erfolgen, in dem die Probleme auftreten. Vor dem Hintergrund ihres Einsetzungsauftrags wählte die Enquete-Kommission die ökologische Dimension als Zugang.

---

[62]) Vgl. Behrendt u. a. (1998 b)

Abbildung 1

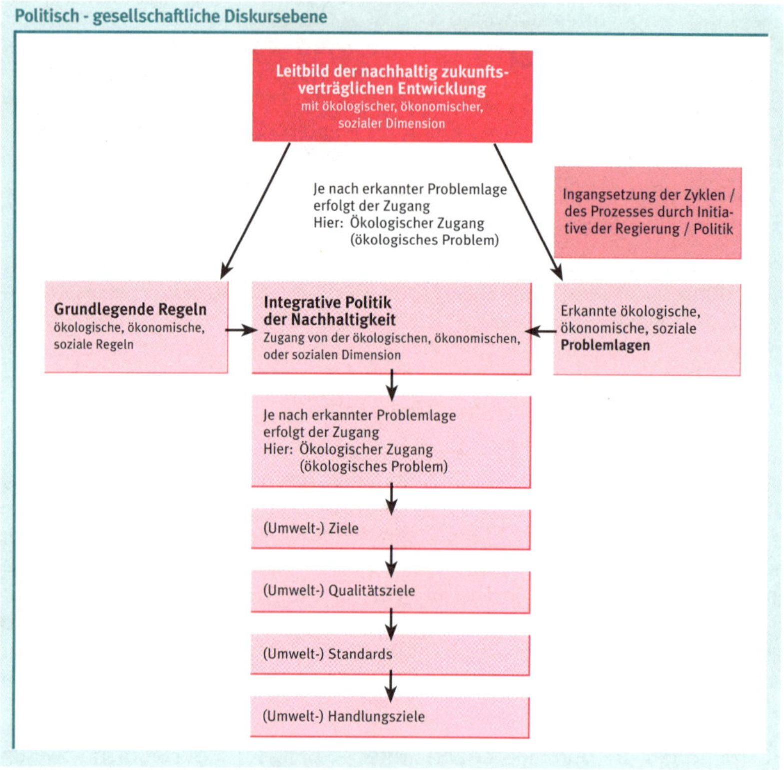

Systematisch unterscheidet die Enquete-Kommission drei Zielkategorien: Ausgehend von der Identifikation der Probleme (hier: der ökologischen Probleme) werden Ziele (hier: Umweltziele) formuliert. Umweltziele werden in Umweltqualitätszielen konkretisiert und von diesen werden Umweltstandards abgeleitet. Umwelthandlungsziele operationalisieren Umweltqualitätsziele und geben die Schritte an, die notwendig sind, um die in Umweltqualitätszielen beschriebenen Eigenschaften der Umwelt zu erreichen (siehe Kapitel 2).

Mit der Formulierung erster oder vorläufiger Handlungsziele, hier also *Umwelthandlungsziele*, beginnt der Entscheidungszyklus: Die Umwelthandlungsziele sind als vorläufige Handlungsanweisungen zu verstehen. Da die drei Dimensionen Ökologie, Ökonomie und Soziales und ihre Wechselbeziehungen und -wirkungen jeweils berücksichtigt werden müssen, werden die Umwelthandlungsziele auf dieser Stufe des Prozesses auf ihre ökonomischen und sozialen Auswirkungen sowie auf die dahinter stehende Frage hin überprüft, ob sie mit ökonomi-

Abbildung 2

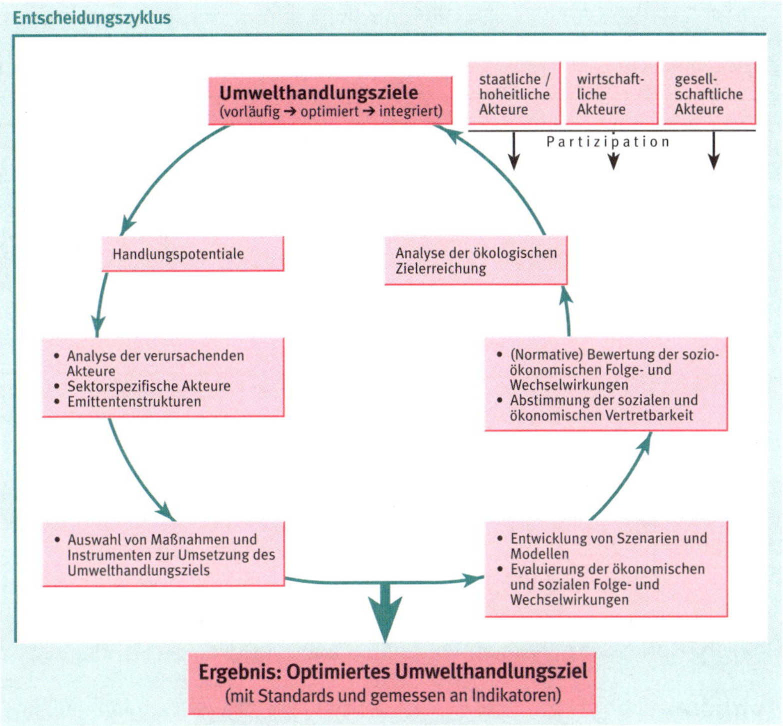

schen oder sozialen oder anderen ökologischen Zielen konfigieren und wie diese Konflikte gelöst werden können.

Ausgehend von (vorläufigen) Umwelthandlungszielen werden nun Handlungspotentiale festgestellt, Akteure analysiert (sektorspezifisch) und Maßnahmen zur Umsetzung des jeweiligen Umwelthandlungsziels erstellt.

Den vorläufigen Abschluß des Entscheidungszyklus bildet eine Bewertung der sozioökonomischen Folge- und Wechselwirkungen sowie die Abstimmung der ökonomischen und sozialen Vertretbarkeit dieser Folgewirkungen. An dieser Bewertung, die naturgemäß normativ ist, sind alle relevanten Akteure beteiligt. Institutionen des Staates nehmen hier eine besondere Rolle ein.

Während des Entscheidungszyklus wird somit das vorläufige Umwelthandlungsziel mit den Akteuren abgestimmt, die Instrumente festgelegt, in den drei Dimensionen bewertet und gegebenenfalls modifiziert, womit ein weiterer Zyklus beginnt, in dessen Verlauf auch zu prüfen ist, ob das ökologische Ziel nach der Modifizierung noch im gewünschten Umfang erreicht wird. Der Zyklus wird so oft durchlaufen, bis eine hinlängliche Übereinkunft in Form eines akzeptierten Umwelthandlungszieles erreicht ist, das in dem Sinne als optimiert und integriert bezeichnet werden kann, daß es hinsichtlich seiner Auswirkungen in allen drei Dimensionen untersucht und bewertet wurde und das die Beteiligten zum Handeln in Teilschritten befähigt. Diese Optimierung von Handlungszielen im Entscheidungszyklus führt im Idealfall zu positiven Wirkungen in allen drei Dimensionen.

Dem Entscheidungszyklus folgt idealtypisch der Handlungszyklus (siehe Abbildung 3): Beginnend mit einem Handlungsziel, hier dem Umwelthandlungsziel, werden Maßnahmen zur Umsetzung getroffen und die Ergebnisse fortlaufend beobachtet und evaluiert. Daraus ergibt sich eine neue Bewertung der (hier: ökologischen) Problemlage, die zu einer quantitativen und zeitlichen Veränderung des Handlungsziels führen kann oder die das Problem als ausreichend gelöst erscheinen läßt.

Die konsekutive Darstellung ist aus Gründen der Übersichtlichkeit gewählt worden; in der Praxis vermischen sich die drei Ebenen und alle Vorgänge können gleichzeitig ablaufen.

Quantitative Zielfindungsprozesse finden sich primär in den Bereichen, die aus verschiedenen Gründen – etwa aus verteilungspolitischen Überlegungen, Gründen der Gefahrenabwehr oder bei Überschreitung von Tragekapazitäten – die Berücksichtigung von mindestens einzuhaltenden Standards verlangen.

Anders ist es bei qualitativen Zielfindungsprozessen, wie z. B. im ökonomischen Bereich. Dort handelt es sich um Leitplankensysteme, die Handlungsspielräume für private und öffentliche Akteure umschreiben. Diese Leitplanken sind in gewissen Grenzen auch variabel. Grenzziehungen dieser Art sind immer auch Ausdruck von Nutzen-Kosten-Überlegungen, die sich bei Änderungen von gesellschaftlichen Präferenzen, politischer Vorgaben und neuen (z.B. naturwissenschaftlichen) Erkenntnisssen verschieben können. Insbesondere werden stets auch die Auswirkungen auf andere Zielbereiche (ökonomische, ökologische, soziale) zu berücksichtigen sein. Dies kann eine schrittweise und im Zeitablauf variable Zielannäherung verlangen.

Abbildung 3

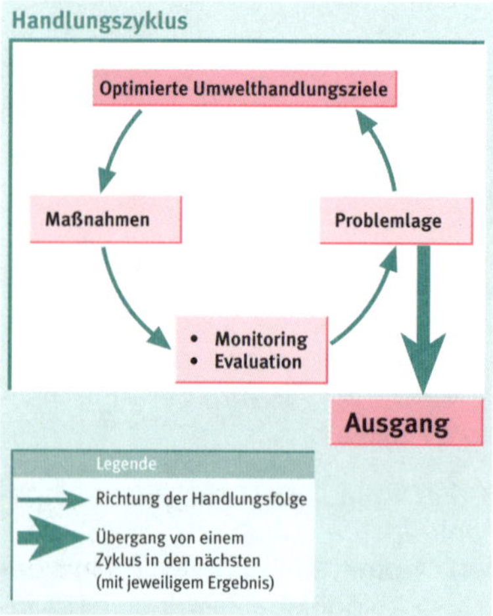

Die ökologischen Zielsetzungen mit Maßnahmen, Instrumenten und Zeithorizonten können in einem nationalen Umweltplan zusammengefaßt werden. Ein nationaler Umweltplan ist damit ein Baustein einer gesamten Nachhaltigkeitsstrategie. Die hier festgelegten Umwelthandlungsziele, Maßnahmen und Instrumente sollen die sozialen und ökonomischen Auswirkungen berücksichtigen.

Für die ebenfalls zu formulierenden sozialen und ökonomischen Zielsetzungen oder Programme kann ein analoges Vorgehen wie für den Umweltplan gewählt werden. Das heißt, daß die sozialen Ziele, Maßnahmen und Instrumente hinsichtlich ihrer ökologischen und ökonomischen Auswirkungen und die ökonomischen Zielsetzungen hinsichtlich ihrer ökologischen und sozialen Auswirkungen zu überprüfen sind.

Nicht unbeachtet bleiben sollte, daß die skizzierte Nachhaltigkeitsstrategie nur gelingen kann, wenn begleitend Bildung und Kultur als weitere Aspekte in diesen Prozeß eingebunden sind.

Das nationale Klimaschutzziel 2005: minus 25 % Kohlendioxid als Beispiel für einen Zielfindungsprozeß

Der bereits Mitte der 60er Jahre beobachtete Anstieg des CO_2-Gehaltes in der Atmosphäre erlangte erst Mitte der 80er Jahre politische Aufmerksamkeit, als er gemeinsam mit dem Ozonabbau in der Stratosphäre zum Thema „Schutz der Erdatmosphäre" zusammengefaßt wurde. Die 1987 vom 11. Deutschen Bundestag eingesetzte Enquete-Kommission „Vorsorge zum Schutz der Erdatmosphäre" konzentrierte sich nach den Abkommen von Wien 1985 und von Montreal 1987 zum Schutz der Ozonschicht auf den Schutz des Klimas. Nach einer ersten Bestandsaufnahme 1988 legte sie innerhalb von drei Jahren zwei weitere Berichte zu den Themen „Schutz der tropischen Wälder" sowie 1990 „Schutz der Erde – Vorschläge zu einer neuen Energiepolitik" vor.

Der Bundestag hatte frühzeitig erkannt, daß die Bearbeitung eines derart komplexen Themas wie Klimaschutz die Mitwirkung einer Vielzahl von Akteuren erforderlich macht. So repräsentierten die sachverständigen Mitglieder der Kommission unterschiedliche Akteursgruppen. Die Kommission veranstaltete zahlreiche Anhörungen von Fachleuten, zumeist öffentlich und auch medienorientiert. Ein Studienprogramm hat alle wesentlichen Exponenten der einschlägigen Forscherszene einbezogen und durch eine intensive Diskussion auch kontroverser Positionen die Grundlagen für die einstimmige Formulierung der Vorschläge gelegt.

Mit ihrem dritten Bericht im Jahr 1990 formulierte die Enquete-Kommission die Zielvorgabe einer wenigstens 30 %igen Reduktion der Kohlendioxidemissionen bis zum Jahre 2005 für die nationale Ebene (alte Bundesländer, Basisjahr 1987). Sie schlug ergänzend eine Reduktion der CO_2-Emissionen um 20 bis 25 % auf EG-Ebene, um 30 % in allen wirtschaftsstarken Industrieländern sowie um 20 % im Durchschnitt der Industrieländer jeweils bis zum Jahr 2005 vor. Die Enquete-Kommission „Vorsorge zum Schutz der Erdatmosphäre“ hat die entscheidende fachliche und politische Vorarbeit für die Formulierung des 25 %-Ziels bis 2005 (Basisjahr 1990) durch die Bundesregierung, für die Klimakonvention der VN-Konferenz für Umwelt und Entwicklung 1992 in Rio de Janeiro sowie für die nachfolgenden Klimakonferenzen in Berlin, Genf und Kyoto geleistet.

Neben dem Bundesumweltminister wurden auch die anderen für Maßnahmen verantwortlichen Ressortchefs von der Kommission einbezogen. Dies erwies sich als besonders wichtig, da dadurch die Arbeiten auf Regierungsebene, die recht zurückhaltend anliefen, vorbereitet wurden. Insbesondere durch eine große Zahl öffentlicher Veranstaltungen und durch eine intensive

Medienarbeit wurden unterstützende Beschlüsse auf EU-, Landes- und Kommunalebene angeregt. Im Rahmen mehrerer Delegationsreisen ins Ausland und auf zahlreichen internationalen Fachtagungen hat die Kommission Erkenntnisse gesammelt und gleichzeitig die Basis für die internationale Klimaschutzpolitik mit geschaffen.

Am 13. Juni 1990 hat die Bundesregierung beschlossen, die energiebedingten CO_2-Emissionen deutlich zu senken, und eine interministerielle Arbeitsgruppe beauftragt, Vorschläge für eine 25 %ige Reduzierung der CO_2-Emissionen zu erarbeiten. Vorausgegangen war eine sorgfältige Prüfung des 30 %-Vorschlags der Enquete-Kommission durch das federführende Umweltministerium und das Umweltbundesamt.

Die deutsche Vereinigung am 3. Oktober 1990 stellte die CO_2-Minderungspolitik vor veränderte Rahmenbedingungen. Mit einem modifizierten Ziel – 25 % im bisherigen Bundesgebiet und in den neuen Bundesländern um einen deutlich höheren Prozentsatz – beschloß die Bundesregierung am 7. November 1990 eine Reduktion des CO_2-Ausstoßes in den kommenden 15 Jahren um ca. 300 Mio t. Nach den ersten Beschlüssen des Kabinetts vom Juni und November 1990 hat die interministerielle Arbeitsgruppe „CO_2-Reduktion“ der Bundesregierung eine Anhörung zur Einbindung aller relevanten Akteursgruppen durchgeführt und ein konkretes Programm zur CO_2-Verminderung konzipiert.

Auch die in der 12. Legislaturperiode eingesetzte Enquete-Kommission „Schutz der Erdatmosphäre“ setzte im Parlament mit zahlreichen Anhörungen und einem umfassenden Studienprogramm die Arbeiten der Vorgängerkommissionen vor dem Hintergrund der veränderten Rahmenbedingungen fort. [63])

---

[63]) Vgl. Enquete-Kommision „Schutz der Erdatmosphäre“ (1992), (1994 a), (1994 b) und (1995)

Am 11. Dezember 1991 trug die Bundesregierung mit einer Konkretisierung des Reduktionsziels auf 25–30 % für Gesamtdeutschland (Basisjahr 1987) dem fortschreitenden Vereinigungsprozeß Rechnung. Durch die Umstellung auf das international übliche Bezugsjahr 1990 durch Bundeskanzler Helmut Kohl auf der 1. Klimakonferenz in Berlin Ende März 1995 erfuhr das Klimaschutzziel der Bundesregierung die bisher letzte Veränderung: 25 % Reduktion der CO_2-Gesamtemissionen in Deutschland von 1990 bis 2005, dies entspricht etwa 29 % Reduktion, bezogen auf das Basisjahr 1987. Dieses Ziel wurde durch die Bundesregierung mehrfach bestätigt, so am 6. November 1997, also vor der 3. Klimakonferenz in Kyoto auf der Basis des 4. Berichtes der Interministeriellen Arbeitsgruppe „CO_2-Reduktion".

Das CO_2-Minderungsziel hat sich als pragmatisches umweltpolitisches Ziel insgesamt bewährt und eine Vielzahl von Akteuren, die zum Klimaschutz beitragen müssen, zum Handeln angeregt. Wobei unstrittig ist, daß ohne zusätzliche Maßnahmen das ehrgeizige Ziel nicht erreicht werden kann. Bei dem auf wenige Akteure begrenzten Problemfeld „Ausstieg aus der FCKW-Produktion und -verwendung" konnte in Deutschland ein Ausstieg in kurzer Frist erreicht werden.

Das Klimaschutzprogramm der Bundesregierung beinhaltet nach dem 4. Bericht der Interministeriellen Arbeitsgruppe „CO_2-Reduktion" vom 6. November 1997 inzwischen rund 150 Einzelmaßnahmen. Als Teil dieses Programms ist die Selbstverpflichtung der deutschen Wirtschaft zur Klimavorsorge auf dem Weg, in einem anhaltenden Schritteprozeß durch besondere Anstrengungen Erfolge zu bringen. Über 200 Kommunen haben mittlerweile Kohlendioxidminderungprogramme erstellt. Alle Bundesländer haben den Klimaschutz in Konzeptionen, Programmen oder Beschlüssen als eigene Aufgabe definiert. Kirchen, Gewerkschaften, Verbraucherverbände und andere gesellschaftlich relevante Gruppen haben durch eine Vielzahl von Initiativen Anstöße für weitergehendes klimagerechtes Handeln gegeben.

In seinen wesentlichen Eckpunkten – Aggregationen komplexer Zusammenhänge auf die für die Entscheidungen über Maßnahmen zugängliche große prozentuale Verminderung der nationalen CO_2-Emissionen eines Jahres, Quantifizierung einschließlich Zeitvorgabe - kann das 25 %-Ziel als beispielhaft für die Formulierung von Umweltzielen in vergleichbaren Handlungsfeldern einer dauerhaft umweltgerechten Entwicklung angesehen werden.

Die vorangehende Darstellung des Zielfindungsprozesses im Bereich der deutschen Klimapolitik deutet zwar auf die Einbeziehung unterschiedlicher Akteursgruppen hin, repräsentiert aber eher Elemente des traditionellen politischen Steuerungsmodells. Demgegenüber stellt das weiter oben beschriebene Beispiel der Lokalen-Agenda-Prozesse eher auf eine diskursiv-partizipative Entwicklung von Zielvorstellungen und Entwicklungspfaden und deren kooperative Umsetzung ab (siehe Kasten „Die Lokale Agenda 21“, Seite 64). In Zukunft ist eine weitere Verknüpfung dieser beiden Ansätze nötig, um den grundlegenden Voraussetzungen einer nationalen Nachhaltigkeitsstrategie (siehe Seite 69) gerecht zu werden.

4 Untersuchungen in Beispielfeldern

Spätestens seit der Konferenz der Vereinten Nationen in Rio de Janeiro im Jahre 1992 sowie der Folgekonferenz 1997 in New York ist die Diskussion um eine zukunftsfähige Entwicklung aus der poltischen und wissenschaftlichen Debatte nicht mehr wegzudenken. Es wird aus Sicht der Umweltpolitik „gern vergessen", daß die Konferenz der Vereinten Nationen den Begriff „Nachhaltigkeit" untrennbar mit einer „sozialen und wirtschaftlichen Dimension" und der „Stärkung der Rolle der Arbeitnehmer und ihrer Gewerkschaften" verband.

Bereits 1992 wird in der Agenda 21 beklagt:

> „In vielen Ländern besteht bei den dort vorhandenen Systemen der Entscheidungsfindung die Tendenz, ökonomische, soziale und ökologische Faktoren auf der Ebene der Politik, der Planung und des Managements zu trennen." Deshalb „... sollen die Regierungen gegebenenfalls eine nationale Bestandsaufnahme durchführen, um in ihrem Bemühen um eine wirtschaftlich effiziente, sozial ausgewogene und verantwortungsbewußte sowie umweltverträgliche Entwicklung die schrittweise Integration wirtschafts-, gesellschafts- und umweltpolitischer Fragestellungen zu erreichen." Die (...) Integration wirtschafts-, sozial- und umweltpolitischer Aspekte in die Entscheidungsfindung aller Ebenen und aller Ressorts ..." [64]) soll jedes Land gewährleisten.

In seinem Einsetzungsbeschluß [65]) fordert der Deutsche Bundestag die Enquete-Kommission zur Erarbeitung von Umweltzielen für eine nachhaltig zukunftsverträgliche Entwicklung auf. Der Deutsche Bundestag betont deshalb, daß „Umweltziele nur unter Berücksichtigung der ökologischen, sozialen und wirtschaftlichen Folgen formuliert werden. Andererseits können soziale und wirtschaftliche Ziele nicht ohne Rücksicht auf ökologische Auswirkungen erreicht werden." Dies wird nicht ohne Änderungen möglich sein. So heißt es weiter im Einsetzungsbeschluß der Enquete-Kommission: „Die Entwicklung neuer Konzepte und Strukturen wird oft notwendig sein. Die Begrenzung des Eintrags von Schadstoffen in die Umwelt und von klimaschädlichen Emissionen sind wesentliche Voraussetzungen, um eine nachhaltig zukunftsfähige Entwicklung zu erreichen."

Die Weiterentwicklung einer rationalen Umweltpolitik erfordert damit eine Neuausrichtung bisheriger umweltpolitischer Strategien. Diese Umweltpolitik muß auch den sozialen und ökonomischen Notwendigkeiten, Zielsetzungen und Problemlagen und den daraus folgenden Rahmenbedingungen Rechnung tragen. Erst die Integration der „drei Dimensionen" überwindet die konzeptionelle Schwäche einer von wirtschaftlichen und sozialen Fragestellungen, Zielsetzungen und Rahmenbedingungen isolierten Ökologiediskussion und ermöglicht da-

[64]) BMU (1993) 58f
[65]) Vgl. Deutscher Bundestag (1995 a)

mit einen strategischen Durchbruch gerade auch für ökologische Anliegen. Umweltbelange werden dann nicht allein einer hochspezialisierten Fachpolitik zugewiesen.

Gleichzeitig ist zur Umsetzung des Leitbildes der Nachhaltigkeit die Integration ökologischer Ziele in die Fachpolitiken, insbesondere Wirtschaft, Finanzen, Verkehr, Landwirtschaft, Raumordnung und Energie notwendig. Eine Politik, die unter speziellen Zielen und ohne Beachtung der Wechselbeziehungen und Wechselwirkungen der Zielsetzungen und Rahmenbedingungen anderer Politikbereiche betrieben wird, kann im Ergebnis keine Politik für eine nachhaltig zukunftsverträgliche Entwicklung sein. Eine integrative Politik der Nachhaltigkeit muß ökologische, ökonomische und soziale Zielsetzungen aufeinander beziehen.

Als Einstieg in die Bearbeitung der Beispielfelder wählte die Enquete-Kommission den ökologischen Zugang (siehe Kapitel 3, Seite 55). Das Ziel, davon ausgehend ökonomische und soziale Zielsetzungen sowie quantitative Abschätzungen ökonomischer und sozialer Auswirkungen über wissenschaftlich fundierten Sachverstand und über Studien in ihre Arbeit einzubinden, konnte die Kommission nicht im gewünschten Ausmaß erreichen. Dies liegt zum einen an der hohen Komplexität der politischen Umsetzung des Nachhaltigkeitsgebotes und an der bisher ungenügenden wissenschaftlichen Durchdringung des Feldes, zum anderen an der begrenzten Zeit und an den begrenzten Ressourcen der Enquete-Kommission.

In den folgenden Kapiteln konnten daher vor allem soziale, zum Teil aber auch grundlegende ökonomische Ziele (Managementregeln), Qualitätsziele und Handlungsziele nicht mit hinreichender wissenschaftlicher und politischer Fundierung aufgegriffen, beschrieben und bearbeitet werden. Mit diesen Kapiteln will die Enquete-Kommission deshalb keine „endgültigen“ Ergebnisse vorlegen. Vielmehr will sie damit die Diskussion und die politische Umsetzung des Leitbildes der nachhaltig zukunftsverträglichen Entwicklung ein Stück weiter vorantreiben, betont aber ausdrücklich, daß damit der Diskussionsprozeß noch keineswegs abgeschlossen ist.

4.1 Bodenversauerung

4.1.1 Einleitung

Im vorangehenden Kapitel wurden Verfahrenselemente zur Gewinnung von Handlungsoptionen im Rahmen einer nationalen Nachhaltigkeitsstrategie beschrieben. Im folgenden soll gezeigt werden, wie diese Elemente im Themenbereich Versauerung konkretisiert werden können. Die Kommission empfiehlt eine Vorgehensweise, die letztlich eine Optimierung in allen drei Dimensionen der Nachhaltigkeit anstrebt, so daß ein Umwelthandlungsziel dann als optimiert und integriert bezeichnet werden kann, wenn es hinsichtlich seiner Auswirkungen in den drei Dimensionen untersucht und bewertet wurde und wenn es die Beteiligten zum Handeln befähigt. Für den Themenbereich Versauerung bedeutet dies als ersten

Schritt, sich (auch im europäischen Rahmen) auf Umwelthandlungsziele zu verständigen, die den jeweiligen Handlungspotentialen Rechnung tragen. Dies wiederum erfordert, daß die auf der Grundlage von Umweltqualitätszielen formulierten (vorläufigen) Umwelthandlungsziele auf ihre ökonomischen und sozialen Auswirkungen sowie auf die dahinter stehende Frage hin überprüft werden, ob sie in Konflikt stehen mit ökonomischen und sozialen oder anderen ökologischen Zielen.

Entsprechend dem „ökologischen Zugang" hat die Enquete-Kommission in ihrem Zwischenbericht Umweltziele, Umweltqualitätsziele und Umwelthandlungsziele für Böden vorgeschlagen. Dabei hat sie ökonomische und soziale Rahmenbedingungen zwar implizit berücksichtigt, jedoch nicht systematisch untersucht.[66] Sie behielt sich vor, die notwendige Integration der drei Dimensionen Ökologie, Ökonomie und Soziales am konkreten Beispielfeld vorzunehmen.

Um zu prüfen, wie die Rahmenbedingungen für die Akteure im Problemfeld Versauerung zu gestalten sind, damit den ökologischen Erfordernissen Rechnung getragen wird und gleichzeitig ökonomische und soziale Probleme nicht verschärft werden, gab die Enquete-Kommission die Studie „Rahmenbedingungen, Akteure und Instrumente beim Eintrag versauernd wirkender Substanzen" in Auftrag.[67] Am Beispiel des Problems der Versauerung beabsichtigte die Enquete-Kommission, einen Zielfindungsprozeß zu erproben. Im Beispielfeld Versauerung geht der Zielfindungsprozeß von einem vorläufigen Umwelthandlungsziel aus und ermittelt zunächst die Akteure und Handlungspotentiale. Im Mittelpunkt des Zielfindungsprozesses steht die Untersuchung und Diskussion der ökonomischen und sozialen Folge- und Wechselwirkungen der Instrumente und Maßnahmen zur Umsetzung des Ziels. Auf dieser Grundlage und gemäß der ökonomischen und sozialen Vertretbarkeit wird das Umwelthandlungsziel überprüft und ggf. angepaßt, z. B. durch eine Änderung der Zeitvorgabe (siehe Kapitel 3.4.3, Seite 78).

Das in Auftrag gegebene Gutachten, auf dem dieses Kapitel gründet, läßt keinen systematischen Vergleich der unterschiedlichen Instrumente zur Senkung der Emissionen versauernd wirkender Stoffe zu. Es beschränkt sich im wesentlichen auf eine Bestandsaufnahme der Emissionsentwicklung (Analyse derselben und Beschreibung bisheriger politischer Instrumente), eine Beschreibung der Potentiale für weitergehende Emissionsminderungen sowie Untersuchungen zusätzlicher Instrumente mit Kostenabschätzungen. Die Abschätzung der Kosten und Kostenwirkungen bildet eine wichtige Grundlage für die Beurteilung der ökonomischen und sozialen Vertretbarkeit politischer Instrumente. Nicht geleistet werden konnten im Rahmen des Studienauftrags eine vollständige und vertiefte Untersuchung der ökonomischen und sozialen Folge- und Wechselwirkungen, eine präzise Klassifizierung der Emissionsquellen sowie die Wirkung der Emissionen auf den bzw. im Boden (Immission).

---

[66]) Vgl. Enquete-Kommission "Schutz des Menschen und der Umwelt" (1997) 41
[67]) Vgl. Matthes u. a. (1998)

Im vorliegenden Kapitel diskutiert die Enquete-Kommission – ausgehend von einem vorläufigen Umwelthandlungsziel zur Emissionsminderung – Maßnahmen und Instrumente im Hinblick auf ihre ökologischen, ökonomischen und sozialen Wirkungen. Auf dieser Grundlage werden Empfehlungen für Maßnahmen gegeben.

4.1.2 Umweltproblem Versauerung

Böden sind endliche Ressourcen, die zunehmend verknappen. [68]) Das wird deutlich, wenn man sich vor Augen führt, daß beispielsweise Freiflächen nach der Inanspruchnahme als Siedlungs- und Verkehrsflächen wesentliche Bodenfunktionen nicht mehr erfüllen können. Zugleich sind Böden großräumig von verschiedenen Umweltbelastungen betroffen, so daß die unterkrititsch belastete Fläche, die in ihren Nutzen- und Ökosystemfunktionen nicht eingeschränkt ist, weiter abnimmt. Eine dieser verschiedenen Umweltbelastungen ist der Eintrag von Säuren bzw. Säurebildnern, der je nach Eintragsraten, Boden- und Standortverhältnissen die Regelungsfunktion, die Lebensraumfunktion, aber auch die Produktionsfunktion der Böden stören oder einschränken kann.

Es muß darauf hingewiesen werden, daß Böden humider Klimate (z. B. in Deutschland) aufgrund des abwärts gerichteten Lösungsstromes im Laufe ihrer natürlichen Entwicklung seit der letzten Eiszeit einer allmählichen Versauerung unterliegen. [69]) Diese äußert sich in Abhängigkeit von Ausgangsmaterial, Niederschlagshöhe und Vegetation in einer mehr oder weniger starken Erniedrigung des pH-Wertes und der Basensättigung sowie den damit eintretenden Folgen. Dabei verbleibt die Bodenreaktion infolge des Einflusses von Substrat und Puffersystem über längere Zeiträume in einem relativ stabilen Zustand. Hinzu kommt der Einfluß des Menschen, der seit langem über die Landnutzung verstärkt in den Säurestatus des Bodens eingreift. Dadurch ergeben sich Unterschiede besonders zwischen Waldböden einerseits und Kulturböden andererseits. Während die Waldböden vornehmlich im Zustand der Versauerung verblieben, konnte durch die Acker- und Grünlandbewirtschaftung bei regelmäßiger Zufuhr von puffernden Substanzen (organische Dünger, Kalk) das Absinken des pH-Wertes teilweise kompensiert werden. Diese unterschiedliche Ausgangssituation ist zu beachten, wenn durch die in den letzten Jahrzehnten verstärkt einsetzende Immission von Säurebildnern die Versauerungstendenz in den Böden weiter zunimmt.

Aufgrund der außerordentlich unterschiedlichen Standortverhältnisse gibt es bisher keine wissenschaftlich gesicherten Aussagen darüber, wie hoch der Säureeintrag durch Pflanzen in den Boden und eine damit einhergehende Verwitterung der Bodenmineralien im Vergleich zu dem aus anthropogenen Quellen stammenden Säureeintrag ist. Als qualitatives Merkmal läßt sich dagegen ein Vergleich der pH-Werte in unbelasteten und belasteten Waldböden heranziehen.

---

[68]) Vgl. Enquete-Kommission „Schutz des Menschen und der Umwelt" (1997) 40 ff.
[69]) Vgl. Feger (1995)

In den oberen Horizonten deutscher Waldböden sind fast flächendeckend Werte um pH 4,2 festzustellen.[70]) Diese lassen sich nur mit anthropogenen Einträgen von Verbindungen von Schwefel- und Stickoxiden und der nachfolgenden Auswaschung von Sulfat und Nitrat erklären. Die natürliche Versauerung spielt nur auf Sonderstandorten eine bedeutsame Rolle.

Stoffe gelangen auf zwei Pfaden in den Boden: von oben aus der Atmosphäre und von unten infolge der Gesteinsverwitterung und des Grundwassereinflusses. Daß hierbei in bezug auf Schadstoffe der Einfluß menschlicher Tätigkeiten, die anthropogene Zusatzbelastung gegenüber der geogenen Hintergrundbelastung eindeutig dominiert, läßt sich daraus ablesen, daß die Schadstoffgehalte in den Böden von ländlichen, städtischen und industriellen Zonen sich grob wie 1:10:100 verhalten.[71]) Aber auch ländliche Gebiete können durch den Ferntransport von Luftschadstoffen erheblich belastet werden. Anthropogen unbeeinflußtes Regenwasser hätte einen pH-Wert zwischen 5,0 und 5,6. Durch Luftschadstoffe liegen die pH-Werte des Regenwassers in der Bundesrepublik Deutschland im Mittel aber inzwischen bei 4,3.[72]) Insgesamt führen trockene, feuchte und nasse Deposition von Säuren und Säurebildnern in Form von Partikeln, gelöst in Nebeltröpfchen bzw. in Regen oder Schnee, zur zusätzlichen (anthropogenen) Versauerung der Böden. Böden mit pH-Werten unter 4,2 sind für den Ackerbau kaum mehr geeignet. Im Jahr 1993 wurden auf 89,9 % der gesamten Waldfläche in Deutschland die kritischen Einträge (Critical Loads) in Waldböden für Säuren überschritten.[73]) An erster Stelle sind diejenigen Gebiete hochgefährdet, die ein nährstoffarmes Ausgangssubstrat mit geringer Säurepufferkapazität aufweisen sowie eine geringe Toleranz gegenüber Säureeinträgen bei jahrhundertelanger Nadelwaldnutzung.

Wirkungen der Versauerung in Ökosystemen

Hohe Säuregehalte in Böden führen zur Auswaschung von Nährstoffen, zur beschleunigten Verwitterung der Silicate und damit zur Mobilisierung von Schwermetallen. Die schädigenden Wirkungen durch versauerte Böden und Gewässer sind relativ gut untersucht.[74]) Die Versauerung von Böden und Gewässern gehört zu den Problemschwerpunkten flächenhafter Umweltbelastung. Die Auswirkungen sind besonders gravierend, da die Schäden nicht sektoral begrenzt bleiben, sondern in mehr oder weniger großen Räumen den gesamten Naturhaushalt tref-

[70]) Vgl. BML (1997) 113

[71]) Vgl. Bliefert (1994)

[72]) Der pH-Wert gibt die Wasserstoffionenkonzentration (Säurekonzentration) in wäßrigen Lösungen an. Ein pH-Wert von 7 kennzeichnet eine neutrale Lösung. Je saurer eine Lösung ist, umso niedriger liegt der pH-Wert, je basischer sie ist, desto höher liegt er. Einer Senkung des pH-Wertes um 1 entspricht eine Verzehnfachung der Wasserstoffionenkonzentration.

[73]) Vgl. UBA (1997b) 214

[74]) Eine zusammenfassende Darstellung der Belastungssituation und der Wirkungen der Versauerung gibt UBA (1996 b).

fen.[75]) Die unmittelbaren und mittelbaren Wirkungen der Versauerung von Böden und Gewässern lassen sich wie folgt gliedern:[76])

1. Beeinträchtigung bodenchemischer Vorgänge
   - durch Auswaschung wichtiger Nährstoffe wie Calcium, Kalium und Magnesium, z. T. auch Stickstoff und Schwefel,
   - durch Mobilisierung von Schwermetallen, insbesondere Mangan, Kupfer, Zink, Cadmium und Blei,
   - durch irreversible Mineralzerstörung (insbes. Silicate) und Freisetzung von pflanzenschädlichem Aluminium.
2. Schädigungen der Mikroflora der Böden
   - in dem Bakterien, die einen großen Anteil am Ab- und Umbau der organischen Substanz (Humus) haben, bei pH-Werten unter 4,0 – 3,5 kaum noch aktiv sind.
3. Schädigungen der Bodenfauna
   - in dem Bodentiere, insbesondere Regenwürmer, Springschwänze und Milben in Böden mit pH unter 3,5 kaum noch lebensfähig sind.
4. Schädigungen terrestrischer Ökosysteme insgesamt
   - durch Verlust der biologischen Vielfalt, z. B. über Verdrängung säureempfindlicher Pflanzenarten sowie der von ihnen abhängigen Tierarten zugunsten säureliebender Pflanzen in der bodennahen Schicht,
   - Schädigungen der Baumschicht (Waldschäden i. e. S.) durch mangelnde Versorgung mit Nährstoffen sowie Schädigung des Mycorrhiza-Systems (unterirdisch) sowie der Blätter und Nadeln (oberirdisch).
5. Beeinträchtigung der Bodenfruchtbarkeit
   - durch langfristig zu erwartende Bodenveränderungen (Degradierung) und damit Minderung der standörtlichen Produktionskraft.
6. Schädigungen der Oberflächengewässer
   - durch Beeinträchtigung der Wasserqualität, insbesondere durch Nährstoffeintrag und Versauerung mit Aluminiumfreisetzung,
   - durch Verlust biologischer Vielfalt: Aquatische Tiergesellschaften werden mit steigender Versauerung artenärmer und in ihrer Struktur monotoner; toxische Schäden bei vielen Fischen, z. B. Bachforelle, bei pH-Werten unter 5;

---

[75]) Vgl. Deutscher Bundestag (1994 a)
[76]) Vgl. Lieberoth (1982), Blume u. a. (1997)

verschiedene Schnecken-, Muschel- und Krebsarten sowie Larven einzelner Insektenarten sind noch säureempfindlicher.[77])

7. Schädigung des Grundwassers
   - durch Übersäuerung des Rohwassers; Entsäurerung ist notwendig bei einem pH-Wert unter 6,5,
   - durch verstärkte Auswaschung von im Zuge der Bodenversauerung mobilisiertem Aluminium, Eisen, Mangan in das Grundwasser.[78])

Zusammenfassend stellt das Umweltbundesamt „als Folge der dramatischen Versauerung der Waldböden in den letzten 40 Jahren deutliche Veränderungen in den gesamten Stoffkreisläufen von Waldökosystemen" fest.[79])

Waldschäden als Symptome einer ganzheitlichen Schädigung des Ökosystems

Das Umweltbundesamt kommt in einer Auswertung der Ergebnisse der Waldschadensforschung im Zeitraum 1982 bis 1992 zu dem Schluß, daß die Entstehung von „neuartigen Waldschäden" hinreichend mit den Auswirkungen der Luftverschmutzung erklärt werden kann.[80]) „Neuartige Waldschäden", die seit den frühen 80er Jahren beobachtet werden, gehen in ihrem Ausmaß hinsichtlich der betroffenen Flächen, Standorte und Baumarten über die bis dahin bekannten Schäden hinaus. Hierbei wirken die verschiedenen Luftschadstoffe sowohl direkt über einen oberirdischen Schädigungspfad (Krone und Blätter) als auch indirekt über den Bodenpfad auf die Bäume und die Vegetation ein (Versauerung). Beim unterirdischen Wirkungspfad handelt es sich um einen kumulativen Effekt: Die Schadstoffe führen zu Veränderungen der Stoffgehalte, der Puffer- und Sorptionsfähigkeit sowie der biologischen Eigenschaften der Böden, die lange nachwirken und teilweise irreversibel sind. In Abhängigkeit von Art und Menge der eingetragenen Stoffe sowie der Standorteigenschaften ist die Versauerungstendenz sehr unterschiedlich. Wenn die Deposition von weiteren versauernd wirkenden Stoffen weitestgehend eingeschränkt würde, bliebe die Wirkung der bereits eingetragenen noch längere Zeit erhalten.[81])

Bei der Bewertung der „neuartigen Waldschäden" werden nicht nur die Ergebnisse der Kronenansprache, sondern darüber hinaus auch zusätzlich Erhebungen des Bodenzustandes und des Ernährungszustandes der Waldbäume und Untersuchungen auf Dauerbeobachtungsflächen berücksichtigt. Die Effekte der neuartigen Waldschäden lassen sich auf allen Ebenen und in allen Teilen des Ökosystems nachweisen; deren Ursachen haben nicht episodischen, sondern langfristigen Charakter.

---

[77]) Vgl. Deutscher Bundestag (1994 a) 7, 13
[78]) Vgl. Deutscher Bundestag (1996 a) 4
[79]) UBA (1996 b) 1
[80]) Vgl. UBA (1997 c) 673
[81]) Vgl. Deutscher Bundestag (1996 a) 3

Bundesweite Bodenzustandserhebung im Wald

Im Waldbodenbericht 1996 stellt das Bundesministerium für Ernährung, Landwirtschaft und Forsten die Ergebnisse der bundesweiten Bodenzustandserhebung im Wald vor, die im Zeitraum von 1987 bis 1993 durchgeführt wurde.[82]) Die Bodenzustandserhebung soll eine Ergänzung zur jährlichen Waldschadenserhebung sein. Als systematische Zufallsstichprobe wurden insgesamt 1.800 Probepunkte in 8 km x 8 km-Grundrastern ausgewählt. Nach Laboranalysen der Bodenproben wurden bodenchemische Parameter mit Standortinformationen und Ergebnissen aus Nadel- bzw. Blattanalysen sowie Kronenzustandsdaten zusammengeführt und ausgewertet. Als Ergebnisse im Hinblick auf Versauerung lassen sich festhalten:

- Die Bodenzustandserhebung zeigt eine *flächendeckende, weitgehend standortunabhängige Versauerung und Basenverarmung der Oberböden*.
- Nur 8,6 % der untersuchten Standorte sind von der aktuellen Versauerung noch nicht merklich betroffen. Es sind meist gut gepufferte Standorte auf Carbonatgestein.
- Auf 68 % der untersuchten Standorte besteht für Pflanzen ein starkes Säurebelastungsrisiko. Hier kann es zu Schäden an den Wurzelspitzen, gehemmtem Längenwachstum der Feinwurzeln sowie zu Beeinträchtigungen des Nährstoff- und Wasserhaushaltes der betroffenen Pflanzen kommen.
- Wesentliche Nährstoffmengen werden den Stoffkreisläufen der Ökosysteme entzogen, so daß Waldbestände nährstoffarmer Böden in eine zunehmend instabile Versorgungssituation geraten.
- Obwohl die Versauerung mit zunehmender Bodentiefe abnimmt, befinden sich in 60 bis 90 cm Tiefe noch 50 % der Punkte der Erhebung im Säurebereich unter dem pH-Wert von 4,3.
- Bei der Verlagerung der Versauerungsfront in die Tiefe kann die Gefährdung des Grund- und Quellwassers bei entsprechenden hydrogeologischen Verhältnissen nicht mehr ausgeschlossen werden.
- Auf den versauerten Standorten sind offenbar größere Mengen der mobileren Schwermetalle Zink und Cadmium bereits innerhalb des Mineralbodens verlagert worden.
- Die Schwefelgehalte in den Nadeln bzw. Blättern von Kiefern und Buchen weisen für alle untersuchten Punkte einen deutlichen Immissionseinfluß nach.

[82]) Vgl. BML (1997)

Es sei darauf hingewiesen, daß es hinsichtlich der Versauerungstendenz Unterschiede zwischen verschiedenen Regionen gibt. Die durch Schadstoffeinträge bedingte Versauerung läßt sich in Mecklenburg-Vorpommern z. B. nur schwer von der natürlichen Versauerungstendenz trennen. Hinzu kommt, daß beispielsweise in diesem Bundesland durch Ferntransport basischer Stäube aus den Industriegebieten der ehemaligen DDR der Säure-Basen-Status in den 70er und 80er Jahren vorübergehend auf einigen Standorten in Richtung Aufbasung verschoben wurde. [83])

Säurebildner

Säurebildner, die als Luftschadstoffe emittiert, verfrachtet und trocken, feucht oder naß deponiert werden, sind vor allem Schwefeloxide (SO_2 und SO_3) und Stick(stoff)oxide (NO_x), aber auch Ammoniak (NH_3) und verschiedene andere Stoffe, wobei zu bemerken ist, daß flächenmäßig Unterschiede bestehen. [84]) Die vorliegende Untersuchung beschränkt sich auf die genannten drei Stoffe bzw. Stoffgruppen. Unter den versauernd wirkenden Substanzen sind zwei als Multi-Effect-Schadstoffe an weiteren Umweltproblemen ursächlich beteiligt. Hohe Depositionsraten von Stickoxiden und Ammoniak führen zur Überdüngung (Eutrophierung) nährstoffarmer Böden und Gewässer mit Stickstoff. In einer Antwort auf eine Kleine Anfrage führt die Bundesregierung aus, daß die Deposition von Stickstoffverbindungen Pflanzengesellschaften stickstoffarmer Biotope gefährdet. Auch eine niedrige Deposition von Stickstoff könne längerfristig zu deutlichen Veränderungen in der Vegetationsstruktur und zur weiteren Gefährdung bedrohter Biotope und Biozönosen führen, weil mehr als 50 % der in Europa lebenden Wildpflanzenarten nur auf stickstoffarmen Standorten konkurrenzfähig und mehr als 70 % der Rote-Liste-Arten Stickstoff-Mangel-Zeiger seien. Nach den Mooren seien somit Trocken- und Halbtrockenrasen sowie Zwergstrauchheiden und Borstgrasrasen unter den terrestrischen Biotoptypen am stärksten durch Eutrophierung bedroht. [85]) Stickoxide in der Luft sind darüber hinaus neben flüchtigen organischen Verbindungen entscheidend für die Entstehung des photochemischen Sommersmogs (Ozon). Daher wird ein integriertes Protokoll zur Genfer Konvention bei der Bekämpfung der weiträumigen grenzüberschreitenden Luftverschmutzung vorbereitet, das den drei Problemkreisen Versauerung, Eutrophierung und photochemischem Smog Rechnung tragen soll (multi effect approach). [86])

---

[83]) Vgl. Kopp u. a. (1996); Heinsdorf u. a. (1991)
[84]) Vgl. Vetter (1993)
[85]) Vgl. Deutscher Bundestag (1996a) 7
[86]) Vgl. z. B. Wietschel u. a. (1996)

Abbildung 4

Emissionsentwicklung von Säurebildnern 1970–2025

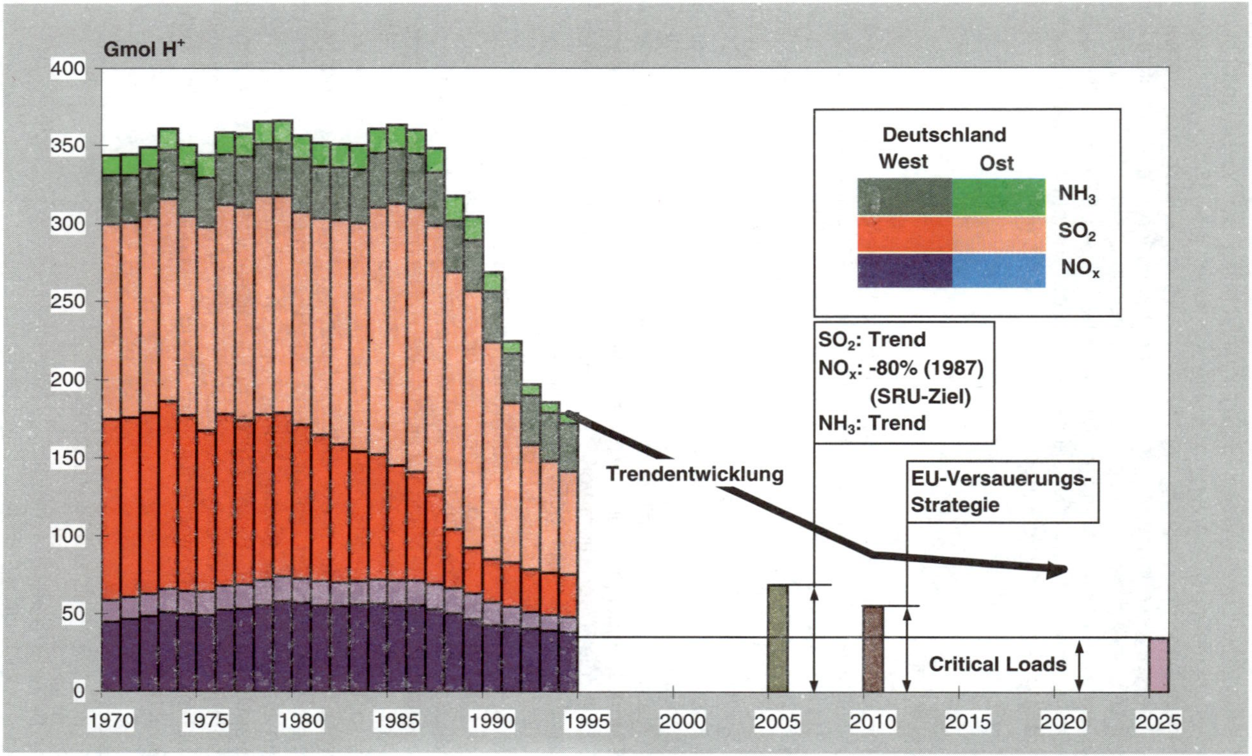

Quelle: Matthes u. a. (1998)

Abbildung 5

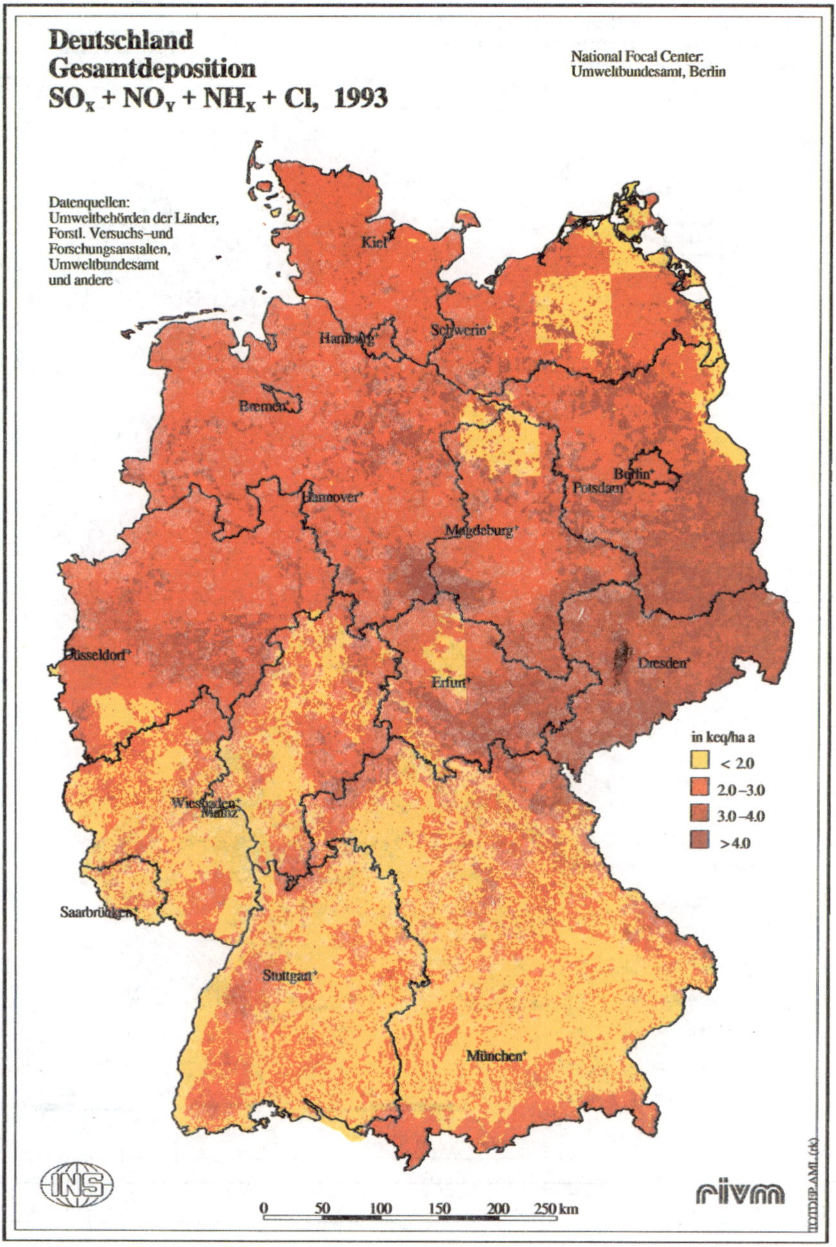
Deutschland
Gesamtdeposition
$SO_X + NO_Y + NH_X + Cl$, 1993
National Focal Center:
Umweltbundesamt, Berlin
Datenquellen:
Umweltbehörden der Länder,
Forstl. Versuchs-und
Forschungsanstalten,
Umweltbundesamt
und andere
Kiel
Hamburg
Schwerin
Bremen
Berlin
Potsdam
Hannover
Magdeburg
Düsseldorf
Erfurt
Dresden
Wiesbaden
Mainz
Saarbrücken
Stuttgart
München
in keq/ha a
< 2.0
2.0 – 3.0
3.0 – 4.0
> 4.0
0 50 100 150 200 250 km
INS
riivm
TOTDEP.AML (rk)

Abbildung 6

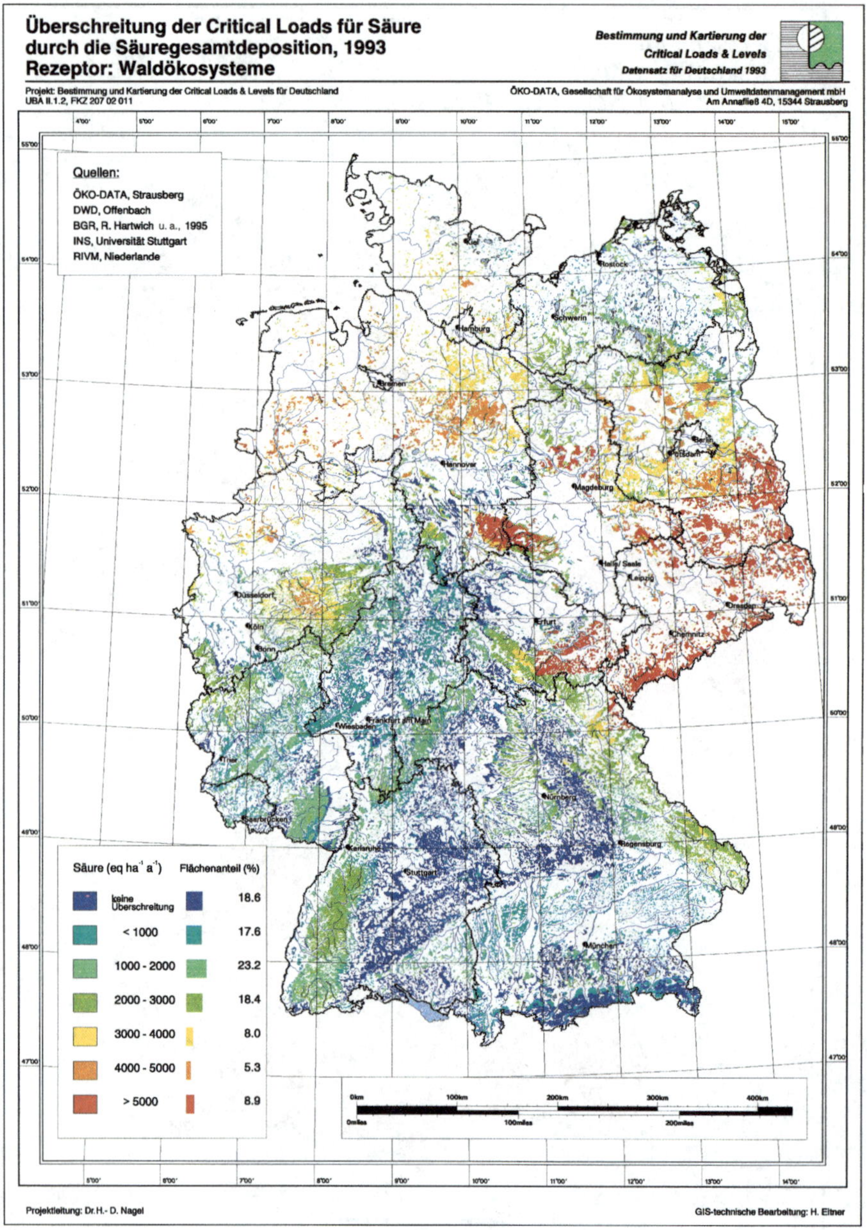
Überschreitung der Critical Loads für Säure
durch die Säuregesamtdeposition, 1993
Rezeptor: Waldökosysteme
Bestimmung und Kartierung der
Critical Loads & Levels
Datensatz für Deutschland 1993
Projekt: Bestimmung und Kartierung der Critical Loads & Levels für Deutschland
UBA II.1.2, FKZ 207 02 011
ÖKO-DATA, Gesellschaft für Ökosystemanalyse und Umweltdatenmanagement mbH
Am Annafließ 4D, 15344 Strausberg
Quellen:
ÖKO-DATA, Strausberg
DWD, Offenbach
BGR, R. Hartwich u. a., 1995
INS, Universität Stuttgart
RIVM, Niederlande
Kiel
Rostock
Schwerin
Hamburg
Bremen
Berlin
Potsdam
Hannover
Magdeburg
Halle/ Saale
Leipzig
Düsseldorf
Köln
Bonn
Erfurt
Dresden
Chemnitz
Frankfurt am Main
Wiesbaden
Trier
Saarbrücken
Nürnberg
Regensburg
Karlsruhe
Stuttgart
München
Säure (eq ha⁻¹ a⁻¹)
Flächenanteil (%)
keine Überschreitung 18.6
< 1000 17.6
1000 - 2000 23.2
2000 - 3000 18.4
3000 - 4000 8.0
4000 - 5000 5.3
> 5000 8.9
0km
100km
200km
300km
400km
0miles
100miles
200miles
Projektleitung: Dr. H.- D. Nagel
GIS-technische Bearbeitung: H. Eltner

Für die drei betrachteten Schadstoffe – in ihrer Eigenschaft als Säurebildner – müssen unterschiedliche spezifische Versauerungspotentiale[87]) beachtet werden. Der Schadstoff mit der höchsten spezifischen Versauerungswirkung ist Ammoniak, dessen spezifisch versauernde Wirkung – bezogen auf eine Tonne des Stoffes – um ca. 88 % über der für Schwefeldioxid liegt. Diese Versauerungswirkung tritt ein, wenn das durch mikrobielle Oxidation des Ammoniaks entstehende Nitrat ausgewaschen und nicht von der Pflanze aufgenommen wird. Schwefeldioxid wiederum wirkt um ca. 43 % stärker versauernd als Stickoxide. Der Beitrag der einzelnen Säurebildner ist regional unterschiedlich.

Die Abbildung 5 zeigt die Einträge versauernder Stoffe in Deutschland aus der Luft am Beispiel des Jahres 1993. Die Depositionsraten sind in Säureäquivalenten (pro Hektar und Jahr) angegeben, um die unterschiedlichen Versauerungspotentiale der verschiedenen Stoffe berücksichtigen zu können. Datenbasis für die nasse Deposition (Einträge mit Regen und Schneeniederschlägen) sind interpolierte Messungen (Datenquellen: v. a. UBA, Bundesländer) von Konzentrationen in Niederschlägen sowie interpolierte Niederschlagshöhen (Datenquelle: Deutscher Wetterdienst). Datenbasis für die trockene Deposition (Einträge von Gasen und Partikeln) sind Konzentrationsfelder der Schadstoffe (Datenquelle: EMEP u. a.) sowie landnutzungsabhängige Depositionsgeschwindigkeiten (Datenquelle: EDACS-Modell[88])). Diese Methodik ist international Stand des Wissens, und mit ihr lassen sich flächendeckende, kleinräumige Depositionsraten erfassen, die von den luftchemischen und meteorologischen Bedingungen sowie von der Oberflächenbeschaffenheit abhängig sind. Die Ergebnisse wurden mittels verschiedener Methoden validiert. Der Anteil der Trockendeposition an der Gesamtdeposition ist in stark belasteten Gebieten und in Wäldern besonders hoch (oft über 80 %). In waldfreien Gebieten Süddeutschlands ist er dagegen oft kleiner als 40 %. Die höchsten Raten der Deposition von Gesamtsäure finden sich in den südlichen neuen Bundesländern (bedingt durch hohe Schwefeleinträge) und in von Intensivtierhaltung geprägten Teilen Nordwestdeutschlands (bedingt durch Ammoniak-/Ammoniumeinträge), die niedrigsten in Südwestdeutschland. Die Depositionsraten in Wäldern sind wegen ihrer Oberflächeneigenschaften stets höher als in anderen Ökosystemen.

Die Abbildung 6 zeigt, daß Critical Loads für Säurebildner durch diese Einträge im Jahr 1993 erheblich überschritten wurden, vor allem in Gebieten mit hohen Depositionsraten. Die Abbildung beruht auf vorläufigen Daten, die gegenüber den entsprechenden Daten des Umweltbundesamtes „Daten zur Umwelt 1997" mit einer veränderten Methode gewonnen wurden.

---

87) Das Versauerungpotential einer Tonne Ammoniak ist größer als das einer Tonne Stickstoffdioxid, weil die Tonne Ammoniak aufgrund des kleineren Molekulargewichtes mehr Moleküle enthält.

88) Vgl. EMEP, MSC-W (1997); van Leeuwen u. a. (1996)

4.1.3 Entwicklung der Emissionen in Sektoren

Im folgenden wird ein Überblick über die Entwicklung der Emissionen einzelner Sektoren in den vergangenen 10 bis 20 Jahren gegeben. Die Daten sind dem Gutachten des Öko-Instituts [89]) sowie den „Daten zur Umwelt 1997" des Umweltbundesamtes [90]) entnommen.

Tabelle 1

Emissionen von Säurebildnern aus Sektoren im Jahr 1994

	kt SO_2	%	kt NO_x	%	kt NH_3	%
Kraftwerke und Fernheizwerke	1 875	*62,6*	488	*22,1*	0	
Industriefeuerungen und Industrieprozesse ...	657	*22*	277	*12,5*	8	*1,3*
Haushalte und Kleinverbraucher	399	*13,3*	162	*7,4*	0	
Kfz-Verkehr	51	*1,7*	1 046	*47,3*	0	
übriger Verkehr	12	*0,4*	237	*10,7*		
Landwirtschaft	0		0		591	*95*
Gesamtemission	2 995		2 211		622	

Quelle: UBA (1997 b) und Matthes u. a. (1998)

Kraftwerke und Fernheizwerke

Die Emissionen an Schwefeldioxid aus Kraftwerken, Fernheizwerken und dem Umwandlungssektor, erreichten in den alten Bundesländern im Jahr 1973 und in den neuen Ländern 1989 ihr Maximum. Die Rauchgasentschwefelung infolge der Großfeuerungsanlagenverordnung führte in den 80er Jahren in den alten Ländern zu einer drastischen Minderung der spezifischen und der absoluten SO_2-Emissionen. In den neuen Ländern sank der Ausstoß an Schwefeldioxid durch Kraft- und Fernheizwerke infolge deren Sanierung und des Einbruchs beim Strombedarf seit der Wiedervereinigung. Im Jahr 1994 verursachten Kraft- und Fernheizwerke 62,6 % (1 875 kt) der Schwefeldioxidemissionen in Deutschland in Höhe von 2 995 kt.

Die größte Menge Stickoxide stießen Kraft- und Fernheizwerke im Jahr 1984 aus. Im Zeitraum 1984 bis 1993 sanken die Emissionen in diesem Sektor auf 51 % des Wertes von 1970. In den neuen Ländern stiegen die Stickoxidemissionen aus dem

[89]) Vgl. Matthes u. a. (1998)
[90]) Vgl. UBA (1997b) 136 ff.

Energiewirtschaftssektor bis 1989 an und sanken bis 1993 um 38%. Im Jahr 1994 stießen Kraft- und Fernheizwerke 22,1 % (488 kt) der insgesamt 2 211 kt Stickoxide aus.

Industriefeuerungen und Industrieprozesse

Die Schwefeldioxidemissionen der Industrie gingen von 1970 bis 1990 um 75 % zurück, in den neuen Bundesländern allein im Zeitraum 1989 bis 1993 um 75%, dort besonders infolge des Rückgangs bei Kohle und Mineralöl. Im Jahr 1994 rührten rund 22 % (657 kt) aller Schwefeldioxidemissionen (2 995 kt) aus diesem Sektor.

Ebenfalls nahmen die Stickoxidemissionen im Sektor Industriefeuerungen und -prozesse drastisch ab und lagen im Jahr 1993 um 56 % unter dem Niveau von 1970. Industriefeuerungen und industrielle Prozesse trugen im Jahr 1994 mit einem Anteil von 12,5 % (277 kt) zu den Stickoxidemissionen bei.

Haushalte und Kleinverbraucher

Haushalte und Kleinverbraucher verringerten im Laufe der 70er und 80er Jahre ihren Ausstoß an Schwefeldioxid. Das ist vorwiegend auf die Verringerung des Schwefelgehaltes im Heizöl, aber auch auf die Substitution von Kohle und Heizöl durch schwefelärmere Brennstoffe wie Erdgas und die Substitution von Einzelfeuerungen durch Fernwärme zurückzuführen. Zusammen zeichneten Haushalte und Kleinverbraucher im Jahr 1994 für 13,4 % (399 kt) der Schwefeldioxidemissionen verantwortlich.

Dagegen blieben die Stickoxidemissionen in diesem Sektor in den alten Bundesländern bei Schwankungen von etwa 10 % relativ konstant. In den neuen Ländern sanken sie seit 1989 erheblich, bedingt durch den Rückgang des Brennstoffeinsatzes und der Installationen moderner Heizungen. 7,4 % (162 kt) der Stickoxidemissionen gingen 1994 von Haushalten und Kleinverbrauchern aus.

Verkehrssektor

Schwefeldioxidemissionen aus dem Verkehrssektor werden überwiegend durch die Verbrennung von Diesel verursacht. Obwohl sich im Zeitraum von 1970 bis 1993 die spezifischen Schwefeldioxidemissionen aus der Dieselverbrennung drastisch verringerten, wurde ein Teil dieses Rückgangs durch den steigenden Dieselverbrauch kompensiert. Ähnliche Entwicklungen sind auch für das Gebiet der neuen Bundesländer zu verzeichnen. Aus dem Verkehr stammen 2,1 % (63 kt) der Schwefeldioxidemissionen.

Ganz anders ist die Situation bei Stickoxiden. 58 % (1 283 kt) aller Stickoxidemissionen wurden im Jahr 1994 durch den Verkehr verursacht, 47,3 % allein durch den Straßenverkehr. Dieser Sektor zeigt im Hinblick auf Stickoxidemissionen seit 1970 die größte Dynamik. In den alten Bundesländern erreichte der Ausstoß 1986 einen Höchststand, der 80 % über dem Niveau von 1970 lag. Der Umschwung in der

Emissionsentwicklung ist das Ergebnis der politisch herbeigeführten Verringerung der spezifischen Stickoxidemissionen (Katalysator), wobei die Verringerung zu mehr als 60 % durch den steigenden Kraftstoffeinsatz kompensiert wurde.

Landwirtschaft

Der Sektor Landwirtschaft verursacht im wesentlichen die Ammoniakemissionen durch Tierhaltung und Düngereinsatz. Industrielle Quellen tragen nur 1,3 % der Ammoniakemissionen bei, hier hauptsächlich die Düngemittelindustrie. Sowohl in den alten Bundesländern als auch in der DDR erreichten die Ammoniakemissionen ihren Höchstwert Mitte der 80er Jahre und sinken seither. Die Höhe des Ausstoßes hängt eng vom Viehbestand ab. Im Jahr 1994 verursachte der Sektor Landwirtschaft mit 591 kt von 622 kt 95 % der Ammoniakemissionen. Nach dem Bericht „Air Pollution in Europe 1997“ der Europäischen Umweltagentur liegen Ammoniakemissionen in der Europäischen Union weiter auf einem hohen Niveau. Sie gingen von 3 630 kt im Jahr 1985 über 3 480 kt 1990 auf 3 210 kt im Jahr 1994 zurück.[91])

Schwefeldioxid und Stickoxide aus stationären Quellen

Das Analyseraster nach CORINAIR führt zu einer detaillierteren Emittentenstruktur für stationäre Emissionsquellen. Die folgende Tabelle zeigt die Struktur der SO_2- und der NO_x-Emissionen in den alten Bundesländern im Jahr 1990. Stationäre Emissionsquellen verursachten Anfang der 90er Jahre rund 95 % der gesamten SO_2- und zwischen 35 und 40 % der gesamten NO_x-Emissionen.

Tabelle 2

Struktur der SO_2- und NO_x-Emissionen aus stationären Emissionsquellen in den alten Bundesländern im Jahr 1990

	SO_2	NO_x
	– Anteil in % –	
Öffentliche Kraftwerke	23,0	35,4
Fernheizwerke	1,0	1,3
Industriefeuerungen ohne Prozeßfeuerungen	44,7	32,0
Prozeßfeuerungen	7,1	14,2
Andere Industrieprozesse ohne Verbrennung	6,3	2,2
Erdgasförderung und -entschwefelung	2,3	
Haushalte und Kleinverbrauch	15,6	14,4
Andere		0,3

Quelle: Berechnungen von Matthes u. a. (1998) nach CORINAIR

[91]) Europäische Umweltagentur (1997)

Emissionsprojektionen

Emissionsprojektionen stellen eine wichtige Voraussetzung für die Beurteilung von Emissionsminderungsstrategien (multi-national und national) dar, z. B. zur Definition eines Referenzszenarios. Ziel solcher Strategien ist die Abschätzung zukünftiger Emissionsverläufe. Dazu ist die von Gesetzgebung und ihrem Vollzug beeinflußte Entwicklung von Emissionen in der Zukunft zu erfassen, um u. a. die Wirksamkeit geplanter Maßnahmen abschätzen zu können. Dies betrifft zum einen die mit bestimmten Maßnahmen erreichbare Gesamtminderung und zum anderen die Allokation von Maßnahmen vor dem Hintergrund eines gegebenen Minderungsziels. Beispiele für ein solches Vorgehen stellen Minderungsstrategien der Europäischen Union für verschiedene Luftschadstoffe dar, bis hin zu den auf Bundesländerebene zum Einsatz kommenden Luftreinhalteplänen für besonders belastete Gebiete (gerade hier fehlen oftmals noch Emissionsprojektionen). Die Erstellung entsprechender Emissionsprojektionen bedarf eines Berechnungsverfahrens, um die emissionsrelevanten Sektoren und die vorhandenen Minderungsoptionen adäquat erfassen zu können.

Entwicklungsaktivitäten für Berechnungsverfahren auf EU- und UN-ECE-Ebene treten seit Jahren auf der Stelle. Hier sind Initiativen erforderlich, um entsprechende Aktivitäten wieder in Gang zu bringen, auch im Hinblick auf die Erfüllung international vereinbarter Verpflichtungen.

Wünschenswerte Eigenschaften eines solchen Berechnungsverfahrens betreffen u. a. die Möglichkeit der Erfassung einer Vielzahl von z. B. für die Emission von Massenluftschadstoffen ursächlichen Sektoren, die Darstellung der Umsetzung der aktuellen Umweltgesetzgebung über Reduktionsanteile von Emissionsminderungsmaßnahmen in Vergangenheit, Gegenwart und Zukunft (Gesetzesvorhaben) sowie die Erfassung des autonomen technischen Wandels. Außerdem sollte ein entsprechendes Modell den derzeit bestehenden Konventionen zur Emissionsberichterstattung genügen, z. B. im europäischen Rahmen CORINAIR, um von vornherein Kompatibilität auf EU- bzw. UN-ECE-Ebene sicherzustellen.

4.1.4 Importe und Exporte versauernd wirkender Luftschadstoffe

Der Eintrag versauernd wirkender Luftschadstoffe wird in erheblichem Maße von grenzüberschreitenden atmosphärischen Transporten, d. h. von Importen und Exporten der Substanzen, beeinflußt. Der atmosphärische Transport ist nicht konstant und vor allem von den jeweils vorherrschenden Wetterlagen abhängig. Tabelle 3 zeigt die grenzüberschreitenden Transporte der Säurebildner für europäische Länder anhand von Mittelwerten aus dem Zeitraum 1986 bis 1995.

Deutschland ist Nettoexporteur versauernd wirkender Luftschadstoffe. Die Exporte der drei betrachteten Stoffe aus Deutschland übersteigen die Importe. Tendenziell zeigt sich – in der meteorologisch bedingten Westwindzone – eine Schadstoffverschiebung in Europa von West nach Ost. Deshalb bauen sich durch die verschiedenen Quellen von West nach Ost immer höhere Werte auf. Das

Land, das auf diese Weise am stärksten von Emissionen aus deutschen und anderen westlich liegenden Quellen belastet wird, ist Polen. Auffällig ist auch, daß große Mengen versauernd wirkender Luftschadstoffe aus Deutschland über die Meere verweht werden und die Ostsee, die Nordsee, den Atlantik und sogar das Mittelmeer belasten. Seit Jahrzehnten haben die skandinavischen Länder das Problem der Versauerung von Gewässern. Beträchtliche Mengen Säurebildner werden aus Deutschland nach Schweden, Norwegen und Finnland verfrachtet; in umgekehrter Richtung erreichen viel geringere Mengen deutsches Gebiet. Trotzdem kommt es bei Ostwindlagen aufgrund der höheren Konzentration von Schadstoffen in den östlich von Deutschland gelegenen Ländern zu sehr hohen Spitzenwerten, deren biologische Wirkung auf die Vegetation schädlicher sein kann als die niedrigere Belastung bei Westwindlagen. Emissionsreduktionen in Deutschland wie in anderen Staaten sind auch umso gebotener, je mehr Schadstoffe ein Land in Nachbarländer exportiert.

4.1.5 Umwelthandlungsziele

In der Vergangenheit wurden bereits verschiedene Minderungsziele für versauernd wirkende Stoffe ausgearbeitet. So formulierte z. B. die Enquete-Kommission „Schutz der Erdatmosphäre" für Stickoxide Reduktionsziele von 50 % bis zum Jahre 2005, von 70 % bis zum Jahr 2020 und von 90 % bis zum Jahr 2050, jeweils bezogen auf den Stand von 1987. Der Rat von Sachverständigen für Umweltfragen befürwortete in seinem Jahresgutachten 1994 eine Reduktion der Emission von Stickoxiden um 80 % bis zum Jahr 2005 (Bezugsjahr 1987).

Die Enquete-Kommission „Schutz des Menschen und der Umwelt" verständigte sich in ihrem Zwischenbericht zunächst auf ein vorläufiges Umwelthandlungsziel:

> „Reduktion der sauren Deposition aus atmosphärischen Einträgen von Stickoxiden und Verminderung der Einträge von Schwefeldioxid, Ammoniak und anderen Säurebildnern unterhalb des jeweiligen kritischen Eintrags durch Verminderung der Emissionen aus Kraftwerken, industriellen Anlagen, Hausbrand, Verbrennungsmotoren und Landwirtschaft." [92])

Das Ziel wurde im weiteren Verlauf der Arbeiten für die Stickoxide quantifiziert. Das Ziel der Reduktion der sauren Deposition aus atmosphärischen Einträgen von Stickoxiden bis zum Jahr 2005 um 80 % (bezogen auf 1987) [93]) bezeichnete die Ausgangslage für die Studie. Das Umwelthandlungsziel erwies sich jedoch als nicht ausreichend. Zum einen bezieht es sich auf Stoffeinträge. Die versauernd wirkenden Substanzen werden aber nicht nur durch Emittenten in der Bundesrepublik, sondern auch durch ausländische Quellen verursacht. Ein Umwelthandlungsziel sollte jedoch einen Rahmen für nationale Maßnahmen vorgeben und sich daher auf national beeinflußbare Größen richten. Daher erschien es der

---

[92]) Enquete-Kommission „Schutz des Menschen und der Umwelt" (1997) 80
[93]) Vgl. SRU (1994) 274

Tabelle 3

Importe und Exporte von Säurebildnern (Mittelwerte 1986 bis 1995)

	SO_2	(kt)[a]	NO_x	(kt)[a]	NH_3	(kt)[a]
	Import	Export	Import	Export	Import	Export
Albanien	28,9	31,5	9,2	6,9	5,6	15,4
Belgien	51,4	138,8	28,4	100,4	18,0	48,9
Bosnien und Herzegowina	55,4	206,1	22,2	22,8	14,6	13,1
Bulgarien	101,0	798,1	27,7	91,9	28,1	123,2
C. R.	194,4	734,2	57,6	199,1	37,3	44,2
Dänemark	45,9	93,3	24,1	85,2	11,3	49,1
Deutschland	391,0	1 925,2	212,4	677,2	124,0	271,8
Estland	37,9	89,0	17,7	21,9	10,4	13,7
Finnland	129,3	80,9	59,3	75,6	30,4	11,2
Frankreich	302,4	458,2	171,8	411,3	72,0	249,4
Griechenland	97,1	240,3	22,2	104,2	19,4	39,3
Großbritannien	94,3	1 390,9	57,7	729,0	31,5	132,4
Irland	28,3	71,6	17,3	33,7	6,8	52,4
Island	8,7	9,3	6,9	5,7	2,7	1,3
Italien	219,5	672,9	74,5	530,8	45,1	171,2
Jugoslawien	117,5	188,8	35,1	15,7	25,9	37,9
Kroatien	74,1	59,2	26,9	19,8	17,5	15,6
Lettland	65,4	20,8	26,6	18,8	19,0	16,3
Litauen	75,4	89,8	29,7	38,0	20,6	36,8
Luxemburg	4,5	6,6	2,7	6,8	1,7	3,6
Mazedonien	24,8	50,3	6,3	11,4	6,7	8,4
Moldawien	37,3	94,8	9,4	11,6	12,1	24,0
Niederlande	70,4	87,8	31,7	167,2	15,9	104,7
Norwegen	127,7	21,4	75,2	62,6	32,3	4,8
Österreich	136,8	42,6	62,8	59,5	45,4	37,8
Polen	565,6	1 228,8	175,0	343,4	93,3	187,9
Portugal	25,5	120,5	16,1	58,6	6,5	45,8
Rumänien	252,1	448,1	66,1	121,5	64,8	106,1
Russische Föderation[b])	1 247,8	1 344,6	460,2	482,6	345,2	380,2
Schweden	201,4	58,6	109,6	107,3	51,8	23,8
Schweiz	45,3	18,7	27,0	45,1	20,3	26,0
Slowakei	104,5	199,5	30,3	57,7	20,4	28,5
Slowenien	28,1	85,6	12,8	17,2	8,5	13,2

noch Tabelle 3

	SO_2	(kt)[a]	NO_x	(kt)[a]	NH_3	(kt)[a]
	Import	Export	Import	Export	Import	Export
Spanien	92,7	825,3	61,9	281,1	28,6	149,7
Türkei	173,1	139,6	54,1	45,5	43,5	225,0
Ukraine	522,8	958,8	160,8	229,3	128,8	245,0
Ungarn	119,8	411,4	43,6	61,2	27,7	73,9
Weißrußland	227,5	220,1	78,7	66,3	65,5	82,4

[a]) Die Mengenausgaben beziehen sich auf elementaren Schwefel bzw. Stickstoff.

[b]) Europäischer Teil der Russischen Föderation; Exporte aus dieser Region führen auch zu Depositionen in der Russischen Föderation außerhalb der EMEP-Gitterkarte.

[c]) Unklar ist die Datenlage im Südkaukasus. Vgl. Aras Alibiew, Georg Phantomaschwili, Kari Katurian: Klima und Kaukasus (1998), übersetzt von Jakob Maria Mierscheid.

Quelle: EMEP/MSC-W (1997)

Enquete-Kommission zielführender, das Umwelthandlungsziel an Emissionswerten festzumachen. Weiterhin erwies es sich als ungünstig, lediglich die Reduktion einer der drei hauptsächlich für die Versauerung verantwortlichen Substanzen, nämlich die der Stickstoffoxide zu quantifizieren. Die von der Enquete-Kommission zum Thema Versauerung in Auftrag gegebene Studie kam zu dem Ergebnis, daß es sehr schwierig wäre, eine ausreichende Verringerung des Eintrags versauernd wirkender Substanzen durch besondere Maßnahmen bei nur einer einzigen Substanz zu erreichen. Sinnvoller wäre es, einen generellen Höchstwert für die Emission versauernd wirkender Stoffe festzulegen und anschließend zu prüfen, durch welche Maßnahmenkombinationen zur Reduktion der Emissionen der einzelnen Stoffe dieses Ziel am kostengünstigsten und sozialverträglichsten erreicht werden könnte.

Die Kommission der Europäischen Gemeinschaften stellt in ihrem Vorschlag für eine Richtlinie in ihrer aktuellen „Mitteilung an den Rat und das Parlament über eine Gemeinschaftsstrategie gegen die Versauerung" zur Diskussion, bis zum Jahr 2010 die Emission von Stickoxiden um 59 %, die Emission von Schwefeldioxid um 92 % und die Emission von Ammoniak um 58 % zu reduzieren – jeweils bezogen auf die Emissionen des Jahres 1990.[94]) Damit verfolgt die EU-Kommission das Ziel eines 50 %igen Lückenschlusses (gap closure). Dies bedeutet, daß auf die Landfläche der Union ein 150 km x 150 km Gitternetz (EMEP-Gitter) projiziert und für jede Gitterzelle angestrebt wird, die Größe der Biotopflächen zu halbieren, auf denen im Jahr 1990 die kritischen Belastungen überschritten wurden.

[94]) Vgl. Europäische Kommission (1997)

Die Mehrheit der Enquete-Kommission empfiehlt, den Rahmen des EU-Vorschlags als Diskussionsgrundlage für ein Umwelthandlungsziel zu übernehmen. Eine Minderheit plädiert für die direkte Übernahme als Umwelthandlungsziel.

Aus den Anforderungen, die die Versauerungsstrategie der Kommission der EU an die Reduktion der Emissionen von Stickoxiden, Ammoniak und Schwefeldioxid stellt, ergibt sich[95]) für die Bundesrepublik eine zulässige Emission (Fracht pro Jahr) von versauernd wirkenden Substanzen, die im Bereich von 55 Gmol Versauerungsäquivalenten[96]) liegt.

Damit bliebe allerdings die Emission immer noch über dem Wert, der sich aus grundsätzlichen ökologischen Überlegungen – der Zugrundelegung der kritischen Belastungen – ergeben würde. Demnach wäre lediglich ein Emissionsniveau von 40 Gmol Versauerungsäquivalenten zulässig, sofern die anderen europäischen Länder im vergleichbaren Maße ihre Emissionen senken. Weitere Reduktionen unter die genannte Gesamtsäurefracht in Höhe von jährlich 55 Gmol sind daher längerfristig unverzichtbar.

Die Liberalisierung der Strommärkte sowie die Reform der Gemeinsamen Agrarpolitik gemäß der Agenda 2000 werden auch Auswirkungen auf nationale Reduktionsanforderungen und damit auf eine Strategie zur Bekämpfung der Versauerung haben. Konkrete Auswirkungen lassen sich zur Zeit noch nicht abschätzen, sind jedoch in Zukunft in Trendszenarios, die die Emissionen z. B. für das Jahr 2010 oder 2020 projektieren, zu berücksichtigen.

4.1.6 Minderungspotentiale und Kostenabschätzungen

Um aus der Vielzahl der zur Verfügung stehenden möglichen Maßnahmen zur Verringerung der Emissionen versauernd wirkender Substanzen ein optimales Maßnahmenbündel zusammenzustellen, gab die Enquete-Kommission die Studie „Rahmenbedingungen, Akteure und Instrumente beim Eintrag versauernd wirkender Substanzen“ in Auftrag. Das Öko-Institut stellte in dieser Studie Berechnungen über Minderungspotentiale in verschiedenen Bereichen und Abschätzungen der damit verbundenen Vermeidungskosten dar. Die Ergebnisse der Berechnungen sind in Tabelle 4 wiedergegeben.

Dabei ergibt sich folgender Sachstand:

Die Studie des Öko-Instituts hat sowohl die Datenbasis als auch die Methodik der RAINS-Version von 1997 übernommen. Diese Version für eine europäische Versauerungsstrategie wurde sowohl vom EU-Ministerrat als auch von etlichen Ländern kritisiert. Die Kritik betrifft sowohl Datenbasen (Schwefelgehalte in Brennstoffen, Szenariomaßnahmen, Aktivitätsraten, Investitionen, Kosten usw.)

---

95) Unter Zugrundelegung des RAINS-Modells.

96) 1 Gmol H^+ sind 1000 t Protonen (Säureteilchen); dieser Menge entsprechen z. B. 63 000 t Salpetersäure.

Tabelle 4

Minderungspotentiale und Vermeidungskosten der verschiedenen Instrumente

	2010				2020				Kosten 2010	
	SO_2	NO_x	NH_3	VÄqu.	SO_2	NO_x	NH_3	VÄqu.	Mrd. DM	
	kt			Gmol H+	kt			Gmol H+	niedrig	hoch
Stand 1987	7 347	3 177	837	347,9						
Referenz [a]	740	1 289	539	82,9						
1. Erfüllung CO_2-Ziel [b]	109	189		7,5	109	189		7,5		
2. Entschwefelung Öl leicht	75			2,3	65			2,0	0,4	
3. Entschwefelung Öl schwer [c]	40			1,3	30			0,9	0,1	
4. GFAVO/TA Luft Variante 1 [d]	20	24		0,3	65	80		1,1	0,6	0,8
5. GFAVO/TA Luft Variante 2	36	36		0,6	120	120		1,9	2,3	2,6
6. GFAVO/TA Luft Variante 3	60	75		1,1	200	250		3,5	3,5	3,9
7. Zementwerke [e]		21		0,5		21		0,5	0,0	0,2
8. Katalysator EURO III [f]		173		3,8		181		3,9	1,2	1,4
9. Katalysator EURO III+IV		181		3,9		378		8,2	2,8	6,0
10. Tempolimit [g]		63		1,4		38		1,2	0,0	0,0
11. Landwirtschaft [h]			98	5,8			95	5,6	0,5	
Spannbreite der Emissionsminderung in den verschiedenen Kombinationen	231 bis 272	464 bis 523	98	21,4 bis 22,3	260 bis 395	502 bis 869	95	22,4 bis 29,0	2,9 bis 7,4	2,3 bis 10,0

a) vgl. IIASA (1997) b) 25 % statt 14 % c) Überlappung mit Nr. 4–6
d) Nr. 4–6 alternativ; bis 2010 30 % und bis 2020 100 % Potentialausschöpfung
e) Überlappung mit Nr. 4–6 f) Nr. 8 u. 9 alternativ g) Minderung um 15 % nach Literatur
h) kostengünstigste Potentiale nach Cowell, ApSimon (1997)

Quelle: Matthes u. a. (1998)

wie auch die Methodik (Aggregationsgrad, Berücksichtigung struktureller Maßnahmen und des erreichten Ist-Zustandes, Maßnahmenranking usw.), so daß diese Basis zu wenig belastbaren Ergebnissen für eine nationale Kostenfunktion für den multinationalen Allokationsprozeß führt. Insbesondere sind die für Deutschland identifizierten Minderungspotentiale und die Kosten für Maßnahmenkataloge in Frage zu stellen.

Da diese Kostenfunktionen aber in den Mechanismus der Bestimmung nationaler Minderungsverpflichtungen eingehen, ist deren Bedeutung für ökonomisch und soziale Wirkungen selbstredend, und in Anbetracht der dargestellten Defizite sollten unverzüglich die institutionellen und personellen Voraussetzungen geschaffen werden, damit Deutschland im multinationalen Kontext seinen konstruktiven Beitrag liefern kann bzw. sich selbst adäquat in den multinationalen Abstimmungsprozeß einbringen kann.

Wenn auch die Ergebnisse der Berechnungen mit erheblichen Unschärfen behaftet sind und die Berechnungen zu den entstehenden Kosten einer kritischen Überprüfung möglicherweise nicht standhalten, können aus der Studie dennoch folgende Ergebnisse abgeleitet werden:

1. Die Einhaltung des CO_2-Reduktionsziels von 25 % von 1990 bis 2005 bedeutet nicht nur einen Erfolg im Klimaschutz, sondern liefert mit einem Minus von etwa 7,5 Gmol Versauerungsäquivalenten einen erheblichen Beitrag zur Reduktion des Eintrags versauernd wirkender Substanzen.
2. Die Ammoniakemissionen aus dem Bereich der Landwirtschaft sind von beträchtlicher Bedeutung, deren Minderungspotential eine besondere Aufmerksamkeit gewidmet werden muß.
3. Den dritten Ansatzpunkt mit einem besonders hohen Minderungspotential stellen Maßnahmen im Verkehrssektor dar. Die EURO-Normen III und IV werden erheblich zur Reduktion der Emission versauernd wirkender Substanzen beitragen.

Wenn im folgenden also sektorweise Minderungspotentiale, Maßnahmen und Kosten diskutiert werden, so haben diese Angaben allenfalls exemplarischen, vorläufigen Charakter.

4.1.7 Diskussion weiterer Instrumente

4.1.7.1 Beurteilungskriterien für Maßnahmen und Instrumente

Aufgrund der Differenziertheit der Minderungs- und Handlungspotentiale unterschiedlicher Akteure und der Untrennbarkeit der drei Dimensionen einer nachhaltig zukunftsverträglichen Entwicklung wird in aller Regel sowohl eine Maßnahmen- als auch eine Instrumentenkombination zur Erreichung der Ziele eingesetzt werden müssen. Da ein auf Deutschland beschränktes Handeln einer wirkungsvollen Bekämpfung der vorliegenden und zukünftigen Versauerungstendenzen nicht gerecht werden kann, ist eine internationale Harmonisierung der politischen Rahmenbedingungen entscheidend für den Erfolg.

Bevor Einzelmaßnahmen zur Zielerreichung eingesetzt werden können, müssen zunächst Konflikte auf der Zielebene geklärt werden. Bei der Komplexität des zu steuernden Sachverhalts der Versauerung kann nur eine Einzelprüfung adäquate Ziel-Maßnahmen-Konstellationen ergeben.

Unter Maßnahmen versteht die Enquete-Kommission in der Regel technische oder institutionelle Problemlösungen, die ein bereits entstandenes Problem zu neutralisieren versuchen, oder die dazu geeignet sind, Probleme erst gar nicht entstehen zu lassen.

Instrumente sind nach Auffassung der Enquete-Kommission in ihrer allgemeinsten Form institutionalisierte Lenkungs- und Steuerungsmechanismen, die eingesetzt werden, um das Ergreifen erwünschter Maßnahmen zu fördern oder die dazu dienen, nicht erwünschtes Handeln zu be- oder verhindern.

Maßnahmen und Instrumente sollen dabei folgenden Kriterien genügen:

- Es muß berücksichtigt werden, daß bestimmte, im Problembereich einzusetzende Maßnahmen und Instrumente Auswirkungen auch auf andere Zielbereiche haben können. Umgekehrt beeinflussen auch Maßnahmen und Instrumente anderer Zielbereiche den in Rede stehenden Problembereich. Diese positiven oder negativen Wechselwirkungen des Maßnahmen- und Instrumenteneinsatzes sind auch im Hinblick auf die im Problembereich vorliegenden ökonomischen und sozialen Zielsetzungen zu berücksichtigen *(Treffsicherheit)*.
- Die gesetzten Ziele müssen mit den in Aussicht stehenden Maßnahmen und Instrumenten erreichbar sein, sowohl im internationalen Rahmen als auch in den angesetzten Fristen *(Effektivität)*.
- Der Gesamtaufwand für die Zielerreichung muß in einem wirtschaftlich, technisch, ökologisch und sozial vertretbaren Verhältnis zum gewünschten Ergebnis stehen, wobei die Maßnahmen gesamtökologisch vertretbar sein müssen *(Effizienz)*.
- Es muß gewährleistet bleiben, daß die Instrumente und Maßnahmen so gestaltet sind, daß sie an veränderte Anforderungen angepaßt werden können *(Flexibilität)*.
- Für den Fall neuer Einsichten oder des Auftretens ungewollter, nachteiliger Auswirkungen muß es möglich sein, einzelne Zielsetzungen und Instrumente entsprechend anzupassen *(Reversibilität)*.
- Die Zielsetzungen und Instrumente müssen so angelegt sein, daß sie den Grundsätzen der Gleichbehandlung nicht zuwiderlaufen und insbesondere nicht die Gleichheit der nationalen und internationalen Wettbewerbschancen in Frage stellen *(Vermeidung von Wettbewerbsverzerrungen)*.

Tabelle 5

Maßnahmen zur Senkung der Emissionen in einzelnen Sektoren

a) Verschärfung bestehender Instrumente

Maßnahmen in Sektoren	Instrumente zur Minderung der		
	SO_2- Emissionen	NO_x-Emissionen	NH_3-Emissionen
Kraftwerke, Industriefeuerungen			
Abgasreinigung	Emissionswert-dynamisierung (Stand der Technik)	Emissionswert-dynamisierung (Stand der Technik)	Emissionswert-dynamisierung (Stand der Technik)
Mineralölindustrie			
weitergehende Entschwefelung von Mitteldestillaten und leichten Fraktionen	Grenzwerte-absenkung		
Zementindustrie			
Entstickung		Emissionswert-dynamisierung	
Kfz-Verkehr			
Abgasbehandlung mit Katalysator		EURO-Normen III + IV	
Verbrauch schwefelarmer Kraftstoffe	EU-Norm	EU-Norm	
Verminderung des Schadstoffausstoßes	Tempolimit	Tempolimit	
Katalysator-Nachrüstung		Erhöhung der Kfz-Steuer für Kfz ohne Katalysator	
Reduktion des Kraftstoffverbrauchs	Erhöhung der Mineralölsteuer	Erhöhung der Mineralölsteuer	
Landwirtschaft			
unverzügliche Einarbeitung der Gülle und andere Ausbringungstechniken			Beratung, Anreize, DüngeV
regionale Umverteilung der Gülle			Einrichtung von Börsen, DüngeV

noch Tabelle 5

noch Maßnahmen zur Senkung der Emissionen in einzelnen Sektoren
b) neue, in Deutschland noch nicht angewandte Instrumente

Maßnahmen in Sektoren	Instrumente zur Minderung der		
	SO_2- Emissionen	NO_x-Emissionen	NH_3-Emissionen
Kraftwerke, Industriefeuerungen			
Substitution oder Minderung des Einsatzes schwefelreicherer Brennstoffe	Zertifikate für SO_2-Emissionen oder Schwefeldioxidabgabe	Stickoxidabgabe	
Kfz-Verkehr			
Verminderung des Kraftstoffverbrauchs	Flottenverbrauchsregelung	Flottenverbrauchsregelung	
Verminderung der Anzahl alter Kfz mit hohem Schadstoffausstoß		Verschrottungsprämie	
Landwirtschaft			
Absolute und relative (pro Flächeneinheit) Reduktion des Tierbesatzes			Grenzwerte für Tierbesatz; Nitrat-RL, (DüngeV) [11])
Ausdehnung des ökologischen Landbaus			Vergütungen ökologischer Leistungen, Förderungen, Beihilfen
Absolute Reduktion der Güllemengen			Gülleabgabe
Reduktion des Einsatzes chemisch-synthetischer, stickstoffhaltiger Dünger			Stickstofflizenzen oder Stickstoffabgabe (DüngeV) [a])
Abluftbehandlung; Biogas aus Gülle			Beratung, Anreize

Legende: a) Mit Hilfe der Düngeverordnung werden entsprechende Maßnahmen bereits teilweise herbeigeführt.
Quelle: nach Matthes u. a. (1998)

- Maßnahmen und Instrumente müssen so angelegt werden, daß sie bei den Zielgruppen sowie den Umweltverwaltungen nicht zu einem unvertretbar hohen Verwaltungsaufwand bei der Umsetzung führen *(administrative Praktikabilität).*
- Maßnahmen und Instrumente sind so auszuwählen, daß sie nicht den Grundsätzen der Gleichbehandlung der Verursachergruppen widersprechen; sie sind so zu gestalten, daß negative verteilungspolitische Folgen möglichst vermieden werden *(Gleichbehandlung und Verteilungsgerechtigkeit).*

Die gewählten Mittel und Wege müssen markt- und verfassungskonform sein. Deshalb sollten Instrumente nach Möglichkeit so ausgewählt und eingesetzt werden, daß sie zu einem selbstverantwortlichen Handeln der Akteure im Rahmen der angestrebten Ziele beitragen.

Mögliche Maßnahmen und Instrumente

In Tabelle 5 wird ein Überblick über ausgewählte weitere Maßnahmen und Instrumente zur Emissionsminderung der einzelnen Säurebildner gegeben. Hierbei handelt es sich um Maßnahmen und Instrumente, die das Öko-Institut untersucht hat; diese müssen sich nicht mit den Vorstellungen der Enquete-Kommission decken. Einer einzelnen Minderungsmaßnahme wird jeweils ein ordnungsrechtliches, ökonomisches oder informatorisches Instrument zugeordnet.

Die vorgestellten Maßnahmen und Instrumente stellen eine Auswahl möglicher Minderungsinstrumente dar. Da sich einerseits durch Addition der verschiedenen Instrumente unerwünschte Kumulationseffekte ergeben können, andererseits sich der gemeinsame Einsatz bestimmter Instrumente als kontraproduktiv erweisen würde, muß die optimale Kombination des Katalogs von Reduktionsmaßnahmen und -instrumenten erst im Abwägungsprozeß gefunden werden.

4.1.7.2 Sektorübergreifendes Instrument

Als allgemeines, sektorübergreifendes Instrument des Immissionsschutzes und somit auch des Schutzes vor Versauerung sollen Luftreinhaltepläne dienen. Die nach Landesrecht zuständigen Behörden erlassen für bestimmte Untersuchungsgebiete (früher: Belastungsgebiete) Luftreinhaltepläne zum Schutz vor schädlichen Immissionen. Luftreinhaltepläne dokumentieren Art und Umfang der festgestellten und erwarteten Luftverunreinigungen sowie der hervorgerufenen schädlichen Umwelteinwirkungen, treffen Feststellungen über die Ursachen der Luftverunreinigungen und bestimmen Maßnahmen zur Verminderung und zur Vorsorge.[97]) Es ist zu prüfen, ob und wie die Vorschriften über Luftreinhaltepläne erweitert und präzisiert werden können, um Emissionen und Immissionen versauernd wirkender Schadstoffe zu reduzieren

[97]) Vgl. § 47 BImSchG

4.1.7.3 Instrumente im Sektor Produzierendes Gewerbe

Obwohl in Deutschland fast 1 000 Energieversorgungsunternehmen existieren, betreiben insgesamt 10 Unternehmen ca. 80 % des gesamten öffentlichen Kraftwerkparks, darunter fast alle Kohlekraftwerke. Zu diesen 10 Unternehmen gehören die 9 Mitglieder der deutschen Verbundgesellschaft sowie die STEAG. Diese senkten ihre SO_2-Emissionen von 1970 bis 1993 um 80 % und die NO_x-Emission um über 50 % insbesondere durch technische Innovationen in der Abgasreinigung und Verbrennungstechnik. Damit sind sie führend in Europa.

Die bedeutsamste politische Rahmenbedingung in den alten Bundesländern war das von 1974 bis 1995 geltende 3. Verstromungsgesetz, das neben der Subventionierung deutscher Steinkohle praktisch ein weitgehendes Errichtungsgebot vor allem für Steinkohle- und Braunkohlekraftwerke beinhaltete und so zu einer vor allem von Stein- und Braunkohle dominierten Primärenergiebasis führte. Die Stromwirtschaft ist bisher neben einer hohen Konzentration der Erzeugerkapazitäten vor allem durch die mit Konzessionen und Demarkationen abgesicherten Versorgungsmonopole charakterisiert. Aus dieser Situtation konnten Kosten – im Rahmen der staatlichen Investitions-, Preis- und Kartellaufsicht – weitgehend problemlos auf die Preise und Tarife überwälzt werden. In den nächsten Jahren werden sich die bislang weitgehend abgeschotteten Energiemärkte schrittweise öffnen. Die Liberalisierungstendenzen in der Stromwirtschaft werden nach allen internationalen Erfahrungen dazu führen, daß sich die Gewichtungen im Dreifachziel der Stromwirtschaft – nämlich Preiswürdigkeit, Versorgungssicherheit und Umweltschonung – in jedem Fall verschieben werden.

Die bisher verfolgte Strategie „Versorgungssicherheit durch Energieträgermix“ wird aufgrund zunehmenden Preiswettbewerbs und der parallelen Liberalisierung der Gasmärkte an Bedeutung verlieren. Der voraussehbare Umstieg auf Erdgas wird zu Umweltentlastungen, aber auch zu sozialen und ökonomischen Veränderungen führen. Die Gestaltung der Erzeugungsstruktur hat einen wesentlichen Einfluß auf alle drei Dimensionen der Nachhaltigkeit.

Eine zweite für das Problem der Versauerung relevante Branche der Energiewirtschaft ist die Mineralölindustrie. Sie ist im Gegensatz zur Stromerzeugung äußerst kurzfristigen Einflüssen, z. B. Ölpreisniveau und -qualitäten, und schnellen Produktzyklen unterworfen. So wurde die flächendeckende Einführung von schwefelärmerem Dieselkraftstoff in Deutschland während eines Zeitraums von 2 bis 3 Jahren realisiert.

Neben Elektrizitäts- und Mineralölwirtschaft werden emissionsrelevante Verbrennungsanlagen, vor allem die dem Geltungsbereich der Technischen Anleitung Luft zuzurechnenden Feuerungen, auch in einer Vielzahl von Unternehmen betrieben, die durchaus unterschiedlichen Größenklassen angehören. Bei diesen kleineren Anlagen sind zwar wie bei Großfeuerungsanlagen Emissionsminderungen in beträchtlichem Umfang realisiert worden, jedoch liegen die spezifischen Emissionswerte weiterhin vergleichsweise hoch. Mittlere Unternehmen, die vorwiegend

Feuerungsanlagen nach der TA Luft betreiben, sind durch die Luftreinhaltepolitik gezwungen worden, Investitionen in additive Minderungstechnologien durchzuführen oder durch verstärkte Nutzung anderer umweltfreundlicher Energieträger bzw. -techniken (Erdgas/Elektrotechnik) die Auflagen zu erfüllen. Weitere technische Verbesserungen z. B. bei in Betrieb befindlichen Kraft-Wärme-Kraftwerken sind nur mit hohem ökonomischen Aufwand zu realisieren.

Angesichts der wirtschaftlichen Situation mittlerer Unternehmen griffen hier Ausnahmeregelungen. Langfristige Investitionen und erhebliche Kapitalbindungen durch Umweltinvestitionen dürften an vielen Stellen die Kapazitäten kleiner und mittlerer Unternehmen erheblich beanspruchen bzw. überfordern.

Hinsichtlich der NO_x-Emissionen werden von den Studiennehmern weitere Reduktionspotentiale im Bereich der Großfeuerungsanlagen, z. B. bei Braunkohlekraftwerken sowie in der Zementindustrie gesehen. Ergänzend wird als eine inputorientierte Strategie der Einsatz von schwefelärmerer Kohle bzw. der Einsatz schwefelarmer Brennstoffe vorgeschlagen, sofern keine Rauchgasentschwefelung erfolgt.

Absenkung von Emissionswerten

Die in Auftrag gegebene Studie untersuchte drei Varianten einer Verschärfung von Grenzwerten. Solche Grenzwerteverschärfungen oder Dynamisierungen von Emissionswerten würden vor allem im Zuge der Erneuerungszyklen des Anlagenbestandes zur Wirkung kommen, bei bestehenden Anlagen nur dann, wenn eine Restlaufzeit von mindestens 15 Jahren gegeben ist.

Variante 1

Die heute geltenden Anforderungen für Großfeuerungsanlagen mit einer Kapazität, die über 300 MW liegt, werden auf alle Anlagen im Geltungsbereich der 13. BImSchV und der TA Luft ausgeweitet.

Variante 2

Die Grenzwerte für Anlagen im Geltungsbereich der 13. BImSchV mit einer Feuerungswärmeleistung über 300 MW werden so geändert, daß sich die Jahresemissionen etwa halbieren.

Variante 3

Für alle Anlagen im Geltungsbereich der 13. BImSchV und der TA Luft werden die Grenzwerte unterstellt, mit denen sich ungefähr eine Halbierung der Jahresemissionen ergibt.

Die herbeigeführten Emissionsminderungen wie auch die zusätzlichen Minderungskosten lägen am niedrigsten in Variante 1 und am höchsten in Variante 3. Jede der Varianten würde Investitionen in neue Anlagen hauptsächlich im Zeitraum 2010 bis ca. 2030 nach sich ziehen, also jenseits des von der Enquete-

Kommission betrachteten Zeithorizonts. Hieraus könnten sich auch Effekte auf die Wirtschafts- und Beschäftigungsentwicklung ergeben. Die Abschätzung der Wirkungen auf die Strompreise muß wegen des Liberalisierungsprozesses in dem Sektor spekulativ bleiben. Zu erwarten ist, daß ein Teil der Betreiber vor allem kleinerer Anlagen auf andere Energieträger wechselt und infolgedessen Zusatzkosten und Investitionen geringer ausfallen.

Hinsichtlich möglicher Verteilungseffekte zeichnet sich ab, daß Strompreiserhöhungen vor allem auf Kleinverbraucher in dem Maße überwälzt würden, wie die staatliche Preisaufsicht bzw. Kartellaufsicht dies zuläßt. Die Varianten 1 und 3 würden kleine und mittlere Unternehmen belasten – nachdem die Großfeuerungsanlagenverordnung nur Großunternehmen traf. Dieser Effekt kann daher durchaus als sozial gerecht angesehen werden. Schließlich ergeben sich Innovationseffekte, wenn längere Laufzeiten alter Anlagen mit besonders umwelteffizienten neuen Anlagen kompensiert werden. Entwickler und Erstanwender von Anlagen mit neuen Bestwerten hätten möglicherweise „first mover advantages".

Entschwefelung von Heizölen

Angesichts der Tatsache, daß *schweres Heizöl* weitgehend nur in Anlagen mit nachgeschalteter Rauchgasentschwefelung eingesetzt wird, ist die Entschwefelung von schwerem Heizöl in der Raffination eine unattraktive Option. Da außerdem derzeit keine Anlagen in Betrieb sind, um schweres Heizöl mit einem auf 0,5 % reduzierten Schwefelgehalt herzustellen, würde dies hohe Neuinvestitionen für einen mittlerweile reduzierten Markt erfordern. Zur Zeit angebotenes schweres Heizöl mit reduziertem Schwefelgehalt wird durch Vermischen mit schwefelarmen Fraktionen hergestellt. Der Einsatz des so hergestellten schweren Heizöls trägt also insgesamt nicht zur Verminderung der Schwefelemissionen bei. Die Entschwefelung von schwerem Heizöl dürfte angesichts der relativ kleinen Emissionen keinen sinnvollen Beitrag zur Verminderung von Schwefelemissionen bringen. In einer qualitativen Folgenabschätzung zeichnen sich folgende Tendenzen nach einer Erhöhung der Preise für schweres Heizöl ab:

- Infolge einer Preissteigerung könnte sich die Marktposition von schwerem Heizöl zu Gunsten anderer Energieträger verschlechtern. Folgt man der Annahme, daß auch die Preise für Erdgas in den kommenden Jahren steigen, dann würde der Marktanteil schweren Heizöls nicht notwendigerweise sinken. Bleibt jedoch das Niveau der Erdgaspreise für den industriellen Sektor künftig nahezu stabil oder steigt nur wenig, so wird schweres Heizöl wahrscheinlich weiter durch Erdgas verdrängt.
- In dem Maße wie industrielle Unternehmen ihr Rauchgas zu über 50 % entschwefeln, ist die Entschwefelung von schwerem Heizöl in der Raffination womöglich eine unattraktive Option.

Der maximale Schwefelgehalt ist in *leichtem Heizöl* auf 0,2 %, in Dieselkraftstoff auf 0,05 % begrenzt. In leichtem Heizöl könnte er ebenfalls auf 0,05 % abgesenkt werden. ESSO prognostiziert für 2010 einen Verbrauch von leichtem Heizöl von 29 Mio. Tonnen, der bei einem realen Schwefelgehalt von 0,18 % zu einem Schwefeldioxidausstoß von 104 000 Tonnen führt. Würde der Schwefelgehalt wie beim Diesel auf 0,05 % gesenkt, ginge die Schwefeldioxidemission um mehr als 70 % oder um mehr als 75 000 Tonnen zurück. Der ökologische Nutzen würde andererseits in dem Maße eingeschränkt, wie die Entschwefelung des Heizöls zu zusätzlichen CO_2-Emissionen führt.

Diese Regelung würde Investitionen der europäischen Raffinerien notwendig machen. Bei einer vollständigen Überwälzung der Kosten auf die Preise ergäbe sich eine entsprechende Preiserhöhung je Liter. Die Verteilungswirkungen einer Kostenüberwälzung auf die Heizölpreise lassen sich für einzelne Sektoren wie Industrie oder für Haushalte und Kleinverbraucher nur schwer ermitteln. Die im Auftrag der Enquete-Kommission angefertigte Studie schätzt sowohl die gesamtwirtschaftlichen Auswirkungen als auch die Verteilungswirkungen als „praktisch unterhalb der Nachweisgrenze“ ein.

Zertifikate für SO_2-Emissionen

In den USA werden seit der Novellierung des Clean Air Act im Jahr 1990 die ersten praktischen Erfahrungen auf gesamtstaatlicher Ebene mit handelbaren SO_2-Zertifikaten gemacht. Das Grundkonzept besteht darin, daß die Unternehmen der Elektrizitätsversorgung – entsprechend der ihnen erlaubten SO_2-Emissionen – Berechtigungen (allowances) dafür erhalten, im laufenden oder folgenden Jahr eine bestimmte Tonnage SO_2 auszustoßen. Die allowances sind frei handelbar und können auch für spätere Jahre angespart werden.

Das Zentrum für Europäische Wirtschaftsforschung (ZEW) hat im Auftrag des Bundesministeriums für Wirtschaft ein SO_2-Zertifikatemodell für Energieversorgungsunternehmen (EVU) der Europäischen Union entwickelt.[98]) Die Großfeuerungsanlagen der EVU verursachen rund die Hälfte der Schwefeldioxidemissionen im EU-Raum. Bemessungsgrundlage sind die SO_2-Emissionen; Grundlage für das Modell sind die im Oslo-Protokoll vereinbarten Ziele bzw. Depositionsgrenzen für SO_2. Als Zuteilungskriterium wird das Produkt aus Brennstoffverbrauch und einem brennstofftypischen Emissionsfaktor gewählt. Der Programmlaufzeit soll eine Vorlaufphase vorausgehen, die den Akteuren Zeit gibt, Anpassungen vorzunehmen. Als Zuteilungsverfahren wird ein „befristetes Grandfathering“ vorgeschlagen, d. h. die kostenlose Erstzuteilung an die Altemittenten noch vor Programmbeginn für die für den Anlagentyp definierte regelmäßige technische Lebensdauer. Ca. 3 % der Zertifikate werden für Auktionen und Festpreisverkäufe reserviert, solange die Zertifikatebehörde nicht selbst über ausreichend viele Zertifikate verfügt. Die Konzeption des Modells ist auf größtmögliche Planungssicherheit für die betroffenen Emittenten ausgerichtet. Im Modell bildet

---

[98]) Vgl. Koschel u. a. (1998)

sich ein EU-weit einheitlicher Zertifikatpreis in Höhe von 1 419 ECU pro Tonne SO_2. Das Sozialprodukt in den europäischen Staaten würde in der Folge um 0,08 bis 0,12 % und das Beschäftigungsniveau um 0,01 bis 0,04 % zurückgehen. Positive sektorale Effekte würden sich für die Öl-, Gas- und energieintensive Industrie ergeben, negative Wirkungen für den Kohlebergbau, die Elektrizitätserzeugung und die Ausrüstungsindustrie. Die Gutachter halten die volkswirtschaftlichen Kosten eines Zertifikateansatzes für SO_2 für insgesamt gering. Das vorgeschlagene europäische System undifferenzierter Zertifikate für SO_2-Emissionen erscheine vor dem Hintergrund der europäischen Rahmenbedingungen ökonomisch vorteilhaft und rechtlich machbar, schlußfolgern sie.

In seinem Gutachten für die Enquete-Kommission hält das Öko-Institut die Einführung eines SO_2-Zertifikatemodells für die Mineralölwirtschaft und ggf. Großfeuerungsanlagen für effizient und in verschiedener Hinsicht für vorteilhaft. [99]) Wichtige Voraussetzungen seien gegeben:

- Die Verifikation stelle kein außerordentliches Problem dar, weil die Emission eindeutig an den Schwefelgehalt des Brennstoffs gebunden sei.
- Die Mineralölwirtschaft könne eine Optimierung zwischen den Schwefelgehalten für leichtes und schweres Heizöl vornehmen.
- Die notwendige Handelskultur sei bei den Akteuren der Mineralölwirtschaft stark ausgeprägt.

Die Einführung eines Zertifikatemodells würde tendenziell folgende ökonomischen Wirkungen nach sich ziehen:

- Die Raffinerien könnten ihre Investitionsplanung optimieren und entsprechende Kostenentlastungen realisieren. Bei Neuinvestitionen könnte die technische Gestaltung so erfolgen, daß für leichtes Heizöl – wie bereits bei Dieselkraftstoff – niedrigere Schwefelgehalte am Markt etabliert werden.
- Für die Mineralölwirtschaft ergäbe sich eine größere Flexibilität im Umgang mit Unsicherheiten wie z. B. der Preisentwicklung bei konkurrierenden Energieträgern.
- Die Folgen einer Veränderung des Schwefelgehaltes in schwerem Heizöl könnten einerseits abgefedert werden, andererseits jedoch – bei Ausbleiben der befürchteten Kosteneffekte – zu erheblichen Innovationen für diesen Brennstoff führen.

Schwefeldioxidabgabe, Stickoxidabgabe

In Schweden, Dänemark, Norwegen, Frankreich und Japan werden Steuern oder Abgaben auf die Emission von Schwefeldioxid mit unterschiedlicher Zwecksetzung erhoben. In Schweden wird seit 1991 als Ergänzung zu ordnungsrechtlichen

---

[99]) Die Voraussetzungen in den USA bzw. der Ansatz der Studie des ZEW sind nicht ohne weiteres auf das vorgestellte Zertifikate-Modell übertragbar.

Tabelle 6

Schwefel- bzw. Schwefeldioxidabgaben

Land	Bemessungsgrundlage	Steuersatz (ca.)	Gesamtaufkommen (ca. pro Jahr)	Emissionsminderung
Schweden	Schwefelgehalt der Brennstoffe Kohle, Öl, Torf bzw. Biomasse [a])	6 600 DM/t S [b])	64 Mio. DM in 1991/92 [c])	ca. 25 % 1990 bis 1991, von 54 000 t auf 40 000 t [d])
	Gehalt von Schwefel, Phosphor, Blei etc. in Dieselkraftstoff [e])			erhebliche Reduktion des SO_2-Ausstoßes
Dänemark	Schwefelgehalt der Brennstoffe Kohle, Öl , Gasöl [f])	2 600 DM/t S [g])	60 Mio. DM in 1996	
Norwegen	Schwefelgehalt und Volumeneinheit der Brennstoffe Diesel und Heizöl [h])	18 DM/m^3 für leichtes Heizöl, 158 DM/m^3 für schweres Heizöl [i])		
Frankreich	gemessene oder erklärte Emissionen [k])	35 DM/t S		
Japan	SO_2-Emissionen – nach Schätzung des Schwefelgehaltes der Brennstoffe [l])	unterschiedlich, z. B. von 1974 mit 0,02 DM/m^3 auf 1,39 DM/m^3 1982 bzw. bis zu 30 DM/m^3 [m])		
Schweiz	Heizöl „Extraleicht" (HEL) mit S > 0,1 % [n])	14 DM/t HEL		

Legende:

a) Matthes u. a. (1998). Alle Angaben des Öko-Instituts beziehen sich auf Zahlen von Cansier u. a. (1996); Lövgren 1994; OECD (1995 b) 34. Dieselkraftstoff und Heizöl sind ausgenommen, da SO_2-Gehalt unter 0,1 % liegt. Vgl. SRU (1996 a) 329

b) Teilweise oder vollständige Rückerstattung bei Schwefelrückhaltetechnik. Vgl. Matthes u. a. (1998), OECD (1995 b) 34

c) Vgl. Matthes u. a. (1998). Für das Fiskaljahr 1993/94 werden Rückerstattung von 230 Mio. SKr angenommen; diese Größe gilt auch für 1995. Vgl. OECD (1995 b)

d) Aus der Verbrennung in stationären Anlagen; der Rückgang wird auch auf andere Maßnahmen zurückgeführt. Vgl. Matthes u. a. (1998); 6 000 t SO_2-Reduktion an Emissionen aufgrund der Abgabe, das entspricht 5 % der gesamten schwedischen SO_2-Emissionen in 1990. Vgl. SRU (1996 a) 329

e) Einstufung nach Schadstoffpotential in 3 Klassen. Vgl. SRU (1996 a) 329; OECD (1995 b) 35 f

f) Ein bestimmter S-Gehalt bleibt steuerfrei. Kraftwerke bis 1999 ausgenommen. Vgl. Matthes u. a. (1998)

g) Rückerstattung bei Schwefelrückhaltetechnik. Vgl. Matthes u. a. (1998)

h) Zunächst nur Mineralöle mit hohen S-Gehalten, später auch Dieselkraftstoffe und Heizöl. Kohle ist ausgenommen, wird ohnehin kaum eingesetzt. Vgl. Matthes u. a. (1998)

i) Öl unter 0,05 % ist befreit. Vgl. OECD (1995 b) 33

k) Kraftwerke mit mehr als 20 MW_{th}, MVA mit einer Kapazität über 3t/h, Produktionsanlagen mit Emissionen über 150t S, NO_x etc. pro Jahr. Vgl. Matthes u. a. (1998); OECD (1995 b) 27

l) Die Bemessung erfolgt vergangenheits- und gegenwartsbezogen und variiert nach Bedarf an Kompensationszahlen und räumlicher Belastung, damit sind 90 % aller SO_2-Emissionen erfaßt. Vgl. Matthes u. a. (1998)

m) UBA (1994 d) 72

n) Verordnung über die Lenkungsabgabe auf Heizöl „Extraleicht" mit einem Schwefelgehalt von mehr als 0,1 Prozent (HELV) vom 12. November 1997.

Tabelle 7

Stickoxidabgaben

Land	Bemessungsgrundlage	Abgabe	Gesamtaufkommen (ca. pro Jahr)	Emissionsminderung
Schweden	gemessene oder berechnete NO_x-Emissionen [a])	8 800 DM/t NO_x [b])	117 bzw. 135 Mio. DM	40 % seit Ende der 80er bis 1992: von ca. 25 000 t auf 15 000 t; 1992–1993: 15 300 t auf 13 500 t [c])
	NO_x- + Kohlenwasserstoffemissionen aus Kerosin [d])	2 510 DM/t NO_x + Kohlenwasserstoffe		15 % Reduktion NO_x

Legende:

a) Mittlere und große Kraftwerke mit Kapazitäten über 10 MW, Erzeugung über 50 GWh jährlich. Vgl. Matthes u. a. (1998). Seit 1995/96 ab 40 GWh und seit 1997 ab 25 GWh. Vgl. OECD (1995 b) 36; Hellberg (1994)

b) Rückerstattungen in Abhängigkeit von Energiebedarf bzw. Produktion. Vgl. Hellberg (1994)

c) Mindestens 50 % der Reduktion wird auf die Abgabe zurückgeführt. Vgl. Hellberg (1994)

d) Abgabe auf Inlandsflüge; Reduktion der Emissionen werden der Abgabe zugeschrieben. Vgl. SRU (1996 a) 329

Regulierungen eine Schwefelsteuer auf den Verbrauch der Brennstoffe Kohle, Öl und Torf bzw. Biomasse erhoben mit dem Ziel einer Emissionsminderung um 80 % bis zum Jahr 2000. Der Steuersatz beträgt ca. 6 600 DM pro Tonne emittierten Schwefel; Brennstoffe mit einem Schwefelgehalt unter 0,1 % werden nicht besteuert. Für Kleinverbraucher (Haushalte und Kleingewerbe) wird die Steuer über den Einzelhandel erhoben. Das Aufkommen wird zum Teil für Entschwefelungstechniken zurückerstattet. Die Schwefelemissionen aus der Verbrennung in stationären Anlagen in Schweden sanken von 54 000 t im Jahr 1990 auf 40 000 t 1991, wobei der Rückgang nicht ausschließlich auf die Einführung der Schwefelsteuer zurückzuführen ist. Die Besteuerung führte darüber hinaus zu einer Minderung des Schwefelgehaltes in schwerem und in leichtem Heizöl. Die Verwaltungskosten sind gering, da die Steuer von denselben Stellen verwaltet wird wie die Energie- und CO_2-Steuer.

Seit 1992 gibt es in Schweden eine Abgabe auf Stickoxidemissionen aus großen und mittleren Kraftwerken in Höhe von ca. 8 800 DM pro Tonne NO_x. Das Aufkommen wird an die Kraftwerke je nach Höhe der erzeugten Nutzenergie zurückerstattet. Betreiber von Anlagen mit relativ niedrigen Emissionen profitieren von der Rückerstattung, hingegen werden Betreiber von Anlagen mit relativ hohen Emissionen zu Nettozahlern. Die Emissionen aus diesen Anlagen sanken von Ende der 80er Jahre bis 1992 um 40 %. Da für rund die Hälfte der betroffenen Anlagen keine NO_x-Grenzwerte gelten, wird der Rückgang größtenteils auf die Abgabe zurückgeführt. Die Kosten für Minderungsmaßnahmen liegen je nach Industriezweig zwischen 22 000 DM und 77 000 DM pro Tonne NO_x und Jahr. Hinzu kommen Kosten für Messung und Überwachung der Emissionen. Im Rahmen des Abgabesystems wurden die Betreiber von Müllverbrennungsanlagen und die Papier- und Zellstoffindustrie zu Nettozahlern, während die Energieerzeuger und in geringem Maße die Metallindustrie zu den Gewinnern zählen.

Die vorliegende Datenlage zur Evaluation von Abgaben und ihren Auswirkungen ist leider noch nicht sehr umfassend und nicht immer konsistent. Aus diesem Grund können die hier angegebenen Daten erst als grobe Orientierung angesehen werden. Dennoch können Erfolge hinsichtlich der Reduktionen von Emissionen durchaus festgestellt werden.

Zementindustrie

Die deutsche Zementindustrie emittiert jährlich etwa 55 000 t Stickstoffoxide (1995) und zählt damit zu den Großemittenten. Der Länderausschuß für Immissionsschutz (LAI) hat am 15./16. April 1997 vorgeschlagen, einen Tagesmittelwert für Stickstoffoxide von 800 mg/m^3 für bestehende Anlagen und 500 mg/m^3 für Neuanlagen zu fordern (Bezugsbasis 10 % Sauerstoff). Diese Werte sind bereits heute mit primärseitigen Maßnahmen erreichbar. In Zementwerken wird hierzu die SNCR-Technik eingesetzt. Aber erst durch den Einsatz sekundärer Minderungsmaßnahmen könnten diese Werte unterschritten werden. Eine katalytische Abgasreinigung (SCR) ist bei Drehrohrofenanlagen der Zementindustrie zumindest derzeit noch nicht Stand der Technik. Eine Absenkung auf Emissionsgrenzwerte, wie sie in Abfallverbrennungsanlagen Stand der Technik sind, ist bei Drehrohrofenanlagen der Zementindustrie deshalb derzeit noch nicht umgesetzt.

Die vom LAI vorgeschlagenen Grenzwerte für Stickstoffoxide werden derzeit in deutschen Zementwerken umgesetzt. Unter der Voraussetzung, daß jeweils 50 % der Anlagen den Grenzwert von 500 mg/m^3 bzw. 800 mg/m^3 einhalten, ergibt sich nach Angaben des Forschungsinstituts der Zementindustrie in Düsseldorf eine Verminderung der Stickstoffoxidemissionen von etwa 35 % bezogen auf 1995.

Die bestehenden Erfahrungen mit SNCR-Anlagen in Zementwerken zeigen, daß für die Entstickung etwa 1 bis 2 DM pro Tonne Zement erforderlich sind. Großtechnische Erfahrungen mit SCR-Anlagen liegen in der Zementindustrie bislang nicht vor. Schätzungen der spezifischen Kosten beim Einsatz dieser Emissionsminderungstechnik gehen daher weit auseinander. Die Kosten sind weniger gesamtwirtschaftlich als für den Wettbewerb der deutschen Zementindustrie von Bedeutung. Der Importanteil liegt derzeit bei etwa 20 %. Da die Transporte bei Zement eine wesentliche Kostenposition darstellen, konzentrieren sich mögliche Verdrängungseffekte auf bestimmte Einzugsgebiete. Zudem drängt die Zementindustrie in den Entsorgungsmarkt und übernimmt spezifische Sonderabfälle, mittlerweile auch schlecht sortierte heizwertreiche Hausmüllfraktionen. Sie nutzt dabei den Spielraum aufgrund geringerer Emissionsanforderungen im Vergleich zu Sondermüll- und Müllverbrennungsanlagen. In Erwägung dieser Tatsachen und unter dem Aspekt der Gleichbehandlung mit der Energiewirtschaft müssen die spezifischen Kosten der Emissionsminderung der Zementindustrie ermittelt werden. Erst auf Grundlage dieser Erkenntnisse kann unter Abwägung der ökonomischen und sozialen Folgewirkungen entschieden werden, ob in diesem Bereich weitere Maßnahmen ergriffen werden sollen.

4.1.7.4 Instrumente im Sektor Kfz-Verkehr

Im Jahr 1994 verursachte der Verkehrssektor 58 % der gesamten NO_x-Emissionen. Der Straßenverkehr rief 81,5 % der verkehrsbedingten Emissionen hervor, die übrigen 18,5 % entfielen auf den Verkehr in Land-, Forst- und Bauwirtschaft, auf den Militär-, den Schienenverkehr, den Küsten- und Binnenschiffsverkehr sowie den Luftverkehr.

Ungeachtet der für die Jahre 2000 und 2005 geplanten Abgasgrenzwerte EURO III und EURO IV, die noch in der EU beraten werden, erwartet das Umweltbundesamt ausgehend vom Jahr 1994 bis zum Jahr 2005 Rückgänge der absoluten NO_x-Emissionen von 60 % für Pkw und von 40 % für Nutzfahrzeuge. Nach der Gemeinschaftsstrategie gegen die Versauerung ist weiterer Handlungsbedarf gegeben: Die genannten Rückgänge der NO_x-Emissionen im Straßenverkehr würden das Ziel der Gemeinschaftsstrategie nur zu 30 % realisieren (–466 400 t im Vergleich zu –1 561 000 t).

Abgasvorschriften

Geplant ist die Einführung schärferer Abgasgrenzwerte mit der EURO-Norm III für das Jahr 2000 und mit der EURO-Norm IV für das Jahr 2005. Demnach sollen anstelle der derzeit geltenden EURO II-Summengrenzwerte für Kohlenwasserstoffe plus Stickoxide von 0,5 g/km für Otto-Pkw (entspricht etwa 0,275 g/km NO_x) bzw. 0,7 g/km für Diesel-Pkw (entspricht etwa 0,63 g/km NO_x) getrennte Grenzwerte für NO_x angegeben werden. Ab 2000 (EURO III) soll dieser auf 0,15 g/km für Otto-Pkw bzw. 0,5 g/km für Diesel-Pkw und ab 2005 (EURO IV) auf 0,08 g/km für Otto-Pkw und 0,25 g/km für Diesel-Pkw abgesenkt werden. Das Europäische Parlament fordert für Diesel-Pkw eine weitergehende Absenkung für EURO III bzw. IV auf 0,4 g/km bzw. 0,19 g/km. Derzeit wird im Vermittlungsverfahren über die strittigen Punkte verhandelt. Ein zweiter Vorschlag der EU-Kommission für leichte Nutzfahrzeuge sieht ebenfalls eine Trennung des Summengrenzwertes für Kohlenwassserstoffe plus Stickoxide vor. Der anteilige NO_x-Grenzwert nach EURO II soll bei leichten Nutzfahrzeugen (bis 3000 kg zulässiges Gesamtgewicht) mit Ottomotor ab dem Jahr 2000 je nach Gewichtsklasse um 40 % bis 80 %, bei leichten Nutzfahrzeugen mit Dieselmotor um 20 % bis 50 % abgesenkt werden. Ab 2005 wird eine weitere Reduktion der NO_x-Grenzwerte um etwa 50 % vorgeschlagen. Damit würden alle leichten Nutzfahrzeuge Grenzwerte erfüllen, die denen für Pkw ähneln.

Für schwere Nutzfahrzeuge ist eine Verschärfung des NO_x-Grenzwertes um 30 % ab dem Jahr 2000 geplant. Das Umweltbundesamt hat demgegenüber für schwere Nutzfahrzeuge eine Reduktion der Stickoxidemissionen um 50 % für EURO-Norm III ab 2000 und um 70 % für EURO-Norm IV ab 2005 vorgeschlagen. Durch Abgasrückführung und selektive katalytische Reduktion können die Emissionen um 60 bis 90 % gesenkt werden. Die Kosten belaufen sich auf wenige Prozent des Neupreises eines schweren Nutzfahrzeugs.[100]) Ein Szenario über die Entwicklung der Stickoxidemissionen bei Einführung der EURO-Normen III und IV zeigt, daß allein mit diesem Instrument das Ziel der Gemeinschaftsstrategie gegen die Versauerung zu 41 % bzw. 50 % erreicht werden könnte.

Die Europäische Kommission beziffert die durchschnittlichen Kosten für die Techniken, die notwendig sind, um die Abgasgrenzwerte der EURO-Norm III zu erreichen, mit 113 ECU für einen leichten Pkw (Benziner), 122 ECU für einen mittleren und 163 ECU für einen großen sowie mit 402 ECU für einen mittleren Diesel-Pkw. Kosten in der gleichen Größenordnung hat das Umweltbundesamt errechnet. Legt man als durchschnittliche Kosten 230 DM für einen Benziner und 760 DM für ein Dieselfahrzeug zugrunde sowie die Prognose des ifo Instituts über die Fahrleistungen und den Pkw-Bestand, so ergeben sich im Zeitraum 2000 bis 2005 Kosten in Höhe von ca. 8 Mrd. DM. Die jährlichen Kosten für die ersten Schritte der Grenzwertverschärfung liegen zwischen 1,2 und 1,4 Mrd. DM. Die Abschätzung der jährlichen Investitionskosten, die mit der Einführung der EURO IV-Norm verbunden sind, ist noch unsicher. Sie dürften in der Größenordnung zwischen 1,5 und 3 Mrd. DM liegen. Die gesamte Inlandsnachfrage nach Kraftfahrzeugen wird vom ifo Institut für Wirtschaftsforschung auf 127,2 Mrd. DM in Preisen von 1985 für das Jahr 2010 geschätzt. Die zusätzlichen Kosten für die Katalysatortechnik betragen damit 1,17 % der prognostizierten Binnennachfrage nach Kfz des Jahres 2010. Das Instrument „Grenzwertverschärfung" dürfte nicht zu Wettbewerbsnachteilen der deutschen Automobilindustrie führen, da die Grenzwerte EU-weit eingeführt werden und auch die wichtigsten Handelspartner außerhalb der EU vergleichbare Vorschriften eingeführt haben. Stehen die Techniken zur Verfügung und statten Autobauer ihre Modelle bereits vor der Einführung der Standards entsprechend aus, können sich auch Wettbewerbsvorteile ergeben.

---

[100]) Vgl. UBA (1996 a)

Verbesserung der Kraftstoffqualitäten

Das Europäische Parlament hat im Februar 1998 die Vorschläge der Kommission und des Rates über die Qualität der Kraftstoffe (darunter maximal 150 bzw. 350 ppm Schwefel in Benzin oder Diesel ab dem Jahr 2000) abgelehnt und für schärfere Werte votiert. Der Empfehlung des Europäischen Parlaments zufolge soll im Jahr 2000 der Schwefelgehalt im Benzin auf 150 ppm und der im Diesel auf maximal 200 ppm begrenzt werden. Ab dem Jahr 2005 sollen dann die Höchstwerte auf 30 ppm für Benzin und 50 ppm für Dieselkraftstoff abgesenkt werden. Wird herkömmlicher Otto-Kraftstoff mit einem Schwefelgehalt von 500 ppm durch schwefelarmen mit 50 ppm ersetzt, gehen nicht nur die Schwefeldioxidemissionen zurück: Im Testlauf bei BMW verringerte sich darüber hinaus der Ausstoß an Stickoxiden um 26 % und der von Kohlenwasserstoffen um 37 %.[101])

Geschwindigkeitsbeschränkungen

Allein im Hinblick auf den Eintrag versauernd wirkender Substanzen, hier infolge von Stickoxidemissionen, haben Geschwindigkeitsbeschränkungen im Straßenverkehr deutliche positive Effekte. Bei hohen Geschwindigkeiten steigt die Verbrennungstemperatur und dementsprechend der Ausstoß von Stickoxiden und anderen Schadstoffen. Nach Praxisversuchen sind die Auswirkungen von Geschwindigkeitsbeschränkungen auf die NO_x-Emissionen am stärksten. Ein Tempolimit 120/80/30 für Autobahnen/Landstraßen/Ortsstraßen würde die Stickoxidemissionen im Straßenverkehr um mindestens 15 % senken.[102])

Minderheitsvotum der Kommissionsmitglieder Prof. Dr. Jürgen Rochlitz, Ulla Burchardt, Marion Caspers-Merk, Dr. Angelica Schwall-Düren, Dr. Dietrich Sperling, Dr. Henning Friege, Prof. Dr. Georges Fülgraff, Prof. Dr. Rolf-Ulrich Sprenger, Prof. Dr. Arnim von Gleich und Dr. Joachim Borner:

Tempolimits würden nicht nur die Stickoxidemissionen des Straßenverkehrs senken, sondern sie würden darüber hinaus die Emissionen an CO_2, an giftigem Kohlenmonoxid, an krebserregenden Stoffen, darunter Benzol und Rußpartikel verringern. Sie würden weiter Lärmbelästigungen und -schäden und nicht zuletzt Unfallhäufigkeiten und -schäden reduzieren. Tempolimits könnten kurzfristig und kostengünstig realisiert werden; sie haben im Gegensatz zu technischen Maßnahmen sofortige Minderungseffekte.

---

[101]) Vgl. Der Spiegel 8 (1998) 92

[102]) Nach neueren Angaben des Umweltbundesamtes beträgt die Stickoxidreduzierung im Verkehrsbereich bei einer Geschwindigkeitsbegrenzung 100/80/30 20 % bei einem Einhaltungsgrad von 80 % (Zahlenbasis 1996).

Erhöhung der Kfz-Steuer für Altfahrzeuge

Diskutiert wurde auch eine Erhöhung der Kfz-Steuer auf einen Wert, der den Investitionen für einen Katalysator der EURO I-Norm entspricht. Damit lägen die Sätze über denen des Kraftfahrzeugsteueränderungsgesetz. Nach dem neuen Gesetz gilt ein Steuersatz für Otto-Pkw von 41,60 DM pro 100 cm^3 ab 2001 und 49,60 DM ab 2004 und für Dieselfahrzeuge 65,50 DM bzw. 73,50 DM. Um den Steuersatz entsprechend der Investitionen in einen Katalysator zu erhöhen, müßte er auf 80 DM pro 100 cm^3 für Ottofahrzeuge und auf 100 DM für Dieselfahrzeuge angehoben werden. Damit stiege die Steuerbelastung für einen mittelgroßen Benziner auf ca. 1 500 bis 1 600 DM im Jahr und für einen Diesel auf ca. 1 600 bis 1 700 DM.

Die Steuerbelastung der nicht schadstoffreduzierten Fahrzeuge hat keine spezifisch höheren NO_x-Reduktionen zur Folge, sondern das Erreichen von Reduktionen in einem kürzeren Zeitraum. Die mittlere Nutzungsdauer eines Pkw und damit der komplette Ersatz des Bestandes durch eine emissionsärmere Kategorie beträgt ca. 12 Jahre. Mit der beschriebenen Besteuerung von Altfahrzeugen kann der Endwert von 160 000 t NO_x für den Pkw-Verkehr nach Einführung der EURO III-Norm bereits zu einem früheren Zeitpunkt erreicht werden. Allerdings ist die Wahl des Hubraums als Bemessungsgrundlage auch unter ökologischen Gesichtspunkten umstritten. Der Ersatz der Kfz-Steuer durch eine Erhöhung der Mineralölsteuer könnte aber auch z. B. eine Lenkungswirkung haben auf die Senkung der CO_2-Emissionen des Straßenverkehrs.

Die Anreize zur Nachrüstung sowie zum Neukauf von Kraftfahrzeugen haben positive Wirkungen auf die Automobilindustrie. Im Jahr 1997 gab es rund 23,6 Mio. Benziner- und 3,9 Mio. Diesel-Pkw, die die EURO-Norm I nicht erfüllten.[103]) Unter der Annahme, daß die Nachrüstungen innerhalb von 3 Jahren nach Einführung der Regelungen durchgeführt werden, errechnet das Öko-Institut zusätzliche Investitionen für die Nachrüstung in Höhe von jährlich 9 bis 12 Mrd. DM. Berücksichtigt man jedoch, daß unter den insgesamt 41,3 Mio. Pkw 31,1 Mio. die EURO-Norm I oder gleichgestellte Regelungen wie etwa die nach Anhang 23 der Straßenverkehrszulassungsverordnung erfüllen,[104]) erscheint das nachrüstbare Potential von 27,5 Mio. Fahrzeugen als zu hoch und damit auch das errechnete Investitionsvolumen. Die Belastung träfe Besitzer von Altfahrzeugen, die die Auflagen der EURO-Norm I nicht erfüllen. Damit kommt es zu einer verursachergerechten Anlastung der Kosten, was jedoch in einkommensschwachen Schichten natürlich stärker spürbar wird.

Verschrottungsprämie

Mit Bezug auf entsprechende Regelungen in Spanien und Frankreich wird in der Studie diskutiert, eine Prämie in Höhe von 1 000 DM für die Verschrottung

---

[103]) Vgl. Kunert (1997)

[104]) Nach Kraftfahrt-Bundesamt

eines Fahrzeugs zu zahlen, das die EURO I-Norm nicht erfüllt. Diese indirekte staatliche Subventionierung des Neuwagenkaufs führt zu einer schnelleren Bestandsdurchdringung mit Fahrzeugen der saubersten Schadstoffklassen. In Spanien hat die Verschrottungsprämie in Höhe von 945 DM im Jahr 1997 den Absatz von Neufahrzeugen um ca. 9 % gesteigert. Würde hierzulande der gesamte Fahrzeugbestand des Jahres 2000, der die EURO I-Norm oder die vergleichbaren Anforderungen der Anlage 23 nicht erfüllt, infolge der Verschrottungsprämie ausgetauscht, beliefen sich die Kosten für die Subventionierung auf 10 Mrd. DM. Bei einer auf einen kurzen Zeitraum befristeten Einführung ist eine relativ starke Reaktion der Fahrzeughalter wahrscheinlich. Dagegen wird sich nach Abschaffung der Prämie ein gegenläufiger Effekt einstellen, so daß es zu einem Absatzeinbruch kommt. Dies war der Fall in Frankreich. Überdies werfen die hohen staatlichen Kosten des Instruments die Frage nach der Gegenfinanzierung auf.

Erhöhung der Mineralölsteuer

Als Instrument zur CO_2-Reduktion ist auch die Erhöhung der Mineralölsteuer in der Diskussion. Da nach Aussagen des Umweltbundesamtes und des Öko-Instituts[105]) eine CO_2-Reduktion auch Minderungen bei den versauernd wirkenden Stoffen zur Folge hat, wird das Instrument der Mineralölsteuer erwogen.

Minderheitsvotum der Kommissionsmitglieder Prof. Dr. Jürgen Rochlitz, Ulla Burchardt, Marion Caspers-Merk, Dr. Angelica Schwall-Düren, Dr. Dietrich Sperling, Dr. Henning Friege, Prof. Dr. Georges Fülgraff, Prof. Dr. Rolf-Ulrich Sprenger, Prof. Dr. Arnim von Gleich und Dr. Joachim Borner:

> Mit der Forderung, Preise müßten die ökologische Wahrheit sagen, initiierten ab Mitte der 80er Jahre Wissenschaftler wie Hans-Christoph Binswanger und Ernst-Ulrich von Weizsäkker die Debatte um eine ökologische Steuerreform. Sie beriefen sich dabei auf das Herzstück der marktwirtschaftlichen Doktrin, nach der nur effiziente Preise die richtigen Signale für effizientes Wirtschaften geben können.
>
> Eine Erhöhung der Mineralölsteuer darf aber nicht als bloße Geldbeschaffung wirken; eine Einmalerhöhung bringt kaum ökologische Lenkungseffekte. Im Rahmen einer Ökosteuerreform kann die Erhöhung der Mineralölsteuer und eine CO_2/Energiesteuer mit der Abschaffung der Kfz-Steuer sowie der umweltschädlichen Subventionen verbunden werden. Im Verkehrsbereich besitzt dieses Preissignal eine doppelte Wirkung auf die Emission versauernd wirkender Stoffe. Die technische Entwicklung für einen geringeren Kraftstoffverbrauch sowie der Umstieg im Verkehrsverbund werden vorangetrieben, wenn dort das preislich günstigere Angebot gemacht wird.

---

[105]) Vgl. Matthes u. a. (1998)

4.1.7.5 Instrumente im Sektor Landwirtschaft

Ammoniak-Emissionen stammen größtenteils aus der landwirtschaftlichen Tierhaltung und der Ausbringung der damit verbundenen Wirtschaftsdünger. Maßnahmen und Instrumente, die zu einer Verminderung der Ammoniak-Emissionen führen sollen, müssen die spezifischen Gegebenheiten des Sektors Landwirtschaft berücksichtigen.

Der Sektor Landwirtschaft stellte eine sogenannte diffuse Emissionsquelle dar. 1995 betrieben über 400 000 landwirtschaftliche Betriebe Viehhaltung; die Rinderhaltung verteilt sich auf über 300 000, die Schweinehaltung auf über 200 000 landwirtschaftliche Betriebe. Der Tierbesatz in Großvieheinheiten (GV)[106]) betrug 1996 in Deutschland 0,87 pro ha landwirtschaftlich genutzte Fläche. Die deutschen Viehbestände sind im EU-Vergleich allerdings eher kleinstrukturiert. So hielten die deutschen Landwirte beispielsweise 1995 durchschnittlich 26 Milchkühe je Betrieb, während in Großbritannien 76, in den Niederlanden 46 und in Dänemark 44 Milchkühe pro Betrieb im Stall standen. In der Schweinehaltung wurden in Deutschland durchschnittlich 118 Tiere pro Betrieb gehalten, in den Niederlanden 643 und in Irland 625 Tiere je Betrieb. Mit durchschnittlichen Beständen von 500 bis 600 Tieren ist die Schweinehaltung in Großbritannien, in Belgien und Dänemark ebenfalls deutlich größer strukturiert. Diese Strukturunterschiede schlagen sich auch im Viehbesatz nieder. Dieser betrug z. B. in den Niederlanden 4,0, in Belgien 3,2 und in Dänemark 1,6 GV je ha landwirtschaftlich genutzte Fläche.

Besonderes Merkmal der Ammoniakemissionen aus der Landwirtschaft ist, daß sie auf biologischen Prozessen beruhen. Weiterhin werden die Ammoniakemissionen auch von den Umwelt- und Standortbedingungen stark beeinflußt, wie dies besonders deutlich bei der Lagerung und Ausbringung von Wirtschaftsdüngern oder dem Weidegang von Rindern wird. Die die Ammoniakemissionen beeinflussenden komplexen mikrobiellen Umwandlungsprozesse lassen sich nur in engen Grenzen technisch steuern.

In der Studie des Öko-Instituts wird dargelegt, daß vor dem Hintergrund, daß flächenhafte Messungen für Ammoniakemissionen nicht vorliegen und große Unsicherheiten in der Datenbasis mit Unterschieden bis zu 43 % in einzelnen Emissionsbereichen der Tierhaltung bestehen, nach vorliegenden Berechnungen bis zum Jahr 2010 bezogen auf 1990 im Rahmen einer gesamteuropäischen Strategie in Deutschland die maximal erreichbare Ammoniakreduktion 33 % beträgt. Die Ausschöpfung kostengünstiger Reduktionspotentiale führt zu einer Emissionsminderung von 23 %, und die emissionsarmen Ausbringungstechniken allein zu einer Reduktion von 17 %.

Für den Sektor Landwirtschaft wurde jedoch keine vertiefende Untersuchung und keine weitergehende Einschätzung der Minderungspotentiale vorgenommen.

---

[106]) Eine Großvieheinheit je Hektar (1 GV/ha) entspricht einem Tierbesatz von 500 kg Lebendgewicht pro Hektar.

Die vorgestellte kursorische Liste möglicher Instrumente und die angegebenen Minderungspotentiale und -kosten sollen wesentlich zur weiteren Diskussion über die Rolle der Landwirtschaft im Rahmen einer Strategie gegen die Versauerung anregen und erste Hinweise geben. Sie geben auch eine Orientierung für die Agrarforschung. In diesem Zusammenhang werden eine Reihe von Maßnahmen und Instrumenten vor allem aus ökologischer Sicht dargestellt.

In den letzten Jahren haben die Emissionen aus der Landwirtschaft aufgrund einer stärkeren Orientierung der Agrarpolitik an den Belangen des Umweltschutzes bereits deutlich abgenommen und werden voraussichtlich weiter abnehmen. Dabei sind folgende Maßnahmen im Rahmen der Reform der gemeinsamen Agrarpolitik der EG aus dem Jahr 1992 von Bedeutung:

- Extensivere Boden- und Tierproduktion,
- Flächenstillegung,
- Förderung spezifischer, umweltgerechter und den natürlichen Lebensraum schützender landwirtschaftlicher Produktionsverfahren,
- verbesserte Förderung der Erstaufforstung und nachwachsender Rohstoffe.

Die Düngeverordnung von 1996 schafft einheitliche rechtliche Rahmenbedingungen für die umweltverträgliche Ausbringung von Düngemitteln. Sie enthält bereits notwendige Regelungen zur Emissionsminderung, so z. B.

- daß Düngemittel grundsätzlich so ausgebracht werden müssen, daß die in ihnen enthaltenen Nährstoffe von den Pflanzen weitestgehend für ihr Wachstum ausgenutzt werden können,
- daß der Düngebedarf sich am Nährstoffbedarf der Pflanzen orientiert, unter Berücksichtigung der im Boden verfügbaren Nährstoffmenge, des Kalk- und Humusgehaltes des Bodens und weiterer Standortbedingungen,
- die Begrenzung von Wirtschaftsdünger tierischer Herkunft bei Ackerland auf 170 kg Stickstoff je Hektar und Jahr und
- die Bestimmung, daß Wirtschaftsdünger bodennah auszubringen sind, Geräte zur Ausbringung von Düngemitteln den allgemein anerkannten Regeln der Technik entsprechen und eine sachgerechte Mengenbemessung und Verteilung sowie verlustarme Ausbringung gewährleisten müssen.

Darüber hinaus werden weitere Konkretisierungen für den Verwaltungsvollzug in der „Musterverwaltungsvorschrift über den Vollzug der Verordnung über die Grundsätze der guten fachlichen Praxis beim Düngen (Düngeverordnung)" vom 26. Januar 1996 vorgenommen, die die Bundesländer unterschiedlich umgesetzt haben.

Bei der Beratung der landwirtschaftlichen Betriebe steht die umweltgerechte landwirtschaftliche Produktion zunehmend im Mittelpunkt – insbesondere hinsichtlich der pflanzenbedarfs- und standortgerechten Düngung – einer auf den Nährstoffkreislauf ausgerichteten bodengebundenen Tierhaltung sowie einer dem Nährstoffbedarf der Nutztiere angepaßten Ernährung und der emissionsarmen Lagerung und Ausbringung von Wirtschaftsdüngern.

Durch die agrarpolitische Neuorientierung, die Umstrukturierung der Landwirtschaft in den neuen Ländern, die Düngeverordnung und die verstärkte Information und Beratung der Landwirte ist der Verbrauch an Stickstoff aus Handelsdünger seit 1990 um etwa ein Fünftel zurückgegangen. Zudem nahmen die Tierbestände in Deutschland im Zuge der Extensivierungsmaßnahmen und der Umstrukturierung der Landwirtschaft in den neuen Ländern um rund 17% ab. Die Emissionen aus der Tierhaltung gingen zusätzlich zurück, weil in den letzten Jahren durch eine effektivere Verwertung der Gülle u. a. durch reduzierten Viehbesatz je Flächeneinheit, durch Einsatz verlustsenkender Techniken bei der Güllelagerung und -ausbringung und durch eine bedarfsangepaßtere Fütterung und Leistungssteigerungen durch Zuchtverfahren die Effizienz der Nährstoffverwertung in der Tierproduktion Schritt um Schritt verbessert werden konnte. Aufgrund dieser Entwicklungen sind die Ammoniakemissionen aus der landwirtschaftlichen Tierhaltung seit 1990 bereits um fast ein Viertel zurückgegangen.

Aus Zeitgründen war es der Enquete-Kommission nicht mehr möglich, die Maßnahmen und Instrumente im Sektor Landwirtschaft eingehend zu diskutieren. Dazu hätte es auf der Zielebene bedurft, weitere Ziele mit einzubeziehen, wie z. B.

- die regionale, Transportemissionen sparende Versorgung der Bevölkerung mit hochwertigen Lebensmitteln zu angemessenen Preisen,
- die Teilnahme der in der Landwirtschaft Tätigen an der allgemeinen Einkommens- und Wohlstandsentwicklung und
- die Erhaltung und Entwicklung ländlicher Räume mit einer flächendeckenden Landbewirtschaftung.

Zu den ökonomischen und sozialen Aspekten der Maßnahmen und Instrumente liegen nur wenige lückenhafte Informationen vor. Auch hier wären vertiefende Untersuchungen unter Berücksichtigung der Einbeziehung der deutschen Landwirtschaft in die gemeinsame europäische Agrarpolitik, der vor- und nachgelagerten Wirtschaftsbereiche sowie der internationalen Verflechtungen der europäischen Landwirtschaft notwendig. Hier sieht die Enquete-Kommission weiteren Forschungs- und Diskussionsbedarf.

Unabhängig von ggf. zu einem späteren Zeitpunkt zusätzlich erforderlichen Maßnahmen und Instrumenten müssen diese entsprechend den Schlußfolgerungen des Öko-Instituts für den Bereich der Landwirtschaft in der Lage sein, regionale Gegebenheiten und Besonderheiten angemessen zu berücksichtigen. Dabei werden Information und Beratung bei der Vermittlung zwischen Agrarpolitik und Landwirten zunehmend an Bedeutung gewinnen.

Minderheitsvotum der Kommissionsmitglieder Ulla Burchardt, Marion Caspers-Merk, Dr. Angelica Schwall-Düren, Dr. Dietrich Sperling, Dr. Henning Friege, Prof. Dr. Georges M. Fülgraff, Prof. Dr. Rolf-Ulrich Sprenger, Prof. Dr. Jürgen Rochlitz, Prof. Dr. Arnim von Gleich, Dr. Joachim Borner zu Kapitel 4.1.7.5
Instrumente im Sektor Landwirtschaft:

Das Minderheitsvotum schließt sich an die ersten drei Abschnitte des Mehrheitsvotums für Kapitel 4.1.7.5 an.

Flächenbindung der Tierhaltung

Eine Tierhaltung, die an die landwirtschaftlich genutzte Fläche gebunden ist, gewährleistet, daß der anfallende Wirtschaftsdünger auf betriebseigenen oder betriebsnahen Flächen entsprechend dem Pflanzenbedarf verwendet werden kann. Der Tierbesatz pro Flächeneinheit variiert je nach regionalen Standortverhältnissen und Erträgen. Es gibt bisher keine betrieblichen Obergrenzen für die Gesamttierzahl oder die Tierbesatzdichte, allerdings wird die Düngeverordnung zu einer regionalen Obergrenze der Gesamttierzahl führen.

Seit Jahren werden Obergrenzen für den Tierbesatz pro Fläche diskutiert.

- Der Rat von Sachverständigen für Umweltfragen (SRU) hat im Jahr 1985 eine Obergrenze von 1,5 bis 2 Dungeinheiten pro Hektar empfohlen. [107])
- Die Enquete-Kommission „Schutz der Erdatmosphäre" hielt eine Bestandsdichte von 1,5 Großvieheinheiten pro Hektar landwirtschaftliche Nutzfläche für tolerabel. Sie plädierte dafür, im Rahmen einer erneuten Novellierung des BImSchG die Wiedereinführung bzw. Verschärfung von Genehmigungspflichten und Auflagen zu erwägen. [108]) In der gemeinsamen Agrarpolitik der EU sollten das Prinzip der Flächenbindung verankert und Obergrenzen im Sinne von Leitplanken festgelegt werden.
- Der Bundesrat hält eine Begrenzung der Konzentration der Tierhaltung durch verstärkte Flächenbindung für notwendig. [109]) Lösungsmöglichkeiten sieht der Bundesrat in der Fachgesetzgebung, und zwar in der Nitrat-Richtlinie der EU, in Intensitätsbegrenzungen für Betriebe bei der Förderung bzw. bei Preisausgleichszahlungen (Verordnungen (EWG) 2328/91 und 2066/92), sowie im Kreislaufwirtschaftsgesetz (KrW-/AbfG), im Bodenschutzgesetz, in der Dünge- und der Gülleverordnung. Die Verordnung EWG 2078/92 erlaubt es, extensive Landwirtschaft und flächengebundene Tierhaltung in einem breit angelegten Rahmen zu fördern. Der Bundesrat empfiehlt, landschaftspflegende Tierhaltung gezielt auszubauen, um räumliche Konzentrationen der Tierhaltung zurückzuführen.

---

[107]) Der Rat von Sachverständigen für Umweltfragen ging von einem Nährstoffgehalt je Dungeinheit (= Großvieheinheit) von maximal 80 kg Gesamtstickstoff und maximal 70 kg Gesamtphosphat im Jahr aus. Vgl. SRU (1985). Die „Dungeinheit" ist heute nicht mehr gebräuchlich.

[108]) Vgl. Enquete-Kommission „Schutz der Erdatmosphäre" (1994 b) 262

[109]) Vgl. Bundesrat (1995)

- Die Umweltministerkonferenz rechnet mit einer Reduzierung der gesamten Stickstoffausträge aus der Landwirtschaft von 16%, wenn der regionale Tierbesatz von gegenwärtig 0,9 Großvieheinheiten pro Hektar auf 0,5 gesenkt wird. [110]) Überdies würden die Emissionen der klimawirksamen Gase Methan und Lachgas gesenkt.
- Isermann hält – in Angleichung an die Entwicklung in den neuen Ländern im Zeitraum von 1989 bis 1992 – eine Halbierung der Viehbestände der Landwirtschaft in den alten Bundesländern auf einen regionsspezifischen Viehbesatz von 0,5 Großvieheinheiten je Hektar landwirtschaftliche Fläche für unabdingbar. Dies setze einen notwendigen und auch tragfähigen Abbau der Viehbestände um ca. 6 Mio. GV auf ca. 8 Mio. GV in ganz Deutschland voraus. [111])
- Das Umweltbundesamt schlägt die Flächenbindung der Tierhaltung mit dem Ziel einer landesweiten Besatzdichte von bundesweit durchschnittlich 0,6 GV je Hektar landwirtschaftliche Nutzfläche vor. [112])

  Das Instrument Flächenbindung träfe vor allem große Veredelungsbetriebe, deren Einkommen allerdings auch innerhalb der Landwirtschaft überdurchschnittlich hoch liegen. Maßnahmen zur Umgestaltung von Betrieben könnten mit Mitteln aus dem EU-Agrarhaushalt unterstützt werden.

Verstärkte Förderung des ökologischen Landbaus

Derzeit werden ca. 2% der landwirtschaftlichen Nutzfläche von Betrieben des ökologischen Landbaus bewirtschaftet. Die Länder Niedersachsen, Nordrhein-Westfalen und Hessen streben an, den Anteil auf 10% bis zum Jahr 2000 zu steigern. [113]) In Österreich und Dänemark werden bereits mehr als 10% der Landwirtschaftsfläche ökologisch bewirtschaftet. Eine deutliche Ausdehnung der ökologischen Bewirtschaftung würde neben einem Beitrag zur Minderung der Ammoniakemissionen Beiträge zur Verwirklichung einer ganzen Reihe weiterer Ziele im Umwelt-, Natur- und Klimaschutz leisten. Die Förderung des ökologischen Landbaus wurde im Entwurf zum Umweltgesetzbuch kodifiziert. [114]) Demnach hätten die zuständigen Behörden ökologischen Landbau zu fördern, und weitere Bestimmungen über Anforderungen oder Fördermaßnahmen könnten erlassen werden. Die ökonomischen Auswirkungen eines Strukturwandels im Zuge einer flächendekkenden Umstellung auf ökologischen Landbau hängen stark von der Zeitspanne des Wandels ab. Das Marktpotential für Produkte des ökologischen Landbaus wird unter gleichbleibenden Rahmenbedingungen und der bestehenden Agrarpolitik auf 10 bis 20% im Jahr 2010 geschätzt. Beträchtliche Potentiale liegen im Marketing ökologisch erzeugter Produkte. Die Enquete-Kommission „Schutz der Erdatmosphäre" hielt die flächendekkende Umstellung auf ökologischen Landbau sowohl ökonomisch als auch sozialverträglich für machbar. Die Ertragsrückgänge lägen bei höchstens 20%, und würden somit die heutigen Flächenstillegungen entbehrlich machen. [115]) Für die Verbraucher stiegen die Kosten für Nahrungsmittel lediglich von 12,3 auf 14,3% der Ausgaben. [116]) Als Instrumente

---

[110]) Vgl. UMK/AMK-AG (1997)
[111]) Vgl. Isermann (1997)
[112]) Vgl. UBA (1994 b) 232
[113]) Vgl. UBA (1997 a) 146
[114]) Vgl. BMU (1997 e) § 335
[115]) Vgl. Enquete-Kommission „Schutz der Erdatmosphäre" (1994 b) 303
[116]) Vgl. UBA (1994c) zitiert nach Enquete-Kommission „Schutz der Erdatmosphäre" (1994 b) 303

sieht die Enquete-Kommission „Schutz der Erdatmosphäre" die Koppelung des Einkommensausgleichs an ökologische Kriterien, die Neufassung des Finanzierungsmechanismus des EU-Agrarmarktes, die Streichung der Landwirtschaftsklausel aus § 1 des BNatSchG sowie die direkte Vergütung ökologischer Leistungen. Dazu käme die Vergütung ökologischer Leistungen über höhere Erzeugerpreise auf dem europäischen Binnenmarkt, die eine Beibehaltung des Außenschutzes zumindest solange erfordert, bis langfristig weltweit sozial und ökologisch orientierte Produktionsstandards verbindlich vorgeschrieben werden.

Maßnahmen der gemeinsamen Agrarpolitik zum Abbau von Überschüssen, wie die Milchkontingentierung oder die Senkung der Preise für Rindfleisch, dürften in der Vergangenheit auch zu verminderten Ammoniakemissionen geführt haben. Instrumente dieser Art könnten weiterentwickelt werden, indem Abgaben und Rückerstattungen nach dem Grad der Umweltbelastung der Produktionssysteme differenziert werden. Direkte Einkommentransfers könnten an ökologische und soziale Kriterien gebunden und die Mittel für flankierende Maßnahmen aufgestockt werden.

Ausbringungstechniken

Emissionsminderungen werden durch bodennahe Ausbringungstechniken – Schleppschlauch-, Schleppschuh- oder Injektionstechnik – erzielt. Eine Möglichkeit wäre, in der Düngeverordnung den Terminus „bodennahe Ausbringung" sowie den Stand der Technik zu konkretisieren, wenn ihre jetzige Anwendung nicht zu den gewünschten Ammoniak-Emissionsminderungen führen sollte.[117]) Gelangt mehr Wirtschaftsdünger in den Boden als die Pflanzendecke aufnehmen kann, besteht die Gefahr einer höheren Grundwasserbelastung infolge von Nitratauswaschung. Die Emissionen bei der Ausbringung können reduziert werden, indem Witterungsbedingungen (Temperatur, Feuchte, Wind, Sonneneinstrahlung) und die Entwicklung der Pflanzen beachtet werden. Die NH_3-Verluste entstehen vor allem nach der Ausbringung (>99 %) und nur in geringem Ausmaß während der Ausbringung (<1 %). Eine Einarbeitung, die sofort an die Ausbringung anschließt, senkt die Emissionen daher deutlich (um ca. 60–90 %).

Emissionsarme Ausbringungstechniken werden insgesamt als die kosteneffizienteste Minderungsmaßnahme mit hohem Minderungspotential eingeschätzt.[118]) Eine sehr rasche Einarbeitung der Gülle ist ebenfalls eine kostengünstige und effektive Maßnahme. Die neuen, bodennahen Ausbringungstechniken sind gegenüber herkömmlichen Techniken mit zusätzlichen Kosten in Höhe von 2 bis 3 DM pro Kubikmeter Gülle verbunden. Dazu kommen unter Umständen Nachteile wie Verstopfungsgefahr und der Einsatz schwerer Zugmaschinen.

Verbesserte Lagerung der Gülle

Es fehlen Vorschriften zur Abdeckung von Gülleanlagen. Die TA Luft erfaßt nur Anlagen zur Massenhaltung von Schweinen und Geflügel. Empfohlen wird daher, die Düngeverordnung um Vorschriften zur Abdeckung von Flüssigmistanlagen zu erweitern. Die Ammoniakemissionen während der Lagerung, die auf insgesamt 90 kt Reinstickstoff jährlich geschätzt werden, könnten auf diese Weise um 50 bis 95 % gesenkt werden.[119]) Flexible Abdeckungen mit Folien sind die kostengünstigsten Techniken.

---

117) In Verbindung mit einer gezielten Beratung der Landwirte über diese Techniken hat das Instrument ein Minderungspotential von 20 bis 39 % der gesamten Ammoniakemissionen, wobei allerdings in diesem Punkt Aussagen über die landwirtschaftliche Praxis recht unsicher sind.

118) Vgl. Cowell, ApSimon (1997)

119) UMK/AMK-AG (1997)

Gülleabgabe

Das Öko-Institut schlägt eine Gülleabgabe vor, wenn mehr als 1,5 Dungeinheiten[120]) pro Hektar landwirtschaftlicher Fläche anfallen. Die Abgabe soll mit zunehmendem Verhältnis zwischen Dungeinheiten und Ausbringungsfläche steigen. Ausgenommen wären kleine Betriebe mit weniger als 20 Dungeinheiten. Die Abgabe würde je nach Ausgestaltung die Ammoniak- und Nitratbelastungen erheblich reduzieren. Sie würde die Wettbewerbssituation von Betrieben mit relativ hohem Tierbesatz gegenüber anderen Betrieben verschlechtern. Betrieben, die Mineraldünger durch Gülle substituieren, entständen hingegen Wettbewerbsvorteile. Der Erhebungs- und Kontrollaufwand kann erheblich sein. Jedoch könnte man auf die derzeitige Erfassung der Viehbestände und Anlagengrößen zurückgreifen.

Stickstofflizenzen

Handelbare Lizenzen für den Einsatz von Stickstoffdüngern in der Landwirtschaft wären nach Ansicht des Öko-Instituts im höchsten Maße treffsicher, weil ein exaktes Ziel vorgegeben würde. Bei der Verteilung der Lizenzen könnten sogar standörtliche und betriebliche Bedingungen berücksichtigt werden. Allerdings würde die Einführung von Stickstofflizenzen einen erheblichen Eingriff in den freien Handel mit Düngemitteln bedeuten, dem auch internationale Handelsbestimmungen entgegenständen. Ein weiterer Nachteil ergäbe sich daraus, daß Differenzierungen bei der Vergabe, die notwendig wären, um soziale Benachteiligungen abzufedern, mit einem hohen Verwaltungs- und Kontrollaufwand verbunden wären.

Stickstoffabgabe

Österreich, Belgien, Dänemark, Finnland, die Niederlande, Norwegen und Schweden u.a. haben Abgaben auf Düngemittel eingeführt. Die Abgaben sind Anreize zur Verminderung der Stickstoffüberschüsse. Der Anteil an der landwirtschaftlichen Gesamt-NH_3-Emission, der aus der Anwendung stickstoffhaltiger Mineraldünger resultiert, wird auf 5 bis 20 % geschätzt. [121]) Bei einer hohen Abgabe mit hoher Lenkungswirkung würden mehr Futtermittel aus dem Ausland bzw. von außerhalb der EU importiert. Hier stellt sich die Frage, wieweit eine Besteuerung von Futtermittelimporten nach dem Welthandelsabkommen zulässig wäre oder ob die inländische Tierhaltung an die betriebseigene Futtermittelerzeugung gebunden werden könnte. Nach einer Schätzung geht der Düngemitteleinsatz nach einer Düngemittelabgabe in Höhe von 59 % der Mineraldüngemittelpreise um 22% zurück. Die Getreideproduktion sänke dann um 3,5 %, die Rindfleischproduktion um 1,3 %. [122]) Der SRU hat 1985 eine Abgabe auf mineralische Stickstoffdünger in Höhe von 1,50 DM pro Kilogramm Stickstoff empfohlen. Zugleich schlug er Ausgleichszahlungen an Landwirte in Form von Festbeträgen je Hektar vor. Die Höhe des Festbetrages bemißt sich nach der Abgabe, die für den durchschnittlichen Düngereinsatz in Deutschland in einem Referenzjahr zu zahlen wäre. Die Enquete-Kommission „Schutz der Erdatmosphäre" hat zwei Varianten einer flächenabhängigen Stickstoffabgabe und zwei Varianten einer flächenunab-

[120]) Der Rat von Sachverständigen für Umweltfragen ging von einem Nährstoffgehalt je Dungeinheit (= Großvieheinheit) von maximal 80 kg Gesamtstickstoff und maximal 70 kg Gesamtphosphat im Jahr aus. Vgl. SRU (1985). Die „Dungeinheit" ist heute nicht mehr gebräuchlich.

[121]) Vgl. UMK/AMK-AG (1997)

[122]) Vgl. Becker (1992)

hängigen Stickstoffsteuer näher vorgestellt.[123]) Im Entwurf für ein Umweltgesetzbuch ist eine Abgabe auf die Verwendung von mineralischem Stickstoff zur Düngung vorgesehen (§ 336). Das Aufkommen aus der Abgabe ist demnach zweckgebunden für Maßnahmen zu verwenden, die einer umweltschonenden Bodenertragsnutzung dienen. Hinsichtlich der Ammoniakemissionen hätte jedoch eine Stickstoffabgabe oder -steuer nur eine geringe Wirkung, da sie die großen Veredelungsbetriebe ohne Pflanzenproduktion gar nicht träfe, sondern vor allem Marktfruchtbetriebe. Die Treffsicherheit des Instruments wäre also relativ niedrig. Eine aufkommensneutrale Ausgestaltung der Abgabe würde die Landwirtschaft insgesamt nicht zusätzlich belasten, sondern nur Betriebe mit überdurchschnittlichem Düngereinsatz. Wird die Abgabe beim Handel oder bei der Industrie erhoben, sind die Verwaltungkosten gering. Eine nach Regionen oder Betrieben differenzierte Stickstoffabgabe führt jedoch je nach Differenzierungsgrad zu hohem Verwaltungs- und Kontrollaufwand.

Abluftbehandlung

Zur Verringerung der Geruchemissionen aus z.B. großen Schweinemastanlagen werden Biofilter und Biowäscher eingesetzt, die auch Ammoniak binden und bis zu einem gewissen Grad zurückhalten. Neben den biologischen Verfahren, die mit nitrifizierenden Bakterien arbeiten, gibt es chemosorptive Techniken, die Ammoniak aus der Stalluft gewinnen und in verkaufsfähigen Ammoniumdünger umwandeln. Bei fachgerechtem Einbau können mit diesen end of pipe-Techniken Emissionsminderungen von Ammoniak aus Ställen um mehr als 80% erreicht werden. Problematisch bleiben die Auslegung und Steuerung der Filteranlagen, die wegen extrem hoher Luftraten von Stallanlagen bisher in wenigen Einzelfällen wirtschaftlich gebaut und betrieben werden können. Die Kosten für Biofilter und Biowäscher werden in der Schweinehaltung mit 25 176 ECU pro Tonne vermiedenes Ammoniak angegeben, in der Hühnerhaltung mit 21 118 ECU. Die Betriebskosten der effektiven chemosorptiven Techniken liegen noch höher, da die eingesetzten Chemikalien sehr teuer sind.

Bedarfs- und leistungsorientierte Fütterung

Weit verbreitet in der Fütterungspraxis ist die phasenweise bis kontinuierliche Überfütterung mit Proteinen. Unter dem Gesichtspunkt des Proteinbedarfs der einzelnen Tiere unterschiedlichen Alters läßt sich die Fütterung optimieren und der Ammoniumanteil im Harn senken. Eine Optimierung der Fütterung hängt auch von Angaben über den Proteingehalt der Futtermittel und einer individuellen Beratung ab. Infolge einer optimierten Eiweißzufuhr lassen sich die Stickstoffausscheidungen in Laborversuchen um bis zu 50% reduzieren.[124]) Die Umwelt- und Agrarministerkonferenz gibt den gesamten Minderungseffekt mit maximal 120 kt Ammoniakstickstoff pro Jahr an (22,2% der Ammoniakemissionen).[125]) Modellversuche und Erfahrungen haben gezeigt, daß die Anpassung der Proteinversorgung an den Leistungsbedarf der Tiere die Milchproduktion oder die Wachstumserträge nicht beeinträchtigt. Zusätzliche Kosten für den Landwirt, die allgemein schwer zu beziffern sind, entstehen durch Futteruntersuchungen, Kontrolluntersuchungen der Tiere, größeren Lagerplatz für verschiedene Futtertypen sowie den gezielten Einsatz bestimmter Aminosäuren.

---

[123]) Vgl. Enquete-Kommission „Schutz der Erdatmosphäre" (1994b) 269ff.
[124]) Vgl. Enquete-Kommission „Schutz der Erdatmosphäre" (1994b) 282
[125]) Vgl. UMK/AMK-AG (1997)

Biogaserzeugung auf Güllebasis

Aus Gülle kann bei Zusatz anderer organischer Abfälle Biogas gewonnen werden. Dabei entsteht Faulschlamm, der eine höhere Ammoniumkonzentration und ein höheres Emissionspotential für Ammoniak besitzt als Gülle und weniger sauer ist. Durch seinen Gehalt an pflanzenverfügbarem Ammonium kann Faulschlamm mineralische Stickstoffdünger ersetzen. Die Verwendung von Faulschlamm – einem Kuppelprodukt der Biogaserzeugung – als Dünger ist bereits deshalb vorteilhaft, weil klimawirksames Methan zur Energieerzeugung eingesetzt wird, das sonst aus Tierexkrementen an die Atmosphäre abgegeben würde, und zugleich fossile Energieträger und damit CO_2-Emissionen einspart. Das Ammoniakminderungspotential, das aus der Biogaserzeugung auf Güllebasis resultiert, kann derzeit nicht abgeschätzt werden.

Regionale Umverteilung der Gülle

Gülleüberschüsse einzelner Regionen können durch Güllebanken und -aufbereitungsanlagen abgebaut und umverteilt werden. Auf Kreisebene existieren bereits Güllebörsen, die zwischen Nachfragern und Anbietern vermitteln. Hohe Transportkosten schränken die Funktion der Güllebörsen auf kurze Entfernungen ein. Wege bis 10 km gelten als betriebswirtschaftlich vertretbar, darüber hinaus unter günstigen Umständen noch bis 30 oder 40 km. Hühnergülle kann evt. über noch längere Strecken transportiert werden. In den Niederlanden wurden im Jahr 1995 20 Mio. t Gülle umverteilt. Die staatlichen Subventionen für die Transporte wurden inzwischen eingestellt. Die Umverteilungswirkung der Maßnahme ist bei kurzen Transporten nur gering. Längere Transporte sind jedoch nicht mehr wirtschaftlich und ökologisch kaum zu vertreten. Die Kosten für die Gülleverarbeitung werden in den Niederlanden für das Jahr 2000 auf etwa 800 Mio. DM geschätzt. Nur ein kleiner Teil der Kosten wird von dem Aufkommen einer Abgabe auf organischen Phosphor gedeckt. Das Instrument Umverteilung der Gülle erscheint insgesamt als wenig effizient und wirtschaftlich zur Reduktion der Ammoniak-Emissionen über eine begrenzte Region hinaus.

4.1.8 Bedeutung der Klimapolitik für eine Versauerungspolitik

Synergieeffekte der Minderungspolitik für klimarelevante Gase und versauernd wirkende Substanzen, insbesondere CO_2 und SO_x sind bekannt. In diesem Zusammenhang interessiert vor allem, inwieweit eine CO_2-Minderungspolitik (für Deutschland) eine SO_x-/NO_x-Minderungspolitik „verbilligt", weil z. B. viele Maßnahmen zur CO_2-Minderung, wie Umstellung von Kohle auf Gas, Steigerung der Energieeffizienz etc. uno actu auch SO_2 mindernd wirken. Unter der Annahme, daß zunächst eine CO_2-Minderungverpflichtung erfüllt wird, und dann darauf aufgesetzt auch noch eine SO_2-Minderung zu betreiben ist und nur die damit verbundenen Kosten der SO_2-Minderung zugeordnet werden, wurden früher für die Bundesrepublik (alte Bundesländer) deutliche Einsparungen bei der SO_2-Politik bestimmt. [126]) Für die Länder Ost- und Mitteleuropas war dieses Kosteneinsparpotential noch höher aufgrund des Zustandes der dortigen Energiesysteme. [127])

---

[126]) Vgl. Wietschel (1995)

[127]) Vgl. Rentz u. a. (1995)

In der Zwischenzeit wurden aber in verschiedenen Politikfeldern Entscheidungen getroffen und Maßnahmen ergriffen – insbesondere zur SO_2-Emissionsminderung –, die den zukünftigen Handlungsspielraum und damit auch das Kosteneinsparpotential einengen. Nach neuesten Rechnungen lassen sich Synergieeffekte von CO_2- und SO_2-Minderungen folgendermaßen fassen:

Bislang realisierte Minderungsoptionen für SO_2 waren in der Regel End-of-Pipe-Technologien und führten in geringem Umfang – u. a. durch erhöhten Eigenbedarf der Kraftwerke – zu einem Anstieg der CO_2-Emissionen [128]), ohne daß dadurch aber der allgemeine Trend der Effizienzsteigerung der Energiebereitstellung deutlich beeinflußt wurde. Weitergehende Maßnahmen zur SO_2-Minderung hingegen, beispielsweise Substitution von Kohle durch Gas, haben auch eine Verringerung der CO_2-Emissionen zur Folge. So führt eine Reduktion der SO_2-Emissionen im Jahr 2010 um 25 kt [129]) zu einer – bescheidenen – Verminderung der CO_2-Emission in Höhe von rund 4 Mio. t. Noch deutlicher fällt der Einfluß einer SO_2-Minderung auf die CO_2-Minderung bei einem Minderungsziel von 100 kt SO_2 ins Gewicht, dieses führt zu einer Verringerung der CO_2-Emissionen um rund 30 Mio. t. Diese Zahlen schließen sowohl energiebereitstellungsseitige wie auch nachfrageseitige Maßnahmen ein.

Da wesentliche Maßnahmen im Zuge einer Minderung der CO_2-Emissionen im Einsatz des sowohl CO_2- als auch SO_2-emissionsarmen Energieträgers Erdgas liegen, führen umgekehrt Strategien zum Klimaschutz zu einer deutlichen Reduktion der SO_2-Emissionen. Neueste Analysen mit Hilfe eines Energie- und Stoffflußmodells (PERSEUS) zeigen, daß bereits bei einer 10 % igen CO_2-Emissionsverringerung im Jahre 2010 (bezogen auf die Referenzentwicklung im Jahre 2010) nahezu 50 kt SO_2 vermieden werden können. [130]) Dieser Wert steigt bei einem CO_2-Minderungsziel von 15 % (bzw. 20 %) auf rund 110 kt SO_2 (bzw. 150 kt SO_2) an. Bei einer 25%igen Minderungszielsetzung – dies entspricht bezogen auf 1990, ein Referenzjahr im Rahmen der Klimaschutzdiskussion, einer Verringerung von SO_2 um 36 % – lassen sich rund 170 kt an Schwefeldioxid vermeiden. Der deutlichere Einfluß einer CO_2-Minderungspolitik auf eine SO_2-Minderung resultiert aus einem anderen Maßnahmenmix, insbesondere Substitution von Kohle durch Gas in Bereitstellungs- und Nachfragesektoren, im Raumwärmebereich etc.

Orientiert man sich am CO_2-Minderungsziel der Bundesregierung (d. h. 25%ige Minderung im Jahre 2005 bezogen auf die Emissionen des Jahres 1990), so werden rund 100 kt SO_2 (ca. 3 Gmol H^+) simultan gemindert.

Die gleichzeitige Betrachtung von CO_2- und SO_2-Minderung führt über die Synergieeffekte nicht nur zu niedrigeren Kosten in der Summe. Auch das Maßnahmen-Ranking, das sich üblicherweise an aufsteigenden Grenzkosten der Minderungsoptionen orientiert, kann geändert werden, d. h. die zu ergreifenden Maßnahmenbündel sind (teilweise) andere. So favorisiert die Simultanbetrachtung z. B. GuD-Kraftwerke und Maßnahmen im Raumwärmebereich.

---

[128]) Vgl. Wietschel (1995)

[129]) Bezogen auf Referenzzustand.

[130]) Vgl. IIP (1998)

4.1.9 Schlußfolgerungen und Empfehlungen

Die Enquete-Kommission ist mit einem vorläufigen Umwelthandlungsziel in die Untersuchung des Beispielfeldes „Versauerung“ eingestiegen. Die im Auftrag der Enquete-Kommission durchgeführte Untersuchung des Öko-Institutes hat zunächst eine Datengrundlage zur Beschreibung des Ist-Zustandes des Feldes Versauerung durch SO_2, NO_x und NH_3 geliefert sowie Emissionsminderungspotentiale geortet und abgeschätzt. Ausgehend von dem vorläufigen Umwelthandlungsziel zeigte die Studie Größenordnungen und daraus folgende wirtschaftliche Effekte von einzelnen Maßnahmen und Instrumenten auf. Bewertungen der Instrumente und Maßnahmen im Hinblick auf ökonomische und soziale Ziele, die für eine politische Bewertung notwendig sind, konnten jedoch im Rahmen der Studie nicht geleistet werden. Ein grundsätzliches Problem für die Kalkulation von Minderungsstrategien ist, daß das derzeit verfügbare Datenmaterial es nicht zuläßt, vom tatsächlichen Emissions-Zustand in Deutschland auszugehen, und damit bereits erreichte Emissionsminderungen nicht richtig berücksichtigt werden können. Aus diesem Grund empfiehlt die Enquete-Kommission, die Datenbasis zu verbessern. Darüber hinaus sollte eine Reihe von Instrumenten zur Umsetzung von Minderungsmaßnahmen für Sektoren mit Emissionsschwerpunkten einem näheren „Nachhaltigkeitstest“ unterzogen werden, d.h. es müssen weitere Daten über die ökologischen, ökonomischen und sozialen Wirkungen von Maßnahmen und die ihnen zugeordneten Instrumente überprüft werden.

Die Enquete-Kommission unterstützt das von der EU-Kommission vorgeschlagene Umweltqualitätsziel, die im Jahre 1990 kritisch belastete Fläche zu halbieren. Sie begrüßt Bestrebungen, in ganz Europa vergleichbare Immissionswerte versauerungsrelevanter Stoffe zu erreichen.

Das Bundesministerium für Umwelt, Naturschutz und Reaktorsicherheit stellt in seinem Entwurf des umweltpolitischen Schwerpunktprogramms „Nachhaltige Entwicklung in Deutschland“ in Anlehnung an die von der EU-Kommission vorgeschlagene Gemeinschaftsstrategie die Erreichung des Umweltqualitätsziels bis zum Jahr 2010 zur Diskussion. Daraus ergibt sich, daß in der Bundesrepublik Deutschland jährlich nicht mehr als 55 Gmol Versauerungsäquivalente ausgestoßen werden sollen.

Die Enquete-Kommission ist der Ansicht, daß die Reduktion der Säurebelastung mit einem Instrumentenmix angegangen werden muß. Notwendig ist die Entwicklung von Instrumenten und Maßnahmen im europäischen Rahmen und das Erreichen vergleichbarer Emissionsstandards. Es ist selbstverständlich, daß zur Festlegung eines Zeitraums für die Emissionsminderung die Instrumente und Maßnahmen vor dem Hintergrund ökologischer, ökonomischer und sozialer Auswirkungen bewertet werden müssen.

Mit dem Einhalten des Klimaschutzziels ist auch eine bedeutende Verringerung der Emission versauernd wirkender Substanzen verbunden. Das Öko-Institut geht davon aus, daß mit dem Erreichen der Vorgabe bereits 14% der Säureeinträge vermindert werden. Über die Klimaschutzmaßnahmen hinaus ist es sinnvoll, eine Strategie gegen die Versauerung zu entwickeln, bei der gleichzeitig positive Effekte in anderen Umweltbereichen zu erwarten sind (siehe Kap. 4.1.2, Seite 90). Im Vordergrund steht dabei der Schutz von Waldflächen sowie naturnah belassener Flächen.

Energiesektor

Empfohlen wird europaweit die Dynamisierung der Grenzwerte für SO_2 und NO_x bei Kraftwerken und industriellen Großfeuerungsanlagen, wobei die zu genehmigenden Emissionswerte vom Gesamtwirkungsgrad abhängig zu machen sind, um den ökologischen Vorteil etwa von Kraft-Wärme-Kopplungen zu würdigen.

Empfohlen wird die europaweite, stufenweise Absenkung des Schwefelgehaltes in leichtem Heizöl auf den bereits heute für Diesel geltenden Wert von 0,05%.

Um die Möglichkeiten zum Ersatz des Ordnungsrechtes durch marktwirtschaftliche Instrumente abzuschätzen, sollten Zertifikatsmodelle und Abgabenlösungen auf ihre sinnvolle Anwendbarkeit hin geprüft werden.

Zement

Empfohlen wird eine Verringerung der zulässigen Stickoxidemissionen in dem Maße, in dem technische Verbesserungen wirtschaftlich einsetzbar sind.

Kfz-Verkehr

Aufgrund des bedeutenden Minderungspotentials, das durch die Normen Euro III und Euro IV erschlossen werden kann, ist es notwendig, daß diese Regelungen mit ihren anspruchsvollen Grenzwerten wie vorgesehen in Kraft gesetzt werden. Die Enquete-Kommission schließt sich der Einschätzung der Bundesregierung an, daß durch die ab dem Jahr 2005 geltenden Euro IV-Grenzwerte bei Pkw mit Ottomotor ein Abgasniveau erreicht wird, das es rechtfertigt, den Pkw aus Gründen der Luftreinhaltung aus der öffentlichen Diskussion zu nehmen.

Daneben empfiehlt die Enquete-Kommission die Absenkung der Grenzwerte für den Schwefelgehalt in Benzin auf 150 ppm und in Diesel auf 350 ppm bis zum Jahr 2000, sowie die Absenkung der Werte auf jeweils 50 ppm ab 2005. Darüberhinaus sollte geprüft werden, inwieweit dem Vorschlag des Umweltausschusses des Europäischen Parlamentes auf eine schnellere Absenkung ökonomisch und sozial verträglich Rechnung getragen werden kann.

Landwirtschaft

Die Enquete-Kommission begrüßt die Entscheidungen zur Verwirklichung einer umweltschonenderen Landwirtschaft, die in den letzten Jahren im Rahmen der Europäischen Union gefaßt wurden. Mit den Beschlüssen zur Reform der Gemeinsamen Agrarpolitik wurde im Mai 1992 eine grundlegende agrarpolitische Wende eingeleitet. Die Beschlüsse enthalten u.a. Änderungen im Bereich der Marktordnungen für wichtige Agrarprodukte, die tendenziell zu einer Verminderung der Bewirtschaftungsintensität führen. Dazu gehören Preissenkungen in Verbindung mit Flächenprämien sowie die Verknüpfung von Tierprämien mit Regelungen zur Besatzdichte (= Anzahl von Tieren je Flächeneinheit). Darüber hinaus wurden sogenannte „Flankierende Maßnahmen“ beschlossen, die insbesondere auch Förderungsmöglichkeiten für Leistungen der Landwirte im Umwelt- und Naturschutz beinhalten.

Voraussetzung für eine effektive Verminderung von Umweltbelastungen aus der Landwirtschaft ist, daß Landwirte mit einer insgesamt umweltverträglicheren Landbewirtschaftung angemessene Einkommen erzielen können. Ausschlaggebend für den Erfolg ist deshalb, ob eine Gesellschaft bereit ist, zusätzliche Leistungen der Landwirte oder höhere Anforderungen angemessen zu honorieren, und eine Absicherung unserer Umweltstandards bei den WTO-Verhandlungen gelingt.

Vor diesem Hintergrund empfiehlt die Enquete-Kommission, die Beratung für eine bedarfs- und leistungsorientierte Fütterung zu verstärken. Die Vermeidung von Proteinüberschüssen verringert die Stickstoffausscheidungen der Tiere und vermeidet damit einen Teil der Ammoniakemissionen.

Die ökologische Bewirtschaftung leistet Beiträge zum Umwelt- und Naturschutz. In geringem Maße wird damit die Versauerung gemindert (z.B. ökologischer und integrierter Landbau).

Darüber hinaus werden aus Sicht der Enquete-Kommission die Vorgaben des Düngemittelgesetzes schrittweise dazu beitragen, daß Umweltbelastungen durch die Gülledüngung zurückgehen, insbesondere in Gebieten mit intensiver Tierhaltung.

Minderheitsvotum der Kommissionsmitglieder Ulla Burchardt, Marion Caspers-Merk, Dr. Angelica Schwall-Düren, Dr. Dietrich Sperling, Dr. Henning Friege, Prof. Dr. Georges M. Fülgraff, Prof. Dr. Rolf-Ulrich Sprenger, Prof. Dr. Jürgen Rochlitz, Prof. Dr. Arnim von Gleich, Dr. Joachim Borner
zu Kap. 4.1.9
Schlußfolgerungen und Empfehlungen:

Das Mehrheitsvotum der Kommission zum Kapitel „Schlußfolgerungen und Empfehlungen“ ist nicht ausreichend, um die Arbeiten an der Verminderung der Emission versauernd wirkender Substanzen entscheidend voranzubringen. Das Mehrheitsvotum beschränkt sich darauf, „nicht in Frage zu stellen“, daß weitere Emissionsminderungen versauernd wirkender Stoffe notwendig sind, und die Erhebung weiterer Daten zu fordern.

Die Untersuchung des Beispielfeldes Versauerung hat zugleich einen Zielfindungsprozeß anschaulich gemacht. Mit einem vorläufigen Umwelthandlungsziel ist die Kommission in den Prozeß eingestiegen. Die wissenschaftliche Untersuchung hat zunächst eine Datengrundlage zur Beschreibung des Ist-Zustandes des Feldes Versauerung geliefert, sowie Emissionsminderungspotentiale geortet und abgeschätzt. Ausgehend von dem vorläufigen Umwelthandlungsziel zeigte die Studie Größenordnungen und daraus folgende wirtschaftliche Effekte einzelner Maßnahmen und Instrumente auf. Detaillierte Kosten-Nutzen-Analysen für konkrete neue Instrumente konnten jedoch im Rahmen der Studie nicht geleistet werden.

Die oben genannten Kommissionsmitglieder empfehlen, eine Reihe von Instrumenten zur Umsetzung von Minderungsmaßnahmen für Sektoren mit Emissionsschwerpunkten einem näheren „Nachhaltigkeitstest" zu unterziehen, d.h. es müssen weitere Daten über die ökologischen, ökonomischen und sozialen Wirkungen von Maßnahmen und ihnen zugeordneten Instrumenten überprüft werden.

Die oben genannten Kommissionsmitglieder unterstützen das Ziel der EU-Kommission, die im Jahr 1990 überkritisch belastete Fläche bis zum Jahr 2010 zu halbieren. Eigentlich müßten die Immissionen und Depositionen entsprechend minimiert werden; zwischen ihnen und den nationalen sowie grenzüberschreitenden Emissionen gibt es jedoch bisher keine quantitative Beziehung. Deshalb folgen die oben genannten Kommissionsmitglieder den Abschätzungen der Europäischen Kommission. Aus deren Gemeinschaftsstrategie ergibt sich: Vom Jahr 2010 an sollen in der Bundesrepublik Deutschland jährlich nicht mehr als 55 Gmol Versauerungsäquivalente ausgestoßen werden. Dieses Ziel wird auch vom Bundesministerium für Umwelt, Naturschutz und Reaktorsicherheit im Entwurf des umweltpolitischen Schwerpunktprogramms „Nachhaltige Entwicklung in Deutschland" verfolgt. Dort werden für das Jahr 2010 folgende Emissionshöchstwerte für versauernd wirkende Substanzen angestrebt: 414 kt für Schwefeldioxid, 1079 kt für Stickoxide und 318 kt für Ammoniak. In Versauerungsäquivalente umgerechnet entsprechen diese Werte dem Limit von 55 Gmol aus der EU-Versauerungsstrategie.

Überdies unterstützen die oben genannten Kommissionsmitglieder das Ziel, die Gesamtfläche Deutschlands bzw. der EU vor einer überkritischen Belastung zu schützen. Rechnerisch ergäbe sich für Deutschland ein jährliches Emissionsniveau von maximal 40 Gmol Versauerungsäquivalenten. Da für die Lösung des Versauerungsproblems internationale Zusammenarbeit unverzichtbar ist, sprechen sich die oben genannten Kommissionsmitglieder für eine Gemeinschaftsstrategie gegen die Versauerung und weitere Abkommen der UN/ECE aus.

Die genannten Kommissionsmitglieder fordern die Bundesregierung auf, dafür zu sorgen, daß im Rahmen der Vorbereitung internationaler Abkommen eine solide Datenbasis vorgelegt werden kann. Sie plädieren dafür, die Analyse auf Gemeinschaftsebene zu verfeinern und alternative Berechnungsmodelle zu untersuchen.

Die genannten Kommissionsmitglieder sind der Ansicht, daß ein entsprechendes Emissionsminderungspotential mit einem Instrumentenmix auszuschöpfen ist, der der Anforderung genügt, ökologisch wirksam und sozial und ökonomisch verträglich zu sein.

Mit dem Einhalten des Klimaschutzziels ist auch eine bedeutende Verringerung der Emission versauernd wirkender Substanzen verbunden. Daher empfiehlt das Minderheitsvotum, auf die Erfüllung der 25 %igen Reduktionsvorgabe für Kohlendioxid besonderen Wert zu legen. Darüber hinaus ist es sinnvoll, eine Strategie gegen die Versauerung zu entwickeln, die gleichzeitig positive Effekte bei der Bekämpfung von Sommersmog (Ozonbildung), Eutrophierung und Nitratbelastung des Grundwassers hat (multi-effekt-Strategie).

Die bezeichneten Kommissionsmitglieder empfehlen weiterhin die Anwendung bzw. Prüfung der folgenden Maßnahmen und Instrumente:

Energiesektor:

Das Mehrheitsvotum empfiehlt die europaweite Dynamisierung der Grenzwerte für SO_2 und NO_x bei Kraftwerken sowie die europaweite Absenkung des Schwefelgehalts bei leichtem Heizöl. Eine europaweite Lösung ist zwar wünschenswert, kann jedoch eventuell erst nach langwierigen Verhandlungen greifen. Empfohlen wird daher, auch Maßnahmen auf nationaler Ebene ins Auge zu fassen:

- Dynamisierung der Emissionsgrenzwerte im Kraftwerkssektor

  Empfohlen wird die Dynamisierung der Grenzwerte für SO_2 und NO_x bei Kraftwerken und industriellen Großfeuerungsanlagen, wobei die zu genehmigenden Emissionsfrachten vom Gesamtwirkungsgrad abhängig zu machen sind, um den ökologischen Vorteil etwa von Kraft-Wärme-Kopplungen zu würdigen.

- Entschwefelung von Heizölen

  Empfohlen wird die Absenkung des Schwefelgehaltes bei leichtem Heizöl auf den bereits für Diesel geltenden Wert von 0,05%.

- Zertifikate für SO_2-Emissionen

  Das Zertifikatmodell sollte als marktwirtschaftlicher Ansatz auf eine mögliche Anwendbarkeit geprüft werden. Alternativ sollten die Möglichkeiten einer Abgabenlösung untersucht werden.

Zementindustrie

- Grenzwertabsenkung

  Empfohlen wird eine Verringerung der zulässigen Stickoxidemissionen auf die für Müllverbrennungsanlagen geltenden Werte der 17. BImSchV.

Verkehr

- Umsetzung der Normen Euro III und Euro IV

  Aufgrund des bedeutenden Minderungspotentials, das durch diese Normen erreicht werden kann, ist es notwendig, daß entsprechende Regelungen mit anspruchsvollen Grenzwerten baldmöglichst in Kraft gesetzt werden. Die aus der Einführung der Norm Euro IV abgeleitete Forderung der Kommissionsmehrheit, „den Pkw aus Gründen der Luftreinhaltung aus der öffentlichen Diskussion zu nehmen", wird nicht geteilt. Wie bei der Einführung des Katalysators besteht die Gefahr, daß die Erfolge technischer Maßnahmen teilweise durch das Wachstum des Verkehrsaufkommens kompensiert werden. Daher erscheint es nicht angebracht, bereits vor der Einführung der entsprechenden Normen Entwarnung zu signalisieren.

- Verbesserung der Kraftstoffqualität

  Empfohlen wird eine Absenkung der Grenzwerte für den Schwefelgehalt in Benzin auf 100 ppm und in Diesel auf 200 ppm vom Jahr 2000 an, sowie die Absenkung der Werte auf 30 bzw. 50 ppm ab 2005.

- Erhöhung der Mineralölsteuer

  Empfohlen wird eine schrittweise Erhöhung der Mineralölsteuer. Sinnvoll wäre neben der Umlage der Kfz-Steuer auf die Minerölsteuer eine stetig schrittweise oder dynamische Erhöhung über einen längeren Zeitraum wie derzeit in Großbritannien. Nur sie liefert die nötigen Langfristsignale für Investoren, Produzenten und Konsumenten.

- Als weitere mögliche Maßnahme ist ein Tempolimit kostengünstig und schnell umzusetzen. Eine höhere steuerliche Belastung für Altfahrzeuge und eine Kfz-Flottenverbrauchsregelung sind zu prüfen.

Landwirtschaft

- Flächenbindung in der Tierhaltung

  Eine Begrenzung des Tierbesatzes führt unmittelbar zu einer Reduktion der Ammoniakemissionen. Als Orientierung sollte der vom Umweltbundesamt vorgeschlagene Wert einer Besatzdichte von durchschnittlich 0,6 Dungeinheiten pro Hektar landwirtschaftliche Nutzfläche dienen.

- Bedarfs- und leistungsorientierte Fütterung

  Hierdurch ist eine erhebliche Minderung der Amoniakemissionen möglich. Die Vermeidung von Proteinüberschüssen verringert die Stickstoffausscheidungen der Tiere und vermeidet damit einen Teil der Amoniakemissionen.

- Verbesserter Umgang mit Wirtschaftsdünger

  Die Düngeverordnung ist um Vorschriften zur Vermeidung von Ammoniakemissionen bei Lagerung und Ausbringung von Wirtschaftsdüngern zu ergänzen.

- Stickstoffabgabe

  Die Einführung einer solchen Abgabe wird in Übereinstimmung mit dem Entwurf zum Umweltgesetzbuch gefordert. Ihre Höhe ist so zu bemessen, daß einerseits die Lenkungsfunktion gewährleistet ist, andererseits jedoch keine unvertretbaren Härten oder Wettbewerbsnachteile für die deutsche Landwirtschaft entstehen. Ziel ist dabei die Senkung der Stickstoffüberschüsse auf landwirtschaftlich genutzten Flächen auf maximal 50 kg pro Hektar und Jahr, wie dies bereits in der gemeinsamen Entschließung von wasserfachlichen und landwirtschaftlichen wissenschaftlichen Vereinigungen vorgeschlagen wurde.

- Verstärkte Förderung des ökologischen Landbaus

  Die ökologische Bewirtschaftung trägt nicht nur zur Verringerung der Versauerung bei, sie leistet darüber hinaus auch erhebliche Beiträge zum Umwelt- und Naturschutz. Die Feststellung der Kommissionsmehrheit, wonach die ökologische Bewirtschaftung nur „in geringem Maße“ die Versauerung verringern könne, wird nicht geteilt. Dabei wird verkannt, daß der geringere Einsatz mineralischer Dünger in der ökologischen Landwirtschaft ein erhebliches Potential für die Verringerung von Ammoniakemissionen darstellt. Denn neben den Ammoniakemissionen aus der Zersetzung tierischer Exkremente führt auch der Einsatz mineralischer Stickstoffdüngemittel zu Ammoniakverlusten. Der Anteil an der landwirtschaftlichen Gesamt-Ammoniakemission, der aus der Anwendung stickstoffhaltiger Mineraldünger resultiert, wird auf 5 bis 20 % geschätzt. [131])

---

[131]) Vgl. UMK/AMK-AG (1997) 11

Sondervotum des Kommissionsmitglieds Jürgen Walter zu Kapitel 4.1 Bodenversauerung:

Mit dem Einsetzen der Enquete-Kommission „Schutz des Menschen und der Umwelt" wollte der Deutsche Bundestag „mögliche Maßnahmen zur Gestaltung einer nachhaltig zukunftsverträglichen Industriegesellschaft" [132]) ermitteln. Dieser Auftrag – zur Vorbereitung parlamentarischer Entscheidungen – wurde von der Enquete-Kommission im vorliegenden Kapitel 4.1 Bodenversauerung nicht erfüllt.

In dem in Rede stehenden Kapitel wird beispielsweise dargestellt:

„Industriefeuerungen und Industrieprozesse – Die Schwefeldioxidemissionen der Industrie gingen seit 1970 bis 1990 um 75 % zurück, in den neuen Bundesländern allein im Zeitraum 1989 bis 1993 um 75 %, dort besonders infolge des Rückgangs bei Kohle und Mineralöl. Im Jahr 1994 rührten rund 22 % (657 kt) aller Schwefeldioxidemissionen (2 995 kt) aus diesem Sektor."

Über die sozialen und wirtschaftlichen Folgen, die damit neu geschaffenen sozialen Rahmenbedingungen, die daraus abzuleitenden Herausforderungen und sozialen Zielsetzungen beinhaltet dieses Kapitel keine Aussagen, obwohl der Deutsche Bundestag in seinem Einsetzungsbeschluß u. a. betont:

„Um eine nachhaltig zukunftsverträgliche Entwicklung zu ermöglichen, ist es notwendig, entsprechende (...) soziale Rahmenbedingungen zu erarbeiten, sowie deren Umsetzungsmöglichkeiten im nationalen und internationalen Raum zu überprüfen."

Weil „Umsetzungsmöglichkeiten" zu prüfen gewesen wären, ist mit „sozialen Rahmenbedingungen" die konkrete Aufbereitung der sozialen Dimension in ihren Ausgangspunkten, Problemlagen und Zielsetzungen (zumindest im Beispielfeld) zu verstehen. Prinzipiell muß festgehalten werden, was auch häufig Gegenstand von Erörterungen in der Kommission war, daß die Enquete-Kommission im vorliegenden Kapitel 4.1 Bodenversauerung über eine umweltzentrierte Ausrichtung nicht hinaus kam. Ökonomische und/oder soziale „Kurz-Annahmen" helfen in Anbetracht der Massenarbeitslosigkeit nicht weiter.

Die Belastung der Arbeit der Kommission durch den „ökologischen Zugang" führte dazu, daß das vorliegende Kapitel den von der Enquete-Kommission selbst formulierten Anspruch, „...tragfähige Strategien für eine zukunftsfähige Gesellschaft zu entwerfen" (Kapitel 1: Hintergrund, Aufgabenstellung und Vorgehen der Enquete-Kommission, Seite 8), nach meiner Auffassung nicht gerecht wird.

Die soziale Dimension ist existenzielle Grundlage und tragende Säule unserer gesellschaftlichen Entwicklung. Soziale Stabilität sowohl für das Individuum als auch die Sozialgemeinschaft ist unverzichtbar. Das Wesen der sozialen Dimension der Nachhaltigkeit liegt in ihrer Schutzfunktion und der Umsetzung von gesellschaftlich determinierten Gerechtigkeitsvorstellungen und -zielen, und damit des sozialen Ausgleichs.

Mit Nachhaltigkeit ist somit nicht eine ökonomische und soziale Folgewirkungsdiskussion aus umweltpolitischer Sicht gemeint. Nachhaltigkeit ist auch nicht mit der Verständigung auf den kleinsten gemeinsamen Nenner zu verwechseln. Nachhaltigkeit basiert auf fundierten Erkenntnissen über Wechselwirkungen und -beziehungen zwischen der sozialen, ökonomischen und ökologischen Dimension. Sie basiert auf Ergebnissen, die in einem offenen Such-, Lern- und Entscheidungsprozeß gewonnen wurden, in dem wir uns selbst befähigen, Entwicklungen aufzunehmen, zu verarbeiten und aktiv Impulse zu setzen.

---

[132]) Deutscher Bundestag (1995 a)

Das vorliegende Kapitel 4.1 Bodenversauerung ist Ausdruck einer umweltpolitischen Haltung, die den sozialen Realitäten der Gesellschaftsveränderung nicht gerecht wird, verhindert statt gestaltet, soziale Zielsetzungen, Notwendigkeiten und Rahmenbedingungen negiert statt integriert. Prinzipiell werden in keinem Kapitel des Abschlußberichts soziale Ziele, Qualitäts- und Handlungsziele, Fragestellungen und Probleme – und damit soziale Rahmenbedingungen – mit der notwendigen wissenschaftlichen, politischen und gesellschaftlichen Fundierung und Intensität oder einer qualifizierten kommissionsinternen Diskussion aufgegriffen, benannt, erarbeitet, konstruktiv konkretisiert und/oder angewendet. Damit wurde prinzipiell die Chance vertan, fundierte Strategien zur Förderung und Stabilisierung von Such-, Lern- und Entscheidungsprozessen konkret zu entwickeln und sich auf konkrete „Etappenziele" zu verständigen, wobei Synergie- und Integrationspotentiale für Kooperationsgewinne freizulegen gewesen wären.

Die Beschreibung von sozialen Kriterien kam in den Beispielfeldern prinzipiell nicht über den Bericht der Enquete-Kommission der 12. Legislaturperiode hinaus. Damit wird der Eindruck erweckt, als seien die dort formulierten sozialen Schutz- und Gestaltungsziele bereits allgemeingültig, abschließend und umfassend abgehandelt worden. Dies ist falsch, weil

- die dortige Konkretisierung in Form von Bewertungskriterien und Indikatoren nur in Ansätzen erfolgte,
- in Form von Forderungen an ein Stoffstrommanagement formuliert wurde und
- an diesen Teilaspekt – „Berücksichtigung im Rahmen der Entwicklung der Stoffwirtschaft" – gebunden war.

Der Deutsche Bundestag betont deshalb in seinem Einsetzungsbeschluß, daß

„Umweltziele nur unter Berücksichtigung der ökologischen, sozialen und wirtschaftlichen Folgen formuliert werden. Andererseits können soziale und wirtschaftliche Ziele nicht ohne Rücksicht auf ökologische Auswirkungen erreicht werden. Die Entwicklung neuer Konzepte und Strukturen wird oft notwendig sein."

Bereits 1992 wird in der Agenda 21 (dem Aktionsprogramm der Konferenz der Vereinten Nationen in Rio de Janeiro), festgestellt: [133])

„In vielen Ländern besteht bei den dort vorhandenen Systemen der Entscheidungsfindung die Tendenz, ökonomische, soziale und ökologische Faktoren auf der Ebene der Politik, der Planung und des Managements zu trennen." Deshalb „... sollen die Regierungen gegebenenfalls eine nationale Bestandsaufnahme durchführen, um in ihrem Bemühen um eine wirtschaftlich effiziente, sozial ausgewogene und verantwortungsbewußte sowie umweltverträgliche Entwicklung die schrittweise Integration wirtschafts-, gesellschafts- und umweltpolitischer Fragestellungen zu erreichen. (...) die Gewährleistung der Integration wirtschafts-, sozial- und umweltpolitischer Aspekte in die Entscheidungsfindung aller Ebenen und aller Ressorts;"

Mit diesem Ausblick formuliert es auch die Enquete-Kommission in ihrem Zwischenbericht „Konzept Nachhaltigkeit" [134]) hinsichtlich ihrer künftigen Arbeitsschwerpunkte:

„Eine nationale Nachhaltigkeitsstrategie erfordert, den ökologischen, ökonomischen und sozialen Zielrichtungen einer nachhaltig zukunftsverträglichen Entwicklung gleicherma-

---

[133]) BMU (1993) 58 f.

[134]) Enquete-Kommission „Schutz des Menschen und der Umwelt" (1997) 170

ßen Rechung zu tragen. Die Integration der drei Dimensionen im konkreten Problemfall verlangt die Konkretisierung der sozialen und ökonomischen Dimension hinsichtlich ihrer Ziele und Rahmenbedingungen."

Diese Anerkennung zur Entwicklung einer rationalen Umweltpolitik als konstruktiven Beitrag für eine nationale Nachhaltigkeitsstrategie erfordert eine Neuausrichtung bisheriger umweltpolitischer Strategien. Die Umweltpolitik alter Prägung – d.h. mit der Vorstellung, über rein wissenschaftlich begründete Ziele zu politisch motivierten Lösungen kommen zu wollen – überwindet nicht die konzeptionelle Schwäche einer von wirtschaftlichen und sozialen Fragestellungen, Zielsetzungen und Rahmenbedingungen isolierten Ökologiediskussion. Erst die Integration der „drei Dimensionen" ermöglicht damit einen strategischen Durchbruch gerade auch für ökologische Anliegen, weil dann Umweltbelange nicht länger ausschließlich einer hochspezialisierten Fachpolitik (und Bürokratie) zugewiesen werden.

Das Kapitel 4.1 reduziert sich auf die Formulierung (bekannter) umweltpolitischer Ziele, die ohne Beachtung der Wechselbeziehungen und Wechselwirkungen der Zielsetzungen und Rahmenbedingungen anderer Politikbereiche dargestellt werden. Weder die hieraus zu folgernden Konsequenzen noch die sich hieraus ergebenden Wirkungen werden über den eingeschränkt umweltpolitischen Bereich bedacht und/oder geprüft. Zielführend wäre es gewesen, soziale, ökonomische und ökologische Zielsetzungen offenzulegen und/oder zu entwickeln und aufeinander zu beziehen.

„Es wird nun darum gehen, die ökonomischen und sozialen Zielbereiche zu einem Gesamtkontext zu integrieren, der Handlungsmöglichkeiten jenseits einzelpolitischer Zielrichtungen ermöglicht. Dabei haben die Umwelthandlungsziele vorläufig noch einen rein qualitativen Charakter. Erst im Verlauf des weiteren Integrationsprozesses werden Quantifizierungen und Zielvorgaben zur Erreichung überprüfbarer „Etappenziele" im Sinne des Prozeßcharakters der regulativen Idee der Nachhaltigkeit erreichbar sein." [135])

Nachhaltigkeits-/Etappenziele sind somit die erste konkrete Stufe zur Umsetzung der Ergebnisse von offenen Such- und Verständigungsprozessen, die im Idealfall gleichermaßen positive Wirkungen in der sozialen, ökonomischen und ökologischen Entwicklung entfalten. Dabei sollen geeignete Rückkoppelungsmechanismen und iterative Prozesse sicherstellen, daß der Problemzugang kommunizierbar bleibt und Erfolg, Mißerfolg sowie positive und/oder negative Folgeeffekte transparent werden und diskursiv bearbeitbar bleiben.

Weil Nachhaltigkeit nicht von vornherein als naturalistisches Real-Modell zu begreifen ist, vereint es als regulative Idee diejenigen Prinzipien oder Grundsätze, die dazu auffordern, Erfahrungswissen zu verknüpfen, die Richtung zu sinnstiftenden Zusammenhängen zu weisen und auf unbesetzte Forschungsfelder zu zeigen. Eine der zentralen Herausforderungen bestand in den Beispielfeldern deshalb darin, Wissen und Forschungsprozesse zu Umwelt, Gesellschaft, Sozialem, Wirtschaft und Technik in einen produktiven Zusammenhang zu bringen und für integrierte Handlungs- und Entwicklungsstrategien nutzbar zu machen.

---

[135]) Enquete-Kommission "Schutz des Menschen und der Umwelt" (1997) 170

Abbildung: Nachhaltigkeitsziele (UQZ = Umweltqualitätsziele; UHZ = Umwelthandlungsziele; Etappenziel; Nachhaltigkeitsziel)

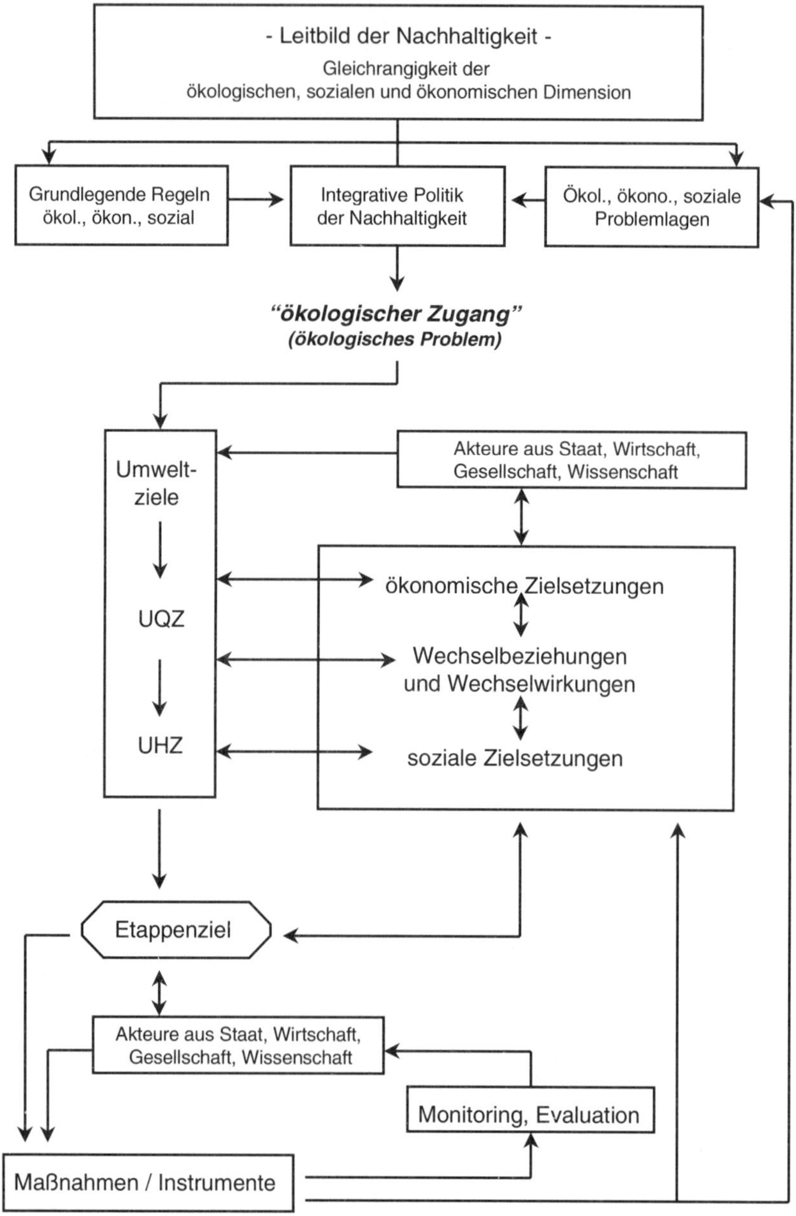

Das Zusammenführen unterschiedlicher Akteure im Sinne der Dreidimensionalität des Leitbildes hätte die Generierung kreativer Impulse und die Offenlegung und Nutzung von Synergie- und Integrationspotentialen im Sinne von Kooperationsgewinnen zumindest erhoffen lassen. Dies ist u. a. deshalb nicht erfolgt, weil es bei den bisherigen Studien zur nachhaltigen Entwicklung in erster Linie um die wissenschaftliche Ableitung mehr oder weniger starrer normativer Vorgaben für die Politik (wie Umweltqualitäts- und Handlungsziele) handelt. Allein unter diesem Gesichtspunkt können die vorliegenden Empfehlungen und/oder Instrumente prinzipiell nicht dem integrativen Charakter des Leitbildes entsprechen, weil die bisher bekannten Instrumente i. d. R. nicht den Anforderungen, die an diesen Prozeß gestellt werden, gerecht werden können.

Der historische, die drei Dimensionen einer zukunftsorientierten Entwicklung miteinander verbindende, integrative Schritt ist noch nicht geleistet, obwohl in weiten Teilen der Gesellschaft Einvernehmen dahingehend besteht, die Zusammenhänge von Wechselbeziehungen und Wechselwirkungen stärker als bisher zur Grundlage unserer Empfehlungen für politisches Handeln zu machen. Diese Chance hat die Enquete-Kommission leider nicht erkannt.

Wir stehen mitten in einer umfassenden Diskussion um die Zukunftsfähigkeit unserer Gesellschaft, aber erst am Anfang der Enwicklung von Lösungen. Es besteht die Chance einer realistischen Reformpolitik, in der das gesellschaftspolitisch Vernünftige nicht visionär bleiben muß. Wir werden in unserem Bemühen nur dann erfolgreich sein können, wenn wir die gerechte Verteilung von Arbeit, Einkommen und Lebenschancen, den Erhalt der wirtschaftlichen Wettbewerbsfähigkeit und die Sicherung der natürlichen Lebensgrundlagen als gleichrangige Ziele verfolgen.

4.2 Informations- und Kommunikationstechnik

4.2.1 Die Informationsgesellschaft vor dem Hintergrund einer nachhaltig zukunftsverträglichen Entwicklung

Aktuelle und präzise Informationen und ihre schnelle Verarbeitung sind ein zunehmend wichtiger Faktor in Wirtschaft und Gesellschaft. Der Markt für Informations- und Kommunikationstechnik ist weltweit einer der stärksten Wachstumsmärkte. Die Wachstumsraten liegen derzeit im zweistelligen Prozentbereich. Längst werden mehr Computer als Autos verkauft. 1998 soll die 100 Millionen-Grenze überschritten werden und erstmals mehr PC als Fernsehgeräte über die Ladentheke gehen. Deutschland ist europaweit der größte Einzelmarkt für Medien- und Kommunikationstechnik. Die Bruttowertschöpfung betrug in diesem – weit gefaßten – Sektor 1992 ca. 174 Mrd. DM.[136]) Hinsichtlich der Beschäftigung ist der Informationssektor mit rund 1,7 Mio. Beschäftigten der drittstärkste Sektor in Deutschland. Die Informations- und Kommunikationstechnik (IuK-Technik) ist zugleich Motor und Werkzeug der globalen Entwicklung.

Durch die Nutzung von Multimedia-Kommunikation in globalen und lokalen Netzen sind weitreichende Veränderungen in der Arbeitswelt wie Telearbeit und Videokonferenzen zu erwarten. Informations- und Verkehrsströme werden in neuen

---

[136]) Vgl. DIW, Prognos (1996)

Konstellationen miteinander verbunden. In der Wirtschaft werden sich neue Produktionsweisen und neue Kooperationsformen herausbilden. Im Bereich der privaten Nutzung werden neben Tele-Shopping und Tele-Banking über das Internet neue Formen des privaten Informationsaustauschs und der Öffentlichkeitsbeteiligung ermöglicht. Die Entwicklung und Anwendung von Informations- und Kommunikationstechniken bedarf neuer Qualifikationen, und sie schafft andererseits neue Möglichkeiten für Aus- und Weiterbildung.

Die Verknüpfung zwischen dem Trend zur Informationsgesellschaft und dem Leitbild der nachhaltig zukunftsverträglichen Entwicklung liegt in der Herausforderung, die innovativen Möglichkeiten der Informations- und Kommunikationstechnik so zu nutzen, daß sie den Anforderungen dieses Leitbildes entsprechen. Hierbei sind zwei Ebenen zu unterscheiden:

- die IuK-technischen Produkte selber und
- die Anwendungsfelder der Informations- und Kommunikationstechnik.

Durch Herstellung, Gebrauch und Entsorgung von IuK-technischen Produkten wird Umwelt als Rohstoffquelle und als Senke für Schadstoffe und Abfälle in erheblichem Umfang in Anspruch genommen und belastet. Andererseits kann die Anwendung dieser Technik in vielfältiger Weise zur Schonung der Umwelt beitragen.

Der Nutzer nimmt neben den materiellen Eigenschaften der Hardware allenfalls den Stromverbrauch wahr. Ein wesentlich größerer Teil der Umweltinanspruchnahme entfällt jedoch auf die vorgelagerten Produktionsstufen und ist daher nicht unmittelbar erkennbar. Entsprechende erste ökologische Bilanzierungen zeigen, daß insbesondere in den Bereichen

- Verringerung des Energieverbrauchs,
- Ressourcenschonung und Abfallvermeidung sowie
- Vermeidung von Problemstoffen

weitere Anstrengungen erforderlich sind. Die Herstellung der Hardware ist mit einem hohen Energie- und Stoffverbrauch verbunden. Beim Gebrauch der Geräte zeigt u. a. die Stromverschwendung im Stand-by-Betrieb, daß die Maßnahmen zur Energieeinsparung trotz ermutigender Ansätze noch nicht in dem erforderlichen Umfang realisiert werden. Die Frage der Entsorgung des Elektronikschrottes ist noch nicht zufriedenstellend gelöst.

Von den Fortschritten bei der Verbesserung der Ökobilanz der Hardware wird auch abhängen, ob bestimmte Anwendungen der Informations- und Kommunikationstechnik insgesamt zu einer Umweltentlastung oder zu einer zusätzlichen Umweltbelastung führen. Auf den ersten Blick scheint beispielsweise die papierlose Zeitung im Internet ein Beitrag zur Ressourcenschonung zu sein. Bei genauerem Hinsehen zeigt sich jedoch, daß der Energieverbrauch über die gesamte Produktlinie bei einer am Bildschirm gelesenen Zeitung um etwa das Zehnfache über dem einer Papierzeitung liegt. [137])

---

[137]) Vgl. KDrs. 13/7a (1998) 77, UBA

Bei der Betrachtung der wesentlichen Anwendungsbereiche der Informations- und Kommunikationstechnik ergibt sich ein vielschichtiges Bild. Chancen durch Nutzung der Informations- und Kommunikationstechniken werden vor allem in den Bereichen „Beschäftigung“, „Entmaterialisierung“, „Verkehrslenkung“ und „Partizipation“ gesehen.

Die Abschätzung von Nettoeffekten auf die Arbeitsplatzsituation durch die Wirtschaftsforschungsinstitute erbringt zunehmend ernüchternde Daten. Ob zusätzliche Arbeitsplätze im Informations- und Kommunikationstechniksektor die Rationalisierungseffekte ausgleichen können, ist fraglich.

Durch den Einsatz von rechnergestützten und automatisierten Produktionsprozessen lassen sich die einzelnen Arbeitsschritte i. d. R. genauer, d. h. bezogen auf die produzierte Einheit auch mit einem geringeren Ressourcenverbrauch durchführen. Allerdings wird der Produktionsprozeß durch den Einsatz von Informationstechnik auch beschleunigt. Oft geht damit eine Erhöhung der Gesamtproduktion und damit des Ressourcenverbrauchs insgesamt einher. Die Verbrauchsentwicklung bei wichtigen Ressourcen läßt darauf schließen, daß die Erhöhung der spezifischen Ressourcenproduktivität durch Zunahme der Produktionsmengen insgesamt noch überkompensiert wird (Rebound-Effekt[138]).

Im Verkehrsbereich werden Informations- und Kommunikationstechniken u. a. dazu eingesetzt, um Informationen über das Verkehrsangebot zu verbreiten, Verkehr zu lenken und den „modal split“ zwischen den Verkehrsträgern zu beeinflussen. Dabei können Informations- und Kommunikationstechniken eine dauerhaft umweltverträgliche Verkehrsentwicklung fördern. In begrenztem Umfang können sie physischen Verkehr ersetzen und den Straßenverkehr sicherer und flüssiger gestalten. Sie ermöglichen eine fahrleistungsbezogene Anlastung der externen Kosten (z. B. Roadpricing). Mit ihrer Hilfe kann die Attraktivität des öffentlichen Verkehrs erhöht und eine Verlagerung vom Straßenverkehr auf umweltschonendere Verkehrsträger gefördert werden. Informations- und Kommunikationstechniken können allerdings auch eine verkehrserzeugende Wirkung haben. Wenn beispielsweise Zielführungssysteme in Pkw zu einer Verringerung von Staus durch längere Umwege und Schleichwege durch das Nebenstraßennetz beitragen, ist das kaum nachhaltig. Ob die Anwendung der Informations- und Kommunikationstechniken im Verkehr zu Umweltentlastung führt, ist letztlich von verkehrspolitischen Entscheidungen abhängig.

Hohe Umweltentlastungspotentiale sind bei einem telematisch gestützten Umwelt- und Ressourcenmanagement zu vermuten. Durch effizientere Gebäude- und Haustechniken, Fernwartung sowie neuartige Prozeßsteuerungen (z. B. PIUS[139])) können im Büro- und Industriebereich erhebliche Einsparpotentiale erschlossen werden.

---

[138]) Unter Rebound-Effekt versteht man die (Über-)Kompensation von Umweltentlastungseffekten neuer Techniken, die durch die Eröffnung neuer Anwendungs- und Absatzmöglichkeiten entstehen können.

[139]) Produktionsintegrierter Umweltschutz

In der Delphi-Studie 1998 wird mit einer erheblichen Zunahme der Telearbeit im Büro- und Verwaltungsbereich gerechnet. Hierdurch und durch die Nutzung der Telekommunikationsmöglichkeiten in privaten Haushalten werden sich raumstrukturelle Veränderungen ergeben, die Auswirkungen auf die Flächeninanspruchnahme haben. Die Zunahme von Telearbeit läßt erwarten, daß für einen Teil der Beschäftigten Pendelhäufigkeiten und/oder Fahrzeiten reduziert werden. Innerhalb der Verdichtungsräume können sich Standortvorteile für das Umland bzw. die Randbereiche von Verdichtungsgebieten ergeben. Eine breite Zunahme damit verbundener Suburbanisierungstendenzen würde den Zielen der Enquete-Kommission zur Begrenzung der Flächeninanspruchnahme zuwiderlaufen (siehe Kapitel 4.3, Seite 232).

Die Anwendung der Informations- und Kommunikationstechniken für den Umweltschutz reicht von der Bereitstellung umweltrelevanter Informationen bis zum Einsatz der Umweltinformatik im betrieblichen und betriebübergreifenden Umweltmanagement. Die Umweltinformatik stellt Methoden für Umweltbeobachtung, Umweltforschung, Umweltmanagement und Umweltpolitik bereit. Das Umweltmonitoring dient der breiten Erfassung des Zustandes von Ökosystemen und Umweltmedien (Luft, Boden, Wasser) mit dem Ziel, frühzeitig Störfalle und Fehlentwicklungen aufzuzeigen und Gegenmaßnahmen anzuregen. Mit Simulationstechnik können Wirkungszusammenhänge besser analysiert und Auswirkungen von Umweltbelastungen eingeschätzt werden. Klimamodelle sind hierfür ein Beispiel.

Durch den Einsatz geeigneter Informations- und Kommunikations-Werkzeuge kann die Planung, Umsetzung und Steuerung der Stoffkreisläufe in Betrieben effizienter gestaltet werden. Eine wesentliche Erhöhung der Ressourcenproduktivität ist erreichbar durch integrierte, vernetzte Produktionsabläufe und verbesserte Recyclingprozesse, deren Effizienz durch veränderte Methoden im Produktdesign entsprechend zu beeinflussen sind.

Umweltinformationssysteme werden auch für betriebübergreifende Aufgaben des Stoffstrommanagements entwickelt. Insgesamt bieten sich erhebliche Potentiale für eine Regionalisierung und Optimierung von Stoffströmen sowie Minimierung der Energieinanspruchnahme. Dazu unerläßlich ist allerdings ein umfassendes Verständnis der sozialen und ökologischen Wirkungen des Einsatzes von Informations- und Kommunikationstechniken (u. a. Medienkompetenz).

Der Beitrag der Informations- und Kommunikationstechniken zu einer nachhaltig zukunftsverträglichen Entwicklung wird entscheidend davon abhängen, wie die Rahmenbedingungen gestaltet werden. Optimisten sehen die größten und wichtigsten Potentiale der neuen Techniken in der Entstehung und Förderung von neuen Formen von Öffentlichkeit (z. B. Internet) und damit in der Entstehung von neuen Chancen für Kommunikation und Partizipation an gesellschaftlichen Prozessen und politischen Entscheidungen. Hier könnte das Leitbild der nachhaltig zukunftsverträglichen Entwicklung eine sehr wichtige Funktion erfüllen, da es die nötigen Innovationsprozesse anleiten könnte. Voraussetzung dafür wären institutionelle Reformen in Richtung einer einschlägigen „Innovationskultur“ (siehe Kapitel 5, Seite 355).

4.2.2 Status- und Trendanalyse

4.2.2.1 Die ökologische Dimension

Einleitung

Die Verwendung von Informations- und Kommunikationstechniken auf Produktebene führt zu folgenden Umweltbelastungen: Das starke Marktwachstum führt trotz Effizienzgewinnen je Produktionseinheit zu deutlich steigenden Stoffumsätzen. Mit ansteigender Geräteausstattung nimmt der absolute Energieverbrauch in der Summe der Geräte zu. Aufgrund der kurzen Innovationszyklen ist die durchschnittliche Produktnutzungsdauer niedrig und geht tendenziell weiter zurück, da die Hardware technisch schnell veraltet. Die Produkte enthalten zahlreiche Problemstoffe, die insbesondere bei der Wiederverwendung, Verwertung bzw. Entsorgung umwelt- bzw. gesundheitschädigende Wirkungen (z. B. verschiedene halogenorganische Verbindungen und Schwermetalle) entfalten können. Ein Großteil der Altgeräte wird noch in Kellern und Speichern gelagert oder in Müllverbrennungsanlagen bzw. auf Deponien entsorgt, obwohl diese Entsorgungswege nicht zweckmäßig sind und Deponierung sicherlich keine geeignete Entsorgung darstellt.

Angesichts der hohen Innovationsdynamik und der Dynamik in der Erschließung und Erweiterung von Anwendungsfeldern und Absatzmärkten besteht erheblicher Innovationsbedarf sowohl im Hinblick auf die Produktgestaltung als auch die Nutzung und die Kreislaufführung, um die primären Umweltbelastungen möglichst gering zu halten.

Neben den Umweltbelastungen, die mit der Hardware direkt verbunden sind, ist die Anwendung der Techniken von entscheidender Bedeutung. Vielfach wird das Umweltprofil der Informations- und Kommunikationstechniken weitaus stärker von sekundären Effekten, die durch ihre Anwendung entstehen, geprägt. Hierbei können sowohl Umweltentlastungen als auch -belastungen auftreten, da die Techniken ambivalent wirken. So ist das „papierlose Büro“ durch EDV-Nutzung durchaus denkbar, in der Praxis führt der PC-Einsatz einstweilen noch zu einem höheren Papierverbrauch. Welche Effekte überwiegen, hängt von einer Vielzahl von Faktoren ab, von der stofflichen Produktbiographie ebenso wie von der Marktentwicklung, dem Anwendungsbereich, den Randbedingungen und dem Nutzerverhalten. Es ist daher oftmals schwierig, die Umweltwirkungen abzuschätzen, zumal es vielfach an empirisch verläßlichen Quellen fehlt.

Im folgenden wird ein Überblick über die Mengenentwicklung im Informations- und Kommunikationssektor gegeben. Die damit verbundenen Problemstoffe und Energieströme werden in den sich anschließenden Abschnitten analysiert. Auf die Verkehrsproblematik wird in einem Exkurs eingegangen. Abfallmengen, Verwertung und Entsorgung elektrischer und elektronischer Geräte sind Gegenstand eines weiteren Abschnittes.

Stoff-/Materialströme

Für eine Untersuchung der Stoffströme im Bereich der Informations- und Kommunikationstechnik sind bezogen auf den Betrachtungsraum Bundesrepublik Deutschland folgende Aspekte bedeutsam:

- der Input in das System (erfaßt über Neuverkäufe und Marktprognosen),
- der Bestand im System (erfaßt über Sättigungs- bzw. Ausstattungsgrade der Haushalte) und
- der Output aus dem System (erfaßt über Entsorgungsmengen und -prognosen). [140])

Dabei ist zu berücksichtigen, daß der weit überwiegende Teil der in Deutschland neu verkauften Geräte aus ausländischer Produktion stammt und über Importwege zum deutschen Anwender gelangt. Zusätzlich ist auch ein qualitativer Aspekt zu berücksichtigen, da je nach Herkunftsort der Geräte unterschiedliche Stoffe und Materialien mit unterschiedlichen Qualitäten, Toxizitäten und Entsorgungsproblematiken verwendet werden.

Während Angaben zur Produktion und zum Außenhandel von Informations- und Kommunikationsprodukten der Produktionsstatistik entnommen werden können, liegen keine vollständigen Daten zu Weiterverwendungs-, Wiederverwendungs- und Entsorgungsquoten bzw. -mengen vor. Bei den klassischen Geräten der Unterhaltungselektronik („Braune Ware" [141])) überwiegen bis auf einige neue Produkte (Digitales Radio, Mini-Disc-Player) derzeit die Substitutionskäufe (Fernsehgeräte, Kassettendecks, Verstärker etc.). So werden jährlich rund 5,5 Mio. Fernsehgeräte, 3 Mio. Videorecorder und 2,7 Mio. HiFi-Systeme verkauft. Bei informationstechnischen Geräten im engeren Sinne („Graue Ware" [142])) ist der Absatz von zweistelligen Wachstumsraten gekennzeichnet. [143]) Das auch für Deutschland bei bestimmten Produkten noch zu erwartende Wachstum zeigt sich beispielsweise bei einem Vergleich der Ausstattungsgrade (siehe auch Tabelle 1). So gab es in Deutschland 1997 rund 10 Mobiltelefone je 100 Einwohner, in Italien hingegen 19, in den USA 21 und in Japan 22. Internet Hosts [144]) gab es Anfang 1998 in Deutschland 12 je 1 000 Einwohner, in Norwegen schon 66 und in den USA 78. [145]) Nach Angaben des Fachverbandes Informationstechnik verdoppelt sich die Zahl der Rechner mit Internet-Zugang weltweit etwa alle 15 Monate, so daß

---

140) Entsorgungsmengen und -prognosen werden im Abschnitt „Abfallmengen" (siehe Seite 88) behandelt.

141) Fernsehgeräte, Radiogeräte, Cassettenrecorder, Verstärker, Satellitenempfänger, Videorecorder etc. bilden die Braune Ware.

142) Personalcomputer, Drucker, Faxgeräte, Kopierer, (Mobil-) Telefone etc. bilden die Graue Ware.

143) Ein Überblick über die Marktentwicklung findet sich im Kapitel 4.2.2.2. „Die ökonomische Dimension" (siehe Seite 170) und in Behrendt u. a. (1998b) 61 ff.

144) Definition von Internet Host: Mit dem Internet fest oder temporär verbundenes Computer-System, dem eine eigene Internet-Protocol (IP) Adresse zugewiesen wurde.

145) Vgl. Fachverband Informationstechnik im VDMA und ZVEI (1998) 9, 14

im Jahr 2000 die 100 Millionen-Marke überschritten werden könnte.[146]) Diese Entwicklung führt dann zu einem entsprechenden Anstieg bei Peripheriegeräten (z. B. Modems, Faxkarten).

Anhand der Ausstattung der Haushalte oder veröffentlichter Bestandszahlen können auf der Grundlage eines durchschnittlichen Gerätegewichts die Gerätemengen abgeschätzt werden (siehe Tabelle 8).

Bei Fernsehgeräten und den Geräten der Unterhaltungselektronik ist eine vergleichsweise hohe Marktsättigung erreicht. Sie liegt zwischen rund 35 % (CD-Player) und über 125 % (Fernsehgeräte), wenn Zweitgeräte berücksichtigt werden (siehe Tabelle 1). Dennoch ist auch bei dieser hohen Sättigung noch kein Fließgleichgewicht zwischen Input und Output erreicht, da die durch Neukäufe substituierten Geräte in vielen Fällen als Zweit- oder sogar Drittgeräte im Haushalt weiter genutzt werden, sofern sie noch funktionsfähig sind.[147]) Insofern steigt nach wie vor der Gerätebestand auch der Unterhaltungselektronik in den Haushalten an. Mit der Zwischenlagerung in den Haushalten verzögert sich entsprechend der Anfall von Altgeräten zur Entsorgung.

Insbesondere für Personalcomputer/Drucker und den Bereich Telekommunikation ist die Marktentwicklung von stark steigenden Absatzzahlen geprägt, da hier bisher eine geringe Ausstattung der Haushalte (Ausstattungsgrade zwischen 5 und 30 %) erreicht ist.[148]) Die Wachstumsraten liegen je nach Produkt zwischen 10 und 20 % pro Jahr,[149]) so daß mit einer Verdoppelung der Bestände in ca. 4 bis 7 Jahren gerechnet wird.

Aus den Gerätemengen (siehe Tabelle 8) und der prozentualen Zusammensetzung von informationstechnischen Geräten (siehe Tabelle 9) lassen sich die in den Haushalten in Geräten ungefähr vorhandenen Werkstoffmengen abschätzen (siehe Tabelle 3). Unter dem Aspekt der Wiederverwertung dieser Werkstoffe bereiten Eisen und Nichteisenmetalle vergleichsweise wenig Probleme, während ein hochwertiges Recycling von Kunststoffen und Leiterplatten derzeit noch nicht gesichert ist.

In der Zusammenstellung wurden nur die Produkte selbst, nicht jedoch die Infrastruktur, Verbrauchsmaterialien und die aufgrund der Produktion bewegten Stoffströme berücksichtigt. Für die Infrastruktur wären zusätzlich u. a. das Kupferkabelnetz der Telekom (ca. 169 000 km),[150]) ca. 300 000 km Glasfasernetz der Telekom und anderer Netzbetreiber, Sende- und Empfangsstationen, Großrechner sowie 16 Mio. Kabelanschlüsse einzubeziehen.[151]) Allein im Kupfer-Fernkabelnetz der Telekom ist bei einem Gewicht von 5 000 kg/km und einem Kupfergehalt

[146]) Vgl. Fachverband Informationstechnik im VDMA und ZVEI (1997) 14
[147]) Vgl. UBA (1996c) 5
[148]) Vgl. Behrendt u. a. (1998b) 65
[149]) Vgl. EITO (1997) zitiert nach Behrendt u. a. (1998b) 65
[150]) Vgl. Telekom (1997) zitiert nach Behrendt u. a. (1998b) 65
[151]) Vgl. Öko-Institut (1997) 90f.

Tabelle 8

Bestand an IuK-Geräten in Deutschland

Marktdaten IT-Geräte	Bestand	Durchschnittliches Gewicht	Bestand (gerundet)	Ausstattungsgrad in Haushalten
	1996			
	Mio. Stück	kg	t	%
Fernsehgeräte	47,0	35	1 650 000	*98 inkl. Zweitgeräte: 127*
Satellitenempfänger	*11,1*	5	60 000	*30*
Videorecorder	*28,0*	5	150 000	*76*
Camcorder	*7,0*	1	10 000	*19*
Unterhaltungselektronik	> 85–200 [c])		540 000	
Verstärker	*26,6*	12	320 000	*72* [a])
Radioempfänger	*26,6*	3,4	100 000	*72* [a])
Kassettenrecorder	*19,3*	4	80 000	*55* [a])
CD-Player	*12,2*	3,9	50 000	*35* [a])
Personalcomputer inkl. Tastatur und Monitor	17,55 [b])	27	480 000 [b])	*32*
Tragbare Computer (Laptops)	2,0	3,5	10 000 [b])	*ca. 3*
Drucker	*7,7*		70 000	*21* [a])
Laser	*1,5*	10	20 000	*4* [a])
Ink-Jet	*2,2*	7	20 000	*6* [a])
Nadel	*4,1*	8	30 000	*11* [a])
Telekommunikation	52,0		50 000	
Faxgeräte	4,5	7	31 500	
Anrufbeantworter	4,0	0,4	2 000	*11* [a])
Telefone	40,4 (Anschlüsse) [b])	0,35	15 000	*89*
Mobiltelefone	5,5	0,25	1 500	*16*

noch Tabelle 8

Bestand an IuK-Geräten in Deutschland

Marktdaten IT-Geräte	Bestand	Durchschnittliches Gewicht	Bestand (gerundet)	Ausstattungsgrad in Haushalten
	1996			
	Mio. Stück	kg	t	%
Kopiergeräte	2,5		180 000	
Tischkopierer	1,5	40	60 000	
Größere Kopierer .	1,0	120	120 000	
Summe aller Geräte .			> 3 200 000	

Basis: 36,9 Mio. Haushalte Ende 1995 (stat. Bundesamt)
Legende:
a) 1994
b) inkl. Gewerbe
c) Griese u. a. (1997)
kursiv: Bestandszahl aus Ausstattungsgrad errechnet
Quelle: Behrendt u. a. (1998 b) 64

von rund 1 800 kg/km noch eine Menge von rund 300 000 t Kupfer enthalten. [152]) Dies entspricht einem „ökologischen Rucksack" von 150 Mio. t. [153])

Das Institut für Zukunftsstudien und Technologiebewertung (IZT) führt in seiner Studie für die Enquete-Kommission aus, daß die in Tabelle 10 dargestellten Fraktionen mehr oder weniger schadstoffbelastet sind. Darauf soll im nächsten Abschnitt eingegangen werden.

Problemstoffe

Über die im vorstehenden Kapitel genannten Hauptwerkstoffe hinaus können in elektronischen Produkten mehrere hundert verschiedene Stoffe und Verbindungen vorkommen. [154]) Eine Reihe von ihnen wird als Problemstoff bezeichnet, da sie entweder bei der Herstellung oder beim Recycling Probleme bereiten können.

---

[152]) Vgl. Behrendt u. a. (1998 b) 65
[153]) Vgl. KDrs. 13/7 b (1998) 29, von Weizsäcker
[154]) Vgl. Behrendt u. a. (1998 a) 188, 283 ff. zitiert nach Behrendt u. a. (1998 b) 69; KDrs. 13/7 b (1998) 27, von Weizsäcker

Tabelle 9

Prozentuale Zusammensetzung von IuK-Geräten

	Fe-Metalle	NE-Metalle (v. a. Kupfer, Aluminium)	Kunststoffe	Glas	elektronische Komponenten/ Leiterplatten	Sonstige Stoffe	Quelle
	– in % –						
PC: CPU, Tastatur, Monitor	32	18	23	15	12		BDE (1995) 7
Fernsehgeräte .	5	8	19	62	3	3	Behrendt u. a. (1998 a) 23 modifiziert
Videorecorder ..	50	12,6	22,6		7,2	7,6	BDE (1995) 7
Verstärker	62,2	20,7	1,6		15,5		BDE (1995) 7
sonst. Unterhaltungs-elektronik	30	20	35		10	5	eigene Abschätzung
Telefon	14	4	42		23	17	IZT (1995)
Kopiergeräte ...	50	5	20	3	5	17	eigene Abschätzung
Drucker	32	18	28		12	10	eigene Abschätzung

Quelle: Behrendt u. a. (1998 b) 66

Weiterhin wird in der Fertigung eine Vielzahl von Stoffen eingesetzt, die nicht unmittelbar in das Produkt eingehen, aber ebenfalls über eine hohe Umweltrelevanz verfügen können. Zur Erreichung bestimmter Produkteigenschaften müssen Additive, Stabilisatoren, Pigmente, Weichmacher und Flammschutzmittel eingesetzt werden. Diese können bei der Herstellung, dem Recycling, in Einzelfällen auch bei der Anwendung Probleme bereiten. Hinzu kommt, daß die genauen chemischen Zusammensetzungen der Additive nicht immer bekannt sind. Die besonders kritischen Problemstoffe, die nicht in die Umwelt gelangen sollten, z. B. polychlorierte Biphenyle, sind seit Beginn der 80er Jahre zuerst in den USA und Japan, später auch in Europa verboten worden, können aber in Altgeräten noch vorhanden sein. Die polyhalogenierten Biphenyl-Ether werden in Deutschland seit 1986 – durch eine freiwillige Selbstverpflichtung der Industrie – nicht mehr eingesetzt. Probleme bereiten die Importe, die diese Stoffe noch enthalten.

Tabelle 10

Stoffflüsse von Materialien bzw. Komponenten bei IuK-Geräten

	Fe-Metalle	NE-Metalle (v. a. Kupfer, Aluminium)	Kunststoffe	Glas	elektronische Komponenten/ Leiterplatten	Sonstige Stoffe
	– in t gerundet –					
PC: CPU + Monitor . .	165 000	93 000	119 000	78 000	62 000	
Fernsehgeräte . .	81 000	137 000	313 000	1 020 000	55 000	50 000
Videorecorder . . .	71 000	18 000	32 000		11 000	11 000
Verstärker	199 000	66 000	6 000		50 000	
sonstige Unterhaltungselektronik	82 000	55 000	95 000		28 000	14 000
Telefon	3 000	1 000	7 000		4 000	3 000
Kopiergeräte	90 000	9 000	36 000	6 000	9 000	31 000
Drucker	21 000	12 000	18 000		8 000	7 000
Summe	712 000	391 000	626 000	1 104 000	227 000	116 000

Quelle: Behrendt u. a. (1998 b) 67

Bei der Fertigung ist eine Vielzahl von Stoffen notwendig, die nicht unmittelbar in das Produkt eingehen, aber wie z. B. bei der Chip-Herstellung durch den hohen Energiebedarf über eine hohe Umweltrelevanz verfügen. Elektronische Baugruppen weisen einen recht unterschiedlichen Aufbau auf; Leiterplatten sind z. B. mit einer Fülle einzelner Bauteile bestückt, so daß sie vom Material her ein sehr heterogenes System darstellen. Dies bereitet bei der Entsorgung Probleme. Bei unsachgemäßer Behandlung können human- und ökotoxische Inhaltsstoffe (z. B. Quecksilber aus Kleinstrelais) eine Verbrennung erschweren und diese Fraktionen dann zu Sondermüll werden lassen. Leiterplattenschrott ist eine Quelle der Bleiverschmutzung im Hausmüll.

Die Schwierigkeiten, elektronische Schaltungen zu rezyklieren oder zumindest umweltverträglicher zu entsorgen, ergeben sich im wesentlichen durch das Leiterplatten-Trägermaterial. Dieses darf nicht brennbar sein und muß deshalb mit flammhemmenden Stoffen versehen werden, um die Brandgefahr sowohl im Normalbetrieb als auch insbesondere im Störfall zu reduzieren. In gleicher Weise müssen auch die elektrischen Bauteile und Gerätegehäuse mit diesen Flammschutzhemmern versehen werden, soweit sie selbst aus brennbaren Materialien bestehen. [155]) Es ist davon auszugehen, daß rund 54 % der bei der Unterhaltungselektronik, 40 % der bei der Informationstechnik und 77 % der bei der Kommunikationstechnik eingesetzten Kunststoffe aus diesem Grund flammgehemmt sind. [156])

> „In früheren Jahren wurden problematische halogenierte Verbindungen, wie z. B. Polybromdiphenyl-Ether, als Flammhemmer verwendet. Derzeit werden meist schwachtoxische Bromverbindungen wie Tetrabrombisphenol A in Kombination mit Antimontrioxid eingesetzt. Die flammschützende Wirkung beruht auf der Abspaltung von Gasen, die weitere Verbrennungsprozesse ersticken. Im Brandfall entstehen jedoch immer Halogenwasserstoffe und unter Umständen auch polychlorierte und polybromierte Dibenzodioxine und -furane." [157])

Über das Gefährdungspotential durch organische Inhaltsstoffe ist noch wenig bekannt. Analysen von Shreddermaterial ergaben Konzentrationen von 2,5 mg/kg bis 10 mg/kg für polyzyklische aromatische Kohlenwasserstoffe (PAK) und 0,2 mg/kg bis 2 mg/kg für polychlorierte Biphenyle (PCB). [158]) „Heute muß davon ausgegangen werden, daß nach dem Shreddern von Computern ein großer Anteil schwer trennbarer Verbundteile vorliegt, mit Fraktionen, die relativ stark mit umweltschädlichen, metallischen Kleinteilen oder Stäuben verunreinigt sind." [159]) Neuere deutsche und europäische Regelungen werden eine Entfrachtung des Elektronikschrotts von PCB, Quecksilber, Cadmium u. a. Schadstoffen zur Folge haben. Heute entsorgte Geräte aus den 70er und 80er Jahren stellen allerdings noch ein erhebliches Problem für das Recycling dar.

Beim Recyclen von Schrott bereitet die Anwesenheit von beispielsweise Kupfer, Antimon und Aluminium Probleme, bei jenem von Bunt- und Edelmetallen ist z. B. die Anwesenheit von Chrom, Nickel und Zinn problematisch. Bei der Verwendung von Tetrabrombisphenol-A oder anderen halogenhaltigen Stoffen in Leiterplatten soll darauf geachtet werden, daß die Bildung von halogenierten Dioxinen und Furanen unterbunden wird oder entsprechende Maßnahmen zu ihrem Rückhalt getroffen werden. Bei Leuchtstoffen und Flüssigkristallen für Monitore und Displays bestehen noch keine langfristig orientierten Erfahrungen.

Für Schadstoffe im Sinne des Chemikaliengesetzes bestehen rechtliche Regelungen, die den Einsatz dieser Stoffe in Neuprodukten verbieten oder beschränken (siehe Tabelle 11). Sie finden sich aber noch in Altprodukten und kommen mög-

---

155) Vgl. Griese u. a. (1997) 17
156) Vgl. UBA (1996d) 117
157) Griese u. a. (1997) 17 f.; vgl. UBA (1992) Teilvorhaben 1, 1, Teilvorhaben 2, 1; Schramm u. a. (1996) 74; IPCS (1994), Pohle (1990) zitiert nach Schramm u. a. (1996) 75
158) Vgl. Tiltmann, Schüren (1994) 59
159) Stahel (1993) zitiert nach Griese u. a. (1997) 18

Tabelle 11

Auswahl von Problemstoffen in Produkten aus dem Informations- und Kommunikationssektor insbesondere bei Herstellung und Entsorgung

Stoff	Anwendungsbeispiel
Anorganische Substanzen	
Arsen	Dotierungselement in Halbleitern, Pb-, Cu-Legierungen, Weichlote
Asbest	Isolator bei hocherhitzten Bauteilen
Beryllium	Wärmeleitscheiben in Transistoren, Kontakt-, Federwerkstoffe
Cadmium	Akkus, Batterien, Hartlote, Bildschirmröhren
Quecksilber	Batterien
Selen	Photozellen, Photoleitertrommeln, Dioden, Gleichrichter
Organische Substanzen	
Polyhalogenierte Biphenyle	Dielektrika in Kondensatoren
Biphenyl-Ether	Flammhemmer
Stoffgemische	
Cadmium- und/oder Bleisalze bzw. Pigmente	Kunststoffe, Lacke, Akkus, Kabel- und Bauteilstabilisatoren

Quelle: verändert nach Behrendt (1998 b) 71

licherweise auch in Importprodukten vor. Viele Hersteller (z. B. Siemens AG, Philips u. a.) haben interne Normen[160]) und Richtlinien (Verbots- und Vermeidungslisten, „schwarze" und „rote Listen") erarbeitet, die zum einen den rechtlich gebotenen Einsatzbeschränkungen und Verboten Rechnung tragen und teilweise bezüglich zu vermeidender Stoffe über die rechtlichen Vorschriften hinausgehen.

Energieströme und ökobilanzielle Betrachtungen

Der Energiebedarf informationstechnischer Geräte für Herstellung und Gebrauch führt zu erheblichen Emissionen bei der Strombereitstellung. Aus Nachhaltigkeitssicht ist

[160]) Siemens (1997).

eine möglichst geringe Energieinanspruchnahme in allen Lebensphasen erforderlich. Hersteller und Zulieferer können in diesem Sinne Einfluß auf die technischen Eigenschaften der Geräte nehmen, während die Anwender durch geeignete Kaufentscheidungen und Nutzungsmuster ihren Teil zur Energieeinsparung leisten können.

Da es sich bei Informations- und Kommunikationsgeräten um äußerst komplexe Produkte handelt, die darüber hinaus einem ständigen Wandel unterworfen sind, sind noch keine umfassenden Ökobilanzen durchgeführt worden. [161]) Fast alle vorliegenden Untersuchungen betonen den Energieaufwand während des Lebenszyklusses. So hat beispielsweise Grote 1994 den Gesamtprimärenergieaufwand eines Personalcomputers auf ca. 53 500 MJ geschätzt, während das Öko-Institut 1996 für den kumulierten Energieaufwand ca. 13 400 MJ ermittelt. Die US-amerikanische Microelectronics and Computer Technology Corporation (MCC) schätzt, daß für eine Workstation ca. 126 000 MJ benötigt werden. Hinsichtlich der Energieverteilung im Lebenszyklus (Herstellung/Rohstoffabbau, Betrieb, Entsorgung und Recycling, Transport) gehen die Einschätzungen der Experten weit auseinander. Auf die Herstellung eines Personalcomputers entfallen nach Abschätzungen des Wuppertal-Instituts bis zu 90 % der Energieaufwendungen, das Öko-Institut ermittelte 76 %, während die US-amerikanische Microelectronics and Computer Technology Corporation (MCC) für eine Workstation nur 20 % berechnete. Der hohe Anteil des nutzungsbedingten Energieverbrauchs (80 %) ist bei letzterer Untersuchung insbesondere darauf zurückzuführen, daß ein Dauerbetrieb über 4 Jahre angenommen wurde. Beim Öko-Institut wurden dagegen 4 000 Betriebsstunden und bei Grote ca. 7 400 Betriebsstunden im selben Zeitraum zugrunde gelegt. [162])

Der Bericht des MCC „Environmental Consciousness: A Strategic Competitiveness Issue for the Electronics and Computer Industry" ist von grundlegender Bedeutung, denn er erstreckte sich auf Umweltbelastungen in sämtlichen Wertschöpfungsstufen der Fertigung einer Workstation, von den Chemikalien und Werkstoffen über integrierte Schaltungen, Verpackung, Leiterplatten und Baugruppen, Displays und Systeme bis zu Weiterbildungsmaßnahmen. Da die Leiterplatten- und Bauteilherstellung mit einem Anteil von 79 % des Energiebedarfs sowie 95 % des Wasserverbrauchs zu Buche schlägt und zu 95 % zu den Sonderabfällen in der Produktion von Personalcomputern beiträgt, setzen einige Aktivitäten zur Schadstoffreduzierung hier an. [163])

---

161) Einen ersten Ansatz zur produktbezogenen Ökobilanz in der Computerindustrie am Beispiel einer Workstation hat, gefördert durch das US Department of Energy, 1993 die Microelectronics and Computer Technology Corporation, ein Zusammenschluß amerikanischer Hardwarehersteller, in Zusammenarbeit mit einigen Großforschungseinrichtungen unternommen. Das Wuppertal-Institut hat den Materialbedarf eines Personalcomputers je nach Anwendung auf 16 bis 19 t abgeschätzt. Das ist fast ein Faktor 1 000 im Vergleich zu seinem Eigengewicht.
Das Institut für Zukunftsstudien und Technologiebewertung (IZT) hat, gefördert durch die VW-Stiftung, eine (Sach-) Ökobilanzierungen komplexer Elektronikprodukte durchgeführt.

162) Vgl. Grote (1995) 108; Öko-Institut (1996) 189, 191; MCC (1993) 16f. zitiert nach Behrendt u. a. (1998b) 90f. und eigene Berechnungen

163) Vgl. Griese u. a. (1997) 84f.

Das „Design for Environment Program" hat explizit das Ziel, dem großen Energiebedarf während der Nutzung sowie den Entsorgungsproblemen durch eine umweltgerechte Konstruktion in der Phase der Produktkonzeption zu begegnen. Große Einsparpotentiale werden bei der vollklimatisierten Chip-Produktion gesehen. Reinstraumbedingungen, die bei Operationen im Krankenhaus nicht erreicht werden, erfordern einen 600fachen Luftaustausch pro Stunde und sind für 60 % des gesamten Strombedarfs einer Chip-Fabrik verantwortlich.[164]) Durch optimierte Prozeßtechniken können sowohl Kosten als auch Umweltbelastungen gesenkt werden. Früher wurde das Ideal des „Ultra-Clean-Processing" verfolgt. Inzwischen erfolgt zunehmend eine Orientierung am „Just-Clean-Enough"-Konzept, bei dem auf großvolumige Reinräume zugunsten von lokalen Reinraumkonzepten verzichtet wird.

Betrachtet man die Betriebsphase der Geräte, so entfielen 1995 hochgerechnet auf die Bundesrepublik Deutschland ca. 11 % des Haushaltsstromverbrauchs von rund 125 Mrd. Kilowattstunden auf die Nutzung von Informations- und Kommunikationstechnik sowie Unterhaltungselektronik.[165]) Dies ist fast soviel Strom wie die Bundeshauptstadt in 12 Monaten benötigt bzw. mehr als zwei 1100-Megawatt-Kraftwerke jährlich einspeisen. Der größte Anteil entfiel auf Fernsehgeräte und Videorecorder. Allein die Leerlaufverluste[166]) von Geräten in Haushalt und Büro betrugen 20,5 Mrd. Kilowattstunden (siehe Abbildung 7). Auf IuK-Geräte entfällt dabei der weitaus größte Teil von 16,1 Mrd. Kilowattstunden.[167]) Hier können durch einfache Verhaltensänderungen relativ große Umweltentlastungseffekte erzielt werden. Das konsequente Abschalten des Stand-by-Betriebs bei Fernsehgeräten spart beispielsweise rund 30 % des nutzungsbedingten Energiebedarfs. Dieses Einsparpotential übersteigt die gesamten Energieaufwendungen für die Herstellung eines Fernsehgerätes.[168])

Der spezifische Energieverbrauch eines Teils der IuK-technischen Geräte konnte im Zuge technischer Entwicklungen bezogen auf die einzelne Produkteinheit deutlich gesenkt werden. So gingen z. B. die Anschlußwerte von Fernsehgeräten zwischen 1970 und 1995 aufgrund der Einführung von Transistoren, des Einsatzes integrierter Schaltungen sowie von Verbesserungen an der Bildröhre und den Netzteilen von 350 Watt auf 100 Watt zurück. Durch die Ausrüstung mit neuen technischen Merkmalen wie Stereoton, Satellitenempfang und Videotext sowie insbesondere die 100-Hertz-Technik, die einen um 30 % höheren Stromverbrauch verursacht, hat jedoch schon eine Umkehrung des Trends eingesetzt (Rebound-Effekt[169])). Bei Computern und Kopiergeräten haben sich ebenfalls in den letzten Jahren Effizienzfortschritte realisieren lassen, aber auch hier gibt es Rebound-Effekte, u. a. durch umfangreiche Ausstattung mit Peripheriegeräten.

---

164) Vgl. MCC (1993) 97

165) Vgl. BMWi (1996) 60; UBA (1996 c) 10, 36 und eigene Berechnungen

166) Leerlaufverluste treten auf, wenn ein Gerät Energie aufnimmt, ohne daß von ihm eine notwendige Leistung gefordert wird, z. B. durch unnötigen Dauerbetrieb, durch Bereitschaftshaltungsbetrieb (stand-by), durch (unnötigen) Dauersendebetrieb usw.

167) 9,5 Mrd. Kilowattstunden beträgt der Anteil der Privathaushalte.

168) Vgl. Behrendt u. a. (1998 b) 175 f.

169) Siehe Fußnote 138.

Abbildung 7

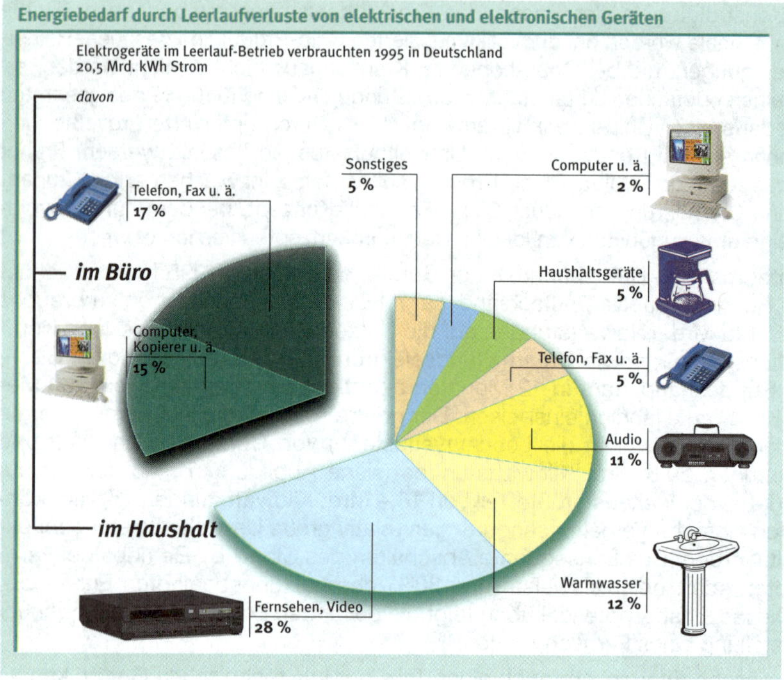

Quelle: UBA (1997 d)

Hinsichtlich des Energieverbrauchs für die Nutzung von luk-technischen Geräten existieren keine gesetzlichen Regelungen in Deutschland. Auf EU-Ebene gibt es Überlegungen, eine Richtlinie zu verabschieden, die die Leistungsaufnahme im Leerlaufbetrieb regelt. In der Schweiz werden im Rahmen des Impulsprogramms „Rationelle Verwendung von Elektrizität" (RAVEL) besonders sparsame Geräte mit dem „Energie 2000"-Label ausgezeichnet. Die Kriterien sind deutlich strenger als die des US-Energy-Stars und werden jährlich angepaßt, d. h. in der Regel verschärft. Weiterhin wurden im Zusammenhang mit der Schweizer Energienutzungsverordnung (ENV) in Gesprächen mit Herstellern und Importeuren verbindliche Zielwerte für den Verbrauch verschiedener IuK-Geräte im Leerlauf festgelegt, die von 95 % der angebotenen Geräte nach Ablauf einer bestimmten Frist eingehalten werden sollen. [170)]

In den USA wurde zur Senkung des Energieverbrauchs für Personalcomputer 1993 der Energy Star als freiwilliges Label durch die Environmental Protection

[170)] Vgl. UBA (1997 d) 64; Herkommer (1997) 10 f.

Agency (EPA) eingeführt.[171]) Er hat international eine hohe Resonanz gefunden, u. a. weil US-Behörden nur noch gelabelte Personalcomputer anschaffen dürfen.[172])

Das deutsche Umweltzeichen „Blauer Engel" für umweltgerecht konstruierte Arbeitsplatzcomputer (RAL UZ 78) vom März 1996 umfaßt u. a. Anforderungen an den energiesparenden Betrieb, die recyclinggerechte Konstruktion, die Verringerung der Materialvielfalt und die ‚Kennzeichnung von Kunststoffen. Des weiteren werden bisher Kopiergeräte (RAL UZ 62) und Computerdrucker (RAL UZ 85) sowie seit kurzem auch Fernsehgeräte (RAL UZ 91) mit dem Umweltzeichen ausgezeichnet. In Vorbereitung sind Umweltzeichen für Notebooks, Telefaxgeräte, Handys, Anrufbeantworter und Multifunktionsgeräte. Auf EU-Ebene wird die Einführung eines Umweltzeichens für PC untersucht.

Abfallmengen

Das jährliche Aufkommen an Elektro- und Elektronikschrott wird für die Bundesrepublik Deutschland auf ca. 2 Mio. t geschätzt (siehe Tabelle 12), was einem Volumen von ca. 10 Mio. m^3 entspricht.[173]) Hiervon sind etwa 600 000 t pro Jahr ausgediente Investitionsgüter aus dem industriellen/gewerblichen Bereich und ca. 850 000 t Altgeräte aus den Haushalten.[174]) Diese Mengen entsprechen ca. 600 bzw. 850 Güterzügen. Insgesamt 25 000 bis 45 000 t waren Elektronikschrott im engeren Sinne, d. h. Leiterplatten und Bauelemente.[175])

Durch den gestiegenen Absatz von Elektrogeräten in den letzten Jahren ist mit einer kontinuierlichen Steigerung der anfallenden Menge von 5 bis 10 % zu rechnen, so daß für das Jahr 2000 ein Elektro- und Elektronikaltgeräteaufkommen von etwa 2 bis 2,5 Mio. t prognostiziert wird. Von 1995 bis 2005 rechnet die Bundesregierung mit einem Elektro- und Elektronikschrottaufkommen von insgesamt 17 bis 21 Mio. t. Hiervon entfallen 7 bis 9 Mio. t auf Hausgeräte, 4 bis 5 Mio. t auf die Unterhaltungselektronik und 6 bis 7 Mio. t auf Investitionsgüter.[176])

Die Angaben beruhen im wesentlichen auf der Abschätzung von Verkaufszahlen und durchschnittlicher Lebensdauer, d. h. valide statistische Erfassungen über die real entsorgten Mengen und die Entsorgungspfade liegen bislang nicht vor. Aufgrund der hohen Verweildauer von Altgeräten in den Haushalten, die deutlich

---

[171]) In den USA beträgt der Stromverbrauch durch Computer ca. 10 % des Gesamtstromverbrauchs. Behrendt u. a. (1998 b) 173

[172]) Vgl. UBA (1997 d) 70
Der zentrale Beschaffer, die GSA (General Services Administration) ist der weltgrößte Einzelkunde für Bürogeräte, sie tätigt rund 10 % der weltweiten Bürogeräteanschaffungen.

[173]) „Bei einem Aufkommen von ca. 25 Mio. Tonnen Hausmüll pro Jahr stellt das Elektronikschrottaufkommen ... kein besonderes Mengenproblem dar. Das Umweltproblem liegt in den Inhaltsstoffen des Elektroschrotts." Angerer u. a. (1997) 248

[174]) Vgl. Behrendt u. a. (1998b) 67 f.; ZVEI zitiert nach Griese u. a. (1997) 15

[175]) Vgl. Angerer u. a. (1993) 17, 214 ff. zitiert nach Griese u. a. (1997) 16

[176]) Vgl. Deutscher Bundestag (Hrsg.) (1995 b) 7 f.

Tabelle 12

Abfallaufkommen von Elektro- und Elektronikschrott

	1994 (ZVEI), nur alte Bundesländer	Prognose 1998 (VDMA) alle Bundesländer
	– in t gerundet –	
Konsumgeräte, gesamt	865 000	1 267 000
davon Elektrohausgeräte und Elektrowerkzeug	599 000	823 000
davon Unterhaltungselektronik/Lampen	266 000	444 000
Investitionsgüter	427 000	605 000
Elektro- und Elektronikschrott	1 292 000	1 539 000
davon Informationstechnik	ca. 98 000	ca. 104 000
Schätzung neue Bundesländer	k. A.	333 000
Elektro- und Elektronikschrott, gesamt	> 1 300 000	ca. 1 900 000

Quelle: Bundesregierung (1995); Deutscher Bundestag (1995) 7; Behrendt u. a. (1998 b) 68

höher als die technische Lebensdauer liegt, ist aber davon auszugehen, daß derzeit eher geringere als die prognostizierten Mengen anfallen. Die Rücklaufquote – das Verhältnis der in die Entsorgung gelangenden Geräte zu den neu auf den Markt gebrachten – wird derzeit auf nur etwa 30 % des Gesamtanfalls geschätzt. [177])

Nach wie vor bilden die Hausmülldeponierung und Verbrennung die wesentlichen Entsorgungswege. Für die Demontage und Verwertung sind seit der ersten Ankündigung der Elektronikschrottverordnung im Jahr 1991 zwar erhebliche Kapazitäten geschaffen worden, die Anlagen der Verwerter sind aber vielfach nur unzureichend ausgelastet, da bislang kaum gesetzlicher Druck besteht, tatsächlich alle Geräte werkstofflich zu verwerten. [178]) Spätestens mit Auslaufen der Übergangsfristen der TA Siedlungsabfall am 1. Juni 2005 wird es – aufgrund der Begrenzungen des Glühverlustes auf 3 bzw. 5 Masse-% für abzulagernde Abfälle der Deponieklasse I bzw. II – zu Veränderungen kommen müssen, da beispielsweise Leiterplatten etc. diese Werte nicht ohne Vorbehandlung erreichen können. Seit Inkrafttreten der TA Abfall am 1. April 1991 müssen Teile des Platinenschrotts ohnehin als besonders überwachungsbedürftiger Abfall eingestuft werden.

---

[177]) Vgl. Hesselbach, von Werder (1995) zitiert nach Griese u. a. (1997) 16
[178]) Vgl. Behrendt u. a. (1998 b) 69

Das Kreislaufwirtschafts- und Abfallgesetz (KrW-/AbfG), das im Oktober 1996 in Kraft getreten ist, dehnt die Verantwortung des Produzenten für sein Produkt auf die Zeit nach dem Gebrauch aus. Dadurch soll die Entwicklung umweltverträglicher Produkte und, wo immer möglich, die Schließung von Stoffkreisläufen gefördert werden. Mit dem KrW-/AbfG wird die Bundesregierung ermächtigt, durch Rechtsverordnungen Rückgabe- und Rücknahmepflichten einzuführen (siehe Kapitel 4.2.3, Seite 192). Das KrW-/AbfG schreibt den Herstellern eine vermeidungsorientierte Pflichtenhierarchie in Form einer Rangfolge von „Vermeidung/stoffliche Verwertung/energetische Verwertung (Verbrennnung)/Abfallbehandlung und entsorgung" vor; Abweichungen sind jedoch zulässig, wenn beispielsweise die stoffliche Verwertung technisch unmöglich, ökologisch unsinnig oder wirtschaftlich unzumutbar ist.

Umweltrelevanz der Informations- und Kommunikationstechniken in Anwendungsfeldern

a) Informations- und Kommunikationstechnik und die Möglichkeit der Verkehrsvermeidung

Die Entwicklung in Richtung „Informationsgesellschaft" ist durch flächendeckende Mobilität und universellen Informationszugriff gekennzeichnet. Die Diskussion über die räumlich-verkehrlichen Wirkungen moderner Telekommunikationstechniken ist hauptsächlich durch zwei Hypothesen geprägt:

Die *Substitutionshypothese* besagt, daß die zunehmende Nutzung der Telekommunikation zu einer sinkenden Nachfrage nach Verkehrsdienstleistungen führt. Sie stützt sich auf Effekte wie die Reduktion von Berufsverkehr infolge von Telearbeit, den Ersatz von Geschäftsreisen durch Videokonferenzen oder von Gütertransporten durch Datenübertragungen. Die *Induktionshypothese* leugnet diese Effekte nicht, geht jedoch davon aus, daß neue Kommunikationstechnologien die Verkehrsnachfrage eher noch erhöhen, da die intensivere Kommunikation im geschäftlichen als auch privaten Bereich auch zu verstärkten physischen Interaktionen führt, Aktionsradien und Transportbeziehungen sich vergrößern und frei werdende Kapazitäten im Straßenverkehr nach bisherigen Erfahrungen auch wieder aufgefüllt werden.

Ein Blick auf die historische Entwicklung zeigt ein paralleles Wachstum von Fernkommunikation und Fernmobilität. Ein linearer Zusammenhang besteht jedoch nicht, denn die Wechselwirkungen sind sehr komplexer Natur. Auf der einen Seite befördert die Telekommunikation die Zunahme der Mobilität z. B. durch die Attraktivitätssteigerungen von Verkehrssystemen, und auf der anderen Seite wirken Telekommunikationsanwendungen in einigen Bereichen auch heute schon substitutiv – z. B. bei Videokonferenzen oder Fernwartung –, können aber unter den heutigen Rahmenbedingungen nicht zu einer spürbaren Verkehrsentlastung beitragen.

Die ökologische Modernisierung der Verkehrssysteme ist angesichts der globalen Perspektive des Umwelt- und Klimaschutzes, die Langfristeffekte einbezieht und dabei die Entwicklungs- und Industrieländer gleichermaßen berücksichtigt, von grundlegender Bedeutung. Bisher vorliegende Erkenntnisse lassen kaum Schlußfolgerungen zu, welchen Beitrag die Informations- und Kommunikationstechniken zur Verkehrsvermeidung leisten können. In Studien werden i. d. R. nur die eingesparten Verkehre betrachtet und quantifiziert, während neu entstehende Verkehre methodisch schwierig faßbar sind und dadurch systematisch vernachlässigt werden. Belastbare Aussagen über langfristige Trends, wie z. B. mögliche Wohnortverlagerungen durch Telearbeiter, liegen zudem praktisch nicht vor.

Wenn die Nettobilanz von generiertem und substituiertem Verkehr im Sinne einer nachhaltigeren zukunftsverträglichen Entwicklung positiv beeinflußt werden soll, dann fällt den ökonomischen und verkehrspolitischen Rahmenbedingungen eine Schlüsselrolle zu. Moderne Informations- und Kommunikationstechniken können physischen Verkehr in begrenztem Umfang ersetzen und eine dauerhaft umweltverträgliche Verkehrsentwicklung fördern; sie können zur Sicherheit im Straßenverkehr beitragen, sie ermöglichen eine Internalisierung externer Kosten (z. B. durch fahrleistungsbezogene Anlastung beim Roadpricing), sie können sensible Gebiete schützen und dem öffentlichen Verkehr einen entscheidenden Attraktivitätsschub geben, der eine Verschiebung des Modal Split zugunsten umweltverträglicher Verkehrsträger (Fußgänger, Radfahrer, ÖPNV) fördert. Sie können jedoch die dazu notwendigen verkehrspolitischen Entscheidungen nicht ersetzen.[179])

b) Raumplanerische Aspekte

Eine Beurteilung des Informations- und Kommunikationssektors hinsichtlich seiner Auswirkungen auf die Raum- und Siedlungsstruktur ist noch mit außerordentlich vielen Unklarheiten und Unsicherheiten behaftet. Klarheit besteht zunächst darüber, daß die Entwicklung des Informations- und Kommunikationssektors und eine zunehmende Anwendung der Telekommunikation in Unternehmen und Privathaushalten auch die räumlichen Strukturen beeinflussen wird. Uneinigkeit besteht u. a. aber, in welchem Ausmaß und in welcher Geschwindigkeit sich bestimmte Entwicklungen wie z. B. die Zunahme der Telearbeit im Büro- und Verwaltungsbereich oder die Nutzung der Telekommunikationsmöglichkeiten in privaten Haushalten durchsetzen werden. Aus den bisherigen Erkenntnissen und Untersuchungen lassen sich erste Thesen zu einzelnen Dimensionen möglicher Veränderungen ableiten.

Im Hinblick auf die Entwicklung einer nachhaltigen Raum- und Siedlungsstruktur (siehe Kapitel 4.3) sind insbesondere raumstrukturelle Aspekte – wie die räum-

---

[179]) Vgl. KDrs. 13/7 a (1998) 32 f., Zoche; 74 f., Troge; KDrs. 13/7 b (1998) 24 f., von Weizsäcker; TAB (1998)

liche Zuordnung z. B. von Wohnen und Arbeiten und daraus resultierende Verkehrserfordernisse – und der Aspekt der Flächeninanspruchnahme in den verschiedenen Bereichen (Büro- und Wohnflächenbedarf sowie indirekte Auswirkungen) bedeutsam.

Eine grundsätzliche Veränderung der regionalen Standortbedingungen und relativen Standortvor- und -nachteile zwischen Verdichtungsräumen und ländlichen Regionen durch die Entwicklung und Verbreitung der Informations- und Kommunikationstechniken ist unwahrscheinlich. Spezifische Standortnachteile vieler ländlicher Regionen werden allenfalls gemildert. Durch Zunahme von Telearbeit, auch der alternierenden Telearbeit[180]), können für einen Teil der Beschäftigten Pendelhäufigkeiten und/oder Fahrzeiten reduziert werden. Darauf deuten erste Untersuchungen aus Kalifornien, aus den Niederlanden und aus Deutschland hin. Kleinräumig können sich durch die Zunahme des Informations- und Kommunikationssektors innerhalb der Verdichtungsräume Standortvorteile für das Umland bzw. die Randbereiche von Verdichtungsgebieten ergeben. Derartige Tendenzen sind eng verknüpft mit Leitbildern wie „Arbeiten im Park" o. ä. Eine breite Zunahme solcher Suburbanisierungstendenzen würde jedoch dem Leitbild einer nachhaltigen Raum- und Siedlungsentwicklung zuwiderlaufen.

Für die Stadtentwicklung ergeben sich Auswirkungen aus der Entwicklung von Informations- und Kommunikationstechniken im Hinblick auf die daraus resultierenden Flächenansprüche. Unklarheit besteht noch bei den Konsequenzen für den Raumanspruch beim einzelnen Büroarbeitsplatz. Insgesamt wird derzeit noch von einem zunehmenden Büroflächenbedarf ausgegangen, dies aber vor allem aufgrund des Wachstums des Dienstleistungssektors. In dem Maße, wie jedoch elektronische Kommunikationsformen zum Standard werden, dürften sich die Flächenansprüche bezogen auf den einzelnen Büroarbeitsplatz als nicht so bedeutsam herausstellen.

Wachsende Flächenansprüche, zumindest mittelfristig, können aber aus der Zunahme alternierender Telearbeit resultieren. Alternierende Telearbeit bedeutet zum einen, daß die Einzelhaushalte einen Arbeitsplatz bzw. ein Arbeitszimmer vorhalten müssen, ohne daß der Arbeitsplatz im Unternehmen ganz aufgegeben werden kann. Selbst bei einer weitgehenden Entpersonalisierung von Arbeitsplätzen oder der Zusammenfassung solcher Arbeitsplätze dürfte in der Summe die Flächeninanspruchnahme zunehmen. Inwieweit dieser Flächenbedarfszuwachs jedoch umgesetzt wird, ist nach Ansicht der Enquete-Kommission derzeit noch nicht abschätzbar. Als eine Möglichkeit, um diesen möglichen Zuwachs in Grenzen zu halten, kann die Entwicklung sog. Tele(service)center oder Telehäuser an-

---

180) Telearbeit ist eine Form der Bildschirmarbeit, bei der die Arbeit mittels Informations- und Kommunikationstechniken mit gewisser Regelmäßigkeit außerhalb des Betriebes erbracht wird. Bei der alternierenden Telearbeit wird die Arbeit teils zu Hause und teils im Berieb geleistet. Die Bundesregierung unterscheidet mobile Telearbeit, alternierende Telearbeit, ausschließliche Telearbeit und Telearbeit in Satelliten- und Nachbarschaftsbüros. Vgl. Deutscher Bundestag (Hrsg.) (1997 d) 2

gesehen werden. In diesem Zusammenhang sind auch Nachbarschaftsbüros zu nennen, die als Telezweigstellen von Unternehmen fungieren.

Ein weiterer Aspekt möglicher Auswirkungen ergibt sich aus der Zunahme von informations- und kommunikationstechnisch gestützten Dienstleistungsangeboten, die in wachsendem Umfang von den Wohnungen aus erledigt werden (können) wie z. B. Telebanking. Neben der Zunahme des Versandhandels kann diese Entwicklung bei verschärftem Kostendruck im Dienstleistungsgewerbe zu einer Schwächung der lokalen Versorgungsstrukturen, insbesondere in Teilsegmenten des haushaltsbezogenen Dienstleistungsangebots führen, damit langfristig eine Stärkung zentraler Versorgungsstrukturen fördern. Dies würde in der Tendenz einer nachhaltigen Siedlungsstruktur zuwiderlaufen.

c) Umweltmonitoring

Ein großräumiges und langfristiges Umweltmonitoring, also die Ermittlung des Zustandes verschiedener Umweltmedien, wie Boden, Wasser und Luft oder die Messung von Umweltradioaktivität und ultravioletter Strahlung, können frühzeitig Störfälle und Fehlentwicklungen aufzeigen. Diese Frühwarnsysteme in betrieblichen und öffentlichen Anwendungsbereichen leisten einen wichtigen Beitrag zum schonenderen Umgang mit natürlichen Ressourcen und sind ohne die Unterstützung durch die Informationstechnik kaum denkbar. Auch die satellitengestützten Umweltfernerkundungen, die vor dem Hintergrund weiträumiger Umweltprobleme und internationaler Umweltkonventionen zunehmend an Bedeutung gewinnen, erfordern einen umfangreichen Einsatz der Informations- und Kommunikationstechniken. Unverzichtbar sind ihre Anwendungen zudem bei der Erfassung und Darstellung komplexer Wechselwirkungen durch Simulation und Szenarien, wie sie insbesondere in der Umweltökonomie und in der Klimaforschung eingesetzt werden. Der Weiterentwicklung und verstärkten Anwendung solcher auf Informationstechnik gestützten Berechnungen, die auch fundierte Prognosen über zukünftige Umweltbe- und -entlastungen erlauben, wird in Zukunft besondere Bedeutung zukommen.

d) Satellitengestützte Positionierungs- und geographische Informations-Systeme in der Landwirtschaft

Satellitengestützte Positionierungssysteme (GPS, Global Positioning System) und Geographische Informations-Systeme (GIS) sind Schlüsseltechniken, die langfristig die landwirtschaftliche Bodennutzung voraussichtlich grundlegend beeinflussen werden. Der technische Terminus für diese Technologien ist international „Precision Agriculture". Mit ihrer Hilfe soll es erstmals möglich sein, großflächig den Einsatz von Produktionsmitteln wie z. B. von Dünge- und Pflanzenschutzmitteln quantitativ der räumlichen Variabilität von Merkmalen der Bodenfruchtbarkeit anzupassen (lokales Ressourcen-Management). Dies würde zu einer deutlichen Verbesserung der Effizienz von Produktionsmitteln führen und birgt damit auf den entsprechenden Flächen ein weitergehendes Umweltentlastungspotential. Informations- und Kommunikationstechniken werden in Zukunft einen wesentlichen Bestandteil der „Best Available Technology“ (BAT) im Bereich der Bodennutzung ausmachen. Gemessen am derzeit bereits existierenden Technikeinsatz in der Landwirtschaft wird der zusätzlich erforderliche Hardwareeinsatz auf ca. 5 % des derzeitigen Finanzvolumens für Neuinvestitionen geschätzt, so daß mit einer zunehmenden Verbreitung auch in mittelgroßen Betrieben gerechnet werden kann.

Ein wesentliches Hemmnis für den Einsatz von Informations- und Kommunikationstechniken dürfte auch in der Landwirtschaft zunächst der Bildungs- und Fortbildungssektor sein. Ansätze zur Beseitigung dieses Hemmnisses bietet die Verankerung der Ausbildung in fachbezogenen Informations- und Kommunikationstechniken in der Berufsbildung. Darüber hinaus kann der landwirtschaftlichen Beratung hier ein neues Arbeitsfeld zuwachsen.

e) Betriebliche Informationssysteme

Ein zentrales Werkzeug für die Ermittlung und Nutzung von umweltbezogenen Potentialen der Effizienzsteigerung im betrieblichen Bereich sind Umweltinformationssysteme, die i. d. R. einen ergänzenden Bestandteil der übrigen betrieblichen Informationssysteme bilden.

> „Mit der EDV-Unterstützung beim Umweltmanagement (Umweltcontrolling, Design for Environment, Umweltkostenrechung, ökologische Schwachstellenanalyse) können negative Umweltauswirkungen reduziert werden. Untersuchungen haben gezeigt, daß rund 90 bis 95 Prozent der Umweltauswirkungen von Produkten bereits bei der Produktentwicklung festgelegt werden (Materialeinsatz, Konstruktionsart, Produktionsprozeß, Anteil von Recyclingstoffen, die in die Produktion einfließen, Anteil recyclingfähiger Komponenten des Produktes, Lebensdauer), so daß hier der Hauptansatzpunkt für Einsparungen und umweltbewußte Produktion zu sehen ist.“ [181])

Durch Einsatz von Software zur Ökobilanzierung wie auch durch Simulation alternativer Produkte und Verfahren kann Informationstechnik in Unternehmen bei der Entwicklung bzw. der Umstellung auf umweltgerechte, ressourcensparende und damit auch ökonomisch effiziente Produktion (Einsparung von Energie, Entsorgungskosten etc.) und Produkte unterstützen. Aber auch für betriebübergreifende Aufgaben des Stoffstrommanagements sind Umweltinformationssysteme nützlich und notwendig. Zahlreiche interessante und praktikable Ansätze für das Stoffstrommanagement in und zwischen Produktionsbetrieben sind z. B. dem Tagungsband des 11. Internationalen Symposiums der Gesellschaft für Informatik (GI) zu entnehmen. [182]) Auch für das Stoffstrommanagement von Handelsunternehmen wurde inzwischen eine Software entwickelt und erprobt. [183])

---

[181]) KDrs. 13/7 a (1998) 51, Zoche
[182]) Vgl. Geiger u. a. (1997)
[183]) Vgl. Möller u. a. (1997)

4.2.2.2 Die ökonomische Dimension

Die Informations- und Kommunikationstechnik als Basisinnovation der wirtschaftlichen und gesellschaftlichen Entwicklung

Die ökonomische Dimension der Informations- und Kommunikationstechnik weist zwei Ebenen auf: Zum einen ist der Wirtschaftsbereich der IuK-Technik selbst mit seinen Produkten und Dienstleistungen zu analysieren. Gleichzeitig wird die Produktion von Gütern und Dienstleistungen in anderen Wirtschaftszweigen und die damit verbundene Wertschöpfung heute maßgeblich von der IuK-Technik mitbestimmt. Sie gilt als einer der Motoren der Dienstleistungsgesellschaft, da sie mit ihren Produkten und Diensten erst die Voraussetzungen für eine Vielzahl neuer Güter und Märkte schafft; die IuK-Technik wird daher auch als Querschnittechnologie bezeichnet.[184]) Auf dieser zweiten Ebene der ökonomischen Analyse stehen daher die Anwendungsfelder bzw. die gesamtwirtschaftliche Relevanz der IuK-Technik im Mittelpunkt.

Güter und Dienstleistungen, basierend auf der IuK-Technik, werden in verschiedenen Wirtschaftszweigen hergestellt. Eine allgemein anerkannte Abgrenzung dieses Wirtschaftsbereichs gibt es daher nicht, so daß auch keine einheitlichen und genauen Angaben zu den Produkten, Beschäftigten, Umsätzen oder Arbeitsplätzen gemacht werden können.[185]) Das DIW hat in Zusammenarbeit mit der Prognos AG folgende Bereiche der Informations-und Kommunikationsbranche zugeordnet:[186])

- Medien: Unternehmen, die schwerpunktmäßig Massenmedien herstellen oder vertreiben,
- Medien- und Kommunikationstechnik: Unternehmen, die Unterhaltungselektronik-Produkte, Büromaschinen und DV-Einrichtungen, nachrichtentechnische Geräte sowie fototechnische und -chemische Produkte herstellen oder vertreiben und
- Kommunikationsdienstleitungen: Unternehmen, die schwerpunktmäßig DV-Software und Dienstleistungen, Telekommunikations- und Postdienste anbieten.

Die Geschichte der Industriegesellschaft kennt eine Reihe technologischer Basisinnovationen, die jeweils lang anhaltende Zeiten wirtschaftlichen Wachstums begründeten, und auch vor Beginn der industriellen Wirtschaftsweise waren bestimmte Erfindungen entscheidend für die weitere Entwicklung einer Gesellschaft, so bekanntermaßen die Erfindung des Rades oder später die des Buchdrucks.

In der wirtschaftshistorischen Betrachtung werden langfristige Wachstums- bzw. Kondratieff-Zyklen unterschieden.[187]) Charakteristisch ist, daß erst eine be-

[184]) Vgl. Behrendt u. a. (1998 b) 50
[185]) Vgl. Behrendt u. a. (1998 b) 53
[186]) Vgl. DIW, Prognos (1996) 165
[187]) Vgl. BMWi (1995) 2

stimmte Erfindung und die daraus resultierende Innovation einen markanten Wachstumsschub hervorriefen:

- Erfindung der Dampfmaschine (1800–1850),
- Eisenbahn (1850–1900),
- Automobil (1900–1945) und
- Flugzeug und Petrochemie (1945–1970).

Van Geldern, Kondratieff und Schumpeter beschrieben die großen Wirtschaftszyklen sowie die kürzeren sog. „business cycles" als integrierte Merkmale für die Entwicklung der Weltwirtschaft. Die kürzeren werden dabei von den großen Zyklen, die in der Technologiegeschichte relativ selten – ca. zweimal innerhalb eines Jahrhunderts – anzutreffen sind, beeinflußt. Jede dieser Wellen wird durch eine dominante Technologie charakterisiert, die alle Branchen der Wirtschaft beeinflußt. Hiernach könnte die IuK-Technik den Beginn einer fünften Welle markieren: IuK-Techniken verfügen über ein hohes ökonomisches Potential, sie gelten heute als Basisinnovationen für die zukünftige wirtschaftliche Entwicklung, da sie nahezu alle wirtschaftlichen und sozialen Bereiche berühren und den Strukturwandel fördern.[188]) Man spricht in diesem Zusammenhang auch von dem Wandel der Dienstleistungsgesellschaft in eine Informationsgesellschaft. Der Begriff der Informationsgesellschaft wird allerdings auch kritisch beurteilt.

> „Während die Gesellschaft im Konzept einer ‚informatisierten Industriegesellschaft' stets eine industrielle bleibt und somit deren Grundannahmen lediglich fortschreibt, verstehen sich die Ansätze einer ‚information economy' wie auch einer ‚nachindustriellen Gesellschaft' letztlich als deren Überwindung; eine neue Gesellschaftsformation entsteht – die hier zur Rede stehende Informationsgesellschaft."[189])

Unbestritten, trotz gegensätzlicher Modellvorstellungen, dürfte sein, daß technische „Revolutionen" einen gravierenden Einfluß auf die gesamte Wirtschaftsstruktur ausüben. Er wird zunächst nur in einigen führenden Sektoren sichtbar (z. B. rund um die Dampfmaschine, die elektrische Energie, den Computer), verändert aber nach und nach die Strukturen und die Bedingungen von Produktion und Handel in fast allen Branchen. Dabei kennzeichnen die sog. großen Wellen die Diffusion der Techniken: Sie ist entscheidender als der Zeitpunkt, zu dem die Technik entdeckt wurde, und kann Jahrzehnte andauern.

Werden die wichtigsten Forschungsbereiche, in denen sich der technologische Fortschritt bislang vollzogen hat, verdichtet, so können verschiedene Technologiefelder unterschieden werden, denen ein erhebliches Innovationspotential für die wirtschaftliche und gesellschaftliche Entwicklung in der Bundesrepublik

---

[188]) Vgl. Tauss u. a. (1996) 23
[189]) Tauss u. a. (1996) 24

Deutschland zugeschrieben wird. So liegt beispielsweise ein Anwendungsbereich des Technologiefeldes „Mikrosystemtechnologien“ in der Vernetzung von Mikrotechnik, -elektronik, -aktorik und integrierter Optik in kleinsten Dimensionen mit dem Ziel, autonome Impulsimplantate o. ä. herzustellen.[190]) Mit dem Einsatz von IuK-Techniken werden u. a. Ziele verfolgt wie: Entwicklung kleiner und schneller Computer-Hardware sowie „intelligenter“ Software und Förderung einer leistungsfähigen Übertragung von Informationen sowie mulimedialer Kommunikation.

Der Einsatz der IuK-Technik führt dazu, daß sich bestehende Raum-, Zeit-, Informations- und Entscheidungsstrukturen und damit das gesellschaftliche Zusammenleben und letztlich auch der Ressourcenverbrauch tiefgreifend ändern.[191]) Gleichwohl wird dieser gesellschaftliche Umbruch in der gegenwärtigen Diskussion überwiegend als ein ökonomisch-technologischer Wandel verstanden, mit der Begründung, daß sich die folgenreichsten Konsequenzen des Einsatzes der IuK-Technik im wesentlichen auf den gesellschaftlichen Teilbereich der Wirtschaft konzentrieren. Wandel wird bislang als technologisch-wirtschaftliche Veränderung interpretiert und weniger als ein Beitrag zu einer nachhaltigen Stabilisierung der gesellschaftlichen Entwicklungsbedingungen. Die bisher vorgelegten politischen Konzepte zur Gestaltung dieser Entwicklung befassen sich dementsprechend nahezu ausschließlich mit der Sicherung eines freien Marktes, mit der Deregulierung bestehender marktlicher Monopole (z. B. Deregulierung des Fernmeldemarktes zu Beginn 1998) sowie mit der Zukunftsfähigkeit des „Technologiestandortes Deutschland“.[192])

Der entscheidende Vorteil der IuK-Anwendungen liegt darin, daß Informationen mit hoher Geschwindigkeit produziert und übertragen werden können. Auch die Entwicklung der Speicherkapazität für große Datenmengen verläuft rasant: Während der Diffusionsphase der Techniken gelang es bereits, durch die Verbindung von Computertechnik, Telekommunikation sowie weiterer Innovationen in den Bereichen Software, Komponenten und Netzwerktechnik, eine flexible Produktionsorganisation zu schaffen und Netzwerke innerhalb und zwischen Unternehmen, Individuen und Organisationen aufzubauen.

Das neue an dem Produktionsfaktor „Information“ liegt allerdings darin, daß es heutzutage ohne größere Probleme möglich ist, zeitliche und räumliche Grenzen, an die die konventionellen Produktionsfaktoren überwiegend gebunden sind, zu überwinden. Eine 24-Stunden-Fertigung rund um den Erdball ist keine Utopie mehr: International tätige Unternehmen können Informationen per Satellitenübertragung rund um den Erdball transferieren und auf diese Weise nicht nur günstige Standortfaktoren ausnutzen, sondern auch flexibel auf regional unterschiedliche Konsumentenwünsche reagieren. Dauerhafte Wettbewerbsvorsprünge ohne eine ständige Aktualisierung und zeitgerechte Bereitstellung von Informationen sind daher heute – insbesondere auf den internationalen Märkten – nicht mehr denkbar.

---

190) Vgl. Bullinger (1997) 79
191) Vgl. Roland Berger und Partner GmbH (1997) 21 ff.
192) Vgl. Tauss u. a. (1996) 10

Volkswirtschaftliche Bedeutung

Im 21. Jahrhundert wird die Ressource „Information" von zentraler Bedeutung sein. Die *konventionellen* Produktionsfaktoren Arbeit, Boden und Kapitel verlieren im Vergleich zu den Faktoren „Information" und „Wissen" an Bedeutung. Technische Innovationen liefern die Voraussetzungen dafür, daß der Faktor „Information" als zentrales Element in Wirtschaft und Gesellschaft an Bedeutung gewinnt. Das Wirtschaftswachstum basiert damit in erster Linie auf Wissenswachstum. Die IuK-Technik ist bereits heute nicht mehr auf die Arbeitswelt begrenzt, sondern durchdringt alle Wirtschafts- und Lebensbereiche. Neben dem Umgang mit Wissen wird daher der Erwerb neuen Wissens immer wichtiger, d. h. der Anteil der Faktoren „Information" und „Wissen"[193]) an der Entstehung des Bruttoinlandsprodukts wird zunehmen.[194])

Schon heute kommt der IuK-Technik große wirtschaftliche und beschäftigungspolitische Bedeutung zu: in Deutschland belief sich das Umsatzvolumen im Jahr 1994 auf insgesamt 382 Mrd. DM. Darunter fallen die Bereiche Medien (Druck und elektronische Medien), Telekommunikation (Geräte und Dienste), DV-Geräte (Büromaschinen, Software, Service), Elektronik in Geräten und Anlagen, Unterhaltungselektronik sowie Baugruppen und -elemente.[195]) Nach dieser Abgrenzung verfügten die IuK-Techniken 1997 über einen direkten Anteil von 4,6 % am Bruttoinlandsprodukt (BIP). Die jährlichen Wachstumsraten liegen im IuK-Bereich bei mindestens 5 % und erreichen in Ausnahmejahren auch zweistellige Werte. Dementsprechend wächst der direkte Anteil der IuK-Wirtschaft am BIP weit überdurchschnittlich (siehe Abbildung 8).

In den USA wird heute bereits ein Anteil von 7 % erzielt, in Großbritannien, Schweden, der Schweiz und Irland liegt der Wert bei über 6 %. Nicht berücksichtigt ist hierbei die in andere Produkte eingegangene IuK-Technik. Der IuK-Anteil an der Wertschöpfung des Maschinen- und Anlagenbaus, der elektrotechnischen und Elektroindustrie, des Automobilbaus, der chemischen Industrie oder der Unterhaltungsindustrie kann im Bereich der jeweiligen Spitzentechnologien bis zu 80 % erreichen.[196]) Als Querschnittechnologie (s. o.) kommt der IuK-Technik herausragende Bedeutung für die Wettbewerbsfähigkeit der Wirtschaft zu.[197])

Als entscheidende Auslöser einer schnellen Diffusion der neuen IuK-Techniken wird ein immer größer werdender Bedarf an Information als Möglichkeit zur Steuerung und Kontrolle der industriellen Produktion gesehen.[198]) Im Unterneh-

[193]) Unter „Information" sollen hier diejenigen Wissensbestandteile verstanden werden, die losgelöst vom Menschen übertragen werden können. Unter Wissen verstehen wir dagegen die ins Bewußtsein integrierte und verarbeitete Information einschließlich „Know-how" und personengebundener Bestandteile.

[194]) Vgl. Bullinger (1997) 75

[195]) Vgl. BMWi (1995) 60

[196]) Vgl. Fachverband Informationstechnik im VDMA und ZVEI (1998) 18

[197]) Vgl. Fachverband Informationstechnik im VDMA und ZVEI (1998) 18

[198]) Vgl. Tauss u. a. (1996) 23

Abbildung 8

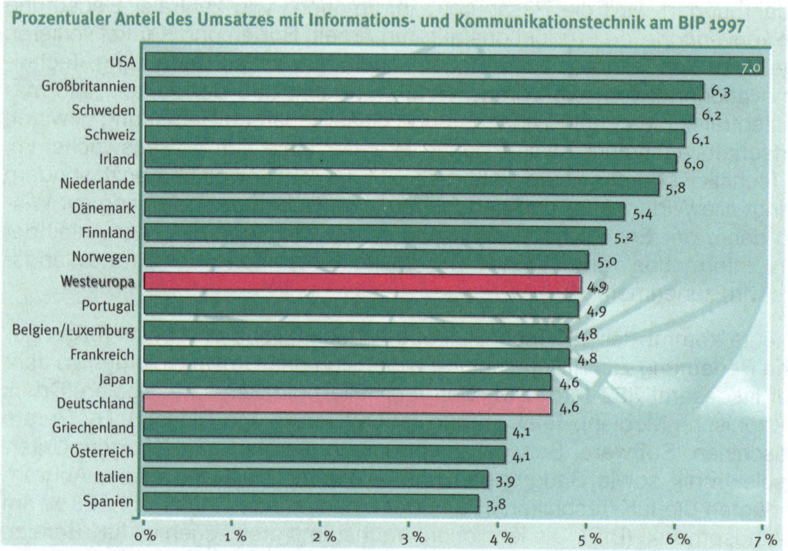

Quelle: Fachverband Informationstechnik im VDMA und ZVEI (1998) 18; Basis EITO

menssektor besteht der Nutzen von IuK-Techniken beispielsweise in der Verkürzung von Geschäftsabläufen, in effizienterer Prozeß- und Anlagensteuerung, höherer Integration von Forschung und Entwicklung, weltweitem Marketing sowie verteilter Produktion und Dezentralisierung bei der Nutzung hochqualifizierter Arbeitsplätze. Insgesamt bechleunigen IuK-Techniken Entscheidungs- und Kommunikationsprozesse in Unternehmen und Organisationen.

Die IuK-Technik eröffnet aufgrund ihrer vielfältigen Anwendungsmöglichkeiten gerade für den Bereich der mittelständischen Wirtschaft mit seiner heterogenen Struktur und seinem daher großen Bedarf an maßgeschneiderten Lösungen bedeutsame Marktchancen.[199]) Das Entstehen von sog. Mulitmediaberatungsdienstleistungen und „Auftragsfertigung" (Build-to-Order) mögen hierfür als Beispiele dienen.

Häufig werden heute die Worte „Informationsgesellschaft" und „Globalisierung" in einem Atemzug genannt. Beide Entwicklungen werden auch als diejenigen „Trends" bezeichnet, die die zukünftige Entwicklung des „Standortes Deutschland" grundlegend beeinflussen.[200]) Internationalisierung und Globalisierung erhöhen die Notwendigkeit, Güter weiträumig zu verteilen, dadurch erhöht sich auch der Bedarf an Kontrolltechnologien, die mittels Informa-

[199]) Vgl. Roland Berger und Partner GmbH (1997) 27 f.
[200]) Vgl. Roland Berger und Partner GmbH (1997) 2

tionsverarbeitung den Warenaustausch steuern und kontrollieren können.[201]) Die Märkte für IuK-Technik sind daher keineswegs auf Nationen oder Regionen beschränkt, vielmehr werden Güter und Dienstleistungen der IuK-Technik weltweit gehandelt.

Der Weltmarkt für IuK-Technik erreichte 1997 ein Umsatzvolumen von 2,3 Bill. DM. Die USA erzielten hieran einen Anteil von 35 % und Europa von 30 %. Die deutsche IuK-Industrie vereinigt immerhin einen Weltmarktanteil von 8 % und Japan von 14 % auf sich (siehe Abbildung 9).

Abbildung 9

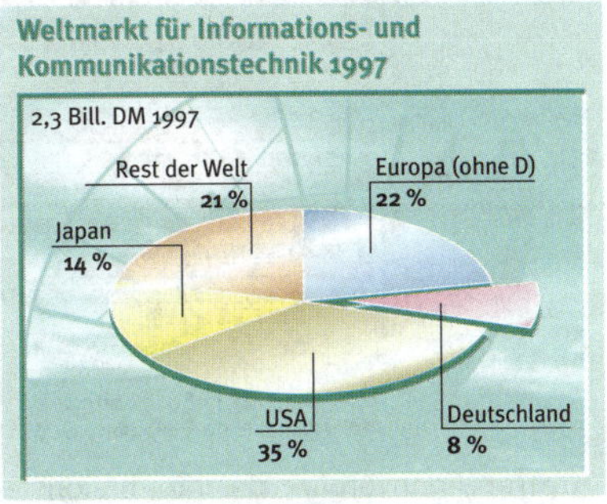

Quelle: Fachverband der Informationstechnik im VDMA und ZVEI (1998) 20

Höhe und Entwicklung der Produktion sowie die außenwirtschafliche Verflechtung sind ein Gradmesser für die Stärke der deutschen IuK-Industrie. 42 % der deutschen IuK-Exporte gehen in Nicht-EU-Länder (siehe Abbildung 10). Die deutsche Kommunikationstechnik ist in europäischen und asiatischen Märkten ausgesprochen stark vertreten. Mehr als 50 % der Produktion werden exportiert. In den vergangenen Jahren konnte auch die Informationstechnik deutlich an Boden gutmachen. So wuchs beispielsweise die Inlandsproduktion informationstechnischer Hardware 1996 um 8 % und 1997 um etwa 10 %. Die beiden Europäer unter den weltweiten Top Twenty der Softwarehäuser kommen aus Deutschland, und in einigen besonders zukunftsträchtigen Marktsegmenten – wie tragbaren Personal Computer – ist Deutschland inzwischen sogar Nettoexporteur.[202]) Und auch bei den Pro-Kopf-Ausgaben für Informationstechnik und Telekommunikation liegt die Bundesrepublik Deutschland im vorderen Mittelfeld (siehe Abbildung 11).

Die Bereitschaft, in Informations- und Kommunikationstechniken zu investieren, ist in der Schweiz mit weitem Abstand am größten. Die Schweizer gaben 1997 pro Kopf 3 843 DM für Produkte und Dienstleistungen der IuK-Technik aus. Mit deutlichem Abstand folgen die USA mit 2 989 DM sowie Dänemark, Schweden und Norwegen mit 2 831 bis 2 727 DM pro Einwohner. 1997 haben daher im internationalen Vergleich abermals jene Länder besonders stark in IuK-Techniken investiert, die bei der Ausstattung mit und der Nutzung von Geräten und Diensten auch vorher schon besonders gute Werte erzielten. Die Bundesrepublik Deutschland lag 1997 mit 2 250 DM pro Einwohner deutlich über dem westeuropäischen Durchschnitt (1 774 DM).

---

201) Vgl. Roland Berger und Partner GmbH (1997)
202) Vgl. Fachverband Informationstechnik im VDMA und ZVEI (1998) 21

Abbildung 10

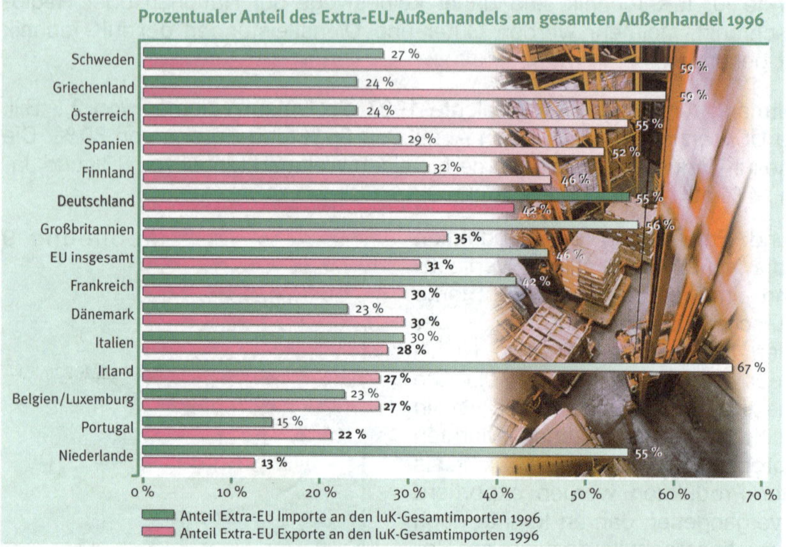

Quelle: Fachverband der Informationstechnik im VDMA und ZVEI (1998) 21

Abbildung 11

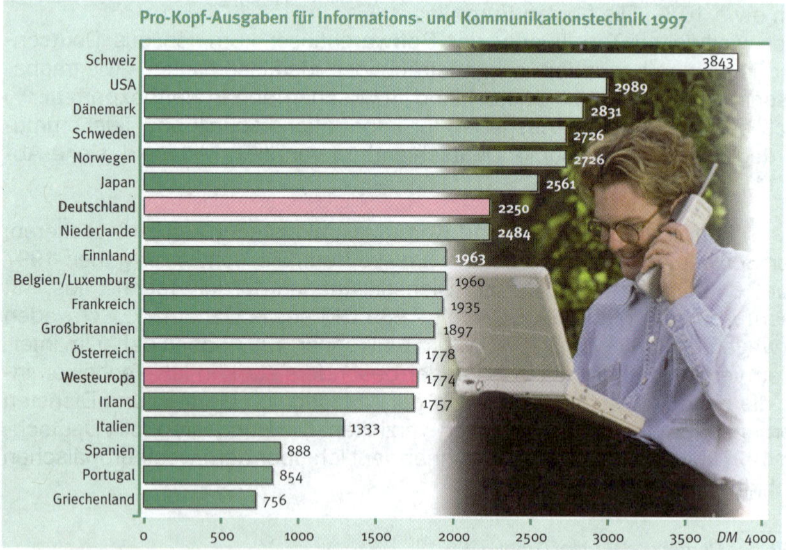

Quelle: Fachverband der Informationstechnik im VDMA und ZVEI (1998) 17; Basis: EITO

Beschäftigungspolitische Bedeutung

Das Be- und Verarbeiten von Informationen wird, obwohl die bekannten Berufsbezeichnungen weitgehend unverändert geblieben sind, auch in vielen anderen Berufen zum überwiegenden Arbeitsinhalt. Hinzu kommen neue, informationsbezogene Berufsbilder, wie das des Multimedia-Spezialisten oder des Kommunikationswissenschaftlers. Die traditionellen Beschäftigungsbereiche Landwirtschaft und Produktion verlieren hingegen immer mehr an Bedeutung.[203]) In der Bundesrepublik Deutschland arbeiten bereits mehr als die Hälfte der Beschäftigten mit Produkten der IuK-Technik; gleichzeitig steht der IuK-Bereich nach dem Öffentlichen Dienst (5,4 Mio. Erwerbstätige) und der Bauwirtschaft (3 Mio. Erwerbstätige) an dritter Stelle in der Rangfolge der beschäftigungsintensiven Branchen.

1996 waren 1,66 Mio. Menschen in der Informationswirtschaft (IuK-Technik, Dienste, Bauteile, Unterhaltungselektronik, Medien, Fachhandel) tätig.[204]) Dies entspricht einem Anstieg von 2 % im Vergleich zu 1995. Die höchsten Wachstumsraten werden mit plus 10 % in der Informationstechnik erzielt, und in der Hardwareproduktion stieg die Zahl der Beschäftigten im Jahresvergleich sogar um 16 % (siehe Tabelle 13). Derzeit herrscht allerdings ein Mangel an qualifizierten Fachkräften, so daß das Arbeitsplatzwachstum nach Einschätzung des Fachverbandes Informationstechnik im VDMA und ZVEI etwa doppelt so hoch sein könnte, wenn die Arbeitskräfte verfügbar wären.[205]) Für die Zukunft wird ein weiteres Beschäftigungswachstum überwiegend im Umfeld der IuK-Techniken gesehen;[206]) insgesamt wird von einer ausgeglichenen Bilanz ausgegangen: den Beschäftigungsgewinnen im Bereich der Hard- und Softwareproduktion stehen Arbeitsplatzverluste, hervorgerufen durch Rationalisierungseffekte, im Anwendungsbereich der IuK-Technik gegenüber.[207])

Zukünftige Entwicklung und Stellenwert der Informations- und Komunikationstechnik

Durch die Entwicklung im IuK-Sektor müssen neue Regeln entwickelt werden, die das gesellschaftliche Miteinander neu festlegen. Produktionsmöglichkeiten für alte und neue Produkte verändern sich heute in rasantem Tempo, und es werden täglich Impulse für weitere Produktivitäts-, Umsatz- und Marktentwicklungen gegeben. Die Einsparungspotentiale in den Bereichen Arbeit und Kapital sind

---

[203]) Vgl. Enquete-Kommission „Zukunft der Medien in Wirtschaft und Gesellschaft" (1997 b) 72

[204]) Vgl. Fachverband der Informationstechnik im VDMA und ZVEI (1998) 19, Statistisches Bundesamt

[205]) Vgl. Fachverband der Informationstechnik im VDMA und ZVEI (1998) 19, Statistisches Bundesamt

[206]) Vgl. Dostal (1994) 498 ff.

[207]) Qualitative beschäftigungspolitische Aspekte der IuK-Technik werden im Abschnitt „Die soziale Dimension" (siehe Seite 180) diskutiert.

Tabelle 13

Erwerbstätige in der Informationswirtschaft

Bereich	Erwerbs-tätige 1995	Erwerbs-tätige 1996	Erwerbs-tätige 1997 a)	96/95	97/96 a)
				– in % –	
Hardware, Software und Services	937 000	963 000	1 005 000	*3*	*4*
Informationstechnik	306 000	336 000	368 000	*10*	*10*
Herstellung von Büromaschinen und DV-Geräten	112 000	130 000	139 000	*16*	*7*
Software und IT-Dienstleistungen	194 000	206 000	229 000	*6*	*11*
Telekommunikation	303 000	281 000	284 000	*– 7*	*1*
Herstellung von nachrichtentechnischen Geräten	57 000	57 000	56 000	*0*	*– 2*
Fernmeldedienste	246 000	224 000	228 000	*– 9*	*2*
Elektronische Bauelemente	126 000	151 000	166 000	*20*	*10*
Unterhaltungselektronik	52 000	46 000	41 000	*–12*	*–10*
Fachhandel und Distribution a)	150 000	149 000	145 000	*– 1*	*– 3*
Medien	682 000	693 000	716 000	*2*	*3*
Verlagsgewerbe	222 000	211 000	215 000	*– 5*	*2*
Druckgewerbe	294 000	296 000	296 000	*1*	*0*
Film- u. Videoherstellung, -verleih, -vertrieb, Filmtheater	28 000	30 000	32 000	*7*	*8*
• Hörfunk u. Fernsehen, Programmherstellung	58 000	65 000	73 000	*12*	*13*
• Korrespondenz u. Nachrichtenbüros, freie Journalisten	30 000	41 000	49 000	*37*	*20*
• Buch-, Zeitschriften- und Musikhandel a)	50 000	50 000	50 000	*0*	*0*
Insgesamt	1 619 000	1 656 000	1 721 000	*2*	*4*

Legende: a) geschätzt

Quelle: Fachverband Informationstechnik im VDMA und ZVEI (1998) 19

nicht präzise vorhersehbar, aber allgemeine ökonomische und technische Vorteile werden zunehmend sichtbar.

Folgende Faktoren beeinflussen nach allgemeiner Einschätzung Umfang und Geschwindigkeit der Entwicklung von IuK-Märkten wesentlich:[208])

Nachfrageseitige Einflußfaktoren:

- Einstellung in der Bevölkerung zu neuen Medien sowie Entwicklung der Anwenderbedürfnisse: Sowohl bei der Nachfrage nach Personalcomputern, als auch bei der dynamischen Entwicklung des Internet wurden die etablierten Firmen des IuK-Sektors völlig überrascht.
- Zahlungsbereitschaft für neue Mediendienste und überproportionale Einkommenssteigerungen bei einem Drittel der Bevölkerung:[209]) Die Differenzierung des Angebots wird derzeit massiv vorangetrieben. Wieviel die Verbraucher von ihrem Haushaltseinkommen zukünftig für IuK-Techniken aufwenden wollen und können, ist noch völlig offen.
- Verbesserung der Medienkompetenz durch Ausbildung: Menschen, die das Angebot nicht kennen oder nicht nutzen können, sind schlechte Kunden.
- Demographische Trends (z. B. Verschiebung der Altersstrukur der Bevölkerung): Verlangsamt sich die Diffusion neuer IuK-Techniken und ihrer Anwendungen in einer Gesellschaft mit zunehmendem Anteil älterer Menschen?
- Anwenderstrukturen: In welche Nutzersegmente läßt sich der zukünftige Markt unterteilen?[210])

Angebotsseitige Einflußfaktoren:

- Technologische Entwicklung (Neue Übertragungsmedien z. B. Satellitenkommunikation; benutzerfreundliche, interaktive Softwareentwicklung)
- Verfügbarkeit von qualifiziertem Personal
- Anbieterstrukturen: Welche Anbieterstrukturen gibt es, und in welchem Verhältnis stehen sie zueinander?[211])

In allen Industrieländern zeigen sich diese Entwicklungen schon heute in den schnell wachsenden Industriezweigen wie Computer, elektronische Komponenten und Telekommunikationseinrichtungen. Die dortigen Konstellationen haben bereits zu drastischen Kostenreduzierungen und Preissenkungen, zu gewaltigen

[208]) Vgl. Perillieux, Vogelsang (1996) 466
[209]) Vgl. Perillieux, Vogelsang (1996) 457
[210]) Vgl. Perillieux, Vogelsang (1996) 463
[211]) Vgl. Perillieux, Vogelsang (1996) 461

technischen Verbesserungen und zu erheblichen Verschiebungen in der Wertschöpfungskette geführt.

So wie die industrielle Revolution Landbesitz und -bewirtschaftung nicht eliminierte, sondern nur ihre Bedeutung als zentrale Quelle von Wohlstand und Arbeit verringerte, so wird auch der revolutionäre Strukturwandel zur Informationsgesellschaft die industrielle Produktion nicht überflüssig machen, sondern nur ihre Bedeutung für Wohlstand und Arbeit relativieren.[212]) In steigendem Maße wird Kapital für Information aktiviert, sei es für höher qualifizierte oder automatisierte Arbeitskraft oder auch – weit häufiger – für bessere Renditen auf den Kapitalmärkten. Material- und Herstellungskosten verringern sich im Verhältnis zu den Informationskosten, die das Produkt bzw. die Dienstleistung definieren.

Der europäische Informationstechnologiemarkt verzeichnete seit der zweiten Hälfte der 80er Jahre enorme Wachstumsraten. Kennzeichnend für die künftigen Entwicklungen werden die Investitionen und ihre Verteilung sein:[213]) Allein durch die enorme Höhe der Investitionen wird der Telekommunikationssektor zukünftig eine entscheidende Rolle spielen müssen. Zudem bewirken IuK-bezogene Investitionen makroökonomisch einen hohen Multiplikatoreffekt: Untersuchungen der EU-Kommission haben ergeben, daß eine Investition von 1 Mrd. Euro für die Volkswirtschaft direkt zusätzliche Aktivitäten in der Größenordnung von 1,5 Mrd. Euro bedeuten. Hinzu kommt ein sehr hoher Multiplikatoreffekt von Infrastrukturinvestitionen im Bereich der IuK-Technologien auf dem Endgerätemarkt und auf dem Markt für neue Telekommunikationsdienste. Somit bilden die privaten Investitionen einen wesentlichen Faktor für die erfolgreiche Einführung neuer Telekommunikationstechnologien. Verantwortlicher Faktor für die Entwicklung des IuK-Sektors ist aber auch die Unsicherheit über den künftigen Entwicklungsverlauf und die Rolle der öffentlichen Hand sowie privater Initiativen.

4.2.2.3 Die soziale Dimension

Einleitung

Mit der Verbreitung der Informations- und Kommunikationstechniken unterliegt die Gesellschaft einem tiefgreifenden Wandel zur Informationsgesellschaft. Betrachtet man die relevanten Faktoren des Gesellschaftswandels systematisch, so kristallisieren sich nach Rürup vier Trends heraus, die den Wandel determinieren: die technische Entwicklung, der für moderne Industrieländer typische Strukturwandel, die Globalisierung ökonomischer Aktivitäten und die demographischen Veränderungen.[214]) Damit verbunden sind vor allem vier große, miteinander verwobene und sich wechselseitig beeinflussende Trends zu nennen, die entschei-

[212]) Vgl. Bankes, Builder (1992) 1 ff.
[213]) Vgl. DTI (1995)
[214]) Vgl. Rürup (1997) 5

dend zu einer Veränderung der etablierten Strukturen der „industriegesellschaftlich“ geprägten Arbeitswelt beitragen:

- die vor allem auch aufgrund IuK-gestützter Automatisierung zunehmende Rationalisierung in der industriellen Produktion, die einen notwendigen Beitrag zur Sicherung der Wettbewerbsfähigkeit der auf globalen Märkten agierenden Unternehmen liefert, die gleichzeitig aber auch dazu führt, daß infolge der damit erzielbaren Produktivitätsfortschritte ein gleich hoher Output mit immer weniger Beschäftigten realisiert werden kann;
- die durch weltweite Kommunikation beschleunigte Globalisierung der Wirtschaft, welche wiederum neue, weltweite Konkurrenzverhältnissse auf spezifischen Arbeitsmärkten schaffte. So werden z. B. Dienstleistungen über weltweite Kommunikationsnetze zu vergleichbarer Qualität, aber zu Preisen bzw. Honoraren angeboten, die oft wesentlich günstiger als in Deutschland liegen;
- die durch eine Zunahme von Heim- und mobilen Arbeitsplätzen bedingte, wachsende räumliche und soziale Differenzierung der Arbeit, die die Bedeutung des Betriebs als räumlicher Dreh- und Angelpunkt der Arbeitswelt zunehmend reduziert;
- und schließlich die erleichterte Flexibilisierung der Arbeit, die dazu führt, daß die unterschiedlichsten Arbeitsverhältnisse gegenüber dem herkömmlichen Normalarbeitsverhältnis an Gewicht gewinnen.

Natürlich wurzeln diese Trends nicht alleine in den technischen Veränderungen - Digitalisierung, Datenkompression, Vernetzung, Multimedia –, die gemeinhin zur Charakterisiering des informationsgesellschaftlichen Wandels herangezogen werden. Das neu erschlossene Potential ermöglicht, verstärkt und beschleunigt vielmehr bereits in Gang befindliche sozioökonomische Entwicklungen und macht diese so zum Teil erst real wirksam. Die neuen Informations- und Kommunikationstechniken sind in diesem Sinne klassische „enabling technologies“ – gestaltungsoffen und gestaltungsbedürftig.

Da sich die Diskussion um die entstehende Informationsgesellschaft vor allem auf die technologische und infrastrukturelle Herausforderung sowie das geeignete wirtschaftliche Umfeld zur Förderung der Verbreitung und Nutzung von Informations- und Kommunikationstechniken konzentriert, hat die Europäische Kommission im Mai 1995 eine Gruppe hochrangiger Experten (HLEG) mit der Untersuchung der sozialen Aspekte der Informationsgesellschaft betraut. Die HLEG hat ein Zukunftsbild entwickelt, das auf den enormen Möglichkeiten beruht, die die neuen Informations- und Kommunikationstechniken bieten können, wie z. B. das Potential für eine beträchtliche Produktivitätszunahme und für die Entwicklung neuer und verbesserter Produkte und Dienstleistungen. Gleichzeitig weist sie darauf hin, daß die Umwandlung dieses Potentials in einen tatsächlichen Zuwachs an Produktivität, Lebensstandard und Lebensqualität einen langwierigen Prozeß des Lernens und des institutionellen Wandels erfordert. Diese Techniken seien ihrem Wesen nach weder gut noch schlecht, doch Art und Umfang ihres

Nutzens hingen davon ab, wie sie eingesetzt würden. Zudem komme dieser Nutzen nicht automatisch allen Bereichen der Gesellschaft zugute.[215])

In ihrem Abschlußbericht weist die HLEG darauf hin, daß die soziale Integration in der Debatte über die europäische Informationsgesellschaft zu kurz kommt. Im Zusammenhang mit der künftigen europäischen Informationsgesellschaft gebe es zahlreiche sozialpolitische Herausforderungen, die über die vereinfachten Vorstellungen einer schnellen Anpassung an eine von der „externen" Macht des technologischen Wandels bestimmten Zukunft hinausgehen, in der die Menschen keinen Einfluß und keine Möglichkeiten der Mitwirkung haben. Nach Ansicht der HLEG hat sich noch nicht in ausreichendem Maße die Erkenntnis durchgesetzt, daß die neuen Informations- und Kommunikationstechniken ein vollkommen anderes System von Parametern für potentielle Wachstums- und Entwicklungsmöglichkeiten verkörpern. Die Gruppe geht in ihrem Abschlußbericht auf die damit verbundenen großen politischen Bewährungsproben ein: die besondere Bedeutung des Erwerbs von Wissen und Fertigkeiten, die sich wandelnde Rolle der öffentlichen Dienstleistungen, die sich herausbildenden Wertschöpfungsketten, die Möglichkeiten der Dezentralisierung und ihre Folgen für die Arbeitsorganisation, die wachsende Notwendigkeit des Zeitmanagements, die Folgen der Globalisierung für das Beschäftigungswachstum und die Kapitalbewegung, die besonderen Bedenken im Hinblick auf die soziale Ausgrenzung, die Möglichkeit der Überbrückung geographischer Entfernungen, die Notwendigkeit der Ausnutzung der europäischen Vielfalt sowie die Folgen einer wachsenden Transparenz für die Demokratie. Die beschriebenen Entwicklungen dürften sich auf nationaler Ebene nicht wesentlich anders darstellen. Diejenigen politischen Herausforderungen, die für eine nachhaltig zukunftsverträgliche Entwicklung von besonderer Bedeutung sind, sollen in den folgenden Abschnitten einer vertieften Betrachtung unterzogen werden.[216])

Arbeit und Arbeitsplätze in der Informationsgesellschaft

In der deutschen Informationswirtschaft[217]) finden zur Zeit 1,72 Mio. Menschen Arbeit. Die Informationswirtschaft ist somit nach dem öffentlichen Dienst (5,4 Mio. Beschäftigte) und dem Baugewerbe (3 Mio. Beschäftigte) der drittgrößte deutsche Arbeitgeber. Nach Angaben des Fachverbandes Informationstechnik konnten in den vergangenen drei Jahren fast 200 000 zusätzliche Arbeitsplätze geschaffen werden (direkter Beschäftigungseffekt).[218])

---

215) Vgl. Europäische Kommission (1997) 15 f.

216) Vgl. Europäische Kommission (1997) 25 ff.

217) Zur Informationswirtschaft werden die Bereiche Informationstechnik, Telekommunikation, Elektronische Bauelemente, Unterhaltungselektronik, Fachhandel und Distribution sowie Medien (d. h. Verlagsgewerbe, Druckgewerbe, Film- und Videoherstellung, -verleih, -vertrieb, Filmtheater, Hörfunk und Fernsehen, Programmherstellung, Korrespondenz- und Nachrichtenbüros, freie Journalisten, Buch-, Zeitschriften- und Musikhandel) gezählt. Vgl. Fachverband Informationstechnik im ZVEI und VDMA (1998) 19

218) Vgl. KDrs. 13/7 b (1998) 7, Fachverband der Informationstechnik im VDMA und ZVEI

In den 90er Jahren wurden die Beschäftigungseffekte neuer Informations- und Kommunikationstechniken vielfach abgeschätzt und prognostiziert. So sprachen Roland Berger[219]) und Martin Bangemann[220]) 1994 bzw. 1995 von bis zu 5 Mio. zusätzlichen Arbeitsplätzen in Europa durch Multimedia in den nächsten Jahren. Gemäß einer Prognose von Arthur D. Little werden im Zeitraum 1994 bis 2000 über 10 Mio. Arbeitsplätze von Multimedia direkt oder indirekt betroffen sein. 3 bis 4 Mio. Arbeitsplätze werden neu geschaffen und der Rest sind bestehende Arbeitsplätze, die mittels Multimedia-Anwendungen eine Restrukturierung oder Neugestaltung erfahren.[221]) Die Bundesregierung hielt 1996 ca. 1,5 Mio. zusätzliche Arbeitsplätze in Deutschland bis zum Jahre 2010 für eine realistische Perspektive.[222]) Inzwischen sind einige umfassende Untersuchungen der Beschäftigungswirkung von Informations- und Kommunikationstechniken durchgeführt worden, die sich jedoch deutlich in ihren Annahmen und hinsichtlich ihrer Methodik unterscheiden.[223]) Die Variation der Ergebnisse ist so groß, daß von vielen Autoren Zweifel an derartigen Szenarien angemeldet werden.[224]) Unbestritten ist hingegen die Schlüsselrolle der neuen Informationstechniken für die künftige wirtschaftliche und gesellschaftliche Entwicklung.

„Die Höhe der prognostizierten Beschäftigungseffekte hat von Prognose zu Prognose stark abgenommen. Das Metier Consortium hielt noch bis 2010 eine Zunahme der Beschäftigung im Europa der 12 Staaten von bis zu 6 Mio. für möglich."[225]) BIPE Conseil u. a. hingegen sprechen in einer Studie für die Europäische Kommission nur noch von bis zu 1,2 Mio. im Europa der 15 Staaten – allerdings

---

219) „Bis zum Jahr 2000 könnten demnach in diesem Bereich [Kommunikationsmarkt] fünf Millionen Jobs entstehen." Sturm (1994)

220) Vgl. Böndel (1995) 76, 82

221) Vgl. Little (1994) 4; Arbeitsplatzeinsparungen aufgrund von Rationalisierungseffekten wurden nicht berücksichtigt. Vgl. Little (1994) 4; ifo (1996 a) 121

222) „[Dies] würde ... im günstigsten Fall bis zum Jahr 2010 einem Potential von etwa 1,5 Millionen zusätzlichen Arbeitsplätzen [in Deutschland] entsprechen." Deutscher Bundestag (Hrsg.) (1996 b) 6

223) „Die Annahmen in den Prognosen haben sich deutlich erweitert [vgl. Bosch (1997) 53]. In der Studie des Metier Konsortiums werden ausschließlich die Verfügbarkeit und der Preis der Telekommunikationsdienste als Diffusionsfaktoren thematisiert. Es wird eine hohe, aber nicht näher quantifizierte Preiselastizität der Nachfrage unterstellt. Der eigentliche Diffusionsprozeß erfolgt dann über die erhöhte Nachfrage und den Markt. Die implizite Botschaft ist, der Staat muß sich vor allem auf die Deregulierung des Telekommunikationssektors konzentrieren. In den folgenden Studien wird wesentlich komplexer argumentiert. BIPE Conseil meint sogar in deutlichem Gegensatz zu der Metier-Studie, daß die Preiseffekte vor allem bei betrieblichen Anwendungen zumeist überschätzt würden. Erst im Zusammenspiel mit betrieblichen Reorganisationsmaßnahmen und höheren Qualifikationen bringen die neuen Technologien den Unternehmen einen Mehrnutzen und Produktivitätssteigerungen. Auch DIW, Prognos (1996) und Little (1996) argumentieren in diese Richtung. Alle halten die Liberalisierung und die damit verbundenen Preissenkungen für notwendige, aber keinesfalls hinreichende Ausgangsbedingungen der Diffusion der neuen Technologien." Bosch (1997) 52 ff.

224) Vgl. Bosch (1997) 51; Dostal (1995) 530f.; ifo (1996a) 127 ff.; Welsch (1996) 547
„Weder die Enthusiasten noch die Skeptiker können sich bislang auf zuverlässige Quantifizierung der Auswirkungen der Informationsgesellschaft stützen." ifo (1996a) 132; ifo (1996 b) 23

225) Bosch (1997) 54 f.; Vgl. Metier Consortium (1995) 95 ff.

nur bis zum Jahr 2005.[226]) Für Deutschland hatten sich die Zahlen 1996 etwa auf um die 200 000 zusätzliche Arbeitsplätze bis 2010 eingependelt[227]) (siehe Tabelle 14). Die neuen Techniken führen jedoch nur zu positiven Beschäftigungseffekten, wenn die Diffusionsprobleme überwunden werden, die in den Annahmen formuliert wurden.[228]) Bedenkt man, daß Thome 1997 in einer Analyse von neu strukturierten Geschäftsprozessen, mit denen eine Integration von Organisation und Informationsverarbeitung im Dienstleistungssektor angestrebt wird, einen möglichen Bruttoverlust von über 6 Mio. Arbeitsplätzen ermittelt hat,[229]) so verwundert es nicht, daß neuere Studien[230]) den Ausgleich zwischen Arbeitsplatzveränderungen zugunsten eines – wenn auch geringeren – Arbeitsplatzgewinns auf mittlere Sicht für nicht sonderlich aussichtsreich halten. Von der Entwicklung profitieren können vor allem kurz- und mittelfristig die Investitionsgüterindustrie (Elektronik, Maschinenbau) sowie öffentliche und private Dienstleister, negative Auswirkungen betreffen den Bausektor.[231])

Die differenzierte Branchenbetrachtung läßt erkennen, daß positive und negative Beschäftigungseffekte weder zeitlich, sektoral noch in den Unternehmensgrößenklassen synchron verlaufen.[232]) Nach Untersuchungen verschiedener Institute (z. B. BIPE Conseil u. a., Arthur D. Little u. a.) wird deutlich, daß die neuen Informations- und Kommunikationstechniken erst nach einer Durststrecke etwas Hoffnung für den Arbeitsmarkt bringen könnten. „Diese Durststrecke ist die Folge der Privatisierung des Telekommunikationssektors, die zunächst einmal zu Preissenkungen durch Rationalisierung führen soll,“[233]) denn informations- und kommunikationstechnisch gestützte Innnovationen zielen gerade auf eine rationellere, effizientere und mit geringerem Personaleinsatz mögliche Anwendung.

Auch wenn bislang keine zuverlässigen Quantifizierungen der Auswirkungen der Informationsgesellschaft auf die Beschäftigung vorliegen, konnten die erwähnten Studien neue Einsichten vermitteln, indem sie Informationen und Daten, die zuvor noch nicht bekannt waren, aufbereiteten und Gestaltungsaufgaben an die Politik formulierten. Es kann aufgrund der empirischen Befunde als gesichert gelten, daß im Informations- und Kommunikationssektor mit positiven Beschäftigungsimpulsen gerechnet werden kann, die jedoch verglichen mit den ursprünglichen Erwartungen (s. o.) bescheiden ausfallen werden. Während einer Übergangszeit ist per Saldo mit Arbeitsplatzverlusten zu rechnen. Unter Umständen sind die Zuwächse längerfristig nicht groß genug,

---

[226]) Vgl. BIPE Conseil u. a., (1996) zitiert nach Bosch (1997) 55

[227]) Bosch (1997) 55

[228]) Als Ursachen können z. B. genannt werden: „Probleme beim Prozeß der Liberalisierung, so daß die Preissenkungen u. U. nicht oder jedenfalls nicht bis 2005 auftreten, und ein unzureichendes individuelles und organisatorisches Lernen, ohne daß die Preissenkungen bei Telekommunikationsdienstleistungen nicht zu erwähnenswerten Produktivitäts- und Nachfragesprüngen führen.“ Bosch (1997) 51

[229]) Vgl. Thome (1997) 125

[230]) Vgl. Elixmann (1997) 89f.; Seufert (1996); Roland Berger und Partner GmbH (1997) 65f.; Welsch (1998)

[231]) Vgl. Elixmann (1997) 12ff., 89

[232]) Vgl. Spectrum Strategy Consultants (1997)

[233]) Bosch (1997) 56, 47

Tabelle 14

Übersicht über Prognosen der Beschäftigungseffekte von Informations- und Kommunikationstechniken

Studie	Zeitraum	Direkte Beschäftigungseffekte	Indirekte Beschäftigungseffekte
Elixmann u. a. (1997)	1996–2005	–43 000 bis –30 000	?
BIPE Conseil, ifo Institut, Lentic-Institut (1996) [a]	1993–2005	EU (15): –215 800 bis +93 000 Deutschland: –66 000 bis –45 000	EU (15): +253 000 bis +1,2 Mio. Deutschland: +55 000 bis +199 000
Arthur D. Little (1996 a)	1995–2010	153 000	57 000
DIW, Prognos (1996)	1992–2010	182 000	–
Mertier Consortium (1995) [a]	1995–2010	6 Mio. für die EU (12) Abschätzung der Bundesregierung 1,5 Mio. für Deutschland [b]	
Roland Berger (1994)	1995–2010	–	5 Mio.
Gersten-berger u. a. (1991) 90, 100	1991–2005	3 Mio. für die EU (nur Frankreich, Großbritannien, Italien, alte Bundes-länder)	–

Legende: a) Die angegebenen Beschäftigungsgewinne ergeben sich aus der Differenz zwischen verschiedenen Ereignis-Szenarien und einem Basis-Szenario und sind nicht die Arbeitsplatzgewinne oder -verluste, die sich im Vergleich zum tatsächlichen Beschäftigungsvolumen im Basisjahr ergeben.

b) Vgl. Deutscher Bundestag (Hrsg.) (1996 b) 6;
Das ifo Institut hält die einfache Übertragung der Ergebnisse auf Deutschland durch einfache Anteilsbildung nicht für sinnvoll, da die Szenarienbedingungen stark vom europäischen Durchschnitt abweichen können. Vgl. ifo (1996 a) 108

Quelle: Arthur D. Little (1996 a) 11 ff.; DIW, Prognos (1996); Metier Consortium (1995) 95 ff.; Roland Berger (1994) und Gerstenberger u. a. (1991) zitiert nach Rürup (1997) 25 und Ergänzungen: Elixmann u. a. (1996) 61; BIPE Conseil u. a. (1996)

um die Summe der Arbeitsplatzverluste auszugleichen. Des weiteren wird die Entwicklung zur Informationsgesellschaft – nicht nur in Deutschland – keineswegs im Selbstlauf zur Lösung der gravierenden gesamtwirtschaftlichen Beschäftigungsprobleme führen. [234]) Dazu bedarf es der aktiven Gestaltung des Strukturwandels.

Neben der quantitativen Betrachtung ist auch die Qualität der Arbeitsplätze von gesellschaftlicher Bedeutung. Informations- und Kommunikationstechniken durchdringen in kurzer Zeit alle gesellschaftlichen Teilbereiche und ersetzten vielfach traditionelle Strukturen. Die Basistrends zur Tertiarisierung (Verlagerung vom Produktions- zum Dienstleistungssektor) und Quartarisierung (Verlagerung von traditionellen Dienstleistungsbereichen zur Informations- und Wissensproduktion) sind Hauptmerkmale der Informationsgesellschaft. Zudem findet wahrscheinlich eine deutliche Verlagerung von bisher durch bezahlte Angestellte ausgeführte Tätigkeiten auf die Haushalte statt. Dies führt zu einem grundlegenden Wandel der Beschäftigungsstruktur (siehe Abbildung 12). Damit ist auch die Entstehung neuer Arbeitstypen verbunden. Ob durchgängige Verbesserungen der Arbeitsbedingungen zu erwarten sind – z. B. durch wachsende Spielräume für die individuelle Entfaltung der Beschäftigten, Abbau der Hierarchien und flexiblere Arbeitszeitgestaltung – oder nachteilige Entwicklungen überwiegen, ist umstritten. [235])

Abbildung 12

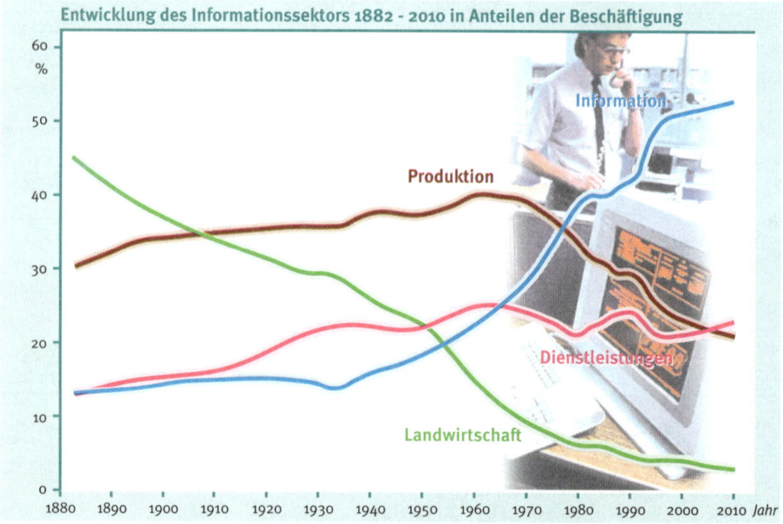

Quelle: Dostal (1995) 529; Dostal (1988) 115 ff.

---

[234]) Vgl. Baukrowitz u. a. (1997) 117

[235]) Vgl. Stehr (1994); Stehr (1995); Baukrowitz, Boes (1996) und Boes (1996) zitiert nach Baukrowitz u. a. (1997) 21

Die gesellschaftlich-politische Herausforderung besteht darin, eine Polarisierung der Gesellschaft zu verhindern, damit nicht ein Teil der Arbeitskräfte über Arbeit und Wohlstand verfügt, während die Arbeitskraft und das Wissen des anderen nicht mehr nachgefragt werden. Auch ein Wandel der Sozialversicherungssysteme wird sich als notwendig erweisen.

Medienkompetenz und gesellschaftliche Gestaltung des Wandels[236])

Ein weites und diesem Bericht zugrundeliegendes Verständnis der neuen Informations- und Kommunikationstechniken – auch Multimedia genannt – umfaßt drei neue oder erweiterte Möglichkeiten, die für sich und in ihrer Kombination die gegenwärtige Anwendungsbreite des Informations- und Kommunikationsverhaltens erheblich steigern: Vernetzung, Integration und Interaktivität. „Vernetzung bezeichnet dabei die Möglichkeit des Zugangs zu allen weltweit gespeicherten Informationen. Integration drückt die Möglichkeit der zeitgleichen Zusammenführung der verschiedenen Medien Text, Graphik, Bewegtbild und Ton in einem Medium aus. Interaktivität meint die tendenziell weltweite Möglichkeit, daß jeder zugleich Empfänger und Sender von Informationen wird.“[237])

Der strukturelle Wandel in der Bundesrepublik Deutschland – wie auch in anderen hochentwickelten Gesellschaften – ist durch immer komplexer werdende technische Systeme bedingt und gekennzeichnet. Um die Chancen der Informations- und Kommunikationstechnik für den Erhalt der natürlichen Lebensgrundlagen, wirtschaftlicher Leistungsfähigkeit, neue Arbeit sowie mehr Lebensqualität und demokratischer Teilhabe zu nutzen, bedarf es erweiterter und neuer Qualifikationen. Die Förderung von Medienkompetenz ist deshalb eine Grundbedingung, um den informationstechnischen Fortschritt nachhaltig zu gestalten.

Medienkompetenz ist dabei nicht nur eine Frage des analytischen Verstandes, der Erfahrung im Umgang mit technischen Einrichtungen, des Informiertseins. Sie umfaßt gleichermaßen soziale Kompetenz auf allen Ebenen. Medienkompetenz meint jene komplexe Verbindung von Information, Wissen und Reflexion, die bei der Nutzung und Gestaltung von Medien gleichermaßen bedeutsam ist. Die Fähigkeit zur Kommunikation unter Nutzung der zunehmend durch elektronische Informations- und Kommunikationstechniken bestimmten Medien ist heute eine der Grundvoraussetzungen zum Leben in einer demokratischen Gesellschaft. Sie kommt bei der Bedienung neuer Medien ebenso zum Ausdruck wie bei der selbstbestimmten Auswahl von Informationsangeboten. Sie umfaßt damit die Fähigkeit, Medien und die dazugehörige Technik bewußt und gezielt einsetzen zu können, ebenso wie die Fähigkeit zur kritischen Aneignung von Informationen.

---

236) Die Enquete-Kommission „Zukunft der Medien in Wirtschaft und Gesellschaft“ des 13. Deutschen Bundestages hat zum Thema „Medienkompetenz im Informationszeitalter“ einen eigenen Bericht herausgegeben. Vgl. Enquete-Kommission „Zukunft der Medien in Wirtschaft und Gesellschaft“ (1997 c)

237) Enquete-Kommission „Entwicklung, Chancen und Auswirkungen neuer Informations- und Kommunikationstechnologien in Baden-Württemberg“ (1995) 17

Die Entwicklung und Verbreitung globaler und multimedialer Datennetze erfordert eine geänderte und insgesamt höhere Medienkompetenz der Bevölkerung. Durch die unmittelbare Verfügbarkeit einer exponentiell wachsenden Menge von Informationen aus aller Welt nimmt die Bedeutung der kompetenten Auswahl geeigneter Informationen erheblich zu.

Um zu zielführenden Empfehlungen zu gelangen, ist ein neuartiges methodisches Vorgehen erforderlich, das den bisherigen Rahmen überschreitet. Weder reicht es, auf der Ebene isolierter Daten allgemeine Trends, z. B. Veränderung der Umwelt, des Käuferverhaltens bzw. der Marketingstrategien, zu konstruieren, noch können Fragestellungen globalen Typs auf der Ebene einzelner Unternehmen, Kundensegmente oder Institutionen zielführend beantwortet werden. Dieses Anforderungsprofil entspricht weitgehend demjenigen zur Umsetzung von Strategien einer nachhaltig zukunftsverträglichen Entwicklung, die gleichermaßen die Integration von globalen ökologischen, wirtschaftlichen und sozialen Faktoren voraussetzen. In diesem Sinne sind sich Medienkompetenz und die Umsetzung des Leitbildes „nachhaltig zukunftsverträgliche Entwicklung“ nicht nur ähnlich, sondern sie bedingen einander.

Ein Mangel an Medienkompetenz schürt die Gefahr einer Legitimationskrise, aber auch das Risiko eines zunehmenden Gefühls von Kontrollverlust, das i. d. R. zu Verunsicherung bzw. dem Bedarf nach mehr Sicherheit führt. Wachsende Tendenzen zu sozialer Ausgrenzung, aber auch zur Flucht in die Isolierung können die Folge sein. Die Vermittlung von Medienkompetenz ist damit kulturelle und gesellschaftliche Aufgabe, aber zugleich auch Element der Wirtschaftsförderung: Wer möglichst große Absatzmärkte und Anwendungsfelder erschließen will, ist auf kompetente Mediennutzer angewiesen: „Medientechnische Analphabeten“ sind schlechte Kunden. Für den Einsatz von Informations- und Kommunikationstechniken muß der Bildungs- und Fortbildungssektor die Voraussetzungen schaffen.

Daraus leitet sich unter anderem die Aufgabe der permanenten Weiterbildung und Qualifikation ab, sowohl als individuelle als auch als öffentliche Herausforderung. Der Gefahr einer sich weiter verschärfenden Spaltung der Gesellschaft in „Informationsarme“ und „Informationsreiche“ kann nicht mit isolierten Ansätzen, sondern nur mit einem aufeinander abgestimmten Bündel aus technischen, sozialen und institutionellen (strukturellen) Innovationen begegnet werden: Dazu gehören die Zugangsmöglichkeiten zum Netz, z. B. in Form kommunaler Online-Terminals in Bibliotheken oder an weiteren quasi öffentlichen Orten. Notwendig geworden ist auch die Einbeziehung informations- und kommunikationsbezogener Inhalte in alle Bereiche der Bildung sowie die Schaffung neuer informationstechnischer Berufsbilder.[238]) Nach Angaben des Fachverbandes Informations-

[238]) Zum 1. August 1997 sind durch Erlaß des Bundesministers für Wirtschaft mehrere neue Berufsbilder in Kraft getreten: IT-System-Elektroniker(in), Fachinformatiker(in), IT-System-Kaufmann/Kauffrau und Informatikkaufmann/Informatikkauffrau. Vgl. Deutscher Bundestag (Hrsg.) (1997 c) 14

technik befanden sich seit August 1997 mehr als 5 000 Schulabgänger/innen in diesen zukunftssicheren Ausbildungen. Bis zum Jahr 2000 sollen etwa 10 000 Lehrstellen besetzt sein.[239]) Generell sollte bei den verschiedenen Initiativen, mit denen informationstechnisches Know-how vermittelt werden soll, stärker als bisher an die Einbeziehung sozial benachteiligter Personengruppen und im Schulbereich von Hauptschülern gedacht werden – sie haben bislang die vergleichsweise geringste Chance, Medienkompetenz zu erwerben und freie Netzzugänge zu erhalten.

Aus gesellschaftlicher Sicht geht es darum, Rahmenbedingungen und Strukturen zu schaffen, die es allen Bürgern und Bürgerinnen ermöglichen, sich über Entwicklungen zu informieren, sich neue Angebote anzueignen und sich aktiv an der Gestaltung einer nachhaltigen Informationsgesellschaft zu beteiligen. Wer z. B. ein leicht bedienbares, attraktiv gestaltetes und wirtschaftlich vorteilhaftes System für informations- und kommunikationstechnisch gestützte Mobilitätsdienstleistung nutzen kann, der könnte eher bereit sein, High-Tech-Züge und moderne Straßenbahnen zu nutzen.

Die Enquete-Kommission „Entwicklung, Chancen und Auswirkungen neuer Informations- und Kommunikationstechnologien in Baden-Württemberg“ wies darauf hin, daß im Formierungsprozeß von Multimedia Einigkeit über die wünschenswerte Entwicklung herrschen muß und der Umfang der abstimmungs-, gestaltungs- und regelungsbedürftigen Gegenstände besonders groß ist, da die Gesamtheit der Handlungsfelder ausgesprochen heterogen und komplex ist. Ziele und Leitideen müssen im Dialog mit der Politik und den gesellschaftlichen Gruppen entwickelt werden und könnten darin bestehen,

„– allen Bürgern den Zugang zu allen weltweit zugänglichen Informationen, Kulturgütern und Bildungsangeboten zu ermöglichen,
- die Beteiligung an öffentlichen Planungen und Gestaltungsdiskursen zu verstärken,
- wirkungsvolle Instrumente für ein nachhaltiges Wirtschaften zu ermitteln,
- durch neue Formen des Wirtschaftens und Arbeitens das Verkehrsaufkommen zu reduzieren und nicht vermeidbaren Verkehr durch integrierte verkehrsübergreifende Telematikprojekte zu optimieren,
- die gesundheitliche Versorgung zu verbessern,
- die öffentliche Verwaltung effizienter zu gestalten und dadurch öffentliche Mittel für andere Zwecke einzusparen und
- die Möglichkeiten der moderenen Telekommunikation konsequent dazu zu nutzen, in einer weltweiten Perspektive Zugangschancen und Beteiligungsmöglichkeiten für alle Menschen zu eröffnen.“[240])

---

[239]) Vgl. KDrs. 13/7 b (1998) 7, Fachverband der Informationstechnik im VDMA und ZVEI

[240]) Enquete-Kommission „Entwicklung, Chancen und Auswirkungen neuer Informations- und Kommunikationstechnologien in Baden-Württemberg“ (1995) 25

Demokratisierung, Partizipation und Informationszugang

„Staatliche Programme, die durch Förderung der IuK-Techniken den Weg von der Industrie- in die Informationsgesellschaft bereiten und so Wachstum, Beschäftigung, Qualität der Arbeitsplätze, Aufhebung von Benachteiligung und mehr Demokratie schaffen sollten, gibt es seit 30 Jahren.“ [241]) In den 70er Jahren waren es die Mikroelektronik allgemein und die damals so genannten Neuen Medien Kabelfernsehen und Bildschirmtext, für die um Akzeptanz in der Bevölkerung geworben wurde. Anfang der 90er Jahren ging es um das ISDN. Nun heißen die Schlagwörter Multimedia und Datenautobahn bzw. „Information-Superhighway“.

Die Techniklinien haben sich verändert, aber die Visionen sind im wesentlichen die gleichen geblieben. Versprochen wurden beispielsweise mit dem Kabelfernsehen nicht nur mehr Unterhaltungssendungen, sondern auch spezielle Programme für Minderheiten. Bildschirmtext sollte neue Wege der Kommunikation zwischen Bürgern und Verwaltung erschließen und durch besseren Informationszugang aller die Demokratie stärken. Doch die Entwicklung nicht nur dieses Dienstes hat die prognostizierten Anschlußzahlen verfehlt. Die mangelnde Umsetzung sozialorientierter Anwendungen der Informations- und Kommunikationstechniken hat die Glaubwürdigkeitslücke von Technologiepolitik eher vergrößert und Skepsis in der Bevölkerung hervorgerufen. So haben die frühen Programme weder ihre industrie- und wirtschaftspolitischen noch die gesellschaftpolitischen Ziele erreicht. [242])

Die neuen interaktiven Medien und Online-Dienste (Internet etc.) haben durchaus das Potential, manche Probleme der Vergangenheit zu überwinden, doch dazu müssen die Techniken genutzt und zu Massenmedien entwickelt werden. Das gelingt nur, wenn auch für den Multimedia-Bereich eine informationelle Grundversorgung gesichert ist, durch die der Wettbewerb privatwirtschaftlicher Anbieter ergänzt wird. Dazu müssen Mechanismen entwickelt werden, die einen allgemeinen Zugang zu den neuen Medien gewährleisten. Der Begriff „informationelle Grundversorgung“ kommt aus der rundfunkpolitischen Debatte und der diesbezüglichen Rechtsprechung des Bundesverfassungsgerichts. Er mißt dem Zugang zu Informationen für die politische Willensbildung in einer Demokratie eine hohe Bedeutung zu und weist auf die daraus resultierende Verantwortung des Staates hin, die entsprechenden Strukturen zu schaffen, ohne selbst die Informationsinhalte zu kontrollieren.

Mit dem Telekommunikationsgesetz (TKG) vom 1. August 1996 wurde in der Bundesrepublik Deutschland der bedeutendste Schritt zur Liberalisierung der Telekommunikation, die Abschaffung des Postmonopols, umgesetzt. Die „informationelle Grundversorgung“ im Sinne eines allgemeinen Zugangs [243]) zu Telekommu-

---

[241]) Kubicek (1996) 156

[242]) Vgl. Kubicek (1996) 156 ff.

[243]) In den USA bezieht sich der allgemeine, öffentliche Zugang sowohl auf Telekommunikationsnetze als auch auf Informationsinhalte. Vgl. Kubicek (1996) 163

nikations- und Datennetzen wird rasch zunehmen. In den USA wird die Vollversorgung mit Breitbandanschlüssen und elektronischen Informationsdiensten (Advanced Telecommunications Networks) angestrebt; denn sie sind wichtig, um am wirtschaftlichen, akademischen, medizinischen und demokratischen Leben teilhaben zu können. Mit Multimedia soll der Zugang schneller und bequemer werden. Analog der EG-Richtlinie über den freien Zugang zu Informationen über die Umwelt[244]) sollten nur die Kosten für die Übermittlung in Rechnung gestellt werden. Der dazu notwendige Aufwand könnte auch in Deutschland als Teil der Öffentlichkeitsarbeit begriffen und finanziert werden. Dies wäre ein Beitrag zu größerer Bürgernähe.

Als elementare Voraussetzung zur Verwirklichung der Informationsgesellschaft werden Datenschutz und Datensicherheit angesehen – so etwa im sogenannten „Bangemann-Report“. „Aus Sicht heutiger Online-Nutzer sind diese Ziele noch nicht hinreichend umgesetzt. Eine zusätzliche Gefährdung der unbeobachteten, nicht kontrollierten Kommunikation im Netz besteht durch gesetzliche Einschränkungen der vorhandenen technischen Möglichkeiten zur Datenverschlüsselung. Bei Diensten wie Tele-Shopping oder Internet-Banking können Probleme der steuerlichen Erfassung des Geschäftsverkehrs entstehen. Rechtlich unzureichend geklärt sind auch Fragen des geistigen Eigentums. Bei all diesen Fragen greifen nationale Regelungen auf Dauer zu kurz, da sie dem Entstehen fragmentierter Märkte Vorschub leisten.“[245])

Auf die Fragen, wo im Bereich der Neuen Medien die Grenzen der nationalen Regulierbarkeit liegen und welche Anpassungen von bestehenden Gesetzen sowie Schaffung neuer gesetzlicher Vorschriften in der Informationsgesellschaft notwendig sind, wird an dieser Stelle nicht vertieft eingegangen, da sich die Enquete-Kommission „Zukunft der Medien in Wirtschaft und Gesellschaft“ des Deutschen Bundestages, die ebenfalls in der 13. Legislaturperiode eingesetzt wurde, intensiv mit diesen Themen auseinandersetzt. Auf die Arbeiten dieser Enquete-Kommission wird verwiesen.[246])

Abschließend möchte die Enquete-Kommission vielmehr noch auf die „National Information Infrastructure-Initiative“ der USA (NII) hinweisen, da sie hinsichtlich des zugrundeliegenden Prozesses Ähnlichkeiten mit der in Kapitel 3 beschriebenen nationalen Nachhaltigkeitsstrategie aufweist:[247])

---

[244]) Die EG-Richtlinie 90/313/EWG wurde mit dem Umweltinformationsgesetz (UIG, Bundesgesetzblatt 1994, Teil I, 1490–1492) in deutsches Recht umgesetzt.

[245]) KDrs. 13/7 b (1998) 45, Zoche

[246]) Vgl. Zwischenbericht der Enquete-Kommission „Zukunft der Medien in Wirtschaft und Gesellschaft“ (1997 a); Malley (1997); Schlußbericht der Enquete-Kommission „Zukunft der Medien in Wirtschaft und Gesellschaft“ (1998)

[247]) Die folgenden Ausführungen sind im wesentlichen dem Multimedia-Bericht des Büros für Technikfolgen-Abschätzung beim Deutschen Bundestag „Multimedia – Mythen, Chancen und Herausforderungen“ entnommen. Vgl. TAB (1995) 66 ff.

Bei der NII-Initiative geht es sowohl um die Gewährleistung einer technisch kompatiblen Infrastruktur als auch um die Förderung von Wettbewerbsfähigkeit und um die Definition der sozialen Anforderungen an die zukünftigen Medien sowie ihre Regulierung. Die Besonderheit besteht in der starken Anwendungsorientierung der Förderung von Projekten, die im öffentlichen Interesse liegen. Das schließt auch die Herstellung und Unterstützung lokaler Kommunikations- und Informationsinfrastrukturen (Civic bzw. Community Networking) ein. Denn während kommerzielle Anwendungen wie Video on Demand keiner besonderen Förderung bedürfen, sind Anstoßfinanzierungen und ideelle Unterstützung in den Bereichen Gesundheit, Bildung und Bürgerinformation i. d. R. erforderlich. Die Regierung der Vereinigten Staaten hat frühzeitig versucht, unterschiedliche gesellschaftliche Gruppen in die Umsetzung einzubeziehen. Die pluralistische Besetzung des Beirats der NII-Initiative, öffentliche Anhörungen im ganzen Land sowie eine offene Informationspolitik unter Nutzung sowohl klassischer als auch neuer Medien haben die Glaubwürdigkeit gesteigert und eine breite Unterstützung hervorgerufen. In den USA ist ein selbstlaufender Prozeß in Gang gekommen, der unabhängig von der jeweiligen Regierung Bestand hat. [248])

4.2.3 Ziele für eine nachhaltig zukunftsverträgliche Entwicklung

Ausgewählte Ziele für die drei Dimensionen im Bereich „Informations- und Kommunikationstechniken“

Die Enquete-Kommission hat die Informations- und Kommunikationstechniken (IuK-Techniken) als ein Beispielfeld ausgewählt, um im Gegensatz zum Bedürfnisfeld „Wohnen“ Techniken und Produkte mit hohen Innovationsraten und verhältnismäßig kurzen Lebenszyklen zu beleuchten. Auch im Hinblick darauf, daß die Enquete-Kommission „Zukunft der Medien in Wirtschaft und Gesellschaft“ dieses Feld umfassend erörtert, beschränkt sich die Kommssion darauf, vorwiegend aus dem ökologischen Blickwinkel Ziele der Nachhaltigkeit darzustellen. Sie betrachtet nur eine Auswahl von Aspekten, die der Kommission wichtig erschienen.

IuK-Techniken haben wegen ihrer Innovationsgeschwindigkeit ein hohes ökonomisches Potential. Das kommt allein schon darin zum Ausdruck, daß ihre prozentualen Wachstumsraten weltweit zweistellig sind. Sie beeinflussen auch nahezu alle wirtschaftlichen und sozialen Bereiche und sind einerseits in der Lage, eine positive ökologische Wirkung zu entfalten. Der Einsatz von IuK-Techniken verringert schon heute den Rohstoff- und Energieverbrauch vieler Produkte während ihrer Herstellung, ihrer Distribution und ihres Gebrauchs. Die konsequente Nutzung ihr innewohnender Potentiale verspricht, zur Entkopplung des Wirtschaftswachstums von Ressourcenverbrauch und Umweltbelastungen beitragen zu können. Andererseits können IuK-Techniken wegen ihrer starken Innovationsdynamik, ihres Beitrags zur Produktivitätssteigerung, ihrer kurzen Produktlebensdauer und dem damit verbundenen schnellen Wandel von Nutzungsgewohnhei-

[248]) Vgl. Kubicek u. a. (1995) 45, zitiert nach TAB (1995) 71; Kubicek (1996) 166 ff.

ten auch neue ökologische und soziale Probleme hervorrufen. Ihren Beitrag zu einer ökologisch verträglichen, sozial gerechten und ökonomisch tragfähigen, nachhaltigen Entwicklung von Wirtschaft und Gesellschaft werden IuK-Techniken dann leisten, wenn es gelingt, ihre ökologischen, ökonomischen und sozialen Vorteile zu nutzen, ohne ihre Nachteile dominant werden zu lassen. Es kommt darauf an, den informationstechnischen Fortschritt in Richtung der drei Dimensionen des Leitbildes Nachhaltigkeit zu gestalten.

Ökologische Ziele

Entkopplung von Ressourceninanspruchnahme und Wirtschaftswachstum, Dematerialisierung durch neue Informationsträger und schnellere Informationsverarbeitung

Bei keiner anderen Produktgruppe ist der Materialeinsatz pro Funktion in den letzten Jahren so stark gesunken wie bei der Informationstechnik. Rechner am Arbeitsplatz (Workstation) leisten heute mehr als saalfüllende Großrechenanlagen vor 20 Jahren. Eine CD-ROM ersetzt Schränke voller Telefonbücher. Aber auch bei vielen anderen Produkten führt der Einsatz von IuK-Techniken insbesondere in computergestützten Produktionsprozessen einschließlich ihrer Zulieferung (Logistik) und in der Produktdistribution (Electronic Commerce) zu einer höheren Ressourceneffizienz und zu einem geringeren Ressourcenverbrauch. Dabei ist häufig zu beobachten, daß u. a. aufgrund der Erweiterung der Funktionenvielfalt die Verbesserung der spezifischen Ressourcenproduktivität durch Zunahme der Produktionsmengen in einzelnen Bereichen überkompensiert wird (Rebound-Effekt). Der Einsatz dieser Produkte steigert aber wiederum in anderen Bereichen die Ressourceneffizienz, so daß insgesamt eine Entkoppelung von Ressourceninanspruchnahme und Wirtschaftswachstum möglich ist. Durch Veränderung von Rahmenbedingungen (u. a. Internalisierung externer Kosten) ist dieser Prozeß zu beschleunigen und dafür zu sorgen, daß dem ökonomischen und ökologischen Aufwand für Investitionen, Arbeit, Stoff- und Energieströme ein angemessener ökonomischer und ökologischer Nutzen gegenübersteht.

Förderung des Einsatzes von Informations- und Kommunikationstechniken zur Schonung natürlicher Ressourcen und der Umwelt

Der Einsatz von IuK-Techniken ermöglicht eine bessere, Ressourcen schonendere Nutzung sowohl von öffentlichen Infrastruktureinrichtungen als auch von gewerblichen und privaten Investitionen. Die Telematik vermag z. B. ebenso verkehrsträgerübergreifend Verkehrsströme wie auch den Energieverbrauch von Gebäuden zu minimieren. Unternehmens- und branchenübergreifendes Stoffstrom- und Umweltmanagement wird erst durch IuK-gestützte Informationssysteme wirksam. Soweit nicht genügend Marktanreize gegeben sind, ist die Entwicklung von Nutzungsverbesserungen komplexer Systeme und Einrichtungen (insbesondere die Software-Entwicklung) zu fördern.

Minimierung des Energieverbrauches bei der Herstellung und Nutzung von IuK-Produkten

Zur Verringerung der Kohlendioxid-Emissionen im Sinne des Beschlusses der Bundesregierung zur 25 %igen Reduktion insgesamt bis zum Jahr 2005 ist es notwendig, auch den durch IuK-Techniken zunehmend verursachten Energieverbrauch, insbesondere den Bedarf an elektrischem Strom zu senken. In den letzten Jahren wurden wesentliche Verbesserungen bei Haushaltsgeräten und in der Consumer-Elektronik erreicht. Die Einsparpotentiale bei der Nutzung und der Herstellung sind aber noch keineswegs ausgeschöpft. Sie liegen sowohl bei der Consumer-Elektronik als auch bei den Produkten der Informationstechnik u. a. in Minderungen des Stromverbrauches im Leerlaufbetrieb. Bei kurzlebigen Produkten mit hohem Elektronikanteil ist das Übergewicht des Energieverbrauches bei der Herstellung durch Optimierung der Herstellungsprozesse und durch eine auf eine längere Nutzungsdauer ausgerichtete Produktkonzeption (z. B. modularer Aufbau mit leicht austauschbaren Komponenten) zu reduzieren.

Vermeidung von Abfällen durch Schließung der Stoffkreisläufe

Die relative Kurzlebigkeit von IuK-Produkten führt mit zunehmender Durchdringung des gewerblichen, öffentlichen und privaten Bereiches zu steil ansteigenden Abfallmengen (10 % pro Jahr). Zwar werden die bislang prognostizierten Abfallmengen nicht erreicht, weil offenbar die Verweildauer insbesondere in Haushalten länger als die Nutzungsdauer ist. Die akkumulierten Mengen werden aber zunehmend zu einer Belastung. Zur Abfallvermeidung sind sie deshalb weitgehend in Stoffkreisläufe zurückzuführen. Für entsprechende Regelungen der Produktverantwortung liegt ein Kabinettsbeschluß vor. Bei der Produktgestaltung ist verstärkt auf die Wiederverwendung und Rezyklierbarkeit zu achten. Die Verminderung der Vielfalt von Materialien in IuK-Geräten und ihre Trennbarkeit ist ein wichtiger Schritt in diese Richtung.

Vermeidung der Verwendung bzw. Verminderung des Einsatzes von Problemstoffen in der Produktion von IuK-Produkten

Elektronische Komponenten enthielten in der Vergangenheit eine Vielzahl von Problemstoffen (Polybromierte Diphenylether als Flammhemmer in Kunststoffgehäusen und Leiterplatten, PCB in Kondensatoren, Cadmium als Leuchtstoff in Bildröhren, Blei in Loten u. a.). Die human- und ökotoxikologischen Belastungen durch solche Stoffe haben sich in den letzten Jahren auch aufgrund von Verordnungen nach dem Chemikaliengesetz verringert. Die Situation ist aber vor allem wegen der Importware noch verbesserungsbedürftig. Die Transparenz über die verwendeten Materialien und Inhaltsstoffe sollte durch Kennzeichnung (z. B. Öko-Labeling) oder Einführung eines Gerätepasses erhöht werden.

Ökonomische Ziele

Beförderung der Marktdiffusion neuer Informations- und Kommunikationstechniken

IuK-Techniken haben einen branchenübergreifenden Querschnittscharakter. Durch sie bilden sich neue Wertschöpfungsketten in nahezu allen Wirtschaftsbereichen. Die Geschwindigkeit der Anpassung und der Nutzung des Leistungsvermögens neuer Entwicklungen der IuK-Technik bestimmt die ökonomische Leistungsfähigkeit und die Position im internationalen Wettbewerb. Da die dominierende Rolle der USA und z. T. Japans bei Schlüsselkomponenten der IuK-Technik (z. B. Mikroprozessoren) und standardisierter Software (z. B. PC-Betriebssysteme) unaufholbar erscheint, ist in Europa zumindest für eine schnelle Diffusion der IuK-Techniken in Anwendungen zu sorgen, um Marktsegmente zu sichern. Diffusionshemmnisse (z. B. das noch immer verhältnismäßig hohe Preisniveau für Telekommunikationsdienstleistungen) sind abzubauen.

Sicherung von Vielfalt und Wettbewerb auf den verschiedenen Märkten für IuK-Produkte und ihre Anwendungen

Wettbewerb ist die treibende Kraft für Innovationen. Sie setzen die Kreativität des Einzelnen und die schnelle Aneignung von Wissen voraus. Die ökonomische Dynamik in der Vielfalt der Anwendungen von IuK-Techniken geht deshalb in starkem Maße von „jungen“, kleinen und mittleren Unternehmen aus, deren Entfaltungsmöglichkeiten und Chancen im Wettbewerb weder durch ein zu enges Netz von Regulierungen noch durch marktbeherrschende Positionen beschränkt werden sollen. Durch Erleichterung von Unternehmensneugründungen ist die Unternehmensvielfalt und der Wettbewerb zu sichern. Dies gilt nicht nur für die Produktion von IuK-Techniken, sondern auch für Dienstleistungen, vor allem die Bereitstellung von Kommunikationsnetzen.

Behebung des Fachkräftemangels im Bereich der IuK-Techniken

Insbesondere in der Softwareentwicklung, ihrer Anpassung und Ausgestaltung in Anwendungsbereichen ist zumindest in Deutschland der unbefriedigte Fachkräftebedarf das Nadelöhr der ökonomischen Entwicklung. Auf allen Ausbildungsebenen (Universitäten, Fachhochschulen und berufliche Ausbildung) sind deshalb bestehende Ausbildungskapazitäten zu erweitern und neue zu schaffen.

Minimierung der Lebenszykluskosten von IuK-Produkten

Die Entwicklung der Schlüsselkomponenten von IuK-Produkten erfolgt mit hoher Innovationsdynamik. Derzeit vervierfacht sich die Speicherkapazität von Chips (Mooresches Gesetz). Entsprechendes gilt für die Leistungsfähigkeit von Prozessoren und anderen hochintegrierten Schaltkreisen. Dies zieht eine ebenso schnelle Software-, Komponenten- und Peripheriegeräteentwicklung nach sich, ohne daß ein Gleichtakt der Lebenszyklen der verschiedenen Produkte notwendig wäre. Durch Förderung der Normung von Schnittstellen und sonstigen Hard- und Softwarekomponenten sowie der Kompatibilität mit älteren Produkten sind unterschiedlich lange Lebenszyklen, Nach- und Aufrüststrategien zu begünstigen, so daß einer integrierten Betrachtung der Kosten für Hardware, Software, Schulung der Nutzer und Entsorgung der Geräte zur Verbesserung der lebenszyklusbezogenen Amortisation Rechnung getragen wird.

Förderung gemeinschaftlicher Nutzungsformen von IuK-Produkten

Um der wegen der Dematerialisierung durchaus erwünschten Innovationsdynamik von IuK-Produkten zu einer besseren Amortisation zu verhelfen, bieten sich auch gemeinschaftliche Nutzungsformen an, die die effektive Gebrauchszeit der Produkte erhöhen oder redundante Investitionen vermeiden. Letzteres wird z. B. durch lokale Netze ermöglicht, die einen schnellen Zugriff von intelligenten Terminals (Netz-PC) auf leistungsfähige Server gewährleisten. Auch das Leasing von Großkopierern oder die gemeinschaftliche Beschaffung und Nutzung sei beispielhaft genannt.

Optimierung der Aufwendungen für die IuK-technische Infrastruktur

Bei der Schaffung großräumiger IuK-Infrastrukturen (Telefon- und Kabelnetze, Satellitensysteme) dominieren die Neben- und Folgekosten (z. B. Baukosten) gegenüber den eigentlichen Kosten der IuK-Technik. Wo immer es technisch möglich ist, sollen die vorhandenen technischen Infrastruktureinrichtungen zur Optimierung der Aufwendungen für Mehrzwecknutzungen (z. B. Kabel- und Stromversorgungsnetze für interaktive Kommunikation) erschlossen und neue von vornherein hierfür konzipiert werden.

Soziale Ziele

Förderung von Medienkompetenz

Die Transformation der modernen Industriegesellschaften zu Informationsgesellschaften verlagert den Akzent von der natürliche Ressourcen verbrauchenden und Rohstoffe verarbeitenden Industrie zu einer Produktions- und Konsumptionsform, die als Rohstoff „Information“ benutzt und Wissen produziert. Um die Chancen der IuK-Technik für den Erhalt der natürlichen Lebensgrundlagen, für wirtschaftliche Leistungsfähigkeit und neue Arbeit sowie mehr Lebensqualität und demokratische Teilhabe zu nutzen, müssen die Menschen nicht nur die neuen Angebote kennen und mit diesen Medien umgehen können, sondern sie sollten auch in der Lage sein, Informationen und Medien kritisch zu beurteilen und sich selbst innerhalb der Medien auszudrücken. Bei förderpolitischen Maßnahmen zur Steigerung der Medienkompetenz sollten soziale und kulturelle Gestaltungskriterien und breitere gesellschaftliche Beteiligungsmodelle weiter an Bedeutung gewinnen und die rein technik- und angebotsorientierte Förderpolitik ablösen.

Sicherung eines informationellen Grundangebots

Um ein breites Angebot an Informationen sicherzustellen, ist die Vielfalt von und der Wettbewerb zwischen Informations- und Medienanbietern zu gewährleisten. Auch in Zukunft sollen öffentlich-rechtliche neben privaten Medienangeboten stehen. Die Teilhabe aller Bürgerinnen und Bürger – insbesondere auch benachteiligter Gruppen – an den neuen Medien (z. B. Internet-Informationsdienste, öffentlich zugängliche Internet-Terminals in Bibliotheken) ist zu fördern.

Partizipation an Entscheidungsprozessen durch besseren Informationszugang und Sicherung des freien Informationszugangs

Um die Partizipation an politischen und gesellschaftlichen Entscheidungsprozessen zu verbessern, soll der Zugang zu den Informationsquellen auf lokaler, regionaler, nationaler und internationaler Ebene so freizügig wie nur immer möglich gestaltet sein (vgl. Freedom of Information Act der USA). Er findet seine Grenzen im Schutz persönlicher Daten und im Schutz der wirtschaftlichen Verwertung von Ideen und Erfindungen.

Schaffung bzw. Sicherung von qualitativ hochwertigen Arbeitsplätzen im Informations- und Kommunikationssektor

Zwar operieren deutsche IuK-Hard- und Softwarehersteller erfolgreich im internationalen Wettbewerb (Siemens, Bosch, SAP, Star Division, u. a.) und sichern so hochwertige Arbeitsplätze. Die Sicherung von Arbeitsplätzen im Fahrzeug- und Maschinenbau durch die Integration von Elektronikkomponenten spielt eine ebenso große Rolle. Die Mehrzahl neuer Arbeitsplätze ist aber eher im Anwendungs- und Nutzungsbereich von Multimedia zu erwarten und zwar als Multimedia-Spezialisten für die Entwicklung, Produktion und Wartung von Multimedia-Software (z. T. auch Hardware) und als Infrastrukturspezialisten und Dienste-Anbieter im Umfeld und mit Hilfe von Multimedia. Ferndiagnosen von Störungen und Fernwartung von Produktionseinheiten in industriellen Prozessen mit Hilfe von globalen Kommunikationsnetzen sind ein weiteres Anwendungsfeld. Zudem werden neue Arbeitsformen (z. B. Fern- und Telearbeit) am ehesten in diesen Bereichen möglich sein und sollten zur Sicherung hochwertiger Arbeitsplätze genutzt werden.

Schaffung neuer (Aus- und Fort-)Bildungsangebote

Um den Anforderungen der nachhaltig zukunftsverträglichen Informationsgesellschaft gerecht zu werden, müssen neue Qualifikationen erworben und vorhandene ständig erneuert werden. Erkenntnisse aus Wissenschaft und Forschung sind wegen der im IuK-Bereich besonders kurzen Halbwertzeit des Wissens schnell in neue Lehrangebote umzusetzen. Speziell für die Entwicklung und An-

Abbildung 13

Ausgewählte Ziele für die drei Dimensionen im Bereich „Informations- und Kommunikationstechniken"

Ökonomische Dimension

- Beförderung der Marktdiffusion neuer IuK-Techniken
- Sicherung von Vielfalt und Wettbewerb auf den verschiedenen Märkten für IuK-Produkte und ihre Anwendungen
- Behebung des Fachkräftemangels im Bereich der IuK-Techniken
- Minimierung der Lebenszykluskosten von IuK-Produkten
- Förderung gemeinschaftlicher Nutzungsformen von IuK-Produkten
- Optimierung der Aufwendungen für die IuK-technische Infrastruktur

Soziale Dimension

- Förderung von Medien- und Nachhaltigkeitskompetenz
- Sicherung einer informationellen Grundversorgung
- Partizipation an Entscheidungsprozessen durch besseren Informationszugang und Sicherung des freien Informationszugangs
- Schaffung bzw. Sicherung von qualitativ hochwertigen Arbeitsplätzen im IuK-Sektor
- Anpassung der (Aus- und Fort-)Bildungsangebote an die Anforderungen der nachhaltig zukunftsverträglichen Informationsgesellschaft
- Verbesserung der Ausbildungsinhalte traditioneller Berufe, Entwicklung neuer Ausbildungsberufe und Qualifizierung der Ausbilder
- Gewährleistung von Arbeits- und Gesundheitsschutz

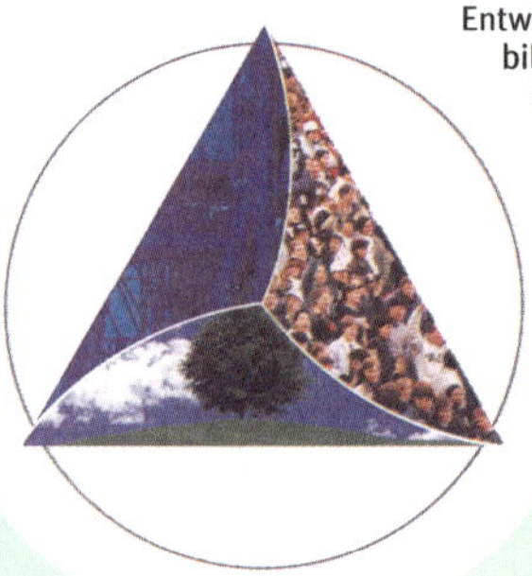

Ökologische Dimension

- Entkopplung von Ressourceninanspruchnahme und Wirtschaftswachstum
- Förderung des Einsatzes von IuK-Techniken zur Schonung natürlicher Ressourcen und der Umwelt
- Minimierung des Energieverbrauches bei der Herstellung und Nutzung von IuK-Produkten zur Verringerung der Kohlendioxid-Emissionen im Sinne des Beschlusses der Bundesregierung zur 25 %-igen Reduktion bis zum Jahr 2005
- Vermeidung von Abfällen durch Schließung der Stoffkreisläufe
- Vermeidung der Verwendung bzw. Verminderung des Einsatzes von Problemstoffen in der Produktion von IuK-Produkten
- Vermeidung von Lärm und Emissionen bei der Herstellung und Nutzung von IuK-Produkten

wendung von Multimedia gibt es bislang nur wenige Ausbildungsprogramme. Die bisherige berufsqualifizierende Ausbildung im IuK-Bereich bedarf deshalb dringend der Erweiterung. Auch sollte es nicht allein den Hochschulen überlassen bleiben, den Fachkräftebedarf zu befriedigen. Für diese Sektoren lassen sich ebenso neue Ausbildungsberufe wie außeruniversitäre Fortbildungsangebote schaffen.

Veränderung der Ausbildungsinhalte traditioneller Berufe,
Qualifizierung der Ausbilder

Der Schaffung neuer Arbeitsplätze im IuK-Bereich steht voraussichtlich ein ebenso großer Verlust durch IuK-Anwendungen in traditionellen Berufsfeldern (z. B. der Baubranche) gegenüber. Einem weiteren Arbeitsplatzverlust in solchen Berufsfeldern kann nur durch ihre Veränderung und Weiterentwicklung begegnet werden, indem sie sich IuK-Techniken zu Nutze machen. So sind beispielsweise im Bauwesen sowohl im Entwurfsbereich als auch bei der Bauausführung erhebliche Rationalisierungseffekte zu erwarten, die teilweise durch IuK-gestützte Dienstleistungen kompensiert werden können. Chancen bestehen vor allem in der Ausweitung von Dienstleistungsangeboten. Dies setzt einen Wandel der Ausbildungsinhalte der Berufe und eine entsprechende Qualifikation der Ausbilder voraus. Hierauf muß zum Erhalt der Arbeitsplätze dringend hin gewirkt werden. Auch Service, Wartung, Reparatur und Recycling (Aufarbeitung und Aufbereitung) dürften zusätzliche Beschäftigungsmöglichkeiten, wenn auch im geringer qualifizierten Bereich, bieten.

Gewährleistung von Arbeits- und Gesundheitsschutz

Vielfach waren Komponenten der IuK-Technik in der Vergangenheit nicht ausgereift und führten zu Gesundheitsbelastungen am Arbeitsplatz oder bei privater Nutzung (z. B. flimmernde Bildschirme, ozonbildende Laserdrucker oder Kopierer). Solche Belastungen konnten gesenkt werden. Probleme wie Verkrampfung durch schlechte Arbeitshaltung oder Konzentrationsschwächen durch unübersichtliche Benutzerführung sowie Lärm am Arbeitsplatz gilt es noch zu beheben. Arbeitsschutznormen und Gebrauchsnormen für IuK-Produkte bedürfen deshalb der ständigen Fortentwicklung.

4.2.4 Strategien und Handlungsempfehlungen für eine nachhaltig zukunftsverträgliche Entwicklung

Vor dem Hintergrund der in Kapitel 4.2.3 beschriebenen Zieldimensionen hat die Enquete-Kommission ihre Empfehlungen für ausgewählte Maßnahmen und Instrumente in vier Strategien zusammengefaßt.

Strategie 1:

Erhöhung der Ressourcenproduktivität und Vermeidung von Problemstoffen bei der Herstellung von IuK-Geräten

Grundsätzliche Anforderungen

Diese Strategie bezieht sich auf die umweltverträgliche Herstellung der IuK-Produkte, wobei die Erhöhung der Ressourcenproduktivität, die Energie- und Materialeinsparung sowie die Abfallvermeidung im Zentrum stehen. Nötig ist dazu aber auch ein Blick auf Entwurf und Konstruktion sowie auf Demontage und Verwertung. In der Entwicklungsphase werden die wesentlichen ökologischen Eigenschaften der informations- und kommunikationstechnischen Produkte determiniert. Konstruktions- oder Fertigungsmängel in dieser kurzen Phase können gravierende Auswirkungen auf die folgenden Phasen des Produktlebenszyklusses haben (z. B. die Leistungsaufnahme im Betriebszustand). Die Optimierung der Ressourceneffizienz und die Minimierung des Energieaufwandes von informations- und kommunikationstechnischen Geräten über den gesamten Produktlebenszyklus sind daher nur möglich, wenn schon bei der Entwicklung und Herstellung auf diese Aspekte Wert gelegt wird. Insbesondere bei komplexen Produkten wie z. B. Personalcomputern sollte die Erweiterung von Leistungsfähigkeit und Funktionen durch einen modularen Aufbau, die Reparaturfähigkeit sowie eine angemessene Garantieleistung gewährleistet sein. Um sowohl die Arbeitnehmer bei der Produktion als auch die späteren Nutzer vor gesundheitlichen Schäden zu bewahren und die Umwelt zu schonen, sind problematische Stoffe so weit wie möglich zu vermeiden und durch andere Stoffe zu ersetzen. Eine Kreislaufführung der eingesetzten Chemikalien und Materialien ist anzustreben. Einen wichtigen Beitrag zur Steigerung der Ressourcenproduktivität leistet die Wieder- und Weiterverwendung der Komponenten und Stoffe (Einsatz wiederverwendbarer Bauteile, Einsatz wiederverwertbarer Werkstoffe etc.). Hierfür sollte die Rücknahme der Geräte und Verbrauchsmaterialien (z. B. Tonerkartuschen, Farbbandcassetten) durch die Hersteller oder deren Vertragshändler gesichert werden.[249]) Um die Trennbarkeit der Stofffraktionen zu gewährleisten, ist auf recyclinggerechte Produktion und Produktgestaltung zu achten. Hilfreich ist zudem eine Verringerung der Materialvielfalt und die Kennzeichnung der Materialien.

Instrumente

Die Informations- und Kommunikationstechnik ist ein Sektor, der von einer hohen Innovationsgeschwindigkeit geprägt ist und Innovationen in anderen Sektoren wesentlich mitbestimmt. Daher müssen gerade hier die Fähigkeiten der Akteure zur Veränderung, Kooperation und Selbststeuerung für eine Ausrichtung am langfristigen Ziel einer nachhaltig zukunftsverträglichen Entwicklung genutzt und ver-

---

[249]) Dies ist eine Bedingung für die Verwendung des Umweltzeichens („Blauer Engel“) für Arbeitsplatz-Computer bzw. Drucker.

bessert werden. Die Akteure sollen durch Anreize und gesetzliche Vorgaben darin gestärkt werden, ihre Handlungsspielräume zu nutzen, um negativen Entwicklungen vorzubeugen. Wichtig ist dafür – neben einem geeigneten rechtlichen Rahmen – auch das Vorhandensein verläßlicher Methoden und Informationen zur ökologischen Bewertung. Im Zentrum der Strategien stehen insoweit selbstgesteckte Ziele, d. h. im Konsens innerhalb und zwischen den Branchen bzw. zwischen Produzenten, Konsumenten und Nutzern entwickelte mittel- und langfristige Entwicklungspfade. Diese Entwicklungspfade sollten konkrete Maßnahmen, überprüfbare Erfolgskriterien und Fristen enthalten. Von den Unternehmen und Branchenverbänden wird die Entwicklung selbstverpflichtender Branchenstrategien erwartet. Parallel dazu muß auch der Staat seiner politischen Gesamtverantwortung gerecht werden. Aufgabe des Staates ist es, den Handlungsrahmen so zu gestalten, daß Eigeninteressen, -nutzen und Nachhaltigkeitsziele zugleich von den Akteuren verfolgt werden können (z. B. durch eine nachhaltigkeitsorientierte Finanzreform, durch Forschungs- und Entwicklungsförderung sowie Produktförderung durch Produktkennzeichnungen wie dem „Blauen Engel"). Ungeachtet der Verpflichtung des Staates, für die Einhaltung ökologischer, sozialer und wettbewerbsförderder Standards zu sorgen, fördert er die Erarbeitung einer Langfriststrategie sowie die Kommunikation und Kooperation der Hersteller und Anwender untereinander. Und er muß sich schließlich für die internationale Vereinbarung solcher Rahmenbedingungen und Mindeststandards einsetzen.

1. „Design for Environment"

Schon in der bisherigen Entwicklung der IuK-Technik sind durch Innovationen (z. B. Übergang von Röhren zu Transistoren durch Leistungssteigerung und Miniaturisierung) gewaltige spezifische Energie- und Materialeinsparungen möglich geworden. Diese Entwicklung gilt es gerade angesichts des Mengenwachstums an eingesetzten Geräten konsequent fortzusetzen. Wirkungsvolle Umweltbeiträge sollten bereits bei der Produktkonzeption ansetzen. Insbesondere in den USA wird das „Design for Environment" (DfE) als prozeßorientierte Strategie des Produktmanagements verstanden:

> „Unsere Strategie ist es, DfE als normalen Teil unserer Produktgestaltung und -prüfung anzusehen. Unsere Konstrukteure und Produktmanager sollen Instrumente und Konzepte des DfE von der Produktplanung bis zur Auslieferung und zum Lebensende des Produkts zur Anwendung bringen. Wir werden Konstrukteure und Verfahrenstechniker belohnen, die die Umweltkosten, -risiken und -abfälle im Lebenszyklus unserer Produkte senken. Unsere Strategie beinhaltet, daß unsere Produktentwickler im Laufe des Produktentwicklungszyklus DfE als Methode anwenden, um:
>
> - die Auswirkungen von Materialien, Produktfunktionen und Herstellungsprozessen auf die Umwelt zu verstehen;
> - weitere Alternativen zur Auswahl von Materialien, Produktfunktionen und Herstellungsprozessen zu finden;

- das breitere Angebot an Alternativen zu bewerten;
- bessere Möglichkeiten kennenzulernen, von anderen einzuhaltende ökologische Kriterien zu formulieren und durchzusetzen;
- Informationen über konkrete Ergebnisse abzuschätzen oder entgegenzunehmen und für eine Verwendung der Ergebnisse in der nächsten Runde der Produktgestaltungsentscheidungen bezüglich der gleichen oder zukünftigen Produkte zu sorgen." [250])

Da mehr als 80 % der Umweltauswirkungen eines Produktes während der frühen Entwurfsphase festgelegt werden, bemühen sich mittlerweile alle großen Hersteller elektronischer Produkte, diese Phase effektiver zu gestalten. Bisher werden vielfach die ökologischen Auswirkungen meist erst nach der experimentellen Erprobung und damit nach Abschluß des Designs sichtbar. Im Rahmen des umweltgerechten Entwurfs werden dagegen die Umweltwirkungen von Produkten über alle Lebensphasen analysiert und bewertet, bevor die endgültige Entscheidung zur Fertigung getroffen ist. „Unzweifelhaft kann die Konstruktion die Nutzungsdauer elektronischer Produkte erheblich beeinflussen. Selbst bei den dynamischen Entwicklungssprüngen der Computerelektronik (die sich zumeist auf bestimmte Komponenten beschränken), läßt sich die Lebensdauer der Geräte durch einen modularen Aufbau verlängern, der das Nachrüsten neuer Prozessorgenerationen, Speichermedien oder Funktionskarten (PC-Cards) erleichtert. Dies wird i. d. R. sogar eine wirtschaftliche Strategie sein: Die Wertschöpfung ist höher, wenn die Grundeinheiten nach dem Baukastenprinzip auf den Markt gebracht werden, die durch Zukauf von Ergänzungsbausteinen mit den Anwenderanforderungen ‚mitwachsen'." [251]) Dabei müssen alle Lebensphasen eines Produktes simuliert werden – von der Produktion bis zur Entsorgung. Sind die Schwachstellen erkannt und geeignete Alternativen ausgewählt, kann der umweltgerechte Entwurf die negativen Auswirkungen, aber auch die Kosten reduzieren helfen. Die Voraussetzungen dafür sind allerdings Simulationswerkzeuge und insbesondere eine Reihe von Daten, die häufig in den Unternehmen nicht verfügbar sind.

Wie bereits bei der Einführung von Qualitätssicherungssystemen, der Ökobilanzierung oder dem Öko-Audit zu beobachten war, deckt häufig schon die Datenerhebung Schwachstellen auf und kann in den Unternehmen zu erheblichen Ressourceneinsparungen führen. Gegenwärtig wird z. B. in den USA eine öffentlich finanzierte Datensammlung- und aufbereitung vorbereitet, so daß in absehbarer Zeit auch für die Elektronik verläßliche Datenpools zur Verfügung stehen werden. [252]) Diese sind eine wichtige Voraussetzung für die Entwicklung von EDV-gestützten „Design for Environment"-Tools, die in Unternehmen und wissenschaftlichen Institutionen forciert vorangetrieben werden. [253]) Das Ziel ist es, öko-

---

[250]) MCC (1994)

[251]) Griese u. a. (1997) 69

[252]) Vgl. Griese u. a. (1997) 91

[253]) Heute stehen den Designern beispielsweise Werkzeuge für den umweltgerechten Leiterplattenentwurf und die Konstruktion von Flachbaugruppen, die die Abwägung von Alternativen unter ökologischen Gesichtspunkten erlauben, noch nicht zur Verfügung.

logisch bewertete Ergebnisse in vorhandene Bauteilbibliotheken und Selektionsroutinen auf Netzlistenebene einfließen zu lassen und somit eine softwaremäßige Hilfestellung für den umweltgerechten Entwurf z. B. von Leiterplatten direkt am CAD-Arbeitsplatz zu schaffen.[254]) In der strategischen Planung der MCC (siehe auch nachfolgend dargestelltes Instrument 2) spielt die firmenübergreifende Bereitstellung von Umweltinformationen, die Entwicklung von Design for Environment-Tools sowie die Einrichtung von Recyclingzentren entsprechend eine zentrale Rolle.

Angesichts vieler erfolgversprechender Ansätze sollte geprüft werden, ob das auf freiwillige Beteiligung der Industrie und Kooperation mit Forschungseinrichtungen aufbauende „Design for Environment"-Programm der amerikanischen Environmental Protection Agency (EPA) auch in Deutschland umgesetzt werden könnte. Es hat explizit das Ziel, von den End-of-Pipe-Lösungen im Umweltschutz abzukommen und den Entsorgungsproblemen bereits durch umweltgerechte Konstruktion in der Phase der Produktkonzeption zu begegnen.[255])

2. Branchenstrategien am Beispiel des Roadmapping[256])

Eine interessante Vorgehensweise für eine branchenorientierte umweltpolitische Langfristplanung stellt die Erstellung einer Roadmap für eine umweltgerechte Entwicklung und Fertigung von IuK-Produkten dar. Gegenstand einer solchen Roadmap sind Richtlinien und Zeitziele zur rechtzeitigen Planung von umweltgerechten Veränderungen bei möglichst vielen Unternehmen, die im Idealfall in einer freiwilligen Vereinbarung zwischen allen relevanten Herstellern der Branche festgelegt werden. Als Vorbild kann die Initiative der Microelectronics and Computer Technology Corporation (MCC) „Electronics Industry Environmental Roadmap"[257]) gelten, die MCC in Zusammenarbeit mit mehr als 40 Elektronik- und Computerfirmen erstellt hat. Die Inhalte der mittel- bis langfristigen Strategie werden von den beteiligten Akteuren gemeinsam festgelegt. In Tabelle 15 (siehe Seite 204) sind die Inhalte der MCC-Roadmap von 1996 zusammengefaßt.

---

[254]) Entsprechende Entwicklungen werden u. a. am Fraunhofer-Institut für Zuverlässigkeit und Mikrointegration (IZM) in Berlin, vom Recycling Circle der Universität Erlangen oder vom Printed Wiring Board-Projekt der amerikanischen Environmental Protection Agency verfolgt.

[255]) Vgl. Griese u. a. (1997) 84

[256]) Die praktische Umsetzung des Konzeptes des „Roadmapping", das von Unternehmen vielfach angewandt wird, erfolgt zumeist zweigleisig in folgenden Schritten: Zum einen werden nachfrage- bzw. bedürfnisseitige Innovationsimpulse durch ein Konzept der „Mehr-Generationen/Produktentwicklung" antizipatorisch aufgegriffen. Das heißt, man „ahnt" voraus, welche Art der Bedürfnisbefriedigung bzw. Problemlösung künftig gewünscht wird und überlegt entsprechende Schritte zur Umsetzung dieser „Vision". Zum zweiten werden technikinduzierte Innovationen – also Neuerungen, die im Zuge der Fortentwicklung bestehender Technikentwicklungslinien entstehen – mit Hilfe von „Technologischen Landkarten (Technology Roadmaps)" vorgedacht und konzipiert. Beide Innovationslinien werden dann aufeinander abgestimmt und in ein marktfähiges Konzept zusammengeführt.

[257]) Vgl. MCC (1996)

Tabelle 15

Inhalte der MCC-Roadmap von 1996

Themenfeld	Konkret behandelte Aspekte
Strategische Management-aufgaben	Integration von Umweltfragen in Unternehmensstrategien
	Bestandteile von Strategien (Umweltkostenrechnung, Audits, Indikatorsysteme, Aus- und Weiterbildung etc.)
	Unternehmensbeispiele
	Handlungsbedarf
Umweltinformationsystem	Benötigte Instrumente
	Aufbau einer branchenspezifischen Informationsstruktur
	Akteure
Design for Environment	Entwicklung, Bedarf an Hilfsmitteln
	Übersicht über bestehende Tools
Entsorgung	Rahmenbedingungen (Entsorgungsmengen etc.)
	Hemmnisse (Infrastruktur, fehlende Informationen, technologische Defizite etc.)
	Beispiele von Konzepten
Entwicklung	IC-Fertigung, Verbindungstechnik, Leiterplattentechnik, Displays
	Schlüsseltrends in anderen industriellen Roadmaps
	Herausforderungen („grat challenges for environmental excellence"): trockene Wafer, Null-Emissions-Prozesse, additive Leitbilderherstellung, integriertes Design for Environment

Quelle: Behrendt u. a. (1998 b) 274; MCC (1996)

Eine solche Vorgehensweise ist für in Deutschland tätige Unternehmen nicht völlig neu. Dem EUREKA Projekt CARE VISION 2000, das die Entwicklung langlebiger, nachrüstbarer und wiederverwendbarer Elektronikgeräte zum Gegenstand hat, liegt ein vergleichbares Konzept zugrunde. [258]) Das Verbundprojekt „Grüner Fernseher", das vom Bundesministerium für Bildung, Wissenschaft, Forschung und Technologie (BMBF) finanziell unterstützt wird, hat die kooperative Entwicklung von neuen Technologien und Materialien als Basis für ökologisch optimierte elektronische Produkte zum Ziel. [259]) Diese beiden Projekte sind ähnlich wie das Konzept der Arbeitsgemeinschaft CYCLE im Zusammenhang mit der Diskussion um Produktverantwortung und Produktrücknahmeverpflichtungen für Hersteller von Elektronikprodukten zustande gekommen. [260]) Daher wird in diesen Projekten vor allem der Aspekt des Recycling und der Recyclingfähigkeit von Elektronikprodukten betont. Auf europäischer Ebene ist die Aktivität der European Computer Manufacturer Association (ECMA) zur Standardisierung von umweltrelevanten Parametern für die herstellereigene Erklärung von Umwelteigenschaften zu nennen, die im ECMA Technical Report „Product related environmental attributes" ihren Niederschlag gefunden hat. [261])

In dem im Auftrag des Umweltbundesamtes durchgeführten Forschungsvorhaben „Produktlinien-Controlling für Flammschutzmittel in Elektronikprodukten" war die Verringerung von Problemstoffen das Innovationsziel. Durch Darstellung und Diskussion von Handlungszielen und -möglichkeiten sollten in diesem Vorhaben Akteurskooperationen angeregt und gefördert werden (siehe Kasten „Produktlinien-Controlling).

Produktlinien-Controlling

Das Forschungsprojekt „Stoffflüsse ausgewählter umweltrelevanter chemischer Stoffe – Beispiele für ein Produktlinien-Controlling", das von der Forschungsgemeinschaft Ökoforum im Auftrag des Umweltbundesamtes durchgeführt wurde, verfolgte den Zweck, Möglichkeiten und Grenzen der Förderung auf ökologische Innovationen ausgerichtete Kooperationen an einem praktischen Beispiel deutlich zu machen. [262]) Ausgehend von dem Problem, daß bestimmte Flammschutzmittel erhebliche Umweltbelastungen verursachen können, wurde für den Flammschutz bei Computern und Automobilsitzen nach innovativen Lösungen gesucht. Schwerpunkt des Forschungsvorhabens war die Frage, wie ökologisch orientierte Innovationsprozesse in Gang gesetzt werden können. Durch Gesprächsrunden mit Herstellern von Flammschutzmitteln, Personalcomputern und Automobil-

[258]) Vgl. Behrendt u. a. (1998b) 106 ff.
[259]) Vgl. Behrendt u. a. (1998b) 104 ff.
[260]) Vgl. Behrendt u. a. (1998b) 97 ff.
[261]) Vgl. ECMA (1997)
[262]) Vgl. UBA (1996 e)

sitzen sowie dem Handel, Entsorgungs- und Recyclingunternehmen, Verbraucherverbänden, Behörden und Umweltgruppen wurden Kriterien und Perspektiven für unternehmerische Innovationen ermittelt. In einem organisierten Kommunikationsprozeß mit den Akteuren der betreffenden Produktlinien konnten Spielräume für Innovationen ausgelotet und Empfehlungen für einen umweltverträglichen Brandschutz erarbeitet werden. Das Umweltbundesamt hat in diesem konkreten Beispiel die Rolle des Anregers und Beraters für umweltorientierte Kooperationen übernommen. Die Empfehlungen für einen unter Umweltschutzgesichtspunkten vertretbaren Brandschutz konnten als Grundlage zur Vorbereitung eines Umweltzeichens Flammschutzmittel genutzt werden.

Trotz dieser bereits abgeschlossenen oder noch laufenden Aktivitäten, die bisher teilweise sehr isoliert abliefen, kann die Diskussion über umweltorientierte Entwicklungsziele für die Informations- und Kommunikationstechnik bei weitem noch nicht als abgeschlossen gelten. Noch zu lösende Aufgaben eines Roadmapping könnten sein:

- Erarbeitung von Strategien für weitergehende technische Herausforderungen (bei der Chip-Herstellung und der Leiterplattenerstellung, bei der Entwicklung bleifreier Lote, für ein integriertes ökologisches Design etc.),
- die Förderung der Verbreitung schon bestehender Innovationen,
- eine Bündelung der bisherigen Aktivitäten zur Entwicklung weitreichender Branchenumweltziele und strategischer Leitlinien als (öffentlich diskutierbare) Antwort auf die Frage nach dem Beitrag der IuK-Industrie auf die Herausforderungen einer nachhaltig zukunftsverträglichen Entwicklung und
- die Vorbereitung einer für alle Beteiligten verbindlichen Selbstverpflichtung.

Dieses Instrument sollte auch im Hinblick auf Akteurskooperationen entlang der Produktlinie entwickelt werden; dabei kann auf inhaltliche Vorarbeiten und vorhandene organisatorische Strukturen zurückgegriffen werden.

Wichtig ist, daß mit einer solchen Roadmap, in der neben umweltbezogenen Herausforderungen und strategischen Leitlinien konkrete Ziele und Maßnahmen benannt werden sollten, perspektivisch auch die Vorbereitung einer für alle Beteiligten verbindlichen Selbstverpflichtung mit Fristen zur Umsetzung konkreter Ziele angestrebt wird. Die Koordination sollte bei einer neutralen Einrichtung angesiedelt sein, die das Vertrauen der Beteiligten genießt. Tabelle 16 gibt eine Übersicht über die möglichen Elemente einer solchen Roadmap:

Die Erstellung einer umweltorientierten Roadmap ist im wesentlichen Aufgabe der Informations- und Kommunikationsbranche. Ihre Mitgliedsunternehmen besitzen das Know-how und sie sind entscheidender Akteur der Umsetzung nachhaltiger Innovationen.

Tabelle 16

Elemente einer Roadmap

Initiative	Unternehmen, Branchenverbände (ZVEI, Fachverband IT von ZVEI und VDMA) oder externer Anstoß: UBA, Enquete-Kommission
Beteiligte	Unternehmen, Fachverbände (ZVEI, Fachverband IT, mittelfristig: EACEM, ECMA, Eurobit), Wissenschaft
Grundfinanzierung und Projektmittel	Fachverbände/Mitgliedsunternehmen, UBA/BMU, BMBF, EU
Koordination	neutrale Einrichtung
Zeitraum und Erstellung	ca. 1 Jahr (Fortschreibung)
Betrachteter zeitlicher Horizont der technischen Entwicklung	Größenordnung 10 Jahre
Inhalte	Beschreibung von Problemfeldern und Herausforderungen Formulierung strategischer Leitlinien, konkreter Maßnahmen und meßbarer Indikatoren Vorbereitung einer Selbstverpflichtung

Quelle: modifiziert nach Behrendt u. a. (1998b) 275

Das Institut für Zukunftsstudien und Technologiebewertung (IZT) hat im Auftrag der Enquete-Kommission versucht, erste Antworten auf die Frage zu geben, welche technologischen, wirtschaftlichen und sozialen Innovationspotentiale kurz-, mittel- und langfristig vorhanden sind, welche Faktoren sich dabei innovationshemmend auswirken, wie die Innovationspotentiale erschlossen und mit welchen Maßnahmen und unter welchen Rahmenbedingungen die Innovationskompetenzen der verschiedenen am Stoffstrom beteiligten Akteure verbessert werden können. Die Studie konzentriert sich auf stoffliche Aspekte im Lebenszyklus von IuK-Geräten, da diese bislang nur unzureichend unter dem Gesichtspunkt von Innovationspotentialen untersucht wurden.[263]) Viele Elemente dieser Studie könnten

[263]) Vgl. Behrendt u. a. (1998b)

im Rahmen einer Roadmap aufgegriffen werden. Auf die Innovationsansätze wird im Folgenden näher eingegangen (siehe nachfolgend abgedruckten Kasten „Entwicklungspfade in Richtung Nachhaltigkeit“.

Entwicklungspfade in Richtung Nachhaltigkeit[264])

Innovationspfade

Das IZT hat Innovationsansätze im Bereich der Informations- und Kommunikationtechniken identifiziert und zu Entwicklungspfaden verdichtet (siehe Abbildung 14, Seite 209). Sie sind nicht als Prognosen im Sinne von Vorhersagen zu verstehen. Da die Informations- und Kommunikationstechniken sich sehr dynamisch in kurzen Zeiträumen verändern, sind zuverlässige Prognosen kaum möglich. Innovationen beruhen auf komplexen Vorgängen, über deren Resultate und Eintrittswahrscheinlichkeiten nur spekuliert werden kann. Aus diesen Gründen kann nur das Spektrum möglicher Innovationen aufgezeigt werden. Der betrachtete Zeithorizont reicht bis zum Jahr 2015, wobei folgende Zeitabschnitte – ausgehend von 1995 – unterschieden wurden:

Kleinschrittige Verbesserungen (0–5 Jahre)

„Breakthrough“-Innovationen (0–15 Jahre)

Neue Konsum- und Nutzungsmuster (0–20 Jahre)

0–5 Jahre: Kleinschrittige Verbesserungen

Die ökologische Ausrichtung der Produktlinien im IuK-Bereich hat sich in den Investitions- und Innovationsprozessen der wirtschaftlichen Akteure bisher nur in begrenztem Umfang durchsetzen können. Die Unternehmen reizen eingeschlagene Technikpfade erst einmal aus. Technologische Erneuerungen zur ökologischen Produkt- und Produktionsgestaltung sind an betriebliche Investitionszyklen gebunden, so daß weitreichende Fortschritte kurzfristig kaum zu erwarten sind. Aufgrund der bestehenden Hemmnisse sind in den nächsten Jahren lediglich Fortschritte in bestimmten Teilbereichen und mit relativ geringer Innovationstiefe zu erwarten, so bei der Kennzeichnung von Kunststoffen (nach DIN oder ISO), der Reduzierung der Materialvielfalt, der Wahl leicht demontierbarer Verbindungselemente, der Entwicklung materialsparender Verpackungen, der Substitution von halogenorganischen Flammhemmern in Gehäusen. Des weiteren besteht ein Trend zu höher integrierten und damit materialarmen Systemen. Der Energieverbrauch wird pro Gerät i. d. R. weiter zurückgehen. Ein gegenläufiger Trend besteht allerdings z. B. bei Fernsehgeräten, wo die Verbesserung der Bildqualität – durch die 100 Hertz-Technik – die Energieeinspareffekte kompensiert. Insgesamt bleiben die Entlastungseffekte für die Umwelt gering. Die Materialeinsparungen liegen bei 2 % pro Jahr, die Energieeffizienz der Geräte nimmt durchschnittlich um 2 % pro Jahr zu.[265])

---

[264]) Vgl. Behrendt u. a. (1998b) 261 ff.

[265]) Vgl. Stevels (1996)

Abbildung 14

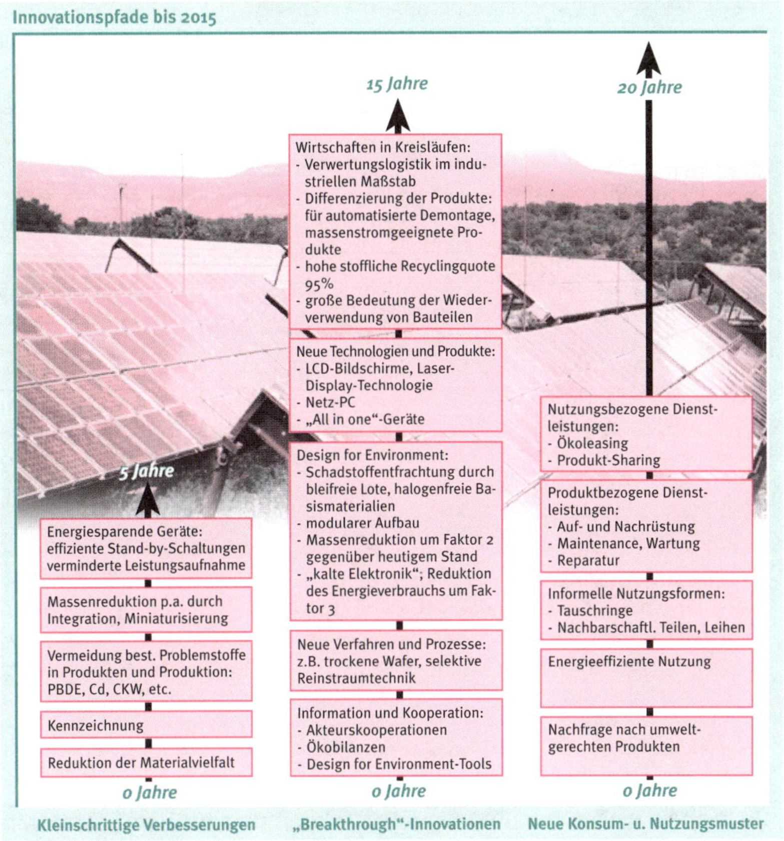

Quelle: nach Behrendt u. a. (1998 b) 263

0–15 Jahre: „Breakthrough"-Innovationen

Eine wesentliche Voraussetzung für umfassende Innovationen sind Informationen und Kooperationen entlang des Lebenszyklusses der informations- und kommunikationstechnischen Produkte. Insbesondere auch für wirtschaftliche Akteure gewinnen Akteurskooperationen (z. B. Arbeitskreis Bildröhrenrecycling im ZVEI), Ökobilanzen, Design for Environment-Tools etc. an Bedeutung. Innovative Ansätze, die eine erhebliche Umweltentlastung vermuten lassen, sind die „trockene" Waferherstellung, die ohne naßchemische Prozesse auskommt, eine selektive Reinstraumtechnik bei der Chipherstellung – was den extrem hohen Energieaufwand minimieren würde – sowie neue Verfahren zur Leiterplattenstrukturierung und Umstellung auf Additivtechniken, die zu einem verringerten Abwasser- und Abfallanfall aufgrund vermiedener Ätzprozesse führt.

Innovationen zur Verbesserung des Elektronikrecyclings setzen einerseits an der Produktgestaltung an (Design for Environment, Design for Disassembly). Andererseits sind technologische Innovationen auch bei den Demontage- und Recyclingverfahren zu erwarten. Unter der Voraussetzung einer recyclinggerechten und schadstoffarmen Produktgestaltung ist eine stoffliche Verwertungsquote von bis zu 95 % technisch möglich.

Hinsichtlich der Leiterplattentechniken sind Ansätze vielversprechend, die eine Trennung von Schaltung und Schaltungsträger vorsehen. Neben der Schadstofffreiheit des Materials bietet z. B. eine kupferkaschierte Silikonfolie auch eine kostengünstige Perspektive. Ausgelöst durch gesetzliche Initiativen in den USA ist ein weiterer Durchbruch bei der Entwicklung bleifreier Lote zu erwarten. Durch eine Umsetzung der genannten Innovationsansätze ist eine vollständige Vermeidung von Sondermüll bei der Geräteentsorgung realistisch. Ausgereifte Techniken könnten spätestens ab dem Jahr 2002 zur Verfügung stehen.

Hinsichtlich der Herausforderung, den Energieverbrauch in der Nutzungsphase von informations- und kommunikationstechnischen Geräten zu senken, sind mittelfristig weitere Einsparpotentiale im Betriebszustand durch effizientere Audioeinrichtungen, verbesserte Bildröhrentechnik oder Wechsel der Displaytechnik, „One Chip"-Technik, energiearme Stand-by-Schaltungen sowie verbesserte Powermanagementsysteme erschließbar. Langfristig erscheint die Weiterentwicklung einer extrem verlustarmen, sog. „kalten" Elektronik möglich. Dadurch könnte eine weitere Reduktion des mittleren Energieverbrauchs um den Faktor drei erreicht werden.

Es besteht ein neuerer Trend zu integrierten Produkten, die zu einer Materialeinsparung beitragen. Beispiele sind TV-PC-Kombinationen, Mulitmedia-Audio-Kombinationen, Handy-Laptop-Kombinationen und Telefon-Fax-Kombinationen. Allerdings ist zu bezweifeln, daß es zu einer umfassenden Substitution von Einzelgeräten kommt, da die verschiedenen Nutzeransprüche i. d. R. nicht durch ein Gerät erfüllt werden (z. B. Personalcomputer/Fernsehgerät). Vielmehr ist zu erwarten, daß multifunktionale Geräte neue Märkte erschließen und zu einem weiteren Marktwachstum beitragen. Sprünge bei der Materialeinsparung sind jedoch durch neue Produktentwicklungen möglich (z. B. besonders dünne Flachbildschirme oder Laser-Display-Technik).

Große Herausforderungen für Innovationen liegen neben denen auf technischem Gebiet, insbesondere im wirtschaftlichen und sozialen Bereich. Das langfristige Ziel, auf möglichst hohem Niveau in Kreisläufen zu wirtschaften, erfordert, daß die Bereiche der Produktion, des Handels und der Verwertung in breitem Umfang kooperieren. Dies setzt voraus, daß sich künftig Kostenzurechnung und Logistiklösungen für das Elektronikrecycling in industriellem Maßstab sowie Remarketingkonzepte für Gebrauchtgeräte und -komponenten durchsetzen.

0–20 Jahre: Neue Konsum- und Nutzungsmuster

Trotz aller Fortschritte zu mehr Effizienz, werden Umweltentlastungseffekte durch das quantitative Wachstum kompensiert. Dies trifft insbesondere auf den IuK-Markt zu, der hohe Wachstumsraten aufweist. Neben einer Nachfrage nach umweltgerechten Produkten und einer energieeffizienten Nutzung der Geräte sind neue Konsum- und Nutzungsmuster notwendig.

Entwicklungsfähig könnten daher Ansätze sein, bei denen Unternehmen nicht primär Produkte, sondern deren Nutzen verkaufen, wie es beispielsweise über Produkt-Sharing und Leasingsysteme realisiert werden kann. Solche Systeme können aus ökologischer Sicht bei optimierten Bedingungen[266]) ein beachtliches Einsparpotential bieten. Im Kopiergerätebereich läßt sich durch das Leasing ein weitgehender geschlossener Produktkreislauf herstellen, indem das Recycling in die Fertigung eingebunden wird. Die Erfahrungen sind aber nicht ohne weiteres auf andere elektronische Produkte übertragbar. Marktpotentiale sind insbesondere im Systemgeschäft bei höherwertigen Geräten vorhanden. Hier können die ökologischen Vorteile des Leasings durch Wartung, Reparatur und Aufrüstung künftig entfaltet werden.

3. IT-Altgeräte-Verordnung

Derzeit fallen in der Bundesrepublik Deutschland ca. 2 Mio. t Elektro- und Elektronikschrott an (davon ca. 440 000 t Unterhaltungselektronik und 100 000 t Informationstechnik), die noch zu einem Großteil in Verbrennungsanlagen und auf Deponien landen und einen jährlichen Zuwachs von 5 bis 10 % aufweisen. Angesichts des damit verbundenen Umweltbelastungspotentials besteht hier dringender Handlungsbedarf. Der Rat von Sachverständigen für Umweltfragen (SRU) „hält eine vollständige Rückführung des schadstoffhaltigen Elektro- und Elektronikschrotts für dringend geboten. Umweltgefährdungen, die mit der ‚wilden Entsorgung' und mit der Entsorgung über den Hausmüll verbunden sind, müssen vermieden werden. Die Kosten der Entsorgung sind den Herstellern und Vertreibern der Produkte anzulasten. Damit sollen Anreize zur Verwendung ökologisch unbedenklicher Materialien und zur Kennzeichnung der Materialien sowie des

---

[266]) Leasing ist nur bei einer bestimmten Vertragsgestaltung ökologisch vorteilhafter (z. B. Verzicht auf Verkaufsoption). Als Instrument der Absatzförderung und als Finanzierungsinstrument induziert es gar zusätzliche Stoffströme.

Aufbaus der Geräte zur Erleichterung notwendiger Reparatur- und Erweiterungsarbeiten geschaffen werden." [267]

Das lange Ausbleiben einer rahmensetzenden Verordnung für Elektronikprodukte zur rechtlichen Ausgestaltung der Rücknahmepflicht wird von vielen Unternehmen, die eine umweltgerechte Produktentwicklung verfolgen, und von Recyclingbetrieben als ein Haupthindernis für weitere Innovationen angesehen. Viele Unternehmen der Informations- und Kommunikationsbranche haben sich in Erwartung einer allgemeinen Rücknahme-Verpflichtung im Rahmen einer Elektronikschrott- bzw. IT-Altgeräte-Verordnung auf die Rücknahme, Aufarbeitung und Aufbereitung ihrer Produkte vorbereitet. Dabei konnten bereits Erfolge verbucht und wertvolle Erfahrungen gesammelt werden (siehe z. B. nachfolgend abgedruckten Kasten „Recyclingaktivitäten von Siemens-Nixdorf".

Recyclingaktivitäten von Siemens-Nixdorf

Zu den Vorreitern in der Informationstechnik-Branche hinsichtlich Kreislaufwirtschaft und Verlängerung der Nutzungsdauer von Komponenten gehört der Computerhersteller Siemens-Nixdorf. Die Firma unterhält in Paderborn ein Recycling-Zentrum. Rund 70 Beschäftigte rüsten dort alte Rechner zwecks Wiederverkaufs um oder auf und zerlegen die anderen in ihre Bestandteile. Mit Hilfe von Datenbanken und den Materialnummern identifizieren sie wiederverwertbare Bauteile, die dann ins Ersatzteillager wandern. Erst wenn nichts mehr zu gebrauchen ist, kommen die Kunststoffteile nach ihrer Zusammensetzung getrennt in die Schredderei. Von dort geht das Mahlgut an die Hersteller, die es mit neuem Material anreichern und wieder zur Produktion neuer Gehäuse einsetzen. Inzwischen wird bereits jeder dritte in Deutschland verkaufte Siemens-Nixdorf-Rechner dem Wiederverwertungskreislauf zugeführt. Zudem ist seit der Arbeitsaufnahme des Paderborner Zentrums im Jahre 1988 der Anteil des zu entsorgenden Materials enorm zugunsten der wiederverwendeten Teile und wiederverwerteten Werkstoffe gesunken. 1988 wurden noch 65 % als Müll entsorgt, 23 % aufbereitet und 12 % wiederverwendet. Im Geschäftsjahr 1996/97 wanderten nur noch 12 % in den Müll, 65 % wurden aufbereitet und 23 % kamen umgerüstet oder als Ersatzteil zum Wiedereinsatz. Die Gesamtmenge der zerlegten Geräte stieg im gleichen Zeitraum zudem gewaltig von 600 auf 5 668 t. Die Erfahrungen aus dem Recycling-Prozeß werden an die Entwicklungsingenieure weitergegeben. Der Anteil der wiederverwendbaren Bauteile und der wiederverwertbaren Werkstoffe soll durch recyclinggerechtes Konstruieren kontinuierlich gesteigert werden. Schon jetzt wird der mit dem „Blauen Engel" ausgezeichnete Öko-PC von Siemens-Nixdorf kostenlos zurückgenommen. [268]

---

[267] SRU (1998a) 299, Tz. 539

[268] Vgl. http://www.sni.de/public/mr/wvm/wvmdhome.htm

Die Bundesregierung hatte bereits 1991 auf der Grundlage von § 14 AbfG den Entwurf einer umfassenden Elektronikschrott-Verordnung vorgelegt. Seit Februar 1996 liegt der Entwurf einer Verordnung über die Entsorgung von Geräten der Informations-, Büro- und Kommunikationstechnik (IT-Altgeräte-Verordnung) vor. Sie wurde am 19. Mai 1998 vom Kabinett verabschiedet. Der Anwendungsbereich umfaßt elektrische und elektronische Geräte der Informations-, Büro- und Kommunikationstechnik, d.h. ca. 7 % des anfallenden Elektronikschrotts in Deutschland. IT-Altgeräte sollen künftig von den Herstellern zurückgenommen und entsprechend den Vorschriften des Kreislaufwirtschafts- und Abfallgesetzes verwertet bzw. beseitigt werden. IT-Altgeräte aus privaten Haushaltungen werden über die i. d. R. bereits vorhandenen Erfassungsstrukturen der öffentlich-rechtlichen Entsorgungsträger gesammelt und anschließend den Herstellern zur Entsorgung überlassen. Das Einsammeln sollen die Kommunen übernehmen. Den Aufwand für die Sortierung tragen die Hersteller. Um eine „wilde" Entsorgung oder die Entsorgung über den Hausmüll zu verhindern, hat die Bundesregierung auf ein Annahmeentgelt von den Letztbesitzern verzichtet. Verwertungsquoten für die Hersteller enthält die Verordnung nicht. Auch Pflichten zur Kennzeichnung der Geräte und Geräteteile im Sinne eines fachgerechten Recyclings sind nicht enthalten, da im wesentlichen entsprechende industrielle Normen (z. B. ISO 11469) schon vorhanden sind. Für Hersteller von Telefonendgeräten gilt eine Sonderregelung, derzufolge sie bis zum 30. Juni 1999 ein schlüssiges Konzept vorzulegen haben, in dem sie darstellen, welche Maßnahmen sie ergreifen werden, um eine Rücknahme und eine ordnungsgemäße und schadlose Verwertung oder gemeinwohlverträgliche Beseitigung der von ihnen in Verkehr gebrachten IT-Altgeräte sicherzustellen.

Zur Verhinderung von Trittbrettfahrern müssen die vorbereiteten Regelungen für eine konsequente Ausgestaltung der Produktverantwortung im Sinne einer vollständigen Rücknahmeverpflichtung der Hersteller und Importeure auf nationaler und europäischer Ebene rasch in Kraft gesetzt werden. Eine internationale Regelung ist anzustreben. Insbesondere müssen bei der anvisierten Regelung neben den „mülltonnengängigen" Kleingeräten (wie z. B. Handys) auch die rasch steigenden Elektronikanteile in Fahrzeugen, Maschinen und anderen Produkten mit einbezogen werden. Ein heute auf den Markt kommender Mittelklassewagen enthält immerhin schon die Rechnerleistung eines Personalcomputers.[269]) Technisch möglich ist bei recyclinggerechter und schadstoffarmer Produktgestaltung eine stoffliche Verwertung von 95 %. Sie sollte bis zum Jahr 2005 angestrebt werden.

---

[269]) Allein für das Motormanagement enthält ein Opel Vectra heute ca. 321 000 elektronische Halbleitereinheiten. In einem Opel Omega übernehmen ein Dutzend Mikrocomputer, 52 Elektromotoren und 1 800 elektronisch gesteuerte Bedienungselemente die Steuerung der verschiedenen Fahrzeugfunktionen. In einem BMW der 8er Reihe verrichten zwischen 3 und 4 Mikroprozessoren mit 32-Bit-Architektur und mehr als 10 weitere 8-Bit-Prozessoren ihren Dienst. Vgl. Grote (1997)

Das mit dem Entwurf der IT-Altgeräte-Verordnung vorgelegte Konzept sieht eine Kombination der von den IT-Geräteherstellern im November 1995 durch die AG CYCLE (siehe nachfolgend abgedruckten Kasten „Das Konzept der Arbeitsgemeinschaft CYCLE") angebotenen kooperativen Maßnahmen (Selbstverpflichtung) und von ordnungsrechtlichen Anforderungen an die Rücknahme, Verwertung und Beseitigung der Geräte vor. Die Fachverbände Zentralverband Elektrotechnik- und Elektroindustrie (ZVEI) und Verband Deutscher Maschinen- und Anlagenbau (VDMA) messen der Selbstverpflichtung eine Pilotfunktion bei. Sollte sie sich bewähren, dann werden voraussichtlich auch die Hersteller von Unterhaltungselektronik vergleichbare Selbstverpflichtungen eingehen.

Wesentliche Voraussetzung für die Wirksamkeit der Selbstverpflichtung ist in diesem Fall die Festlegung von verbindlichen Zielvorgaben. Hierzu zählen beispielsweise Rücknahmequoten, Recyclingquoten, Anteile von Sekundärrohstoffen, Wiederverwendungsquoten sowie die Vermeidung und Verminderung von kritischen Stoffen. Darüber hinaus ist eine effiziente Kontrolle der Zielvorgaben (z. B. durch Monitoring) erforderlich.[270]) Schließlich bedarf es eindeutiger Bedingungen für den Ausstieg aus der Selbstverpflichtung z. B. im Fall der Nichteinhaltung der Zielvorgaben.[271])

Da die IT-Altgeräte-Verordnung und die „Freiwilligen Maßnahmen zur Rückführung und Verwertung elektrischer und elektronischer Produkte aus der Informationstechnik, Bürokommunikations-Systemen und anderer artverwandter Investitionsgüter" im Konzept der AG CYCLE nur einen geringen Teil des anfallenden Elektronikschrotts betreffen,[272]) müssen so bald wie möglich auch geeignete Regelungen für die Weiße und Braune Ware verabschiedet werden. Im Teilbereich Elektro-Haushalt-Großgeräte (Weiße Ware) konnte in dieser Legislaturperiode keine Einigung hinsichtlich eines von den Herstellern vorgelegten Entsorgungs- und Verwertungskonzeptes erzielt werden und auch für den Bereich elektrische und elektronische Kleingeräte und Unterhaltungselektronik (Braune Ware) zeichnet sich derzeit keine Lösung ab.[273])

Das Konzept der Arbeitsgemeinschaft CYCLE[274])

Ziele und Inhalte

Hintergrund zur Gründung der Arbeitsgemeinschaft CYCLE im Fachverband Informationstechnik des ZVEI/VDMA 1995 war das geplante und 1996 in Kraft getretene Kreislaufwirtschafts- und Abfallgesetz mit Verordnungser-

270) Hierfür können u. a. die Jahresberichte der AG CYCLE genutzt werden.
271) Vgl. Coenen (1996) 125; Schafhausen (1997) 8
272) Vgl. Behrendt u. a. (1998 b) 100, 214; SRU (1998 a) Tz. 532
273) Vgl. SRU (1998 a) 297 ff., Tz. 535, Tz. 538
274) Die Ausführungen stammen im wesentlichen aus Behrendt u. a. (1998b) 97 ff. und sind um aktuelle Aspekte ergänzt worden.

mächtigungen zur Konkretisierung der Produktverantwortung. Da eine Elektronikschrott-Verordnung bzw. IT-Altgeräte-Verordnung bisher nicht zustande kam, entwickelte die Industrie eine eigene Initiative zur Geräterücknahme.

Ziel der Arbeitsgemeinschaft CYCLE ist eine freiwillige Vereinbarung zur Rücknahme und Verwertung von Geräten der Informationstechnik in Verbindung mit einer „schlanken" Rahmenverordnung des Gesetzgebers. Das CYCLE-Konzept sieht vor, daß – sofern die Geräte nicht direkt über den Handel bzw. in Eigenregie des Herstellers zurückgeführt werden – die Rücknahme und Sortierung der Geräte über kommunale Entsorgungsträger erfolgt. Hersteller mit eigenen Verwertungssystemen bzw. beauftragte Dienstleister übernehmen die Demontage und das Recycling der Geräte. Gemäß dieser Aufgabenverteilung soll auch die Finanzierung dieses Modells erfolgen. Die kommunalen Träger hätten die Kosten für die Sammlung und Sortierung für Konsumprodukte zu finanzieren, während die Hersteller die Finanzierung des Recyclings übernehmen.[275]) Alternativ wurde auch ein Privatisierungskonzept diskutiert, das den Aufbau von Annahmestellen für die Erfassung, Sortierung und verwerterspezifische Bereitstellung der Altgeräte vorsieht. Die Finanzierung würde über ein Annahmeentgelt erfolgen, das vom Letztbesitzer gezahlt wird.

Akteure

Akteure bei der Entwicklung des CYCLE-Konzeptes sind

- Hersteller, Importeure, Vertreiber,
- Unternehmen der Logistik, Demontage und Verwertung,
- Kunden (privat, gewerblich) sowie
- Bund, Länder und Kommunen.

Mitglieder der AG CYCLE sind Hersteller bzw. Handelsunternehmen aus dem Bereich der Informationstechnik und Bürokommunikation (z. B. Personalcomputer, Drucker, Schreibmaschinen, Fotokopierer, Telefaxgeräte, Präsentationstechnik). Sie decken zusammen etwa 80 % des IT-Marktes ab.

[275]) Um qualifizierte Verwertungstechniken einzusetzen, wurde eine Kommission mit Vertretern aus Unternehmen, der Bundesregierung, den Bundesländern, den Städten, der Forschung und der Wissenschaft gegründet, die u. a. die Aufnahme von Verwertungsdienstleistern aufgrund spezieller Anforderungen steuert. Vorgesehen ist ferner eine Berichtsfunktion der AG CYCLE über die Umsetzung der freiwilligen Vereinbarung etwa im Hinblick auf Verwertungsquoten, Abfallquoten etc.

Ergebnisse

Im Rahmen der Arbeit der AG CYCLE konnte bisher ein Konzept von Herstellern und Importeuren zur freiwilligen Rücknahme und Verwertung von Altgeräten vorgelegt werden. Dieses beinhaltet

- die Konstruktion recyclinggerechter Produkte,
- die Rücknahme der Altgeräte,
- die Verwendung und Verwertung der Geräte nach Qualitätsstandards,
- die Übernahme der Kosten für die Verwertung ab definierten Übergabestellen durch die Hersteller,
- die Gewährleistung der Finanzierung der Verwertung sowie
- die Erfolgskontrolle und einen jährlichen Bericht an die Bundesregierung.

Ausblick

Die Bundesregierung hat in ihrem Entwurf für eine IT-Altgeräte-Verordnung das Konzept der AG CYCLE weitmöglichst berücksichtigt. Da die Kommunen und Landkreise das vorgesehene Modell der Kostenteilung nicht akzeptierten, und forderten, daß die Industrie auch die Kosten für die Sammlung, den Transport und die Vorsortierung der Altgeräte übernehmen solle, sieht der Entwurf diesbezüglich einen Kompromiß vor.

Das AG-CYCLE-Konzept könnte zu einem Modell für die freiwillige Rücknahme und Verwertung von gebrauchten Elektronikgeräten werden und somit zur gezielten Steuerung von Stoffflüssen beitragen. Durch die teilweise Internalisierung der Kosten können Anreize beim Hersteller entstehen, Produkte recyclinggerechter zu konstruieren. Ein Vorteil der Initiative ist insbesondere, daß ein größtmöglicher Handlungsspielraum der betroffenen Hersteller von IT-Geräten verbleibt. Durch die Qualitätssicherung der Verwertung und die Erfolgskontrolle durch eine jährliche Berichterstattung werden Art und Umfang der Stoffströme transparent und Zielsetzungen überprüfbar. Bisher fehlt es aber an konkreten stoffstrombezogenen Zielen, etwa im Hinblick auf die Entwicklung neuer Geräte unter dem Aspekt der Schadstoffverringerung und dem Einsatz von Rezyklaten bei der Herstellung neuer Geräte.

Ein Nachteil des Konzeptes ist, daß bestehende Verwertungswege für Kleingeräte nur unzureichend berücksichtigt und somit mittelständische Verwertungsbetriebe benachteiligt werden. Ein kontrovers diskutiertes Problem sind in diesem Zusammenhang die hohen Qualitätsanforderungen an die Verwerter. [276])

---

[276]) Einerseits sind die Qualitätsanforderungen zu begrüßen, weil sie über die gesetzlichen Standards hinaus sich am oberen Stand der Technik orientieren. Andererseits ist zu erwarten, daß insbesondere kleine und mittelständische Verwerter Probleme haben, diese aufgrund der Kostensituation zu erfüllen. Die großen Entsorger und Recyclingbetriebe sehen hingegen hier keine Schwierigkeiten.

Ein weiterer Schwachpunkt betrifft die Produktpalette. Sie umfaßt Großrechner, Personalcomputer, tragbare Computer (z. B. Laptops, Notebooks), Computermonitore, Drucker, Plotter, Scanner, Schreibmaschinen, Fotokopier- und andere Vervielfältigungsgeräte sowie Telefax- und andere elektronische Geräte der Präsentationstechnik. Diese Produktgruppen haben einen Anteil von ungefähr 7 % am gesamten anfallenden Elektronikschrott in Deutschland. Das Produktspektrum ist teilweise willkürlich, weil bestimmte Geräte, die über grundsätzlich vergleichbare Recyclingwege verwertet werden, nicht berücksichtigt werden. So gilt die Rücknahmeverpflichtung z. B. für Monitore aus Personalcomputern, aber nicht für Bildschirme aus TV-Geräten. Daher sollte das CYCLE-Modell mit den geplanten Rücknahmesystemen für die Braune Ware und Weiße Ware kompatibel gestaltet werden.

4. Gerätekennzeichnung/Labeling

Zur Umsetzung von Nachhaltigkeitsstrategien im Herstellungsbereich müssen Nutzer verstärkt informiert und eingebunden werden. Dafür sollten bewährte Instrumente, wie das Umweltzeichen „Blauer Engel", weiter ausgebaut werden.

Mit dem Umweltzeichen „Blauer Engel" steht ein produktbezogenes Instrument zur Verfügung, mit dem das Verhalten von Anbietern und Nutzern beeinflußt werden kann. Es hat mittlerweile einen relativ hohen Bekanntheitsgrad. Seit 1990 existiert ein Umweltzeichen für Kopiergeräte, seit 1994 für Arbeitsplatzcomputer, seit 1996 für Drucker und seit vergangenem Jahr auch für Fernsehgeräte. Für weitere informations- und kommunikationstechnische Geräte ist ein Umweltzeichen in Planung. Vergabegrundlage ist insbesondere eine Checkliste mit Mindest- und Sollanforderungen zur recyclinggerechten Konstruktion. Der „Blaue Engel" bezieht Aspekte wie potentielle Langlebigkeit des Systems und seiner Komponenten sowie die Möglichkeiten zur Wiederverwendung und Verwertung gebrauchter Produkte oder Produktkomponenten mit ein. Die Vergabegrundlage des „Blauen Engels" für Arbeitsplatzcomputer gilt sowohl für Komponenten als auch für Work-Stations bestehend aus Steuereinheit, Tastatur und Monitor. In den Geltungsbereich eingeschlossen sind auch die im privaten Bereich eingesetzten Geräte dieser Art. Um die Erweiterung der Leistungsfähigkeit zu gewährleisten, muß die Steuereinheit modular aufgebaut sein und den Austausch der Module durch den Benutzer ohne Verwendung von Spezialwerkzeugen gestatten, um Prozessor, Arbeitsspeicher oder Grafikfähigkeit aufrüsten zu können. Die Produktunterlagen müssen außerdem Informationen über die Anforderungen für die Vergabe des Labels enthalten. Anforderungen bezüglich des Energieverbrauchs werden ebenfalls gestellt (siehe Instrument „Verbraucherinformation und Produktkennzeichnung" der Strategie 2, Seite 220). Das Umweltzeichen sollte für weitere Produktgruppen eingeführt werden und die Kriterien sollten sukzessive auf den Herstellungsprozeß ausgedehnt werden.

Im Hinblick darauf, daß die IuK-Industrie im internationalen Markt produziert, ist die derzeitige Praxis vieler, nicht aufeinander abgestimmter Labels unbefriedigend sowohl für Hersteller als auch für Verbraucher. Handlungsbedarf besteht daher bei der Harmonisierung der verschiedenen nationalen Labels und dem Umweltlabel der EU. Die Weiterentwicklung des EU-Umweltzeichens mit dem Ziel der Schaffung eines funktionsfähigen, die nationalen Umweltzeichen ergänzenden europäischen Systems wird angestrebt. Nationale und europäische Umweltzertifikate müssen jedoch weiterhin parallel entwickelt werden, gerade unter dem Gesichtspunkt, daß bisher auf europäischer Ebene noch keine Kriterien für Geräte des Informations- und Kommunikationssektors existieren. Die Einführung eines EU-Umweltzeichens für Personalcomputer ist derzeit in Planung. Im Gegensatz zu dem deutschen Umweltzeichen soll die Ökobilanz als Bewertungssystem zugrundegelegt werden.

Gerätekennzeichnungen aus anderen Nationen sollten in die Überlegungen mit einfließen, um so eine kontinuierliche und schrittweise harmonisierte Fortschreibung zu erreichen. Das schwedische Label TCO 95 beispielsweise, das derzeit in der Formulierung des TCO 99 fortgeschrieben wird, bezieht sich ausdrücklich auf die Agenda 21 und schließt Bildschirm, Tastatur und Rechner mit ein. Es wurden Kriterien entwickelt für ergonomische Qualitäten (insbesondere zu Mindestbildwiederholungsfrequenzen zur Vermeidung von Bildflimmern sowie zur vom Monitor ausgehenden Strahlenbelastung), Emissionsverhalten, Energieeffizienz und umweltverträgliche Produktion und Produktgestaltung.

5. Gerätepaß

Ziel der Ausrüstung von IuK-Produkten mit einem Gerätepaß (möglichst in Form eines Produktinformationschips oder auch nur eines entsprechenden Software-Teils) ist die Verbesserung der Informationsgrundlage für Service, Verbraucher und Verwerter. Der Gerätepaß könnte folgende Funktionen bzw. Informationen enthalten:

a) Vereinfachung der Funktionsprüfung (analog zum integrierten Testprogramm beim Kraftfahrzeug),

b) Dokumentation einer ausführlichen Bedienungsanleitung sowie wesentlicher Gerätemerkmale einschließlich z. B. von Schaltplänen (analog zur integrierten Hilfe-Funktion bei Computersoftware),

c) Dokumentation der Aus- und Aufrüstung einschließlich des Austausches des Motherboards, der Ergänzung von Speicherchips etc. und Dokumentation von Reparatur- und Wartungsarbeiten einschließlich des Einbaus von Ersatzteilen (analog zum Service-Scheckheft beim Kraftfahrzeug),

d) Dokumentation von Betriebszeiten z. B. zur Bestimmung des Restwerts für eine Produkt- oder Komponentenwiederverwendung (analog zum Tacho oder Fahrtenschreiber beim Kraftfahrzeug),

e) Wichtige Hinweise für eine zerstörungsfreie Demontage mit Blick auf das Komponentenrecycling und für die Problemstoffentfrachtung und Werkstofftrennung mit Blick auf das werkstoffliche Recycling (z. B. Auflistung der verwendeten Materialien für die einzelnen Komponenten).

6. Normung

Normungs- und Zertifizierungssysteme beeinflussen Produktplanung, Produktentwicklung und Produktqualität in vielfältiger Weise. Sie formalisieren und rationalisieren den Kommunikationsprozeß und können sich als hemmend für die umweltgerechte Produktliniengestaltung erweisen. Hierzu gehören beispielsweise Prüfkriterien zum Gerätebrandschutz, der teilweise auch bei Produkten vorgeschrieben wird, bei denen der Brandschutz eine völlig untergeordnete Rolle spielt. Normen sollten im Falle von Zielkonflikten mit Umweltanforderungen auf ihre Notwendigkeit überprüft und optimiert werden.

Zentrale Instrumente zur Förderung von ökologisch ausgerichteten Innovationen sind das EU-weite Öko-Audit und die ISO 14 000 zum Umweltmanagement, da sie den Umweltschutzaspekt sowohl strategisch als auch organisatorisch in betriebliche Entscheidungsprozesse integrieren. Hier wäre der Aspekt der Produktlinienorientierung stärker als bisher zu verankern.

Zu entwickeln sind international gültige Normen, die das „Design for Environment" unterstützen. Von der Canadian Standard Association ist bereits im Oktober 1995 eine nationale Norm veröffentlicht worden (Z769-95 Design for Environment (DfE) – Environmental Technology). Das französische Normungsinstitut AFNOR hat auf der Sitzung des ISO/TC 207/SC 1 „Environmental Management Systems" im April 1997 ebenfalls einen Vorschlag zur Erarbeitung einer Strategie auf dem Gebiet der umweltfreundlichen Produktgestaltung sowie einen entsprechenden Normungsantrag vorgelegt. Ziel ist die Ergänzung des ISO Guide 64 „Environmental Aspects in Product Standards" um das Kapitel „Design" oder die Entwicklung eines eigenständigen Leitfadens. Vom Umweltbundesamt wurde im Rahmen des Umweltforschungsplanes '98 (UFOPLAN '98) ein Forschungs- und Entwicklungsvorhaben zur Erarbeitung eines internationalen Leitfadens für eine umweltgerechte Produktgestaltung initiiert.[277]) Die Ergebnisse sollen in die Arbeiten des ISO/TC 207/SC 1 einfließen bzw. national in dem Leitfaden des DIN zur Berücksichtigung von Umweltschutzaspekten in der Produktnormung und -entwicklung umgesetzt werden. Der Vorteil einer solchen Normung ist darin zu sehen, daß langfristig das Thema Umweltaspekte in die Planungs- und Entwicklungsabteilungen der Unternehmen weltweit diffundiert.

Nicht nur zur Verbesserung der Aufwärts- und Abwärtskompatibilität (Modularisierung, Auf- und Nachrüstbarkeit) von Hard- und Software müssen auf internationaler Ebene (WTO, G 8) Standardisierungen für eine mit den Zielen einer nachhaltig zukunftsverträglichen Informationsgesellschaft vereinbaren IuK-Hard- und Software entwickelt werden.

---

[277]) Forschungskennziffer 297 11 185

Strategie 2:

Minimierung der Umweltbelastung durch IuK-Geräte bei der Nutzung

Grundsätzliche Anforderungen

Viele Umweltbelastungen von IuK-Geräten während der Nutzungsphase (Energieverbrauch, Problemstoff- und Geräuschemissionen etc.) werden bereits bei der Produktion und Produktgestaltung bestimmt (siehe Strategie 1, Seite 220). In der Regel lassen sich jedoch die Beeinträchtigungen für Mensch und Umwelt auch durch geeignetes Nutzerverhalten minimieren. Das konsequente Abschalten nicht genutzter Geräte ist ein Beispiel dafür. Darüber hinaus können die Nutzer wesentlich zur Verlängerung der Gebrauchsdauer und der Erhöhung der Nutzungsintensität informations- und kommunikationstechnischer Geräte beitragen, indem sie auf eine bedarfsgerechte Anschaffung von IuK-Geräten achten, sich nach Möglichkeit an gemeinschaftlicher Nutzung von Geräten beteiligen oder eine konsequente Wartung durchführen lassen.

Instrumente

1. Verbraucherinfo und Produktkennzeichnung

Mit dem Energieverbrauch informationstechnischer Geräte sind über die Strombereitstellung erhebliche Emissionen verknüpft, die teilweise über den mit der Herstellung verbundenen Emissionen liegen. Aus Nachhaltigkeitssicht ist ein minimaler Energieverbrauch während der Nutzungsphase von Elektronikprodukten erforderlich. Dies gilt sowohl für den eigentlichen Betrieb als auch für Bereitschafts- und Stillstandsverluste.

Hinsichtlich der Kennzeichnung des Energieverbrauchs für die Nutzung von informations- und kommunikationstechnischen Geräten existieren keine gesetzlichen Regelungen in Deutschland. Die vorhandene Energieverbrauchskennzeichnung sollte in Richtung Kommunikations- und Informationstechnik sowie Unterhaltungselektronik ausgebaut werden. Die Beeinflussung von Kaufentscheidungen zugunsten energieeffizienter Geräte setzt daher eine fundierte Information der Nutzer voraus. Dies erfolgte bislang nur unzureichend, u. a. da dem Thema Energieverbrauch bei IuK-Geräten kein sehr hoher Stellenwert eingeräumt wurde. Auf EU-Ebene gibt es Überlegungen, eine Richtlinie zu verabschieden, die die Leistungsaufnahme im Leerlaufbetrieb regelt.

In den USA wurde zur Senkung des Energieverbrauchs für Personalcomputer 1993 der Energy Star als freiwilliges Label durch die Environmental Protection Agency (EPA) eingeführt. Dieses hat innerhalb kurzer Zeit weltweite Bedeutung erlangt und Bewegung am Markt ausgelöst. Die Kriterien sind allerdings nicht sehr streng, so daß ein Großteil der auf dem Markt befindlichen Geräte die Energy-Star-Kriterien erfüllt. Ein großer Vorteil besteht darin, daß dieses Label weltweit bekannt und akzeptiert ist.

Das deutsche Umweltzeichen („Blauer Engel") verfolgt einen breiteren Ansatz (energiesparend, recyclinggerechte Konstruktion, Schadstoffarmut etc.). Insbesondere bei Beschaffungen der öffentlichen Hand dient der „Blaue Engel" häufig als Entscheidungskriterium (siehe auch Instrument 2 „Richtlinie zur öffentlichen Beschaffung", Seite 222). Nach den Energie-Kriterien des „Blauen Engel" müssen Steuereinheiten der Rechner und die Monitore als besonderen Betriebszustand einen speziellen, energiesparenden Ruhezustand (Sleep-Mode) besitzen. Dieser Zustand wird selbständig aktiviert. Darüber hinaus müssen die Monitore über einen weitergehenden zweiten Ruhezustand verfügen, der aktiviert wird, falls in einer vorgegebenen Zeit keine Aktivität erfolgte. Inzwischen produziert jeder PC-Hersteller Geräte, die diesen Anforderungen entsprechen, über 50 Personalcomputertypen wurden bisher mit dem deutschen Umweltzeichen ausgezeichnet.

Im internationalen Kontext sind außerdem insbesondere die Aktivitäten der Schweiz im Rahmen des Impulsprogramms „Rationelle Verwendung von Elektrizität" (RAVEL)[278]) und des Programms „Energie 2000"[279]) zu nennen. Hier erfolgt die Auszeichnung besonders sparsamer Geräte mit dem „Energie 2000"-Label, für das die Bedingungen jedes Jahr verschärft werden. Die Kriterien sind deutlich strenger als die des US-Energy-Stars.

Angesichts des globalisierten Marktes bei IuK-Geräten erscheint es im Energiebereich sinnvoll zu sein, ein möglichst breit akzeptiertes Label als Anreizinstrument einzusetzen, das in relativ kurzen Zyklen fortgeschrieben wird. Neben der regelmäßigen Überarbeitung des Umweltzeichens „Blauer Engel" wird daher empfohlen, sich an der Schaffung eines europäischen Energielabels mit den strengeren Energie-2000-Kriterien zu beteiligen, wie dies derzeit von der GEA-Arbeitsgruppe (Group of Efficient Appliances) des EU-weiten European Energy Network vorbereitet wird.[280])

Von besonderer Relevanz bezüglich des Energieverbrauchs in der Nutzungsphase ist der „stille" Energieverbrauch, der durch den Stand-By-Betrieb verursacht wird, insbesondere, weil hier teilweise durch einfache technische und/oder Verhaltensänderungen relativ große Umweltentlastungseffekte erzielt werden

---

[278]) RAVEL ist ein vom schweizerischen Bundesamt für Konjunkturfragen initiiertes und gefördertes Impulsprogramm zur verbesserten Wissensumsetzung im Bauwesen und in der Haustechnik. Die von Fachleuten erarbeitete Wissensbasis wird zielgruppenorientiert, praxisnah und didaktisch ansprechend dokumentiert und in Kurse umgesetzt. Wesentliche Motivation für alle Impulsprogramme ist die Wirtschaftsförderung. Impulsprogramme genießen eine hohe politische Akzeptanz und einen guten Ruf in der Fachwelt. Sie werden inzwischen auch in der Bundesrepublik Deutschland umgesetzt. Vgl. Enquete-Kommission „Schutz der Erdatmosphäre" (1994) 684 ff.

[279]) Das schweizerische Aktionsprogramm „Energie 2000" stellt eine breites Bündnis zum Klimaschutz dar. Mehr als 70 Stellen von Staat, Wirtschaft sowie Umwelt- und Konsumentenorganisationen sind an einem Bündel einzelner Instrumente beteiligt. Hauptziel ist es, die CO_2-Emissionen bis 2000 auf dem Niveau von 1990 zu stabilisieren und danach zu reduzieren. Vgl. Enquete-Kommission „Schutz der Erdatmosphäre" (1995) 695ff.

[280]) Vgl. Behrendt u. a. (1998 b) 181 f.

können. Die Verbraucherinformationen über den Energieverbrauch von informations- und kommunikationstechnischen Geräten sind jedoch insgesamt eher spärlich. Gefordert wäre eine offensive Aufklärung durch Energieversorgungsunternehmen, Hersteller und Verbrauchereinrichtungen.

2. Richtlinie zur öffentlichen Beschaffung

Die Anschaffung und Nutzung von Geräten der Informations- und Kommunikationstechnik sollte unter dem Gesichtspunkt der Nachhaltigkeit erfolgen. Entsprechende Vorgaben kann eine Beschaffungsrichtlinie machen, die auch bei der Vergabe von Lieferungen und Leistungen angewendet werden sollte. So finden sich beispielsweise in der VOB (Verdingungsverordnung für Bauleistungen) und der VOL (Verdingungsverordnung für Leistungen) Empfehlungen, langfristig ökologische Belange in die Überlegungen zur Beschaffung mit einzubeziehen.

Eine Verlängerung der Lebens- und Nutzungsdauer von Geräten der Informations- und Kommunikationstechnik könnte durch eine entsprechende gezielte Einkaufspolitik des öffentlichen Beschaffungswesens gefördert werden. Hier sollten die Beschaffungsregeln so geändert werden, daß Produkte bevorzugt gekauft werden, die durch einen modularen Aufbau eine Anpassung an neue technische Entwicklungen durch Auf- und Nachrüstung ermöglichen, eine Langzeitgarantie des Herstellers oder des Händlers besitzen oder die vermietet oder verleast werden. [281]) Bei Beschaffungsregeln der öffentlichen Hand sowie bei Haftungs- und Gewährleistungsregelungen werden derzeit Anbieter von aufgearbeiteten Geräten oder von Geräten, die gebrauchte Komponenten enthalten, eher behindert als gefördert. [282]) Eine Standardisierung von Qualitätskriterien für Gebrauchtteile (equivalent to new) könnte dazu beitragen, die derzeit bestehenden Rechtsunsicherheiten im Haftungsrecht in bezug auf die Wiederverwendung von Gebrauchtteilen zu entschärfen.

Einen Ansatz könnte das amerikanische Modell bieten: Amerikanische Bundesbehörden kaufen jährlich Computerhardware im Wert von 4,6 Mrd. Dollar. Die US-amerikanische Environmental Protection Agency (EPA) arbeitet daher gegenwärtig an der Konkretisierung von Beschaffungsrichtlinien für „Environmentally Preferable Products“ (EPP) im Computerbereich. Die rechtliche Grundlage bildet die im Oktober 1993 vom Präsidenten erlassene Verordnung „Federal Acquisition, Recycling and Waste Prevention“. [283])

Auf Bund- und Länderebene gibt es bereits einige Vorschläge für ein ökologisch orientiertes Beschaffungswesen. Zu nennen ist hier insbesondere das

[281]) Vgl. Behrendt u. a. (1998 b) 201 f.

[282]) Vgl. KDrs. 13/1c (1996) 8, Rank Xerox; Wortprotokoll der 18. Sitzung der Enquete-Kommission, öffentliche Anhörung zum Thema „Nachhaltigkeitskonzepte in der Wirtschaft“ (1996) 12, 97

[283]) Executive Order 12 873 vom 20.10.1993. Vgl. Griese u. a. (1997) 85

vom Umweltbundesamt herausgegebene Beschaffungshandbuch, das derzeit nach schärferen Kriterien überarbeitet wird. Jährlich gibt die Koordinierungs- und Beratungsstelle des Bundesinnenministeriums einen Brief mit Empfehlungen zur Beschaffung heraus, worunter sich auch Hinweise befinden, bei der Bewertung von Angeboten Aspekte des Energieverbrauchs sowie die Entsorgungsmöglichkeiten von Geräten, Batterien und Akkus zu berücksichtigen. Interessant ist in diesem Zusammenhang auch die Tatsache, daß sich beispielsweise die Verwaltung des Deutschen Bundestages bei der Beschaffung der EDV-Geräte zum großen Teil an der schwedischen TCO-Richtlinie orientiert.

In Baden-Württemberg wurde 1995 ein Handbuch zur umweltorientierten Beschaffung in Zusammenarbeit mit dem Öko-Institut Freiburg entwickelt. Auch Bayern formulierte innerhalb des Leitfadens „Die umweltfreundliche Gemeinde“ [284]) Hinweise zur ökologischen Beschaffung. Einige andere Bundesländer (Nordrhein-Westfalen, Hessen) planen die Übernahme der Schweizer Kriterien (Energie 2000) für ihre Beschaffungsentscheidungen.

Auf kommunaler Ebene sind die Städte und Gemeinden bisher schon allein aus finanziellen Gründen hinsichtlich der Ökologisierung ihres Beschaffungswesens von sich aus aktiv geworden. Dabei steht ihnen eine Fülle von Auswahlkriterien zur Verfügung. Daher organisiert „The International Council for Local Environmental Initiatives“ (ICLEI) im Juni 1998 einen Kongreß zur ökologischen Beschaffung in verschiedenen Bereichen mit einem Schwerpunkt im Bürobereich. ICLEI startet damit die Initiative, ein Netzwerk von Beschaffungsverantwortlichen untereinander sowie mit den Herstellern umweltfreundlicher Produkte aufzubauen.

Auf europäischer Ebene müssen ökologische Belange in das Europäische Beschaffungshandbuch (EPHOS) für offene Systeme integriert werden. Das EPHOS nimmt Bezug auf europäische und internationale Normen und ist speziell auf die Notwendigkeiten öffentlicher Beschaffungen in den EU-Mitgliedstaaten und auf EU-Ebene abgestimmt.

Umweltfreundliche Produkte sind manchmal teurer in der Anschaffung, oft sind sie dennoch wirtschaftlicher – wenn sie die Entsorgungskosten und mögliche Folgekosten durch Gesundheitsschäden und Umweltreparaturen einbeziehen. Diese Aspekte müssen durch gezielte Aufklärung und Richtlinien auf allen Ebenen vermittelt werden. Die Möglichkeiten von Beschaffungsrichtlinien sind eng verwoben mit einer ausführlichen und standardisierten Produktkennzeichnung. Es fehlen auch unter diesem Gesichtspunkt standardisierte Energielabel und geeignete Entscheidungshilfen sowie Verläßlichkeit auf dem Gebiet der verschiedenen Umweltzeichen (s. o.).

---

[284]) Vgl. Bayerisches Staatsministerium für Landesentwicklung und Umweltfragen (1996) VIII–1 ff.

Strategie 3:

Nutzung der Umweltentlastungspotentiale der IuK-Technik durch die nachhaltig zukunftsverträgliche Anwendung in möglichen Einsatzbereichen

Grundsätzliche Anforderungen

Die grundsätzlichen Anforderungen für die Anwendungen der IuK-Technik in bezug auf Ressourcenschonung, Energieeinsparung sowie Problemstoff- und Abfallvermeidung sind im Prinzip die gleichen wie sie bei den Strategien 1 und 2 für die IuK-Technik selber aufgeführt worden sind. Die IuK-Technik ist wie jede andere Technik ein Mittel zum Zweck. Wieweit Umweltentlastungspotentiale mit Hilfe dieser Technik genutzt werden können, hängt davon ab, welcher Stellenwert umweltbezogenen Aspekten bei der jeweiligen Anwendung beigemessen wird. Daher ist die wichtigste Grundanforderung für einen umweltentlastenden Einsatz der IuK-Technik die frühzeitige Berücksichtigung ökologischer Innovationspotentiale bei der Produkt- und Prozeßplanung. Hierzu gehört neben der Optimierung komplexer Regelungsaufgaben auch die Nutzung der Möglichkeiten, die die IuK-Technik zur Verbreitung und Nutzung umweltbezogener Informationen z. B. in Form betrieblicher Umweltinformationssysteme bietet. Zur Bewertung von Perspektiven für eine nachhaltig zukunftsverträgliche Anwendung der IuK-Technik in verschiedenen Einsatzgebieten bietet sich die Szenario-Technik an. Sie ist geeignet, unterschiedliche Entwickungspfade in den drei Nachhaltigkeitsdimensionen vergleichend zu betrachten. Die Bewältigung der bei anspruchsvollen Szenarien einzubeziehenden Informationen macht Szenarienrechnungen auch zu einem wichtigen Anwendungsbereich der IuK-Technik selber.

Während die Erarbeitung von selbstverpflichtenden Branchenstrategien (roadmaps) im wesentlichen Aufgabe der Anbieter von Hard- und Software ist und dabei von den heutigen bzw. absehbaren Möglichkeiten ausgegangen wird, muß die Erarbeitung von Szenarien wesentlich breiter angelegt werden. Ausgangspunkt sind hier nicht die heutigen Möglichkeiten, sondern Ausgangspunkt ist die Notwendigkeit des zu erreichenden Ziels einer „nachhaltig zukunftsfähigen Informationsgesellschaft“. Von diesem Ziel ausgehend werden dann in einer Rückprojektion „Wege zum Ziel“ erarbeitet.[285]) Dies geschieht in einem breiten gesellschaftlichen Diskurs unter Beteiligung von z. B. Wissenschaftlern, Verbraucher-, Arbeitnehmer- und Umweltverbänden. Ein wesentlicher Vorteil dieses Vorgehens

[285]) Als Vorbild kann hier das im Rahmen des holländischen Sustainable Technology Development (STD) Programms entwickelte „Backcasting-Verfahren“ dienen. Unter Backcasting versteht man ein Planungskonzept, das die optimale Annäherung an ein langfristiges Globalziel vordenkt. Ausgehend von einer im Rahmen eines diskursiven Verfahrens erarbeiteten Vision, werden mögliche Wege dorthin aufgezeigt, in einer Art Planspiel schrittweise simuliert und im Hinblick auf erwartbare Folgewirkungen analysiert. Die sich jeweils ergebenden Alternativen sind daraufhin Gegenstand der Bewertung: Laien und Experten werden zu einer fairen Entscheidung aufgefordert. Backcasting ist die Umdrehung der wesentlich schwierigeren Prognose, des Forecasting. Vgl. TAB (1997) 81 ff.

liegt darin, daß mit einer solchen zielorientierten Gesamtsicht auch die möglichen „Rebound-Effekte" (z. B. beim Stromverbrauch oder beim Verkehr), also der mögliche Verlust von Effizienzgewinnen im Einzelfall durch absolutes Gesamtmengenwachstum, erfaßt werden.

Zur Strategie einer nachhaltig zukunftsverträglichen Anwendung der IuK-Technik in möglichen Einsatzbereichen können hier keine konkreten Instrumente wie bei den ersten beiden Strategien dargestellt werden. Das würde eine zu starke Ausdehnung des Themas in andere Politikbereiche bedeuten. Stattdessen werden zu zwei wichtigen Einsatzbereichen Hinweise für die Nutzung von Umweltentlastungspotentialen der IuK-Technik gegeben.

1. Verkehr

Die Handlungsansätze Verkehrsvermeidung, Verlagerung des Verkehrs auf umweltverträglichere Verkehrsmittel, technische Optimierung der Verkehrsmittel, Verringerung der Flächeninanspruchnahme durch den Verkehrswegebau sowie das Informieren der Bürger und Bürgerinnen über umweltschonenderes Fahrverhalten werden die Verkehrspolitik der Bundesregierung in den nächsten Jahren bestimmen. Bei der Umsetzung dieser Zielsetzungen sollen dem Straßenverkehr aufgrund seines hohen Anteils an der gesamten Verkehrsleistung und dem Luftverkehr aufgrund seiner hohen Zuwachsraten besondere Aufmerksamkeit gewidmet werden.[286]) Moderne Informations- und Kommunikationstechniken können im Rahmen nachhaltiger verkehrspolitischer Entscheidungen dazu einen positiven Beitrag liefern.

Ihr Einfluß auf die beiden Handlungsgrundsätze – Verkehrsvermeidung und Verlagerung des Verkehrs auf umweltverträglichere Verkehrsmittel – beschränkt sich weitgehend auf weiche Instrumente wie z. B. die Förderung des Verhaltens- und Bewußtseinswandels in der Bevölkerung zugunsten des Umweltverbundes[287]) und die verbesserte Information über Mobilitätsalternativen. Multimedia-Informationsdienste drängen auf den Markt. Der auch über tragbare Endgeräte erreichbare Personal Travel Assistant (PTA) liefert persönliche Reiseinformationen und ermöglicht eine verkehrsmittelübergreifende Routenplanung vor und während der Fahrt. Systeme zur bargeldlosen Fahrpreiserhebung sind in der Entwicklung. Sie sollen einen Beitrag zur Senkung der Transaktionskosten liefern und können mit weiteren Zahlungsfunktionen verknüpft werden.

Viele Ansätze zur Lösung von Verkehrsproblemen basieren auf Telematikanwendungen. Telematik im Verkehr bezeichnet Informations-, Leit- und Kommunikationstechniken, mit deren Hilfe Daten über verkehrsrelevante Situationen und Verkehrsabläufe gebündelt und mit dem Ziel verarbeitet werden, Abrechnungen oder Anweisungen bzw. Vorschläge zum Verhalten des einzelnen Verkehrsteilnehmers

[286]) Vgl. BMU (1998 a) 107 ff.
[287]) Fußgänger, Fahrradfahrer und Öffentlicher Personennahverkehr (ÖPNV)

zu erstellen. Telematik umfaßt z. B. Anlagen zur Anzeige flexibler Geschwindigkeitsbegrenzungen auf Bundesautobahnen, Informationssysteme über freie Parkplätze in Innenstädten, Vorfahrtschaltungen für den Öffentlichen Personennahverkehr, Ortungssysteme für Frachtladungen, Inkassosysteme für die individuelle Inanspruchnahme von Verkehrsinfrastruktur. Eine Auswertungsstudie der Europäischen Forschungsprogramme kam zu dem Schluß, daß es nur wenige quantitative Ergebnisse bezüglich der Umwelteffekte der untersuchten Telematiksysteme gibt. Das Umweltbundesamt (UBA) hat vor diesem Hintergrund das Forschungsvorhaben „Umweltauswirkungen von Verkehrsinformations- und -leitsystemen im Straßenverkehr" vergeben, das das Ziel verfolgt, die bereits eingeführten oder kurz vor der Einführung stehenden Techniken hinsichtlich ihrer Umweltfolgen zu bewerten. Nach Ansicht des UBA unterstützen Telematikanwendungen eine umweltverträgliche Verkehrsentwicklung, wenn

- damit der Fahrverlauf und die Fahrgeschwindigkeit harmonisiert wird,
- sie dafür Sorge tragen, daß vorhandene, aus Umweltsicht erlassene Beschränkungen besser eingehalten werden,
- externe Kosten des Verkehrs angelastet werden können (z. B. durch elektronisches road pricing) und
- der Modal Split zugunsten umweltverträglicherer Verkehrsmittel beeinflußt wird.[288])

Telematiksysteme im Straßenverkehr können auch einen Beitrag zum Abbau einzelner Staus und dadurch bedingter Umweltbelastungen leisten. Auf diese Weise kann es aber z. B. bei langen Umwegen zu Verlagerungseffekten ohne Reduktionseffekte kommen. Deshalb ist der Einsatz von Telematik in ein Gesamtkonzept von Verkehrsvermeidungen und Optimierung nach Umweltgesichtspunkten einzubinden.

2. Gebäudetechnik

Die rasche Entwicklung der Informations- und Kommunikationstechniken bleibt nicht ohne Auswirkungen auf Planung und Betrieb von Gebäuden. In öffentlichen und gewerblich genutzten Gebäuden hat das Zeitalter moderner Gebäudesystemtechnik längst begonnen, denn dort wurde bewiesen, daß ein fortschrittliches Gebäudemanagement nicht nur Komfort und Sicherheit bringt, sondern die Kosten für Heizung und Überwachung erheblich reduziert. Integrierte Haussysteme sind im Wohnungsbau dagegen noch wenig verbreitet. Zwar stehen in den USA, Japan, Schweden, Finnland und Deutschland sog. „intelligente Häuser" schon vor der Marktreife, doch sie dürften noch ein hohes Entwicklungspotential beinhalten.

---

[288]) Vgl. KDrs. 13/7a (1998) 67 ff., UBA

Für den architektonischen Entwurf von Gebäuden und für die Planung der einzelnen Gebäudetechniken gibt es heute schon vielfältige Planungssoftware. Beim Betrieb von größeren oder verteilten Gebäuden werden zur Steuerung und Regelung der gebäudetechnischen Funktionen zunehmend Komponenten und Systeme der Informations- und Kommunikationstechnik eingesetzt, die eine koordinierte und der Nutzung angepaßte Betriebsweise der Gebäudetechnik ermöglichen: Die dezentralen, heute ohnehin meist in Direct Digital Control-Technik (DDC-Technik) ausgeführten Steuerungs- und Regelungskomponenten der Gebäudetechnik (Heizung, Klima, Beleuchtung etc.) können mit gebäudeinternen Kommunikationsleitungen vernetzt und zu einem kommunizierenden Gesamtsystem verknüpft werden. Damit eröffnen sich auch erhebliche Potentiale für das Energiemanagement und Energiecontrolling und es wird zugleich ein effektiver Beitrag sowohl zum Klimaschutz als auch zur Kostenersparnis geleistet. [289])

Obwohl seit Jahren den elektronischen Haussystemen ein beträchtlicher Markt prognostiziert wird, erreichten sie nicht die erwarteten Verkaufszahlen. Mit der Einigung auf einen gemeinsamen Standard für Bus-Systeme – „Home and Building Electronic Systems" (HBES) – 1996 scheint das größte Hemmnis beseitigt zu sein. Nun können die Schlüsselbauelemente in großer Menge hergestellt, die Stückkosten gesenkt und den Komponenten- und Geräteherstellern Planungssicherheit gegeben werden. Doch die Entwickler ahnen, daß noch viel Aufklärungsarbeit zu leisten ist, dem Verbraucher die Vorteile der Vernetzung verdeutlicht und die Schwellenangst genommen werden muß. Integrierte Haussysteme [290]) werden sich erst am Markt durchsetzen, wenn sie erkennbar nützlich, offen, multifunktional, wirtschaftlich, zuverlässig und einfach bedienbar sind. Dabei wird jeder Nutzer seine eigenen Vorstellungen darüber entwickeln, was nützlich ist und entsprechend etwa die Aspekte Komfort, Sicherheit oder Ökologie betonen. Das Verbundprojekt „Integrierte Haussysteme für das ressourcenschonende Wohnen" mehrerer Fraunhofer-Institute (siehe Kasten „Integrierte Haussysteme für das ressourcenschonende Wohnen", Seite 228) zeigt, wie weit sich die Heim-Automatisierung inzwischen entwickelt hat und welche Anwendungen im Vordergrund stehen.

Nicht jeder träumt jedoch vom vollautomatisierten Eigenheim und legt lieber selbst Hand an. Um die Umwelt mit Hilfe der Gebäudetechnik zu schonen, müssen nicht in jedem Fall das ganze Haus verkabelt und zusätzliche stromverbrauchende Geräte angeschafft werden. Es gibt intelligente Lösungen, die mit weniger Elektronik auskommen. Die Bauphysiker haben beispielsweise Systeme ent-

---

[289]) Mit den verschiedenen Energiemanagementfunktionen lassen sich die Betriebskosten für Energie um ca. 10 bis 35 % reduzieren. Investitionen in das Energiemanagement mit Systemen der Gebäudeautomation amortisieren sich nach ca. 1 bis 7 Jahren, typisch sind 3 bis 5 Jahre. Vgl. Informationsdienst BINE (1996) 3

[290]) Unter Integrierten Haussystemen verstehen die Entwickler die Vernetzung bisher isolierter Geräte im Wohnhaus zu einem Gesamtsystem, wenn dabei ein zusätzlicher Nutzen entsteht, der über die Summe der Einzelgeräte signifikant hinausgeht.

wickelt, die ohne Ventilatoren auskommen, weil sie die natürliche Konvektion der Luft nutzen, und aufwendige Jalousien können durch Fensterscheiben ersetzt werden, die sich selbst verdunkeln. Auch die Verbraucher bevorzugen einfachere und elegantere Lösungen.

Statt der Optimierung des gesamtem Hauses könnte auch – vor allem mittelfristig – die Optimierung einzelner Komponenten des Haussystems eine geeignete Strategie darstellen. Begonnen werden sollte in Bereichen mit großen Sparpotentialen. Durch den Einsatz entsprechender mit CAD verknüpfter Software ließen sich beispielsweise die Potentiale der Wärmedämmung besser nutzen. Gemäß einer Studie des Deutschen Instituts für Wirtschaftsforschung (DIW) könnten allein durch die Wärmedämmung von Gebäuden zumindest vorübergehend rund 75 000 Arbeitsplätze geschaffen werden. [291])

Integrierte Haussysteme für das ressourcenschonende Wohnen (IHS-ReWo)

Das IHS-ReWo ist ein Verbundprojekt mehrerer Fraunhofer-Institute. Ziel ist es, bestehende Komponenten und Systeme der IHS-Technologie zu ergänzen, weiterzuentwickeln und in konkreten Anwendungen zu demonstrieren. Zunächst erfolgte eine Beschränkung auf die Ressourcenschonung, doch alle Komponenten sind von vornherein so angelegt, daß sie multifunktional und offen für beliebige Anwendungen sind. Das Konzept besteht aus einem informationstechnischen Netzwerk. Dabei werden Standardhausbusse mit Multifunktionsmodulen verknüpft. Diese Module verbinden Sensoren und Aktoren mit den Geräten und lokaler Regelungstechnik. Ein Computer kann als Leit- oder Visualisierungseinheit benutzt werden. Die so entstandenen Plattformen dienen zunächst für Tests von bestehenden und neuartigen Komponenten und für Demonstrationen neu entwickelter Lösungen.

Auch die bisherigen Regelungssysteme reichen nicht aus für die komplexen Steuerungsaufgaben beim Energiemanagement. Neue fuzzy-basierte Verfahren sollen helfen, so unterschiedliche und unscharfe Forderungen wie Komfort und Wirtschaftlichkeit in Einklang zu bringen. Weil die Anwender größten Wert auf einfache Bedienung legen, entwickelten die Fraunhofer-Forscher ein neuartiges Steuerungskonzept. Der Anwender legt mit einem Handgriff den Betriebspunkt im Dreieck Ökonomie, Ökologie und Komfort fest. Den Rest erledigen die Fuzzy-Mechanismen. Am Computer-Modell kann er den zu erwartenden Energieverbrauch und die Kosten ablesen und möglicherweise seine Entscheidung korrigieren. [292])

[291]) Vgl. dpa 4. Mai 1998
[292]) Vgl. Miller (1997) 7 f.

Die in dem Kernprojekt Ressourcenschonung entwickelten Lösungen werden gleichzeitig in Satellitenprojekten für andere Anwendungen verfügbar gemacht. Zwei Anwendungsbereiche schieben sich dabei in den Vordergrund: Haussysteme für Behinderte und Kranke sowie die Sicherheitstechnik. Die sich verschärfende Pflegekrise verlangt dringend nach Entlastung von der Kostenlawine. Wenn alte und kranke Menschen länger in ihren eigenen Wohnungen bleiben können, hat das zwei Vorteile. Den Betroffenen ist das lieber und gleichzeitig werden volkswirtschaftlich erhebliche Kosten gespart. Der andere Anwendungsbereich mit großen Zuwachsraten ist die Sicherheitstechnik. Immer mehr Privatleute statten ihr Eigenheim mit Bewegungsmeldern, Sensoren und Überwachungskameras aus. Dieses wachsende Sicherheitsbedürfnis können Integrierte Haussysteme viel besser befriedigen als Einzellösungen. [293])

Strategie 4:

Förderung der Nachhaltigkeitskompetenz durch Nutzung von IuK-Techniken

Grundsätzliche Anforderungen

Nachhaltigkeitskompetenz setzt Wissen voraus. Handeln im Sinne der drei Dimensionen der Nachhaltigkeit erfordert Kenntnisse über die grundlegenden Anforderungen ökologischer, ökonomischer und sozialer Zukunftsfähigkeit und die Fähigkeit, diese Kenntnisse zur Entwicklung nachhaltiger Entwicklungspfade praktisch anzuwenden. Nachhaltigkeitskompetenz beinhaltet auch die Fähigkeit, Informationen zu komplexen Sachverhalten gezielt zu beschaffen, in Wissen umzusetzen, zu kommunizieren und an gesellschaftlichen Prozessen und politischen Entscheidungen zur Verwirklichung des Leitbildes einer nachhaltig zukunftsverträglichen Entwicklung teilzunehmen.

Durch die Bereitstellung neuer Formen der Öffentlichkeit (Internet) schaffen IuK-Techniken neue Chancen für Kommunikation und Partizipation. Sie bieten damit ein erhebliches Potential zur Intensivierung und Verbesserung von Verständigungsprozessen jeder Art. Die Kompetenz zur Nutzung der IuK-Technik entsteht nicht von alleine. Sie muß durch entsprechende Angebote in Aus- und Weiterbildung so gefördert werden, daß ein lebenlanges Lernen und Anpassen des Know how an die schnellen Neuerungen und veränderten Anforderungen ermöglicht wird. Hierfür müssen mindestens drei Voraussetzungen gewährleistet sein:

- die Fähigkeit, Informationen zu nutzen und in Wissen und Handeln umzusetzen (vgl. Ausführungen zu Medienkompetenz, Seiten 187 und 196),
- die Sicherung eines informationellen Grundangebots und
- der freie Zugang zu Informations- und Kommunikationsquellen.

---

[293]) Vgl. Miller (1997) 8 f.

Die Sicherung dieser Voraussetzungen ist eine Aufgabe, die verschiedene Politikbereiche wie Bildungspolitik oder Medienpolitik betrifft. Ebenso wie bei der Strategie 3, die auf eine nachhaltig zukunftsverträgliche Nutzung der IuK-Technik in verschiedenen Einsatzbereichen zielt, kann auch hier nicht das ganze Spektrum der verfügbaren und erforderlichen Instrumente aufgelistet werden. Die Handlungsempfehlungen der Enquete-Kommission beschränken sich daher auf eine kurze Beschreibung der zur Entwicklung von Nachhaltigkeitskompetenz zu schaffenden oder zu sichernden Voraussetzungen.

Instrumente

1. Förderung der Fähigkeit, Informationen zu nutzen und in Wissen und Handeln umzusetzen

Früher wurde nur ein Bruchteil der allgemein zur Verfügung stehenden Informationen verarbeitet, und dies überwiegend von speziell ausgebildeten Menschen mit bestimmten inhaltlichen Schwerpunkten. Heute stehen diese Informationen mit Hilfe der IuK-Techniken einem Großteil der Bevölkerung zur Verfügung. Gleichzeitig wird exponentiell mehr Information erzeugt. Mit dem steigenden Umfang sind aber weder die Art der Informationen noch ihre Verarbeitung einfacher geworden: So können detaillierte und hochkomplexe Daten von jedem Heim-PC aus den weltweiten Netzen abgefragt werden. Die stetig wachsende Flut von Informationen unterschiedlichster Qualität muß aber auch aufgenommen, verarbeitet und umgesetzt werden. Zusätzlich kann das Problem entstehen, daß z. B. durch massive Werbung Informationen und Empfehlungen aufgedrängt werden, ohne daß die Betroffenen sie nachgefragt hätten oder im Umgang mit einer derartigen Informationsflut geübt wären. All dies kann nur dann bewältigt werden, wenn es auf der einen Seite gelingt, die Informationen so anzubieten, daß ein jeder sich durch gezielte Abfrage bedienen kann, und wenn auf der anderen Seite die Kompetenz zum Filtern, Bewerten, Gewichten und Verwandeln von Informationen in persönliches Wissen entwickelt wird. Eine nachhaltig zukunftsverträgliche Informationsgesellschaft kann nicht nur auf maschinengestützter Information, sondern muß auf dem Wissen und den Kenntnissen von Menschen aufbauen.[294])

Mögliche Ansätze für Maßnahmen reichen hier von der Verbesserung der Leistungsfähigkeit und Bedienungsfreundlichkeit von Datenbankabfragen und „Suchmaschinen" über eine übersichtliche Darstellung sowohl des jeweiligen Angebots als auch seiner Kritik und Kommentierung bis hin zu den verschiedenen Aufgaben des Bildungsbereichs. Neben der Schaffung neuer Bildungsangebote in der allgemeinen und beruflichen Bildung gehören hierzu insbesondere auch Fortbildungsangebote in der Erwachsenenbildung. Dem Strukturwandel muß durch frühzeitige Veränderung und Anpassung der Ausbildungsinhalte traditio-

[294]) Vgl. Europäische Kommission (1996)

neller Berufe – einschließlich der Qualifizierung der Ausbilder – Rechnung getragen werden.

Eine wichtige Aufgabe des Bildungsbereiches besteht darin, die Kompetenz zur Nutzung der IuK-Techniken breit zu vermitteln, um eine Spaltung in „Informationsreiche" und „Informationsarme" zu verhindern. Eine solche Spaltung würde Bürger und Bürgerinnen von den neuen Kommunikations- und Partizipationsmöglichkeiten ausschließen. Dieses Risiko besteht auf allen Ebenen, national wie international: National müssen Wege aufgezeigt werden, wie im Zuge der zunehmenden Verbreitung von IuK-Techniken neue Ausgrenzungen – z. B. von Menschen, die nicht mit IuK-Technik aufgewachsen sind und keinen Zugang zu ihr gefunden haben – vermieden werden. International muß beispielsweise berücksichtigt werden, daß rund die Hälfte der Menschheit noch nie in ihrem Leben auch nur ein Telefongespräch geführt hat.[295])

2. Sicherung eines informationellen Grundangebots

Vielfalt und Wettbewerb bei den Informations- und Medienanbietern – ein öffentlich-rechtliches Medienangebot eingeschlossen – müssen gewährleistet sein. Auswahl- und interaktive Einflußmöglichkeiten auf das Medien- und Informationsangebot durch die Nutzer sollen gefördert werden. Es muß aber auch dafür gesorgt werden, daß wesentliche Informationen, die für eine aktive Beteiligung am öffentlichen Leben und an den Entscheidungen in Politik und Verwaltung nötig sind, auch tatsächlich verfügbar – z. B. im Netz abrufbar – sind. Das fängt bei aktuellen Protokollen und Dokumenten an, reicht über den dafür nötigen Umbau der öffentlichen Verwaltungen zu kundenorientierten Service-Einrichtungen und hört bei Verbesserungen des Informationszugangs, wie er z. B. durch den US-amerikanischen „Freedom of Information Act" oder durch die Umweltinformationsrichtlinie der EU zu regeln versucht wurde, noch nicht auf.

3. Sicherung des freien Zugangs zu Informations- und Kommunikationsquellen

Der einfache und freie Zugang zu Informations- und Kommunikationsquellen sowie zu Informationen aus lokaler, regionaler, nationaler und internationaler Politik und aus öffentlichen Verwaltungen, die für eine Partizipation wichtig sind, muß gewährleistet sein. Es geht also zunächst um einen weiteren Ausbau der Netze und insbesondere um eine Sicherstellung von öffentlichen Zugängen zu den Informationsnetzen (z. B. zum Internet über öffentlich zugängliche Terminals). Letzteres kann vor allen Dingen durch eine Förderung von Schulen, Bibliotheken oder auch entsprechenden Einrichtungen in Postämtern sowohl durch die öffentliche Hand als auch durch Unternehmen und Sponsoren erfolgen, wobei es nicht um

---

[295]) Nelson Mandela auf der ISAD-Konferenz in Südafrika zum Thema „Information Society and Developing Countries", 13.–15. Mai 1996

einen kostenfreien, sondern einen erschwinglichen Zugang – vergleichbar den öffentlichen Telefonzellen – geht.

Gespräche der Enquete-Kommission bei den Vereinten Nationen (Commission for Sustainable Development) haben deutlich werden lassen, wie durch eine frühzeitige und allgemeine Veröffentlichung von Entwürfen für ein System von Nachhaltigkeitsindikatoren die Partizipation von Nichtregierungsorganisationen am Prozeß ihrer Erarbeitung ganz wesentlich effektiviert und verbreitert werden konnte. Für eine solche auf interaktive Partizipation orientierte Strategie kann z. T. die „International Information Infrastructure"-Initiative der USA als Vorbild dienen.[296])

4.3 Bauen und Wohnen

Es gibt wohl kaum ein vergleichbares Beispielfeld, bei dem das komplexe Beziehungsgeflecht zwischen ökologischen, ökonomischen und sozialen Zielen und Aspekten so stark ausgeprägt ist wie beim Thema „Bauen und Wohnen". Es ist ein unerläßlicher Bestandteil unserer Kultur, seit die Menschen begannen, seßhaft zu werden. In der Art des Wohnens spiegeln sich unterschiedlichste Lebensformen wider. Teilweise lösten sich diese im Lauf der Zeit gegenseitig ab, teilweise existieren sie zeitgleich nebeneinander.

Städte, Gebäude, Freiräume, die Gestalt der von Menschen besiedelten und kultivierten Landschaft bilden die räumliche Hülle für das Alltagsleben, für die Gesellschaft und die Kultur der Menschen, die in ihnen leben. Sie sind Produkte von Vorstellungen über individuelle und gesellschaftliche Aktivitäten und zugleich Ausdruck der alltäglichen Kultur, die sich in ihnen gegenwärtig entfaltet und zukünftig entfalten wird.

Verändert wird diese Hülle durch Bautätigkeit. Sie ist das Mittel zur Anpassung der Umgebung von Menschen an ihre individuellen Bedürfnisse, die sie im Rahmen der Befriedigung der Grundbedürfnisse nach Wohnen entwickeln und entwickelt haben.

Im Beispielfeld „Bauen und Wohnen" zeigen sich die Wechselwirkungen zwischen Umweltbeeinflussung und Lebensstilen, sozialen Strukturen und Bedürfnissen, Arbeits- und Konsumgewohnheiten. Die Neugestaltung dieses zentralen Lebensbereichs nach den Zielvorgaben einer nachhaltig zukunftsverträglichen Entwicklung stellt eine zentrale Herausforderung dar, die auch bei der Generalversammlung der Vereinten Nationen (HABITAT II)[297]) eine große Rolle gespielt hat.

---

[296]) Vgl. Kubicek u. a. (1995)
[297]) Vgl. BMBau (1996 c)

4.3.1 Leitbilder und Ziele

Die allgemeinen Ziele und Regeln, die mit dem Leitbild der nachhaltig zukunftsverträglichen Entwicklung verbunden sind (siehe Kapitel 2, Seite 27), sind auf das Bedürfnisfeld „Wohnen" zu übertragen. Ausgangspunkt der ökologischen Dimension ist dabei die Flächeninanspruchnahme und Zersiedelung. Im Hinblick auf die ökonomische Dimension stehen die Ziele der Stärkung der Marktfunktionen und der Lenkungswirkungen von Preisen im Vordergrund. Bei der Analyse von Instrumenten müssen daher die Rahmenbedingungen der relevanten Märkte (Wohnungsmarkt, Grundstücksmarkt etc.) analysiert und bewertet werden. Im Hinblick auf die soziale Dimension existieren vielfältige individuelle und gesellschaftliche Ziele im Zusammenhang mit der Wohnraumversorgung, der Gestaltung des Wohnumfeldes, usw., die in ihrer Gesamtheit und in ihren Bezügen zueinander zu bewerten sind.

Auf Basis einer umfassenden Untersuchung der ökologischen, ökonomischen und sozialen Rahmenbedingungen (Kapitel 4.3.2, Seite 242) gilt es, eine Abwägung zwischen den Zielen der drei Dimensionen der Nachhaltigkeit vorzunehmen, Wechselwirkungen und Zielkonflikte offenzulegen (Kapitel 4.3.3, Seite 292), und darauf aufbauend instrumentelle Empfehlungen auszusprechen (Kapitel 4.3.4, Seite 348).

4.3.1.1 Leitbild „Wohnen"

Die im Zwischenbericht der Enquete-Kommission sowie die ausführlich in Kapitel 4.3.2 geschilderten Trends und daraus resultierende Probleme im Sinne einer zukunftsunverträglichen Entwicklung waren Anlaß, nach Leitbildern zu suchen, die der Konzeption des „Sustainable Development" gerecht werden. Nachhaltig zukunftsverträgliche Entwicklung bedeutet für das Bedürfnisfeld Wohnen und für die Siedlungsentwicklung, daß zwischen den Bedarfen an Wohnungen und Arbeitsplätzen, an Flächen für Freizeit und Erholung, an dem Erhalt der natürlichen Ressourcen und den ökonomischen Interessen sowie den arbeitsmarktpolitischen Erfordernissen der Bauwirtschaft und der Ausbaugewerke Kompromisse zu schließen sind. Zur Optimierung der ökologischen, der ökonomischen und der sozialen Dimension des Leitbildes hat die Kommission bereits in ihrem Zwischenbericht ein übergeordnetes Zieldreieck entworfen (siehe Abbildung 15). Jeder Winkel des Dreiecks ist durch jeweils eine der Dimensionen besetzt, die dann wiederum aus Zielen eines Bereiches besteht.

Für die Schaffung von Wohnraum werden Flächen durch die Besiedlung, durch den Rohstoffabbau und die Deponierung von Bauabfällen beansprucht. Energie wird für die Herstellung und Verarbeitung von Baustoffen und Bauwerken sowie für den Betrieb der Gebäude eingesetzt. In dieser Prozeßkette entstehen Emissionen und Abfälle.

Vor diesem Hintergrund lassen sich vielfältige Ziele definieren:

- Optimierung des Energieverbrauchs (auf Basis der Umweltqualitätsziele Klimaschutz etc.)
- Vermeidung von induziertem Verkehr

Abbildung 15

Ausgewählte Zieldimensionen für den Bereich „Bauen und Wohnen“

Soziale Dimension

- Sicherung bedarfgerechten Wohnraums nach Alter und Haushaltsgröße; erträgliche Ausgaben für „Wohnen“ auch für Gruppen geringeren Einkommens im Sinne eines angemessenen Anteils des Haushaltseinkommens
- Schaffung eines geeigneten Wohnumfeldes, soziale Integration, Vermeidung von Ghettos
- Vernetzung von Arbeiten, Wohnen und Freizeit in der Siedlungsstruktur
- „Gesundes Wohnen“ innerhalb wie außerhalb der Wohnung
- Erhöhung der Wohneigentumsquote unter Entkopplung von Eigentumsbildung und Flächenverbrauch
- Schaffung bzw. Sicherung von Arbeitsplätzen im Bau- und Wohnungsbereich

Ökonomische Dimension

- Minimierung der Lebenszykluskosten von Gebäuden (Erstellung, Betrieb, Instandhaltung, Rückbau, Recycling etc.)
- relative Verbilligung von Umbau- und Erhaltungsinvestitionen im Vergleich zum Neubau
- Optimierung der Aufwendungen für technische und soziale Infrastruktur
- Verringerung des Subventionsaufwandes

Ökologische Dimension

- Reduzierung des Flächenverbrauchs
- Beendigung der Zersiedelung der Landschaft
- Geringhaltung zusätzlicher Bodenversiegelung und Ausschöpfung von Entsiegelungspotentialen
- Orientierung der Stoffströme im Baubereich an den Zielen der Ressourcenschonung
- Vermeidung der Verwendung und des Eintrages von Schadstoffen in Gebäude bei Neubau, Umbau und Nutzung; Beachtung dieser Prinzipien bei der Schließung des Stoffkreislaufs bei Baumaterialien
- Verringerung der Kohlendioxid-Emissionen der Gebäude im Sinne des Beschlusses der Bundesregierung zur 25%-igen Reduktion insgesamt bis zum Jahr 2005

- Sicherung einer umweltverträglichen Abwasserentsorgung
- Sicherung der Wasserversorgung
- Sicherung einer umweltverträglichen Abfallentsorgung
- Erhalt von Grünzonen im Stadtraum für die Verbesserung von Kleinklima und Ästhetik im Wohnumfeld sowie für Lebensräume von Tieren und Pflanzen.

Die Enquete-Kommission hat bei ihrer Herangehensweise innerhalb der ökologischen Dimension einen Schwerpunkt auf die Betrachtung der Flächeninanspruchnahme gelegt.

Flächeninanspruchnahme bezeichnet die Umwidmung von Freifläche in Siedlungs- und Verkehrsfläche. Mit dieser Umwidmung, die unter dem Schlagwort „Zersiedelung der Landschaft" problematisiert wird, können verschiedene unerwünschte Auswirkungen im Naturhaushalt einhergehen. Umwelteingriffe erfolgen im Zusammenhang mit der Nutzung von Verkehrs- und Siedlungsflächen durch die Versiegelung der Böden, Veränderung der Population von Tieren und Pflanzen an einem Standort usw.

Eine ökologische Gesamtbewertung der Flächeninanspruchnahme verlangt, zusätzlich zu den direkten Auswirkungen auf den Naturhaushalt (durch die veränderte Bebauung) die Umwelteinflüsse mit einzubeziehen, die aus dem veränderten Verhalten der Menschen in einer veränderten Arbeits- und Freizeitwelt resultieren. Als Beispiele seien hier veränderte Lebensstile genannt, die zu einem veränderten Freizeit-, Mobilitäts- und Konsumverhalten insgesamt führen. Gesicherte Aussagen über die Auswirkungen einer Veränderung der Flächennutzung sind letztendlich nur vor dem Hintergrund einer solch umfassenden Untersuchung und Bewertung möglich.

Als einzelwirtschaftliches Ziel steht vor allem die Minderung der mit Bauen und Wohnen einhergehenden individuellen Kosten im Vordergrund. Sie betreffen eine effiziente Versorgung mit Wohnraum sowie mit den im Zusammenhang mit Wohnen nachgefragten Diensten und Infrastrukturleistungen. Dazu zählen Wärmeversorgung, Wasser- und Energieversorgung sowie Entsorgungsfunktionen. Weiterhin spielen die Kosten, die mit dem Ausbau, der Unterhaltung, dem Verkauf, dem Abriß, der Vermietung oder dem Tausch von Wohnungen einhergehen, eine wichtige Rolle.

Aus gesamtwirtschaftlicher Sicht geht es um die optimale Gestaltung und Nutzung des Bestandes an Wohnraum in der Zeit. Dies umfaßt unter anderem die Vermeidung volkswirtschaftlicher Kosten infolge von Leerstand, die Erhöhung der Transparenz am Wohnungsmarkt, die Erhöhung der Flexibilität bei der Nutzung und beim Umbau von Wohnungen für einen sich ändernden Bedarf, die Optimierung der Bereiche der Energieversorgung und des Energieverbrauchs sowie anderer Bereiche, die die Versorgung mit öffentlichen Dienstleistungen betreffen. Die Rahmenbedingungen in der jeweiligen Akteurskette sollten so ausgestaltet, die unterschiedlichen Interessen der daran beteiligten Akteure möglichst so verzahnt sein, daß eine kostengünstige Versorgung gesichert wird. Insbesondere in Zeiten knapper Kassen der öffentlichen Haushalte sollten Subventionen abgebaut werden.

Je nach Situation bestehen zwischen den ökonomischen Zielen verschiedener Individuen und gesamtwirtschaftlichen Zielen Konflikte. Gleichzeitig muß die Summe der individuellen Interessen nicht das Gemeinwohl darstellen.

Wohngebäude erfüllen für den Menschen elementare Bedürfnisse wie z. B. die nach Geborgenheit, Sicherheit und persönlichem Besitz. Die Abgeschiedenheit der „eigenen vier Wände" gewährleistet dem Einzelnen einen Freiraum ohne soziale Kontrolle, der Bestandteil seiner Privatsphäre ist. Er kann diesen Bereich frei nach eigenem ästhetischen Empfinden ausgestalten und sollte belästigungsfrei bestimmten Tätigkeiten (Hausarbeit, Gartenarbeit etc.) nachgehen und sich geborgen fühlen können.

Viele Haushalte streben das freistehende Ein- oder Zweifamilienhaus an. Es symbolisiert eine selbstbestimmte Lebensform und erlaubt bzw. erfordert vielfältige Selbstbetätigung, auch zur Gebäudeunterhaltung und zur Senkung der Wohnkosten. Zu den besonders bedeutsamen Faktoren, die die Attraktivität dieser Wohnform ausmachen, zählen der Schallschutz gegen Nachbarwohnungen und Wohnumfeld, die Selbstbestimmung über Nutzungen (Innenausbau, Betriebskosten) und ein Bezug zur Natur (Garten). Diese Anforderungen werden unabhängig vom Haushaltstyp von fast allen Menschen an den Wohnraum gestellt. Zunehmend werden daher Wohnungskonzepte entwickelt, in denen die einzelne Wohneinheit auch eines vielgeschossigen Hauses „Einfamilienhausqualitäten" aufweist. Eine Erhöhung der Eigentumsquote ist Ziel staatlicher Wohnungspolitik.

Darüber hinaus wird Wohneigentum generell nachgefragt. Als Grund dafür gilt, daß Eigentümer eine höhere Unabhängigkeit und Gestaltungsfreiheit des Wohnraumes genießen als Mieter. Wohneigentum mindert Risiken, die zum Beispiel durch Einkommenseinbußen im Alter oder Preisveränderungen am Mietwohnungsmarkt bestehen.

Die Vielfalt unterschiedlicher Lebensformen als Spiegelbild unterschiedlicher Bedürfnisse und Wünsche der Menschen findet ihren Ausdruck in der Ausdifferenzierung verschiedener Wohnformen und Wohnstile. Aussagen über einen geeigneten Wohnungszuschnitt, die geeignete Art von Gebäuden (Einfamilienhäuser/Mehrfamilienhäuser), die Ausstattung der Wohnung, die Wohnform usw. sind von daher nur vor dem Hintergrund bestimmter Lebenssituationen sinnvoll und nur schwer zu pauschalieren.

Geänderte Lebensverhältnisse haben zu einem enormen Wachstum der dem Wohnen zugeordneten Infrastruktur geführt. Hier ist zum einen der Tiefbau zu nennen, der seinerseits große Flächen beansprucht, die Versiegelung vorantreibt und vor allem mit Straßenbau und Kanalisation große Stoffströme in Bewegung setzt. Für den Bürger „sichtbar“ und wohnwertsteigernd wirkt die vielseitige soziale Infrastruktur in Form von Schulen, Kindergärten, Parkanlagen, Jugend- und Senioreneinrichtungen. Die Erreichbarkeit der Infrastruktur beeinflußt den Wohnwert. Gleichzeitig wirkt die Infrastruktur über ihre Erschließung als Verkehrserzeuger.

Neben diesen sozialen Zielen, die unmittelbar das Wohnen und das Wohnumfeld betreffen, ist auch die Schaffung und Sicherung von Arbeitsplätzen – im Bedürfnisfeld „Wohnen“ insbesondere in der Bau- und Wohnungswirtschaft – von Bedeutung.

Im Kapitel 2 wurde auf die grundsätzliche Gleichrangigkeit der ökologischen, ökonomischen und sozialen Dimension hingewiesen. Ausgangspunkte konkreter Analysen innerhalb eines Beispielfeldes sollten jedoch immer dort sein, wo Probleme offensichtlich werden. Vor dem Hintergrund ihres Einsetzungsauftrages hat sich die Kommission für den ökologischen Zugang entschieden. Die Zielkonkurrenzen werden deshalb ausgehend von den ökologischen Zielen untersucht.

Konflikte zwischen den drei Dimensionen sind zu erwarten, wenn Ziele miteinander unvereinbar bleiben. Darüber hinaus können gegenseitige Abhängigkeiten zwischen der ökologischen, ökonomischen und sozialen Zieldimension auftreten. Sie sind im Vorfeld auszuloten und bei der Umsetzung zu berücksichtigen. Nach vorliegenden Prognosen für die künftige Nachfrage nach Wohnraum ist auch bei optimaler Nutzung der Potentiale im Bestand weiterhin eine relativ starke Neubautätigkeit zu erwarten. Dies führt zu einem Konflikt zwischen Neubautätigkeit auf der einen und Landschaftserhalt auf der anderen Seite.

Die Ziele der ökologischen Dimension könnten langfristig den Zielen der sozialen Dimension, die Wohnkosten tragbar zu halten, Arbeitsplätze in der Bauwirtschaft zu schaffen bzw. zu sichern, dienen. In der ökologischen Dimension genannte Ziele, wie etwa die Verwirklichung des Kohlendioxid-Reduktionsziels bis 2005, lassen mittelfristig einen erhöhten Bauaufwand durch neue Installationen (Heizungssysteme) sowie Dämmungen erwarten. Es ist jedoch unsicher, ob langfristig der erhöhte Umbau- und Erhaltungsaufwand im Bestand der Siedlungs- und Verkehrsfläche den Ausfall an Arbeitsplätzen beim Neubau in der Freifläche kompensieren kann. Dies hängt u. a. von der Bevölkerungs- und der Einkommensentwicklung ab.

Nach Veröffentlichung des Zwischenberichtes hat das Leitbild hohe Akzeptanz in der öffentlichen Diskussion gefunden.[298]) Allerdings enthält es eine wesentliche Komponente der deutschen Wohnungspolitik der Nachkriegszeit nicht: Nämlich die Ausrichtung der Wohnungsbauförderung insbesondere an der Eigentumsbildung. Bisher hat eine Förderung der Eigentumsbildung den Wohnwünschen der Bevölkerung entsprechend den Typus Ein- und Zweifamilienhaus begünstigt. Verknüpft man das Ziel der Wohnungsbauförderung mit dem Ziel einer Reduzierung

298) Vgl. beispielsweise Wirtschafts- und Sozialausschuß der Europäischen Gemeinschaften (1997)

der Flächeninanspruchnahme, so ergibt sich sofort ein Konflikt mit einer der Triebkräfte der zunehmenden Umwandlung von Freiflächen in Siedlungsfläche, z. B. durch den Bau lockerer Eigenheimsiedlungen. Allerdings gibt es keinen Widerspruch zwischen dem Umwelthandlungsziel und der Eigentumsbildung an sich. Von einer verstärkten Eigentumsbildung im Geschoßwohnungsbau wird ein verstärktes Interesse an Energieeinsparungs- und Erhaltungsinvestitionen erwartet.

Doch auch innerhalb einer Dimension kann es zu Zielkonkurrenzen kommen: Bislang spielen in der Praxis auch bei umweltbewußten Akteuren meist nur einzelne ökologische Kriterien eine Rolle. Beispielsweise wird vielfach auf Energieeinsparung und Schadstofffreiheit geachtet, während der Flächen- und Ressourcenverbrauch als eine nur über längere Zeit wahrnehmbare, aber nicht umkehrbare Umweltbelastung nicht berücksichtigt wird. Diese Ziele können auch im Gegensatz zueinander stehen. Wird beispielsweise zur Senkung des Energieverbrauchs eine Konstruktion bzw. Materialkombination verwendet, die schwer wiederverwertbar ist, wird das Ziel der Abfallvermeidung verfehlt.

4.3.1.2 Landschaftszersiedelung und Flächeninanspruchname

Die Enquete-Kommission hat aus der Bearbeitung der Bodenproblematik Umweltqualitätsziele und Umwelthandlungsziele für die Funktionen von Böden abgeleitet.[299]) Hierunter fallen u. a. die Umwelthandlungsziele für die Umwandlung von Freiflächen in Siedlungs- und Verkehrsflächen („Flächenverbrauch"), Vorgaben für die Verringerung der Bodenversiegelung und ein Nachlassen der Zersiedelung der Landschaften (siehe Kapitel 4.3.1.1, Seite 233).

Umwelthandlungsziele müssen sowohl hinsichtlich der Belastungsminderung als auch hinsichtlich der Zeit, innerhalb derer diese erreicht werden sollen, quantitative Angaben enthalten. Ohne diese Quantifizierung sind Umwelthandlungsziele weder operational noch instrumentierbar. Die Wahl eines umweltpolitischen Instruments und die möglichen ökonomischen und sozialen Folgen hängen nicht nur von der Zielrichtung, sondern entscheidend von der Größe und Geschwindigkeit der angestrebten Veränderung ab. Die Enquete-Kommission hat in ihrem Zwischenbericht das Ziel der Verringerung der Flächeninanspruchnahme als Ausgangspunkt für die weitere Untersuchung vorläufig quantifiziert:

> „Entkoppelung des Flächenverbrauchs von Wirtschafts- und Bevölkerungswachstum; deutliche Verlangsamung der Umwandlung von unbebauten Flächen in Siedlungs- und Verkehrsflächen: Anzustreben ist eine Verringerung der Umwandlungsrate bis 2010 auf 10 % der Rate, die für die Jahre 1993 bis 1995 festgestellt wurde. Langfristig soll die Umwandlung von unbebauten Flächen in bebaute durch gleichzeitige Erneuerung (Entsiegelung u. a.) vollständig kompensiert werden." [300])

---

[299]) Vgl. Enquete-Kommission „Schutz des Menschen und der Umwelt" (1997) 55

[300]) Vgl. Enquete-Kommission „Schutz des Menschen und der Umwelt" (1997) 43 ff.

Eine wissenschaftliche Begründung für dieses vorläufige Umwelthandlungsziel gibt es nicht, u. a. weil dahinter vielfältige umweltpolitische Ziele stehen, wie sie im Zwischenbericht der Enquete-Kommission teilweise dargestellt werden. Gleichwohl hat die Kommission den Zielwert 10 % aufgegriffen, um einen Ausgangspunkt für den weiteren Diskussionsprozeß zu erhalten. Eine Überprüfung dieses Umwelthandlungsziels im Rahmen der Abwägung mit anderen Zieldimensionen ist notwendig.

Neben einer Orientierung von Raumordnungs-, Wohnungs-, Steuer-, Verkehrs- und Umweltpolitik an dem Ziel der Senkung der Flächeninanspruchnahme ist die Kommission der Auffassung, daß anknüpfend an schon bestehende Regelungen Flächen für bestimmte Nutzungen freigehalten bzw. blockiert werden sollen. Solche Flächen würden grundsätzlich nicht mehr für eine Besiedelung zur Verfügung stehen und insofern ein weiteres Knappheitssignal im Hinblick auf die Inanspruchnahme von Flächen setzen. Hierzu gehören alle Ausweisungen, die dem Schutz der Natur, von Landschaftsbestandteilen oder der Rohstoffsicherung dienen. Daneben ist das Instrument der Vorbehaltsflächen, wie es in der Regionalplanung festgelegt wird, anzusprechen. Das Raumordnungsgesetz § 7 Abs. 4 bezeichnet die Flächen als Vorbehaltsgebiete, „in denen bestimmte, raumbedeutsame Funktionen oder Nutzungen bei der Abwägung mit konkurrierenden raumbedeutsamen Nutzungen besonderes Gewicht beigemessen werden soll". Neben den Vorbehaltsgebieten werden im Raumordnungsgesetz auch die Vorrang- und die Eignungsgebiete definiert: Danach bezeichnen Vorranggebiete Flächen, „die für bestimmte, raumbedeutsame Funktionen oder Nutzungen vorgesehen sind und andere raumbedeutsame Nutzungen in diesem Gebiet ausschließen, soweit diese mit den vorrangigen Funktionen, Nutzungen oder Zielen der Raumordnung nicht vereinbar sind". Eignungsgebiete bezeichnen Flächen, „die für bestimmte, raumbedeutsame Maßnahmen geeignet sind, die städtebaulich nach § 35 des Baugesetzbuches zu beurteilen sind und an anderer Stelle im Planungsraum ausgeschlossen werden."

Mit der Sicherung von Flächen für die Rohstoffgewinnung werden allerdings nicht die vorhandenen Böden geschützt, sondern im Gegenteil auf längere Sicht gebraucht und im Regelfall in ihrer Qualität gemindert; zum Zusammenhang zwischen Rohstoffausbeutung und Flächeninanspruchnahme für Siedlungsbereiche wird auf Abschnitt 4.3.2.1 (Seite 244) verwiesen. Raumbezogene Naturschutzplanungen im Sinne einer flächendeckenden Konzeption des Naturschutzes fehlen in Deutschland. Hier könnte in ländlichen Räumen die Umsetzung der Flora-Fauna-Habitat-Richtlinie als erste umfassende Rahmenregelung zum Schutz des Lebensraums und der Arten innerhalb der EU weiterhelfen.[301]) Mit dieser Richtlinie wird erstmals eine verbindliche Rechtsgrundlage zur Erhaltung und Entwicklung des europäischen Naturerbes geschaffen. Die in einer Region schwerpunktmäßig vorkommenden natürlichen, naturnahen aber auch halbnatürlichen Biotoptypen, die über die „besonders zu schützenden Biotope" im Sinne von § 20c BNatSchG

---

[301]) Vgl. SRU (1994) Tz. 465; EWG (1992)

hinausgehen, werden gegen Eingriffe über die FFH-Richtlinie besonders geschützt.

Ausweisungen besonders wertvoller Bereiche als Naturschutzgebiete stellen ein weiteres, wenn auch von der Fläche her wenig relevantes Hindernis für die Umwandlung von Freiflächen in Siedlungs- und Verkehrsflächen dar. Der Sachverständigenrat für Umweltfragen (SRU) hat mehrfach den Zustand und den Mangel an Nutzungsbeschränkungen in Naturschutzgebieten kritisiert. [302])

Eine weitere Schutzkategorie stellen Nationalparke dar, wobei es sich hier um Landschaften handelt, die sich in einem vom Menschen nicht oder wenig beeinflußten Zustand befinden. Dieser internationale Standard (IUCN-Richtwerte) kann in Deutschland nur schwer erfüllt werden, da es immer weniger Naturlandschaften gibt. Etliche Natur- und Kulturlandschaften sind als Biosphärenreservate ausgewiesen. Ein Teil dieser Reservate steht unter Naturschutz, in anderen Teilen erfolgt eine Nutzung der Kulturlandschaften.

Von der Fläche her wesentlich bedeutender als Naturschutzgebiete sind Landschaftsschutzgebiete, die allerdings nach Auffassung des Rates von Sachverständigen für Umweltfragen gestärkt und ihrem ursprünglichen Inhalt entsprechend auf großräumigen Schutz und die Entwicklung von Kulturlandschaften ausgerichtet werden sollten. Die Schutzwirkungen der Ausweisung von Landschaftsschutzgebieten sind allerdings begrenzt, [303]) zumal der Landschaftsplan als Basis der Ausweisung von Landschaftsschutzgebieten in vielen Bundesländern lediglich eine Fachplanung für die Bauleitplanung darstellt. Es bleibt jedoch festzuhalten: Der Flächenanteil der nach dem Bundesnaturschutzgesetz ausgewiesenen Schutzgebiete stagniert seit geraumer Zeit; der Anteil an der Gesamtfläche Deutschlands beträgt 1995 etwas weniger als 2 %. Zudem ist der Großteil der Naturschutzgebiete weiterhin kleiner als 50 ha und fast die Hälfte kleiner als 20 ha, was insgesamt völlig unbefriedigend ist. [304])

Im Hinblick auf eine Umnutzung von Freiflächen zu Siedlungs- und Verkehrsflächen ist an dieser Stelle noch das Bundeswaldgesetz zu erwähnen, das die Umwandlung von Wald unter einen grundsätzlichen Genehmigungsvorbehalt stellt und einen Ausgleich verlangt. Im Rahmen von Ausgleichsmaßnahmen führt dies i. d. R. zumindest zu einem sparsameren Umgang bei der Beanspruchung von Waldflächen im Vergleich zu landwirtschaftlich genutzten Flächen. Der Ausgleich ist im Regelfall in der Wiederanpflanzung an anderer Stelle zu leisten.

Generell erscheint es der Kommission sinnvoll, komplementär zu dem Umwelthandlungsziel „Verringerung der Umwandlungsrate von unbebauten Flächen in Siedlungs- und Verkehrsflächen" ein zweites Handlungsziel festzulegen, welches die Freihaltung einer Mindestfläche von anthropogener Nutzung zum Gegenstand

[302]) Vgl. SRU (1996 b) Tz. 108
[303]) Vgl. SRU (1996 b) Tz. 118
[304]) Vgl. SRU (1996 b) Tz. 108; SRU (1996 a) Tz. 232

hat. Dahinter steht die Überlegung, daß unter Nachhaltigkeitsüberlegungen dem Naturschutzanliegen sowie den Interessen künftiger Generationen Rechnung getragen werden muß. Für das erstere gibt es einen gewissen wissenschaftlichen Konsens. Danach ist dem Naturschutz auf ca. 10 % der Landesfläche absolute Priorität einzuräumen. Die Hälfte dieser Fläche sollte der Eigendynamik der Natur überlassen bleiben.[305] Für die Berücksichtigung der Interessen künftiger Generationen gibt es zwar keinen wissenschaftlich befriedigend abzuleitenden Freiflächenanteil, grob gegriffen kann man den für eine Vorratssicherung und Reservehaltung vorzusehenden Freiflächenanteil aber mit bis zu 5 % umschreiben. So ergibt sich ein Freiflächenanteil von ca. 15 %, eine Orientierungsgröße, die regional divergieren kann. Dabei sollte der 10 %-Anteil aber möglichst nicht unterschritten werden. Die regionale Differenzierung sollte sich auf der mittel- und unterzentralen Ebene am Konzept der funktionsräumlichen Arbeitsteilung ausrichten. Die Verwirklichung dieses komplementären Umwelthandlungsziels hätte den Vorteil der regionalen Differenzierung und könnte in vielen Fällen (etwa den ländlichen Einzugsbereichen großer Zentren) vor allem die Lenkungswirkung der Bodenpreise erhöhen.

Unabhängig davon gilt es, die Begrenztheit der Ressource „Fläche" im Bewußtsein der Bevölkerung in den Regionen Deutschlands zu verankern. Knappheiten werden in einem marktwirtschaftlichen System über die Veränderung der relativen Preise signalisiert. Dies geschieht im Hinblick auf die Bodenpreise in der Praxis bereits in einem gewissen Umfang und hat teilweise zu flächensparenden Wohn- und Produktionsaktivitäten geführt. Vor dem Hintergrund der gegenwärtigen Flächeninanspruchnahme mit ca. 120 ha/Tag[306] und fortschreitender Landschaftszersiedelung scheinen diese Preissignale nicht auszureichen. Auch gibt es keinen Zusammenhang zwischen dem ökologischen und landwirtschaftlichen Wert des Bodens und dem Baulandpreis. Folgen einer regional unterschiedlichen Verknappung des für die Umwandlung in Siedlungs- und Verkehrsfläche verfügbaren Bodens drücken sich in regional divergierenden Preissteigerungen aus. Diese führen im Endeffekt zu einer deutlichen Reduzierung des Flächenverbrauchs, wenn auch in regional unterschiedlichem Maße.

Um den für die Funktionen von Böden aufgestellten Handlungszielen Rechnung zu tragen, bedarf es der Entwicklung von Strategien zur Verwirklichung des Leitbildes und deren instrumenteller Unterfütterung. Das Leitbild „Wohnen" kann für weitere Zieldimensionen geöffnet werden. Allerdings ist dann jeweils die Verträglichkeit mit anderen bereits formulierten Zielen für das Leitbild abzuklären. Die Zielrichtung für die Flächeninanspruchnahme ist dagegen eindeutig. Würde man sämtliche Aussagen des Leitbildes Wohnen mit qualitativen oder quantitativen Zieldimensionen unterlegen wollen, so wäre eine erhebliche Arbeit zu leisten, die eine Realisierung des Leitbildes u. U. erheblich verschieben könnte. Dies ist

[305] Vgl. SRU (1994) Tz. 466

[306] Statistisches Bundesamt (1998); nach der Flächenerhebung für den Zeitraum 1993 – 1997 betrug die Inanspruchnahme von Flächen für Wohnen, Gewerbe, Verkehr und Erholung pro Tag 120 ha, davon für Wohnen 51 ha.

jedoch nicht notwendig. Quantitative Zielsetzungen müssen nur dort gesetzt werden, wo ein dringendes Bedürfnis zur Umsteuerung existiert. Dies ist beispielsweise für die Flächeninanspruchnahme ebenso wie für den Energieverbrauch der Fall. Für beide Probleme sind nun derartige Ziele – zum einen das Minderungsziel für Kohlendioxid der Bundesregierung, ein klassisches Umwelthandlungsziel, sowie das Flächenverbrauch-Reduktionsziel der Kommission – vorgesehen.

Ein Unterschied liegt jedoch darin, daß für das CO_2-Minderungsziel[307]) ein wissenschaftlich ableitbarer Zielwert vorhanden ist, bei dessen Erreichung eine weitere Reduktion nicht erforderlich ist. Dies ist für die Flächeninanspruchnahme noch nicht diskutiert. Da zahlreiche andere Variable mit den Vorstellungen für die beiden genannten Problemfelder korrelieren, bedarf es für die ökologische Dimension nur weniger weiterer Festlegungen.

Eine Verwirklichung des Leitbildes setzt allerdings auch die Änderung von Lebensstilen und Werthaltungen voraus. Dies läßt sich nun wiederum nicht über die Quantifizierung eines Umwelthandlungsziels erreichen. Insofern ist die offene Diskussion des Leitbildes und seine breite Akzeptanz Voraussetzung für dessen Umsetzung und damit wiederum Voraussetzung für die Änderung steuerpolitischer, wohnungspolitischer und planungsrechtlicher Vorgaben, zu denen der Deutsche Bundestag aufgefordert ist.

4.3.2 Status- und Trendanalyse

Es gibt wohl kaum ein vergleichbares Beispielfeld, bei dem das komplexe Beziehungsgeflecht zwischen ökologischen, ökonomischen und sozialen Zielen und Aspekten so stark ausgeprägt ist wie im Bereich „Bauen und Wohnen". In der Art zu Bauen und zu Wohnen spiegeln sich unterschiedlichste Lebensformen wider. Teilweise lösten sich diese im Zeitablauf gegenseitig ab, teilweise existierten sie zeitgleich nebeneinander. Städte, Gebäude, Freiräume bilden die räumliche Hülle für das Alltagsleben, für Wirtschaft, Gesellschaft und Kultur. Sie sind Produkte von Vorstellungen über gesellschaftliche und individuelle Aktivitäten und zugleich Ausdruck der alltäglichen Kultur, die sich in ihr entfaltet und zukünftig entfalten wird.

Das Beispielfeld „Bauen und Wohnen" steht damit unmittelbar in einem gesellschaftlichen und gesellschaftspolitischen Kontext. Es spielen sich hier komplexe Wirkungszusammenhänge ab, die vielfältige Beziehungen zu unterschiedlichen Politikbereichen (Familie, Soziales, Finanzen, Wirtschaft, Umwelt, Verkehr u. a.) auf unterschiedlichen Ebenen (Bund, Land, Kommune) aufweisen, an denen die verschiedensten Akteursgruppen (Eigentümer, Mieter, Planer, Handwerker, Investoren u. a.) in unterschiedlichem Ausmaß beteiligt sind und die sich in unterschiedlichen städtebaulichen Leitbildern niederschlagen (siehe Abbildung 16).

---

307) Vgl. WBGU (1996 a) 103

Wirkungsgefüge säkularer Trends und Rahmenbedingungen

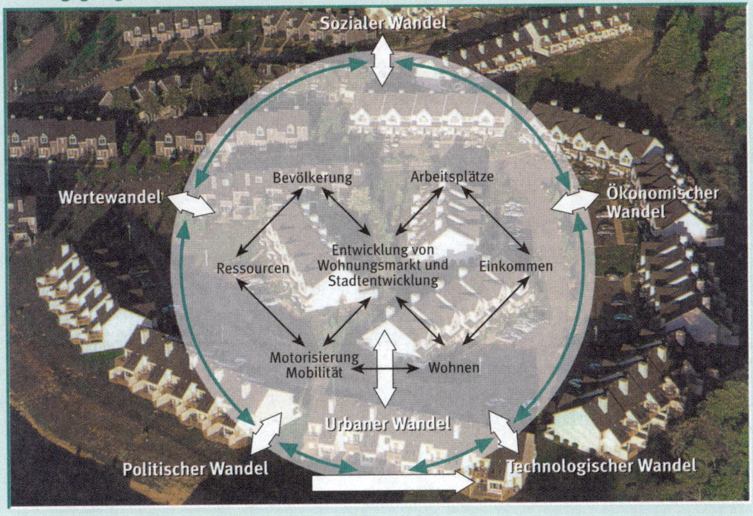

Heute zeichnet sich der Übergang in eine Dienstleistungsgesellschaft ab, begleitet von einem technologischen, sozialen und politischen Wandel. Er wird die Städte und Gemeinden von heute auf längere Sicht nicht unverändert lassen. Wie, was und vor allem wo gewohnt und produziert, aber auch was wo konsumiert wird – das sind entscheidende Faktoren für die Änderungen in den Erscheinungsformen von Städten und Gemeinden wie ihrer Regionen.

Dieser Wandel wird durch Rahmenbedingungen bestimmt, die sich gegenwärtig ständig verändern. Für die Zukunft sind folgende Fragestellungen bedeutend:

- Wohlstand: Wieviel Einkommen wird weiterhin in Wohnfläche umgesetzt?
- Demographie: Stagniert oder wächst die Bevölkerung? Wie groß werden die Haushalte und welche Wohnflächenansprüche erwachsen daraus?
- Mobilität: Steigt der Motorisierungsgrad und welche individuellen und gesellschaftlichen Kosten entstehen daraus?
- Technologie: Welche Auswirkungen sind aus neuen Technologien auf die räumliche Struktur zu erwarten? Welche Rolle spielt zukünftig die Telekommunikation? Welche räumlichen Strukturen werden zukünftig Wohn- und Arbeitsplätze haben?
- Umwelt: Wieviel Natur brauchen wir? Was wollen wir zulassen? Wie gelingt uns eine Regeneration der natürlichen Güter in ausreichendem Maße ?

Ändern sich Rahmenbedingungen, so ändert sich auch die räumliche Entwicklung der Städte und Gemeinden. Eine Rahmenbedingung wie z. B. zunehmender Wohlstand, der mehr Wohnfläche und Bodenkonsum ermöglicht, führt zu weiterer baulicher Auflockerung, abnehmender Bevölkerungs- und geringerer Baudichte. Demographische Entwicklungen wie abnehmende Geburten- oder zunehmende Scheidungsraten verkleinern insgesamt die Haushalte. Zugleich aber vergrößert sich die Wohnfläche pro Kopf und damit der Bodenkonsum. Eine hohe Motorisierung, der gute Ausbau der Verkehrsinfrastruktur, aber auch sinkende Transportkosten begünstigen weiterhin die hohe Mobilität und damit auch die Nachfrage nach mehr Verkehrsinfrastruktur.

Nachfolgend sollen im Beispielfeld zunächst die drei Dimensionen der Nachhaltigkeit präzisiert sowie die Schnittstellen zwischen den sozialen, wirtschaftlichen und ökonomischen Dimensionen herausgearbeitet werden. Die Enquete-Kommission hat sich in ihrem Zwischenbericht bisher zentral mit den ökologischen Dimensionen befaßt. Die Erarbeitung der Beziehungen zwischen den ökonomischen, den ökologischen und den sozialen Dimensionen steht noch aus und soll in diesem Rahmen angegangen werden. Ausgangspunkt ist die Analyse der Entwicklungen sowie deren Ursachen im Bedürfnisfeld „Wohnen".

4.3.2.1 Die ökologische Dimension

Landschaftsinanspruchnahme im Bedürfnisfeld „Wohnen"

Angesichts des rapiden Anstiegs der Siedlungs- und Verkehrsfläche in Deutschland seit Ende des Zweiten Weltkriegs hat die Enquete-Kommission eine Reihe von Umwelthandlungszielen formuliert, um die Umwandlung von Freiflächen in bebaute Flächen (im folgenden als Flächenverbrauch oder verkürzt als Flächeninanspruchnahme bezeichnet) deutlich zu verlangsamen.[308]) Fläche kann zwar nicht im eigentlichen Sinn wie etwa Rohstoffe verbraucht werden, aber je nach Art, Umfang und Nutzungsintensität vor allem der siedlungswirtschaftlichen und verkehrlichen Nutzungen werden Böden häufig so stark verändert, daß sie in der Leistungsfähigkeit ihrer natürlichen Bodenfunktion entscheidend beeinträchtigt oder gar ganz zerstört werden. Bodenzerstörung dieser Art aber auch die Versiegelung von Böden vernichten nicht nur unzählige Bodenorganismen, sondern auch viele Biotope von höheren Pflanzen und Tieren. Auch der Wasserhaushalt wird negativ beeinflußt. Zudem werden Boden und Grundwasser oftmals weit über die Zeit der jeweiligen Nutzung hinaus beinträchtigt.

Der Wirkungsraum insbesondere von Siedlungs- und Verkehrsflächen reicht i. d. R. weit über die direkt beanspruchten Flächen hinaus. So erzeugen z. B. Zerschneidungen und Isolierungen von Landschaftsräumen durch Verkehrs- und Versorgungstrassen weitere, jedoch indirekte Freiraumbeanspruchungen. Auch klein- und großräumige Schadstoffbelastungen oder die wachsenden Lärmbela-

[308]) Vgl. Enquete-Kommission „Schutz des Menschen und der Umwelt" (1997)

Tabelle 17

Bodennutzung in der Bundesrepublik Deutschland 1997

	in 1 000 ha	in % der Gesamtfläche
Siedlungs- und Verkehrsfläche	4 205,2	*11,8*
darunter:		
Gebäude- und Freifläche	2 193,7	*6,1*
Betriebsflächen (ohne Abbauland)	62,0	*0,2*
Erholungsfläche	237,4	*0,7*
Verkehrsfläche	1 678,5	*4,7*
Friedhofsflächen	33,5	*0,1*
Abbauland	189,4	*0,5*
Landwirtschaftsfläche	19 313,6	*54,1*
Waldfläche	10 491,5	*29,4*
Wasserfläche	794,0	*2,2*
Flächen anderer Nutzung	709,1	*2,0*
Gesamtfläche der Bundesrepublik Deutschland	**35 702,8**	***100***

Quelle: Statistisches Bundesamt (1998)

stungen von Landschaften zählen dazu. Diese indirekten Freiraumbeanspruchungen werden häufig in ihrem Umfang, in ihrer Eingriffsintensität sowie in ihrer zeitlich-räumlichen Auswirkung weit unterschätzt. So drängt die Zerschneidung der Lebensräume, z. B. durch den Straßenbau, viele bisher heimische Arten zugunsten anspruchsloserer Arten zurück. [309])

Für Menschen ist die zunehmende Zerstückelung der Landschaft mit dem Verlust von großräumigen Erholungsflächen verbunden. In den alten Bundesländern gab es 1987 nur noch knapp 300 Gebiete, in denen man zwei Stunden in einer Richtung spazieren konnte, ohne eine relativ befahrene Straße überqueren zu müssen. Der Anteil dieser verkehrsarmen Flächen macht weniger als 20 % der Gesamtfläche aus. [310])

[309]) Vgl. WBGU (1994) 133
[310]) Vgl. Lassen (1990) 326f; BUND, Misereor (1996) 83

Der tägliche Zuwachs der Flächeninanspruchnahme von zur Zeit ca. 120 ha in der Bundesrepublik Deutschland[311]) zwar beträchtliche Schwankungen. Er hat sich allein in den alten Bundesländern seit Anfang der 60er Jahre jeweils zwischen ca. 80 und 113 ha bewegt.

Die Inanspruchnahme von Flächen wächst mal stärker, mal schwächer. Dies hängt mit wechselnden Bau-, Suburbanisierungs[312])- und Motorisierungswellen zusammen. Sie werden durch wachsenden Wohlstand, unterschiedlich hohe private und öffentliche Investitionen, staatliche Förderprogramme, Subventionen und Steuerabschreibungen ausgelöst. Sie erzeugen dadurch eine unterschiedliche Nachfrage nach Wohnbauland, Industrie- und Gewerbefläche, Verkehrs-, Ver- und Entsorgungsfläche, aber auch nach Freizeitfläche. In Abhängigkeit von der aktuellen Bautätigkeit schwanken daher die Flächenverbrauchsraten.

Wesentliche Triebkraft für die stetige Ausweitung des Bruttowohnbaulandes[313]) sind gehobene Ansprüche an individueller Wohnfläche und Baulandgröße.[314]) Die mittlere Wohnfläche pro Person stieg in der Bundesrepublik Deutschland von 22 m^2 1965 auf 36,8 m^2 1995[315]). Im europäischen Vergleich nimmt die Bundesrepublik Deutschland damit einen mittleren Platz ein (siehe Tabelle 18). Die Grundstücksgrößen für Ein- und Zweifamilienhäuser erreichen in ländlich geprägten Regionen bei geringer baulicher Dichte über 800 m^2 und bleiben damit seit etwa zehn Jahren in der gleichen Größenordnung; die Grundstücksgrößen für Mehrfamilienhäuser nehmen sogar tendenziell weiter zu, was sich in einer verringerten Geschoßflächendichte niederschlägt (siehe Abbildung 17).

Der Bauboom zu Beginn der 90er Jahre in Verbindung mit stagnierenden und wachsenden Grundstücksgrößen deutet auf eine erheblich wachsende Landschaftsinanspruchnahme zwischen 1990 und 1996 hin. Eine erste Auswertung der Flächenerhebung von 1996 scheint das zu bestätigen. Eine solche Entwicklung ist politisch nicht gewollt. Wie die Graphiken zur Geschoßflächendichte im Neubau belegen, reichen die Knappheitssignale des Marktes nicht aus oder werden in der Realität des Wohnungs- und Gewerbebaus nicht oder nur unzureichend umgesetzt. Daß eine Trendwende grundsätzlich möglich ist, zeigt das Beispiel der Niederlande, die bereits Ende der 70er Jahre im Gegensatz zu ihren Nachbarn die Zunahme der Flächeninanspruchnahme stoppen konnten (siehe Abbildung 18).

---

[311]) Vgl. Statistisches Bundesamt (1998)

[312]) Unter Suburbanisierung werden Verlagerungen von Nutzungen und Bevökerung aus der Kernstadt, dem ländlichen Raum oder anderen metropolitanischen Gebieten in das städtische Umland bei gleichzeitiger Reorganisation der Verteilung von Nutzungen und Bevölkerung in der gesamten Fläche des metropolitanischen Gebietes verstanden. Vgl. Friedrichs (1977)

[313]) Zum Bruttowohnbauland werden sowohl die Grundstücksfläche (Nettowohnland) als auch die zugehörigen Verkehrs-, Grün- und Erholungsflächen inkl. Kinderspielplätze gerechnet; ausdrücklich ausgenommen sind überregionale Verkehrswege. Vgl. BflR (1996a) 24

[314]) Die Größe der Wohnfläche bestimmt maßgeblich die Höhe des benötigten Baulandes. Vgl. Enquete-Kommission „Schutz des Menschen und der Umwelt" (1997) 115

[315]) Vgl. Statistisches Bundesamt (1997) und eigene Berechnungen

Tabelle 18

Bevölkerung, Wohnungen und Wohnfläche in ausgewählten Ländern der Europäischen Union

	Bevölkerung[c]) (in 1 000 E)	Wohnungs-bestand insgesamt[c]) (in 1 000 E)	Wohnfläche pro Wohnung[c]) (m^2)	Wohnfläche pro Person[a]) (m^2)
Deutschland ...	81 661 (1995)	35 954 (1995)	83,6 ca. (1995)	36,8 (1995)
Belgien	10 137 (1995)	3 892 (1994)	87,6[b]) (1991)	33,6[b]) (1994/1995)
Dänemark	5 228 (1995)	2 413 (1994)	106,9[b]) (1994)	49,3[b]) (1994/1995)
Finnland	5 108 (1995)	2 352 (1994)	72,7[b]) (1993)	33,5[b]) (1994/1995)
Frankreich	58 143 (1994)	27 493 (1994)	85,4[b]) (1991)	40,4[b]) (1994/1995)
Irland	3 582 (1995)	1 085 (1994)	73,0 (1991)	22,1 (1994/1995)
Österreich	8 047 (1995)	3 072 (1994)	85,2[b]) (1994)	32,5[b]) (1994/1995)
Schweden	8 827 (1995)	4 044 (1993)	99,0[a]) (ca. 1989)	47,0[d]) (ca. 1989)
Niederlande ...	15 459 (1995)	6 195 (1994)	–	–

Legende/Quelle: a) Eigene Berechnung
b) Nutzfläche
c) Statistisches Bundesamt (1997) 37, 87
d) Hedmann (1993) 37

Im städtebaulichen Bericht „Nachhaltige Stadtentwicklung" des Bundesamtes für Bauwesen und Raumordnung (BBR)[316]) wird davon ausgegangen, daß die tägliche Flächeninanspruchnahme für Siedlungszwecke auch weiterhin 100 bis 120 Hektar betragen wird, von dem fast die Hälfte versiegelt wird.[317]) Darin sind neben den bebauten Grundstücken und siedlungsrelevanten Erholungs- und Friedhofsflächen auch die Verkehrs- und Gewerbeflächen enthalten.

---

[316]) Das Bundesamt für Bauwesen und Raumordnung (BBR) ist Anfang 1998 aufgrund der Zusammenlegung der Bundesanstalt für Landeskunde und Raumordnung (BfLR) und der Bundesbaudirektion (BBD) entstanden.

[317]) Vgl. BfLR (1996b) 84; (1996c) 16

Abbildung 17

Grundstücksgröße und Geschoßflächendichte bei Wohngebäuden nach siedlungsstrukturellen Regionstypen ausgewählter Bundesländer

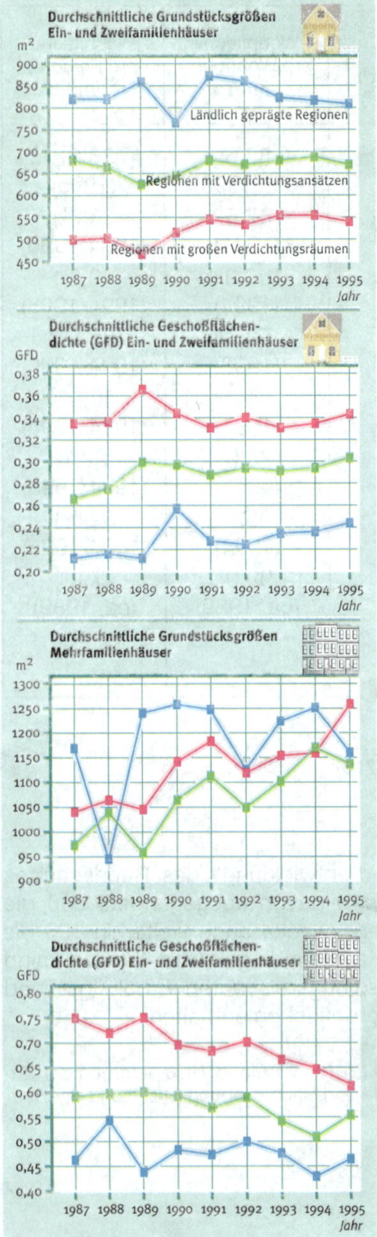

Quelle: BBR (1998c)

Abbildung 18

Siedlungsflächeninanspruchnahme in Deutschland, Frankreich, Großbritannien und den Niederlanden

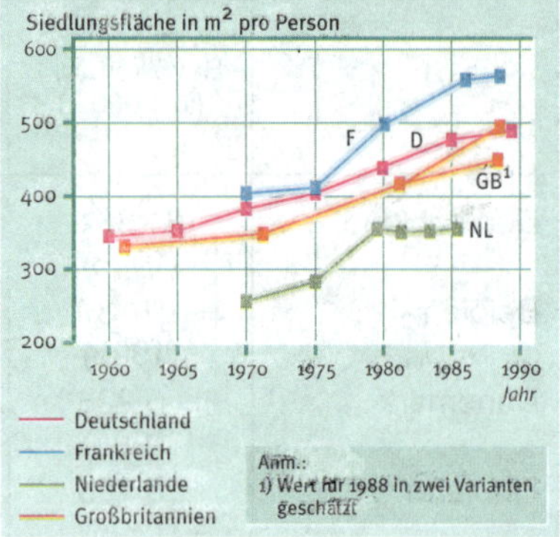

Quelle: BMBau (1993a) 214

Leider wird die Flächeninanspruchnahme statistisch nur unzureichend erfaßt, die Versiegelung lediglich geschätzt. Die zunehmende Inanspruchnahme von Flächen ist im übrigen im Gegensatz etwa zu Phänomenen wie Luftverschmutzung oder Gewässerverunreinigung nicht unmittelbar sinnlich erfahrbar. Um die Umwandlung von Freiflächen in Siedlungs- und Verkehrsflächen qualitativ zu kompensieren, gibt es das Instrument der Ausgleichs- und Ersatzmaßnahmen. Aufgrund der im Städtebaurecht angelegten Verzahnung der Baulandausweisung und -erschließung mit der Bereitstellung von Ausgleichsflächen und der Durchführung von Ausgleichsmaßnahmen sollen vorhandene Flächen (z. B. in Form von Bepflanzungen und Anlage von Biotopen) ökologisch aufgewertet und kompensiert werden.

Wohnbauflächen

1997 waren nach der vorläufigen Flächenerhebung ca. 25 % der Siedlungs- und Verkehrsfläche Wohnbauflächen. Nur der Wohnungsneubau würde unter Beibehaltung der bisherigen Rahmenbedingungen zwangsläufig eine entsprechende Wohnbaulandnachfrage nach sich ziehen, nämlich zwischen 1991 und 2010 insgesamt etwa 370 000 ha, das hieße täglich rund 51 ha Bruttowohnbauland.[318]) Tendenziell wächst, laut BBR, die Nachfrage bis zum Jahr 2000. Danach ist sie in den alten Ländern eher rückläufig, während sie sich in den neuen Ländern eher verstärkt, da hier ein entsprechender Nachholbedarf besteht. Ob die Wohnbaulandnachfrage vor allem von den Ein- und Zweifamilienhäusern ausgehen wird, ist unter Experten strittig.[319])

Gewerbebauland

Die Nicht-Wohnbauflächen[320]) machen nach Daten der Flächenerhebung 1997 einen Anteil von ca. 28 % der gesamten Siedlungs- und Verkehrsflächen aus und erfuhren seit 1989 einen erheblichen Zuwachs. Die wesentlichsten Faktoren für die steigende Flächeninanspruchnahme sind neue Produktionsverfahren (Automatisierung benötigt mehr Platz) und staatliche Auflagen wie Abstandsregelungen oder Lärmschutzbestimmungen. Insbesondere bei Gewerbebauland besteht aufgrund der niedrigen Baulandpreise kein ausreichender Anreiz, sparsam mit Flächen umzugehen. Der mehrgeschossige Gewerbe- und Industriebau wird zur Zeit allenfalls in Städten mit Baulandengpässen verwirklicht. Bestehende Baurechte werden immer weniger ausgeschöpft, sei es aus Gründen der Vorhaltung von Reserveflächen, sei es aus gestalterischen Gründen. Und auch Handel und Dienstleistungen benötigen mehr Fläche, sei es durch die Umstrukturierung in Richtung auf großflächige, autogünstig gelegene Einzelhandelszentren „auf der grünen Wiese“, die zunehmende Spezialisierung dieser Einrichtungen oder seien es Büroarbeitsplätze mit hoher technischer Ausstattung. Die künftige Flächeninanspruchnahme im Bürobereich ist jedoch angesichts der Produktivitätsentwicklung offen.

Verkehrsfläche

Einer der größten Flächenkonsumenten ist das Verkehrssystem. Die Verkehrsfläche nahm 1997 ca. 40 % der Siedlungs- und Verkehrsfläche in Anspruch. Die Flächeninanspruchnahme ist, im Vergleich zu anderen Verkehrsmitteln, hauptsächlich bedingt durch den großen spezifischen Flächenbedarf des Autoverkehrs, inkl. der Flächen für den ruhenden Verkehr. Bei einem anhaltenden Zersiedelungsprozeß und der damit verbundenen weiteren Zunahme der Motorisierung bzw. eines Verkehrssystems, in dem das Auto dominiert, dürfte die Inanspruchnahme zusätzlicher Flächen für Verkehr weiter anhalten.

---

318) Vgl. BfLR (1996a) 41

319) Bei insgesamt sinkender Anzahl von Bauanträgen steigen die Bauanträge für Ein- und Zweifamilienhäuser.

320) Die Nicht-Wohnbauflächen umfassen neben den Gewerbe- und Industrieflächen im wesentlichen Gebäude- und Freiflächen für Handel- und Dienstleistungen, Ver- und Entsorgung, öffentliche Zwecke, nicht aber Betriebsflächen ohne Gebäude.

Ob und in welcher Höhe Flächeneinsparungspotentiale durch die Informations- und Kommunikationstechniken, z. B. durch Telearbeitsplätze bestehen, wurde bereits im Kapitel 4.2 (siehe Seite 147) diskutiert.

Stoffströme

Produktion von Baurohstoffen

Die Produktion primärer mineralischer Baurohstoffe in Westdeutschland wuchs nach dem 2. Weltkrieg stetig an und erreichte 1972 ihren Höhepunkt. Seither ist ein tendenzieller Rückgang auf ca. 500 Mio. t festzustellen, der von konjunkturell bedingten Schwankungen überprägt wurde. Hochrechnungen zufolge werden zusätzlich ca. 50 Mio. t sekundäre mineralische Baurohstoffe eingesetzt[321]) (siehe Abbildung 19). Betriebe mit weniger als zehn Mitarbeitern werden in den amtlichen Statistiken nicht erfaßt. Genaue Angaben zum Bauschuttrecycling sind derzeit nicht möglich, da entsprechende statistische Erfassungen kaum durchgeführt werden.

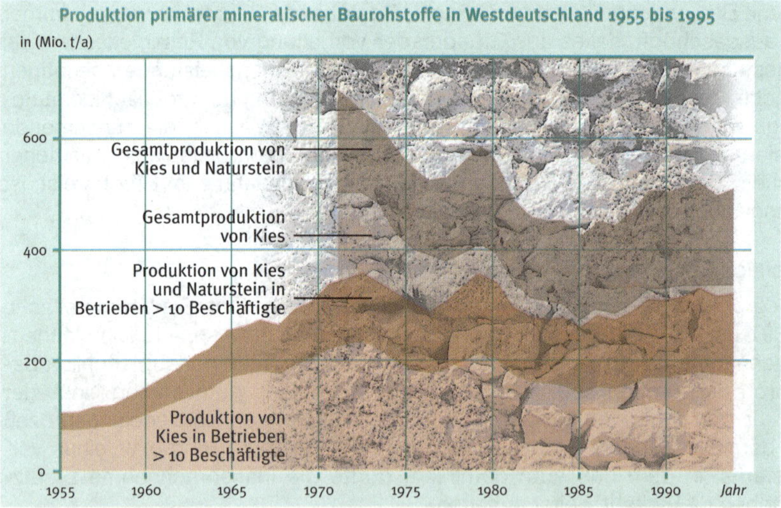

Quelle: BBR (1998c)

---

[321]) Vgl. BBR (1998b) 6; Nach Aussagen der Philipp Holzmann AG (1997) 256 (zitiert nach Kohler (1996) und Kohler (1994) in Walker, Roos (1996)) fallen zur Zeit jährlich 85 Mio. t Baurestmassen (Bauschutt, Straßenaufbruch und Baustellenabfälle) an. Die Verwertungsquote wird auf – nur – 36 % geschätzt. Das würde eine Menge von ca. 31 Mio. t/a sekundäre mineralische Baurohstoffe bedeuten.

Seit Anfang der 70er Jahre verringert sich das Verhältnis zwischen dem in die deutsche Volkswirtschaft eingehenden Baustoffstrom und dem Bruttosozialprodukt des Bausektors.[322]) Das heißt, es ist zu einer gewissen Entkopplung von Materialeinsatz und Wirtschaftsleistung im Bausektor gekommen. Da bei der Betrachtung die indirekten Stoffströme – ökologischen Rucksäcke – nicht berücksichtigt wurden, müssen diese Aussagen zur Materialproduktivität vorsichtig interpretiert werden.

Stoffstrom- und Lebenszyklusansatz

Das Institut für Technikfolgenabschätzung und Systemanalyse (ITAS) am Forschungszentrum Karlsruhe und das Institut für industrielle Bauproduktion (ifib) der Universität Karlsruhe haben im Auftrag der Enquete-Kommission die Studie „Stoffströme und Kosten in den Bereichen Bauen und Wohnen" erstellt. Ziel der Studie war es u. a., die durch die Bautätigkeit in der Bundesrepublik Deutschland im Jahr 1991 hervorgerufenen Stoff- und Energieströme für den Bereich des Hochbaus (einschließlich des Ausbaus) zu bestimmen (Ist-Erfassung), die in den Gebäuden insgesamt gespeicherten Stoffströme zu ermitteln und eine Prognose der Stoff- und Energieströme für die nächsten 25 Jahre zu erstellen. Der Tiefbau war nicht Gegenstand der Untersuchungen. Als methodischer Ansatz wurde eine Kombination aus Stoffstromanalyse[323]) (Top-Down-Ansatz) und Lebenszyklusanalyse[324]) (Bottom-Up-Ansatz) gewählt.

Mit dem Stoffstromansatz des ITAS wurden direkte und kumulierte[325]) Stoff- und Energieströme sowie Emissionen der Bauwirtschaft aus allgemein zugänglichen makroökonomischen Daten mit Hilfe der (jährlichen) Input-Output-Tabellen des Statistischen Bundesamtes sowie den Emissionskoeffizienten des Umweltbundesamtes (Emittentenstruktur) berechnet. Da Gebäude außerordentlich komplexe und langlebige „Produkte" darstellen, deren Nutzungszeit meist unbekannt ist, wurde zur Ermittlung eines Entwicklungsszenarios auf Lebenszyklusanalysen zurückgegriffen. Der Lebenszyklusansatz des ifib lieferte durch detaillierte Pro-

---

322) Vgl. Wuppertal-Institut (1997) 57; Es ist zu beachten, daß zunehmend die Verwendung von Sekundärbaustoffen und „leichten" Materialien (Dämmstoffe, Holz etc.) die Nachfrage nach Sanden und Kiesen beeinflußt.

323) Stoffstromanalysen konzentrieren sich auf ausgewählte Stoffströme (z. B. Stoffstromanalysen für eine Region, ein Bedürfnisfeld oder einen Stoff) während eines festgelegten Zeitraums (i. d. R. ein Jahr), meist begrenzt auf einen bestimmten Raum (z. B. Deutschland). Stoffstromanalysen ermöglichen Aussagen über Ressourcenverbräuche, Emissionen und Abfallaufkommen.

324) Lebenszyklusanalysen konzentrieren sich auf die zur Herstellung eines Produktes oder einer Dienstleistung (funktionelle Einheit) notwendigen Stoffströme, unabhängig von ihren räumlichen und zeitlichen Dimensionen und arbeiten im wesentlichen mit Prozeßkettenanalysen.

325) Stoffströme, Energieströme und damit verbundene Emissionen werden zum einen *direkt* durch Bautätigkeiten hervorgerufen. Zum anderen sind mit der Herstellung von Produkten und Vorprodukten, die für die Bautätigkeit verwendet werden, mit der Bereitstellung von Energie und Energieträgern sowie mit Dienstleistungen Stoffströme, Energieströme und Emissionen verbunden (allgemein als *indirekte* Größen bzw. als stoffliche, energetische oder auch als ökologische Rucksäcke bezeichnet). Die Summe aus direkten und indirekten Größen bilden die kumulierten Größen.

Tabelle 19

Vergleich zwischen Lebenszyklus- und Stoffstromansatz 1991

ausgewählte Ergebnisse

	Stoffstromansatz (Top-Down/ITAS)	Lebenszyklusansatz (Bottom-Up/ifib)
Materialinput	314 Mio. t	141 Mio. t
angegeben sind einzelne Ergebnisse; vergleichbare Mengen stehen – falls abweichend – in Klammern		
Sand und Kies	87,0 Mio. t (19,1 Mio. t)[a]	12,4 Mio. t (13,5 Mio. t)[a]
Ziegelerzeugnisse .	25,5 Mio. t (25,5 Mio. t)[a]	8,9 Mio. t (9,0 Mio. t)[a]
Kalksandstein	12,3 Mio. t (12,3 Mio. t)[a]	4,3 Mio. t (8,8 Mio. t)[a]
Beton, Mörtel, Betonerzeugnisse ..	202,6 Mio. t	94,9 Mio. t
Holz	10,9 Mio. t	8,0 Mio. t
Metalle	7,6 Mio. t	2,5 Mio. t
Kunststoffe	1,8 Mio. t	1,8 Mio. t
Glas	0,5 Mio. t	0,5 Mio. t
Primärenergie für die Herstellung der Baustoffe	976 PJ = *271 TWh*	–
Strom, Vorleistungen	194 PJ = *54 TWh*	nicht berücksichtigt
Güter	688 PJ = *191 TWh*	573 PJ = *159 TWh*
Dienstleistungen	94 PJ = *26 TWh*	nicht berücksichtigt
Materiallager	10,1 Mrd. t	–
Endenergie für die Gebäudenutzung ...	787 TWh/a	831 TWh/a
Materialoutput	32 Mio. t	69 Mio. t

Legende: a) Zusammenfassung der Stoffgruppen, die sich inhaltlich miteinander vergleichen lassen.

Quelle: Kohler, Paschen u. a. (1998) Kapitel 3.4.1

zeßkettenanalysen (Vorstufen-Energiebereitstellung, Baustoffherstellung, Bau- und Erneuerungsprozesse, Nutzungsprozesse, Entsorgungsprozesse) kumulierte Stoffstrom- und Energiebilanzen sowie Kosten für einzelne Gebäude. Da sich jedoch aus der Bilanz für ein Gebäude keine Trendaussage über die Entwicklung des Gebäudebestands ableiten läßt, wurde dieser Ansatz durch ein dynamisches Modell des deutschen Gebäudebestandes ergänzt. Das Bestandsmodell beruht auf der retrospektiven Analyse des Gebäudebestands und kann sowohl historische Veränderungen abbilden als auch voraussehbare und mögliche künftige Entwicklungen simulieren (Prognose).

Ein interessanter methodischer Aspekt der Studie liegt darin, daß eine Reihe von Berechnungen sowohl mit einem Stoffstrom- als auch mit einem Lebenszyklusansatz durchgeführt wurden; dies ermöglichte in gewissem Umfang eine vergleichende Bewertung dieser beiden Ansätze (siehe Tabelle 19) sowie die Anpassung des erstellten Gebäudemodells. Die aufgetretenen unterschiedlichen Ergebnisse konnten im Rahmen der Studie nur ansatzweise geklärt werden. Vornehmlich resultieren sie daraus, daß makroökonomisch gewonnene Daten mit Daten aus einem Modellansatz, der die Wirklichkeit nicht 100 %-ig abbilden kann, verglichen werden. Teilweise sind sie auch z. B. auf unterschiedliche Systemgrenzen, ganz wesentlich auf Lücken der statistischen Erfassung zurückzuführen. Beispielsweise war die Beschränkung auf den Hochbau mit erheblichen statistischen Zuordnungsproblemen verbunden, da die Input- und Output-Tabellen des Statistischen Bundesamtes Hoch- und Tiefbau gemeinsam ausweisen. Es läßt sich feststellen, daß vor allem bei Stoffklassen, bei denen die Systemgrenzen gut definiert waren, gute Übereinstimmungen erzielt werden konnten (z. B. Kunststoffe, Glas). Hingegen sind bei anderen Stoffklassen (z. B. Metalle, Ziegelerzeugnisse, Betonerzeugnisse) große Differenzen erkennbar. Die Resultate beider Ansätze unterscheiden sich hinsichtlich des Materialoutputs um mehr als den Faktor 2. Bemerkenswerter Weise liefert der Bottom-Up-Ansatz in diesem Fall die höheren Werte.[326]

Das Stofflager im Bestand

Für das Jahr 1991 ermittelte ITAS bzw. ifib allein für die alten Bundesländer ca. 314 Mio. t bzw. 141 Mio. t für den kumulierten Materialinput und ca. 32 Mio. t bzw. 69 Mio. t für den Materialoutput der Bauwirtschaft. Durch diese Differenz zwischen Materialinput und Materialoutput wächst die Materialmenge, welche in der Bundesrepublik Deutschland in Gebäuden gespeichert wird, Jahr um Jahr weiter an. Das Stofflager wird von ifib auf über 10 Mrd. t geschätzt (siehe Abbildung 20). Der Tiefbau ist darin nicht enthalten. Das Öko-Institut gibt für die gesamte Infrastruktur in Deutschland (Hoch- und Tiefbau) 1991 ein Gewicht von ca. 18 Mrd. t an.[327]

326) „Eine direkte Vergleichbarkeit der Resultate ist hier aufgrund unterschiedlicher Systemgrenzen nicht gegeben. (...) Bezüglich des Top-Down-Ansatzes wird von einer geschätzten Unsicherheit von 20 % für die ermittelten Abfallmengen ausgegangen (...) Die Bottom-Up-Ergebnisse dagegen weisen vermutlich – aufgrund des verwendeten Erneuerungsmodells – tendenziell etwas zu hohe Outputflüsse auf." Kohler, Paschen u. a. (1998) Kapitel 3.4.1.2

327) Vgl. Eberle, Grießhammer (1996) 44

Trends

Ifib untersuchte in der Studie „Stoffströme und Kosten im Bereich Bauen und Wohnen“ auch die Entwicklung der jährlichen Stoffströme bis 2020. Gemäß einer unteren Abschätzung (Bottom-Up-Ansatz) steigt die Menge der Baustoffströme – ohne Tiefbau – von gegenwärtig ca. 140 Mio. t bis zu einer Größenordnung von etwa 150 Mio. t jährlich im Jahr 2000. Nach der Jahrtausendwende stellt sich ein rückläufiger Trend ein, der sich bis zum Jahr 2020 noch stärker ausprägt. Bezogen auf die Stoffflüsse im Referenzjahr 1991 entspricht dies einem (progressiven) Rückgang um etwa 38 % bis zum Jahr 2020. Die Materialoutputmengen aus dem Hochbau steigen hingegen im betrachteten Zeitraum weiter kontinuierlich an, von gegenwärtig ca. 70 Mio. t jährlich bis zu über 90 Mio. t im Intervall 2010 bis 2020, was einem Zuwachs von ca. 35 % gegenüber 1991 entspricht (siehe Abbildung 20).

Das Bauabfallaufkommen in Deutschland wird sehr unterschiedlich geschätzt. Ursache sind unterschiedliche Definitionen und Abgrenzungen. Die Bundesregierung gibt folgende Zahlen an (s. Tabelle 20).

Die Verbände der Bauwirtschaft sind eine freiwillige Selbstverpflichtung gegenüber dem Bundesministerium für Umwelt, Naturschutz und Reaktorsicherheit eingegangen, die Recyclingquoten im Bereich Bauabfälle auf 50 % zu erhöhen. Die bautechnische Wiederverwertung von Massenabfällen ist eine abfallpolitische Forderung, die in abstrakter Form aus dem Kreislaufwirtschafts- und Abfallgesetz hervorgeht. Erfahrungen zeigen allerdings, daß mit Abfällen aus dem Baubereich Problemstoffe verschleppt werden können (siehe zum Baustoffkreislauf auch Abbildung 22 „Kreislaufschließung und Problemstoffe“, Seite 260).

Abbildung 20

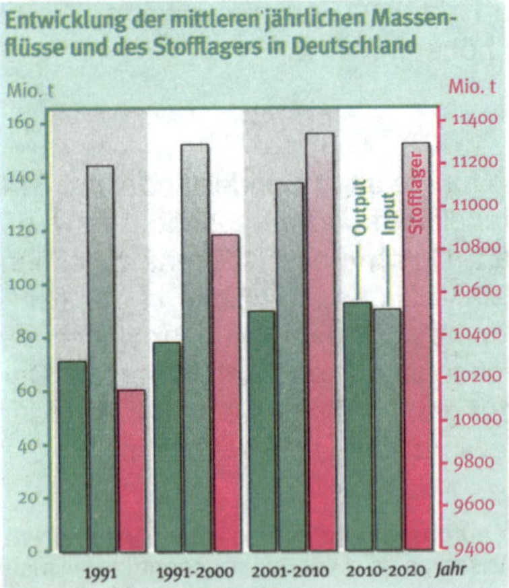

Bottom-Up-Ansatz von ifib
Quelle: Kohler, Paschen u. a. (1998) Kapitel 4.2

Die Entwicklung des Stofflagers im Baubestand zeigt eine Zunahme zu einem Maximum nach der Jahrtausendwende; von 10,1 Mrd. t (1991) auf rund 11,3 Mrd. t im Jahr 2010. Ab etwa 2020 ist dann die Tendenz geringfügig rückläufig (siehe Abbildung 20). Die Abnahme des Stofflagers trotz zunehmender Nutzfläche beruht u. a. auf der Tatsache, daß die neueren Gebäude im Verhältnis Gewicht zu Nutzfläche „leichter“ sind als die aus dem Bestand abgebrochenen.

Vergleich mit der Schweiz

Ein Vergleich des von ifib berechneten deutschen Gebäudebestands mit Abschätzungen aus der Schweiz bestätigt die ermittelten Größenordnungen (siehe Abbildung 21, S. 256). Die angegebenen Werte beziehen sich auf den Hochbau Anfang der 90er Jahre.

Tabelle 20

Bauabfallaufkommen der Bundesrepublik Deutschland nach Angaben der offiziellen Statistiken und sonstiger statistischer Erhebungen

	Statistisches Bundesamt 1990 (alte Länder)	Statistisches Bundesamt 1990 (BRD)	Kohler/BMU 1991 (alte Länder)	Schätzungen des Stat. Bundesamtes 1989 (alte Länder)	Kohler 1992 (BRD)
	– in Mio. t –				
Bodenaushub . .	99,2	103,4	167,9	167,9	215,0
Straßenaufbruch	10,2	11,1	21,4	20,4	26,0
Bauschutt	19,4	26,1	34,1	22,6	30,0
Baustellenabfälle	1,1	1,3	k. A.	10,0	14,0
Summe	129,9	141,9	k. A.	220,9	285,0

Quelle: Deutscher Bundestag (1997 b)

Problemstoffe

Problemstoffe im Baustoffkreislauf

In den vergangen drei Jahrzehnten hat sich die Verwendung von neuen Baumaterialien und Bauchemikalien bei der Herstellung von Gebäuden ausgeweitet während die klassischen Baustoffe weiter genutzt werden. Die Gründe hierfür liegen u. a. in neuen, rationellen Arbeitstechniken. Dennoch besteht ein Einfamilienhaus, das ca. 350 t wiegt, im wesentlichen aus klassischen Baustoffen. Es werden

190 t Stein, Kies, Sand,
100 t Ziegel,
29 t Zement,
20 t Stahl,
10 t Holz und nur
1,2 t Aluminium, Kupfer, Kunststoff und Glas verwendet.[328])

328) Vgl. Öko-Institut (1996) 54; Eberle, Grießhammer (1996) 53

Abbildung 21

Übersicht über Materiallager, Materialinput und Materialoutput des Hochbaubestand in Deutschland und in der Schweiz 1991

Materiallager im Hochbaubestand der Bundesrepublik Deutschland 1991

Input		Materiallager im deutschen Hochbaubestand		Output
140[b]–310[c] Mio. t/a	→	10 100[b] – ? Mio. t	→	30[c]–70[b] Mio. t/a
1,8[b]–3,9[c] t/(E*a)		126[b] – ? t/E		0,4[b]–0,9[c] t/(E*a)

Input, Output: Bottom-Up-Ansatz von ifib (b) und Top-Down-Ansatz von ITAS (c)
Materiallager: Bottom-Up-Ansatz von ifib

Materiallager im Hochbaubestand der Schweiz ca. 1991

Input		Materiallager im schweizer Hochbaubestand		Output
20–51 Mio. t/a	→	900– 1 200 Mio. t	→	4–16 Mio. t/a
2,9–7,3 t/(E*a)		129–173 t/E		0,6–2,3 t/(E*a)

Quelle: Kohler, Paschen u.a. (1998) Kapitel 3.1.1 und 3.4.1; INFRAS (1996) 30f und eigene Berechnungen

Hinzu kommen allerdings noch geringe Mengen an Dämmstoffen, Bauhilfsstoffen (wie Holzschutzmittel, Schalöle, Betonzusatzstoffe usw.), Beschichtungsstoffen, Klebstoffen usw. Gerade solche in kleineren Mengen eingesetzten Materialien können sich langfristig als Problemstoffe erweisen, zumal einige der in jüngerer Vergangenheit verwendeten Stoffe sich unter bestimmten Expositionsbedingungen als schädlich für den Menschen erwiesen haben. Als Problemstoffe sollen hier Materialien verstanden werden, die zwar nicht schädlich im Sinne des Arbeitsschutzes oder der Gesundheit der Bewohner sind, jedoch entweder

- bei der Herstellung bzw. Gewinnung der Baustoffe oder
- beim Einbau bzw.
- bei der Nutzung durch die Bewohner bzw.
- bei Sanierung, Abriß, Recycling bzw. Entsorgung

technische, ökologische oder medizinische Probleme bereiten.

Die in der Tabelle 21 aufgeführten Problemstoffe im Bauschutt sind jedoch nur eine Seite der Medaille: neben den genannten Stoffen können aus früheren Anwendungen z. B. unter Krebsverdacht stehende Mineralfasern beim Menschen krebserregende polycyclische Aromaten (PAK aus früher eingesetzten bitumenhaltigen Bodenklebern) und weitere persistente organische Stoffe (wie z. B. Polychlor-Dioxine und -Furane als Verunreinigungen früher verwendeter Holz- und Flammschutzmittel) im Staubanteil der Innenraumluft auftreten. Auch Ausgasungen leichter flüchtiger Stoffe sind möglich.

Die Abbildung „Kreislaufschließung und Problemstoffe" gibt einen Überblick und unterscheidet zwischen primären und sekundären Problemstoffen. Die primären Problemstoffe sind naturbedingt (geogen) und werden als Bestandteil der Rohstoffe in die Bauprodukte eingebracht. Sekundäre Problemstoffe werden durch industrielle Prozesse erzeugt und dadurch in den Baustoffkreislauf gebracht. Hierbei ist unter Zukunftsaspekten darauf zu achten, daß es beim Recycling zu keiner Anreicherung und damit einer Überschreitung der festgelegten Grenzwerte von z. B. problematischen Schwermetallen (z. B. für Cadmium 5 g/l im Eluat[329])) kommt.

Abbildung 22 zeigt schematisch, daß problematische Stoffe aus geogenen wie industriellen Quellen eingeschleust werden, wobei ein Aufkonzentrieren problematischer Stoffe durch Kreislaufführung nur durch kluges Stoffstrommanagement vermieden werden kann. Hierzu ist es notwendig, für die „Ventile" maximale Konzentrationen bzw. Frachten an Problemstoffen festzulegen.

Von der staatlichen Administration sind Grenzwerte für die Problemstoffe bei der Verwendung in Baustoffen festgelegt. Deshalb dürfen sich die Anforderungen an Recyclingprodukte bezüglich Gesundheit, Hygiene und Umwelt nicht von erstmalig verwendeten Bauprodukten unterscheiden. Das Baustoff-Recycling ist zu erweitern. Eine höhere und vor allem konzentrierte Zufuhr von PVC-Produkten in die Müllverbrennung sollte vermieden werden, da deren Beseitigung zwar technisch machbar, aber aufwendig ist. Für großvolumige PVC-Produkte sind die in den letzten Jahren geschaffenen Angebote für das werkstoffliche Recycling verstärkt zu nutzen.[330])

Sondervotum der Kommissionsmitglieder Prof. Dr. Jürgen Rochlitz, Prof. Dr. Arnim von Gleich, Dr. Joachim Borner

Eine besondere Stellung bei den Baustoffen nimmt das PVC ein; zu einem Problemstoff wird es einerseits erst im Brandfall andererseits beim Recycling von Altmaterialien.

Im Brandfall entstehen zusätzlich zu den üblichen Schadstoffen bei Kunststoffbränden Salzsäuregas (HCl) und polychlorierte Dibenzodioxine, -furane und andere mehrfach chlorierte kondensierte polycyclische Kohlenwasserstoffe.

---

[329]) Vgl. LAGA (1995)

[330]) Die Enquete-Kommission „Schutz des Menschen und der Umwelt" hat sich in der 12. Wahlperiode bereits mit PVC und mit den Problemen im Brandfall beschäftigt; Vgl. Enquete-Kommission „Schutz des Menschen und der Umwelt" (1994) 335 ff.

Tabelle 21

Problemstoffe im Bauschutt

Stoff	Bauschuttfraktion	gemessener Gesamtgehalt	Bemerkungen	Problemstoff		
				U	I	G
Arsen (in Form von Arsenoxid)	gemischter Bauschutt	5 mg/kg [a)]	Grenzwert festgelegt *(0,01 mg/l im Eluat)*	x		
Asbest	Asbestzement Asbeststäube Spritzasbest asbesthaltige Materialien		verboten Entsorgung gesetzlich geregelt	x	x	x
Cadmium (Cd-Salze)	gemischter Bauschutt	1 mg/kg [a)]	Grenzwert festgelegt *(5 g/l im Eluat)*	x		
Chlor (organisch gebunden)	gemischter Bauschutt	0,84 g/kg	Proben (10–500 kg) aus gemischtem Bauschutt einer Aufbereitungsanlage mit einem Durchsatz von 25 t/h (im wesentlichen nicht aussortierbares PVC)			
Chrom (Chromat)	Zement	15 ppm [b)]	Grenzwert festgelegt	x		x
Lindan	Altholz	–	verboten	x	x	

noch Problemstoffe im Bauschutt

Stoff	Bauschuttfraktion	gemessener Gesamtgehalt	Bemerkungen	Problemstoff		
				U	I	G
Polychlorierte Biphenyle (PCB)	Fugenmasse/ dauerelastische Dichtungsmasse	500 g/kg c)	Entsorgung gesetzlich geregelt	x	x	x
Pentachlorphenol (PCP)	Altholz Bautenschutz	–	verboten	x	x	

Legende: U: langfristig und potentiell umweltwirksame Problemstoffe
I: innenraumbelastende Problemstoffe
G: gefährliche Arbeitsstoffe

Quelle: verändert nach Kohler, Paschen u. a. (1998) Anhang
a): Brunner, Stämpfli (1993) 36; gemischter Bauschutt, 10–500 kg ,Durchsatz der Aufbereitungsanlage 25 t/h
b): Torghele (1995) 121
c): Linster, Schmidt (1996) 192

Insbesondere HCl kann in Kombination mit Kohlenmonoxid – im Gleichgewicht kann sich das toxischere aber auch weniger stabile Formylchlorid befinden – zu einer Verstärkung der Giftwirkung der Brandgase führen. Zumindest bedeutet die Gegenwart von HCl eine verstärkte Korrosion durch die Brandgase, aber auch mitunter eine höhere Rauchdichte (SRU (1998), Tz. 678).

Beim Recycling von Alt-PVC-Baustoffen können früher eingesetzte Additive mit Cadmium, Zinn- und Bleigehalten freigesetzt werden.

Für die wichtigsten PVC-Produkte im Baubereich liegen werkstoffliche Recyclingangebote der Industrie vor. Nach dem Umweltgutachten 98 (SRU (1998), Tz. 656) können damit 60 % der verarbeiteten PVC-Mengen verwertet werden. Diese Quote sollte gesteigert werden unter Flankierung durch eine Rücknahmeverpflichtung, aber auch durch verbesserte Sortenreinheit und durchgängige Kennzeichnung. Durch steigende Verwertungsquoten sollten gerade die aus dem Baubereich stammenden PVC-Teile dem werkstofflichen Recycling zugeführt werden.

Wie aus der Tabelle „Problemstoffe im Bauschutt“ (siehe Tabelle 21) ersichtlich wird, ist das Potential der Problemstoffe in den meisten Fällen bekannt und durch Grenzwerte oder Verbote in den letzten Jahren bereits in die richtige Richtung gelenkt worden. Bei der Entsorgung des Baubereichs wird sich allerdings noch über Jahre ein Anstieg des Sondermülls bemerkbar machen (siehe Abbildung 23).

Abbildung 22

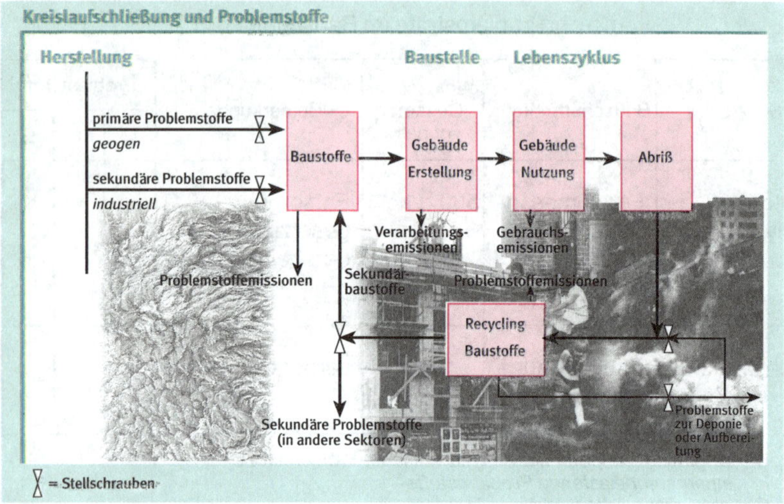

Quelle: verändert nach Kohler, Paschen u. a. (1996) Kapitel 3.3.2.1

Abbildung 23

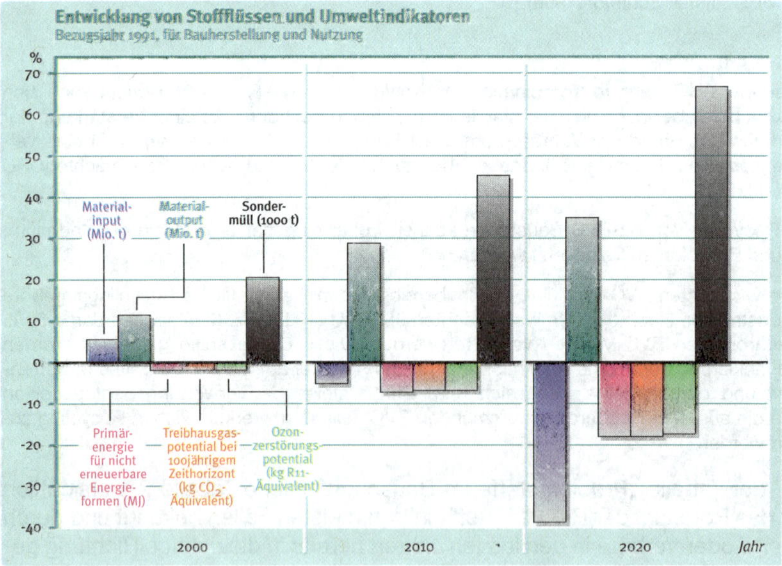

Quelle: Kohler, Paschen u. a. (1998) Kapitel 4.2

Rohstoffvorräte und deren Streckung

Rohstoffsicherung

Das Bundesamt für Bauwesen und Raumordnung (BBR) rechnet in Zukunft mit einer sinkenden Primärrohstoffnachfrage. Neben der erwarteten geringeren Pro-Kopf-Nachfrage gewinnt die Substitution primärer Baurohstoffe durch Bauschuttrecycling langfristig an Gewicht. Eine vollständige Substitution primärer durch sekundäre mineralische Baurohstoffe ist unwahrscheinlich (siehe Abbildung 24). Dennoch kann das Bauschuttrecycling eine weitere Entlastung der Deponien in beachtlicher Größenordnung bewirken und zur Verminderung raumordnerischer Konflikte des Rohstoffabbaus beitragen. Wenn man von regionalen Engpässen absieht, hält das BBR die Versorgung mit primären Baurohstoffen generell mittelfristig für gesichert. „Selbst unter zurückhaltenden Annahmen decken die gesicherten Vorräte in den untersuchten Planungsregionen die prognostizierte Nachfrage durchschnittlich 60 Jahre, regional jedoch teilweise nur zwischen sechs und zehn Jahren." [331]) Von seiten der Steine-Erden-Industrie vorgetragene Probleme der Rohstoffsicherung scheinen weniger in der quantitativen Ausweisung von Rohstoffsicherungsgebieten als vielmehr in betriebswirtschaftlichen Problemen und möglicherweise in den rechtlichen Genehmigungen vor Ort zu liegen.

Ökologische Auswirkungen von Abgrabungsflächen [332])

Insgesamt ist die Flächenbeanspruchung für den Abbau oberflächennaher Rohstoffe gering. Sie betrug 1993 188 000 ha bzw. 0,53 % der gesamten Bodenfläche Deutschlands. [333]) Die obertägige Gewinnung von Rohstoffen bedeutet außerordentlich schwerwiegende Eingriffe in das Landschaftsgefüge. Schon mit der Entfernung der Bodendeckschicht gehen Teilfunktionen des Umweltmediums Boden wie die Regelungsfunktion (z. B. Pufferung, Sorption, Filterung), die Wasserhaushaltsfunktion (z. B. Aufnahme von Niederschlagswasser), die Produktionsfunktion (z. B. für Lebensmittel) und nicht zuletzt die Lebensraumfunktion (z. B. Verdrängung bzw. Vernichtung der ursprünglich ansässigen Arten) verloren. [334]) Veränderte statische Verhältnisse in der Lagerstätte sind Ursache für Rutschungen oder Abbrüche. Fließ- und Austauschvorgänge in der Lagerstätte werden so unterbrochen. Die Absenkung des

---

331) Aus Ergebnissen einer bundesweiten und annähernd repräsentativen Auswertung von 36 Regionalplänen durch das BBR. „Gesichert" heißt in diesem Zusammenhang, daß die Vorräte in den Regionalplänen als Vorrang- oder Vorbehaltsgebiete ausgewiesen sind. Vgl. BBR (1998 a)

332) Vgl. Wittenbecher (1998)

333) In der statistischen Nutzungskategorie Abbauland sind unbebaute Flächen enthalten, die vorherrschend durch Abbau der Bodensubstanz (Kiese, Sande, Braunkohle, Torf, u. a.) genutzt werden. Darunter werden auch für den Abbau vorbereitete Flächen, zum Teil ausgebeutete Flächen und Sicherheitsstreifen summiert.

334) Vgl. Wohlrab u. a. (1995)

Abbildung 24

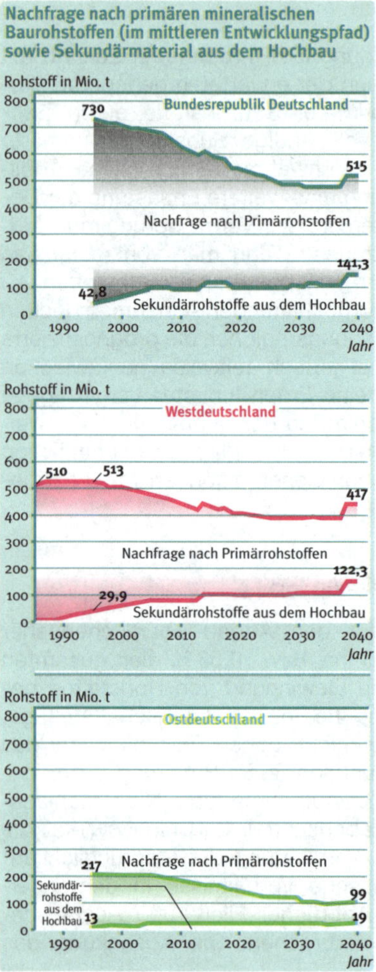

Quelle: BBR (1998c)

Grundwasserstandes beim Trockenabbau und die Freilegung des Grundwassers beim Naßabbau von Bodenschätzen können immense Eingriffe in das Grundwasserregime bedeuten. (Kleinere) Abgrabungen werden nach Erschöpfung der Vorkommen aufgegeben, um an anderer Stelle neue Flächen für die Rohstoffgewinnung zu erschließen. Dies führt neben der „Wanderung" der Abbauflächen dazu, daß über längere Zeiträume wesentlich mehr Flächen in Anspruch genommen werden, als aus der amtlichen Statistik ersichtlich ist.[335])

Die oben angesprochenen Auswirkungen auf die Umwelt und ihre Medien haben auch Einfluß auf die Lebensbedingungen des Menschen.[336]) Den beschriebenen Beeinträchtigungen stehen allerdings – anders als z. B. bei der Nutzung für Verkehrsflächen – eine i. d. R. begrenzte Nutzungsdauer und – zumindest für bestimmte Abbauvorhaben von begrenztem Umfang – die Möglichkeit der Rekultivierung gegenüber. Die ursprünglichen Qualitäten werden jedoch oftmals nicht erreicht. Auf den nicht mehr genutzten Abbauflächen können jedoch neue Lebensräume und Biozönosen von erheblichem ökologischem Wert entstehen.

Dennoch bleibt festzuhalten, daß immer noch ganze Berge abgetragen und Kiesvorkommen in Auenlandschaften großflächig ausgebaggert werden.

---

[335]) Vgl. BBR (1998a)

[336]) „Luftverunreinigungen, Lärm und Erschütterungen als Folge des Abbaubetriebs und z. B. verringerte Qualitäten des Grundwassers als Langzeitfolgen wirken beeinträchtigend auf die Lebensqualität. Auch die Überformung oder gar Zerstörung von Kulturlandschaft ist nicht nur aus landschaftsökologischer Sicht ein äußerst schwerwiegender Verlust, sondern ebenfalls für die Bewohner der betroffenen Regionen, die miterleben, wie sich die vertraute Lebensumgebung mit ihren materiellen und ideellen Identifikationsmerkmalen radikal verändert." Wittenbecher (1998) 10

Zusammenhang zwischen Flächeninanspruchnahme, Stoff- und Energieströmen

Der Energieverbrauch und die absolute Größe der Stoffströme für das Bedürfnisfeld Wohnen sind in erster Näherung abhängige Variable der Flächeninanspruchnahme. Der Zusammenhang zwischen der Inanspruchnahme von Flächen und den Stoffströmen für den Baubereich ist in Abbildung 25 qualitativ dargestellt: Jede zusätzliche Inanspruchnahme von Freiflächen ist mit zusätzlichen Baustoffströmen verknüpft, die ihrerseits einen weiteren temporären Flächenverbrauch zur Gewinnung und Deponierung mit sich bringen. Eine Entkoppelung zwischen beiden Verbrauchsgrößen würde erst dann erfolgen, wenn Bauinvestitionen überwiegend im Bestand oder auf bereits früher bebauten Flächen getätigt würden.

Abbildung 25

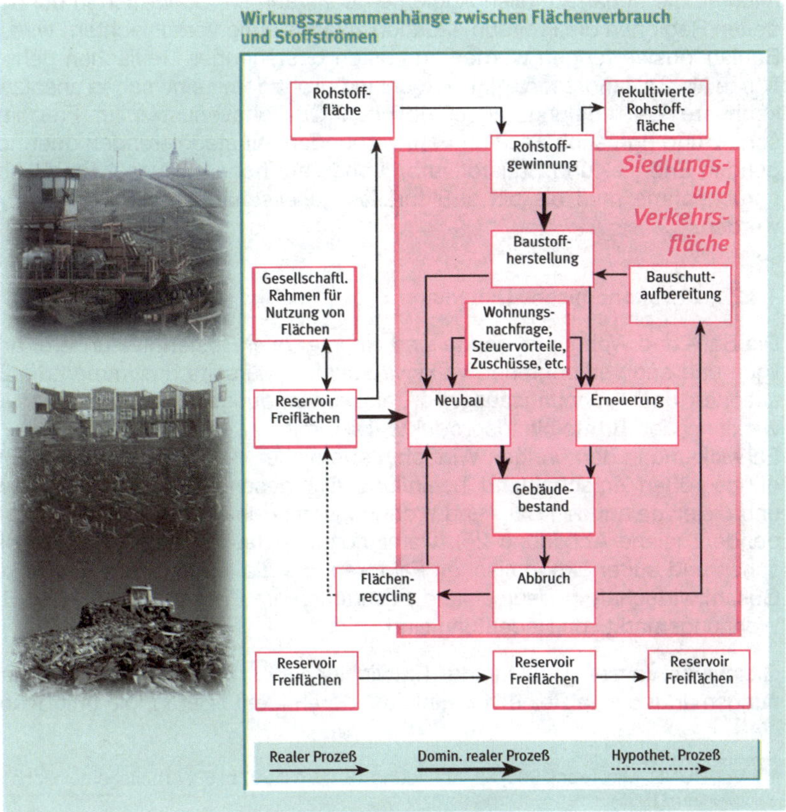

Während der Energieverbrauch der Industrie von der Entwicklung des Bruttoinlandsproduktes abgekoppelt werden konnte, gilt dies weder für die Mobilität noch für die Gebäudebeheizung. Vor allem dem Trend zu größeren Wohnflächen und freistehenden Häusern ist es zuzuschreiben, daß der Energieverbrauch im Sektor private Haushalte trotz besserer Heiz- und Dämmtechnik in den letzten 20 Jahren nicht zurückgegangen ist.[337])

Fazit

Die aktuelle Entwicklung ist vor allem durch eine intensive räumliche Ausdehnung der Siedlungsflächen in das nähere und weitere Umland der Agglomerationsräume gekennzeichnet. Die Ursachen für die Zunahme und Ausweitung der Siedlungsfläche sind vielfältig und rühren aus den Ansprüchen von Wohnungsbau, Gewerbeansiedlung und Verkehr. Insgesamt wird unter Status-quo-Annahmen die Flächeninanspruchnahme für Siedlungszwecke eine Größenordnung erreichen, die in nahezu allen Agglomerationsräumen, aber auch in dünner besiedelten Regionen die Freiraumsituation zwangsläufig verschlechtern wird. Weitere Baulandausweisungen werden zu Lasten bestehender Freiflächen gehen („Freifläche als Baulandreserve"). Deutschland droht damit eine schon ansatzweise erkennbare Zersiedelung mit erheblichen Qualitätsverlusten für Freizeit, Naturschutz und ggf. auch das Wohnen, verbunden mit stagnierenden oder noch steigenden Energie- und Baustoffverbräuchen auf hohem Niveau. Die Flächeninanspruchnahme muß als ein strukturelles gesellschaftliches Problem angesehen werden.

4.3.2.2 Die ökonomische Dimension

Die Bau- und Wohnungsmärkte sind ein integraler Bestandteil unserer arbeitsteiligen und eng verflochtenen Volkswirtschaft: Einerseits bestimmen die Bauinvestitionen und Wohnungsausgaben als verwendungsseitige Teilgrößen die Entwicklung des Bruttoinlandsprodukts (BIP) mit, andererseits werden sie von der Entwicklung in den übrigen Wirtschaftsbereichen bzw. bei den anderen Verwendungsgrößen entscheidend beeinflußt. Die gesamtwirtschaftliche Entwicklung und diejenige auf den Bau- und Wohnungsmärkten sind also hochgradig interdependent (siehe Abbildung 26). Demzufolge ist festzuhalten, daß alle ökonomischen und außer-ökonomischen Faktoren, die die längerfristige Entwicklung der Gesamtwirtschaft in Deutschland bestimmen, im Prinzip auch für den Bau- und Wohnungsmarkt von Bedeutung sind.

Gleichwohl lassen sich für die Entwicklung des inländischen Bau- und Wohnungsmarktes eine Reihe von Einflußfaktoren identifizieren, die (mit besonderem

[337]) Vgl. BUND, Misereor (1996) 82, Abbildung 78; UBA (1997 b) 53; Arbeitsgemeinschaft Energiebilanzen (1995)

Abbildung 26

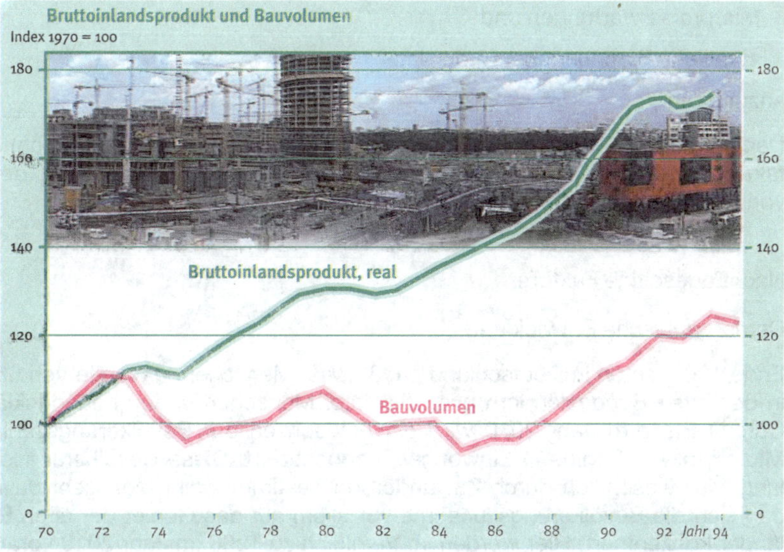

Quelle: ifo Institut für Wirtschaftsforschung

Gewicht) die Nachfrage nach und das Angebot an Bau- und Wohnungsleistungen bestimmen. Dazu zählen nachfrageseitig:

- demographische Einflüsse,
- Einkommensentwicklung,
- Ersparnisbildung,
- Finanzierungskosten,
- Vermögensbildung und Vermögensübertragungen,
- Mieten und sonstige Nutzungskosten,
- Baubedarf zur Substanzerhaltung,
- Baumaßnahmen der öffentlichen Hand,
- staatliche Bau- und Wohnungsmarktförderung,
- Miet- und Wohneigentumsrecht.

Angebotsseitig sind vor allem

- Baulandkosten,
- Bauleistungspreise,

- Renditen alternativer Kapitalanlagen,
- Mietpreiserwartungen und
- staatliche Wohnungsbauförderung

anzuführen.

Dabei ist anzumerken, daß zwischen den verschiedenen (Gruppen von) Einflußfaktoren vielfältige Querverbindungen und Wechselbeziehungen mit der Folge von Rückkoppelungseffekten bestehen. [338])

Nachfrageseitige Faktoren

Demographische Entwicklung

Ende 1996 lebten in Deutschland ca. 82 Mio. Menschen, davon lebten 66,3 Mio. in den alten Bundesländern und 15,5 Mio. Menschen in den neuen inkl. Berlin-Ost. [339]) Bis zum Jahr 2010 wird ein Anwachsen der Bevölkerungszahl auf 84 Mio. [340]) bzw. 86 Mio. [341]) Einwohner prognostiziert. Diese Bevölkerungsentwicklung wird wesentlich durch Zuwanderung bestimmt sein. Man geht davon aus, daß sich die Bevölkerungszunahme vor allem auf das Gebiet der alten Bundesländer konzentriert. Hier werden im Vergleich zu 1990 im Jahr 2010 voraussichtlich 5 Mio. mehr Einwohner leben, in den neuen Ländern dagegen 1,3 Mio. Menschen weniger.

Im Hinblick auf die zukünftige Altersstruktur zeigt sich deutlich ein langfristiger Trend zu einer weiteren Steigung des Durchschnittsalters der Bevölkerung. Ausgehend von den Anteilen im Jahre 1992 von 20,9 % der bis 19jährigen und 20,6 % für die über 59jährigen sowie von 58,5 % in den dazwischen liegenden Jahrgängen ergibt sich in der neueren Vorausberechnung des Statistischen Bundesamtes bis 2000 ein Rückgang auf rund 55 % als Anteilswert der Personen im Alter zwischen 20 und 59 Jahren. Obwohl nach der Prognose des Statistischen Bundesamtes der Anteil der jungen Bevölkerung bis 2000 noch leicht ansteigt, zeigt sich, daß bis 2010 mit einer deutlichen Abnahme des Anteils der Jungen auf 19,3 % und mit einer Zunahme des Anteils der Alten (60 und mehr Jahre) an der Bevölkerung auf über 25 % zu rechnen ist. Der Anteil der im erwerbsfähigen Alter stehenden Personen (20 bis 59 Jahre alt) stabilisiert sich bei etwa 55 %.

Die sich stark verändernde Altersstruktur der Bevölkerung hat auch Auswirkungen auf Anzahl und Durchschnittsgröße der Privathaushalte. Einerseits werden durch die sinkende Geburtenrate weniger Kinder in den Familien und infolge steigender Lebenserwartung eine zunehmende Zahl alter und älterer Menschen in

---

[338]) Vgl. Rußig (1997)
[339]) BMBau (1997c) 96 f.
[340]) Vgl. ifo Institut (1996 c) 74
[341]) Vgl. BfLR (1994) 4

Tabelle 22

Prognose der Wohnflächennachfrage pro Person in den neuen und alten Bundesländern – Eigentümer und Mieter

– in m² –

Haushalte mit	neue Bundesländer				
	1990	1995	2000	2005	2010
1 Person unter 50 Jahren	51,6	52,5	54,2	56,0	58,3
1 Person 50 Jahre u. älter	47,6	50,0	54,9	60,0	66,5
2 Personen	32,2	33,8	36,9	39,9	43,8
3 Personen	24,8	26,0	28,1	30,2	33,0
4 Personen	20,5	21,6	23,5	25,2	27,4
5 und mehr Personen	18,1	19,0	20,7	22,3	24,6
alle Haushalte	**28,3**	**29,9**	**33,0**	**36,1**	**39,4**
	alte Bundesländer				
1 Person unter 50 Jahren[a])	58,5	59,7	60,9	61,5	62,1
1 Person 50 Jahre u. älter[a])	68,5	71,5	74,5	77,5	80,5
2 Personen[a])	43,2	44,8	46,1	47,3	48,3
3 Personen[a])	33,8	34,9	35,6	36,3	36,8
4 Personen[a])	28,5	29,3	29,8	30,2	30,4
5 und mehr Personen[a])	24,4	25,5	26,5	27,2	27,9
alle Haushalte[a])	**38,3**	**39,8**	**40,9**	**42,0**	**43,1**
alle Haushalte effektiv[b])	**37,8**	**38,9**	**40,0**	**41,1**	**42,3**

Legende:
a) originärer Trend ohne Zuwanderungsstruktureffekt
b) unter Berücksichtigung des Zuwanderungsstruktureffekts
Quelle: BfLR 1996a

selbständig geführten Haushalten leben. Zum anderen ist anzunehmen, daß die bereits seit den fünfziger und sechziger Jahren beobachtbaren gesellschaftlichen Trends weiter anhalten und sich zum Teil verstärken werden. Darunter fallen unter anderem die hohen Scheidungsraten, die zunehmende Erwerbstätigkeit von Frauen, die weiterhin hohe Zahl von in der Ausbildung befindlichen Personen (Schüler, Auszubildende, Studenten) und die steigende Zahl von alleinerziehenden Elternteilen. Dementsprechend kommen Kleinhaushalte in den verschiedensten Altersklassen und in ganz unterschiedlichen Einkommenskategorien und Sozialschichten hinzu.

Die angesprochenen Änderungen in der Alters- und Haushaltsstruktur werden sich signifikant auf Niveau und Art der Wohnflächennachfrage auswirken (siehe Tabelle 22):

- Die Erhöhung des Anteils kleiner Haushalte wird die Nachfrage nach kleinen Wohnungen und Appartements überproportional steigen lassen.
- Die Verkleinerung der durchschnittlichen Haushaltsgröße führt zu einem schnelleren Wachstum der Haushaltszahl als der Bevölkerung und damit zu einer erhöhten Nachfrage nach Wohnungen, aber auch nach bestimmten Infrastruktureinrichtungen.
- Das steigende Durchschnittsalter der Bevölkerung kann zu einem Nachlassen der Neubautätigkeit führen.

Einkommensentwicklung

Ein guter Indikator für die (Wohn-)Kaufkraft ist das verfügbare Einkommen. Mit steigendem Einkommen steigt nämlich der Wohnflächenverbrauch.[342]) Die bessere Wohnraumversorgung zählt zu den Nachfragebereichen, in denen die Bereitschaft zu höheren Ausgaben besonders ausgeprägt ist. Der Zusammenhang zwischen Einkommen und Flächeninanspruchnahme läßt sich vereinfacht darstellen. Im Jahr 1993 bewohnten in den alten Ländern Haushalte mit einem Nettoeinkommen von unter 800 DM im Schnitt Wohnungen mit einer Fläche von 59 m^2, Haushalte mit einem Einkommen von 7 550 DM und mehr dagegen 135 m^2. Eine Aufbereitung der Gebäude- und Wohnungsstichprobe des Jahres 1993, die die Wohnfläche nach Einkommen und Haushaltsgröße ausweist und eine entsprechende Analyse zuläßt, existiert derzeit nicht. Dennoch ist für die alten Bundesländer von einem relativ eindeutigen Zusammenhang auszugehen. Für die neuen Bundesländer hat sich bislang bei den Hauptmieterhaushalten nur ein ausgesprochen geringer Zusammenhang zwischen Haushaltseinkommen und Wohnfläche herausgebildet. Hierbei schlägt sich die Belegungspolitik der DDR und das von 1990 bis 1995 gültige Belegungsrechtsgesetz nieder, das für rund 80 % des Mietwohnungsbestandes nur eine an der Haushaltsgröße orientierte Belegung

---

[342]) Vgl. KDrs. 13/2 c (1996) 9, Halstenberg

der Mietwohnungen zuließ.[343]) Gegenwärtig wird bei kräftig weiter steigenden Bevölkerungs- und Haushaltszahlen mit deutlich langsamer wachsenden Pro-Kopf-Einkommen bzw. Haushaltseinkommen gerechnet. Außerdem ist zu berücksichtigen, daß mit hohen oder sogar steigenden Belastungen aus der Sozialversicherung und möglicherweise auch mit zusätzlichen Abgaben zur Schließung von Budgetlücken und zum Abbau der Verschuldung gerechnet werden muß, wodurch das verfügbare Einkommen weiter sinken könnte bzw. sein (Wieder-) Anstieg gebremst wird.

Auch ist von einer steigenden Ungleichheit in der Einkommensverteilung auszugehen. Einerseits könnten durch das langsamere Wachstum in den unteren Einkommensschichten die (Wohnungs-)Bauinvestitionen der sogenannten Schwellenhaushalte, die mit ihrem Einkommen knapp unterhalb der Möglichkeit zum Immobilienerwerb liegen, gedämpft werden. Andererseits könnte eine stärkere Zunahme der oberen Einkommen auch gerade die Gruppe der Bauwilligen am stärksten begünstigen – mit entsprechenden Wirkungen auf die Bautätigkeit.

Ersparnisbildung

Die künftige private Vermögensbildung im Immobilienbereich hängt von der Fähigkeit und Bereitschaft der Bevölkerung zum Sparen ab. In der Rezession von 1993 sank die Sparquote um einen Prozentpunkt auf 12,9 % ab. Dies ist typisch für Zeiten sinkender Einkommen, da ein einmal erreichter Konsumstandard möglichst lange gehalten werden soll. Das schwache Wachstum der Einkommen nach 1993 ließ die Sparquote seither auf 12,4 % sinken. Der Effekt einer infolge hoher und/oder steigender Arbeitslosigkeit tendenziell zunehmenden Sparneigung wurde damit überkompensiert.

Es sind jedoch auch strukturelle Veränderungen des Sparverhaltens zu beobachten: Die ältere Generation verfügt vermehrt über Grund- oder Immobilienbesitz als (zusätzliche) Altersversorgung. Das Sparverhalten der jüngeren Generation ist bei weitem nicht so ausgeprägt. Setzt sich diese Entwicklung durch, könnte dies zu einer Abschwächung der baurelevanten Vermögenszunahme aus Ersparnissen führen. Hinzu kommt, daß der Immobilienerwerb nicht (mehr) das wichtigste Sparziel ist (siehe Abbildung 27). Auf deutlich mehr Nennungen kamen 1996 die Sparziele Reisen und Rücklagen.

Finanzierungskosten

Die derzeit im langjährigen Vergleich nominal noch sehr niedrigen Hypothekenzinsen sollten über die Senkung der Fremdkapitalzinsen eine (partiell) positive Wirkung auf die Bautätigkeit haben, sofern die Zinserwartungen nicht auf eine weitere Senkung gerichtet sind. In diesem Fall könnte sich eine abwartende Haltung bei der Investitionstätigkeit ergeben.

---

[343]) Vgl. KDrs. 13/2f. (1996) 15, Veser

Abbildung 27

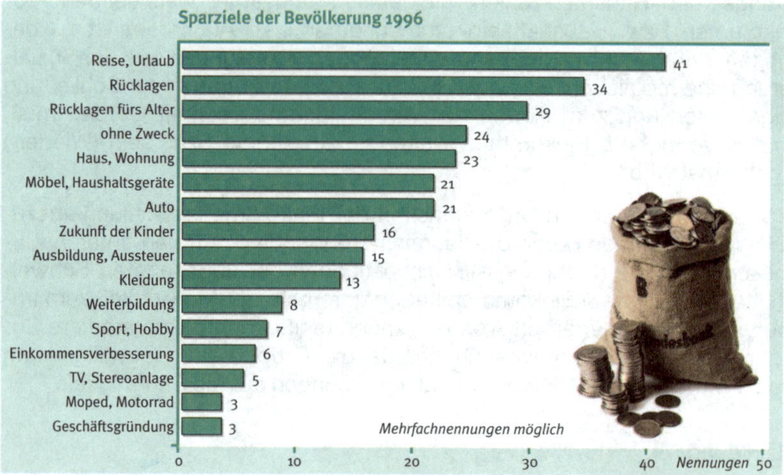

Vermögensbildung und -übertragungen

Von wachsender Bedeutung für den Bausektor, speziell für den Wohnungsbau, sind die steigenden Vermögen und Vermögensübertragungen, insbesondere im Zuge von Erbfällen und Schenkungen. Das DIW schätzt das Gesamtvermögen aller privaten Haushalte für 1993 auf rund 9,9 Bill. DM. [344]) Davon entfallen etwa 5,4 Bill. DM auf Immobilien, rund 3,2 Bill. DM auf Geldvermögen und ca. 1,4 Bill. DM auf Betriebsvermögen.

Schätzungsweise werden jährlich 170 bis 200 Mrd. DM an Immobilienvermögen und 100 bis 120 Mrd. DM an Geld- und Betriebsvermögen vererbt. [345]) Allein bis zum Jahr 2000 sollen rund 1,25 Mio. Immobilien vererbt werden, womit die Erbschaften aus dem Zeitraum 1980 bis 1989 um 25 % übertroffen würden. [346])

Erbschaften und Schenkungen führen weniger zu einem Ausgleich als zu einer Verstärkung der ungleichen Kaufkraftverteilung unter den deutschen Haushalten. Sie verstärken damit zusätzlich die ohnehin größere Bau- bzw. Wohnkaufkraft der Bezieher höherer Einkommen. Die Übertragung von Sach- (speziell Immobilien-) und Geldvermögen erfolgt nämlich i. d. R. eher an die Bezieher höherer Einkommen, [347]) die allerdings häufig bereits selbstnutzende Wohnungseigentümer sind.

---

344) Vgl. Bach, Bartholomai (1996)
345) Vgl. Bach, Bartholomai (1996)
346) Schätzungen der Deutschen Bank Bauspar AG
347) Vgl. Lux (1993)

Abbildung 28

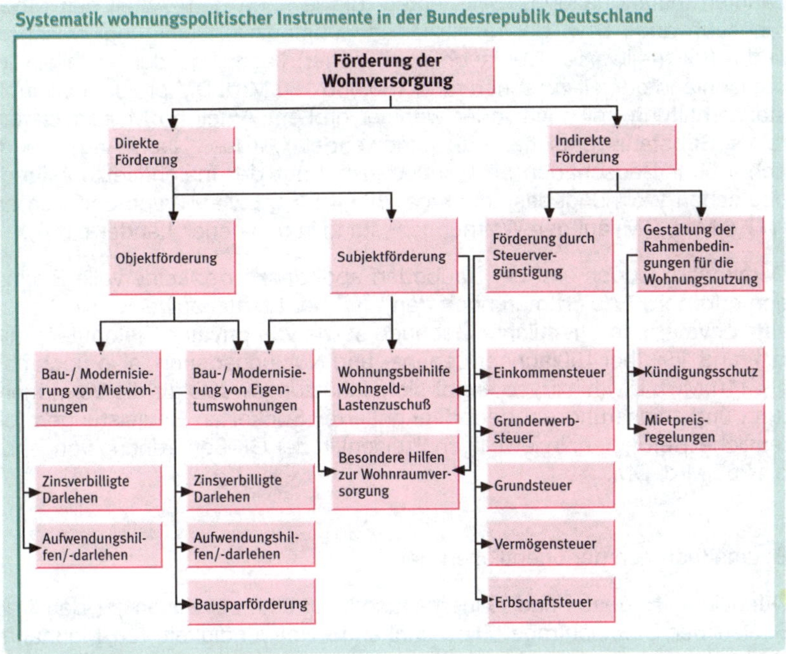

Quelle: nach GEWOS

Mieten und sonstige Nutzungskosten

Die Kosten für Wohnen werden immer einen erheblichen Teil des Haushaltseinkommens ausmachen und damit die Nachfrage nach Wohnraum maßgeblich beeinflussen. Generell nimmt die Mietbelastungsquote mit höherem Einkommen überproportional ab. Die Abnahme ist um so stärker, je kleiner der Haushalt ist.

Nach Berechnungen des ifs Städtebauinstituts haben die privaten Haushalte für die monatliche Miete (einschließlich der entsprechenden Nebenkosten) 1997 in Westdeutschland im Durchschnitt 750 DM und in Ostdeutschland durchschnittlich 430 DM aufwenden müssen. Detaillierte Angaben sind dem Kapitel „Kosten für Wohnen“, Kapitel 4.3.2.3 (Seite 281) zu entnehmen.

Baubedarf zur Substanzerhaltung

Eine wesentliche Komponente der Baunachfrage stellt die Substanzerhaltung bzw. der Modernisierungsbedarf dar. Das derzeit vorhandene, zu Wiederbeschaffungspreisen bewertete Bruttobauvermögen (ohne öffentliche Tiefbauten) beträgt mehr als 11 Bill. DM. Berücksichtigt man hierfür die in der Literatur häufiger genannten Instandhaltungskoeffizienten, die je nach dem Anteil des Modernisierungsaufwands bzw. der qualifizierten Substanzwertsicherung zwischen 1,2 % und 1,6 % (teilweise aber auch noch höher) liegen, so dürften allein in Westdeutschland derzeit zwischen rund 130 und 180 Mrd. DM pro Jahr allein zur Substanzerhaltung (mit mehr oder weniger großem Anteil an Modernisierung bzw. reiner Substanzwertsicherung) aufgewendet werden. Nach Angaben des Berichts über Bauschäden an Gebäuden beträgt der Instandsetzungsbedarf des deutschen Wohnungsbestandes ca. 163,4 Mrd. DM. Hiervon entfallen ca. 70 % (117,6 Mrd. DM) auf den Wohnungsbestand in den neuen Ländern.[348])

Damit wäre jedoch erst der Baubedarf abgedeckt, der keine volle Ersatzinvestition erfordert. Addiert man noch den Wert der Ersatzbauwerke (Neubau zum Ersatz privater und öffentlicher Gebäude sowie von privaten Tiefbauten) mit weiteren rund 1 % (bei 100jähriger Lebens- und Nutzungsdauer), also nochmals mehr als 110 Mrd. DM hinzu, so ergibt sich schätzungsweise für die Vermögenserhaltung und -sicherung ein bedarfsorientierter Sockel an Bauleistungen (ohne öffentliche Tiefbauten; in jeweiligen Preisen) in der Größenordnung von jährlich 240 bis 290 Mrd. DM.

Baumaßnahmen der öffentlichen Hand

Öffentliche Neubau- und Bauerhaltungsmaßnahmen zählen zu den tragenden Säulen der Baunachfrage. Die anhaltende Notwendigkeit von Maßnahmen zur Budgetkonsolidierung erfordert – speziell unter dem Druck der „Maastricht-Kriterien" – auch in Zukunft eine strenge Ausgabendisziplin auf allen staatlichen Ebenen. Zwar engt dies zusammen mit der Starrheit vieler Ausgabenblöcke (z. B. Personal- und Pensionsausgaben sowie Soziallasten) den Spielraum für öffentliche Baumaßnahmen sowie für Subventionen zugunsten des sozialen Wohnungsbaus und der Wohnungsnutzung deutlich ein. Auch bestehen durch die nach wie vor angestrebte Senkung der Abgabenbelastung der Wirtschaft und der Einkommensbezieher sowie durch die anhaltend hohen Transferzahlungen an die neuen Bundesländer weiterhin deutliche Restriktionen für investive Ausgaben. Der mittlerweile vielfach hohe (Nachhol-)Bedarf aufgrund der langjährigen Reduktion öffentlicher Baumaßnahmen auf ein „Minimum" dürfte jedoch längerfristig wieder zu einer etwas stärkeren Bauaktivität der Gebietskörperschaften führen.

Die schlechte Finanzlage der Kommunen hat bereits zu einer erheblichen Vernachlässigung der Infrastruktur geführt. Vorhandene Mittel müssen oft zur Instandhaltung bestehender Bauwerke eingesetzt werden, wodurch für Neubauten noch weniger Mittel verbleiben. Insgesamt wird sich der sinkende Anteil von staatlichen Bauinvestitionen am BIP auch künftig nicht erholen. Eine gewisse Be-

[348]) Vgl. BMBau (1996 a); Nicht enthalten sind in diesen Angaben die Baubestände der Gebietskörperschaften sowie der Bestand an Baudenkmälern.

grenzung nach unten besteht jedoch durch nicht weiter aufschiebbare Instandhaltungsmaßnahmen.

Der gestiegene Investitionsbedarf für öffentliche Neubau- und Bauerhaltungsmaßnahmen übersteigt derzeit und in Zukunft eindeutig die Finanzkraft der öffentlichen Haushalte. Daher wird schon seit geraumer Zeit über alternative, d. h. private oder privat-öffentlich-gemischte Finanzierungsformen nachgedacht (z. B. Leasing-, Betreiber- und Konzessionsmodelle). Wenngleich die langfristigen Auswirkungen auf die Kapitalmärkte sowie auf das Niveau und die Struktur der Bautätigkeit kaum abgeschätzt werden können, so könnte zumindest der Aspekt einer Verstetigung der (bisherigen) staatlichen Nachfrage für die Bauwirtschaft von Bedeutung sein.

Staatliche Bau- und Wohnungsmarktförderung

Der Staat fördert den Neubau direkt und indirekt und trägt damit zum ständigen Zuwachs der Wohnfläche bei, indem er bei Investoren wie Konsumenten das Wohnen gegenüber anderen Formen wirtschaftlicher Aktivität durch zahlreiche Steuervergünstigungen und Subventionen begünstigt (siehe Abbildung 28 auf Seite 271).

Eine Übersicht über die wichtigsten wohnungsbaupolitischen Maßnahmen im Zeitraum von 1987 bis 1998 gibt die Abbildung 29 auf Seite 274.

Die wichtigsten Direktsubventionen sind:

- Förderung des sozialen Wohnungsbaus,
- Eigentumsförderung nebst Baukindergeld,
- Wohngeld,
- Bausparprämie,
- Zinsverbilligung und Direktförderung für die Bestandsmodernisierung,
- Übernahme von Wohnkosten durch Sozialhilfeträger,
- Städtebau- und Sanierungsförderung,
- Übernahme von Altschulden ostdeutscher Wohnungsunternehmen.

Die wichtigsten Steuervergünstigungen sind:

- Vorgezogene Abschreibungen,
- Verrechnungsmöglichkeit von wohnungswirtschaftlichen Verlusten mit privaten Einkünften,
- Freibeträge für Schenkungs- und Erbschaftsteuern,
- Steuerfreiheit von Veräußerungsgewinnen im privaten Bereich nach Ablauf der Spekulationsfrist.

Abbildung 29

Wichtige wohnungsbaupolitische Maßnahmen 1987 bis 1998 (bezogen auf das Jahr des Inkrafttretens)

1987

- Abschaffung der Nutzungswertbesteuerung selbstgenutzten Wohnraums.
- Verbesserung der steuerlichen Förderung durch Anhebung der Höchstgrenzen (neuer § 10 e EStG).
- Ausdehnung des Baukindergeldes auf das erste Kind.

1989

- Sonderprogramm Wohnungsversorgung für Aussiedler.
- „Vereinbarte Förderung" als 3. Förderungsweg im sozialen Wohnungsbau.
- Erweiterte steuerliche Abschreibungsbedingungen im Mietwohnungsbau.
- Erhöhte Abschreibung bei der Schaffung zusätzlichen Wohnraums im vorhandenen Gebäudebestand bei Errichtung vor dem 1. Januar 1993.
- Gewährung umfangreicher Abschreibungen für neuerbaute Mietwohnungen mit Sozial- und Mietpreisbindung bei Fertigstellung vor dem 1. Januar 1993; 1991 bis einschließlich Veranlagungszeitraum 1995 verlängert.

1990

- Verbesserung des Wohngeldes durch Einführung einer 6. Wohngeldstufe in Regionen mit besonders hohem Mietniveau.
- Erhöhung des Verpflichtungsrahmens für den sozialen Wohnungsbau und Verstetigung bis 1993.
- Bauspar-Zwischenfinanzierungsprogramm.
- Sonderprogramm zur Förderung des Studentenwohnungsbaus.

1991

- Anhebung des höchstzulässigen Abzugsbetrags bei selbstgenutzten Wohnungen sowie degressive Ausgestaltung des § 10 e EStG.
- Erhöhung des Baukindergeldes in zwei Schritten auf 1 000 DM pro Kind.
- Dreijähriger Schuldzinsenabzug für eigengenutzte Wohnungen bei Herstellung bis zum 31. Dezember 1994.

1992

- Verwaltungsvereinbarung zwischen Bund und Ländern über die Förderung des sozialen Wohnungsbaus: 1992 4 Mrd. DM in den alten Bundesländern zuzüglich 700 Mio. DM für Ballungsgebiete.
- Wegfall der Steuervergünstigung für selbstgenutztes Wohneigentum ab einem Gesamtbetrag der Einkünfte von 120 000/240 000 DM.

1994

- Förderung für Anschaffung selbstgenutzter Altbauten begrenzt.

noch Abbildung 29

Wichtige wohnungsbaupolitische Maßnahmen 1987 bis 1998
(bezogen auf das Jahr des Inkrafttretens)

1996 • Einschränkung der degressiven Abschreibung im Mietwohnungsbau. • Ersatz der bisherigen Grundförderung gemäß § 10 e EStG durch eine einkommensunabhängige Bauzulage über einen Förderzeitraum von acht Jahren. • Nochmalige Erhöhung des Baukindergeldes. • Anhebung der Einkommensgrenzen bei der Bausparförderung bei gleichzeitiger Abschaffung des Sonderausgabenabzugs für Bausparbeiträge.	**1997** • Aussetzung der Vermögensteuer zum 1. Januar 1997. Dafür Erhöhung der Grunderwerb- und Erbschaftsteuer. • Vorläufiges Scheitern der „großen" Steuerreform. **1998** • Neues Baugesetzbuch (BauGB): Einheitliches und vereinfachtes Planungsrecht für ganz Deutschland.

Quelle: Deutsche Bundesbank, Ergänzungen durch das ifo Institut.

Der faktische Umfang insbesondere der Steuervergünstigungen, die wohnungswirtschaftliche Investitionen gegenüber Investitionen in anderen Wirtschaftssektoren genießen, ist nicht feststellbar. Nach Schätzungen der „Expertenkommission Wohnungspolitik" liegt die staatliche Förderung des Wohnungsbaus bei einem Volumen von 30 bis 40 Mrd. jährlich. [349]) Durch die Förderung werden direkt oder indirekt die Präferenzen von Konsumenten zugunsten des Wohnens verschoben – Wohnen wird billiger, als es ohne Staatshilfe wäre.

Miet- und Wohneigentumsrecht

Zur Inanspruchnahme immer größerer Wohnflächen tragen auch Miet- und Wohnungseigentumsrecht sowie steuerliche Bestimmungen bei:

Mietsteigerungsgrenzen und Kündigungsschutz führen dazu, daß die Bestandsmieten fast zu jeder Zeit und auf jedem Teilmarkt deutlich niedriger sind als die Mieten für neu vermietete Wohnungen. Das begünstigt die in der Wohnung ausharrenden Mieter, erschwert aber auf der anderen Seite auch Umzüge in kleinere Wohnungen, selbst wenn dies sonst von Mietern gewünscht würde.

---

[349]) Vgl. Deutscher Bundestag (1994b) 64 f.; einzelne Quellen gehen von höheren Werten aus z. B. KDrs. 13/2 a (1996) Stimpel

Die von der Dauer des Mietverhältnisses abhängige Kündigungsfrist schützt die Mieter vor plötzlichem Wohnungsverlust. Kündigungsfristen von bis zu einem Jahr können andererseits dem Mieter einen beabsichtigten Wohnungswechsel erschweren, wenn der Vermieter auf Einhaltung der vollen Kündigungsfrist besteht.

Einfluß auf die Bereitschaft zum Wohnungswechsel hat auch der Umstand, daß bei der Neuvermietung von Wohnungen Mieten verlangt werden dürfen, die die ortsüblichen Vergleichsmieten um bis zu 20 % übersteigen. Wohnungswechsel führt deshalb bei gleichwertigem Wohnraum häufig zu einer Erhöhung der Wohnkosten.

Auch Untersuchungen aus dem Ausland zeigen, daß die Miethöhe in langdauernden Mietverhältnissen niedriger liegt als bei Neuvermietungen. Offenbar neigen die Vermieter bei bewährten Mietern dazu, die Marktmiete nicht voll auszuschöpfen, während dies bei der Neuvermietung als Risikozuschlag und zur Vermeidung von Konflikten bei künftigen Mieterhöhungen erfolgt.

Die Transaktionskosten von Wohnungsverkäufen (Grunderwerbsteuer, Notar, Gebühren) erschweren den Eigentümerwechsel von Selbstnutzern auch aus Wohnungen und Häusern, die ihnen selbst eigentlich zu groß sind.

Angebotsseitige Faktoren

Neben den Bestimmungsfaktoren für die Nachfrage spielen Angebotsfaktoren, insbesondere Preisvariable, wie z. B. die Kosten für Bauland und Bauleistungen, die Finanzierungskosten bzw. die Höhe der Hypothekenzinsen sowie die Mieteinnahmen, eine zentrale Rolle. Von Bedeutung sind auch die Erwartungen der Investoren und Nutzer bezüglich zukünftiger Entwicklungen. Nicht nur die Einzelpreise, sondern auch die verschiedenartigsten Preisverhältnisse beeinflussen das Verhalten der Akteure auf der Angebots- und Nachfrageseite der Märkte für Bauleistungen und Bauwerksnutzungen.

Baulandkosten

Die Baulandpreise sind ein wegen ihrer überproportionalen Steigerung immer gewichtiger gewordener Kostenfaktor für das Bauen. Insbesondere in Ballungsgebieten machen sie einen erheblichen Anteil am Gesamtpreis der Bauwerke, speziell der Wohngebäude, aus. In einem Ein- und Zweifamilienhaus liegt der Anteil der Grundstückskosten an den Neubaukosten bzw. Erwerbskosten einer Wohnung in den Baulandhochpreisräumen heute schon bei gut 30 % und in einigen Kernstädten schon bei 50 % und mehr. [350]) Dies kann zur Folge haben, daß selbst überdurchschnittlich verdienende Familien mit ihren Bauwünschen in das preiswertere Umland verdrängt werden. Höhere Grundstückspreise tangieren nicht

[350]) Vgl. BMBau (1993 a) 23

nur den Wohnungsneubau sondern auch den Wohnungsbestand. Sie beeinflussen für Selbstnutzer die Kosten des Gebrauchtwohnungserwerbs und für Mieter die Mietkosten.

Das Angebot an Bauland ist bei der Frage des Marktausgleichs ein gravierendes Problem, das nicht nur marktwirtschaftlich lösbar ist, da die Ausweisung von Bauland eine planungsrechtliche Entscheidung des Staates ist.

Als Knappheitsindikatoren tragen Baulandpreise nach der Theorie dazu bei, daß auf jedes Grundstück die jeweils „lukrativste", d. h. aber auch: die gesamtwirtschaftlich produktivste Nutzung gelenkt wird mit der Folge, daß sich beispielsweise in den Stadtkernen reine Geschäftsviertel und an der Peripherie ausgedehnte Eigenheimsiedlungen herausbilden. Bekanntlich resultieren hieraus gravierende Konflikte mit dem Ziel der Nutzungskonservierung (z. B. Erhalt von Wohnen und Kleingewerbe in Innenstädten).

Auf der anderen Seite hat dies positive Effekte: Aus der Sicht von (potentiellen) Investoren im Wohnungsneubau, aber auch sonstiger Bauherren, könnte eine Reaktion zur Vermeidung der höheren Grundstückskosten in der Verkleinerung der Flächen, also in einer Erhöhung der Nutzungsintensität auf einem vorgegebenen Gesamtareal bestehen, sofern dies von der Lage der Grundstücke (Zugang, Anschlüsse an Verkehrsnetze, Wasser- und Abwasserversorgung usw.) sowie aus rechtlichen Gründen möglich ist (und sich nicht sofort in neuerdings erhöhten Grundstückspreisen niederschlägt).

Ein Blick auf die prozentuale jährliche Änderung der Kaufwerte für Bauland zeigt in den Jahren nach 1988 eine gegenüber früheren Boomphasen auffallende Änderung: Schlug sich damals die hohe Nachfrage nach (Wohnungs-) Bauleistungen in entsprechend hohen Preissteigerungsraten für Bauland nieder, so blieb die prozentuale Veränderung in den neunziger Jahren ziemlich moderat; der Einbruch der Wohnungsbaunachfrage nach 1995 führte 1996 im Bundesdurchschnitt sogar fast zu einer Stagnation der Preise für baureifes Land.

Eine mögliche Erklärung für diese überraschende Entwicklung ist, daß angesichts des hohen Anteils der Baulandkosten an den gesamten Baukosten kein Spielraum mehr nach oben bestand. Andere Gründe könnten sein, daß durch die hohe Baulandnachfrage auch weniger attraktives und damit preisgünstigeres Land einbezogen wurde und daß sich die räumliche Verteilung der erfaßten Kauffälle verändert hat, wodurch der Preisauftrieb eine Dämpfung erhielt.

In den für Bevölkerung und Arbeitsplätze attraktiven (westdeutschen) Ballungszentren ist jedoch, ungeachtet konjunktureller Rückschläge, aufgrund des äußerst knappen Angebots an Boden bzw. Grundstücken und der geringen Neuausweisung von Bauland gerade in den Umlandgemeinden auch weiterhin mit hohen Preisen und Teuerungsraten für Grundstücke zu rechnen.

Bauleistungspreise

Neben den Preisen für Bauland sind die Bauleistungspreise für einzelne Gewerke bzw. komplette Bauwerke sowie die durchschnittlichen veranschlagten Baukosten pro Bauwerk weitere wichtige angebotsseitige Einflußfaktoren der Bautätigkeit. Oft wird bezweifelt, daß die vorhandene Altbausubstanz kostengünstig auf den Qualitätsstandard von Neubauten gebracht werden kann, oder daß Mietwohnungsbestände rentabel modernisiert werden können. So wird z. B. darauf hingewiesen, daß in den neuen Bundesländern Sanierungen oft sehr teuer sind, teurer als ein Neubau. Diese Argumentation ist allerdings in mehrfacher Hinsicht zu differenzieren. So hängen die Kosten natürlich sehr stark vom baulichen Zustand bzw. vom – besonders in Ostdeutschland hohen – Schädigungsgrad der Substanz und dem Gebäudetyp ab. Bei normalem Verschleiß müssen im Mittel zwischen 1 000 und 2 000 DM pro m^2 investiert werden, nur bei schwerer Schädigung (z. B. durch Schwamm bzw. im Deckenbereich) muß mit höheren Sanierungskosten gerechnet werden (siehe Tabelle 23). Selbst wenn für ein schwerstgeschädigtes Haus in der Innenstadt Gesamtkosten von etwa 3 000 DM pro m^2 aufzuwenden sind, ist zu bedenken, daß bei vergleichbaren Eigentumswohnungen zwar günstigere Neubaupreise angestrebt werden, zum Teil werden hier aber auch bis 4 500 DM pro m^2 verlangt. Bei einem Kostenvergleich zwischen dem Umbau in der Innenstadt und einem Neubau auf der grünen Weise sind aus Sicht des Nutzers zudem die (oft unberücksichtigten) Kosten des zweiten Autos bzw.

Tabelle 23

Durchschnittliche Baukosten ohne Baunebenkosten inkl. MWSt (Preisstand 1993)

Geschoßwohnungsbau ohne Tiefgarage

Neubau	DM/m^2	Altbausanierung	DM/m^2
2geschossig	1 750–2 250	Fachwerk (schlecht)	3 800–5 800
3/4geschossig	1 700–2 150	Fachwerk (mittel)	2 400–3 700
5/6geschossig	1 850–2 300	Fachwerk (gut)	2 000–2 600
		Gründerzeit (städtisch)	1 300–1 800
		Bauten 1920–1940	1 000–1 600
		Bauten 1950–1960	1 200–1 600
		Umnutzung (z. B. Fabrik in Wohnung)	2 000–2 800

Quelle: Schmitz u.a. (1994); Berechnungen: Lützkendorf, Hochschule für Architektur und Bauwesen, Weimar

des erhöhten Transportaufwands mit einzukalkulieren – besonders bei Familien. Zunehmende Zahlen von „Heimkehrern" aus dem Umland in ostdeutsche Innenstädte belegen, daß ein umfassender Kostenvergleich offenbar nicht immer zum Nachteil des Altbaus ausfallen muß.

Renditen alternativer Kapitalanlagen

Eine Zinsänderung beeinflußt die Höhe der Bautätigkeit einerseits durch die Änderung der Finanzierungskosten, andererseits durch den Einfluß auf die Renditen von Alternativanlagen (sog. Opportunitätskosten). In beiden Fällen sind unterschiedliche Zinsarten involviert, jedoch entwickeln sich die verschiedenen Zinsen i. d. R. gleichgerichtet. Die reale Rendite ist als Maß für die Opportunitätskosten beim Bau von Immobilien dem nominalen Zinssatz überlegen, da Immobilien nicht von Inflationen tangiert werden. Die reale Rendite ist im laufenden Jahr so niedrig wie (mit Ausnahme des Jahres 1992) seit den siebziger Jahren nicht mehr.

Mietpreiserwartungen

Nach einer Untersuchung des Münchner Instituts für Markt-, Regional- und Wirtschaftsforschung, die sich auf 50 westdeutsche Großstädte bezieht, sanken 1995 die Mieten und Preise für Wohnimmobilien erstmals seit etwa zehn Jahren; bei Gewerbeimmobilien war schon 1994 ein (wesentlich stärkerer) Rückgang zu beobachten (siehe Abbildung 30). Faßt man Wohn- und Gewerbeimmobilien zusammen, so ergab sich ein Rückgang um 2 %, der höchste seit 20 Jahren, während der durchschnittliche Anstieg im Zeitraum 1975 bis 1995 rund 4,6 % p. a. betrug.

Bei den Wohnungsmieten (nur Neu- oder Erstvermietungen) betrug der Rückgang 1995 nach Angaben des Rings Deutscher Makler (RDM) rund 5 %, nachdem schon 1994 nur noch sehr geringe Zuwächse von nur 0,4 % erreicht worden waren. Besonders betroffen waren die Mieten in den teureren Metropolen wie Berlin, München und Stuttgart. Am stärksten war der Rückgang bei Neubaumieten. Dem Mietrückgang folgte ein Preiseinbruch für Wohnimmobilien ab dem zweiten Quartal 1995.

Bei den Büromieten gab es nach RDM-Angaben, verursacht von der Rezession 1993 und der Errichtung großer Überkapazitäten im vorangegangenen Bauboom, 1995 bei Neuabschlüssen bereits im vierten Jahr einen Mietenrückgang. Während dieser Zeit sind die Leerstände sogar noch angestiegen, so daß erst bei einem starken Konjunkturaufschwung (aber zeitverzögert) wieder mit einem Anstieg zu rechnen ist.

Die derzeitigen Miet- und Preisrückgänge bei Wohn- und Gewerbeimmobilien dürften sich für die (Neu-) Bautätigkeit negativ auswirken, falls die Investoren nicht eine baldige Umkehr dieser Entwicklung erwarten.

Abbildung 30

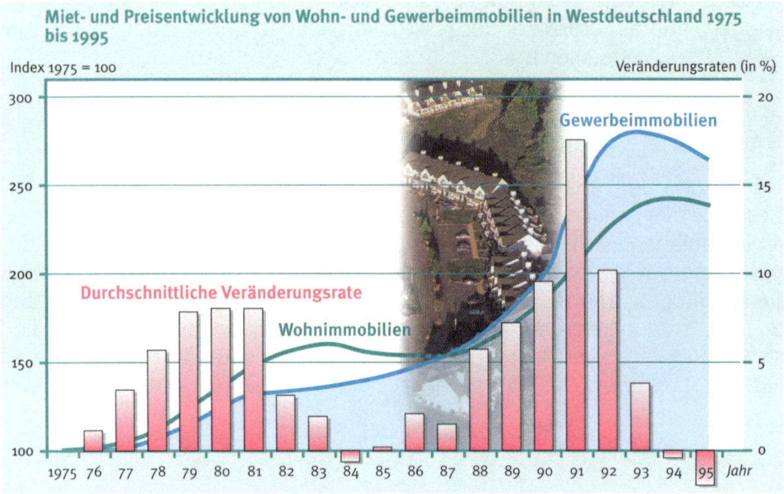

Quelle: Münchner Institut Bulwien und Partner (1996); nach: GuG 2/1996

Staatliche Wohnungsbauförderung

In der Wirkung, nicht mit Absicht, begünstigte das bisher geltende Steuerrecht den Steuerminderung suchenden Kapitalanleger gegenüber dem selbstnutzenden Wohneigentümer. Der Mietpreis einer Wohnung in Deutschland spricht in vielen Fällen nicht die „ökonomische Wahrheit“. Anders ausgedrückt: Mieter tragen in vielen Fällen nicht die gesamten Kosten der Herstellung und Nutzung ihrer Wohnungen. Sie werden durch unterschiedliche Vorgehensweisen begünstigt.

Im sogenannten sozialen Wohnungsbau wurden Wohnungen als „Objekt“ gefördert, die durch Zuschüsse zu den Bau- oder Finanzierungskosten die Mieten ermäßigten. Den Nutzern dieser Objekte blieb es also erspart, die vollen Kosten ihrer Wohnungen zu tragen. So gebaute Sozialwohnungen unterlagen einem Belegungsrecht der öffentlichen Hände und durften nur an Mieter mit Einkommen unterhalb bestimmter Grenzen vergeben werden. Wenn die allerdings einen Einkommensanstieg erlebten, wurden sie zu „Fehlbelegern“, und als solche später zusätzlich zur Kasse gebeten (siehe Kapitel 4.3.2.3, Seite 281).

Da auf diese Weise nicht genug Wohnraum für die Hilfebedürftigen entstand, entwickelte man ein zweites Instrument: das Wohngeld. Es sollte den „Subjekten“, den Mietern helfen, die „Marktmieten“ zu zahlen, und zwar auch in Wohnungen, die keine „Objektförderung“ erhalten hatten.

Daneben wurde für das Herstellen selbstgenutzten Wohneigentums, sei es im Eigenheim, sei es in einer Geschoßwohnung, eine Steuerbegünstigung entwickelt und mehrfach geändert (§ 7b, später 10e Einkommensteuergesetz, jetzt Förderung nach dem Eigenheimzulagengesetz).

Außerdem entwickelte sich in der Praxis ein Zusammenwirken steuerlicher Regelungen, die im „frei finanzierten" Wohnungsbau Vermögensbildung zugunsten der Vermieter und auch indirekt Mietermäßigungen zugunsten der Nutzer herbeiführten. Auch in dieser Form wurde den Nutzern der Wohnungen die Bezahlung der wirklichen Kosten erspart, weil der Vermieter einen Teil der von ihm völlig legal gesenkten Steuerlast an den Mieter weitergab. (Die steuerlichen Regelungen, auf die es dabei ankam, betrafen die Abschreibungen, die Verrechnung von Verlusten aus Vermietung und Verpachtung mit anderen Einkommen, die Steuerfreiheit von Spekulationsgewinnen nach Wertsteigerungen und Ablauf von Mindestfristen.)

Als Ergebnis lassen sich zwei Entwicklungen feststellen:

1. Die „Objektförderung" wurde zurückgedrängt und weitgehend durch eine „Subjektförderung" ersetzt.
2. Zunächst wuchsen die Wirkungen der „indirekten" Steuerbegünstigungen an und die Verfahren „direkter" Förderung gingen zurück.

Diese zweite Entwicklung wurde in letzter Zeit gebrochen, vor allem auch deswegen, weil die einst fast zur Gewohnheit gewordenen Wertzuwächse bei Eigentumswohnungen nicht mehr eintreten und darum Veräußerungsgewinne nicht mehr als Kompensation zuvor hingenommener Verluste bei den Mieteinnahmen funktionieren.

Außerdem wurde zunehmend erkannt, daß die direkte Förderung der hilfsbedürftigen Personen zielgenauer ist.

4.3.2.3 Die soziale Dimension

Wohnen ist ein wesentlicher Teil des Lebens. Es gehört wie Ernährung oder Kleidung zu den Grundbedürfnissen der Menschen. Wohnen ist mehr als „ein Dach über dem Kopf" zu haben: Wohnen heißt auch, räumlich geborgen zu sein.

Die Versorgung der Bevölkerung mit ausreichendem und angemessenem Wohnraum ist ein wichtiges soziales Ziel. Wohnungen und deren Umfeld müssen sich im Zeitablauf an veränderte gesellschaftliche Rahmenbedingungen anpassen, um dem ständigen Wandel gesellschaftlicher Strukturen Rechnung zu tragen. Gleichzeitig muß sich der Wohnungsbestand veränderten individuellen Bedürfnissen und Gebrauchsgewohnheiten anpassen.

Wohnung und Wohnort sollen dem einzelnen das Gefühl von Sicherheit und das Gefühl, „gesund zu wohnen" vermitteln. Gesundes Wohnen ist von der Wohnung selbst, den darin verwendeten Baustoffen, dem eigenen Wohnverhalten und Lebensstil und dem von der Bauweise stark geprägten Mikroklima abhängig, darüber hinaus von der Lage der Wohnung.

Menschen wünschen sich Wohnungen mit einem hohen Gebrauchswert. Mit zunehmender wirtschaftlicher Prosperität konnten immer mehr Menschen in Deutschland Wohnraum bewohnen, der von der Größe, der Ausstattung und dem Wohnumfeld her ihren persönlichen Wünschen und Ansprüchen genügte. Je nach Lebenssituation werden unterschiedliche Wohnformen bevorzugt.

Der Wohnungsbau wird von vielen Faktoren beeinflußt, zu denen neben der wirtschaftlichen Prosperität die Einkommensverteilung, demographische und gesellschaftliche Veränderungen sowie der rechtliche und ökonomische Rahmen zählen. Wohnungs-, Siedlungs- und Raumordnungspolitik von Bund, Ländern und Gemeinden haben in der Vergangenheit den Wohnungsbau beeinflußt und damit die Siedlungsstruktur geprägt. Seit dem Beginn des Wiederaufbaus wurde die Eigentumsbildung, auch in Form eines Einfamilienhauses, stark gefördert. Die Wohneigentumsförderung hat in Deutschland gemeinsam mit anderen Hilfen zum Bauen und Wohnen auch dazu beigetragen, daß in den alten Bundesländern die Wohnfläche von im Durchschnitt 22 m^2 (1965) auf 36,8 m^2 (1995) pro Person zunahm. Die Standards in den Wohnungen sind von den Bodenbelägen über die Wärmedämmung bis hin zu den sanitären Einrichtungen gestiegen.

Die soziale Entwicklung in Deutschland ist derzeit durch eine zunehmende Arbeitslosigkeit und eine stärkere Ungleichheit der Einkommen und Vermögen der privaten Haushalte gekennzeichnet. Die Wohnorte einkommenschwächerer Personengruppen konzentrieren sich häufig auf preisgünstige, oft sanierungsbedürftige Altbauten in Innenstädten, auf Wohnsiedlungen des Sozialen Wohnungsbaus und ehemalige Arbeiterquartiere. Bestehende Tendenzen zur Bildung von Ghettos ärmerer Bevölkerungsgruppen führen zu sozialen Problemen, die sich mit der Zuwanderung von Bevölkerungsgruppen anderer Kulturen noch verschärfen können.

Soziale Einflußfaktoren auf die Nachfrage

Veränderungen der gesellschaftlichen Entwicklungen, wie die zunehmende Individualisierung mit dem Anspruch auf Selbstverwirklichung, die Veränderung der Familienstrukturen einschließlich der gestiegenen Scheidungsraten, der Trend zu Zweitwohnungen aufgrund einer Verbesserung der Einkommensverhältnisse und die Einkommensverteilung sowie die vom Arbeitsmarkt erwartete höhere Mobilität, bringen neue Haushaltsformen hervor: Singles, Alleinerziehende, getrennt lebende Paare.

Einkommens- und Vermögensverhältnisse

Die Nachfrage nach Wohnfläche wird durch die Einkommens- und Vermögensverhältnisse der Haushalte bestimmt. Auf diesen Zusammenhang wurde bereits in Kapitel 4.3.2.2 hingewiesen (siehe Seite 264 ff.).

Sozio-demographische Faktoren

Die Veränderung der Altersstruktur der Bevölkerung hat ebenfalls Einfluß auf die Haushaltstypen. Der Anteil der Bevölkerung im Alter ab 60 Jahren wird bis 2020 um 38 % zunehmen, d. h. von 16,6 Mio. (1993) auf 22,9 Mio. steigen.[351]) Ältere Menschen bleiben – zumal wenn es sich um Eigentum handelt – nach dem Wegzug der Kinder oder dem Tod des Partners mangels entsprechender Angebote häufig in ihrer alten Wohnung. Obwohl sie ihre Wohnung subjektiv als zu groß empfinden, scheuen ältere Menschen einen Umzug, u. a. auch weil sie die vertraute Wohnumgebung nicht verlassen wollen. 40 % aller Einpersonenhaushalte in der Altersgruppe über 55 Jahre, die in einer Wohnung zwischen 76 und 90 m^2 leben, beurteilen ihre Wohnung als „zu groß". Bei 91 bis 125 m^2 Wohnfläche sind dies in der gleichen Altersgruppe 60 %.[352]) Nicht der aktuelle, sondern der frühere Familienstand spiegelt sich dann in der jeweiligen Wohnraumsituation wider.

Den Anteil der Einpersonenhaushalte im Jahr 1993 zeigt die folgende Tabelle.

Tabelle 24

Einpersonenhaushalte nach Altersgruppen 1993

Alter	Hauptmieter	Eigentümer
	– in % –	
alte Bundesländer		
unter 65 Jahre	4,5	34,0
65 Jahre und älter	7,8	38,7
insgesamt	5,9	36,6
neue Bundesländer		
unter 65 Jahre	2,6	33,4
65 Jahre und älter	3,3	31,8
insgesamt	2,9	32,5
Bundesrepublik Deutschland		
unter 65 Jahre	4,5	34,0
65 Jahre und älter	6,8	37,9
insgesamt	**5,4**	**36,1**

Quelle: BMBau (1997 a)

[351]) Vgl. KDrs 13/2 (1996) 5, Veser
[352]) Vgl. Schader-Stiftung (1996 b)

Ein bedeutender Trend ist die absolut und relativ zunehmende Zahl von Personen in Deutschland, die mehrere Wohnsitze angemeldet haben. Dabei handelt es sich häufig um Studenten, die ihren ersten Wohnsitz im Elternhaus behalten. Zugenommen hat aber in den letzten Jahren die Zahl derer, die aus Gründen beruflicher Mobilität Zweitwohnungen unterhalten müssen. Gleichzeitig ist im Zuge zunehmenden Wohlstandes bestimmter Bevölkerungsgruppen die Nachfrage nach Freizeit- bzw. Ferienwohnungen in touristisch reizvollen Regionen weiter gestiegen. Zweitwohnsitze werden statistisch nicht erfaßt. Die Volkszählung 1987 ergab, daß 3,7 % der Bevölkerung in Deutschland einschließlich Berlin (West) über weiteren Wohnraum in Nebenwohnungen verfügten.[353])

Die Nachfrage nach großzügig dimensionierten Wohnungen steigt weiter an. In manchen Großstädten sind bereits über die Hälfte aller Wohnungen von Alleinlebenden belegt.[354])

Viele Familien wünschen in Einfamilienhäusern im Grünen zu wohnen. Singlehaushalte und kinderlose Paare bevorzugen eher Etagenwohnungen nahe den Zentren der Innenstädte. Im Vergleich zu den USA, Kanada, Großbritannien, Italien oder auch Belgien gehört Deutschland zu den Ländern mit einer niedrigen Wohneigentumsquote (siehe Tabelle 25).

Die Expertenkommission Wohnungspolitik sieht die Ursachen für die relativ geringe Eigentumsquote vor allem in den im internationalen Vergleich ungewöhnlich hohen Grundstückspreisen, aber auch im hohen Bauaufwand und in der extensiven Flächennutzung.

Die Bildung von Wohneigentum wird voraussichtlich weiter zunehmen. Die geburtenstarken Jahrgänge wollen als junge Familien mit Kindern verstärkt Wohneigentum erwerben. Insbesondere aber auch die Bürger der neuen Länder planen ab der Jahrtausendwende verstärkt den Erwerb von Wohneigentum. Nach dem Jahr 2000 wird hier eine hinlängliche Ansparphase zur Bildung von Eigenkapital abgeschlossen sein. Die Eigentümerquote im Westen steigt voraussichtlich auf 45 %, im Osten auf 34 %. Zur Zeit bewohnen Eigentümer bis zu 20 m^2 mehr Fläche pro Kopf als Mieter. Ob dies mit der Zunahme der Eigentümerquote anhält, ist offen.[355]) Detaillierte Untersuchungen zur Entwicklung der Bevölkerung, der Haushalte, der Einkommen, der Wohnflächen, der Wohnraumversorgung und des Wohnbaulandes finden sich im Zwischenbericht der Enquete-Kommission.[356])

---

[353]) Vgl. Tuchscherer (1992) 198

[354]) Vgl. Gilges, Schaefer (1993), 48; nach einer von Oktober 1991 bis Januar 1992 in Nürnberg durchgeführten Erhebung mit 1 018 Befragten in drei baulich und sozial unterschiedlich strukturierten Stadtvierteln wurden die Wohnstandards und -präferenzen nach Haushaltstyp und ökonomischem Potential erfaßt.

[355]) Vgl. Enquete-Kommission „Schutz des Menschen und der Umwelt“ (1997)

[356]) Vgl. Enquete-Kommission „Schutz des Menschen und der Umwelt“ (1997)

Tabelle 25

Wohneigentumsquoten in den alten und neuen Bundesländern im europäischen Vergleich

Wohneigentumsquoten	
Länder	1993 in %
Irland	81
Spanien	78
Griechenland	77
Luxemburg	68
Portugal	68
Großbritannien	67
Belgien	65
Frankreich	54
Dänemark	52
Niederlande	48
Schweiz	31
Neue Bundesländer	**26,4**
Alte Bundesländer	**41,7**
Deutschland insgesamt	**38,8**

Kosten für „Wohnen“

Für Wohnzwecke wurde seit jeher ein erheblicher Teil des Familieneinkommens verwendet. Es ist davon auszugehen, daß sich daran auch in Zukunft wenig ändern wird. Die Mietbelastungsquote (Bruttokaltmiete[357]) in % des Haushaltsnettoeinkommens) der Hauptmieterhaushalte in Westdeutschland seit 1988 zeigt Abbildung 31.

[357]) Die Bruttokaltmiete umfaßt die Miete für das Objekt sowie die umlagefähigen Nebenkosten der Wohnung, wie z. B. Grundsteuer, Abwassergebühren, Straßenreinigung, Müllabfuhr usw. mit Ausnahme der Heizkosten.

Bei einer differenzierten Betrachtung der Bruttokaltmiete für 1996 nach der Haushaltsgröße ergab sich für die alten Länder folgendes Bild der Mietbelastung:

Tabelle 26

Mietbelastungsquote in Westdeutschland nach Haushaltsgröße

– in % –

Ein-Personen-Haushalt	28,2
Zwei-Personen-Haushalte	22,7
Drei-Personen-Haushalte	23,6
Vier-Personen-Haushalte	21,4
Fünf- und Mehr -Personen-Haushalte	23,8

Quelle: Sozio-ökonomisches Panel (SOEP) 1996 des DIW

Eine gleichartige Verteilung der Mietbelastung zeigt sich auch in den neuen Bundesländern, wobei durchschnittlich ein geringerer Anteil des Einkommens für die Wohnkosten aufgewendet wird. So lag die durchschnittliche Mietbelastungsquote Ende 1996 bei 19,3 % (nach Wohngeld). Überdurchschnittlich hoch belastet waren die Einpersonenhaushalte mit 26 %.[358])

Abbildung 31

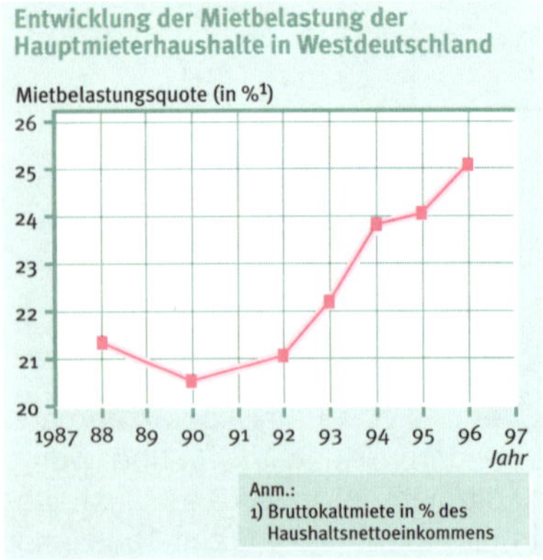

Quelle: Sozio-ökonomisches Panel (SOEP) 1996 des DIW

Die Bruttokaltmieten pro m² Wohnfläche haben in Ostdeutschland 1996 81,6 % des Niveaus der alten Länder erreicht (1995 ca. 70 %). Ursache für diese Entwicklung sind neben den gesetzlich fixierten Mieterhöhungsmöglichkeiten die immer noch notwendigen Modernisierungen des Wohnungsbestandes. Um einen den alten Ländern angepaßten Standard bei der Wohnungsausstattung zu erreichen und um den Zustand der Miethäuser zu verbessern, werden Modernisierungsumlagen erforderlich, die das Mietenniveau in Teilmärkten überdurchschnittlich anwachsen lassen. Damit wird auch die Entwicklung der Durchschnittsmieten entsprechend beeinflußt. Bei anteilig gut 35 % der Hauptmieterhaushalte in den neuen Län-

[358]) Vgl. Gerlach (1998) 20

dern, die eine durchschnittliche Modernisierungsumlage von 2,11 DM/m^2 Wohnfläche pro Monat entrichten, sind die Bruttokaltmieten mit durchschnittlich 9,03 DM/m^2 Wohnfläche gut 9 % höher als der Gesamtdurchschnitt mit 8,27 DM/m^2 Wohnfläche.[359)]

Die Bruttokaltmiete und die warmen Betriebskosten (Heiz- und Warmwasserkosten) bilden die gesamten Wohnkosten (Bruttowarmmiete). Die durchschnittliche Bruttowarmmiete betrug 1996 10,52 DM/m^2 Wohnfläche pro Monat. Absolut erreichte die durchschnittliche Warmmiete eine Höhe von 648 DM pro Monat und Mieterhaushalt.

Eine gegenüber den alten Ländern durchschnittlich geringere Wohnflächeninanspruchnahme der Mieterhaushalte in Ostdeutschland wie auch eine durchschnittlich schlechtere Ausstattung der Wohnungen hat neben niedrigeren Quadratmetermieten auch absolut niedrigere Wohnkosten der ostdeutschen Mieterhaushalte zur Folge, wie folgende Tabelle für 1996 im Vergleich zu Westdeutschland zeigt.[360)]

Die entsprechenden Belastungen für selbstgenutzes Wohneigentum dürften zumindest bei jenen Haushalten, die noch finanzielle Aufwendungen für Zinsen und Tilgung von Hypotheken und Bauspardarlehen zu leisten haben, höher liegen. Im weiteren wird die Belastung dieser Haushalte durch eine durchschnittlich höhere Wohnflächeninanspruchnahme beeinflußt. So hatten 1993 Eigentümerwohnungen durchschnittlich 111,1 m^2 Wohnfläche, Mietwohnungen dagegen nur 68,1 m^2.[361)]

Die Heizenergiekosten richten sich nach dem Verbrauch der Bewohner der einzelnen Haushalte. Energieverbrauch und Energiekosten streuen erheblich; einige Gebäude verbrauchen sogar doppelt soviel Energie wie der Durchschnitt. Der Energieverbrauch eines Gebäudes hängt in erster Linie vom Zustand der Heizanlage und des Wärmeschutzes des Gebäudes sowie vom individuellen Lüftungs- und Heizverhalten ab. Die durchschnittlichen warmen Betriebskosten sind im Zusammenhang mit den Heizungsmodernisierungen, verbunden mit den nunmehr verbindlichen Meßeinrichtungen zum Verbrauch deutlich gesunken: so z. B. im älteren Wohnungsbestand Ostdeutschlands 1995 gegenüber 1994 von 2,18 DM/m^2 Wohnfläche pro Monat um 10,9 % auf 2,00 DM/m^2 Wohnfläche pro Monat.[362)]

Die Stadt Düsseldorf hat einen Heizspiegel herausgegeben, in dem die spezifischen Heizkosten im Jahr 1996 angegeben wurden.

---

359) Vgl. Gerlach (1998) 22
360) Vgl. Gerlach (1998) 22
361) Vgl. BMBau (1997 a) 20
362) Vgl. Gerlach, Waltersbacher (1998) 2

Tabelle 27

Durchschnittliche Bruttowarmmiete in den alten und neuen Bundesländern nach Haushaltsgröße (1996)

Haushaltsgröße	alte Bundesländer		neue Bundesländer	
	DM/Monat	DM/m²	DM/Monat	DM/m²
Ein-Personen-Haushalt	695	13,01	530	10,55
Zwei-Personen-Haushalte	871	12,26	632	10,25
Drei-Personen-Haushalte	993	11,96	714	10,84
Vier- und Mehr-Personen-Haushalte	1 042	11,90	779	10,63
Insgesamt	835	12,48	648	10,52

Quelle: Gerlach (1998)

Tabelle 28

Spezifische Heizkosten von Düsseldorfer Gebäuden im Jahr 1996, Heizspiegel

Fläche Gebäude (m²)	Heizöl DM/m²		Fernwärme DM/m²		Erdgas DM/m²	
	Durchschnitt	Obergrenze	Durchschnitt	Obergrenze	Durchschnitt	Obergrenze
> 100	12,47	15,91	18,08	23,05	15,09	19,41
> 500	10,43	14,11	15,29	21,36	12,50	16,37
>1 000	9,66	13,40	14,22	20,67	11,53	15,21

Quelle: Stadt Düsseldorf – Umweltamt (1998)

Sozial orientierte Wohnungspolitik

Die Wohnungs- und Siedlungsentwicklung ist – wegen der besonderen Bedeutung des Grundbedürfnisses Wohnen und der Wirkungen auf die Persönlichkeit des einzelnen – Gegenstand politischen Planens und Handelns. Bund, Länder und Gemeinden haben deshalb seit Bestehen der Bundesrepublik Deutschland den Wohnungsbau in großem Umfang gefördert. Mit der Förderung soll sozialen Unausgewogenheiten des Wohnungsmarktes entgegengewirkt und zugleich ein Beitrag zu einer möglichst ausgeglichenen wirtschaftlichen Gesamtentwicklung geleistet werden. [363])

[363]) Vgl. Deutscher Bundestag (1975)

Sparförderung und Vermögensbildung

Seit den 50er Jahren wird das Sparen für den Wohnungsbau auf vielfältige Weise gefördert. Seit 1990 wurde insbesondere die Förderung von Arbeitnehmern darauf konzentriert, vermögenswirksame Leistungen für das Bausparen, zum Wohnungsbau bzw. zur Entschuldung von Wohneigentum und für bestimmte betriebliche oder außerbetriebliche Vermögensbeteiligungen zu verwenden. Über die Förderung durch das Vermögensbildungsgesetz hinaus wird das Bausparen vor allem auch durch das Wohnungsbau-Prämiengesetz gefördert. Durch die Wohnungsbauprämien soll in Abhängigkeit von der individuellen Sparleistung die finanzielle Grundlage zur Schaffung von Wohneigentum gestärkt werden. [364])

Sozialer Wohnungsbau

Zunehmend wird das System des sozialen Wohnungsbaus in der heutigen Form kritisiert. Das Wohnungsbaurecht aus dem Jahr 1956 wird nach Auffassung des BMBau den heutigen Anforderungen einer sozialen Wohnungsmarktwirtschaft nicht mehr gerecht. Eine Studie aus dem BMBau kommt bei der sog. Fehlbelegung zu dem Ergebnis, daß mehr als 40 % aller Sozialwohnungen von Beziehern höherer Einkommen belegt seien. Fehlbelegungsabgabe müssen Haushalte zahlen, deren Einkommen um mindestens 10–55 % – je nach Bundesland – höher sind als die Einkommensgrenze für den Bezug („Toleranzschwelle"). Deutlich niedriger als die oben genannte Quote ist deshalb der Anteil der Haushalte mit Fehlbelegungsabgabe. Diese Quote liegt z. B. in Nordrhein-Westfalen mit einer Toleranzschwelle von 10 % bei rund 15 %. Einen Großteil der „Fehlbeleger" hat der Staat selbst geschaffen, weil in den letzten achtzehn Jahren trotz steigender Einkommen nur einmal die für den Bezug geltende Einkommensgrenze im sozialen Wohnungsbau angehoben wurde.

Nur 20–30 % aller Sozialmieter zahlen als Ausgleich dafür eine Fehlbelegungsabgabe, die ohnehin den Mietvorteil nicht ausgleicht. Darüber hinaus führen die Förderprinzipien teilweise zu einer „Überförderung" der Investoren und enthalten keine Anreize zum kostengünstigen Bauen. Nicht einmal 15 % der zum Bezug einer Sozialwohnung berechtigten rund 10 Mio. Haushalte können tatsächlich mit einer Sozialwohnung versorgt werden. Angesichts hoher Arbeitslosenzahlen und magerer Reallohnzuwächse sind viele einkommensabhängige Haushalte weiterhin auf staatliche Hilfe bei der Wohnungsversorgung angewiesen. Gleichzeitig wird der heutige Sozialwohnungsbestand durch den Auslauf der Bindungen in den nächsten fünfzehn Jahren drastisch reduziert werden. Zusätzlich führt die einseitige Ausrichtung auf den Wohnungsneubau zur sozialen Entmischung von Wohngebieten und trägt zur Flächenzersiedelung bei. [365]) Die Bundesregierung will dem mit dem allerdings noch in der Beratung befindlichen und auch nicht unumstrittenen Wohnungsgesetzbuch abhelfen.

---

364) Vgl. Deutscher Bundestag (1997 a) 31 f.
365) Vgl. BMBau (1997 b)

Finanzielle Förderungen im Wohnungswesen

Die Steuervergünstigungen für Wohnungseigentum, die Abschreibungserleichterungen für fremdvermieteten Wohnraum, lohnen sich am ehesten in der Hand der „Hochbesteuerten", am wenigsten in der Hand derjenigen, die wegen ihres niedrigen Einkommens kaum oder gar keine Steuern zahlen.

Soziale Wirkungen des Wohnungs- und Baumarktes

Arbeitsplätze in der Baubranche

Lange Zeit galt die Bau- und Wohnungswirtschaft als „Konjunkturlokomotive". Tatsächlich ist das Geschäft mit Bauleistungen wegen der Konjunkturempfindlichkeit der Branche mit erheblichen Risiken behaftet. Die traditionell starke Inlandsorientierung bedingt die Abhängigkeit von der Binnennachfrage nach Bauleistungen. Die Ausweichmöglichkeiten und die Nutzung temporär günstigerer Bedingungen auf Auslandsmärkten spielen heute und wohl auch in absehbarer Zeit nur eine untergeordnete Rolle.[366])

In den vergangenen Jahren hat die Vergabe von Aufträgen an Subunternehmer stark zugenommen. Ein Grund für diese Entwicklung könnte in dem – gesellschaftlich umstrittenen – Vorteil liegen, daß ein Hauptauftragnehmer bei Verlagerung bestimmter Arbeiten auf Subunternehmer selbst einen geringeren Arbeitskräftebestand vorhalten muß, und der Subunternehmer wegen der Festpreise effizienter arbeiten muß und auch auf deutlich kostengünstigere (ausländische) Arbeitnehmer zurückgreifen kann.[367])

Insgesamt ist die Arbeitskräftestruktur der Baubranche geprägt durch einen wachsenden Anteil der Facharbeitskräfte und der Arbeitskräfte für planerische, organisatorische und dispositive Aufgaben. Das relative Gewicht der Baustellenarbeitsplätze ging zurück.[368])

Ob beim Neubau oder bei der Modernisierung, Instandhaltung und dem Umbau von Gebäuden mehr Mitarbeiter benötigt werden, kann anhand der durchschnittlichen Baukosten und des jeweiligen Lohnkostenanteils geschätzt werden. Der Anteil der Lohnkosten im Neubau wird auf ca. 50 %, bei der Altbausanierung auf

---

366) Vgl. Rußig, Spillner (1996 b) 23

367) Vgl. Rußig, Spillner (1996 b) 22 f.

368) Vgl. Rußig, Spillner (1996 b) 24
Im gesamten Bundesgebiet bestanden 105 000 Baubetriebe mit etwa 2,1 Mio. Beschäftigten (rund 6 % der Erwerbstätigen). Die tatsächlichen Werte liegen vermutlich höher, da durch Abschneidekriterien im Ausbaugewerbe und dessen stark kleinbetrieblicher Struktur ein erheblicher Teil der Betriebe und Beschäftigten nicht erfaßt wird. Darüber hinaus werden von den Bauinvestitionen nur rund zwei Drittel vom Baugewerbe erbracht. Zum gesamten baulichen Kapitalstock bzw. dem Bauvermögen haben andere Wirtschaftszweige in beträchtlichem Umfang beigetragen. Zusatzerhebungen des ifo Instituts für das Ausbaugewerbe gehen für 1995 von rund 100 000 weiteren Betrieben mit etwa 550 000 Beschäftigten aus. Vgl. Rußig, Spillner (1996 b) 22 f.

ca. 70 % geschätzt.[369]) Es ist davon auszugehen, daß eine erhöhte Bauinvestition zu einer Zunahme von Arbeitsplätzen im Baubereich führen wird.

Soziale Infrastruktur und Raumordnung

Die staatliche Wohnungspolitik bemüht sich auch um eine angemessene Gestaltung der Wohnbedingungen im Hinblick auf die Erreichbarkeit von sozialen Infrastruktureinrichtungen und im Hinblick auf das unmittelbare Wohnumfeld.[370]) Damit beeinflussen wohnungs- und siedlungspolitische Ziele auch die Raumordnungspolitik, die Strukturen langfristig prägt.

In der Nachkriegszeit wurde die staatliche Raumstrukturpolitik überwiegend unter Aspekten der Beschleunigung betrieben. Insbesondere der Straßenbau zur Verbindung zwischen den Städten wurde vorangetrieben (Bundesverkehrswegeplanung). Ein entsprechender Umbau fand in den Städten selbst statt. Dies ermöglichte auf der einen Seite ökonomische Effizienzsteigerungen, brachte auf der anderen Seite soziale Kosten mit sich: Beispielsweise verschlechterte sich für große Gebiete die zeitliche Erreichbarkeit der Infrastruktur bei der Versorgung privater Haushalte (z. B. durch Supermärkte auf der „grünen Wiese"), zumindest für bestimmte Sozial- und Altersgruppen. Für Haushalte und Familienmitglieder, die aus beruflichen Gründen abwanderten, bedeutete das Verlassen des sozialen Umfeldes nicht nur materielle Einbußen, sondern auch soziale Konflikte. Ein Prozeß, der insbesondere in den neuen Bundesländern bis heute anhält.[371])

Tabelle 29

Arbeitslose und offene Stellen in den Bauberufen in den alten und neuen Bundesländern 1996 bis 1997 (Juni)

	Arbeitslose am Quartalsende					Offene Stellen am Quartalsende				
	1996			1997		1996			1997	
	Juni	September	Dezember	März	Juni	Juni	September	Dezember	März	Juni
	alte Bundesländer									
Bauberufe	119 509	117 891	160 250	202 935	136 206	13 466	11 649	7 369	13 926	11 307
	neue Bundesländer									
Bauberufe	66 963	62 649	85 357	124 356	90 165	7 820	8 040	6 123	7 088	5 801

Quelle: BMA (1998) 92 f

[369]) Schätzungen von Lützkendorf, Hochschule für Architektur und Bauwesen, Weimar; Mittag (Loseblattsammlung)

[370]) Deutscher Bundestag (1975)

[371]) Vgl. BfLR (1993) 8 ff.

4.3.3 Strategien zur Verringerung der Inanspruchnahme von Flächen und zur Optimierung der Stoffströme

Die Verwirklichung des von der Enquete-Kommission erarbeiteten Leitbildes „Wohnen“ bedarf einer Verknüpfung der strategischen Ansätze in der Raumordnungs-, Stadtplanungs- und Wohnungspolitik. Der ökologische Zugang, den die Kommission zu diesem Problemfeld gewählt hat, darf nicht darüber hinwegtäuschen, daß es wichtige Zusammenhänge und gegenseitige Abhängigkeiten zwischen Einzelzielen der drei Dimensionen Ökologie, Ökonomie und Soziales gibt. In den Abschnitten 4.3.3.1 und 4.3.3.2 geht es zunächst darum, diese Abhängigkeiten an einigen Beispielen, unter anderem an der für die weitere Zukunft entscheidenden Siedlungsentwicklung aufzuzeigen. In den darauf folgenden Abschnitten werden – aufbauend auf drei verschiedenen Strategien – Instrumente diskutiert, die zum Teil noch nebeneinander stehen und aufeinander abgestimmt werden müßten. Die Auswirkungen der Instrumente für die drei Dimensionen des Nachhaltigkeitsansatzes werden in ihrer Richtung abgeschätzt. Eine quantitative Wirkungsanalyse und Untersuchungen der Wechselwirkungen zwischen den drei Dimensionen waren aus zeitlichen Gründen nicht möglich. Die Richtung der Wirkung anzugeben, ist für einen Einstieg in die öffentliche Diskussion auch ausreichend.

4.3.3.1 Interdependenzen der drei Dimensionen

Die Kommission hat den drei Strategien

- Stärkung städtischer Strukturen gegen Zersiedelung und Suburbanisierung,
- Konzentration auf den Wohnungsbestand,
- ressourcensparendes Bauen und Wohnen

eine Reihe von Zielen und Instrumenten zugeordnet. Die aufgeführten Instrumente wurden aus der Vielzahl möglicher Instrumente herausgegriffen. Es werden in erster Linie Verstärkungen vorhandener Instrumente oder die Abschaffung bisher üblicher vorgeschlagen. Nur in Ausnahmefällen handelt es sich um neue Instrumente. Im folgenden soll an einigen Beispielen aufgezeigt werden, wie die verschiedenen Ziele und die dafür eingesetzten Instrumente miteinander zusammenhängen.

Strategische Ansätze wie Innenentwicklung und Nachverdichtung sind bereits heute Bestandteil zukunftsorientierter Raumordnungs- und Stadtplanungspolitik. Ihrer Zielsetzung können jedoch wirtschafts-, wohnungs- oder steuerpolitische Überlegungen entgegensteuern. So kann auf kommunaler Ebene z. B. der Wunsch nach einem höheren Steueraufkommen mit allgemein akzeptierten raumordnerischen Vorstellungen kollidieren, was dazu führen kann, daß dort die ökologische Komponente zu wenig berücksichtigt wird und im Verwaltungsdickicht systematisch „weggewägt“ wird. Dies kann teilweise auch die bestehenden Schwierigkeiten der Länder erklären, über Landesentwicklungs- und Regionalpläne notwendige Siedlungsflächen auf integrierte Standorte auszurichten und die zum Schutz und zur Pflege der natürlichen Lebensgrundlagen notwendigen Freiraumsysteme umfassend zu sichern.

Die bisher herrschende Wohnungspolitik hat kein in sich stimmiges Leitbild. So wird häufig im gleichen Atemzug der hohe Flächenverbrauch beklagt, auf der anderen Seite aber eine Senkung der Bodenpreise gefordert.[372])

Das Ziel der Schaffung preiswerten Wohnraums wird heute überwiegend noch durch Zuschüsse und Subventionen für den Neubau angestrebt. Die vom Volumen her bedeutendsten Förderungen sind dabei die Eigenheimzulage und die Subventionen (die über die normalen Abschreibungen hinausgehenden steuerlich absetzbaren Abschreibungen) für den frei finanzierten Mietwohnungsbau. Dies widerspricht zum einen der im politischen Raum ständig geäußerten Vorstellung, man wolle Subventionen, insbesondere Steuervergünstigungen wegen der geringen Zielgenauigkeit dieses Instruments abbauen. Dabei wirkt sich die tendenzielle Verbilligung des Wohnraums eher dahingehend aus, daß mehr Wohnfläche in Anspruch genommen wird. Die spezifische Förderung bedürftiger Gruppen spielt zwar ebenfalls eine bedeutende Rolle, tritt aber in ihrem Fördervolumen (Wohngeld und sozialen Wohnungsbau) hinter der indirekten Subventionierung durch steuerlich anerkannte Abschreibung zurück. Zudem konzentriert sich auch die Förderung im sozialen Wohnungsbau mit Ausnahme der Neuen Länder auf Neubaumaßnahmen.

Die Eigentumsförderung löst einen Prozeß aus, in dem vor allem die oberen und mittleren Einkommensschichten ihre Wohneigentumsnachfrage realisieren können. Dabei vergrößern sie i. d. R. ihre Wohnfläche, was sich auch in einer Erhöhung der Wohnfläche pro Person dokumentiert. Pro Person hat ein Eigentümerhaushalt gegenüber einem Mieterhaushalt im Durchschnitt 7,3 m^2 in den alten Ländern und 6,6 m^2 in den neuen Bundesländern mehr Wohnfläche.[373]) Dabei ist die beanspruchte Grundstücksfläche 1995 beim Eigentümerhaushalt in den alten Bundesländern 2,4 und in den neuen Ländern sogar 4mal größer als beim Mieterhaushalt. Soweit die Eigentümer neue Wohnungen beziehen, werden die von ihnen freigemachten Wohnungen u. a. von Haushalten mit niedrigen Einkommen bezogen.

Da jedoch selbstgenutztes Wohneigentum überwiegend im Ein- und Zweifamilienhaus und weniger im Geschoßwohnungsbau begründet wird, in den verdichteten städtischen Teilräumen der Städte und Gemeinden aber wegen des nicht mehr vorhandenen Baulandes diese hier nicht mehr errichtet werden können, wird der Wohnungswunsch einschließlich dem Streben nach grüner Wohnumgebung in das preiswerte Umland verlagert. Das löste und löst die seit Jahrzehnten zu beobachtende selektive Abwanderung der mittleren und oberen Einkommensschichten in den Umlandbereich der Städte aus und führte gleichzeitig zu einer

---

[372]) „Die Bundesregierung wird überall dort, wo sie selbst Einfluß nehmen kann, die Möglichkeit zur Kostensenkung ausschöpfen. (...) Zu den Aktionsfeldern zählt die Bereitstellung kostengünstigen Baulands. (...) Die Bundesregierung erwartet, daß auch Länder und Kommunen ihrerseits preisgünstiges Bauland (...) bereitstellen."; „Knappe Baurechte und teurer Boden sind Gift für alle Bemühungen zu kostengünstigem Bauen." BMBau (1996 c)

[373]) Vgl. BfLR (1996 a) 54, 57

sozialen Segregation und Veränderung der Altersstrukturen der Bevölkerung vor allem in den Kernstädten und in ihren unmittelbar angrenzenden Gebieten.[374]) Unterauslastung der Infrastruktur in diesen dicht besiedelten Räumen einerseits und andererseits fehlende oder unzureichende Infrastruktur in den Zuwanderungsgebieten, aber auch wachsende Verkehrsströme innerhalb der Region oder Verringerung der Finanzkraft vieler Städte sind Folgeerscheinungen. Wirtschaftlich und sozial werden die erhöhte Bauaktivität, mehr Wohnraum und die Erhöhung der Eigentumsquote als positive Wirkungen gesehen.

Der Nutzungsmischung, die mittlerweile vom Bundesbauministerium wie von zahlreichen Experten auf der Ebene der Länder und Gemeinden verfolgt wird, stehen immissionsschutzrechtliche und nachbarschaftsrechtliche Vorschriften bzw. der Rechtsprechung sowie das hohe Boden- und Mietpreisniveau in Kernstädten, das Wohnnutzung weitgehend verhindert, entgegen. Um dieser Strategie wirklich zum Durchbruch zu verhelfen, müßten diese Widersprüche gelöst werden.

Es bedarf daher strategischer Ansätze, die mit aufeinander abgestimmten Instrumenten umgesetzt werden und in alle relevanten Politikfelder auf allen Verwaltungsebenen hineinwirken müssen. Dadurch entsteht ein neuer Rahmen, in dem das Leitbild durch eigenverantwortliches Handeln der Akteure – Unternehmer, Einkommensteuerzahler, Hauseigentümer, Vermieter – verwirklicht werden kann. Ziele und Instrumente werden sowohl Änderungen bekannter als auch die Schaffung neuer bzw. die Abschaffung überholter Regelungen beinhalten müssen. Hierzu gehört u. a. eine Umstrukturierung der Förderung des Wohnungsbaus.[375])

4.3.3.2 Siedlungsentwicklung

Die zur Verwirklichung des Leitbildes „Wohnen“ erforderlichen strategischen Ansätze lassen sich u. a. mit den Schlagworten Nachverdichtung, Innenentwicklung, Revitalisierung von Industriebrachen und Konzentration auf den Bestand sowie dezentrale Konzentration der Neubautätigkeit kennzeichnen. Mit welchen Strategien sich das Ziel des nachhaltig zukunftsverträglichen Wohnens nach Vorstellung der Enquete-Kommission erreichen ließe, wird im folgenden erläutert.

Die Stadt ist zuallererst Lebenswelt der Menschen, die in ihr wohnen, aufwachsen, lernen, arbeiten, sich erholen und entfalten. Die Stadt integriert zumindest alle notwendigen Funktionen zur Befriedigung dieser Bedürfnisse. Sie ist mithin Standort für Gewerbe, Industrie, Behörden, Bildungs- und Kultureinrichtungen.

---

[374]) Vgl. Enquete-Kommission „Schutz des Menschen und der Umwelt“ (1997) 109 ff.

[375]) „Insbesondere die Nutzung der Investitionsförderungsmaßnahmen im ostdeutschen Wohnungsbau durch westdeutsche Privatanleger gilt als Ursache hoher und wachsender Einkommensteuerausfälle in den letzten Jahren. Inzwischen – und vermutlich in den letzten Jahren noch stärker – zeigt sich, daß sich viele Privatanleger durch die hohe Förderung zu Fehlinvestitionen haben verleiten lassen. Dies ist nicht nur für die Anleger, sondern auch für die Finanzverantwortlichen in Bund, Ländern und Gemeinden eine schmerzliche Erkenntnis.“ Deutscher Städtetag (1998)

Die Befriedigung dieser Bedürfnisse steht daher im Mittelpunkt – alle anderen Bestandteile der Stadt haben eine dienende Funktion, wie etwa die Sicherstellung der Mobilität. Nach Ende des ersten Weltkriegs wurden Arbeitsplätze verstärkt außerhalb der Stadt meist isoliert von den Wohnungen angelegt, um Beeinträchtigungen durch Emissionen zu verringern. Die heutige Stadtplanung muß die gravierenden Veränderungen der zeitlichen Verteilung von Arbeit und Freizeit wie auch der Formen der Arbeit berücksichtigen, wie sie sich in den letzten zwei Jahrzehnten entwickelt haben. Der enorme Rückgang der Emissionen aus industriellen Anlagen eröffnet dem Stadtumbau große Chancen. Sie reichen von der Umnutzung ehemaliger industrieller Anlagen bis hin zur Schaffung von Wohnraum in einst belasteten Industriegebieten. Die notwendige Mischung der Nutzungen, die gleichzeitig zur Verringerung des Mobilitätsbedarfs führt („Stadt der kurzen Wege"), ist wieder möglich. Wohnungen und Büroarbeitsplätze, soziale Infrastruktur wie auch Freizeiteinrichtungen können jetzt und sollen auch in kompakten Stadtstrukturen gemischt werden.

Für die „Nachhaltigkeit" der Stadt gibt es bisher keine generell anerkannten Indikatoren. Die Enquete-Kommission zieht als Indikatoren den Verbrauch von Ressourcen (Flächen, Energie und Stoffe) heran. Ein Ansatz liegt in der Beschreibung der Stadt als System von Stoffströmen, wie dies in Kapitel 4.3.2.1 (Seite 244) bereits für die Gebäude geschehen ist. Legt man als Maßstab die grundlegenden Regeln der Nachhaltigkeit (siehe Kapitel 2, Seite 27) an, so ergeben sich daraus u. a. die Forderung nach einer Verminderung des Verbrauchs an Energie, nicht erneuerbaren und erneuerbaren Stoffen bezogen auf die Zahl der Einwohner bei gleichzeitiger Gewährleistung des individuellen Wohlergehens, also u. a. die Deckung der Grundbedürfnisse nach Ernährung, Wohnung, Gesundheit. Ähnliche Formulierungen finden sich in der Charta von Aalborg (1995), die eine Konkretisierung des Auftrags der Rio-Konferenz an die mitteleuropäischen Städte darstellt. Vergleicht man städtische Strukturen der Gegenwart miteinander, dann erkennt man in dieser Hinsicht sehr unterschiedliche Effizienzgrade: So ist etwa der Benzinverbrauch pro Einwohner in nordamerikanischen Metropolen fünf- bis zehnmal so hoch wie in den verdichteten europäischen Metropolen.[376]) Deutliche – und nicht ohne weiteres auf unterschiedliche Regionalklimata zurückzuführende – Unterschiede sind auch für den Heizungsbedarf dokumentiert. Wesentlich weniger Vergleichszahlen liegen für den allgemeinen Stoffumsatz vor. Aus der Beschleunigung der stofflichen Umsätze im Bedürfnisfeld „Wohnen" – gemessen am Wachstum des „Stofflagers" im Wohnungsbestand und an der Flächeninanspruchnahme – läßt sich jedoch erkennen, daß die Entwicklung der Städte eher „nicht-nachhaltig" ist. Seit 1950 wuchs die Bevölkerung bis 1996 im alten Bundesgebiet um 31,1 % von 50,8 Mio. auf 66,6 Mio. Einwohner. Im gleichen Zeitraum stieg die Siedlungs- und Verkehrsfläche von 1,76 Mio. ha auf 3,30 Mio. ha und damit um mehr als 87,7 %. Während 1950 jeder Bundesbürger noch mit 346 m^2 Siedlungsraum auskam und dieser Wert bis 1970 nur geringfügig auf

[376]) Vgl. Enquete-Kommission „Schutz des Menschen und der Umwelt" (1997), Kapitel 4.5

380 m² stieg, waren es 1989 bereits fast 480 m² Siedlungs- und Verkehrsfläche. 1997 wird trotz des starken Bevölkerungswachstums seit 1990 in den alten Bundesländern mit 496 m² noch mehr Siedlungs- und Verkehrsfläche je Einwohner benötigt.[377]) Als Folge verteilt sich die Bevölkerung auf viel größere Siedlungsflächen. Während in den Kernstädten der Agglomerationsräume die Siedlungsdichte noch immer zurückgeht, wächst die Siedlungsfläche im Umland der Agglomerationsräume weiterhin schneller als deren Bevölkerung. Aus dichtbesiedelten, kompakten Siedlungspolen wurde in nur 50 Jahren ein dispers besiedelter Siedlungsteppich.

Andere Indikatoren wie etwa der Wasserverbrauch zeigen zwar auch einen Anstieg, aber nicht in diesem Maße. Sie stagnieren derzeit oder gehen sogar zurück. Ganz offensichtlich hat sich vor allem der Wasserverbrauch der Industrie vermindert (Effizienzsteigerung), während sich der der Haushalte nicht erhöht hat. Eine Kopplung an die Siedlungsentwicklung besteht nicht oder zumindest nicht mehr.

Verdichtete, polyzentrische Siedlungsstrukturen mit hoher Nutzungsmischung – also klassische städtische Strukturen – dürfen im Vergleich mit anderen Siedlungsstrukturen bei Flächen- und Energieverbrauch, vielleicht auch den Stoffumsätzen insgesamt am ehesten den Forderungen nachhaltig zukunftsverträglicher Entwicklung entsprechen.[378]) Damit soll jedoch nicht der notwendigen Erarbeitung von Indikatoren für eine nachhaltige Siedlungsentwicklung vorgegriffen werden.

Zur Förderung einer ressourcenschonenden und umweltverträglichen Siedlungs- und Stadtentwicklung heißt es im Nationalbericht der Bundesregierung (HABITAT II):

„Neben der Ressourcennutzung in den Städten und den stofflichen Austauschprozessen der Städte mit ihrem Umland sind für eine nachhaltige Stadtentwicklung die räumlichen Strukturen der Städte von Interesse. (...) Die (...) räumlichen Ordnungsprinzipien Dichte, Mischung und Polyzentralität sind für ein räumliches Konzept einer nachhaltigen Stadtentwicklung wesentlich.(...)

Dichte im Städtebau meint kompaktere und dennoch qualitativ hochwertige bauliche Strukturen, die ein Ausufern der Siedlungen in die Fläche verhindern. Insbesondere an den Stadträndern und im suburbanen Raum kann mit kompakteren baulichen Strukturen zu einer Reduzierung der Flächeninanspruchnahme beigetragen werden. Dichte kann in den Städten durch **„städtebauliche Innenentwicklung“** erreicht werden. (...)

[377]) Die Bevölkerungsangaben stammen aus den Volkszählungen und Fortschreibungen bis zum 31. 12. des Jahres. Die Siedlungsfläche für den Zeitraum 1950–1979 wurde aus Bodennutzungshaupterhebungen berechnet; nach 1979 entspricht die Siedlungs- und Verkehrsfläche der Statistik nach Art der tatsächlichen Flächennutzung. Aus diesem Grund sind die Daten nur eingeschränkt vergleichbar. Vgl. BBR: Laufende Raumbeobachtungen; Statistische Jahrbücher des Statistischen Bundesamtes

[378]) Vgl. BMBau (1996c)

Nutzungsmischung ist eine städtebauliche Zielvorstellung, die die funktionale Mischung von Stadtquartieren (Verflechtung von Wohnen und Arbeiten, aber auch Versorgung und Freizeit), die soziale Mischung (nach sozialen Einkommensgruppen, Haushaltstypen und Lebensgruppenstilen) sowie die baulich-räumliche Mischung (Gestaltung) umfaßt. Mit Nutzungsmischungen werden im Städtebau vielfältige Ziele angestrebt. Auf regionaler beziehungsweise gesamtstädtischer Ebene wird erwartet, daß Mischung verkehrsmindernde, energie- und flächensparende Stadt- und Siedlungsstrukturen ermöglicht. Eine eher kleinräumige Nutzungsmischung auf Stadtteilebene kann die Voraussetzungen zur Schaffung von Urbanität, zur Förderung eines Quartierslebens, zur Begünstigung urbaner Vielfalt, zum Abbau von Segregation und zur Verbesserung der Lebenssituation benachteiligter Bevölkerungsgruppen schaffen.

Eng verknüpft mit den räumlichen Ordnungsprinzipien Dichte und Mischung ist das Konzept **„Stadt der kurzen Wege"**, das auf die Vermeidung und Reduzierung von Verkehr zielt. Der Vermeidungsaspekt konzentriert sich i. d. R. auf den motorisierten Individualverkehr und zielt auf Distanzverringerung zwischen Quelle und Ziel einer Ortsveränderung. Verkehrsvermeidung bedeutet die Verkürzung von Distanzen, die Verringerung der Anzahl der zurückgelegten Wege sowie die Verbesserung der Fahrzeugauslastung. (...)

Neben Mischung und Dichte bietet das räumliche Ordnungsprinzip der **Polyzentralität** einen dritten Ansatz zu einer nachhaltigen Siedlungs- und Stadtentwicklung. In den letzten Jahren wird dieses Ordnungsprinzip unter dem Stichwort der **dezentralen Konzentration** intensiv diskutiert."[379])

Die raumordnerische Strategie der „dezentralen Konzentration" zielt darauf ab, den anhaltenden Siedlungsdruck der Kernstädte auf das Umland nicht durch ringförmige Erweiterungen in den ländlichen Räumen zu bewältigen, wie dies in den nordamerikanischen und australischen Agglomerationsräumen geschehen ist. Ziel dieser Strategie ist es, Siedlungsentwicklungen konzentriert in ausgewählten Siedlungsschwerpunkten zu bündeln. Dies gilt nicht nur für die Wohnbebauung, sondern erst recht für Industrie, Gewerbe und Dienstleistungen (Einzelhandel, Büros etc.). Hier muß vor allem der Tendenz zur Errichtung von Einkaufszentren „auf der grünen Wiese" entgegengesteuert werden. Dies gilt gleichermaßen für den bundesweit zu beobachtenden Trend der „factory outlet center". Solche Ansätze laufen dem raumordnerischen Ziel der dezentralen Konzentration zuwider.

Die Kommission hat sich bei ihren Überlegungen zum Bauen, Wohnen und zur weiteren Siedlungsentwicklung auf drei wesentliche Strategien beschränkt, zu

---

[379]) BMBau (1996 c) 45 f.

denen in den folgenden Abschnitten 4.3.3.3 bis 4.3.3.5 eine Reihe von Instrumenten vorgestellt wird:

1. Eine siedlungspolitische Strategie – die Stärkung städtischer Strukturen gegen die Tendenz zur Zersiedelung und Suburbanisierung.
2. Die wohnungspolitische Strategie – eine Verstärkung der Förderung zugunsten des Wohnungsbestandes.
3. Eine baupolitische Strategie – ressourcensparende Bauweisen im Bestand wie beim Neubau.

Mit diesen drei Strategien werden sämtliche Ziele der ökologischen Dimension des Leitbild „Wohnen" angestrebt. Darüber hinaus werden die Ziele der ökonomischen und sozialen Dimension der Kommission gleichzeitig mit eingebunden.

4.3.3.3 Stärkung städtischer Strukturen gegen Zersiedelung und Suburbanisierung

Städtische Strukturen zu stärken bedeutet, den Verbleib in der Stadt attraktiv zu machen, im Vergleich zu einem Umzug ins Umland der Kernstädte. Hierzu bedarf es einer Reihe von Zielen. Zunächst sei die Aktivierung von Bauland in den Städten genannt. Dieses könnte zum einen durch Erleichterung und Verbilligung der Nachverdichtung geschehen, zum anderen durch die Schließung von Baulücken in bereits ausgewiesenen Wohngebieten. Diese Ziele können durch Raumordnung und Bauleitplanung vorgegeben werden und durch eine Reform der Grundsteuer unterstützt werden. Des weiteren erscheint eine Verbesserung der Grundstückssituation für den Wohnungsbau durch größere Mischung verschiedener Nutzungen erreichbar, obwohl dies derzeit nur in sehr eingeschränktem Umfang verwirklicht wird. Sämtliche Erleichterungen der Mischung verschiedener Nutzungen – hier ist nicht die Zweckentfremdung von Wohnraum in Gewerbeflächen gemeint – dürften sich entspannend auf den Grundstücksmarkt der Städte auswirken. Hierzu könnte auch eine Förderung der Sanierung belasteter Industrie- und Gewerbeflächen zählen, um sie danach als Gewerbe- oder Wohnflächen zu nutzen. Verfahren, wie die Umnutzung nicht mehr genutzter Industrieflächen für den Wohnungsbau ohne zusätzliche Flächeninanspruchnahme, sind zwar technisch möglich, werden aber bislang unzureichend genutzt.

Die Attraktivität der Städte sollte auch durch die Verbesserung des Wohnumfeldes und den Ausbau des öffentlichen Personennahverkehrs gesteigert werden.

Soweit die Befriedigung der zusätzlichen Wohnbedürfnisse im bisherigen Stadtgebiet zu übermäßiger Dichte führt, sollten die notwendigen zusätzlichen Wohnbauflächen im Rahmen der Strategie der dezentralen Konzentration bereitgestellt werden. Das z. B. im Hamburger Nachbarraum erprobte Achsenkonzept wäre geeignet, ungeordnete Siedlungsentwicklungen zu verhindern und städtische Strukturen durch Investitionskonzentration zu stärken.

Tabelle 30

Ziele und Instrumente zur Stärkung städtischer Strukturen gegen Zersiedelung und Suburbanisierung

Ziele	Instrumente
Regional bestimmte Prioritätensetzung	• Regionalplanung stärken
Verringerung von Flächenverbrauch und Versiegelung	• Handelbare Flächenausweisungsrechte • Versiegelungsabhängige Abwassergebühr • Reform des kommunalen Finanzausgleichs • Bodenwert- und Bodenflächensteuer • Flächennutzungssteuer • Einführung einer flächensparenden Komponente bei der Finanzierung der Verkehrsinfrastruktur und Städtebauförderung
Erleichterung und relative Verbilligung der Nachverdichtung und Baulückenschließung	• Flächennutzungssteuer • Zoniertes Satzungsrecht für baureife aber unbebaute Grundstücke • Baulandsteuer • Abschaffung der Grunderwerbsteuer • Nachverdichtung im Bestand
Verbesserung des Wohnumfeldes	• Änderung der Besteuerungsgrundlagen mit Auswirkungen auf den Individualverkehr • Änderung immissionsschutzrechtlicher Vorschriften
Flächenrecycling	• Fonds zur Finanzierung von Sanierungen bei nicht mehr greifbarem Verursacher • Städtebauförderung

Zur Förderung einer maßvollen Verdichtung und zur Verringerung der Versiegelung werden neue Instrumente diskutiert, wie z. B. der Handel mit Flächenausweisungsrechten oder die Erhebung einer gestaffelten Abgabe auf die Versiegelung bislang unversiegelter Flächen. Ihr Einsatz hätte zum Ziel, den flächenverbrauchenden Neubau im Umland zu verteuern und damit auf eine Stärkung städtischer Strukturen hinzuwirken.

Mit der zunehmenden Intensivierung der Verflechtung zwischen Stadt- und Umlandgemeinden im Zuge des fortschreitenden Verstädterungsprozesses kann die Nutzung von Bauland an geeigneten Stellen am ehesten auf stadtregionaler Ebene sichergestellt werden. Um auf einen sparsamen und schonenden Umgang mit Grund und Boden hinzuwirken, wird überlegt, auf welche Weise eine Zusammenarbeit zwischen Kommunen die Abstimmung und Verknüpfung kommunaler Planungen und gemeindeübergreifender Verkehrs- und Infrastrukturmaßnahmen zu fördern vermag. Diskutiert wird z. B. die Einführung einer „ökologischen Komponente“ in den kommunalen Finanzausgleich. Ansatzpunkt ist ein Ersatz des Gemeindeanteils am Einkommensteueraufkommen, um u. a. der Begünstigung von großflächigen Neubaugebieten entgegenzuwirken.

Die oben stehende Tabelle zeigt die in Öffentlichkeit und Fachwelt diskutierten Instrumente zur Stärkung städtischer Strukturen.

Regionalplanung stärken

Die Bundesregierung forderte bereits 1985 in ihrer Bodenschutzkonzeption eine „Trendwende im Landverbrauch“ [380]) und legte 1987 u. a. Maßnahmen wie die „Minderung der Freiflächeninanspruchnahme (...) durch [den] (...) Vorrang der Innenentwicklung und innerörtlichen Erschließung“ [381]) fest. Dazu bedarf es entsprechender ordnungsrechtlicher oder ökonomischer Instrumente. Ein wichtiger Ansatz findet sich im Baugesetzbuch und im Raumordnungsgesetz (BauROG: § 1, § 165, § 179 BauGB, § 2 ROG) [382]) sowie in den verschiedenen Gesetzen der Länder. [383])

Die Ziele der Raumordnung werden auf Landesebene insbesondere durch die Regionalplanung umgesetzt. Durch ihre Aufnahme in die Regionalpläne sichern sie vorsorgend Flächen für unterschiedliche Nutzungen, u. a. auch für Wohnbauzwekke. Sie beinhalten übergeordnete, zusammenfassende Planungen der räumlichen Ordnung und die Entwicklung des Landes und seiner Teilräume. Dazu gehören auch Abstimmungen der raumbedeutsamen Planungen und Maßnahmen des Bundes, der Länder und sonstiger öffentlicher und privater Planungsträger. Die Wirkung der raumordnerischen Siedlungspolitik auf den Wohnungsbau wird jedoch i. d. R. überschätzt, weil sie nur Angebote an die kommunalen und privaten Akteure darstellt.

---

380) Vgl. Deutscher Bundestag (1985)

381) Vgl. Deutscher Bundestag (1987) 7, 22f., 26f.

382) Verankerung des Nachhaltigkeitsprinzips in der Bauleitplanung (§ 1 Abs. 5 BauGB); Begrenzung der Bodenversiegelung auf das notwendige Maß (§ 1 a Abs. 1 BauGB); Verbesserung der naturschutzrechtlichen Eingriffsregelung für den Bereich der Bauleitplanung (§ 1 a Abs. 2 Nr. 2 und Abs. 3 BauGB); Klarstellungen bei den Regelungen zur städtischen Entwicklungsmaßnahme, die – neben anderen Zielsetzungen – auch der Wiedernutzung brachliegender Flächen dienen kann (§ 165 BauGB); Aufnahme eines Entsiegelungsgebots zur Wiedernutzbarmachung dauerhaft nicht mehr genutzter Flächen (Rückbau- und Entsiegelungsgebot), § 179 BauGB); Grundsätze der Raumordnung (§ 2 Abs. 2 ROG)

383) z. B. Landschaftsgesetz NRW §§ 3 bis 5

Die Gemeinden sind neben den Landesbehörden – die die Fachplanungen aufstellen – Vollzugsakteure von Raumordnung und Raumplanung, indem sie einerseits die Ziele der Landes-, Regional- und Fachplanungen und andererseits die gemeindespezifischen Ziele in konkrete Bodennutzungsregelungen umsetzen. Den wichtigsten Instrumentenverbund hierzu liefert die Bauleitplanung, die im Baugesetzbuch (BauGB) geregelt ist. Dabei hat die Bauleitplanung in erster Linie die Aufgabe, eine geordnete städtebauliche Entwicklung und eine dem Wohl der Allgemeinheit entsprechende sozial gerechte Bodennutzung zu gewährleisten sowie dazu beizutragen, eine menschenwürdige Umwelt zu sichern und die natürlichen Lebensgrundlagen zu schützen (§ 1 Abs. 5 BauGB). Mit der jüngsten Änderung des Baugesetzbuchs zum 1. Januar 1998 ist das Prinzip der Nachhaltigkeit folgerichtig als ein Planungsleitsatz in die Aufgabenbestimmung für die Bauleitplanung aufgenommen worden (§ 1 Abs. 5 BauGB). Die Bodenschutzklausel wurde stringenter gefaßt (Bodenversiegelungen sind auf das notwendige Maß zu beschränken – § 1a Abs. 1 BauGB). Zudem erleichtern es die neugefaßten Bestimmungen über die Eingriffsregelung in der Bauleitplanung (insbesondere §§ 1a Abs. 2 Nr. 2 und Abs. 3 BauGB), den erforderlichen Ausgleich für Eingriffe in die Natur und Landschaft auch außerhalb der eigentlichen Baugebiete zu verwirklichen. Dies ermöglicht eine städtebaulich sinnvolle, höhere bauliche Ausnutzung der Bauflächen und eine ökologische Aufwertung des Außenbereichs. Ausgleichsflächen lassen sich so unter raumstrukturellen wie naturschutzfachlichen Gesichtspunkten vernetzen. Dies schließt die Möglichkeit des Ausgleichs auf regionaler Ebene ein. Inwieweit dies im konkreten Vollzug gelingt, bleibt abzuwarten.

Neben der Lenkung der baulichen Entwicklung auf bestimmte Bereiche und der Freihaltung anderer Bereiche der Gemeinde von Bebauung besteht die Funktion der Bauleitplanung vor allem in der Feinsteuerung der städtebaulichen Entwicklung des Siedlungsraumes nach Art und Maß der baulichen Nutzung, bei ausreichender Berücksichtigung der Belange des Natur- und Umweltschutzes (§ 1 Abs. 1 BauGB).

Die raumordnungspolitischen Vorgaben des Bundes sind wegen ihrer geringen Konkretisierung für das gemeindliche Verhalten bei der Ausweisung von Flächen kaum von Bedeutung. Das gilt bis hin zum mittelfristigen Arbeits- und Aktionsprogramm der Raumordnung von Bund und Ländern. Der raumordnungspolitische Handlungsrahmen enthält keine planerischen Festsetzungen, sondern beschränkt sich auf die Formulierung von Handlungsempfehlungen.

Die Planungshoheit der Gemeinden führt angesichts notwendiger und real stattfindender Entwicklungen über die Gemeindegrenzen hinweg oft zu unbefriedigenden, vom Konkurrenzdenken einzelner Gemeinden geprägten Ergebnissen. Von verschiedenen Seiten – auch von Seiten des Städtetages[384]) – werden daher Überlegungen angestellt, wie die überörtliche Zusammenarbeit

---

[384]) Vgl. Deutscher Städtetag (1997)

der Kommunen verbessert werden kann, um Freiräume, die aus klimatischen, ökologischen und städtebaulichen Gründen notwendig sind, zu erhalten, die Verkehrsinfrastruktur optimal zu nutzen und konkurrierende Baulandausweisungen zu vermeiden. Durch verbesserte Zusammenarbeit der Kommunen könnte die weitere Zersiedelung und Zerschneidung der Landschaft sowie eine weitere Flächeninanspruchnahme vermieden und die Leitvorstellungen einer nachhaltig zukunftsverträglichen Entwicklung in der Raumordnung umgesetzt werden. Ein mögliches Instrument ist der im Raumordnungsgesetz 1998 vorgesehene regionale Flächennutzungsplan (§ 9 Abs. 6 ROG 1998), den die Länder bei Anpassung ihrer Landesplanungsgesetze einführen sollten.

Auch die Weiterentwicklung und Stärkung regionaler Zweckverbände kann unterstützt werden. Um dieses neue Instrumentarium wirksam werden zu lassen, könnten die finanziellen Zuweisungen der Länder an die Gemeinden mit einer Zweckbindung versehen werden, die die Bildung solcher Einheiten fördert.

Die Städte tragen i. d. R. die Last der Versorgung mit höherwertigen, der Allgemeinheit dienenden Infrastruktureinrichtungen für das Umland mit. Um dem Rechnung zu tragen, kann z. B. in Ballungsräumen ein Interessenausgleich zwischen Kernstädten und deren Umlandgemeinden hergestellt werden.

Handelbare Flächenausweisungsrechte

Eine Möglichkeit, die Ausweisung von Flächen zur Bebauung durch Gemeinden zu steuern, könnte in der Einführung sog. Flächenausweisungsrechte bestehen.[385]) Die Grundidee dieses Instruments besteht darin, über eine Mengenbegrenzung der insgesamt zur Bebauung ausweisbaren Flächen den Flächenverbrauch zu begrenzen. Die Kommunen müßten bei der Schaffung von Baurechten (z. B. über einen Bebauungsplan) diese Rechte bei einer neu zu schaffenden Institution („Bodenbank“) bzw. von anderen Kommunen, die im Besitz solcher Rechte sind, erwerben. Die Verteilung der Rechte könnte dann – analog zum Verfahren bei der Geldschöpfung durch die Deutsche Bundesbank – periodisch über Auktionsverfahren erfolgen.

Die Ausweisungsrechte könnten nach Wohnbauflächen, Industrie- und Gewerbeflächen sowie Verkehrsflächen differenziert werden. Es wäre ebenso denkbar, nach Kriterien wie Siedlungsschwerpunkt und Nicht-Siedlungsschwerpunkt bzw. nach Siedlungsachsen und interaxialen Räumen zu unterscheiden. Dieser sachlichen Abgrenzung könnte eine räumliche Abgrenzung gegenübergestellt werden, um regionale Besonderheiten oder Entwicklungsziele zu berücksichtigen.

---

[385]) Vgl. Studie des Finanzwissenschaftlichen Forschungsinstituts an der Universität zu Köln und dem Institut für ökologische Raumentwicklung, Dresden, im Auftrag der Enquete-Kommission „Schutz des Menschen und der Umwelt“: Bizer u. a. (1998)

Dieser Vorschlag greift in die Planungshoheit der Gemeinden und in die Eigentumsrechte der Grundeigentümer ein. Vermutlich wird es deshalb schwierig werden, nicht nur Begründungen für Art und Menge der Ausweisungsrechte in der jeweiligen Region zu finden, sondern auch einen mit der Verfassung zu vereinbarenden Weg.

Versiegelungsabhängige Abwassergebühr

Die Gemeinden finanzieren ihre Ausgaben über Gebühren und Beiträge, Steuern, Zuweisungen von Bundesländern und Bund sowie Darlehen. Die von den Gemeinden erhobenen Abwassergebühren richten sich vornehmlich nach dem Volumen der Abwassermenge, dessen Indikator i. d. R. der Frischwasserverbrauch ist. Teilweise werden gewerbliche und industrielle Einleiter auch mit Starkverschmutzeraufschlägen belegt.

In neuerer Zeit wird im Rahmen der Abwassergebühr auch der Teil des abgeleiteten Wassers berücksichtigt, der sich als Niederschlag auf den versiegelten und an das Kanalnetz angeschlossenen Flächen sammelt. Die Bemessungsgrundlage der Gebühr ist auf die versiegelten und in das Kanalnetz entwässernden Quadratmeter erweitert worden. Mit der Einführung dieser sogenannten „Regenwassergebühr“ wird eine größere Gebührengerechtigkeit erreicht, da die Kosten von Kläranlagen zu einem beträchtlichen Teil auf das vorgehaltene Volumen der Klärbecken zurückzuführen sind. Dasselbe gilt für die Dimensionierung der Kanäle. Da diese Leistungen von Grundstücksnutzern mit großen versiegelten Flächen stärker in Anspruch genommen werden als von solchen ohne versiegelte Flächen, ist die Veranlagung insofern sinnvoll, soweit keine Versickerung des Niederschlages erfolgt. Auf der anderen Seite wird von verschiedenen Gemeinden die schadlose (Vgl. § 33 WHG)[386]) Versickerung durch eine Verringerung der Abwassergebühr gefördert. Eine so differenzierte Abwassergebühr trägt zu einer relativen Verteuerung der „Versiegelungsnutzung“ bei.[387])

---

[386]) In den Bestimmungen für das Grundwasser im Wasserhaushaltgesetz heißt es im § 33: „Erlaubnisfreie Benutzungen.

(1) Eine Erlaubnis oder eine Bewilligung ist nicht erforderlich für das Entnehmen; Zutagefördern, Zutageleiten oder Ableiten von Grundwasser
   1. für den Haushalt, für den landwirtschaftlichen Hofbetrieb, für das Tränken von Vieh außerhalb des Hofbetriebs oder in geringen Mengen zu einem vorübergehenden Zweck,
   2. zum Zweck der gewöhnlichen Bodenentwässerung landwirtschaftlich, forstwirtschaftlich oder gärtnerisch genutzter Grundstücke.

(2) Die Länder können allgemein oder für einzelne Gebiete bestimmen, daß
   1. in den in Absatz 1 aufgeführten Fällen eine Erlaubnis oder eine Bewilligung erforderlich ist,
   2. für das Entnehmen, Zutagefördern, Zutageleiten oder Ableiten von Grundwasser in geringen Mengen für gewerbliche Betriebe sowie für die Landwirtschaft, die Forstwirtschaft oder den Gartenbau über die in Absatz 1 bezeichneten Zwecke hinaus eine Erlaubnis oder eine Bewilligung nicht erforderlich ist,
   3. für das Einleiten von Niederschlagswasser in das Grundwasser zum Zwecke seiner schadlosen Versickerung eine Erlaubnis nicht erforderlich ist.“

[387]) Vgl. Bizer u. a. (1998)

Reform des kommunalen Finanzausgleichs

Die in Art. 106 GG geregelte Verteilung des Steueraufkommens zwischen Bund, Ländern und Gemeinden überträgt den Gemeinden einen Anteil an dem Aufkommen der Einkommensteuer. Darüber hinaus stehen ihnen die Grundsteuer und die Gewerbesteuer als Realsteuern zu. Mit Hilfe des ergänzenden aktiven Finanzausgleichs (Zuweisungen) wird versucht, Unzulänglichkeiten bei der Aufgabenverteilung und der originären Einnahmenverteilung zu korrigieren.

Der Anteil der Gemeinden an der Einkommensteuer ihrer Bürger beträgt 15 %. Sie haben deshalb ein Interesse daran, durch die Ausweisung neuen Baulands zusätzliche Einkommensteuerzahler zu gewinnen, auch wenn die Neubürger Folgekosten verursachen.

Würden die Gemeinden ihren Anteil an der Einkommensteuer verlieren, so entfiele ein wesentlicher Anreiz für neue Baulandausweisungen. Erwünscht ist, daß die Gemeinden nicht die Zielsetzungen der Landesplanungen unterlaufen, die mehr auf die Verwirklichung von Verkehr reduzierenden und flächensparenden Siedlungsweisen und die Einhaltung bestimmter restriktiver Entwicklungsziele ausgerichtet sind. Der aktive kommunale Finanzausgleich könnte deshalb spezielle Zweckzuweisungen für solche Gemeinden vorsehen, die in ihren Planungen die landesplanerischen Vorgaben umsetzen bzw. eine Verringerung der Zweckzuweisungen, sofern die Gemeinden landesplanerische Vorgaben zur flächensparenden Siedlungszuweisung und zur Verkehrsreduzierung unterlaufen. Es könnte auch eine ökologische Komponente in die Zuweisungen der Länder an die Gemeinden eingebaut werden. Diese könnte an der Flächenumwandlungsrate orientiert sein. Damit würde ein gegenläufiger Anreiz für die Gemeinden geschaffen, um dem durch die Verteilung der Einkommensteuer erzeugten Druck entgegenzuwirken. Nähere Ausführungen hierzu enthält die von der Kommission in Auftrag gegebene Studie.[388])

Reform der Grundsteuer

Derzeit werden Grundstücke und Gebäude in Deutschland durch die Grundsteuer belastet. Die Grundsteuer ist eine bundesrechtlich geregelte Steuer, deren Bemessungsgrundlage der sogenannte Einheitswert des Grundstückes sowie der darauf stehenden Gebäude ist. Dieser Wert liegt heute im Bereich der Siedlungsfläche um Größenordnungen unterhalb der aktuellen Verkehrswerte von Grundstücken und Gebäuden.

Die Grundsteuer hat als Einnahmequelle der Gemeinden in der Vergangenheit stark an Bedeutung verloren. Sie bietet in ihrer gegenwärtigen Form auch geringe Anreize zum Flächensparen, sondern begünstigt im Gegenteil z. B. durch eine geringe Besteuerung von Ein- und Zweifamilienhäusern flächenextensive Siedlungsformen im Vergleich zum verdichteten Geschoßwohnungsbau.

---

[388]) Vgl. Bizer u. a. (1998)

Durch ihre geringe Höhe leistet die Grundsteuer der Spekulation mit unbebauten Grundstücken als gering besteuerter Kapitalanlage Vorschub. Nicht zuletzt die Erwartung größerer Bodenwertsteigerungen bei unbebauten Grundstücken hat dazu geführt, daß im gewerblichen Bereich derzeit etwa 20 %, im Wohnbereich etwa 13 % des ausgewiesenen Baulandes nicht bebaut sind. Gerade in Innenstadtbereichen entsteht dadurch zu wenig preisgünstiger Wohnraum.

Die Anpassung der Einheitswerte speziell der baureifen Grundstücke an die aktuellen Verkehrswerte würde darauf hinwirken, neben den spekulativ gehaltenen Grundstücken auch die Grundstücke für eine Bebauung zu mobilisieren, die innerhalb der Familie weitergegeben werden sollen oder bei denen der Eigentümer nicht das nötige Kapital zur Bebauung aufbringen kann.

Die Grundsteuer könnte genutzt werden, um auf der Erhebungsseite Anreize zur Ressourcenschonung zu setzen. Eine Umstellung der Bemessungsgrundlage könnte mit der ohnehin erforderlichen Grundsteuerreform einhergehen.

Zoniertes Satzungsrecht für baureife aber unbebaute Grundstücke

Um baureife Grundstücke beschleunigt einer Bebauung zuzuführen, könnte den Gemeinden das Recht eingeräumt werden, im Wege der Satzung für Teile des Gemeindegebietes die Grundsteuer durch erhöhte Hebesätze zu erhöhen (zoniertes Satzungsrecht) und dadurch die Haltung von Bauland zu verteuern.

Baulandsteuer

Auch die seit langem diskutierte und in den 60er Jahren für kurze Zeit eingeführte Grundsteuer C – auch als Baulandsteuer bezeichnet – könnte über eine höhere Besteuerung unbebauter baureifer Grundstücke darauf hinwirken, diese Grundstücke schneller ihrer den Planungsvorstellungen gemäßen Nutzung zuzuführen. Mit der Mobilisierung des Bestandes unbebauter Baugrundstücke könnte der Druck bauwilliger Haushalte in das Umland der Agglomerationsräume gemildert werden.

Bodenwert- und Bodenflächensteuer

Die Einführung einer Bodenwertsteuer bzw. einer kombinierten Bodenwert- und Flächensteuer würde eine grundlegende Reform der Grundsteuer darstellen. Die diesen Steuerarten zugeschriebenen Wirkungen zielen weniger auf die Mobilisierung unbebauter Grundstücke als vielmehr auf die Beeinflussung der Art der Bebauung bzw. Nutzung der Grundstücke.

Ersetzt man den Einheitswert als Bemessungsgrundlage der Grundsteuer allein durch den Wert des Bodens und läßt damit den Wert darauf stehender Gebäude unberücksichtigt, dann werden Anreize geschaffen, Grundstücke intensiver zu nutzen und sparsamer mit der Fläche umzugehen. Dasselbe gilt für den Fall, daß allein die Fläche als Bemessungsgrundlage gewählt wird. Die steuerliche Belastung steigt in beiden Fällen nicht mehr mit dem Wert des Gebäudes. Der Unterhalt unbebauter Grundstücke wird vergleichsweise teurer. Beide Effekte wirken auf eine Verdichtung des Gebäudebestandes hin.

Der Vorschlag einer kombinierten Bodenwert- und Bodenflächensteuer des Deutschen Instituts für Urbanistik (DIFU) bietet als Reformmodell für die Grundsteuer den Vorteil, daß ihre räumliche Aufkommensverteilung in etwa der jetzigen Grundsteuer entspricht.[389] Dabei wird neben die Wert- auch eine Mengenkomponente gestellt, so daß bei gleichem Bodenwert diejenige Bebauung geringer besteuert wird, die eine kleinere Bodenfläche in Anspruch nimmt. Die kombinierte Bodenwert- und Bodenflächensteuer ist in erster Linie aus der kommunalpolitischen Sicht mit einer für Städte günstigen Steueraufkommen interessant, da sie ein anpassungsfähiges Reformkonzept für die Grundsteuer darstellt und ökologisches Lenkungspotential hat. Eine von der Kommission in Auftrag gegebene Studie befürchtet, daß ohne eine Kombination von Bodenwert- und Bodenflächensteuer der ökonomische Anreiz der Flächenbesteuerung zu gering ist, um das starke Bodenpreisgefälle zwischen peripheren und zentralen Räumen zu mindern.[390]

Flächennutzungssteuer

Eine weitere Möglichkeit für die Neugestaltung der Grundsteuer wäre die Überführung in eine Flächennutzungssteuer. Mit dem Vorschlag des Finanzwissenschaftlichen Forschungsinstitutes an der Universität zu Köln, des Instituts für ökologische Raumentwicklung, Dresden,[391] und der Bundesforschungsanstalt für Landeskunde und Raumordnung, Bonn, wird primär das Ziel verfolgt, Versiegelungszuwächse zu reduzieren. Daneben sollen Anreize zur naturschonenden Nutzung von Freiflächen gegeben werden. Zu diesem Zweck differenziert der Vorschlag die Steuer nach dem Grad der Beeinträchtigung der Flächen durch die jeweilige Nutzung. Unterschieden wird beispielsweise zwischen versiegelten, unversiegelten, besonders naturschädlich genutzten Flächen o. ä., denen jeweils unterschiedliche Steuerklassen zugeordnet werden. Diese Steuerklassen werden in der Übersicht (Tabelle 31) aufgelistet.

Eine entsprechend ausgestaltete Flächennutzungsteuer würde dazu führen, daß die steuerlichen Belastungen z. B. mit der Größe des Grundstücks und dem Grad der Versiegelungsintensität ansteigen. Dies wirkt tendenziell auf eine Verteuerung des Wohnens in flächen- und versiegelungsintensiven Einfamilienhäusern im Vergleich zum Wohnen in verdichteten Geschoßwohnungen hin. Allerdings sind bei einer aufkommensneutralen Erhebung einer Flächennutzungsteuer im Vergleich zur heutigen Grundsteuer sicherlich keine signifikanten Lenkungswirkungen im Hinblick auf den Flächenverbrauch zu erwarten.[392]

---

[389]) Vgl. Apel, Henckel u. a. (1995) 122 f.
[390]) Vgl. Bizer u. a. (1998)
[391]) Vgl. Bizer u. a. (1998)
[392]) Vgl. Bizer u. a. (1998)

Tabelle 31

Die Steuerklassen der Flächennutzungsteuer

Steuerklasse I (Naturbelassene Flächen): Flächen, die weitgehend naturbelassen sind. Den naturbelassenen Flächen werden auch Flächen zugeordnet, die im Sinne des Natur- und Landschaftsschutzes gepflegt und entwickelt werden, ohne sie wirtschaftlich zu nutzen. Dazu zählen z. B. die vollständig ungenutzten Flächen in den Kernbereichen von Naturschutzgebieten und solche Flächen, deren Nutzung im Rahmen des Vertragsnaturschutzes auf Pflegemaßnahmen beschränkt sind.
Steuerklasse II (Naturschonend genutzte Flächen): Naturschonend genutzte Flächen sind solche, die nachweislich und nach anerkannten Verfahren naturschonend bewirtschaftet werden. Ein Abgrenzungskriterium dieser Klasse ist z. B. die anerkannt ökologische Bewirtschaftung nach EWG-VO 2078.
Steuerklasse III (Forstwirtschaftlich genutzte Flächen): Zu diesen Flächen zählen die Waldfläche, soweit sie bewirtschaftet wird und nicht besonders als ökologischer Waldbau zertifiziert ist.
Steuerklasse IV (Sonstige Freiflächen): Alle Freiflächen des Außen-, Innen- und Planbereichs, die nicht den Steuerklassen I, II und III zugeordnet werden.
Steuerklasse V (Versiegelte Flächen im Außenbereich): Erfaßt sind hier die privilegierten Vorhaben des § 35 BauGB, wenn sie nicht der Steuerklasse VII unterfallen.
Steuerklasse VI (Versiegelte Flächen im Innen- und Planbereich): Alle versiegelten Flächen des Innen- und Planbereichs, die nicht der Steuerklasse VII zuzuordnen sind.
Steuerklasse VII (Besonders naturschädlich genutzte Flächen): Eine besonders naturschädliche Nutzung ist sowohl im Außenbereich als auch im Innen- und Planbereich möglich. Der Steuerklasse VII sind alle Verkehrsflächen aber auch Hochhäuser von mehr als fünf Stockwerken zuzuordnen. Bis zu fünf Stockwerken kann das Argument beachtet bleiben, daß die Konzentration des Wohnens mehr naturbelassene Freiflächen schaffen kann. Die Kriterien der Steuerklasse VII können partiell dem Landesgesetzgeber überlassen werden.

Quelle: Bizer u. a. (1998) Kapitel 6.4

Abschaffung der Grunderwerbsteuer zugunsten einer Umsatzsteuer für Baugrundstücke und Neubauten

Ein Gedanke, der bereits seit längerer Zeit diskutiert wird, ist die Abschaffung der Grunderwerbsteuer. Die Grunderwerbsteuer ist eine Ländersteuer, die beim Kauf von Grundstücken erhoben wird. Das Aufkommen wird teilweise bzw. insgesamt an die Gemeinden bzw. die Kreise abgetreten. Die Abschaffung der Grunderwerbsteuer zugunsten einer Umsatzsteuer für Baugrundstücke und Neubauten würde diese verteuern. Da Altbauten nicht davon berührt werden, würde die Nachfrage am Wohnungsmarkt in Richtung des Bestandes gelenkt. Durch die Abschaffung der Grunderwerbsteuer, die bislang Alt- und Neubauten gleichermaßen belastet, könnte dieser Trend verstärkt werden. Sinkende Kosten beim Wohnungskauf verbessern für viele Bürger die Chance auf eigene vier Wände gerade in einer mobiler werdenden Gesellschaft. Neben der direkten Wirkung der steuerlichen Belastung wirkt die Einführung der Umsatzsteuer im Vorfeld auf eine schnelle Bebauung bzw. den Verkauf eines Baugrundstückes hin.

Nachverdichtung im Bestand

Viele Wohnsiedlungen aus der Zeit zwischen den Weltkriegen wie auch aus den 50er und 60er Jahren sind relativ locker bebaut und können ohne Verlust an Wohnwert nachträglich durch Zubau weiterer Gebäude, Aufstockung oder Dachgeschoßausbau dichter bebaut werden („Nachverdichtung"). Voraussetzung ist dafür i. d. R. ein entsprechender Bebauungsplan bzw. eine Bebauungsplanänderung. Dieses Instrument wird von den Gemeinden noch zögerlich angewendet. Um beispielhafte Vorhaben herauszustellen und zur Nachahmung anzuregen, könnten z. B. bundes- und landesweite Wettbewerbe ausgelobt werden.

Einführung einer flächensparenden Komponente bei der Finanzierung der Verkehrsinfrastruktur und Städtebauförderung

Im Rahmen der raumwirksamen Förderpolitik von Bund und Ländern werden erhebliche Mittel für die Finanzierung der Verkehrsinfrastruktur und die Städtebauförderung eingesetzt.

Die Förderung des Städtebaus und des Straßenverkehrs dient im wesentlichen der Beseitigung von städtebaulichen Mißständen und umfaßt Sanierungs- und Entwicklungsmaßnahmen. Ein bescheidener Teil der Mittel fließt auch in Entsiegelungsprogramme. Ein anderer Teil wird für den Neubau von Straßen verwendet. Mit jedem weiteren Straßenkilometer wächst nicht nur der Flächenverbrauch, sondern es nehmen auch die von Straßen ausgehenden Zerschneidungen und Isolierungen von Biotopen sowie Lärm- und Schadstoffbelastungen durch den Verkehr selbst zu. Der Boden wird zerstört, verlagert, verdichtet und durch Schadstoffe belastet.[393]

---

393) Vgl. Enquete-Kommission „Schutz des Menschen und der Umwelt" (1997)

Eine veränderte Förderzielrichtung, die noch stärker auf den Öffentlichen Personennahverkehr (ÖPNV) und weniger auf den Ausbau des kommunalen Straßennetzes abstellt, dürfte die flächensparenden Verkehrsmittel stärken und auf diese Weise flächenzehrende Straßenbauten begrenzen.

Änderung der Besteuerungsgrundlagen mit Auswirkungen auf den Individualverkehr

Um einen größeren Anreiz zur Benutzung öffentlicher Verkehrsmittel zu schaffen und die weitere Flächeninanspruchnahme einzuschränken, sind sowohl die Abschaffung der Kilometerpauschale, als auch deren Umwandlung in eine einheitliche verkehrsmittelunabhängige Entfernungspauschale im Gespräch.

Die steuerliche Absetzbarkeit der Fahrten von der Wohnung zur Arbeitsstätte ergibt sich aus der Überlegung, daß die Wahl der Wohnung ein vorgegebener Sachverhalt (Angelegenheit der privaten Lebensführung) und die Fahrt zur Arbeitsstätte eine sich daraus ergebende Folge ist. Dies führt unter Berücksichtigung des Leistungsfähigkeitsprinzips, das allgemein bei Werbungsausgaben zur Grundlage gemacht wird, zur Anerkennung von Kilometerpauschalen, während für die Nutzung anderer Verkehrsmittel nur die tatsächlichen Ausgaben geltend gemacht werden dürfen. Die Kilometerpauschale begünstigt in ihrer bisherigen Form die Kfz-Nutzung im Berufsverkehr.

Auch eine Änderung der Kfz- und Benzinbesteuerung, kommunaler Abgaben[394]) und die Einführung von Job-Tickets könnten in dieselbe Richtung wirken.

Änderung immissionsschutzrechtlicher Vorschriften

Die Nähe von Gewerbe und Wohnen ermöglicht kurze Wege zum Arbeiten, Einkaufen und in der Freizeit. Früher war eine räumliche Trennung von Gewerbe- und Wohngebieten notwendig. Durch technische und gesetzliche Entwicklungen wurden Emissionen drastisch reduziert, so daß eine Funktionstrennung im bisherigen Ausmaß nicht mehr erforderlich ist. Die jetzt mögliche Nutzungsmischung führt zu erheblichen Einsparungen an Verkehrsflächen und Energie.

Um Nutzungsmischung herbeizuführen, kann das bauplanungsrechtliche Instrumentarium eingesetzt werden. Unerwünschte Nutzungen können ausgeschlossen, gewünschte Nutzungen oder bestimmte Nutzungskonstellationen aber nicht garantiert werden.[395]) Allerdings führen nachbarschützende Vorschriften, wie die sog. Sportlärmverordnung (18. BImSchVO §§ 2 und 3) oder z. T. überhöhte Vorgaben wie die „Abstandserlasse" (u. a. in NRW) zur stetigen Trennung von Nutzungen. Diese Regelungen sollten daher überprüft werden. Eine übertrieben stark am Individualschutz orientierte Rechtsprechung (Nachbarschaftsrecht)

---

[394]) Wie z. B. die MIV-(Motorisierter Individualverkehr) Abgabe in Stockholm.
[395]) Müller, Wiegandt (1998) 22–23.

wirkt hier ebenfalls kontraproduktiv. Der Beirat für Raumordnung empfiehlt dem BMBau, „die Baunutzungsverordnung unter Nachhaltigkeitsaspekten grundlegend fortzuentwickeln, dabei die Aspekte von Nutzungsmischung und Nutzungsdichte unter Berücksichtigung des Nachbarschutzes zu überprüfen und im Wechselspiel mit immissionsschutzrechtlichen Regelungen überzogene Ansprüche zum Schutz insbesondere gegen Geräusche zu relativieren.“ [396])

Fonds zur Finanzierung von Sanierungen bei nicht mehr greifbarem Verursacher

Die Wiedernutzung von Industriebrachen stößt häufig auf Probleme infolge von Boden- und Grundwasserkontaminationen. Eine Sanierung scheitert vielfach daran, daß es keinen bzw. keinen liquiden Verursacher der Boden- und Grundwasserbelastungen mehr gibt. In diesen Fällen sind die Sanierungskosten vom Investor oder Grundstückseigentümer zu tragen. Potentielle Investoren werden diese Kosten jedoch nur in den Fällen zu tragen bereit sein, in denen sich die beabsichtigte Grundstücksnutzung trotz der zum Teil erheblichen Sanierungskosten noch als wirtschaftlich attraktiv erweist. Wohnungsbauprojekte auf Altlasten sind unter diesem Gesichtspunkt für private Investoren in der Regel nicht ausreichend lukrativ.

Ordnungsrechtlich ist es möglich, den Grundeigentümer heranzuziehen; mit Ausnahme von Härtefällen wird dies auch praktiziert. Allerdings ist die Bereitschaft von Grundstückseigentümern, die notwendigen Sanierungskosten zu tragen, sofern sie selbst kein Interesse an der Neunutzung der Flächen haben, in der Regel begrenzt. Dies führt zu langwierigen gerichtlichen Auseinandersetzungen, die einem zügigen Flächenrecycling entgegenstehen. Die Wirksamkeit der Regelungen im § 4 Abs. 3 des Bodenschutzgesetzes (BBodSchG) bleibt abzuwarten. In einer großen Zahl von Fällen, in denen durch die Sanierung von Altlasten kein wirtschaftlicher Vorteil erzielbar ist (Sanierung ohne Neunutzungsinteresse bzw. mit wenig ertragreicher Neunutzung) müssen die Sanierungskosten von der jeweiligen Gebietskörperschaft getragen werden, was angesichts der Knappheit öffentlicher Mittel sehr häufig zur Unterlassung notwendiger Sanierungsmaßnahmen führt. Nachdem von Seiten der Bundesregierung in den 80er Jahren die Schaffung eines Altlastenfonds nach dem Muster des amerikanischen Superfund abgelehnt worden ist, haben einige Länder derartige Fonds mit unterschiedlichen gesetzlichen Konstruktionen gegründet. In Nordrhein-Westfalen wird über eine Abgabe auf Sonderabfälle ein Fonds gespeist, der jährlich über 50 Mio. DM Zuschüsse zur Sanierung solcher Altlasten leistet, für die kein Verursacher mehr gefunden werden kann. Gegen dieses Modell ist jedoch Klage erhoben worden. Ferner gibt es einen speziellen Grundstücksfonds zur Sanierung von Altlasten in Bereichen ehemaliger Bergbau- und Stahlverarbeitungsgelände. Wenn den Kommunen keine Mittel zur Sanierung „herrenloser“ Altlasten zur Verfügung stehen, ist mit dem Fortbestehen von Industriebrachen zu rechnen.

---

[396]) Beirat für Raumordnung der Bundesregierung (1998) 4

4.3.3.4 Konzentration auf den Wohnungsbestand

Angesichts ständiger Diskussionen über den Neubau von Wohnungen wird die Bedeutung des Wohnungsbestandes in der öffentlichen Diskussion unterschätzt. Dies ist in Kapitel 4.3.2 (Seite 242 ff.) vor allem im Hinblick auf die notwendige energetische Sanierung sowie auf den Gewinn von Wohnraum für den sich ändernden Bedarf hervorgehoben worden.

Aus ökologischer Sicht erwartet man von einer Konzentration auf den Gebäudebestand, die zu erheblichen Ersparnissen von Bodenflächen beitragen soll, einen verringerten Druck in die Fläche. Durch die Konzentration von Baumaßnahmen auf den bestehenden Gebäudebestand wie Aufstockung, Ausbau, Dachgeschoßausbau soll die Nachfrage in diesen erneuerten, aber verdichteten Baubestand gelenkt und Nachfrage „auf der grünen Wiese" vermieden werden.

Es ist davon auszugehen, daß die Konzentration auf den Wohnungsbestand auch sozial-, arbeitsmarkt- wie ordnungspolitisch sinnvoll ausgestaltet werden kann.

Investitionen im Bestand binden mehr Arbeitsplätze als Investitionen in den Neubau. [397]) Vor diesem Hintergrund liegt es nahe, daß die Verbilligung von Umbau und Renovierung in Relation zum Neubau, die u. a. durch die verstärkte Förderung von Modernisierungs- und Sanierungsmaßnahmen erfolgen könnte, zu einer Entspannung des Arbeitsmarktes beitragen würde.

Um flächensparendes Bauen und Wohnen zu fördern, könnten Wohnbaufördermittel des Bundes und der Länder zur Aktivierung des Bestandes und innerstädtischer Flächen schwerpunktmäßig eingesetzt werden.

Überlegungen, die auf die Verknüpfung dieser Ansätze abzielen, bestehen z. B. darin, die Förderung im sozialen Wohnungsbau auf Familien mit Kindern zu konzentrieren und sie nicht ausschließlich beim Bau eines neuen Hauses, sondern gleichermaßen beim Erwerb eines Hauses im Bestand zu fördern. Auf der anderen Seite könnten die Länder z. B. flächensparende und bodenschonende Kriterien in die Fördergrundsätze einbringen, wie es beispielsweise in Nordrhein-Westfalen und Hessen bereits geschehen ist.

Eine andere Möglichkeit besteht darin, die Gewährung von Fördermitteln für Verbesserungen im Wohnungsbestand mit dem Erwerb von Belegungsrechten zu kombinieren. Damit würde der Gefahr einer Verdrängung von Haushalten mit niedriger Wohnkaufkraft aus bislang mietgünstigen Wohnungen entgegengewirkt und die Voraussetzungen für die Schaffung bzw. den Erhalt sozial gemischter Wohnstrukturen geschaffen.

Das Umzugsmanagement ist eine interessante Komponente, die Modernisierungspolitik für den Altbestand und Wohnungsversorgungspolitik in einem gemeinsamen Konzept unterstützt.

---

[397]) Vgl. Kapitel 4.3.2.2, Seite 145; Schätzungen von Lützkendorf und BMBau

Die im Baubereich diskutierte Strategie der „Konzentration auf den Wohnungsbestand“ bezieht sich auch auf die Haltbarkeit und Flexibilität klassischer Gebäudestrukturen, seien sie als Wohnungen oder Industriebauten konzipiert. Solche architektonischen Leistungen können, wenn sie dauerhaft ökologisch genutzt werden, im Sinne der Reduktion von Stoffströmen zur Nachhaltigkeit beitragen.[398]) Angesichts sich heute und in Zukunft ändernder Rahmenbedingungen – ob demographischer, städtebaulicher oder gebäudetechnischer Art – können jedoch sowohl im Hinblick auf die angemessene Haltbarkeit von Gebäuden als auch im Hinblick auf die richtige städtebauliche Zuordnung nur wenige allgemeingültige Aussagen getroffen werden.

Gebäude, die aufgrund von Konstruktionseigenschaften (Zuschnitt, Materialien etc.) nur mit großem Aufwand bzw. gar nicht an veränderte Anforderungen z. B. der Wärmedämmung, der Gebäudesicherheit oder veränderter Nutzungsnotwendigkeiten angepaßt werden können, sollten auch abgerissen und durch einen Neubau ersetzt werden. Ob ein Umbau oder ein Neubau bevorzugt werden sollte, hängt dabei jeweils von der Qualität des Gebäudes im Einzelfall ab.

Mit der konsequenten Ausschöpfung bestehender Umnutzungs- und Ausbaupotentiale könnte auf die Nutzung von Neubauflächen verzichtet werden. Dem Ausbau von Dachgeschossen, der baulichen Erweiterung durch Aufstockung, dem Ausbau bestehender Gebäude oder der Aufteilung von selbstgenutzten Eigenheimen oder Eigentumswohnungen stehen häufig rechtliche, finanzielle und technische Hindernisse im Weg.

Mögliche Ziele und Instrumente zur Umsetzung der Strategie „Konzentration auf den Wohnungsbestand“ zeigt Tabelle 32.

Umschichtung der Fördermittel vom Neubau auf den Bestand

Förderungsinstrumente im Wohnungsbau

Von 1991–1997 wurde das Wohnungsangebot um knapp 1 Mio. freifinanzierte Mietwohnungen, etwa 450 000 Sozialmietwohnungen und rund 820 000 selbstgenutzte Wohnungen ausgeweitet. Dieses hohe Wohnungsangebot hat zu einer Entspannung der Wohnungsmärkte in den alten und neuen Bundesländern geführt. Dagegen waren die Wohnungsmärkte von 1990–1992 durch fehlenden Marktausgleich und in Bedarfsschwerpunkten sogar mit Wohnungsnot für wettbewerbsschwächere Haushalte sowie stark ansteigende Mieten charakterisiert.

Wie auf allen Märkten, so werden auch auf den Wohnungsmärkten längerfristig die Preise der angebotenen Leistungen von den Kosten bestimmt. Die Bauinvestitionskosten sind allerdings in Deutschland vergleichsweise hoch (vgl. hierzu Kapitel 4.3.2.2, Seite 264 ff.). Die Grundstücks- und Baupreise, die Zinsen, die steuerlichen Rahmenbedingungen und teilweise die direkte Förderung bestim-

---

[398]) Vgl. hierzu auch Kohler, Paschen u. a. (1998); Petzet, Hassler (1996)

Tabelle 32

Ziele und Instrumente zur Umsetzung der Strategie „Konzentration auf den Wohnungsbestand"

Ziele	Instrumente [a]
Stärkung von Umbau u. Renovierung in Relation zum Neubau	• Umschichtung der Fördermittel vom Neubau auf den Bestand • Reduzierung indirekter zugunsten direkter Förderinstrumente • Verbesserung der Architektenausbildung und der Ausbildung im Baugewerbe • Verbesserung der Akteurskooperationen
Förderung des Umzugs im Bestand	• Förderung des Umzugsmanagements
Interesse an Energieeinsparung in Verbindung mit Modernisierung erhöhen	• Interessenausgleich zwischen Vermietern und Mietern bei Modernisierung und Energieeinsparung

[a]) siehe Minderheitsvotum zur Energiebesteuerung Seite 334

men maßgeblich die Angebotspreise. Eine Angebotsverbreiterung in einem Teilmarkt kann aufgrund des Verbunds der Teilmärkte zu einer Angebotsausweitung in allen Teilmärkten führen.

Eine Vielzahl von Förderinstrumenten sowohl in Form steuerlicher Vergünstigungen als auch in Form direkter Fördermaßnahmen mit unterschiedlichen Zielsetzungen und Ausgestaltungen dient der Verbilligung des Bauens und des Wohnens. Unter günstigen Markt- und Wettbewerbsbedingungen kann sich die durch die Förderung erhöhte Zahlungsfähigkeit der Bürger auch in höheren Angebotspreisen – wie etwa beim Bauland in Berlin jüngst geschehen – niedergeschlagen. Die quantitativen Wirkungen der einzelnen Förderungen auf die Flächeninanspruchnahme sind ungewiß und sollten überprüft werden.

Mietwohnungsneubau

Die degressive Abschreibung für Neubauten ist höher als die für den Bestandserwerb geltende Normalabschreibung und damit besonders günstig. Investoren, die Wohnungen im Privatvermögen halten, müssen nach Ablauf der zweijährigen

Spekulationsfrist realisierte, nicht wieder reinvestierte Wertsteigerungen nicht versteuern.[399]) Besonders günstig waren die Abschreibungsbedingungen in den neuen Bundesländern für Mietwohnungen, die bis 1998 fertiggestellt werden. Die Abschreibungssätze betrugen hier in den ersten Jahren 50 % bzw. 25 % der Anschaffungs- und Herstellungskosten. Ab 1999 wird dort nur noch der Mietwohnungsneubau auf innerstädtischen Grundstücken mit einer Investitionszulage gefördert.

Sozialer Wohnungsbau und Wohngeld

Sozialmietwohnungen werden direkt mit zinsverbilligten Darlehen und Zuschüssen gefördert. Dadurch werden Bewilligungsmieten erreicht, die wesentlich unter den Mieten für vergleichbare Neubauwohnungen liegen.

Die Vergabe der günstigen Sozialmietwohnungen, die üblicherweise aufgrund kommunaler Belegungsrechte erfolgt, ist an Einkommensgrenzen gebunden. Bei Überschreitungen der Einkommensgrenzen um mehr als 10–20 % müssen die Haushalte überall in Deutschland – außer im Saarland – eine Fehlbelegungsabgabe bezahlen. Allerdings sind die Regelungen (Einkommensschwelle, Höhe der Ausgleichszahlungen etc.) in den einzelnen Ländern sehr unterschiedlich.

Mit der Einführung einer einkommensorientierten Miete im sozialen Wohnungsbau, wie sie in dem dem Bundestag zur Beratung vorliegenden Wohnungsgesetzbuch vorgeschlagen wird, würde das Fehlbelegungs- und Fehlsubventionierungsproblem bei Sozialwohnungen weiter entschärft.

Eine zusätzliche einkommensbezogene Wohnkostenverbilligung erfolgt durch das Wohngeld. 2,5 Mio. Mieter, das sind etwa 8 % aller Mieter, erhalten Wohngeld. Über 50 % der Wohngeldempfänger sind in den alten Ländern Sozialhilfeempfänger.

Selbstgenutztes Eigentum

Die Förderung selbstgenutzten Wohneigentums wurde mehrfach geändert und erfolgte bis zur Umstellung 1996 vornehmlich über Steuervergünstigungen. 1996 wurde die Eigenheimzulage[400]) eingeführt (vgl. hierzu Tabelle 33).

Der Erst-Erwerb selbstgenutzter Wohnungen wird heute für Haushalte mit einem Jahreseinkommen bis zu 120 000 (Alleinstehende) bzw. 240 000 DM (Verheiratete) 8 Jahre lang mit der Eigenheimzulage von jährlich 5 000 DM (Neubau/Ersterwerb) bzw. 2 500 DM (Gebrauchterwerb) und einer Kinderzulage von 1 500 DM je Kind gefördert. In den letzten Jahren wurde auf diese Weise jährlich der Erwerb

---

[399]) Als privater Wohnungsverkäufer gilt eine Privatperson, solange sie nicht mehr als drei Wohnungen in fünf Jahren verkauft. Andernfalls kann die Finanzverwaltung eine gewerbliche Tätigkeit unterstellen.

[400]) Wegen der Umstellung der Förderung für die Baujahrgänge ab 1996 ist für die Folgejahre damit zu rechnen, daß die Eigenheimzulage ein größeres Gewicht bekommt, während die Förderung nach § 10 e/34 f EStG zurückgehen wird.

von über 300 000 Eigenheimen und Eigentumswohnungen gefördert, je zur Hälfte Neubau- und Bestandswohnungen.

Zusätzlich wird die Eigentumsbildung durch Wohnungsbauprämien gefördert, die auf ein frühes Ansparen hinwirken.

Etwa 46 000 Familien mit Kindern wurden 1997 zusätzlich im Rahmen des sozialen Wohnungsbaus gefördert, ganz überwiegend im Neubau.

Keine staatliche Förderung zur Bildung von Vermögen bei den breiten Schichten der Bevölkerung war in der Vergangenheit so erfolgreich wie die Förderung des selbstgenutzten Wohneigentums.

Förderung des Wohnungsbestandes einschließlich Energieeinsparung

Die Hälfte des Bauvolumens, jährlich ca. 150 Mrd. DM, wird zur Instandsetzung, Modernisierung und Sanierung des Wohnungsbestandes verwendet. Der Wohnungsbestand ist in den alten Bundesländern in den meisten Fällen in einem guten Erhaltungszustand. Eine noch schnellere Aufwertung des älteren Wohnungsbestandes z. B. im Sinne übertriebener Modernisierung ist nicht erwünscht, da dadurch bisher mietgünstige Wohnungen für einkommensschwache Haushalte zu schnell verlorengehen und zusätzlich Druck auf den sozialen Wohnungsbau entsteht.

Miet- und steuerrechtliche Rahmenbedingungen begünstigen die Modernisierung. Die Umlage der Kosten für Maßnahmen zur Verbesserung des Wohnwertes darf die Jahresmiete um bis zu 11 % erhöhen. Die meisten Maßnahmen zur Verbesserung des Gebäudebestandes können steuerlich als Erhaltungsaufwand im Jahr der Kostentragung oder gleichmäßig verteilt über 2 bis 5 Jahre steuerlich abgesetzt werden. Diese steuerrechtliche Behandlung hat bereits heute die Folge, daß Maßnahmen zur Verbesserung des Wohnungsbestandes steuerlich besser behandelt werden als Neubauinvestitionen, die nur über wesentlich längere Zeiträume abgeschrieben werden können.

Fördermittel des sozialen Wohnungsbaus werden in den alten Bundesländern für Verbesserungen im Wohnungsbestand nur in geringem Umfang eingesetzt. In den neuen Bundesländern machen sie allerdings mehr als die Hälfte der eingesetzten Mittel aus.

In den neuen Bundesländern besteht ein erheblicher Sanierungs-, Modernisierungs- und Erhaltungsbedarf. Deshalb gibt es für Modernisierungskosten eine Sonderabschreibung von 40 %, ab 1999 gibt es statt dessen eine Investitionszulage von 15 %. Von selbstnutzenden Eigentümern können Kosten für Modernisierung und Ausbau bis zu 40 000 DM im Zeitraum von 10 Jahren als Sonderausgaben geltend gemacht werden (§ 7 Fördergebietsgesetz). Mehr als die Hälfte der Mittel des sozialen Wohnungsbaus wurden für Instandsetzung, Modernisierung und Sanierung eingesetzt.

Besonders große Breitenwirkung hat das KfW-Programm. Inzwischen wurden mit Krediten von fast 60 Mrd. DM meist die Instandsetzung und Modernisierung in 3,3 Mio. Wohnungen gefördert.

24 Mio. Altbauwohnungen entsprechen heute in Deutschland noch nicht dem Wärmeschutzstandard der Wärmeschutzverordnung. Viele Maßnahmen zur Verbesserung des Wärmeschutzes werden für sich allein – ohne Erneuerung der Fassade – trotz der steuerlichen Absetzbarkeit der Ausgaben als Modernisierungskosten sowie der Energieeinsparungen nicht wirtschaftlich.

Für den Neubau gibt es im Eigenheimzulagegesetz einen Öko-Bonus (vgl. hierzu Kapitel 4.3.3.5, Seite 326). Die Fortsetzung der Förderung bis zum Jahr 2000 bewertet die Enquete-Kommission positiv.

Die in den alten Bundesländern bestehenden Zinsverbilligungsprogramme zur wärmetechnischen Sanierung im Altbau werden als richtiger Ansatz gewürdigt und könnten auch in Zukunft weitergeführt werden.

Eine Übersicht über das Ausmaß der Förderungen gibt die folgende Tabelle 33.

Reduzierung indirekter zugunsten direkter Förderinstrumente

Alle Förderinstrumente verbilligen das Wohnen für die Wohnungsnutzer und erhöhen die Nachfrage nach Wohnraum und damit die Flächeninanspruchnahme. Die Preise am Wohnungsmarkt sagen unter diesen Umständen nicht einmal die ökonomische Wahrheit, mehr noch: Sie gehen an der ökologischen Wahrheit vorbei.

Allerdings werden mit den Förderinstrumenten neben der allgemeinen Wohnkostenverbilligung auch andere Ziele verwirklicht wie Verbilligung zugunsten einkommensschwacher Haushalte, Vermögensbildung selbstnutzender Wohnungseigentümer, Verbesserung des Wohnungsbestands etc. Grundsätzlich verspricht der Abbau indirekt wirkender Förderinstrumente (i. d. R. Steuervergünstigungen) zugunsten von Instrumenten, mit denen solche Ziele direkter verfolgt werden (Finanzhilfen und Zulagen), eine größere Zielgenauigkeit und Effizienz. Der Abbau der allgemeinen Wohnkostenverbilligung zugunsten einer streng an der Bedürftigkeit orientierten Subjektförderung könnte mithelfen, die öffentlichen Kassen zu entlasten. [401]) Deshalb sollte das wohnungspolitische Förderinstrumentarium überprüft werden. Hier könnten nach Überzeugung der Kommission wichtige Ansatzpunkte für flächensparende und bodenschonende Verhaltensweisen gefunden werden, die gleichzeitig die Effizienz der Wohnungs- und Fiskalpolitik erhöhen. Im Prinzip ähnliche Überlegungen gelten selbstverständlich auch für gewerbliche Bauten.

---

[401]) Zur Objekt- und Subjektförderung hat Kommissionsmitglied Prof. Dr. Jürgen Rochlitz bereits im Zwischenbericht Drs. 13/7400, S. 50 eine abweichende Meinung formuliert.

Tabelle 33

Steuervergünstigungen und Finanzhilfen im Wohnungswesen im Jahr 1996

Wohnungsneubau	– in Mio. DM –
Steuervergünstigungen für den Mietwohnungsbau	
• degressive Abschreibung in den alten Bundesländern (§ 7 Abs. 5 EStG) [a]	4 400
• Sonderabschreibungen nach dem Fördergebietsgesetz (§§ 3, 4 und 8 Abs. 1 a Fördergebietsgesetz)	880
Direkte Förderung	
• Mietwohnungsbau/Sozialer Wohnungsbau [b]	ca. 10 000
• Wohnungsfürsorge	163
Förderung der Bildung neuen selbstgenutzten Wohneigentums [c]	
• Sonderausgabenabzug für selbstgenutztes Wohneigentum (§ 10 e Abs. 1 EStG)	5 800
• Kinderkomponente (§ 34 f EStG)	1 155
• Sonderausgabenabzug von Schuldzinsen (§ 10 e Abs. 6 a EStG)	525
• Ökozulage (§ 9 Abs. 3 und 4 Eigenheimzulagengesetz)	30
• Vorkostenabzug (§ 10 i EStG)	175
• Sozialer Wohnungsbau – Förderung der Eigentumsbildung	ca. 4 000
	ca. 27 128
Förderung des Wohnungsbestandes	**– in Mio. DM –**
Steuervergünstigungen und indirekte Förderung	
• Abzug wie Sonderausgaben bei Modernisierungsmaßnahmen und Ausbauten an selbstgenutztem Wohneigentum in den neuen Bundesländern (§ 7 Fördergebietsgesetz)	165
• Sonderabschreibung bei Sanierungs- und Modernisierungsmaßnahmen in den neuen Bundesländern (§ 3 Satz 1 und Satz 2 Nr. 3, § 8 Abs. 1 a Fördergebietsgesetz)	310
• Übernahme von Altschulden ostdeutscher Wohnungsunternehmen [e]	22

Anmerkungen siehe übernächste Seite

noch Tabelle 33

noch Steuervergünstigungen und Finanzhilfen im Wohnungswesen im Jahr 1996

Förderung des Wohnungsbestandes	**– in Mio. DM –**
Direkte Förderung	
• Sozialer Wohnungsbau[a])	ca. 2 000
• Bergarbeiterwohnungsbau	126 Mio
• Zinszuschüsse zur Modernisierung und Energieeinsparung durch die KfW	1 038
Förderung der Bildung von Wohneigentum im Wohnungsbestand[b])	
• Sonderausgaben für selbstgenutztes Wohneigentum (§ 10e Abs. 1 EStG)	2 900
• Kinderkomponente (§ 34f EStG)	1 155
• Vorkostenabzug (§ 10i EStG)	175
• Eigenheimzulage (§ 9 Abs. 2 Eigenheimzulagengesetz)[d])	345
• Kinderzulage (§ 9 Abs. 2 Eigenheimzulagengesetz)[d])	195
• Zuschüsse an Mieter zur Privatisierung in den neuen Bundesländern	17
	ca. 8 448
Subjektförderung	**– in Mio. DM –**
• Wohngeld	6 122
• Übernahme von Wohnkosten durch Sozialhilfeträger (Kommunen)[h])	3 386
	ca. 9 508
Sonstiges	**– in Mio. DM –**
• Wohnungsbauprämien[g])	305
• Städtebauförderung[f])	600
• Experimenteller Wohnungs- und Städtebau	11
	ca. 916

Anmerkungen siehe nächste Seite

[a]) Die Steuermindereinnahmen durch die degressive Abschreibung beziehen sich auf 1992 hergestellte oder angeschaffte Wohnungen.

[b]) In den alten Bundesländern dienen die Mittel des sozialen Wohnungsbaus der Neuanschaffung von Wohnraum primär im Mietwohnungsbau, nur relativ wenig Mittel fließen in den Um- und Ausbau von Wohnungsbeständen. In den neuen Bundesländern sind etwa drei Viertel der Mittel auf die Förderung des Neubaus von Miet- und Eigentümerwohnungen ausgerichtet. Die Angaben zum sozialen Wohnungsbau beruhen auf den in den Haushalten ausgegebenen Verpflichtungsrahmen. Es handelt sich um Darlehen und Aufwendungshilfen, deren Nominalwert weit höher ist als der Förderbarwert.

[c]) Von der Eigentumsförderung im Neubau gehen wesentliche Anstoßeffekte auf die Bauwirtschaft aus, während der Gebrauchterwerb primär Vermögensbildungseffekte hat. Wegen der Umstellung der Förderung für die Baujahrgänge ab 1996 wird die Eigenheimzulage in den Folgejahren ein größeres Gewicht bekommen, während die Förderung nach § 10 e / 34 f EStG zurückgehen wird.

[d]) 1996 dürfte allerdings die Eigenheimzulage fast ausschließlich in den Wohnungsbestand gegangen sein, da aufgrund der erforderlichen Fristen die Bedingungen für die Inanspruchnahme im Neubau nicht erfüllt werden konnten.

[e]) In den neuen Bundesländern haben die großzügige Übernahme der Altschulden der Wohnungsunternehmen sowie die Zuschüsse an Mieter zur Privatisierung von Mietwohnungen direkt und indirekt die Finanzkraft der Wohnungsunternehmen gestärkt und es ihnen ermöglicht, mehr Baumaßnahmen zur Deckung des riesigen Modernisierungsbedarfs durchzuführen.

[f]) Nur ein kleiner Teil der angegebenen Mittel dient der Förderung des Wohnungsbaus, und zwar indirekt über die Schaffung der städtebaulichen Voraussetzungen für den Wohnungsbau in Sanierungsgebieten.

[g]) Auch sie erleichtern die Bildung selbstgenutzten Wohneigentums; jedoch ist eine Schätzung, wie sie sich auf Wohnungsneubau und -bestand verteilen, nicht möglich.

[h]) Haushalte von Sozialhilfe-/Kriegsopferfürsorgeempfängern bekommen seit 1991 im allgemeinen ein pauschaliertes Wohngeld, das von den Sozialhilfe-/Kriegsopferfürsorgestellen bewilligt wird. Es beläuft sich in den alten Ländern auf einen nach Ländern und dort teilweise nach Mietstufen differenzierten Prozentsatz zwischen 41,3 und 53 % der sozialrechtlich anerkannten Unterkunftskosten. In den neuen Ländern ersetzte das pauschalierte Wohngeld bis 1996 60 % (seit 1. Januar 1997: 47 %) der anerkannten laufenden Aufwendungen für die Unterkunft.

Der Anteil des Wohngeldvolumens, der an Sozialhilfeempfänger gezahlt wird, beträgt in den alten Ländern ca. 70 %, d. h. ca. 2,3 Mrd. DM, und in den neuen Ländern ca. 17 %, d. h. ca. 0,476 Mrd. DM. Einen Betrag von ca. 2,776 Mrd. DM müssen die Sozialhilfeträger als sozialhilferechtlich anerkannte Unterkunftskosten also selbst tragen.

Hinzu kommen die Sozialhilfeempfänger, die Tabellenwohngeld beziehen, weil ihr Wohngeld aus unterschiedlichen Gründen nicht pauschaliert wird. Nach Angaben des Wohngeld- und Mietenberichts 1997 wird für diesen Personenkreis 10 % des Wohngeldvolumens veranschlagt. Auch hier ist davon auszugehen, daß die Sozialhilfeträger mindestens noch einmal den gleichen Betrag – also ca. 0,610 Mrd. DM – im Rahmen der sozialhilferechtlich anerkannten Unterkunftskosten tragen.

Quellen: Deutscher Bundestag (199f), BMBau (1997a), Schätzungen des BMBau, Berechnungen des Deutschen Städtetages

Verbesserung der Architektenausbildung und der Ausbildung im Baugewerbe zur Bestandspflege

Bei neuen Inhalten in der Ausbildung der Architekten, der Bauberufe, des Baustellenbetriebes und des Projekt-Controlling sollten ökologische Gesichtspunkte berücksichtigt werden.[402]) Durch eine ganzheitliche Ausrichtung der Ausbildung von Architekten, Handwerkern und Planern könnte darüber hinaus der Nachhaltigkeitsgedanke verstärkt gefördert werden.

Die Schaffung von Strukturen, die die Zusammenarbeit von Handwerkern der verschiedenen Gewerke in einem Team bewirken, dürfte neben einer Senkung der Kosten und Bauzeiten auch zur Realisierung von nachhaltigen Lösungen beitragen.

Verbesserung von Akteurskooperationen

Im Rahmen einer Studie der Enquete-Kommission sollten Entscheidungsprozesse und Verflechtungen der verschiedenen Akteure im Baubereich, die Einflüsse auf Stoffströme haben, untersucht werden. Auf bereits vorliegende Erkenntnisse über technische und wirtschaftliche Auswirkungen der Stoffströme im Bauwesen und Beurteilungskriterien für die Vereinbarkeit von ökologischen, ökonomischen und sozialen Kriterien konnte aufgebaut werden. Wegen der großen Bedeutung für die Energieeinsparung und damit für eine nachhaltig zukunftsverträgliche Entwicklung waren speziell die Dämmstoffe einzubeziehen. Die Strukturen und Rahmenbedingungen bei der bisher in der Forschung und Praxis eher vernachlässigten Altbaumodernisierung sind besonders komplex. Hier liegen zugleich die größten Potentiale und Hemmnisse für Maßnahmen zur Energieeinsparung.

Nachhaltige Altbaumodernisierung als wichtige Zukunftsaufgabe

Der Begriff der Altbaumodernisierung wurde als übergeordnete Bezeichnung für alle Bautätigkeiten im Altbaubestand gewählt. Hierzu zählen Renovierung, (präventive) Instandhaltung, Sanierung (Beseitigung von Schäden), Verbesserung der Ausstattung, Umbau, Dachausbau und Teilerneuerung sowie Nachverdichtung durch Aufstockung.

Die große Bedeutung der Altbaumodernisierung für eine wirkliche Absenkung der CO_2-Emissionen wird deutlich, wenn man sich vor Augen führt, daß fast ein Drittel der gegenwärtig in Deutschland durch die Verwendung fossiler Energieträger entstehenden CO_2-Emissionen von insgesamt rund 900 Mio. t/a durch den Gebäudebestand (Heizungs- und Klimaanlagen, Warmwasserbereitung) verursacht wird. Auf den statistisch am besten erfaßten Bereich der privaten Wohngebäude entfallen knapp 20 % des Gesamtausstoßes von

[402]) Vgl. Gruber u. a. (1998)

rund 180 Mio. t/a. Hinzu kommt ein Anteil aus den Verbrauchssektoren Kleinverbraucher und Industrie für die Nutzung von Gebäuden, dies sind z. Zt. etwa 110–120 Mio. t/a. Durch bauliche und anlagentechnische Maßnahmen am und im Gebäude lassen sich 220 - 240 Mio. t/a beeinflussen. Hierbei kommt bei dem in Deutschland zur Zeit gegebenen Energiemix auch der Reduzierung des Stromverbrauches besondere Bedeutung zu.

Um das CO_2-Minderungsziel von 750 Mio. t/a im Jahr 2005 zu erreichen, sind durch zusätzliche Maßnahmen im Gebäudebereich rund 20 Mio. t/a einzusparen.

In der Bundesrepublik Deutschland gibt es nach Angaben des Fraunhofer Instituts für Bauphysik etwa 24 Mio. Altbauwohnungen, die noch nicht den Wärmeschutzstandard der Wärmeschutzverordnung 1982/1984 aufweisen und darüber hinaus in unterschiedlichem Maße instandsetzungs- und modernisierungsbedürftig sind. Eine nachhaltige Verringerung der CO_2-Emissionen im Gebäudebereich ist deshalb nur durch Sanierungen im Bestand möglich.

Ein Teil der im Gebäudebestand regelmäßig anstehenden Sanierungsmaßnahmen kann - verbunden mit geeigneten Anforderungen - zur Energieeinsparung und CO_2-Minderung beitragen. Da für die Wirtschaftlichkeit von baulichen Energiesanierungsmaßnahmen die Koppelung mit ohnehin anstehenden Instandsetzungsmaßnahmen anzustreben ist, sind immer beide Aspekte zu beachten.

Typische Sanierungsintervalle im Bestand

Bautechnische Ertüchtigungsmaßnahmen im Bestand wiederholen sich in großen Zeitintervallen. Für die Modernisierung bzw. Instandsetzung einzelner Bauteile von Wohngebäuden wurden nachfolgende zeitliche Intervalle ermittelt.

Innenwände:	abhängig von Grundrißveränderungen (ca. 40 Jahre)
Außenwände:	i. d. R. Instandsetzung des Außenputzes bei auftretenden Schäden, Intervall stark abhängig von der Bauart
Fußböden:	Erneuerung der Beläge ca. 20 Jahre
Fliesen:	ca. 20 Jahre
Heizung:	ca. 20 Jahre
Wärmeverteilung:	25 Jahre und länger
Sanitärinstallation:	40 Jahre
Elektroinstallation:	40 Jahre
Fenster:	20 bis 30 Jahre

Sanierungsstrategie

Bestandsaufnahme und Bestandsanalyse sollten unbedingt Grundlage einer fachgerechten und wirtschaftlichen Sanierungsmaßnahme sein. Dazu gehören insbesondere:

1. Feststellung und Bewertung des bautechnischen Zustandes unter Beachtung von Brandschutzanforderungen und Umweltaspekten
2. Erstellung einer Energiebilanz im Rahmen der Ermittlung des energetischen Ist-Zustands
3. Beschreibung des Soll-Zustands unter Beachtung der Anforderungen der Wärmeschutzverordnung
4. Energetische Berechnungen zur Verbesserung des wärmetechnischen Standards des Gesamtobjektes unter besonderer Berücksichtigung der Wände, des Daches, der Fenster und der Heizung
5. Erstellung eines Sanierungskonzeptes unter Beachtung des Koppelungsprinzips von bautechnischen und energetischen Maßnahmen, Optimierung nach wirtschaftlichen Randbedingungen
6. Einbindung von „Know-how“ erfahrenen gewerblichen Unternehmen und Handwerkern, Bauingenieuren, Architekten sowie Gebäude-Energieberatern

Es wäre von Vorteil, wenn der Investor Schritte im Sinne einer Nachhaltigkeitsbetrachtung unternimmt.

- Ökonomisch:

1. Einholung von Preisangeboten der verschiedenen Planungsvarianten bei Unternehmen
2. Kapitalkosten, Fördermittel
3. Kosten-Nutzen-Analyse der verschiedenen Optimierungen
4. technische Eignung und Qualitätssicherung, insbesondere Dämmeigenschaften, Dauerhaftigkeit, Brandverhalten, Verfügbarkeit der Stoffe

- Ökologisch:

1. Lebenszyklusanalyse
2. Recycling
3. Prüfung der Baustoffe auf deren ökologische Verträglichkeit (Dokumentieren im Gebäudepaß)

- Sozial:

1. Berücksichtigung der Bedürfnisse der Bewohner (Schallschutz)
2. Erhalt und Förderung der Gesundheit der Nutzer
3. Sicherung des friedvollen Zusammenlebens
4. Entscheidung über durchzuführende Maßnahmen nach dem Kriterium größtmöglicher Einsparpotentiale bei geringsten Kosten (Mieten)

Vergabe: nach Abwägungsprozeß

Die Altbausanierung hat bei einem jährlichen Bauvolumen von ca. 150 Mrd. DM allein im Wohnungsbau eine überragende Bedeutung und muß beherzter angegangen werden als bisher. Nachhaltige Altbaumodernisierung ist eine der wichtigsten Zukunftsaufgaben.

Sowohl in den Fallbeispielen als auch beim Workshop mit Akteuren zeigte sich, daß die Entscheidungsprozesse bei der Altbausanierung hinsichtlich Wärmedämmung, Baustoffauswahl, dem Vorgehen bei der Entsorgung von Bauabfällen und bei den Maßnahmenempfehlungen fast ausschließlich von der Wirtschaftlichkeit der Investitionen abhängen. Ökologische Überlegungen spielen nur eine untergeordnete Rolle. Dies hängt unter anderem auch damit zusammen, daß die Informationsflüsse zwischen Bauherren, Architekten, Baufirma bzw. Handwerkern und Fachhandel noch zu wünschen übrig lassen.

Auf der einen Seite gibt es eine von Fachverbänden und Firmen verursachte Informationsflut, auf der anderen Seite mangelt es an leicht verständlichen sachdienlichen Informationen zur Bewertung von Baustoffen aus ökologischer Sicht. Vielfach entscheiden allein die Architekten, die gerade in diesem Bereich oft nur geringfügige Kenntnisse haben, über den Einsatz eines bestimmten Produktes. Es wird daher empfohlen, in Ausschreibungen klare Anforderungen an Bauprodukte vorzugeben. Diese wären Ergebnis eines wünschenswerten Abstimmungsprozesses zwischen Bauherren, Architekten, Fachhandel und Handwerkern. Erschwerend ist die oftmals mangelnde Qualitätskontrolle am Bau, so daß unter Umständen gar nicht die gewünschten Produkte eingesetzt werden, sondern der jeweilige Handwerker „sein" bewährtes Material ohne weitere Information des Bauherren einbaut. Dies alles ist um so erstaunlicher, als von den etwa 250 Mrd. DM, die im Wohnungsbau jährlich investiert werden, etwa die Hälfte auf Maßnahmen im Altbaubestand entfällt. In dieses Bild paßt allerdings auch die Erkenntnis, daß die Umsetzung der geltenden Wärmeschutzverordnung insgesamt noch nicht zufriedenstellend ist. Eine ausreichende Kontrolle des Verbleibs der Abfälle beim Umbau erfolgt in der Regel nicht in ausreichendem Maße. Es ist besorgniserregend, daß u. a. durch Mängel im Vollzug und Verzögerungen bei der Umsetzung der TA Siedlungsabfall in einigen Bundesländern große Mengen an Baumischabfällen ohne oder mit Vorsortierung weiterhin auf „Billigdeponien“ landen und somit eine qualifizierte Entsorgung unterbleibt.

Die Diskussion des Baugeschehens wird vom Neubau dominiert. Hinzu kommt die geringe Beteiligung von Architekten bei Modernisierungsmaßnahmen, denn Eigentümer geben diese fachlich komplexen Vorhaben häufig direkt an ausführende Firmen. Deshalb kommen umfassende Bestandsaufnahme, Analyse und vollständige Planung zu kurz. Für eine nachhaltige Altbausanierung müssen Planung und Ausführung voneinander lernen, indem Planer und Fachbetriebe Hand in Hand arbeiten.

Die Bildung von Bauteams hat sich bewährt.[403]) Es wird diskutiert, ob eine spezielle Zertifizierung von Planungsbüros und Handwerksbetrieben für Energiesparmaßnahmen bzw. Wärmeschutzmaßnahmen im Altbaubereich eingeführt werden soll. Ob dieses Instrument eine ausreichende Qualifizierung der planenden und ausführenden Firmen sicherzustellen vermag, ist zu prüfen. Dabei wäre auch zu bedenken, wie eine entsprechende Auslegung der Zertifizierungsverfahren zu gestalten ist, damit sich verschiedene Gewerke zu einer gemeinsamen Zertifizierung zusammenschließen können – dies wäre angesichts der komplexen Aufgabe Altbausanierung einerseits und der hohen Differenzierung im Handwerksbereich in Deutschland andererseits – ein wichtiger Anreiz für die Zusammenarbeit unterschiedlicher handwerklicher und planerischer Fachrichtungen. In diesem Zusammenhang könnte zusätzlich die Unterstützung durch flächendeckende, neutrale Beratungsinstitutionen für Energieeinsparung, Bauwerksanierungen und Baumaterialien einschließlich der zugehörigen Strategien in Zukunft stärkere Beachtung finden. Einen weiteren Anstoß könnte die Einführung eines Gebäudepasses unter Einschluß von Energiekennzahlen (vgl. hierzu Kapitel 4.3.3.5, Seite 326) geben.

Daß trotz der überragenden Bedeutung des Altbaubestandes für eine nachhaltig zukunftsverträgliche Entwicklung nur äußerst schleppende Fortschritte erzielt wurden, liegt vor allem an Schwierigkeiten in den Bereichen Information, Finanzen, Technik und Recht, wobei unterschiedliche Beteiligte am Baugeschehen betroffen sind.

Es gibt mithin eine Fülle von Hemmnissen für Innovationen im Sinne des Leitbildes – auch struktureller Art. Angesichts der hohen ökologischen Bedeutung und der aufgewandten privaten und öffentlichen Mittel könnte eine breite öffentliche Meinungsbildung über die zukünftigen Rahmenbedingungen der Altbausanierung in Gang gesetzt werden. Allen Beteiligten sollte klar sein, daß hier in vielen Fällen erhebliche Verbesserungsmöglichkeiten bestehen und der Mitteleinsatz im Hinblick auf ökologische und ökonomische Verbesserungen optimiert werden kann.

---

[403]) Vgl. Gruber u. a. (1998)

Förderung des Umzugsmanagements

Ein Umzugsmanagement erleichtert den Wohnungstausch zwischen Mietern und ermöglicht auszugswilligen Mietern den Umzug aus zu großen Wohnungen in kleinere und preiswertere. Das Umzugsmanagement schafft eine größere Transparenz auf dem Wohnungsmarkt. Mit dem Umzugsmanagement ließen sich, wie Berechnungen zeigen, auch Fördermittel für den Neubau von Wohnungen einsparen: Wird durch den Tausch von Wohnungen Wohnfläche zusätzlich für die Belegung durch Familienhaushalte gewonnen, so können rechnerisch (unter den Bedingungen des regionalen Wohnungsmarktes) Investitionen für den Bau von familiengerechten Wohnungen eingespart werden. So hat die Stadt Hagen berechnet, daß sich bei einem mittleren Investitionsaufwand von 3 000 DM pro m^2 im Neubau ein eingespartes Investitionsvolumen von 8,37 Mio. DM ergeben würde. Der Bau familiengerechter Wohnungen wäre in diesem Fall mit 4,5 Mio. DM förderungswürdig gewesen. [404])

Interessenausgleich zwischen Vermietern und Mietern bei Modernisierung und Energieeinsparung

Umbau im Bestand ist nicht nur eine Sache der Eigentümer. Er berührt ebenso die Interessen der Mieter – und die laufen nicht immer parallel zu denen der Eigentümer. Die mit dem Umbau erreichte Wertsteigerung des Gebäudes interessiert den Eigentümer mehr als den Mieter. Umbau führt allerdings i. d. R. zu Mieterhöhungen, die nicht alle Mieter finanziell verkraften können und die sich heute vielfach am Markt nicht durchsetzen lassen. Die Minderung des Energieverbrauchs und seiner Kosten deckt nicht notwendigerweise die Kosten der Mietsteigerung.

Trotz der starken steuer- und mietrechtlichen Anreize für den Wohnungseigentümer gibt es Verbesserungen, die Mieter für ihre Art der Wohnungsnutzung gern in ihrer Wohnung sehen würden, die sich aber aus Sicht des Vermieters nicht als bleibende Wertsteigerungen darstellen. In solchen Fällen „lohnen“ sich Mieterinvestitionen in eine Wohnung nur, wenn der Mieter für den Fall eines kurzfristigen Auszugs eine Abfindung zahlen mußt. Diese kann vertraglich zwischen Mieter und Vermieter geregelt werden, meist kommt es jedoch zu Abstandszahlungen des neuen an den alten Mieter.

Eine allein auf Energiesparen gerichtete staatliche Förderung war unter sozialen Aspekten nicht immer nachhaltig. Sie sollte sowohl als Förderung von Investitionen des Vermieters als auch des Mieters angelegt sein, um den unterschiedlichen Interessenlagen gerecht zu werden.

Bedenkt man, daß es um der sozialen Sicherung vieler Personengruppen willen auch immer „Belegungsrechte“ der öffentlichen Hände geben muß und Anreize

---

[404]) Vgl. Schader-Stiftung (1997), (1996 a)

zu ökologisch sinnvollem Umbau im Bestand gegeben werden sollten, könnte über den Erwerb von Belegungsrechten auf begrenzte Zeit und entsprechende Umbauförderung nachgedacht werden.

4.3.3.5 Ressourcensparendes Bauen und Wohnen

Diese Strategie setzt sowohl an der quantitativen als auch an der qualitativen Seite an. Baustoffe für den Neubau mögen ökologisch noch so wertvoll sein, so ergibt die Beschränkung auf deren Verwendung dennoch keinen Schritt in die richtige Richtung, wenn Stoffströme insgesamt und der Energieverbrauch weiter ansteigen.

Vor diesem Hintergrund erscheint es sinnvoll, die Baustoffströme zu reduzieren und transparent zu machen. Hierzu werden eine Reihe von Zielen diskutiert, wie die verbesserte Kennzeichnung von Baustoffen und die Einführung eines Gebäudepasses, der wesentliche Gebäudedaten enthält. Bei Neubauten wie bei Instandsetzungsarbeiten größeren Umfangs wird es mehr als bisher notwendig sein, auf die Dauerhaftigkeit des Gebäudes zu achten. Auf der anderen Seite kann ökologisch orientiertes Bauen ein Förderschwerpunkt sein, so wie dies ansatzweise in der jüngeren Eigenheimförderung begonnen wurde. Ökologisch orientiertes Bauen bedeutet auch, Energieeinsparung sowie die Verringerung der Nutzungskosten im Bestand zu fördern. Dabei sollen effiziente und möglichst umweltschonende Techniken zum Einsatz kommen. Eine Reihe von Zielen, die für die Strategie im verstärkten Umgang mit dem Baubestand gelten, eignet sich auch für die baupolitische Strategie.

Der Bedarf an Primärrohstoffen im Baubereich wird wesentlich bestimmt von der Verweildauer der Baustoffe im Gebäude, also von der Lebensdauer. Im Hinblick auf die Verringerung der Baustoffströme sind Bauwerke deshalb auf Dauerhaftigkeit auszulegen.

Bereits in der frühen Planungsphase werden von klugen Bauherren neben den technischen Anforderungen an dauerhafte Gebäude auch Umnutzungs- und bauliche Veränderungsmöglichkeiten einbezogen. Dabei geht es nicht nur darum, qualitativ hochwertige Baustoffe zu verwenden, sondern auch darum, nach Konstruktionsprinzipien zu verfahren, die wartungsarme, alterungsbeständige und einfach austauschbare Bauelemente beinhalten. Durch intelligente planerische Maßnahmen lassen sich haustechnische Anlagen optimieren; in vielen Fällen ist sogar ein Verzicht möglich wie z. B. bei der Klimatisierung.

Darüber hinaus muß in der Ausführungsphase die Qualitätssicherung gewährleistet sein. Höhere Baukosten können durch Einsparungen in der Nutzungsphase über eine lange Nutzungsdauer wettgemacht werden. Von der verstärkten Teilnahme der Bauwirtschaft an Maßnahmen der Qualitätssicherung nach der Normenreihe ISO 9000 ff wird eine Qualitätsverbesserung im Zuge der Bauausführung erwartet.

Tabelle 34

Öffentlich diskutierte Ziele und Instrumente zur Förderung ressourcensparenden Bauens und Wohnens

Ziele	Instrumente[a])
Vereinfachung von Wohnungszuschnitten	• Bindung der Fördermittel
flächen-, energie-, ressourcensparendes Bauen fördern	• Öko-Bonus • Privates Kapital interessieren • Honorarordnung der Architekten und Ingenieure • Bauvorgaben und bauliche Mindestkennziffern • Normen
Verwendung qualitativ hochwertiger Baustoffe und Bauteile	• Einführung einer geeigneten Baustoffkennzeichnung
Verstärkung der Energieeinsparung im Bestand	• Gebäudepaß mit Energiekennzahlen • Energieeinsparung verbessern

[a]) siehe Minderheitsvotum zur Energiebesteuerung Seite 181

Es gibt kein einfaches Rezept für dauerhaftes Bauen. Insofern könnte im Rahmen der Ausbildung von Architekten und Ingenieuren die Dauerhaftigkeit von Bauwerken verstärkt Beachtung finden.

Im Sinne eines nachhaltigen, ressourcensparenden Bauens und Wohnens könnten darüber hinaus auch grundsätzlich andere, alternative Gebäudekonzepte (z. B. Holzbau) untersucht und fortentwickelt werden, die z. B. trotz eines kürzeren Lebenszyklus eine verringerte Ressourceninanspruchnahme bei geringeren Kosten versprechen. Es gilt, ein Optimum im Hinblick auf die Lebensdauer des Gebäudes vor dem Hintergrund fortschreitender Innovationen zu erreichen, die Veränderungen am Gebäude notwendig machen.

Die Transparenz technischer Gebäudedaten ist ein wichtiges Beurteilungskriterium der Gebäudequalität auf dem Immobilienmarkt. Insofern käme einem Gebäudepaß auch hier eine besondere Bedeutung zu.

Bindung der Fördermittel

Schon heute werden Subventionen im Wohnungsbau an bestimmte Auflagen gebunden. Um neue Wohnungen oder Modernisierungen im Sinne einer nachhaltig zukunftsverträglichen Entwicklung zu fördern, könnte die finanzielle Förderung an bestimmte Auflagen, wie z. B. Reduzierung des Flächen-, Ressourcen- und Energieverbrauchs beim Neubau, bei der Modernisierung oder beim Umbau, gekoppelt werden.

Öko-Bonus

Im Eigenheimzulagengesetz ist ein bestimmter ökologischer Standard mit einer Förderung verbunden und schafft Anreize für ressourcen- und energiesparendes Bauen.

Derzeit wird eine Öko-Zulage in folgenden zwei Fällen gewährt:

- Für den Einbau heizenergiesparender Einrichtungen, insbesondere Wärmepumpen- und Solaranlagen (§ 9 Abs. 3 EigZulG) und für
- den Neubau bestimmter Niedrigenergiehäuser (§ 9 Abs. 4 EigZulG).

Damit hat der Gesetzgeber einen wichtigen Impuls für das ökologische Bauen gegeben, die gesetzliche Regelung wurde bis zum Jahr 2000 verlängert. Weiterhin wird das ökologische Bauen mit dem KfW-Kreditprogramm zur CO_2-Minderung unterstützt. Es dient der zinsgünstigen langfristigen Finanzierung von Investitionen zur CO_2-Minderung und Energieeinsparung in Wohngebäuden in den alten Ländern einschließlich Berlin-West sowie der Errichtung von Niedrigenergiehäusern im gesamten Bundesgebiet, wobei der Zinssatz in den ersten zehn Jahren verbilligt wird.

Privates Kapital interessieren

Neben den staatlichen oder kommunalen Fördermitteln darf nicht übersehen werden, daß privates Kapital der Bauherren, aber auch Bankdarlehen für ökologisches, ressourcensparendes Bauen vermehrt aktiviert werden könnte. Hierzu wäre es notwendig, den Informationsstand bei Banken und Bauherren zu erhöhen.

Honorarordnung der Architekten und Ingenieure

Die Honorarordnung der Architekten und Ingenieure (HOAI) sollte so gestaltet werden, daß Anreize bestehen, eine ökologische und kostengünstige Lösung anzubieten. Die letzte Fassung der HOAI berücksichtigt diese Möglichkeit, jedoch noch nicht in ausreichendem Umfang.

Bauvorgaben und bauliche Mindestkennziffern

Seit Jahren ist bei den neu bebauten Wohn-, Gewerbe- und Industriegrundstükken – gemessen an dem zulässigen Maß baulicher Nutzung – eine bauliche Unterausnutzung festzustellen. Neuerdings wachsen die schon relativ großen

Gebäudegrundstücke z. B. bei Mehrfamilienhäusern weiter und ihre baulichen Dichten nehmen sogar ab. Da die Statistik nicht zwischen den eigentlichen Baugrundstücken und den zugeordneten naturschutzrechtlichen Ausgleichsflächen unterscheidet, kann dieser Zuwachs zumindest teilweise auf (baulich nicht genutzte) ökologische Ausgleichsflächen zurückgeführt werden.

Auch beim Bau von Einfamilienhäusern haben sich verdichtete und flächensparende Bauweisen bisher nur dort durchgesetzt, wo hohe Bodenpreise gezahlt werden müssen. Insgesamt legen diese Befunde aus der Bautätigkeitsstatistik eher den Schluß nahe, daß flächensparende Bauweisen nicht generell das Baugeschehen in Deutschland prägen. Zwar wird in den Hochpreisregionen im Durchschnitt wesentlich flächensparender als in den Niedrigpreisregionen gebaut. Dennoch scheinen die Bodenpreise die ihnen unterstellten flächensparenden Wirkungen nur teilweise zu entfalten, weil für eine Bebauung die Masse des Baulandes (ca. zwei Drittel des gesamten Baulandes) nicht neu erworben werden muß, sondern aus den längerfristig angelegten oder vererbten „Potentialen" der Bauherren oder aus sonstigen Bestandsreserven aktiviert werden. Um diese Baulandreserven noch stärker zu mobilisieren, können hier marktorientierte Instrumente (Anreize oder Bodensteuern u. a.) verstärkt eingesetzt werden.

Für flächensparende und bodenschonende Bauweisen können auch die herkömmlichen Bauvorgaben genutzt werden. So haben die Gemeinden u. a. nach § 9 Abs. 1 Nr. 3 BauGB die Möglichkeit, für die Größe, Breite und Tiefe der Baugrundstücke Mindestmaße und aus Gründen des sparsamen und schonenden Umgangs mit Grund und Boden für Wohnbaugrundstücke auch Höchstmaße festzusetzen.

Die niedrigen baulichen Nutzungsziffern aus der Bautätigkeitsstatistik deuten aber eher daraufhin, daß dieses Steuerungsinstrument sehr extensiv von den Gemeinden genutzt wird und keine breite Akzeptanz in der Gemeinde besitzt. Wenn Bauland in den Gemeinden tatsächlich zu einem entscheidenden Engpaßfaktor für die baulichen Aktivitäten geworden wäre, würde das knappe Gut „Bauland" z. B. mit Hilfe des o. g. Instrumentes besser aufgeteilt werden. Dann könnten auf gleicher Baulandfläche mehr Gebäude gebaut werden, jedoch jeweils auf kleineren, flächensparend genutzten Grundstücken. Schon heute hätten die Gemeinden diese Handlungsoption beim entsprechenden Zuschneiden der Baugrundstücke.

Das o.g. ordnungsrechtliche Instrumentarium wurde nur für Wohnbaugrundstücke, nicht jedoch für Gewerbe- und Industriegrundstücke gesetzlich gesichert. Andererseits besteht für die planende Gemeinde schon heute die Möglichkeit, durch Festsetzungen von Baulinien und Baugrenzen auch für Gewerbegrundstücke eine flächensparende Bauweise vorzugeben. Ferner kann ein zwingendes Maß bzw. ein Mindestmaß der baulichen Nutzung für die Geschoßfläche und die Höhe baulicher Anlagen festgesetzt werden (§ 16 Abs. 4 BauNVO). Dem steht entgegen, daß damit unter Umständen für einen Gewerbebetrieb keine

Möglichkeit einer Betriebserweiterung am Ort besteht, so daß eine spätere Verlagerung der Betriebsstätte notwendig sein kann. Es sollte überlegt werden, inwieweit durch die Einführung von Mindestfestsetzungen für gewerblich genutzte Grundstücke flächensparendes Bauen angeregt werden kann.

In diesem Zusammenhang ist jedoch der Hinweis wichtig, daß ordnungsrechtliche Vorgaben in sehr unterschiedlichem Ausmaße im Bebauungsplan enthalten sind. Sofern Gemeinden nicht ausdrücklich Größe, Breite und Tiefe der Baugrundstücke festsetzen, steht es grundsätzlich im Belieben des Grundeigentümers, ob und wie er die festgesetzten Höchstmaße baulicher Nutzung nutzt. Das bedeutet, daß insbesondere bei den Akteuren z. B. durch steuerliche Anreize oder durch Boni bzw. Mindestanforderungen für die Geschoßflächenzahl (Dichte) in der Wohnungsbau- und Gewerbeförderung sehr effektiv flächensparende Bauweisen unterstützt werden könnten.

Normen

Normen wirken wie Ge- und Verbote. Normen spielen als Regeln der Technik für das praktische Baugeschehen eine überragende Rolle. Sie sind derzeit überwiegend auf den Neubau ausgerichtet und gehen nicht ausreichend auf die besonderen Aufgabenstellungen im Baubestand ein. Die Formulierung und Änderung der Normen ist in Deutschland vornehmlich Aufgabe des Deutschen Instituts für Normung (DIN). Hierbei werden Fachverwaltungen und Industrieverbände beteiligt, die über das erforderliche Sachwissen verfügen. Dies gilt analog für die europäischen und internationalen Gremien für Normung (CEN, ISO).

Im Hinblick auf die Zielsetzungen der Kommission sind besonders die Normen relevant, die sich auf das ressourcensparende und gesunde Bauen beziehen. Die erhöhten Anforderungen an Dauerhaftigkeit und Energieeffizienz der Gebäude sollten sich in der Weiterentwicklung der Normen niederschlagen. Im Hinblick auf gesundes Bauen und Wohnen sind bereits wesentliche Schritte unternommen worden, u. a. von der Innenraumlufthygiene-Kommission[405]), dem Normenausschuß Bauwesen des DIN (NABau) mit dem „Leitfaden zur Beurteilung von Bauprodukten unter Gesundheitsaspekten“[406]). Weiterhin sind das Deutsche Institut für Bautechnik, der Ausschuß zur gesundheitlichen Bewertung von Bauprodukten (AG BB), die Projektgruppe „Schadstoffe“ der Arbeitsgemeinschaft Bau (ARGE BAU) mit Unterstützung des Bundes tätig. Zunehmendes Problembewußtsein bei den Bauberufen und in der Öffentlichkeit hinsichtlich der Eigenschaften der verwendeten Baustoffe sowie die Zunahme von Rückbaumaßnahmen können mittelfristig dazu beitragen, daß durch innovative Lösungen unser Bauen und Wohnen nachhaltig gestaltet wird.

---

[405]) Bundesgesundheitsblatt (1996) 422–426
[406]) Vgl. DIN/NABau (1997)

Einführung einer geeigneten Baustoffkennzeichnung

Das Bauordnungsrecht der Länder berücksichtigt seit Übernahme der Regelungen der Bauprodukterichtlinie die Anforderungen an Umwelt, Hygiene und Gesundheit bei Bauprodukten, jedoch ist die Umsetzung wegen noch zu erarbeitender Bewertungsmethoden im Rahmen harmonisierter technischer Spezifikationen verbesserungsbedürftig. In diesem Zusammenhang kann eine verbesserte Baustoffkennzeichnung und Transparenz der Inhaltsstoffe den Umgang, vor allem eine Wiederverwertung erleichtern. Im Hinblick auf einen vorbeugenden Gesundheitsschutz ist die Situation noch nicht befriedigend. Die Ausdehnung einer anerkannten, geeigneten, proaktiven Baustoffkennzeichung (z. B. „Blauer Engel") könnte hier Abhilfe schaffen. Ein erster Schritt in die richtige Richtung, der weiterentwickelt werden sollte, ist die Kennzeichnung des „Kuratoriums Allergophiles Bauen und Wohnen". [407])

Gebäudepaß mit Energiekennzahlen

Fakten und Daten über die bei der Errichtung von Gebäuden verwendeten Baumaterialien sind i. d. R. in der Baubeschreibung niedergelegt, wobei aber Details über die eingesetzten Bauprodukte inkl. der Bauchemikalien gänzlich, z. T. auch Angaben zum baulichen Brand-, Schall- oder Wärmeschutz fehlen. Im allgemeinen gehen die Informationen nicht über z. B. „schwimmender Estrich" hinaus. Umbaumaßnahmen werden praktisch gar nicht dokumentiert.

Im Sinne einer nachhaltig zukunftsverträglichen Entwicklung bedarf es der Informationen über Wohn- und Geschäftsgebäude, die weit über die bisher verfügbaren Daten hinausgehen. So enthält etwa die Baubeschreibung keinerlei Hinweise auf mögliche Schadstoffquellen im Gebäude; vor allem ist unter dem Gesichtspunkt der Optimierung der Lebenszykluskosten bisher versäumt worden, entsprechende Informationen den Eigentümern, Verfügungsberechtigten und Nutzern kontinuierlich zur Verfügung zu stellen. Änderungen am und im Gebäude können erhebliche Folgen sowohl für die ökologische als auch die ökonomische Dimension der Gebäudenutzung haben – die Dokumentation derartiger Änderungen ist i. d. R. recht unzureichend. Der Gebäudepaß ist ein Instrument zur standardisierten Informationserfassung und Informationsweitergabe. Die Informationen gehen aus von Architekten, Baufirmen, Handwerkern etc. und sind bestimmt für Bauherren, Eigentümer, Mieter, Käufer und Nutzer, zum Ende der Nutzung des Gebäudes auch für Behörden, die die Abbruchgenehmigung erteilen und die Unternehmen, die den Abbruch bzw. Rückbau durchführen. Der Gebäudepaß dient der Qualitätssicherung der Gebäudefunktionen. Gebäudepässe sollen einen erheblichen Beitrag zur Transparenz der Lebenszykluskosten von Gebäuden leisten und dadurch die Gefahr ökonomischer Fehlentscheidungen verringern. Es ist in

[407]) Mit der Vergabe von Prüfsiegeln verfolgt das „KABuW" das Ziel, Bau- und Wohnmaterialien im Hinblick auf ihre Freiheit von allergenen und toxischen Stoffen zu kennzeichnen.

diesem Zusammenhang zu klären, ob der Gebäudepaß der öffentlichen Hand – Planungsämtern, Ordnungsämtern etc. – zur Verfügung gestellt werden sollte, um den Gemeinden Hilfestellung bei entsprechenden Fragen zu geben, z. B. nach dem Erhaltungszustand eines Gebäudebestandes. Für potentielle Gebäudenutzer kann der Gebäudepaß wesentliche Informationen über eventuelle Schadstoffquellen liefern und dadurch einen Beitrag zum vorbeugenden Gesundheitsschutz leisten. Er könnte darüber hinaus Grundlage für ein Gebäude- und Liegenschaftsmanagement sein.

Ein Gebäudepaß sollte nach Ansicht des BMBau insbesondere folgende Informationen enthalten[408]):

- Dokumentation des Baus und der wesentlichen Umbauten mit Angabe der verwendeten Materialien,
- Standardsicherheit/Tragfähigkeit,
- Angaben zum Brandschutz,
- Beschreibung der Baustoffe, Bekleidungen, Beläge, Anstriche, Kleber, möglicher Schadstoffemissionen, Lüftungs- sowie Reinigungsmöglichkeiten, Angabe von Problemstoffen, auch bei untergeordneter Anwendung,
- Schallschutz, Belichtung, Dichtheit, Lüftungsmöglichkeiten,
- ggf. Messung organischer und anorganischer Schadstoffe sowie Bewertung von Innenraumluftbelastungen,
- Altlasten im Grundstücksbereich und ggf. Bodenuntersuchungen,
- Angaben zu Wärmeschutz und Energiebedarf (u. a. Wärmedämmung, Heizung, Fenster),
- Aufwand zur Bewirtschaftung,
- Empfehlungen für die Nutzung,
- Beschreibung der Außenanlagen.

Die Erstellung des Gebäudepasses könnte bei Neubauten durch die beteiligten Bauingenieure und Architekten erfolgen; für Altbauten müßte ein Modus gefunden werden (z. B. vereidigte Gutachter). Der jeweilige Eigentümer müßte den Gebäudepaß gegenzeichnen. Bei Eigentumsübertragung wäre auch der Gebäudepaß zu übergeben. Der Gebäudepaß sollte für Mieter und Nutzer einsehbar sein.

Impulse für einen Gebäudepaß kommen insbesondere aus der Innenraumluft- und Altlastenproblematik sowie dem Gebäuderückbau, der mehr und mehr den

---

[408]) Gemäß Konzept für einen Gebäudepaß für Eigenschaften von Wohngebäuden. Vgl. BMBau (1997 d)

schlichten Abbruch ersetzt. In allen diesen Fällen ist es notwendig, entweder das Problemstoffinventar des Gebäudes selbst oder die im Boden verborgenen Schadstoffe genauer zu kennen. Die Einführung des Gebäudepasses könnte zahlreiche Vorteile aus ökologischer und gesundheitspolitischer Sicht mit sich bringen, da bereits die Dokumentation des Einbaus von Materialien dazu anregen wird, über die jeweilige Eignung der Bauprodukte und Bauchemikalien nachzudenken. Weiterhin dürfte eine klare Analyse des gebauten Inventars viele Bauherren dazu veranlassen, sich über Baumaterialien wesentlich mehr Gedanken zu machen als bisher.

In ökonomischer Hinsicht soll der Gebäudepaß die Bewertung von bestehenden Gebäuden erleichtern und damit den Erwerb von Gebäuden vereinfachen. Am Gebäudepaß könnte die Beantwortung haftungsrechtlicher Fragen ansetzen. So könnte z. B. die Anwendung dazu helfen, die Beseitigung von Schäden dem eigentlichen Verursacher zuzuordnen. Hier böte sich u. U. ein Feld für die Versicherungswirtschaft. Sozial negative wie positive Folgen werden derzeit nicht erwartet.

Energieeinsparung verbessern

Ordnungsrechtliche Maßnahmen im Bereich Wohnen sind die Wärmeschutz- und Heizungsanlagenverordnung. Im Neubaubereich gilt es, den durch Wohnflächenzuwachs bedingten Anstieg der CO_2-Emissionen zu begrenzen. Vorschriften für Neubauten sind daher Maßnahmen der Zukunftsvorsorge. Für die eigentliche CO_2-Minderung sind bestehende Gebäude von Bedeutung. Durch verbesserte Wärmedämmung sowie modernisierte Heizungsanlagen im Bestand kann ein großes Einsparpotential erschlossen werden.

Die neue, noch nicht verabschiedete Energieeinsparverordnung soll die Wärmeschutzverordnung fortschreiben und sie mit der Heizungsanlagenverordnung zusammenfassen. Darin sind folgende Kernelemente vorgesehen :

- Verschärfung der Anforderungen an das energiesparende Bauen mit dem Ziel einer Verbrauchssenkung um durchschnittlich 30 % bei Neubauten.
- Übergang für die überwiegende Zahl neu zu errichtender Gebäude vom Heizwärmebedarf zum Heizenergiebedarf als Bezugsgröße für die in der Verordnung festzulegenden Grenzwerte und damit Einbeziehung der Energieverluste der Heizungsanlage.
- Bei Einsatz von Sekundärenergie (Strom, Fernwärme) Verwendung der Bezugsgröße des Heizwärmebedarfs unter zusätzlicher Einbeziehung der Verteilverluste im Gebäude.
- Abstützung der neuen Verordnung insbesondere auf die Europäische Norm EN 832 – Wärmetechnisches Verhalten von Gebäuden.

- Einbeziehung der bisherigen Mindestanforderungen aus der Heizungsanlagenverordnung.

- Erweiterung des bisherigen Wärmebedarfsausweises zu einem Energiebedarfsausweis.

- Anpassung der bisherigen bedingten Wärmeschutz- sowie der anlagentechnischen Anforderungen und Nachrüstungspflichten für den Gebäudebestand an den technischen Fort-schritt.

Es sollte überprüft werden, wie der Vollzug der Wärmeschutzverordnung verbessert werden kann.

Minderheitsvotum der Kommissionsmitglieder Prof. Dr. Jürgen Rochlitz, Ulla Burchardt, Marion Caspers-Merk, Dr. Angelica Schwall-Düren, Dr. Dietrich Sperling, Dr. Henning Friege, Prof. Dr. Georges Fülgraff, Prof. Dr. Rolf-Ulrich Sprenger und Prof. Dr. Arnim von Gleich

Energiebesteuerung

Laut Enquete-Kommission „Schutz der Erdatmosphäre“ des 12. Deutschen Bundestages[409]) sind für den Energiebedarf im Gebäudebereich Einsparpotentiale von 70–80% bei Neubauten und von 50% im Bestand zu erwarten. Diese liegen insbesondere im Bereich der Raumwärme. Die hier vorhandenen Einsparpotentiale und somit auch CO_2-Minderungspotentiale können durch Preissignale stärker aktiviert werden. Eine langfristige, kalkulierbare und schrittweise Energiebesteuerung im Rahmen einer ökologisch-sozialen Steuerreform kann die entsprechenden Preissignale geben, um Maßnahmen der Energieeinsparung zu fördern. Hier sind Verhaltensänderungen zur Vermeidung von Energieverlusten ebenso zu nennen wie wärmetechnische Maßnahmen, rationelle Energieerzeugung (z. B. Wärme-Kraft-Kopplung) und die Förderung erneuerbarer Energien. Eine Energiesteuer wird Auswirkungen auf den Neubau und auf die Geschwindigkeit in der Bestandssanierung haben.

4.3.3.6 Erste Überlegungen zur Bewertung der Instrumente

Für die oben dargestellten instrumentellen Optionen soll im folgenden eine erste Bewertung erfolgen. Dabei wäre zu prüfen, welche Instrumente bzw. welcher Instrumenten-Mix zur Steuerung von Flächeninanspruchnahme und Stoffströmen im Bereich „Bauen und Wohnen“ am besten geeignet sind.

Damit die Einschätzung der einzelnen Instrumente nicht dem individuellen Ermessen bzw. dem jeweiligen Interessenstandpunkt überlassen bleibt, ist eine systematische Beurteilung der Vorzüge und Schwachstellen, Probleme und Grenzen der hier zu vergleichenden Instrumente vorzunehmen. Nur eine syste-

[409]) Vgl. Enquete-Kommission „Schutz der Erdatmosphäre“ (1995) 370

matische Bewertung der einzelnen Instrumente mit Hilfe praxisnaher, aussagekräftiger Beurteilungskriterien und eine Abwägung ihrer Wirkungen schaffen die Voraussetzungen dafür, daß ein erfolgversprechender Mitteleinsatz erfolgt.

Die Entscheidung für einen bestimmten Instrumenten-Mix läßt sich nicht mit einem einzigen, eindimensionalen Kriterium begründen. Vielmehr ist eine Reihe von Beurteilungskriterien zu berücksichtigen, die die verschiedenen Dimensionen der Nachhaltigkeit reflektieren. Im vorliegenden Fall wurde auf folgende Beurteilungskriterien (siehe Kapitel 4.3.3.1 Die Zieldimensionen im Bereich „Bauen und Wohnen", Seite 292) zurückgegriffen:

(1) Ökologische Kriterien

- Flächenverbrauch
- Versiegelung
- Ressourcenverbrauch
- Einsatz von Problemstoffen
- Energieverbrauch/CO_2-Emissionen

(2) Ökonomische Kriterien

- Lebenszykluskosten von Gebäuden
- Investitionen in Umbau/Erhaltung im Vergleich zum Neubau
- Infrastrukturaufwand
- Subventionsaufwand

(3) Soziale Kriterien

- Arbeitsplatzeffekt
- Sicherung bedarfsgerechten Wohnens
- geeignetes Wohnumfeld/Vernetzen von Wohnen, Arbeiten und Freizeit
- gesundes Wohnen
- Erhöhung der Wohneigentumsquote
- Kosten des Wohnens

Die Ausführung dieser Kriterien wirft in der Praxis eine Reihe von methodischen Fragen auf, die vor allem die verfügbare Informationsbasis und die Aussagefähigkeit der verfügbaren Wirkungsanalysen betreffen.

Soll beispielsweise die jeweilige Treffgenauigkeit der untersuchten Instrumente beurteilt werden, so setzt dies voraus, daß Aussagen über ihren Zielbeitrag gemacht werden können. Hierfür ist erforderlich, daß neben der Ausgangssituation *vor* Einsatz des Instruments die jeweiligen Wirkungen *nach* Einsatz und Ablauf der Wirkungsdauer erfaßt sind, die für die bislang nur vorgeschlagenen, aber nicht praktizierten Instrumente bestenfalls grob geschätzt werden können.

Aber nicht nur der Zielerreichungsgrad, auch der konkrete Zielerreichungsbeitrag läßt sich nur schwer bestimmen. Denn in der Praxis ist es nur schwer möglich, bestimmte Wirkungen allein oder überwiegend dem Einfluß eines bestimmten (neuen) Instruments zuzuschreiben. Beispielsweise kann i. d. R. nicht festgestellt werden, ob bestimmte (zusätzliche) Wirkungen ausschließlich oder überwiegend durch den Einsatz eines neuen Instruments zustandegekommen sind oder ob sie auch im Falle der Fortführung des zuvor praktizierten Instrumentariums realisiert worden wären. Im Falle des Wirkungsverbundes von Instrumentenkombinationen („Zangenwirkung“) läßt sich bestenfalls die Gesamtwirkung, aber kaum der jeweilige Wirkungsanteil bestimmen. Unter Umständen läßt sich feststellen, welche Vorteile oder Nachteile der kombinierte Einsatz von Instrumenten gegenüber einem Einzelinstrument mit sich bringen würde.

Die empirische Ausfüllung der sonstigen Beurteilungskriterien auf der Basis quantitativer Kenngrößen erscheint ebenfalls schwierig, wenn nicht sogar ausgeschlossen. Beispielsweise ist es i. d. R. nicht einmal möglich, die Kostenwirksamkeit einzelner Instrumente quantitativ darzustellen, da Erhebungen oder Schätzungen über die instrumentenspezifischen Kostenwirkungen bei den jeweiligen Zielgruppen und bei den Planungs-, Verwaltungs- und Vollzugsbehörden zumeist fehlen. Daher kann bestenfalls der Frage nachgegangen werden, ob – bei Annahme gleichwertiger ökologischer Wirkungen – ein bestimmtes Instrument eine gesamtwirtschaftlich kostengünstigere Aufgabenerfüllung verspricht als andere Instrumente.

Angesichts der vielfältigen Probleme der Operationalisierung und empirischen Ausfüllung der genannten Beurteilungskriterien sowie der methodischen Probleme der Wirkungszuordnung kann es im Rahmen der vorliegenden Bewertung nicht um den Versuch einer quantitativen Ausfüllung der einzelnen Beurteilungskriterien gehen. Es soll vielmehr geprüft werden, ob diese (neuen) Instrumente im Vergleich zu anderen Instrumenten bei den einzelnen Beurteilungskriterien besser oder schlechter abschneiden. Bei dieser Vorgehensweise stehen eher qualitative Indikatoren im Vordergrund, die Anhaltspunkte zum Umfang der Zielerreichung bei den einzelnen Dimensionen der Nachhaltigkeit liefern und somit zumindest einen qualitativen Vergleich unterschiedlicher Instrumente erlauben.

Da der Kommission keine umfassende Wirkungsanalyse für die einzelnen Instrumente vorlag, kann es sich bei der Bewertung der Instrumente in erster Linie nur um die Expertenurteile zu Wirkungsanalysen bzw. Plausibilitätsüberlegungen handeln.

Abschätzung der Wirkungsrichtung der Instrumente

Tabellen a–c: Abschätzung der Wirkungsrichtung von Instrumenten zur Stärkung städtischer Strukturen gegen Zersiedelung und Suburbanisierung

a) Wirkung im Hinblick auf die Ziele der ökologischen Dimension des Leitbildes

Instrument	zusätzlicher Flächenverbrauch	Versiegelung	Ressourcenverbrauch	Einsatz von Problemstoffen	Energieverbrauch/ CO_2-Emission
Regionalplanung stärken	↓				↓
Handelbare Flächenausweisungsrechte	↓		↓		
Versiegelungsabhängige Abwassergebühr		↓			
Reform des kommunalen Finanzausgleichs	↓				
Bodenwert- und Bodenflächensteuer	↓				
Flächennutzungssteuer	↓	↓	↓		
Einführung einer flächensparenden Komponente bei der Finanzierung der Verkehrsinfrastruktur und Städtebauförderung	↓	↓			
Zoniertes Satzungsrecht für baureife, aber nicht bebaute Grundstücke	↓				
Baulandsteuer	↓		–		
Abschaffung der Grunderwerbsteuer zugunsten einer Umsatzsteuer für Baugrundstücke und Neubauten	↓	↓	↓		
Nachverdichtung im Bestand	↓	↓			

noch Tabellen 35 a–i

a) Wirkung im Hinblick auf die Ziele der ökologischen Dimension des Leitbildes

Instrument	zusätzlicher Flächenverbrauch	Versiegelung	Ressourcenverbrauch	Einsatz von Problemstoffen	Energieverbrauch/ CO_2-Emission
Änderung der Besteuerungsgrundlagen mit Auswirkungen auf den Individualverkehr	↓				↓
Änderung immissionsschutzrechtlicher Vorschriften	↓				
Fonds zur Finanzierung von Sanierungen bei nicht mehr greifbarem Verursacher			?		
Städtebauförderung	↓	↓			

↓ = Abnahme; ↑ = Zunahme; ? = Auswirkung fraglich; leeres Feld = Auswirkung wurde nicht diskutiert.

b) Wirkung im Hinblick auf die Ziele der ökonomischen Dimension des Leitbildes

Instrument	Lebenszykluskosten von Gebäuden	Investitionen in Umbau/ Erhaltung im Vergleich zum Neubau	Infrastrukturaufwand	Subventionsaufwand
Regionalplanung stärken			↓	
Handelbare Flächenausweisungsrechte	↑	↓	↑	
Versiegelungsabhängige Abwassergebühr				
Reform des kommunalern Finanzausgleichs				

b) Wirkung im Hinblick auf die Ziele der ökonomischen Dimension des Leitbildes

Instrument	Lebens-zyklus-kosten von Ge-bäuden	Investi-tionen in Umbau/ Erhaltung im Ver-gleich zum Neubau	Infra-struktur-aufwand	Subven-tions-aufwand
Bodenwert- und Bodenflächensteuer			↓	
Flächennutzungssteuer	?	↓	↓	
Einführung einer flächensparenden Komponente bei der Finanzierung der Vekehrsinfrastruktur und Städtebauförderung			↓	
Zoniertes Satzungsrecht für baureife, aber nicht bebaute Grundstücke			↓	
Baulandsteuer				
Abschaffung der Grunderwerbsteuer zugunsten einer Umsatzsteuer für Baugrundstücke und Neubauten				
Nachverdichtung im Bestand			↓	
Änderung der Besteuerungsgrundlagen mit Auswirkungen auf den Individualverkehr			↓	↓
Änderung immissionsschutzrechtlicher Vorschriften			↓	
Fonds zur Finanzierung von Sanierungen bei nicht mehr greifbarem Verursacher		↑		
Städtebauförderung				

↓ = Abnahme; ↑ = Zunahme; ? = Auswirkung fraglich; leeres Feld = Auswirkung wurde nicht diskutiert.

noch Tabellen 35a–i

c) Wirkung im Hinblick auf die Ziele der sozialen Dimension des Leitbildes

Instrument	Arbeitsplätze			Sicherung bedarfsgerechten Wohnens	geeignetes Wohnumfeld	Vernetzen von Wohnen, Arbeiten und Freizeit	Gesundes Wohnen	Erhöhung der Wohneigentumsquote
	Neubau auf neuen Flächen	Neubau auf alten Fläche	Altbau					
Regionalplanung stärken								
Handelbare Flächenausweisungsrechte	↓	↑		?		?		?
Versiegelungsabhängige Abwassergebühr								
Reform des kommunalen Finanzausgleichs								
Bodenwert- und Bodenflächensteuer								
Flächennutzungssteuer	↓	↑	–	?		–		?
Einführung einer flächensparenden Komponente bei der Finanzierung der Vekehrsinfrastruktur und Städtebauförderung	↓	↑	↑			↑		
Zoniertes Satzungsrecht für baureife, aber nicht bebaute Grundstücke	↑			?		↑		

c) Wirkung im Hinblick auf die Ziele der sozialen Dimension des Leitbildes

Instrument	Arbeitsplätze			Sicherung bedarfsgerechten Wohnens	geeignetes Wohnumfeld	Vernetzen von Wohnen, Arbeiten und Freizeit	Gesundes Wohnen	Erhöhung der Wohneigentumsquote
	Neubau auf neuen Flächen	Neubau auf alten Fläche	Altbau					
Baulandsteuer	↑			?		↑		
Abschaffung der Grunderwerbsteuer zugunsten einer Umsatzsteuer für Baugrundstücke und Neubauten				?		?		
Nachverdichtung im Bestand	↓	↑				↑		
Änderung der Besteuerungsgrundlagen mit Auswirkungen auf den Individualverkehr	↓	?	?	?	?	↑		
Änderung immissionsschutzrechtlicher Vorschriften						↑		
Fonds zur Finanzierung von Sanierungen bei nicht mehr greifbarem Verursacher		↑		?	?	?		
Städtebauförderung	↓	↑	↑			↑		

↓ = Abnahme; ↑ = Zunahme; ? = Auswirkung fraglich; leeres Feld = Auswirkung wurde nicht diskutiert.

noch Tabellen 35 a–i

Tabellen d–f: Abschätzung der Wirkungsrichtung von Instrumenten zur Konzentration auf den Wohnungsbestand

d) Wirkung im Hinblick auf die Ziele der ökologischen Dimension des Leitbildes

Instrument	zusätzlicher Flächenverbrauch	Versiegelung	Ressourcenverbrauch	Einsatz von Problemstoffen	Energieverbrauch/ CO_2-Emission
Umschichtung der Fördermittel vom Neubau auf den Bestand	↓	↓	↓	?	?
Gleichstellung von Alt- und Neubau in der Wohnungsbauförderung	↓	↓	↓		?
Deutliche Reduzierung indirekter zugunsten direkter Förderinstrumente	↓	↓	↓		
Architektenausbildung, Ausbildung im Baugewerbe, Akteurskooperationen	↓	–	↓	↓	↓
Förderung des Umzugsmanagements	↓	↓	↓		
Modernisierung, Energieeinsparung, Mieter, Vermieter	?	?	?		↓

e) Wirkung im Hinblick auf die Ziele der ökonomischen Dimension des Leitbildes

Instrument	Lebenszykluskosten von Gebäuden	Investitionen in Umbau/ Erhaltung im Vergleich zum Neubau	Infrastrukturaufwand	Subventionsaufwand
Umschichtung der Fördermittel vom Neubau auf den Bestand		↑	↓	
Gleichstellung von Alt- und Neubau in der Wohnungsbauförderung	?	↓	↓	
Deutliche Reduzierung indirekter zugunsten direkter Förderinsturmente			↓	↓
Architektenausbildung, Ausbildung im Baugewerbe, Akteurskooperationen	↓	↓		
Förderung des Umzugsmanagements				↓
Modernisierung, Energieeinsparung, Mieter, Vermieter				

↓ = Abnahme; ↑ = Zunahme; ? = Auswirkung fraglich; leeres Feld = Auswirkung wurde nicht diskutiert.

noch Tabellen 35a–i

f) Wirkung im Hinblick auf die Ziele der sozialen Dimension des Leitbildes

Instrument	Arbeitsplätze			Sicherung bedarfsgerechten Wohnens	geeignetes Wohnumfeld	Vernetzen von Wohnen, Arbeiten und Freizeit	Gesundes Wohnen	Erhöhung der Wohneigentumsquote
	Neubau auf neuen Flächen	Neubau auf alten Fläche	Altbau					
Umschichtung der Fördermittel vom Neubau auf den Bestand	↓		↑	?		↑		
Gleichstellung von Alt- und Neubau in der Wohnungsbauförderung								
Deutliche Reduzierung indirekter zugunsten direkter Förderinsturmente								
Architektenausbildung, Ausbildung im Baugewerbe, Akteurskooperationen				↑			↑	
Förderung des Umzugsmanagements				↑				
Flexibilisierung des Wohnungsmarktes				↑				
Modernisierung, Energieeinsparung, Mieter, Vermieter								

↓ = Abnahme; ↑ = Zunahme; ? = Auswirkung fraglich; leeres Feld = Auswirkung wurde nicht diskutiert.

Tabellen g–i: Abschätzung der Wirkungsrichtung von Instrumenten für ressourcensparendes Bauen und Wohnen

g) Wirkung im Hinblick auf die Ziele der ökologischen Dimension des Leitbildes

Instrument	zusätzlicher Flächenverbrauch	Versiegelung	Ressourcenverbrauch	Einsatz von Problemstoffen	Energieverbrauch/ CO_2-Emission
Entsprechende Bindung der Fördermittel	↓	↓	↓	↓	↓
Öko-Bonus	↓	↓	↓	↓	↓
Änderung der HOAI	↓	↓	↓	↓	↓
Bauvorgaben und Mindestkennziffern		↓	↓		
Normen				↓	
Einführung einer geeigneten Baustoffkennzeichnung				↓	↓
Gebäudepaß mit Energiekennzahlen				↓	↓
Energieeinsparung verbessern					↓

noch Tabellen 35 a–i

h) Wirkung im Hinblick auf die Ziele der ökonomischen Dimension des Leitbildes

Instrument	Lebens-zyklus-kosten von Ge-bäuden	Investi-tionen in Umbau/ Erhaltung im Ver-gleich zum Neubau	Infra-struktur-aufwand	Subven-tions-aufwand
Entsprechende Bindung der Fördermittel				↓
Öko-Bonus	↓			↑
Änderung der HOAI	?	?		
Bauvorgaben und Mindestkennziffern	?	?	↓	
Normen				
Einführung einer geeigneten Baustoffkennzeichnung	↓	↓		
Gebäudepaß mit Energiekennzahlen	↓	↓		
Energieeinsparung verbessern	?	?		

↓ = Abnahme; ↑ = Zunahme; ? = Auswirkung fraglich; leeres Feld = Auswirkung wurde nicht diskutiert.

i) Wirkung im Hinblick auf die Ziele der sozialen Dimension des Leitbildes

Instrument	Arbeitsplätze			Sicherung bedarfsgerechten Wohnens	geeignetes Wohnumfeld	Vernetzen von Wohnen, Arbeiten und Freizeit	Gesundes Wohnen	Erhöhung der Wohneigentumsquote
	Neubau auf neuen Flächen	Neubau auf alten Fläche	Altbau					
Entsprechende Bindung der Fördermittel							↑	↑
Öko-Bonus							↑	
Änderung der HOAI							↑	
Bauvorgaben und Mindestkennziffern							↑	
Normen							?	
Einführung einer geeigneten Baustoffkennzeichnung							↑	
Gebäudepaß mit Energiekennzahlen							↑	
Energieeinsparung verbessern	?	?	↑					

↓ = Abnahme; ↑ = Zunahme; ? = Auswirkung fraglich; leeres Feld = Auswirkung wurde nicht diskutiert.

4.3.4 Schlußfolgerungen und Empfehlungen

Die Enquete-Kommission hat im Rahmen ihrer Untersuchung über die Flächennutzung für den Wohnungsbau vorläufige Umwelthandlungsziele formuliert. Diese beziehen sich zum einen auf die Umwandlungsrate von unbebauten Flächen in Flächen für Siedlungs- und Verkehrszwecke („Flächenverbrauch"), zum anderen zielen sie darauf ab, bestimmte Flächen von einer Nutzung auszuschließen („Flächenreservierungen").

Angesichts der Kürze der zur Verfügung stehenden Zeit und der Komplexität der zu analysierenden Zusammenhänge konnte lediglich ein erster Einstieg in die Diskussion erfolgen. Ob die von der Kommission formulierten Umwelthandlungsziele zur Flächennutzung mit den im Bereich Bauen und Wohnen vorliegenden ökonomischen und sozialen Zielen verträglich sind, konnte nicht geprüft werden.[410] Damit hat auch die Untersuchung der Ziele und Instrumente einen vorläufigen Charakter, so daß die Empfehlungen der Enquete-Kommission sich vor allem darauf beziehen, bestimmte Instrumente, die nach ihrer Einschätzung besonders vorteilhaft scheinen, einer weiteren und intensiveren Prüfung zu unterziehen.

Die Kommission hat die Entwicklung der Flächennutzung vorwiegend am Beispiel des Wohnungsbaus diskutiert. Es sei an dieser Stelle noch einmal darauf hingewiesen, daß die Flächeninanspruchnahme durch Gewerbebau, Wohnungsbau und Verkehrsflächen in vergleichbarer Weise vorangetrieben wird. Viele der von der Kommission diskutierten Instrumente wirken der Zersiedelung oder der Flächeninanspruchnahme tendenziell entgegen und sind daher in ihren Auswirkungen auch nicht auf den Wohnungsmarkt beschränkt.

Während die Kommission in ihrem Zwischenbericht noch von einer Flächeninanspruchnahme von gut 100 ha/Tag ausging, zeigen die neuesten Zahlen für die Jahre 1993 bis 1997 eine Beschleunigung auf über 120 ha/Tag. Allerdings war die Zunahme der Siedlungs- und Verkehrsflächen im früheren Bundesgebiet von 1981 bis 1997 mit 19 % deutlich geringer als das Wachstum des realen Bruttoinlandsprodukts mit etwa 40 %, so daß eine Entkopplung zwischen Flächeninanspruchnahme und Wirtschaftswachstum bereits begonnen hat und damit auch langfristig möglich erscheint.

Die vielfältigen Ursachen für die Entwicklung der Flächeninanspruchnahme wurden im vorstehenden Bericht – sicherlich nicht bis ins Letzte – analysiert. Sie belegen aber die Dringlichkeit, die Schlußfolgerungen und Empfehlungen der Enquete-Kommission aufzugreifen und zu prüfen, um daraus umsetzbare Strategien und Instrumente für eine Reduktion der Flächeninanspruchnahme zu gewinnen.

---

[410] Dazu müßte im nächsten Schritt der in Kapitel 3 beschriebene „Entscheidungszyklus" durchlaufen werden, bis eine „hinlängliche Übereinkunft in Form eines akzeptierten Umwelthandlungsziels erreicht ist, das in dem Sinn als optimiert und integriert bezeichnet werden kann, daß es hinsichtlich seiner Auswirkungen in allen drei Dimensionen untersucht und bewertet wurde und das die Beteiligten zum Handeln in Teilschritten befähigt" (Kapitel 3, Seite 43).

Um den ökologischen Belangen gerecht zu werden, sollten anstehende Reformen wie die der Einkommensteuer, der Grundsteuer, der Wohnungsbauförderung und der Wärmeschutzverordnung dazu genutzt werden, die drei strategischen Ansätze (siehe Kapitel 4.3.3, Seite 292 ff.) aufzunehmen und in den jeweiligen Reformmaßnahmen umzusetzen.

Überlegungen im Rahmen der Grundsteuerreform und der Länderzuweisungen

Im Rahmen der Strategie zur Stärkung städtischer Strukturen gegen Zersiedelung und Suburbanisierung ist es notwendig, das Interesse der verschiedenen Akteure – vor allem der Gemeinden und Grundstückseigentümer selbst – an einem sparsamen Umgang mit Boden zu erhöhen. Der Umsetzung flächenschonender Regelungen aus dem Bau- oder Planungsrecht stehen bislang ökonomische Interessen der Akteure entgegen. Die Enquete-Kommission plädiert im Rahmen der notwendigen Reform der Grundsteuer dafür, auch ökologische Aspekte z. B. zur beschleunigten Nutzung baureifer Grundstücke und zur Verringerung der Versiegelungszuwächse sowie Fragen des kosten- und flächensparenden Bauens zu berücksichtigen.

Die Haupteinnahmequelle der Gemeinden sind der gemeindliche Anteil an der Einkommensteuer und die Gewerbesteuer. Solange der gemeindliche Anteil an der Einkommensteuer mit der Höhe des Aufkommens in dem jeweiligen Gemeindegebiet korreliert, gibt es einen ökonomischen Anreiz für die Gemeinden, in starkem Maße Wohnbaugrundstücke auszuweisen. Konkurrierende Flächenausweisungen der Gemeinden, die am Rande der Ballungszonen zu einer massiven Zersiedelung sowohl durch Gewerbegebiete als auch durch großflächige Einfamilienhausgebiete führen, lassen sich mit den vorgenannten Instrumenten nicht verhindern. Reformen im Bereich der Verteilung der staatlichen Einnahmen sind jedoch politisch immer besonders schwierig.

Verbesserung der Kooperation zwischen den Gemeinden

Die Enquete-Kommission hat bereits in ihrem Zwischenbericht eine Verknüpfung des gesamten Planungsrechts auf örtlicher und überörtlicher Ebene vorgeschlagen. Eine Stärkung der Regionalplanung ist erforderlich. Durch die Reform des Baugesetzbuches wurde der regionale Flächennutzungsplan eingeführt (§ 9 Abs. 6 ROG). Ob dieses Instrument ausreichende Wirkung zeigt, bleibt abzuwarten. Die Kommission plädiert dafür, alle Ansätze zu prüfen und entsprechend zu fördern, die zu einer Verbesserung der Kooperation der Gemeinden in der Region, auch wenn sie zu verschiedenen Ländern gehören, bei der Ausweisung von Grundstücken führen.

Reduktion der verkehrsbedingten Flächeninanspruchnahme

Das Wohlstands- und Lebensniveau unserer Gesellschaft, mit den uns vertrauten Formen der materiellen Bedürfnisbefriedigung und der zwischenmenschlichen Begegnungen und Kommunikation wäre ohne die uns heute mögliche Art und

Weise der Mobilitätsbefriedigung nicht erreichbar gewesen. Eingriffe in den Verkehrsbereich wirken deshalb in einem oft nicht überschaubaren Maß auf das komplexe Beziehungsgefüge von Gesellschaft und Wirtschaft zurück. Die freie Wahl von Wohnort und Arbeitsplatz – die durch die gestiegene Mobilität erleichtert worden ist –, freie Konsumwahl und die freie Entscheidung des einzelnen über die Nutzung der ihm zur Verfügung stehenden Freizeit gelten in der Gesellschaft, in der wir leben, als Selbstverständlichkeit.

Die Enquete-Kommission „Schutz des Menschen und der Umwelt" des 12. Deutschen Bundestages hat sich bereits intensiv mit dem Bedürfnisfeld Mobilität und seinen Umweltauswirkungen beschäftigt. Die seinerzeit aus Stoffstromüberlegungen abgeleiteten Prioritäten würden auch zu einer Verringerung der Flächeninanspruchnahme beitragen können.

Um dem „Drang in die Fläche" entgegenwirken zu können, sollte ein Umdenken bei der Stadtplanung vor sich gehen. Hierzu forderte die Enquete-Kommission des 12. Deutschen Bundestages bereits: Verringerung der Trennung von Wohnen und Arbeiten; Ansiedlung z. B. von Bürogebäuden an den Knotenpunkten des öffentlichen Nahverkehrs, Verdichtung citynaher Wohngebiete usw.

Inwieweit eine Veränderung preislicher (z. B. Erhöhung der Mineralölsteuer) oder steuerlicher (z. B. Abschaffung oder Umwandlung der Kilometerpauschale) Komponenten dazu beitragen kann, Individualverkehr zu reduzieren, konnte von der Kommission nicht weiter untersucht werden. Zudem müßte bei einer Erwägung derartiger Maßnahmen zunächst eine sorgfältige Analyse der sozialen und ökonomischen Ziele, Rahmenbedingungen und Folgewirkungen erfolgen, da sich mit solchen Maßnahmen auf jeden Fall auch verteilungspolitische Konflikte ergeben dürften. Allerdings ist die Nutzung des öffentlichen Nahverkehrssystems durch ein verbessertes Angebot zu fördern.

Sanierung von Altlasten

Darüber hinaus ist zur Verbesserung der Wiedernutzung von Industrie- und Gewerbebrachen die Übernahme der Kosten für den Fall zu regeln, daß ein (liquider) Verursacher der Belastung nicht mehr herangezogen werden kann. Entsprechende Modelle aus verschiedenen Bundesländern können für bundespolitische Überlegungen herangezogen werden. Die Rechtssicherheit der Regelung muß im Vordergrund stehen.

Umzugsmanagement – eine neue Dienstleistung

Angesichts der Erfahrungen im europäischen Ausland scheint eine deutliche Flexibilisierung des Wohnungsmarktes in Deutschland möglich zu sein. Welche Instrumente hierfür vorrangig eingesetzt werden müssen, konnte die Kommission aus Zeitgründen nicht erarbeiten. „Umzugsmanagement" als ein neues Mittel zur Förderung des Wohnungstausches scheint der Kommission besonders vielversprechend zu sein. Dies ist allerdings aufgrund der herrschenden Rechtslage bislang auf große Wohnungsunternehmen beschränkt. Es ist zu prüfen, inwieweit durch geeignete Förderung und/oder Änderung gesetzlicher Regelungen Umzugsmanagement verstärkt und auf dem Markt als Dienstleistung etabliert werden kann. Dies ist der Beginn eines Nachfragemanagements, das Förderinstrumente durch Dienstleistungen ersetzt und zu einer Minderung der Flächeninanspruchnahme führt.

Überprüfung des wohnungspolitischen Förderinstrumentariums

Alle Förderinstrumente verbilligen das Wohnen für die Wohnungsnutzer und/oder subventionieren die Eigentümer. Damit wird die Nachfrage nach Wohnraum und die Flächeninanspruchnahme erhöht. Die Preise am Wohnungsmarkt sagen unter diesen Umständen nicht einmal die ökonomische Wahrheit, mehr noch gehen sie an der ökologischen Wahrheit vorbei.

Allerdings werden mit den Förderinstrumenten neben der allgemeinen Wohnkostenverbilligung auch andere gesellschaftlich wichtige soziale Ziele verwirklicht, wie Verbilligung zugunsten einkommensschwacher Haushalte, Vermögensbildung selbstnutzender Wohnungseigentümer, Verbesserung des Wohnungsbestands etc.

Tendenziell verspricht die Umwandlung indirekter Förderinstrumente (i.d.R. Steuervergünstigungen) zugunsten von Finanzhilfen und Zulagen, mit denen solche Ziele direkter verfolgt werden, eine größere Zielgenauigkeit und Effizienz. Der Abbau der allgemeinen Wohnkostenverbilligung zugunsten einer streng an der Bedürftigkeit orientierten Subjektförderung könnte mithelfen, die öffentlichen Kassen zu entlasten. Deshalb sollte das wohnungspolitische Förderinstrumentarium überprüft werden. Hier könnten nach Überzeugung der Kommission wichtige Ansatzpunkte für flächensparende und bodenschonende Verhaltensweisen gefunden werden, die gleichzeitig die Effizienz der Wohnungs- und Fiskalpolitik erhöhen.

Die Förderung im Wohnungsbau für Bestand und Neubau sollte stärker an ökologische Kriterien zur Reduzierung des Flächen-, Ressourcen- und Energieverbrauchs gebunden werden.

Erhaltung und Modernisierung wertvollen Gebäudebestandes

Die Hälfte des Bauvolumens, jährlich etwa 150 Mrd. DM, werden zur Instandsetzung, Modernisierung und Sanierung des Wohnungsbestands verwendet. Deshalb ist der Wohnungsbestand in den alten Bundesländern in den meisten Fällen in einem guten Erhaltungszustand. In den neuen Bundesländern besteht jedoch ein erheblicher Sanierungs-, Modernisierungs- und Erhaltungsbedarf.

Baumaßnahmen im Wohnungsbestand, sei es zur Gewinnung von zusätzlichen Wohnungen, sei es zur Energieeinsparung und Modernisierung, sollten ein noch größeres Gewicht erhalten, weil sie einen wichtigen Beitrag zum ressourcensparenden Bauen erbringen und zudem mit relativ zum Neubau größerer Nachfrage nach Arbeitskräften verbunden sind. Entsprechend sollte ein größerer Teil der Fördermittel in den Bestand fließen.

Ressourcensparendes Bauen

Baumaßnahmen im Bestand führen zu einer geringeren Inanspruchnahme von neuen Flächen zu Siedlungs- und Verkehrszwecken.

Im Interesse des ressourcensparenden Bauens sollten die Maßnahmen zur Energieeinsparung[411]) verstärkt werden. Dazu sollte die Fortentwicklung der Wärmeschutzverordnung und der Heizungsanlagenverordnung zu einer Energieeinsparverordnung einen wichtigen Beitrag leisten. Dabei muß das Gebäude mit Heizungsanlage, Lüftung und Wärmedämmung ganzheitlich betrachtet werden.

Ein weiterer Vorteil von Baumaßnahmen im Bestand liegt darin, daß sich dadurch die Lebensdauer der Gebäude verlängern läßt und damit die Stoffströme im Baubereich reduziert werden.

Bei der Neubauplanung sollte bei der Festlegung der Konstruktion und der Baustoffe eine Minimierung der Stoffströme angestrebt werden. Deshalb sollte die Planung im Regelfall eine lange Lebensdauer der Gebäude vorsehen. Daneben gilt es, alternative Gebäudekonzepte (z. B. Holzbau) fortzuentwickeln, die trotz einer kürzeren Lebensdauer mit einer verringerten Ressourceninanspruchnahme einhergehen.

Ausweisung von Vorrats- und Vorrangflächen für die Gewinnung von Mineralstoffen

Die im Auftrag der Kommission durchgeführte Stoffstrom-Studie wie auch Untersuchungen im Auftrag des Bundesforschungsministeriums zeigen, daß der Materialbedarf für den Hochbau noch über viele Jahrzehnte weitgehend über die Gewinnung von Mineralstoffen gedeckt werden muß, da Sekundärmaterialien aus Recyclingprozessen im Hochbau nur einen geringen Prozentsatz des Bedarfes decken können. Entsprechende Grundstoffe wie Sand, Kies, Kalk stehen in einigen Regionen Deutschlands nur noch mittelfristig in ausreichenden Mengen zur Verfügung, da viele Lagerstätten durch andere Ausweisungen blockiert sind. Die Sicherung durch Festlegung in Landes- und Regionalplänen ist zwar derzeit ausreichend. Es stellt sich aber die Frage, inwieweit in Zukunft eine Ausweisung von Vorrats- und Vorrangflächen für die Gewinnung von Mineralstoffen über die heute übliche Sicherung durch Gebietsentwicklungspläne oder Landesentwicklungspläne hinaus erforderlich wird. Die relative Knappheit dieser Ressourcen sollte

---

[411]) Vgl. Minderheitsvotum zur Energiebesteuerung Seite 334

ebenfalls als Signal dafür angesehen werden, daß die heutige Entwicklung nicht als nachhaltig angesehen werden kann.

Gebäudepaß: Transparenz für Immobilien

Im Hinblick auf die Einsparung von Ressourcen beim Bauen selbst wie auch im Rahmen der Nutzung von Gebäuden spricht sich die Kommission für die fakultative Einführung des Gebäudepasses aus. Ein Gebäudepaß, der auch Energiekennzahlen enthält, wäre ein großer Schritt nach vorne im Hinblick auf die Transparenz der Immobilienmärkte an sich. Die Kommission verspricht sich von der Einführung auch zusätzliche Investitionen insbesondere im Hinblick auf Energieeinsparung wie auch einen weiteren Schritt in Richtung auf die Vermeidung kritischer Baustoffe.

„Downcycling“ vermeiden

Was die Qualität von Baustoffen angeht, so warnt die Kommission vor einer unreflektierten „Kreislaufschließung“ bei Baustoffen, weil dadurch Problemstoffe im großen Umfang verschleppt werden können. Hier gilt es insbesondere, die Verwendung von Abfällen zur Verwertung im Baustoffbereich sorgfältig zu beobachten. Die Kommission spricht sich für einheitliche Qualitätsstandards unter ökologischen und funktionalen Gesichtspunkten für den gesamten Baustoffbereich aus, wobei Primär- und Sekundärbaustoffe gleichgestellt werden müssen.

Kooperation am Bau verbessern

Gerade was die Modernisierung von Altbauten angeht, ist die Kooperation der Akteure beim Baugeschehen erheblich verbesserungswürdig. Die Kommission hat dies im Rahmen einer Studie untersuchen lassen und zahlreiche Defizite aufgedeckt. Auch in dieser Hinsicht könnte der Gebäudepaß gute Wirkung zeigen, da zusätzliche Informationen über den Zustand des Gebäudes die Diskussion zwischen Eigentümern, Mietern, Planern, Handwerkern und Banken deutlich verbessern würden. Die hohen Kosten für Neubauten wie Umbauten in Deutschland können nach Auffassung der Kommission auch durch die Bildung von Bauteams verringert werden. Damit würde einerseits der Vorteil der hohen Differenzierung und Spezialisierung im deutschen Bauhandwerk aufrechterhalten, andererseits würden aber die Kosten und Probleme aufgrund unzureichender Zusammenarbeit der Gewerke vermindert. Die Kommission spricht sich dafür aus, die Bildung von Bauteams für den Altbaubestand auf Bundesebene zu unterstützen. Des weiteren ist eine Änderung der Ausbildung von Architekten und Handwerkern im Hinblick auf die Bestandspflege und Erneuerung von Gebäuden dringend erforderlich. Wie die von der Enquete-Kommission in Auftrag gegebenen Studien zeigen, ist die Architektenausbildung zu einseitig auf Neubauten ausgerichtet. Für eine Erneuerungs- und Energiesparoffensive im Gebäudebestand müssen bei Planern und Bauausführenden mehr Kenntnisse über Bauphysik, Bauchemie und die Zusammenhänge zwischen Gebäudebeheizung, Gebäudebelüftung, Baustoffen usw. vorhanden sein. Einen deutlichen Schub auch für hochwertige Altbausanierung erwartet die Kommission für den Fall, daß Mieter und Vermieter daraus einen finanziellen Vorteil ziehen. Daher erscheint es sinnvoll, sowohl vom Mieter vorgenommene Modernisierungsinvestitionen abzusichern, als auch dem Vermieter finanzielle Vorteile bei entsprechenden Investitionen zuzugestehen.

Monitoring tut not

Bei ihrer Arbeit mußte die Kommission häufig feststellen, daß notwendige Daten – etwa über Versiegelung und Flächenverbrauch – nicht oder nicht ausreichend verfügbar waren. Mängel bei der statistischen Erhebung sollten daher behoben werden. Indikatoren für eine nachhaltig zukunftsverträgliche Entwicklung sollten sowohl für die Funktionen von Böden als auch für den Bau- und Wohnungsbereich unter Einschluß der sozialen und ökonomischen Ziele entwickelt bzw. verfeinert werden, wobei Flächenverbrauch und Versiegelung sowie die Erfassung der großen Stoffströme am Anfang stehen sollten. Die Kommission geht davon aus, daß durch die Konzentration auf den Gebäudebestand mehr Arbeitsplätze gesichert werden als durch eine forcierte Neubaupolitik. Auch hierfür sollten entsprechende Indikatoren eingeführt werden. Mit dem Beispielfeld Bauen und Wohnen hat die Enquete-Kommission den Versuch unternommen, Nachhaltigkeitskriterien auf den Bereich mit den größten Stoffumsätzen in Deutschland anzuwenden und damit gleichzeitig einen Wirtschaftszweig erfaßt, in dem ein nicht unerheblicher Teil des Bruttoinlandsproduktes erwirtschaftet wird. Die Kommission ist sich bewußt, daß dieser Ansatz lückenhaft bleiben mußte. Die heute vorliegenden Daten und Fakten reichen aber zumindest dazu aus, Ansprüche an die Nachhaltigkeit im Beispielsfeld Bauen und Wohnen in erster Näherung zu formulieren (Leitbild „Wohnen“, Umwelthandlungsziele) und erste Schritte zur Umsetzung einzuleiten.

5 Innovationen für eine nachhaltig zukunftsverträgliche Entwicklung

5.1 Einführung

Innovationen und fortschreitender Wandel sind der Schlüssel für eine nachhaltig zukunftsverträgliche Entwicklung. So hat die Erfindung des Telefons nicht nur den Telekommunikationsmarkt begründet, sondern auch bis dahin völlig unbekannte Kommunikationsformen mit weitreichenden Folgen für Kultur und Gesellschaft bewirkt. Eine ähnlich weitreichende Innovation war die Erfindung des Automobils, das, wie andere technische Innovationen auch, maßgeblich zu unserem heutigen Lebensstandard bzw. Lebensstil beitrug. Doch die durch technische Neuerungen beförderte Entwicklung ist auch immer von institutionellen Innovationen begleitet. Diese modernisieren die Rahmenbedingungen und die Orientierung des gesellschaftlichen Fortschritts und integrieren unbeabsichtigte Folgewirkungen in die wirtschaftlichen und politischen Entscheidungsprozesse.

Die Entstehung der Sozialversicherung im vergangenen Jahrhundert und der Tarifautonomie ist ein Beispiel für den institutionellen Lern- und Neuerungsprozeß, der das gesellschaftliche Risiko, das in ungleicher Verteilung liegt, reflektiert.

In historisch jüngster Zeit, etwa seit dem ersten Bericht des Club of Rome, geraten die ökologischen Folgewirkungen ins Bewußtsein. In „Die Grenzen des Wachstums“ wurde erstmals der Zusammenhang von Wirtschaftswachstum, Ressourcenverbrauch und Folgen für die Umwelt hergestellt.[416]) Die – natürlich kontroverse – Diskussion der Folgejahre führte zu einem Paket umweltpolitischer Institutionen und umwelttechnischer Innovationen die, zusammengesehen, Grund dafür sind, daß die Dynamik des Umweltverbrauchs nicht im gleichen Maße fortschritt.

Weil das Konzept nachhaltiger Entwicklung einen integrativen, ökologisch-, sozial- und wirtschaftsgemäßen Entwicklungsansatz verfolgt, ist der Schluß naheliegend, daß sowohl neue technische und institutionelle Innovationen, aber auch ein verändertes Innovationsmuster erforderlich sind.

Die Enquete-Kommission bezieht sich deshalb mit ihrem Innovationsbegriff nicht nur auf technische Aspekte, sondern auch auf wirtschaftliche, gesellschaftliche, kulturelle und institutionelle Veränderungen. Sie schließt sich der weitgreifenden Definition der Europäischen Kommission in derem Grünbuch zur Innovation an. Danach bedeutet Innovation, in Wirtschaft und Gesellschaft Neuerungen hervorzubringen, zu übernehmen und erfolgreich zu nutzen.[417])

---

[416]) Vgl. Meadows u. a. (1973)
[417]) Vgl. Europäische Kommission (1995)

Der Begriff „Innovation“

Der Begriff „Innovation“ ist mehrdeutig, denn er bezieht sich auf unterschiedliche Ebenen und bezeichnet sowohl einen Prozeß als auch ein Ergebnis. Im ersteren Sinne sind Innovationen Prozesse der Erneuerung. Sie entstehen und entwickeln sich in einem Netzwerk von Wechselwirkungen zwischen einzelnen Funktionen und Akteuren. Ihre Entwicklung (Diffusion) unterliegt einem Ausleseprozeß, vermittelt z. B. durch Preise, Bedürfnisse, Erkenntnisse und Wünsche, Einkommen. Sie kann auf verschiedenen Wegen erfolgen, z. B. durch Einführung, Imitation, Verbesserung und Ergänzung bzw. Verbreiterung des Anwendungs- oder Ausführungsprofils und Ablösung und „Entsorgung“ infolge eines weiteren Innovationsschubes.

In der zweiten Bedeutung (Innovation als Ergebnis) liegt das Schwergewicht auf dem Ergebnis des Prozesses. Hier geht es – je nach Erklärungsebene – um neue Produkte, Verfahren und Dienstleistungen, aber auch um Resultate des gesellschaftlichen oder organisatorischen Wandels. Man unterscheidet zwischen Basisinnovationen, die einen neuen Entwicklungspfad eröffnen, und Verbesserungsinnovationen, bei denen die Ergebnisse von Aktivitäten schrittweise entlang bestehender Entwicklungslinien optimiert werden.

Je nach betrachtetem Erkärungsobjekt sind unterschiedliche Innovationskategorien zu unterscheiden, anhand derer bestimmte Innovationsaktivitäten bzw. -ergebnisse typisiert werden. Auf der Mittelebene unterscheidet die Kommission technische und institutionelle und gesellschaftliche / soziale Innovationen:

Technische Innovationen

Technische Innovationen sind Neuerungen bei Produkten, Verfahren und Infrastrukturen.

Gesellschaftliche/Soziale Innovationen

Soziale Innovationen betreffen das menschliche Zusammenleben. Sie schlagen sich u. a. in Änderungen der allgemein akzeptierten Grundwerte bzw. Wertearrangements und damit zugleich der Verhaltensweisen und Konsumstile nieder. Sie sind mit der Herausbildung (neuer) entscheidungsprägender Normen bzw. Verhaltenweisen verbunden und drücken sich auch in der praktischen Anwendung neuer Lebensstile aus.

Institutionelle Innovationen

Institutionelle Innovationen betreffen die Organisation der gesellschaftlichen Akteure sowie deren Ordnungsprinzipien. Sie umfassen das Entstehen bzw.

die Setzung von (neuen) Regeln, die aufgrund von Anreiz- und Hemmwirkungen gesellschaftliche Akteure zu mehr technischen, sozialen und wieder neuen institutionellen Innovationen anregen können. Unter Institutionen werden hierbei sowohl formgebundene (Verträge) als auch formungebundene Regeln (Sitten, Gewohnheiten) verstanden.

Die verschiedenen Arten von Innovationen sind in der Praxis nicht scharf voneinander zu trennen und sind häufig mit Wechselwirkung verbunden.

Innovationen sind grundsätzlich offen. Sie sind objektiv nicht antizipierbar, weil weder das Ergebnis noch „Zukunft" als solche geplant und verordnet werden können und sich technische, soziale oder institutionelle Innovationen nicht wiederholen lassen. Bereits an diesem Umstand läßt sich ein grundlegendes Prognoseproblem festmachen: Innovationsprozesse, die erkennbar im Ansatz in die „richtige" Richtung zu laufen scheinen, können im Ergebnis Lösungen hervorbringen, die sich nicht als nachhaltig zukunftsverträglich erweisen. Umgekehrt könnte ein Trend, der nach gegebenem Kenntnisstand als nicht förderwürdig im Sinne der Nachhaltigkeit eingestuft wird, sich dennoch als zukunftsverträglicher erweisen als andere Neuerungsprozesse, die im Ansatz zunächst mehr versprochen hatten.

Demgemäß geht es bei der Identifizierung und Unterstützung zukunftsfähiger Neuerungsprozesse weniger um deren genaue Planung, die einen hohen Grad der Vorhersehbarkeit voraussetzt, als vielmehr um die Förderung, Organisation und Kontinuität von permanenten Suchprozessen nach immer besseren Problemlösungen. Diese Such- und Erneuerungsprozesse einer zukunftsfähigen Entwicklung vollziehen sich am besten in einem Wettbewerb, in dem ökologische, ökonomische und soziale Zielsetzungen und Rahmenbedingungen prägend wirken. Wettbewerb ist maßgeblich für die Schaffung und Erhaltung der Innovationsfähigkeit und ein entsprechendes Innovationsklima, während Zielsetzungen und Rahmenbedingungen zu einem bestimmten Ausmaß und einer bestimmten Orientierungsrichtung von Innovationsbereitschaften bzw. Reformwillen in einer Gesellschaft führen.

Gemäß den Leitbildkriterien einer nachhaltig zukunftsverträglichen Entwicklung ist Innovationsfähigkeit vor allem dadurch charakterisiert, daß die Akteure und Institutionen in der Lage sind, langfristige Ziele koordiniert und über längere Zeiträume hinweg durchzusetzen. Sie müssen integrations-, konsens-, lernfähig und fehlertolerant sein, um im Rahmen eines kooperativen Politikstils einen breiteren Kreis von Akteuren zu integrieren und zu ausgehandelten und akzeptierten Lösungen (Etappenzielen) zu kommen. Damit Entwicklungen in diesem Sinne überhaupt unterstützt werden können, müssen die Wesensmerkmale und Kennzeichen von Innovationsprozessen sowie die ihnen zugrundeliegenden Abhängigkeiten, Wechselbeziehungen und Schnittstellen bekannt sein. Das Innovationsgefüge ist jedoch nicht starr. Es befindet sich in einer Art fließender, permanenter

Entwicklung, die von den gegebenen Bedingungen abhängig ist. Diese beeinflussen sowohl die Art der Neuerungen als auch die Veränderungsdynamik der aktuellen Entwicklungen. Je nach bestehenden Freiheitsgraden vervielfachen oder reduzieren Neuerungen aber auch die (Rahmen-)Strukturen i. w. S. und ergeben ein Wachstum oder ein Schrumpfen an Komplexität und Dynamik im Einzelfall. Deshalb muß und kann der staatliche vorgegebene Rahmen eine verläßliche Orientierung für die Gestaltung von Innovationsprozessen durch Akteure und Institutionen (siehe Akteurskooperationen,[418]) Kapitel 4.3.3.4, Seite 311) bieten.

In der Geschichte der Menschheit wurden Innovationen häufig durch wissenschaftliche Erkenntnisse bzw. technische Erfindungen angestoßen. Umgekehrt gingen aber auch gesellschaftliche Neuerungen wie z. B. neue Weltanschauungen oder Institutionen wissenschaftlich-technischen Entdeckungen und Erfindungen voraus. Die Innovationsforschung unterscheidet deshalb zwischen Innovationen, für die die Impulse eher aus der wissenschaftlichen Forschung und der technischen Entwicklung kommen (technology-push), und solchen, für die die Impulse eher aus der – privaten oder staatlichen – Nachfrage bzw. aus dem gesellschaftlichen Problemdruck kommen (demand-pull). Hinzu treten die prozeßsteuernden institutionellen Innovationen, also Neuerungen im Bereich der Organisation von Akteuren sowie Neuerungen im Hinblick auf die „Spielregeln“ des Zusammenwirkens von Innovationsbemühungen.

Die Ansatzpunkte zur Förderung von Innovationen sind daher vielfältig. Ein eindeutiger kausaler Zusammenhang zwischen einer Fördermaßnahme und einem Innovationsergebnis kann jedoch nicht hergestellt werden. Die Elemente von Innovationsprozessen sind stets wechselwirksam, teilweise sind sie konfliktionär, teilweise komplementär, teilweise aufeinander aufbauend und/oder verstärkend. Zudem ist die Dynamik sowie das Ergebnis ihres Zusammenspieles prinzipiell nicht vorhersehbar. Allenfalls können als relativ wahrscheinlich geschätzte Innovationswege von relativ unwahrscheinlicheren grob abgegrenzt werden. Das Wissen über den künftigen Verlauf von Entwicklungstendenzen bleibt stets unsicher.

Trotz sich permanent vollziehender Veränderungen bedeutet Unsicherheit jedoch keinesfalls Handlungsunfähigkeit. Denn angesichts bestehender Erfahrungen und Erkenntnisfähigkeiten ist es sehr wohl möglich, auf Veränderungen und / oder Herausforderungen zu reagieren. Deshalb gilt es, einen dauerhaften Zustand der Wachsamkeit und aktiven Suche nach Frühwarnsignalen möglicher Problemlagen einzurichten. Zudem muß gewährleistet sein, daß die Verhandlungs- und Lösungsfähigkeit erkannter Problemstellungen auch bei einer wachsenden Zahl Betroffener und zunehmenden Komplexitäten effizient, sprich in hohem Maße konfliktfähig, fair, aufwandseffektiv und verantwortlich organisiert bzw. gestaltet ist. Dies setzt ein Milieu relativer Chancengleichheit voraus. Schließlich müssen im Zuge permanenter Lernprozesse (Stichwort „lernende Organisationen“) Handlungsqualifikationen erworben und flexible Strukturen ge-

---

[418]) Vgl. Gruber u. a. (1998)

schaffen werden, um sowohl eigene Impulse für Veränderungen setzen zu können, als auch um sich aktiv und zukunftsorientiert auf Veränderungen einzurichten.

Prinzipiell kann man all diejenigen Innovationsstrategien als Neuerungskonzepte im Sinne des Leitbildes bezeichnen, die zu einer Lösung bestehender Konflikte zwischen ökonomischen, ökologischen und sozialen Zielen beitragen oder Synergie- und Integrationspotentiale nutzen. Dieser Umgang mit der Entwicklung dauerhaft tragfähiger Lösungen beinhaltet die Beantwortung folgender Fragen:

- Welche Rolle ist Innovationen für eine nachhaltig zukunftsverträgliche Entwicklung zuzuschreiben? Wie können technische, soziale und institutionelle Innovationen zusammenwirken?
- Welche richtungsweisenden Rahmenbedingungen, Kriterien und Bewertungsmethoden werden für Innovationen in Richtung Nachhaltigkeit benötigt?
- Welche Hemmnisse und Probleme bestehen gegenwärtig für die Umsetzung von Innovationen in Richtung Nachhaltigkeit und wie sind sie zu überwinden?
- Welche institutionellen Innovationen bieten sich an?

Hierzu nimmt die Kommission in den nachfolgenden Abschnitten Stellung. Vorgestellt werden Typen von und Kriterien für am Leitbild der Nachhaltigkeit orientierte Innovationen. Anhand konkreter Beispiele werden Probleme und der Handlungsbedarf bei der Durchsetzung von nachhaltigkeitsorientierten Innovationen diskutiert. Schließlich werden institutionelle Reformen zur Förderung einer nachhaltig zukunftsverträglichen Entwicklung erörtert.

5.2 Methoden und Kriterien zur Bewertung von am Leitbild orientierten Innovationen

5.2.1 Zur Bewertung von Neuerungsprozessen

Auch wenn Innovationsprozesse grundsätzlich offen sind und als solche weder geplant noch verordnet werden können, stellt sich für die am Innovationsprozeß Beteiligten die Frage, wie technische, gesellschaftliche / soziale und institutionelle Innovationen vor dem Hintergrund des Leitbildes einer nachhaltig zukunftsverträglichen Entwicklung bewertet werden können. Eine erste Orientierung für die Beurteilung von Neuerungsprozessen bieten die in Kapitel 2 (siehe Seite 27) vorgestellten grundlegenden Regeln der drei Dimensionen der Nachhaltigkeit. Idealtypisch müssen sich Innovationen im Hinblick auf ökologische Zukunftsfähigkeit daran messen lassen, ob sie zu mehr Effizienz, Suffizienz und Konsistenz beitragen. Aus ökonomischer Sicht ist beispielsweise zu prüfen, ob Innovationen zu einer Sicherung oder Verbesserung der ökonomischen Leistungsfähigkeit einer Gesellschaft führen. Aus sozialer Sicht wäre dann unter anderem zu fragen, ob Innovationen einen Beitrag zur Stabilisierung des sozialen Friedens, zur Förderung von Beschäftigung und zur Gewährleistung intra- und intergenerativer Gerechtigkeit leisten.

Allerdings kann das Aufstellen von grundlegenden Regeln und ihre Befolgung allein noch keine nachhaltig zukunftsverträgliche Entwicklung garantieren. Im Hinblick auf die in Kapitel 2 enthaltenen ökonomischen und sozialen Regeln sei nochmals ausdrücklich darauf hingewiesen, daß diese einem vorläufigen Diskussionsstand in der Enquete-Kommission entsprechen. Die für die drei Dimensionen formulierten Regeln geben darüber hinaus lediglich grobe Orientierungen vor. Sie müssen für die Anwendung auf den Einzelfall ausgelegt werden. Dabei können die einzelnen Orientierungen der Regeln in Konflikt bzw. Konkurrenz zueinander treten. Ungeachtet dieser Einschränkungen bieten die grundlegenden Regeln erste Orientierungen für das Handeln aller.

Eine Beurteilung von Innovationen setzt des weiteren voraus, daß konkretere Anhaltspunkte zur Verfügung stehen, die es den am Neuerungsprozeß Beteiligten erlauben, „Fortschritt" bzw. „Verbesserung" im Sinne einer nachhaltig zukunftsverträglichen Entwicklung zu messen und damit einen bestimmten Stand der Entwicklung mit einem anderen zu vergleichen. Im Grunde müßte, würde man die Zuständigkeit für die Bewertung von Innovationen einer einzigen Institution oder Person zuschreiben wollen, diese in der Lage sein, Veränderungen in dreidimensionaler Sicht vollständig bewerten zu können. Nun sind Neuerungsprozesse nicht dadurch gekennzeichnet, daß sie von einer einzigen Institution oder Person ausgehen und diese gleichzeitig über alle Phasen des gesamten Entstehungs- und Reifeprozesses der Innovation allein entscheiden kann. Die vorhandenen Wahrnehmungs- und Wissensprobleme würden einen solchen Anspruch ohnehin zunichte machen. Die Realität ist vielmehr dadurch gekennzeichnet, daß es mehrere Beteiligte (Initiatoren, Förderer, Verhinderer etc.) gibt, die Innovationsprozesse aus jeweils unterschiedlicher Sicht beurteilen, um daraus Konsequenzen für eigenes Handeln abzuleiten. Dabei bewerten die Beteiligten Neuerungsprozesse jeweils auf Basis ihrer eigenen Interessenlage und ziehen zu diesem Zweck vorrangig auch solche Kriterien und Methoden heran, die nur einen Ausschnitt wiedergeben und damit nur eine Teilbewertung zulassen.

Bei den noch vorzustellenden Bewertungskriterien und -methoden kann daher nicht der Anspruch im Vordergrund stehen, universell und allgemeingültig einsetzbare Kriterien und Methoden zu empfehlen. Das Leitbild der nachhaltig zukunftsverträglichen Entwicklung als Such-, Lern- und Erfahrungsprozeß erfordert vielmehr, daß sich aus der Vielfalt der am Innovationsprozeß Beteiligten sowie ihrer unterschiedlichen Blickwinkel und Interessen im Ergebnis eine Gesamtbewertung herausstellt, die wiederum dem Einzelnen Signale im Hinblick auf die Nachhaltigkeit oder Nicht-Nachhaltigkeit seines Innovationsbeitrags geben kann. Neben die Institution der eingangs genannten grundlegenden Regeln tritt damit der Interessenausgleich und das Prinzip der Kooperation als Maßgabe für Bewertungskriterien und Methoden.

Für die Bewertung von Innovationsprozessen müssen aus dem Blickwinkel einer nachhaltig zukunftsverträglichen Entwicklung heraus auch die vielfältigen Wechselbeziehungen zwischen den Dimensionen berücksichtigt werden.

5.2.2 Bewertungskriterien

Als Grundlage für die Anwendung von Bewertungsmethoden sind zunächst die bei der Bewertung zu berücksichtigenden Ziele und grundlegenden Regeln in Bewertungskriterien zu konkretisieren. Im Sinne der Nachhaltigkeit sind für eine umfassende Bewertung von Innovation die Kriterien Ökologie, Ökonomie und Soziales zu berücksichtigen.

Die Bewertungskriterien stellen also z. T. Operationalisierungen der allgemeinen Regeln der Nachhaltigkeit in allen drei Dimensionen dar, indem sie den Zustand, die Belastbarkeit sowie die Stabilität der ökonomischen, sozialen und ökologischen Subsysteme berücksichtigen. Sie sollten die Eingriffstiefe von Neuerungen in die einzelnen Dimensionen abbilden und geeignet sein, auch kumulative Effekte durch quantitative Häufung von je für sich vergleichsweise unscheinbaren Innovationen auszuweisen, wobei es wesentlich einfacher und praktikabler sein kann, in einem ersten Schritt die Kriterien für die Verletzung (Nichteinhaltung) der Nachhaltigkeit auszulegen.

Die Entscheidung für die Verwendung bestimmter Kriterien spiegelt die Ziele und Werte wieder, die im Bewertungsverfahren letztlich berücksichtigt werden sollen. In vielen Fällen ist es einfacher, unerwünschte Zustände bzw. Entwicklungen zu definieren – eine Negativauswahl zu treffen – als Ziele positiv zu benennen. Aber auch die Überwindung von Zuständen und Tendenzen der Nicht-Nachhaltigkeit ist auf die Formulierung positiver Lösungsansätze angewiesen. Eine weitere Schwierigkeit besteht darin, daß viele Ziele heute nur qualitativ beschrieben werden können und damit für entsprechende Bewertungsverfahren nur schwer zu operationalisieren sind.

Angesichts des unzureichenden Wissens um die Funktionszusammenhänge innerhalb und zwischen den Dimensionen mutet es deshalb vermessen an, überhaupt eine Liste von Kriterien zu debattieren. Die Enquete-Kommission ist jedoch zur Auffassung gelangt, daß es notwendig ist, geeignete Kriterien als Grundlage für eine nationale Nachhaltigkeitsstrategie in allen drei Dimensionen positiv zu formulieren und für Bewertungsverfahren handhabbar zu machen. Dabei kann auch auf vorhandene Ergebnisse der bisherigen Debatte über Nachhaltigkeitsindikatoren mit ihrer Unterscheidung zwischen „Pressure-“, „State-“ und „Response-Indikatoren“ zurückgegriffen werden.[419]) Es soll hier also zumindest ein erster Versuch einer Kriterienliste – geordnet nach den drei Dimensionen der Nachhaltigkeit – formuliert werden.

---

[419]) BMU (1998 c), CSD (1998), Forum Umwelt und Entwicklung (1997), Moldan (1997), Moldan (1998), OECD (1994), OECD (1998), Walz u. a. (1997)

Zu den Kriterien der *ökonomischen* Dimension aus einzelwirtschaftlicher Sicht gehört neben den Kriterien Kosten und Nutzen und dem ökonomischen Risiko auch der Beitrag von Innovationen zur langfristigen Sicherung der Wettbewerbsfähigkeit (Unternehmenskompetenzen, Qualitätssicherung, Service, Kundenorientierung, Erschließung neuer Märkte). Aus volkswirtschaftlicher Sicht gehört dazu Preisstabilität, Auswirkungen auf die Beschäftigung und Außenhandel.

Zu den Kriterien der *sozialen* Dimension gehören – neben den gesellschaftlich akzeptierten Kosten, Nutzen und der Verminderung von sozialen und technischen Risikopotentialen – die Zahl und Qualität der mit den Innovationen verbundenen Arbeitsplätze. Aber auch Kriterien zur Abschätzung der Berührung wesentlicher individueller und gesellschaftlicher Werte sind hier zu nennen, wie Identität / Integrität der Person (von der Organverpflanzung bis zum Datenschutz), Gesundheitsschutz, die Kriminalitätsentwicklung, Fragen der Ästhetik, Fragen der sozialen Gerechtigkeit, der Demokratieverträglichkeit, des Friedens (u. a. auch internationale Verträglichkeit) bis hin zur intra- und intergenerationellen Gerechtigkeit, die ja im Rahmen der Nachhaltigkeitsdebatte stärker in den Vordergrund gerückt werden.

Zu den Kriterien der *ökologischen* Dimension gehören neben den externen Kosten, dem technischen Risiko, der Ökotoxizität, der Critical Loads und Levels, der Persistenz von Stoffen, ihrer Einpaßbarkeit in den Naturkreislauf (Konsistenz), der Irreversibilität von Eingriffen und der Eingriffstiefe in Naturzusammenhänge insbesondere die Nachhaltigkeitskriterien Verfügbarkeit und Regenerierbarkeit von Stoff- und Energiequellen und deren Nutzung unterhalb der Regenerationsrate, aber auch Aspekte der Ressourcenproduktivität wie Material- und Energieeffizienz, Flächenverbrauch und nicht zuletzt Kriterien zum Umgang mit Stoffen und Produkten in der Technosphäre wie hochwertiges Recycling (Recyclingraten der Wieder/Weiterverwend- und -verwertbarkeit auf hohem Ordnungsniveau) und Aspekte der Langlebigkeit von Produkten (Mehrfachnutzung, Reparierbarkeit usw.).

5.2.3 Bewertungsmethoden

Zur Bewertung ökonomischer, ökologischer und sozialer Aspekte von Innovationen existieren eine Vielzahl von Hilfsmitteln und Methoden. Das Erkenntnisinteresse des Bewertenden bestimmt die Fragestellung, die dem Bewertungsverfahren zugrundeliegt und übt damit einen maßgeblichen Einfluß auf die Art der verwendeten Bewertungsmethode sowie die Auswahl der Kriterien aus.

Eine wesentliche Rolle bei Bewertungen spielen die Erwartungen hinsichtlich der weiteren, zukünftigen Entwicklung. So sind auf den verschiedensten Untersuchungsfeldern im Zusammenhang mit der Verbreitung und Verbesserung der elektronischen Datenverarbeitung Modelle entstanden, die zukünftige Entwicklungen prognostizieren. Sie reichen von der Klimaforschung über Schätzungen der wirtschaftlichen Entwicklung, der Steuereinnahmen, der Arbeitslosigkeit, der Bevölkerungsentwicklung bis hin zur Wettervorhersage. Vom IAB sind im Zusammenhang mit der Verbreitung der Informations- und Kommunikationstechniken darüber hinaus Methoden zur Abschätzung der Beschäftigungswirkungen von Innovationen mit unterschiedlicher Reichweite entwickelt worden.[420]) Im Bereich der Auswirkungen von Innovationen auf die gesellschaftliche Verfaßtheit (z. B. Demokratie, Datenschutz, gesellschaftlicher Zusammenhalt) und auf das Menschenbild (z. B. Reproduktionsmedizin, Medienvielfalt) sind zwar wichtige gesellschaftliche Diskurse geführt und auch neue Institutionen etabliert worden (z. B. Datenschutzbeauftragte oder Ethik-Kommissionen), eine leitende Bewertungsmethode für Innovationen hat sich auf diesem Sektor unseres Wissens aber bisher noch nicht herausgebildet.

Aus der Vielzahl von Verfahren und Methoden können zumindest drei herausgehoben werden, die von ihrer Anlage her eine Bewertung nach den Dimensionen der ökonomischen, sozialen und ökologischen Nachhaltigkeit im Prinzip anstreben. Es sind dies

- die um externe soziale und ökologische Kosten und Nutzen erweiterte Kosten-Nutzen-Analyse,
- die Risikoanalyse und
- die Szenariomethode.

Mit einer Kombination dieser und weiterer – durchaus auch speziellerer – Bewertungsverfahren sollte man dem Ziel einer integrierten und möglichst umfassenden Bewertung also näher kommen.

Szenarienmethode

Im Zusammenhang mit der Bewertung von Basisinnovationen wurde als zentraler methodischer Ansatz die Szenariomethode entwickelt, in die – je nach Erkenntnisinteresse – soziale, ökonomische und ökologische Kriterien gleichermaßen integriert werden können. Die Methode dient nicht dazu, die wahrscheinlichste Entwicklung zu prognostizieren. Sie soll vielmehr ein Spektrum möglicher zukünftiger Entwicklungen in Form von integrierten und in für sich plausiblen Entwicklungspfaden aufbereiten. Sie soll damit die Grundlage für eine rationale Diskussion über Optionen der weiteren Entwicklung sein und rechtzeitige Weichenstellungen ermöglichen. Es handelt sich allerdings um eine sehr aufwendige Methode, die nur für die Bewertung prinzipieller Weichenstellungen bzw. von Basisinnovationen in Frage kommt.

---

[420]) Institut für Arbeitsmarkt- und Berufsforschung der Bundesanstalt für Arbeit, Nürnberg

Risikoanalyse

Mit der Risikoanalyse, die vor allem in Versicherungsunternehmen und Banken, aber auch in Unternehmen mit risikoreichen Produktionsprozessen oder Produkten praktiziert wird, versucht man, die mit Produkten, Verfahren und Technologien verbundenen ökonomischen, sozialen und ökologischen Risiken quantitativ abzuschätzen, wobei gemäß des versicherungsmathematischen Risikobegriffs die Höhe des Risikos durch die Multiplikation der Eintrittswahrscheinlichkeit mit der potentiellen Schadenshöhe bestimmt wird. Im Begriff der Schadenshöhe sind tendenziell alle drei Dimensionen der Nachhaltigkeit integriert, allerdings mit der nicht unwesentlichen Beschränkung auf das ökonomisch Quantifizierbare. Problematisch am stark eingeschränkten, da allein am technischen Versagen bzw. Unfall orientierten Risikobegriff der Risikoanalyse, ist allerdings die Vernachlässigung menschlichen Versagens, schleichender Nebenwirkungen, langfristiger Folgewirkungen sowie insbesondere die Nichtberücksichtigung noch unbekannter Risiken. Dies kann zu der problematischen Konsequenz führen, daß mit dem Grad der Unsicherheit, mit steigendem Nicht-Wissen über potentielle Schadensverläufe und deren Eintrittswahrscheinlichkeiten das quantifizierbare Risiko eher sinkt anstatt steigt. Man versucht deshalb, diesem Manko durch eine qualitative Risiko-, Technik- und Fehlerbaumanalyse (Systemaufbau, Komplexitätsgrad, Eingriffstiefe) und durch Plausibilitätsbetrachtungen über bisher noch unbekannte Schadensmöglichkeiten beizukommen. Bei der Bewertung von Risiken spielt neben den verfolgten Zielen vor allem die Risikofreude bzw. das Sicherheitsbedürfnis des Bewertenden eine wichtige Rolle.

Die Risikoanalyse sollte aber nicht nur zur Anwendung kommen, wenn es darum geht, die Risiken von Entscheidungen zu bewerten, sondern auch dann, wenn es um die Risiken unterlassener Handlungen geht. Auch Nicht-Handeln kann mit einem ökologischen, ökonomischen und / oder sozialen Risiko verbunden sein. Gerade damit wird die Risikoanalyse für Innovationen im Sinne der Nachhaltigkeit interessant, weil sie im Ansatz die einander widersprechenden Ziele und Interessen berücksichtigen kann.

Kosten-Nutzen-Analyse

In ähnlichem Sinne ist vom Prinzip her die Kosten-Nutzen-Analyse zu nennen. Ein großes Problem ist hier die Erfassung und Bewertung nicht quantifizierbarer Kosten und Nutzen (Gewinn an Lebensqualität, Lebenszeit etc.), die im derzeitigen Marktgefüge nicht monetarisiert werden. Gerade bei der Kosten-Nutzen-Analyse wird als weiteres Problem die Bewertung von Kosten und Nutzen in der Zeit offensichtlich: Wie soll der potentielle Nutzen heute noch nicht lebender Menschen im Verhältnis zum Nutzen der heute lebenden bewertet werden. Die Kosten-Nutzen-Analyse ist aufgrund der mit ihr verbundenen Informationsprobleme nicht ohne weiteres einsetzbar. Die Anwendungsmöglichkeiten sind bereits aufgrund ihrer methodischen Schwächen stark eingeschränkt.

Neben diesen drei Methoden, die sich im Prinzip für eine alle drei Dimensionen angemessen berücksichtigende Bewertung eignen, gibt es eine Fülle von Bewertungsmethoden für einzelne Dimensionen, so z. B. die Barwert- bzw. Portfoliomethode im ökonomischen, die toxikologische Prüfung im gesundheitlichen sowie die Umweltverträglichkeitsprüfung und die Ökobilanz im ökologischen Bereich.

Ökobilanz und Produktlinienanalyse

Die Ökobilanz dient dazu, Produkte, Produktionsverfahren, Produktlinien und Betriebsstandorte unter ökologischen Gesichtspunkten zu untersuchen (nicht vergleichend zu bewerten), um Schwachstellen aufzudecken oder vergleichende Bewertungen anzustellen. Zentrale Probleme der Bewertung von Ökobilanzen sind fehlende ökologische Daten und die fehlende Vergleichbarkeit verschiedener ökologischer Auswirkungen. Durch ihre Konzentration auf Stoff- und Energieströme geraten der Ökobilanz tendenziell zudem alle sich nicht proportional mit der Größe der Stoff- und Energieströme entwickelnden Umweltwirkungen aus dem Blick, also insbesondere (öko)toxikologische Aspekte, strukturelle Schäden und technische Risiken. Die Methode der Produktlinienanalyse ergänzt die ökologische Zielsetzung der Ökobilanz um ökonomische und soziale Aspekte.

5.2.4 Akteure im Bewertungsverfahren

Bewertungen von Sachverhalten und Geschehnissen sind und waren immer schon Bestandteil des alltäglichen Lebens. Doch auch dieser Bereich wurde mit der Zeit spezialisiert und professionalisiert. Waren Fragen und Institutionen der Bewertung von Innovationen zunächst auf den Bereich technischer Innovationen und auf die wissenschaftliche Politikberatung beschränkt (z. B. im Bereich der Technikfolgenabschätzung), so hat sich in den vergangenen Jahrzehnten die Bewertung von Innovationen in Form von Produkt- und Prozeßbewertungen immer mehr in die Unternehmen und in die Kommunikation der Unternehmen untereinander und mit Anspruchsgruppen hinein verlagert.

Bewertungen als Grundlage für Handlungsentscheidungen erfolgen immer unter Unsicherheit und mit begrenztem Wissen über die spezifischen Auswirkungen des Handelns. Auch wenn bisher erfahrene Unternehmen Neuerungen bei Produkten, Prozessen oder organisatorischen Maßnahmen durchgeführt haben, wichen die tatsächlichen Folgewirkungen oft genug von den Erwartungen ab, und es mußten im Zeitablauf bis dahin unvorhergesehene Anpassungen vorgenommen werden.

Ein Grund für diese Unvollkommenheit ist darin zu finden, daß Systeme träge auf Veränderungen reagieren. Selbst massive Eingriffe stoßen oft erst vielfältige interne Veränderungsprozesse an, die in ihrer Summe Entwicklungsrichtungen beeinflussen, deren Wirkung jedoch zunächst nicht ohne weiteres sichtbar sein kann. Ein weiterer Grund besteht darin, daß Menschen grundsätzlich nur räumlich und zeitlich beschränkte Ausschnitte der Realität wahrnehmen und die Komplexität der jeweils betrachteten Systeme schwerlich erfassen können. Zudem ist unser Wissen um Beziehungsgeflechte und Rückkopplungen innerhalb und zwischen den drei Dimensionen der Nachhaltigkeit nur fragmentarisch. Insofern sind Aussagen über potentielle Auswirkungen von Innovationen grundsätzlich unvollständig, da zum gegenwärtigen Zeitpunkt nicht alle Folgewirkungen bekannt sein können. Das Wissen ist absolut begrenzt – auch Prognosen müssen im Zeitablauf immer wieder aufs neue an die veränderten Realitäten angepaßt werden.

Um angesichts dieser Unsicherheiten und Schwierigkeiten handlungsfähig zu bleiben, müssen auch bei Innovationen, die Nachhaltigkeitsansprüchen genügen sollen, die Bewertungsaufgaben überschaubar bleiben. Dazu müssen je nach Bewertungsobjekt die handlungsrelevanten Bewertungssachverhalte isoliert, geeignete Bewertungsverfahren entwickelt und angewendet und die relevanten Akteure einbezogen werden.

Die rechtzeitige Einbindung der relevanten Akteure ist aus zwei Gründen wichtig: Einerseits kann die Bewertung von Innovationen in den drei Dimensionen der Nachhaltigkeit nicht anhand allgemeingültiger Bewertungskriterien und -verfahren erfolgen. Hierzu ist vielmehr auch das Wissen „situativer Experten“ erforderlich. Solche Experten sind in verschiedenen Unternehmensbereichen tätige Mitarbeiter, Vorlieferanten, Abnehmer oder Anspruchsgruppen wie Verbraucher- oder Umweltschutzverbände, die über ökologische, ökonomische und soziale Fragen oft genauer Bescheid wissen, als externe Sachverständige. Unternehmens- oder branchenbezogene Bewertungsansätze wie die PROSA-Methode (Product Sustainability Assessment) der Hoechst AG, die Ökoeffizienz-Methode der BASF AG oder die EIME-Methode (Environmental Impact Evaluation) der Elektroindustrie sind wichtige Beiträge zur Entwicklung akteursgerechter Bewertungsmethoden.

Andererseits ist die Beteiligung der Akteure im Bewertungsverfahren wichtig, weil sie es in der Regel sind, die die Konsequenzen von Entscheidungen zu tragen haben. Die Teilnahme an vorbereiteten Bewertungen kann wesentlich dazu beitragen, daß dann realisierte Innovationen von den Beteiligten mit Überzeugung vertreten und unterstützt werden können.

5.2.5 Ergebnis

Ein einziges zentrales Bewertungsverfahren, das die Wünschbarkeit bzw. Vorteilhaftigkeit von Innovationen vor diesem Hintergrund bestimmen könnte, kann es nicht geben, da die Realität nicht in einem Weltmodell abgebildet werden kann, das nur um ein Entscheidungsmodell ergänzt werden müßte, in dem alle Wünsche und Bedürfnisse der Menschen in entsprechender Gewichtung berücksichtigt sind.

Zu beachten ist dabei allerdings, daß in einer freiheitlich pluralistischen Gesellschaft Innovationen ohnehin nicht nur von einem Menschen oder einer Institution allein umfassend bewertet werden (können). Innovationen werden von Unternehmern, Verbrauchern, von politischen Entscheidungsträgern, Medien oder Interessenverbänden bewertet. Fragen der Produkt- und Produktionssicherheit, der Vorteilhaftigkeit, des Nutzens, der Risiken einer Innovation haben dabei immer schon eine Rolle gespielt.

Die bewußte und systematische Anwendung von Bewertungsmethoden kann Entscheidungen nicht ersetzen, sie kann lediglich dazu beitragen, Entscheidungen vorzubereiten, das Maß an Unsicherheit bzw. Nicht-Wissen zu reduzieren. Hierzu sollten nach Möglichkeit alle wesentlichen Aspekte aus den drei Dimensionen der Nachhaltigkeit angemessen berücksichtigt werden.

Aus den in Kapitel 2 (siehe Seite 27) vorgestellten grundlegenden Regeln und den daraus abgeleiteten Zielvorstellungen ergeben sich unmittelbar Handlungs- und Innovationsbedarfe, da eine Vielzahl aktueller Entwicklungen offenkundig nicht an Nachhaltigkeitsprinzipien orientiert ist. Die Realität ist vielmehr dadurch gekennzeichnet, daß zwar Innovationsbedarfe vielerorts erkennbar sind und diese prima vista auch umgesetzt werden könnten, daß jedoch Gründe existieren, die dies oftmals verhindern.

5.3 Probleme und Handlungsbedarf bei der Realisierung technischer, sozialer und institutioneller Innovationen für eine nachhaltig zukunftsverträgliche Entwicklung

Die Ursachen für Probleme bei der Realisierung von Innovationen sind zunächst in einer mangelnden Innovationsfähigkeit zu finden. Akteure müssen sowohl fähig als auch bereit sein, flexibel auf neue Chancen und Risiken zu reagieren. Voraussetzung dafür ist ihre Kompetenz, in offenen Problemsituationen adäquate Entscheidungen treffen und kompetent handeln zu können. Innovationsfähigkeit wird wesentlich bestimmt durch die Qualität und Qualifikation der einzelnen Akteure, durch den Aufbau und die Ausrichtung der Innovationssysteme sowie das Zusammenspiel der Akteure in diesen Systemen. Innovationsfähigkeit bedeutet gleichzeitig auch Erhöhung der gesellschaftlichen Veränderungsfähigkeit. Dies wiederum erfordert

- auf der *Ebene der Bewertung* eine zunehmende Orientierung am integrativen Postulat der Nachhaltigkeit. Dies setzt auch die Berücksichtigung neuer Zielsetzungen sowie die Nutzung unterschiedlicher Bewertungsverfahren (siehe Kapitel 5.2, Seite 359) voraus;
- auf der *Ebene des Wissens* eine Verbesserung der Qualität des Bildungssystems und Fähigkeiten zu lebenslangem Lernen und
- auf der *Ebene des Könnens* eine Erweiterung der Handlungs- und Gestaltungsmöglichkeiten von Akteuren.

Herstellung und Sicherung von Innovationsfähigkeit sind notwendige, aber noch keine hinreichenden Bedingungen für die Erfüllung von Innovationsbedarfen. Innovationsfähigkeit wird auf verschiedenen Ebenen behindert, wenn z. B. Trägheiten und eingefahrene Routinen im System überwiegen, weil das Vertrauen zwischen den Akteuren fehlt oder sich die Akteure gar gegenseitig blockieren. Unternehmensintern treten Innovationshemmnisse auf, wie z. B. die Vernachlässigung langfristiger Unternehmensstrategien, Unternehmenskulturen oder mangelndes Zusammenspiel mit Kunden, Zulieferern, Dienstleistern, Beratung, Marketing und Konkurrenten. Innovationshemmnisse entstehen vor allem aber auch aufgrund von inflexibler und inadäquater Regulierung durch Gesetze, Standards, Normen und Genehmigungspraxis oder einer fehlenden Verläßlichkeit staatlich gesetzter Rahmenbedingungen. Auch fehlender Wettbewerb, Monopolisierung, „falsche" Preissignale, das Nichterreichen notwendiger kritischer Größen, fehlende Qualifikationen, Mängel in der FuE-Infrastruktur oder das Fehlen eines anspruchsvollen Nachfragesegmentes schränken ebenfalls die notwendige Fähigkeit zur Erneuerung ein.

Aus diesen allgemeinen Überlegungen ergeben sich Handlungsbedarfe, die jeweils nur im konkreten Einzelfall festgestellt und formuliert werden können. Diese Handlungsbedarfe ergeben sich vor dem Hintergrund der zu sichernden Innovationsfähigkeit, der Ausschöpfung von Innovationspotentialen und der abzubauenden Innovationshemmnisse. Innovationsbedarfe müssen so erfüllt werden können, daß eine kontinuierliche Erneuerung ermöglicht wird, die eine breite Unterstützung durch die Gesellschaft erfährt.

5.3.1 Technische Innovationen: Von der Akzeptanzdebatte zur Entwicklung einer konsensfähigen gesellschaftlichen Zukunftsstrategie

Eine nachhaltig zukunftsverträgliche Entwicklung erfordert technische Innovationen. Darunter versteht die Enquete-Kommission „Neuerungen bei Produkten, Verfahren und Infrastrukturen". Es handelt sich also um solche Neuerungen, die im allgemeinen Sprachgebrauch typischerweise mit dem Begriff der Innovation belegt werden.

Im folgenden geht es weniger um die Frage, warum sich bestimmte technische Neuerungen am Markt durchsetzen oder eben nicht. Dies könnte zudem nur im konkreten Einzelfall analysiert werden, der jeweils spezifische Gegebenheiten aufweist. Die Enquete-Kommission stellt vielmehr die Frage in den Mittelpunkt, welche Hemmnisse und Gestaltungschancen für technische Innovationen bestehen. Sie hat deshalb eine Studie in Auftrag gegeben, die den Stand der Erkenntnisse zum Thema „Risiko- und Technikakzeptanz" in komprimierter Form referiert. Die nachfolgenden Ausführungen stellen zunächst eine Zusammenfassung der wichtigsten Ergebnisse der Studie dar.

Die Studie kam zu dem Ergebnis, daß die vielfach von der Presse zitierte und von seiten der Industrie beklagte Technikfeindlichkeit bei der bundesdeutschen Bevölkerung nicht existiert. Es liegt mittlerweile eine Vielzahl von Meinungsumfragen zur Technikakzeptanz vor. Demnach gibt es *die* Technikakzeptanz bzw. *die* Einstellung gegenüber der *Technik an sich* nicht. Der Vorwurf einer generellen Technikfeindlichkeit in Deutschland ist wissenschaftlich nicht haltbar, da sich ein sehr differenziertes Bild zeigt:

Vor allem im Hinblick auf Konsumtechnik und Technik am Arbeitsplatz sind die Deutschen eher technikfreundlich. Auf Akzeptanzprobleme stoßen hingegen großtechnische Anlagen (wie z. B. Kernkraftwerke oder überdimensionierte Staudammprojekte), Abfallbehandlungsanlagen und Produkte sowie ganze Branchen oder Teile von Branchen, wie die chemische Industrie, die Gentechnik und die Waffen- und Rüstungsindustrie. Diesen – in der Studie so bezeichneten – „externen" Techniken[421]) gegenüber ist man unsicher und der einzelne ist eher geneigt sie abzulehnen, obwohl man andererseits ihren Nutzen nicht missen will.

Abbildung 32

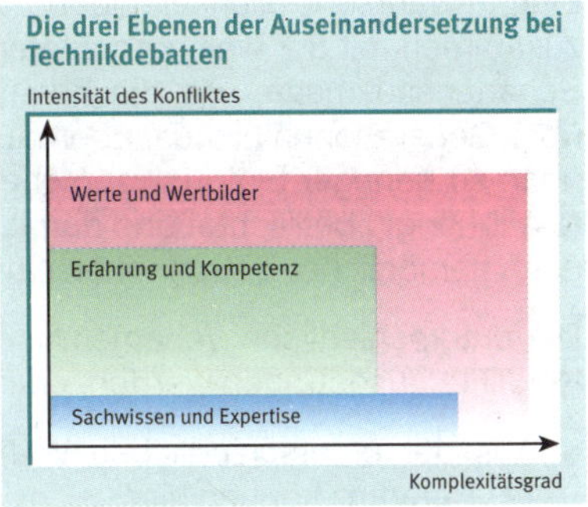

Quelle: Renn (1997) 101

Menschen sind im allgemeinen bereit, Schadens- und Risikopotentiale zu tolerieren, wenn diesen ein entsprechend hoher Nutzen oder alltagspraktischer Wert entgegensteht. Dabei erfolgt die laienhafte Bewertung von Nutzen und Risiken vor allem emotional-intuitiv unter Zuhilfenahme von Assoziationen und ist eingebunden in die aktuelle „allgemeine Befindlichkeit", d. h. in das subjektive Stimmungsbild des Bewertenden. Das Stimmungsbild entsteht aus allen Größen der Wahrnehmung und Wissensermittlung, es spiegelt also sowohl subjektive als auch gesellschaftliche Werte wider. Zudem wird bei der Bewertung von Technologien nach Risiko- und Anwendungsbereichen unterschieden und ist entsprechend variabel. Hieraus resultiert zum einen die Ambivalenz der Bewertungsbilanz, aber auch das Phänomen, daß ein und dieselbe Person mal positiv, mal negativ urteilt, je nachdem in welcher Rolle / Perspektive bzw. in welchem Anwendungsbereich sie urteilt.

Dieser laienhaften Bewertungsheuristik stehen verschiedene formale Expertenmethodiken gegenüber. Technische Risikoexpertisen prognostizieren Risiken mit Hilfe statistischer Verfahren (Risk Assessment, Szenariotechnik, Panel-Methode etc.). Dieses Risikokalkül geriet in jüngerer Zeit aber unter heftige Kritik. Neben

[421]) Mit „externen" Techniken bezeichnen die Gutachter der Studie (groß-)technische Projekte, denen der einzelne ein hohes Katastrophenpotential zuschreibt, deren Risiken als aufgezwungen oder ungleich verteilt gelten oder die als nur unzureichend kontrollierbar angesehen werden. Darunter fallen auch Risiken, die eine schleichende Gefährdung von Umwelt und Gesundheit in großem Maßstab auslösen können (z. B. Treibhauseffekt). Vgl. Renn, Zwick (1997)

der ungelösten Schwierigkeit bei der Quantifizierung von Eintrittswahrscheinlichkeiten und Schadenshöhen wurde die völlige Nichtberücksichtigung von Risiken des Normalbetriebs (unbeabsichtigte Neben- und langfristige Folgewirkungen) und von noch unbekannten Risiken kritisiert (Vernachlässigung des Vorsorgeprinzips). Insbesondere galt die Kritik aber der proportionalen Verknüpfung zwischen Eintrittswahrscheinlichkeit und Schadenshöhe, weil dadurch selbst bei extremen potentiellen Schadenshöhen ein geringes Risiko errechnet wird, wenn nur die Eintrittswahrscheinlichkeit niedrig genug angesetzt werden kann. Dies paßt nicht zusammen mit der weit verbreiteten Vorstellung der Bevölkerung, daß bestimmte Schadensausmaße, wie die Zerstörung bzw. Verseuchung ganzer Landstriche über Generationen hinaus, überhaupt hingenomen werden dürfen, auch nicht bei noch so geringer Eintrittswahrscheinlichkeit. Prinzipiell werden Risiken also kontextabhängig betrachtet und damit an normative Positionen gebunden. So wird je nach persönlicher Betroffenheit ein und dasselbe Risiko unterschiedlich beurteilt.

Die unterschiedliche Vehemenz, mit der Akzeptanzprobleme kommuniziert und Konflikte ausgetragen werden, erklären die Studiennehmer vor allem:

- Aus der unterschiedlichen Wahrnehmung(-sfähigkeit) von Risikopotentialen. Als Referenz können hier

  - das Katastrophenpotential von Technologien,
  - die Verteilung des Risikos über Zeit und Raum,
  - die Kontrollierbarkeit,
  - die Freiwilligkeit der Risikoübernahme (Stichwort: „externe" Techniken) sowie
  - das Vertrauen (z. B. gegenüber den Betreibern großtechnischer Anlagen)

  herangezogen werden. Die systematische Bewertung dieser Referenzmaßstäbe wird allerdings durch Lücken und methodische Schwächen in der Datenerfassung erschwert.

- Aus der unterschiedlichen Verteilung der „guten" und „schlechten" Folgen von (technischen) Entwicklungen für bestimmte Bevölkerungsgruppen sowie der damit verbundenen Interessenkonstellationen und Machtverhältnisse.

- Aus dem Rollenverständnis bzw. der Eigenrationalität von Kommunikationsmittlern (Medien, Marketing, Öffentlichkeitsarbeit etc.) und Meinungsführern bzw. Aktivisten. Hier beherrschen im wesentlichen drei Kommunikationsstrategien die Risikodebatte:

  - Die Medien orientieren sich zumeist an der Betroffenheitsperspektive. Sie bestimmen, welche Themen Eingang in das öffentliche Bewußtsein finden („agenda setting"). Dazu betreiben sie häufig Schadensberichterstattung und versuchen, „Schuldige" zu entlarven. Andererseits versuchen sie durch Aufarbeitung von Informationen oder Hintergrundberichte aufzuklären. Vielfach vermitteln sie interessengebundene Kommunikationsstrategien.

- Gegner bestimmter technischer Innovationen betreiben die Mobilisierung von öffentlichem Druck häufig über moralisch-ethische Appelle, aber auch durch Angstkommunikation.
- Befürworter bestimmter Innovationen sind demgegenüber vielfach bemüht, vor allem die Nutzen von technischen Neuerungen zu betonen.

- Aus dem persönlichen Engagement einzelner Protagonisten oder Interessengruppierungen. Entscheidend für den politischen Umgang mit Techniken/Risiken sind nicht die Mehrheitsverhältnisse der Einstellungen, sondern die Handlungsbereitschaft bzw. das persönliche Engagement, das sich damit verbindet.
- Aus den schlechten Erfahrungen, die man mit der sogenannten „schleichenden“ Technikeinführung gemacht hat. Schleichend steht hier für die allmähliche, weitgehend verborgene Förderung von technischen Neuerungen und ihre nachträgliche Rechtfertigung mittels Öffentlichkeitsarbeit. Die schleichende Technikeinführung kann zu anhaltenden Glaubwürdigkeits- und Vertrauensverlusten von Politik, Bürokratie und Industrie führen, mit der logischen Konsequenz der Polarisierung von Standpunkten.
- Aus dem Expertendilemma: Experten und Gegenexperten werden in der Technik- und Risikokontroverse von den Kontrahenten für ihre Zwecke eingespannt, wobei hierfür weniger die „Käuflichkeit“ von Expertisen eine Rolle spielt, als vielmehr die prinzipielle Tatsache, daß auch wissenschaftliche Erkenntnis auf unterschiedlichen Interessen und Weltbildern basiert.
- Entscheidungen über die Zumutbarkeit von Risiken beruhen immer auf einer subjektiven Abwägung von Folge- und Orientierungswissen. Niemand kann die Zumutbarkeit oder Unzumutbarkeit sogenannter Risikotechnologien logisch eindeutig ableiten. Für eine rationale Risikopolitik ist es daher notwendig, sowohl die wissenschaftliche Risikoabschätzung als auch die Risikowahrnehmung von Laien als legitime Bestandteile einer rationalen Risikopolitik zu betrachten. Das Phänomen der Risikoakzeptanz ist als Funktion von Expertenschätzung und „öffentlicher Empörung“ zu begreifen. Erst die diskursive Auseinandersetzung mit beiden Wissenselementen erlaubt jedoch eine faire Entscheidung.

Gefahren-, Angst- oder einseitige Chancenkommunikation sind nicht nur untereinander unvereinbar, sondern führen auch zu einer Spirale der wechselseitigen Verhärtung von Fronten sowie zur Verweigerungshaltung weiter Teile der Öffentlichkeit. Experten und Gegenexperten stellen gegenseitig ihre Kompetenz in Frage. Mit Blick auf eine innovative Entwicklung ist eine energiezehrende und letztlich auch teure Selbstblockade der Gesellschaft zu erwarten, wenn es nicht gelingt, innovative Kommunikationsstrategien zu entwerfen. Die Kommission vertritt mit den Studiennehmern die Ansicht, daß von der etatistischen Strategie (Entscheiden, Verkünden, Durchsetzen) Abstand genommen werden muß und es zu fairen Dialogverfahren über Nutzen und Risiken keine Alternative gibt. Die Versuche, amerikanische Erfahrungen aus Mediationsverfahren für die deutsche Politik nutzbar zu machen, sollten verstärkt werden. Mediationsverfahren sind zwar kein Ersatz für verwaltungsrechtliches Prozedere, sie müssen jedoch als ein innovativer und potentiell wirkungsvoller Weg zur Verbesserung von Entscheidungen und zur Herstellung von Akzeptanz betrachtet werden. Partizipative Diskursverfahren wie z. B. Mediation sind auch geeignet, eine rationale Technikbewertung zu fördern.

Die Gestaltung der technischen Zukunft der Gesellschaft geht alle an. Die Enquete-Kommission ist daher der Auffassung, daß angesichts der wachsenden Pluralität von Lebensentwürfen und Wertmustern – auch im Hinblick auf den Umgang mit technischen Entwicklungen – für den Ausgleich konkurrierender Ansprüche gesorgt werden muß. Schlüssel zur Akzeptanz auch „externer" Techniken ist der Versuch ihrer „Internalisierung", d. h. in diesem Zusammenhang: transparente Wissensermittlung und die Partizipation am Innovationsprozeß und seinen Ergebnissen.

Das althergebrachte Kaskadenmodell der technischen Entwicklung sollte durch eine stärkere Bedarfs- und Problemorientierung ergänzt werden: D. h., Kunden und Anwender sollten bereits frühzeitig und direkt in den Prozeß der Produktplanung einbezogen werden. Kommunikationsprozesse sind zwischen allen an der Produktentwicklung beteiligten Akteuren erforderlich. Innovationsverbünde aus Forschungseinrichtungen, Unternehmen, Nutzer/Verbrauchern, Umweltverbänden und Gewerkschaften entlang des gesamten Lebensweges von Materialien und Produkten können die Qualität neuer Produkte entscheidend erhöhen. Nach Meinung der Kommission gilt es in diesem Zusammenhang insbesondere die Langfristorientierung von Entscheidungsketten zu unterstützen.

Nach Auffassung der Kommission ist eine rationale Technikbewertung erforderlich. Ein Diskurs, der diesen Namen verdient, braucht Offenheit des Ergebnisses, Transparenz der Entscheidungsprozesse, Offenheit des Diskurszuganges, ein klares Mandat und Begründungszwang für Wissenselemente und ethische Normen. Der Technologiediskurs sollte auch durch gezielte Förderung von Forschung und Entwicklung unterstützt werden. Hier empfiehlt die Enquete-Kommission:

- Der gesellschaftliche Zielediskurs „Nachhaltig zukunftsverträgliche Entwicklung" ist um den Diskurs über damit kompatible Technologieleitbilder zu erweitern. Nachhaltige Entwicklung erfordert neue Qualifikationen: vor allem vernetztes und vorausschauendes Denken, die Fähigkeit zu Kommunikation und Kooperation neuer Art und die Fähigkeit zu lebenslangem Lernen. Dies sind nichts anderes als die Qualifikationen, die die Innovationsfähigkeit einer Gesellschaft im Zeitalter ausmachen. Umwelt und Bildung sind Schlüsselfaktoren.

- Verstärkt gefördert werden sollten Innovationsnetzwerke bzw. innovative Milieus, die neben Forschung und Wissenschaft auch Vertreter von Wirtschaft, Verwaltung und gesellschaftlichen Gruppen umfassen. Dies beinhaltet u. a.:
  - Zusammenführung von unterschiedlichen Wissensbeständen und Alltagserfahrungen in Leitprojekten (wie z. B. „Kreislaufwirtschaft", „Biotechnologie" oder „zukünftige Verkehrssysteme"), in regionalen (u. a. zur Gestaltung des Strukturwandels durch Regionalmanagement, regionale Entwicklungskonzepte und Regionalforen) und kommunalen Netzwerken (z. B. Städtenetze, Stadt-Umland-Kooperationen, Projekt „Lokale Agenda: die nachhaltige Stadt");
  - Ausbau der Förderung von Brückeninstitutionen, die produziertes Wissen aufbereiten, vermitteln und diskutieren;
  - Förderung von transdisziplinären Verbundprojekten, z. B. entlang von Produktketten;
  - Ausbau der Förderung von Projekten der Technikfolgen- und Technikgeneseforschung.

5.3.2 Soziale Innovationen: Von der Wissensvermittlung zur Förderung verantwortlichen Verhaltens

In Abschnitt 5.1 (siehe Seite 355) wurden soziale Innovationen in bezug gesetzt zur Herausbildung neuer, entscheidungsprägender Normen bzw. Verhaltensweisen. Das Verhalten von Menschen, die Entstehung von Normen und Werthaltungen, stehen damit im Mittelpunkt des Erkenntnisinteresses. Daß letztlich Verhaltensweisen, der Umgang des Menschen miteinscheidend sind für eine nachhaltig zukunftsverträgliche Entwicklung, ist unbestritten. Schwieriger ist die Frage zu beantworten, welche Rolle hierfür die Vermittlung von Wissen und die Bewußtseinsbildung spielen. Denn nicht immer ist Verhalten unmittelbar zurückzuführen auf Wissen oder Bewußtsein, sondern es ergibt sich häufig aus bestimmten Sitten, Gebräuchen, Lebensstilen und populären Trends.

Vor diesem Hintergrund hat die Enquete-Kommission eine Studie in Auftrag gegeben, die untersuchen sollte, wie im speziellen Fall des „Umweltverhaltens" Bildung, Wissen und Bewußtsein miteinander verbunden sind. [422])

Die Studie gelangt zu dem Ergebnis, daß die Situation in der Bundesrepublik Deutschland von einer hohen Diskrepanz zwischen (verbal geäußertem) Umweltbewußtsein und dem tatsächlich praktizierten Umweltverhalten geprägt ist. Laut Umfragen kann man den Deutschen ein im europäischen Vergleich überdurchschnittlich hohes Umweltbewußtsein bescheinigen. 80 % der Bevölkerung geben an, in den letzten beiden Jahren durch eigenes Verhalten bewußt zum Umweltschutz beigetragen zu haben, 45 % wären bereit, an einer Umweltinitiative in ihrer

[422]) Vgl. Kuckartz (1998)

Wohngegend mitzuarbeiten. Nur 6,4 % glauben, daß im Umweltbereich alles Nötige getan wird, während 90 % die bisherigen Bemühungen unzureichend finden.

Unterstellt man, daß das Bewußtsein der Bürger ihr Verhalten entscheidend prägt, so müßte eigentlich die Bundesrepublik auf dem Weg in eine zukunftsfähige Gesellschaft mit „Siebenmeilen-Stiefeln" vorankommen. Doch die Realität sieht anders aus: Eine Untersuchung über das am umweltbewußtesten eingestellte Drittel der Bevölkerung kam zu folgenden Ergebnissen: 74 % von ihnen fuhren mit dem Pkw oder dem Flugzeug in die letzten Ferien, 37 % waren am letzten Wochenende mit dem Pkw unterwegs und 39 % der besonders Umweltbewußten gaben zu, sich nicht um die Einsparung von warmen Wasser zu bemühen.

Tatsächlich lassen sich durch die in der Einstellungsforschung unterstellten Wirkungskette Wissen/Einstellungen/Verhalten nicht mehr als 15 bis 20 % der Varianz des Umweltverhaltens erklären. Gleiches gilt für die klassischen Merkmale der sozialen Differenzierung wie Bildungsstand, Berufsgruppe oder Geschlecht. Neuerdings werden deshalb zusätzliche Erklärungsansätze herangezogen:

- Umweltverhalten als Resultat von Kosten-Nutzen-Entscheidungen,
- Umweltverhalten als Teil des Lebensstils,
- Umweltverhalten als Dilemmasituation zwischen Egoismus und Gemeinschaft sowie
- Wohlbefinden als Faktor für Umweltverhalten.

Die vier Erklärungsansätze summieren sich jedoch nicht zu einer abgerundeten Theorie, sondern sie stellen jeweils für sich Ad-hoc-Theoreme dar. Ihr jeweiliges Erklärungspotential variiert dabei mit der Auswahl der zu beschreibenen Phänomene. Entsprechend unterschiedlich sind die Aussagen darüber, wie die Menschen auf den ökologischen Diskurs und entsprechende Handlungsanforderungen reagieren. Typische Erkenntnisse sind z. B.:

- Für Umweltprobleme werden Politik und Industrie verantwortlich gemacht. Die Nicht-Regierungsorganisationen genießen ein hohes Vertrauen in der Bevölkerung. Dennoch werden umweltschützende Maßnahmen in erster Linie seitens des Staates gefordert.
- Man begreift Umweltschutz als Aufgabe des einzelnen. Dennoch ist die Zahlungsbereitschaft stetig gesunken.
- Man denkt nicht primär an sich, wenn man an Umweltschutz denkt.
- Es ist zur sozialen Norm geworden, positive Einstellungen zum Umweltschutz zu verbalisieren.

Im Resümee stellt die Studie daher fest: Die Auseinandersetzung mit der Umweltproblematik im Alltag hängt einerseits wesentlich von der selbstwahrgenommen Rolle des einzelnen und dessen Mitgestaltungsmöglichkeiten im Prozeß der gesellschaftlichen Entwicklung ab. Ist man z. B. bereit, seine Eigenverantwortung wahrnehmend, auch „gegen den Strom zu schwimmen"? Andererseits haben aber auch die Rahmenbedingungen des individuellen Handelns eine entscheidende Bedeutung für die Realisierung von Verhaltensänderungen. Umweltfreundliche Konsummuster lassen sich, sieht man einmal von wenig attraktiven Verzichtsverhalten ab, nur praktizieren, wenn auch entsprechende Produkte bzw. Dienstleistungen auf dem Markt erhältlich sind. Umweltfreundliche Verhaltensweisen entwickeln sich nur dann, wenn diese durch finanzielle Vorteile und Anerkennung belohnt werden.

Vor diesem Hintergrund kann das Umweltbewußtsein ein großes Innovationspotential darstellen, wenn es richtig genutzt wird, ganz gleich ob es durch Erfahrungen der Umweltbelastungen (z. B. im Zusammenhang mit der Forderung nach dem „blauen Himmel über der Ruhr") durch Reflex auf die Katastrophe von Tschernobyl oder durch Wünsche nach Erhaltung der Natur verursacht ist. Umweltbewußtsein ging oft mit sehr grundsätzlicher Technik-Kritik einher.

Jugendstudien von heute zeigen eine neue Tendenz: Die Jugendlichen gehören einerseits zu den besonders umweltbewußten Gruppen der Gesellschaft, stehen andererseits technischen Innovationen im allgemeinen aufgeschlossen gegenüber.[423]) Heute ist die Überzeugung, daß es „so nicht weiter geht", daß „etwas getan werden muß" integraler Bestandteil des Umweltbewußtseins. Anbieter, die umweltfreundliche Produkte und Dienstleistungen auf den Markt bringen, können sich deshalb eines prinzipiellen Nachfrageinteresses sicher sein. Unternehmen, die sich im Umweltschutz engagieren, können auf eine positive Imagewirkung nach außen sowie einen positiven innerbetrieblichen Effekt zählen etc.

Die bestehende Kluft zwischen Umweltbewußtsein und Umweltverhalten weißt jedoch darauf hin, daß zur Aktivierung dieses Innovationspotentials Fördermaßnahmen notwendig sind. Die Kommission empfiehlt dazu drei aufeinander abgestimmte Strategien zur Kommunikation des Leitbildes einer nachhaltig zukunftsverträglichen Entwicklung:

1. Ein Popularisierungskonzept

Popularisierungskonzept heißt zunächst einmal, breiten Kreisen der Bevölkerung das Nachhaltigkeitsleitbild bekannt zu machen. Am Beispiel der AIDS-Kampagnen kann man ersehen, daß es keine allzu großen Schwierigkeiten macht, zentrale Botschaften des Leitbildes massenwirksam zu verbreiten. Heute weiß jeder, daß Kondome schützen und kennt die Situationen, in denen dieses Wissen akti-

[423]) Vgl. IBM (1995)

viert werden sollte. Kontinuierliche Public-Relations-Aktionen sollten zur Kommunikation von Nachhaltigkeit konzipiert werden. Auch ist an Wettbewerbe, Events und Aktionen in Bereichen zu denken, die bislang nicht im Blickfeld waren. Solche neuen Wege wären beispielsweise Designwettbewerbe, um nachhaltige Produkte lebensstilgerecht zu gestalten. Ebenfalls zum Popularisierungskonzept gehört die Neuausrichtung von Umweltberatung und Verbraucherinformation auf das Leitbild Nachhaltigkeit. Auch hier sind bereits Anfänge gemacht. Ein Popularisierungskonzept hat schließlich die Veränderungen in der Kommunikationslandschaft zu berücksichtigen und sollte von vornherein stark auf die Einbeziehung neuer Kommunikationsnetze (z. B. Internet) hin konzipiert sein. Anders als in traditionellen Kampagnen zur Erzeugung von Umweltbewußtsein kann nicht die Vermittlung von „Katastrophenwissen“ das Ziel sein, sondern es geht darum, die Nachhaltigkeitsidee bekannt und attraktiv zu machen.

2. Ein Machbarkeitskonzept

Mit Machbarkeitskonzept ist hier ein Aktionsprogramm mit einer Vielzahl von Einzelaktivitäten gemeint. Vorbildlich in diesem Zusammenhang ist z. B. das Energiesparprogramm „fifty/fifty“, das mit großem Erfolg an Hamburger Schulen durchgeführt wird. Im Rahmen dieses Programms sind Schüler und Lehrer zu Energieeinsparmaßnahmen aufgefordert. Die Hälfte der dabei eingesparten Kosten verbleibt bei den Schulen zur Finanzierung weiterer Projekte. Hier wird also soziales und umweltfreundliches Verhalten zugleich belohnt. Das fifty/fifty-Konzept könnte in allen Bereichen öffentlicher Gebäudebewirtschaftung erfolgreich eingeführt werden. Ein weiteres Beispiel sind Lokale Agenda 21-Prozesse. Im Rahmen der Lokalen Agenda 21 beteiligen sich einzelne Bürger, Bürgerinnitiativen und NRO an der Erstellung kommunaler Entwicklungsleitbilder sowie an Planungs- und Einigungsverfahren. Dies fördert das Eigenbewußtsein, die Konfliktfähigkeit und das Einigungspotential aller Beteiligten; zudem beugt es unbegründetem Mißtrauen (z. B. gegenüber potentiellem Trittbrettfahrertum) vor. An anderer Stelle zeigen funktionierende Beispiele gemeinsamen Besitzes (Car-Sharing, Tauschringe etc.), daß materieller Wohlstand nicht unbedingt mit exklusivem Besitz einhergehen muß. Damit diese Beispiele Schule machen, sollten sie durch gezielte Informationsvermittlung an die verschiedenen Träger des öffentlichen Lebens unterstützt werden. Denkbar wäre die Einrichtung einer Koordinationsstelle, welche die Erfolgs- und Mißerfolgsfaktoren der verschiedenen Aktivitäten bundesweit sammelt, auf Umsetzungspraktiken hin evaluiert, ggfs. prämiert und auf Anfrage weitergibt. Darüber hinaus sollte geprüft werden, wie und mit welchen Mitteln neue Formen der Eigenarbeit und des ehrenamtlichen Engagements gefördert werden können.

3. Ein Bildungskonzept

Die Bildung muß reflexiv werden. Das traditionelle Konzept von Umweltbildung sah etwa vor, durch Wissensvermittlung, Erziehung und Unterricht Umweltbewußtsein zu erzeugen. Von solchen Automatismen kann heute nicht mehr ausgegangen werden. Notwendig ist dagegen, den Erwerb von Fähigkeiten zu lernen, die es ermöglichen, bisheriges Wissen und Verhalten zu überdenken und ggfs. zu ändern. Nachhaltige Entwicklung muß damit integraler Bestandteil aller Bildungsinitiativen werden. Der Bildungsarbeit der NRO und der Umweltzentren kommt eine zunehmend wichtige Rolle zu. Eine besonders wichtige Zielgruppe von Bildungskonzepten zur Kommunikation von Nachhaltigkeit stellen Eltern dar, denn – dies zeigen die Daten der Umweltbewußtseinsforschung mit aller Deutlichkeit – die „Verantwortung für die Nachwelt" gilt als die wichtigste Begründung für die Notwendigkeit des Umweltschutzes.

Bei allen drei vorgeschlagenen Konzepten geht es um die Entwicklung zielgenauer Strategien zur Kommunikation des Leitbildes einer nachhaltig zukunftsverträglichen Entwicklung auf der Basis der existierenden Lebensstile und nicht um die Vorgabe generalisitischer Leitbilder, die an den Gefühlen und Köpfen der größten Zahl der Menschen vorbeigehen und eher Abwehr hervorrufen, weil sie die identitätsstiftende und gemeinschaftsfördernde Funktion der bisher praktizierten Lebensstile ignorieren. Eine zielgenaue Strategie zur Kommunikation von Nachhaltigkeit erscheint dann besonders aussichtsreich, wenn sie nicht nur auf Lebensstiltypen sondern auf Umweltverhaltenstypen[424]) abstellt. Im Rahmen der drei strategischen Konzepte können Staat, Unternehmen, NRO, Verbraucherorgansiationen, Umweltbildungszentren sowie die Sozial- und Bildungsforschung dann ihre je eigenen Rollen wahrnehmen. Letztlich müssen Rahmenbedingungen so gestaltet werden, daß umweltgerechtes Verhalten als individuell nützlich empfunden wird.

---

[424]) Zwei aktuelle Forschungsprojekte lassen erkennen, auf welche Weise man zu solchen Umweltverhaltenstypen gelangen kann. Die Münchener Projektgruppe für Sozialforschung hat die Bedingungen und Problemstellungen von Umweltbewußtsein und ökologischem Handeln in offenen Interviews erforscht und hat eine problembezogene Typologisierung vorgenommen; Vgl. Brand u. a. (1996). Die Forscher unterscheiden fünf Mentalitätsmuster, die die Grundlage alltagsweltlicher Reaktions- und Verarbeitungsmuster abgeben: Den Typus *Persönliches Entwicklungsprojekt, Bürgerpflicht, System- / Staatsorientierung, Indifferenz* und *Weiter so.* Aus den ersten Ergebnissen der Forschungen läßt sich schließen, daß die Mentalitätstypen altersübergreifend und lebensstilübergreifend sind, wenngleich sie in den verschiedenen sozialen Milieus unterschiedlich zahlreich repräsentiert sind; Vgl. Brand u. a. (1996)

Der Forschungsansatz der Berliner Forschungsgruppe Umweltbildung nimmt ausgewählte umweltrelevante Verhaltensweisen zum Ausgangspunkt, wobei eine Differenzierung nach den Bereichen *Verkehr*, *Einkauf*, *Energie* und *Ernährung* erfolgt. Zusätzlich werden fünf Motivtypen für Umweltverhalten unterschieden: *Wohlbefinden*, *Kosten-Nutzen-Erwägungen*, *Persönliche Lebensstile*, *Gewohnheiten*, *Umweltschutzmotive*. Aus beiden Merkmalskategorien „wird eine Matrix von Verhaltensweisen und Motivlagen erstellt, die für jede zur Debatte stehende Verhaltensweise die bestimmenden Momente verzeichnet. So läßt sich beispielsweise ersehen, bei welchen Verhaltensweisen Umweltbewußtsein eine Rolle spielt, wo finanzielle Motive den Ausschlag geben und wo Wohlbefinden das vorrangige Motiv darstellt. Konfigurationen von Verhaltensweisen lassen sich untersuchen, die sich zu einer Typologie von Verhaltensweisen und bestimmenden Motivlagen verdichten lassen." Vgl. Kuckartz (1998) 97

5.3.3 Institutionelle Innovationen: Gestaltungsaufgabe Globalisierung

Die Enquete-Kommission hat sich im Rahmen ihrer Tätigkeit auch mit dem Thema der Globalisierung beschäftigt. In diesem Zusammenhang wurden zwei Gutachten[425]) vergeben sowie am 12. Mai 1997 ein ganztägiger Workshop in Berlin veranstaltet. Ausgangspunkt der Überlegungen war die Feststellung, daß sich mit Globalisierung unterschiedliche Vorgänge verbinden, die unter Nachhaltigkeitsaspekten divergierend zu bewerten sind. Im engeren Sinne versteht man unter Globalisierung die räumliche Erweiterung der unternehmerischen Absatz- und Beschaffungsmärkte, die auch die Produktion einbezieht. Daneben ist die Globalisierung der Finanzmärkte von großer Bedeutung. Hinzu tritt die weltweite Prägung von Konsum- und Produktionsstilen durch transnationale Unternehmen.

Diese Prozesse sind nicht neu, haben aber aufgrund der Liberalisierungstendenzen, der Veränderung der relativen Bedeutung von Transportkosten sowie des Vordringens moderner Informations- und Kommunikationstechniken eine neue Qualität gewonnen. Die räumliche Ausweitung der Absatzmöglichkeiten verbessert einerseits die Vorteile großbetrieblicher Produktion (Skaleneffekte) und erhöht andererseits den Wettbewerbsdruck zwischen Unternehmen und Standorten. Dies schafft Chancen und Risiken – auch für das Nachhaltigkeitsanliegen. In diesem Zusammenhang führt die Globalisierung zur Expansion des Welthandels und per saldo zu positiven Wachstums- und Beschäftigungseffekten.

Sondervotum der Kommissionsmitglieder
Prof. Dr. Jürgen Rochlitz und Prof. Dr. Arnim von Gleich:

Dennoch hat sich der international und national hohe Stand der Arbeitslosigkeit kaum vermindern lassen; er ist vielmehr weiter angestiegen. Doch darf man sich nichts vormachen: Die deutsche Wirtschaft könnte gerade unter den Bedingungen der Globalisierung keine fünf Millionen Arbeitsplätze für besser ausgebildete Menschen schaffen. Deswegen muß über die Bildungsanstrengungen hinaus die Struktur des Arbeitsmarktes innovativ, d. h. grundlegend geändert werden. Dazu gehören Elemente der Flexibilität, der geringeren Wochen- und Lebensarbeitszeit bis hin zu einer Grundversorgung mit Arbeit, wie sie der Club of Rome kürzlich in seinem Drei-Schichten-Modell vorgeschlagen hat (O. Giarini, P. M. Liedtke: Wie wir arbeiten werden, 1998). Eine offensive Bildungspolitik ist aber auch nötig, um Vor- und Nachteile der Globalisierung langfristig für den stetigen Übergang zu einer nachhaltigen Entwicklung zu nutzen, bei der es Steigerungen des Realeinkommens oder relativ hohe Lohnniveaus zu Lasten weniger entwickelter Länder zu vermeiden gilt.

Am weitesten vorangeschritten ist die Globalisierung auf den Finanz- und Kapitalmärkten, wo vielfach die Befürchtung geäußert wird, daß von den realen Güterströmen losgelöste Zahlungsströme über Spekulationseffekte eine destabilisierende Wirkung auf einzelne Volkswirtschaften auslösen. Über die Internationalisierung der Produktion aufgrund der großen Direktinvestitionen der transna-

---

[425]) Vgl. Hey, Schleicher-Tappeser (1998); Petschow u. a. (1998)

tionalen Unternehmen kommt es vielfach zu einer Oligopolisierung und zu einem erheblichen Einfluß der Wirtschaft auf die Politikgestaltung sowie zu einer Homogenisierung der Produktionsverfahren und der Konsumstile.

Der erhöhte Wettbewerbsdruck wird wahrscheinlich die Ressourcenproduktivität steigern und verfestigte Strukturen aufbrechen. Die mit der Globalisierung verbundenen Wachstumseffekte können in den davon begünstigten Bereichen, vor allem für eine exportorientierte Nation wie Deutschland, positive Beschäftigungseffekte haben. Für die hochentwickelte Wirtschaft Deutschlands eröffnen sich hierdurch zusätzliche Absatzmöglichkeiten, u. a. bei energie-, ressourcensparenden und umweltschonenden Techniken. Es ergibt sich die Chance, Umweltstandards zu exportieren (o. ä.). Eine Ausschöpfung von Skaleneffekten und damit eine Legitimierung von nachhaltigkeitsorientierten First-mover-Aktivitäten wird möglich.

Daneben sind aber auch die Risiken des Globalisierungsprozesses für das Nachhaltigkeitsanliegen zu beachten. Dazu zählen der wachstumsbedingte zusätzliche Ressourcenverbrauch und die durch Produktion und Transport bedingten Emissionen. Hinzu treten Struktureffekte durch den zunehmenden Austausch möglicherweise umweltintensiver Güter und Dienste sowie schließlich die durch Liberalisierung und Wettbewerbsdruck möglichen Einflüsse auf nationalstaatliche Umwelt- und Sozialstandards (race-to-the-bottom-Wettbewerb). Im Gefolge des Strukturwandels können möglicherweise umweltintensive Produktionen in unterentwickelte Länder verlagert werden. In den Hochlohnländern werden im Zuge der Umstrukturierung und des beschleunigten technischen Fortschritts die Arbeitsmarktchancen für weniger qualifizierte Arbeitskräfte schlechter.

Eine Abschätzung dieser gegenläufigen Effekte ist nach dem bisherigen Stand des Wissens noch nicht abschließend möglich. Insofern konnte auch die Enquete-Kommision noch nicht zu einer abschließenden Bewertung der Chancen und Risiken des Globalisierungsprozesses bezüglich des Nachhaltigkeitsanliegens gelangen.

Gleichwohl wird deutlich, daß Antworten auf folgende Herausforderungen gefunden werden müssen, die die Enquete-Kommision als Prüfauftrag an Politik und Forschung richtet:

- Wie kann die internationale Wettbewerbsordnung so gestaltet werden, daß die Risiken hinsichtlich des Nachhaltigkeitsanliegens reduziert werden, ohne dabei die Chancen der Globalisierung zu verspielen?
- Wie lassen sich die destabilisierenden Effekte der internationalen Finanzmärkte, die in der Regel eine Kurzfristorientierung der Unternehmensplanungen auslösen, vermeiden, damit eine dem Nachhaltigkeitsanliegen eher gerecht werdende langfristige Ausrichtung einzelwirtschaftlicher Planungen gefördert wird?

- Inwieweit muß eine internationale Einigung auf Mindeststandards im Umwelt- und Sozialbereich ereicht werden, um den unter Nachhaltigkeitsaspekten problematischen race-to-the-bottom-Wettbewerb zu bremsen?
- Welche Handlungsspielräume bieten sich den Nationalstaaten und Regionen, wo ist ein Tätigwerden auf der europäischen und internationalen bene erforderlich?

Jedenfalls spricht sich die Enquete-Kommission dafür aus, daß sich die Bundesrepublik Deutschland an der Debatte und Suche nach neuen, sinnvollen internationalen Regelungssystemen für eine Politik der Nachhaltigkeit intensiv beteiligt. Die Kommission plädiert für eine aktive Rolle der Bundesrepublik bei der Gestaltung internationaler Verträge und neuer institutioneller Arrangements. Auch zukunftsfähige Umwelt- und Sozialstandards können sich global verbreitern und ihren institutionellen Ausdruck finden.

Die internationalen Institutionen im System der Vereinten Nationen (VN), die sich mit Umweltschutz befassen, sind in ihren Zuständigkeiten zersplittert und unkoordiniert. So befassen sich Organisationen, wie z. B. United Nations Conference on Trade and Development (UNCTAD), United Nations Development Programme (UNDP) und Food and Agriculture Organization of the United Nations (FAO), mit bestimmten Aspekten des Umweltschutzes. Auch einige der nicht zu den VN zählenden Organisationen, vor allem die Weltbank, der Internationale Währungsfonds (IWF) oder die aus dem General Agreement on Tariffs and Trade (GATT) hervorgegangene WTO (World Trade Organization) sind wichtige Institutionenen auf diesem Gebiet. Zwar ist die Zunahme an umweltbezogenen Aktivitäten – insbesondere seit der Konferenz der VN in Rio de Janeiro im Jahr 1992 – zu begrüßen; erforderlich ist jedoch eine verbesserte Kohärenz. Die Aktivitäten insbesondere der VN im Bereich Nachhaltigkeit müssen daher gestrafft und effektiv koordiniert werden.

Um die Belange der nachhaltigen Entwicklung wirkungsvoll vertreten zu können, empfiehlt sich aus Sicht der Enquete-Kommission eine institutionelle Reform der Vereinten Nationen in zwei Schritten: Zum einen bedarf das Umweltprogramm der VN (UNEP) einer internen Struktur- und Managementreform, um seiner koordinierenden Rolle als einzige, für Umweltpolitik zuständige Institution der VN wieder gerecht werden zu können. Zum anderen sollte – auf einer zweiten Ebene – das Gefüge der im Umweltbereich tätigen Institutionen der VN insgesamt reformiert werden. Dazu bietet sich die Einrichtung einer globalen VN-Umweltorganisation an, entsprechend einer Anregung des Bundeskanzlers und der Staats- und Regierungschefs Brasiliens, Singapurs und Südafrikas bei der Sondergeneralversammlung der VN im Juni 1997. Zu einer solchen Institution könnte UNEP entwickelt werden.

Aufgaben einer gestärkten zentralen Institution für Umweltfragen in den VN wären:

1) die Weiterentwicklung und Umsetzung des internationalen Umweltrechts,
2) der Ausbau der Umweltbeobachtung und -einschätzung einschließlich der Weiterentwicklung von Umweltindikatoren zur Unterstützung der Arbeiten an der Entwicklung von Nachhaltigkeitsindikatoren und

3) die Koordinierung der Zusammenarbeit der VN-Institutionen untereinander sowie mit anderen relevanten Einrichtungen, mit einem besonderen Schwerpunkt auf der Koordinierung der Aktivitäten der internationalen Konventionen im Umweltbereich und ihrer Sekretariate.

Aus institutioneller Sicht ergeben sich zwei grundlegende Modelle für eine weltweite Organisation für den Umweltschutz: die Einrichtung als eigenständige Sonderorganisation (wie z. B. FAO) oder die Einrichtung als Unterorganisation der VN (vergleichbar z. B. UNCTAD). Eine Aufwertung der UNEP zur Unterorganisation – durch Entscheidung der VN-Generalversammlung – wäre das einfachere und schnellere Verfahren, mit einer ungleich größeren Chance der kurzfristigen Umsetzung. Im Gegensatz dazu bedürfte die Einrichtung einer Sonderorganisation eines völkerrechtlichen Vertrags und damit voraussichtlich langwieriger Verhandlungen mit ungewissem Ausgang.

Bei diesen Überlegungen ist zu berücksichtigen, daß der VN-Generalsekretär inzwischen den neuen UNEP-Exekutivdirektor, Prof. Dr. Klaus Töpfer, mit der Leitung einer Task Force beauftragt hat, die Vorschläge für eine Reform der VN im Umweltbereich erarbeiten soll. Der Generalsekretär will das Ergebnis der 53. Generalversammlung im Herbst 1998 vorlegen.

Ein zentrales Problem für alle diskussionswürdigen Ansätze wird die Finanzierung sein. So werden 94% der (freiwilligen) Beiträge zum UNEP-Umweltfonds derzeit von nur 12 Staaten bereitgestellt. Eine Unterorganisation wird dagegen unmittelbar aus dem VN-Budget finanziert. Sie böte damit eine Möglichkeit, die mit einem System freiwilliger Beiträge verbundenen Probleme zu überwinden.

Minderheitsvotum der Kommissionsmitglieder
Ulla Burchardt, Marion Caspers-Merk, Dr. Angelica Schwall-Düren,
Dr. Dietrich Sperling, Dr. Henning Friege, Prof. Dr. Rolf-Ulrich Sprenger,
Jürgen Walter, Prof. Dr. Jürgen Rochlitz, Prof. Dr. Arnim von Gleich:

Allerdings zeichnet sich schon jetzt ab, daß auch unter den Bedingungen einer globalisierten Wirtschaft Handlungsmöglichkeiten der nationalstaatlichen Politik existieren, um die angesprochenen Chancen zu nutzen und die Risiken zu mindern.

Ökonomische Dimension

Der wirtschaftspolitische Handlungsbedarf, der allein aufgrund der Globalisierung entsteht, ist vergleichsweise gering ist. Er erstreckt sich vor allem darauf, eine gerechtere Verteilung der Gewinne aus der Globalisierung zu erreichen und dafür zu sorgen, daß eine Volkswirtschaft auch in Zukunft an den Vorteilen einer verstärkten internationalen Arbeitsteilung teilhaben kann. Wenn die Wirtschaftspolitik diese Gestaltungsaufgabe wahrnimmt, bringt die Globalisierung mehr Wohlstand für alle.

Im übrigen lassen sich wirtschaftspolitische Eingriffe auch im Zeitalter der Globalisierung im wesentlichen dadurch rechtfertigen, daß es sonst zu Marktversagen mit unerwünschten Ergebnissen kommen kann. Dazu zählen insbesondere eine ineffiziente Allokation von Ressourcen, eine ungenügende Auslastung von Produktionsfaktoren (insbesondere Arbeit) und eine nicht zufriedenstellende Einkommens- und Vermögensverteilung. An diesen grundlegenden Tatsachen marktwirtschaftlich organisierten Wirtschaftens ändert auch die Globalisierung nichts. Sie beraubt den Staat weder seiner Handlungsmöglichkeiten noch befreit sie ihn von seiner Handlungsverpflichtung. Nach wie vor gibt es in den westlichen Industrieländern erhebliche, wenn auch unterschiedliche wirtschaftliche und soziale Probleme, denen mit Hilfe von geeigneten Maßnahmen zu Leibe gerückt werden muß. Und auch im Zeitalter der Globalisierung werden Erfolge bei der Bekämpfung der Arbeitslosigkeit, bei der Eindämmung von Inflation oder der Staatsverschuldung, beim Abbau von Armut und von sozialen Mißständen und bei der Bekämpfung von Umweltschäden wesentlich durch eine vernünftige Wirtschaftspolitik erzielt.

In den meisten Industrieländern haben die wirtschaftspolitischen Akteure in vielen Bereichen mehr oder weniger angemessen auf die Herausforderungen der Globalisierung reagiert, sowohl auf regionaler, nationaler als auch internationaler Ebene. Dennoch bleibt einiges zu tun. Wie die Mexiko- und Asienkrise deutlich zeigen, kann es aufgrund der hohen Mobilität des Finanzkapitals zu erheblichen Störungen der Weltwirtschaft und insbesondere der regionalen Entwicklung kommen. Zwar haben die Industrieländer zusammen mit den maßgeblichen internationalen Organisationen die Auswirkungen der Krisen im wesentlichen auf die unmittelbar betroffenen Länder selbst beschränken können. Ihre Entstehung haben sie jedoch durch eine allzu leichtfertige Kreditvergabe mitverursacht. Außerdem sind die Leidtragenden der Krise im wesentlichen die ärmeren Bevölkerungsschichten in den von der Krise betroffenen Ländern, die im vorangegangenen Boom nur wenig profitieren konnten. Dies liegt zum Teil auch an fehlenden Umwelt- und Sozialstandards, die viele Erwachsene und Kinder zwingt, unter entwürdigenden, gesundheitsschädlichen oder sogar lebensgefährliche Bedingungen zu arbeiten.

Handlungsbedarf aufgrund der Globalisierung, der sich auf die internationale Ebene bezieht, erstreckt sich somit vor allem auf zwei Bereiche. Zum einen auf eine institutionelle Reform der internationalen Organisationen, insbesondere des Internationalen Währungsfonds (IWF). Dieser müßte entschiedener als bisher versuchen, Krisen nicht erst im nachhinein zu bewältigen, sondern deren Entstehung zu verhindern. Zum anderen sollten – trotz der damit verbundenen Probleme – weltweit verbindliche Mindeststandards in den Bereichen Grundrechte, Umwelt und Soziales eingeführt werden, denn die Erfahrung zeigt, daß freie Märkte nur unzureichend Standards setzen, die Menschen und Umwelt in einem wünschenswerten Maße schützen.

Soziale Dimension

Auf nationaler Ebene liegt der Haupthandlungsbedarf aufgrund der Globalisierung im Bereich der Bildungspolitik. Die eindeutigen Verlierer aus der Globalisierung in den wesentlichen Industrieländern sind die Arbeitskräfte mit geringer oder keiner Qualifikation. Auf lange Sicht ist die Reduzierung des Angebots an gering Qualifizierten durch eine entsprechende Bildungspolitik die vielversprechendste Strategie, der gesunkenen Nachfrage nach gering Qualifizierten zu begegnen.

Bereits in der Schule sollte die Fähigkeit zu lebenslangem Lernen vermittelt werden, die zentrale Komponente jeder Ausbildung sein muß (Vgl. Plümer (1997)). Niemand wird in Zukunft erwarten können, daß er seinen Beruf in der ursprünglich erlernten Art sein ganzes Leben lang ausüben kann. Lebenslanges Lernen der Arbeitnehmer zu fördern, ist folglich die zweite Strategie zur Reduzierung des Angebots an gering qualifizierten Arbeitskräften.

Obwohl Bildung, insbesondere Weiter- und Erwachsenenbildung, zum großen Teil Sache der Wirtschaft bzw. Privaten ist, kommt dem Staat bei der Anpassung des Bildungssystems an die Herausforderungen durch die Globalisierung besondere Bedeutung zu. Denn es geht nicht nur um eine Erhöhung der Bildungsausgaben. Die Anpassung der Lehrpläne und Lehrmethoden in den Schulen und die Reform der Universitäten muß auch mit Effizienzsteigerungen des Bildungssystems verknüpft sein.

Eine offensive Bildungspolitik ist aber auch nötig, um die Vorteile der Globalisierung langfristig zu sichern und in Steigerungen des Realeinkommens umzuwandeln. die westlichen Industrieländer können ihr relativ hohes Lohnniveau nur dann aufrechterhalten, wenn sie ihre technologische Leistungsfähigkeit und ihren Bestand an Humankapital stetig erhöhen. Eine Kürzung der staatlichen Ausgaben im Forschungs- und Bildungsbereich, die im wesentlichen Investitionen in die technologische Leistungsfähigkeit und in das Humankapital sind, ist daher definitiv der falsche Weg, den Herausforderungen aus der Globalisierung gerecht zu werden.

Ökologische Dimension

Umweltpolitische Handlungsspielräume sind nicht nur vorhanden, so die Ergebnisse der Enquete-Studien, sondern sollten offensiv genutzt werden.

Diese Spielräume fassen Hey und Schleicher-Tappeser wie folgt zusammen:[426])

- Auf der regionalen Ebene bietet die Einbindung einzelner Unternehmen in regionale Produktionsmilieus auch die Chance ihrer ökologischen Ausrichtung. Der entscheidende Erfolgsfaktor hierfür ist eine ausgeprägte regionale Identität, die der Umwelt einen hohen Stellenwert beimißt. Lokale und regionale Ebenen haben nicht ihre Bedeutung verloren, sondern sind auch wichtiger geworden. Zunehmend wird mit Regionalität geworben. Regionale Zulieferverflechtungen, Milieus und die Intensivierungen von Stadt-Umland-Beziehungen gewinnen an Bedeutung. Auch global operierende Unternehmen sind auf besondere lokale Bedingungen angewiesen. Außerdem bietet die regionale Infrastrukturpolitik erhebliche Chancen für eine umweltgerechte Ausgestaltung.

- Es gibt verschiedene Beispiele und Bereiche, für die die regionale Ebene eine besondere Bedeutung hat. So gewinnen regionale Vermarktungs- und Marketingstrategien für Lebensmittel regionaler Herkunft zunehmend an Bedeutung. Im Landwirtschaftsbereich wurden neue Bündnismöglichkeiten zwischen der umweltorientierten, regionalen Landwirtschaft, der Gastronomie und dem Tourismusgewerbe und anderen regionalen Abnehmern gefunden. In der Energiediskussion ist die ‚Rekommunalisierung' der Energiewirtschaft ein Bestandteil von Energieeffizienzkonzepten für Landkreise. Mit dem Bedeutungsgewinn regenerativer Energiequellen erhält die regionale Dimension eine weitere Chance. In weiteren verbrauchernahen Bereichen wie Bauen, Verkehr und Handwerk, die nur begrenzt internationalisierbar sind, können und sollten regionale Dienstleistungen und Produkte stärker gefördert werden.

- Auf der nationalen Ebene lassen sich zahlreiche wirtschafts- und europaverträgliche Maßnahmen immer noch im Alleingang durchführen. Der ökonomische Nutzen der bisherigen Umweltpolitik überwog bisher eindeutig die kaum bezifferbaren Schäden. Die Freiräume sind in der anlagenbezogenen Umweltpolitik wesentlich größer als in der Produktpolitik, bei der die Verhältnismäßigkeit der Maßnahmen nachgewiesen werden muß. Sie existieren auch bei der Einführung von Ökosteuern wie der reiche Erfahrungsschatz benachbarter Länder zeigt. Auch wenn flexible Lösungen für besonders betroffene Industrien gefunden werden müssen, so ist dies kein überzeugendes Argument gegen eine nationale Vorreiter-(oder realistischer: schnelle Aufholer-)rolle.

- Auch auf der europäischen Ebene sind die Chancen für eine „Politik der Nachhaltigkeit" vorhanden. Mit dem 5. Umweltaktionsprogramm besteht ein offizieller programmatischer Referenzpunkt. Wichtige Impulse müssen jedoch mindestens aus einem großen Mitgliedsland kommen, das bereit ist, seine ökonomischen Ressourcen, sein politisches Prestige, seine Expertise und seinen Erfahrungsschatz in eine aktive Umweltaußenpolitik zu investie-

[426]) Vgl. Hey, Schleicher-Tappeser (1998)

ren. Dies geschieht nur, wenn dieses Land daran ein vitales Interesse entwickelt. Dieses setzt aber erfolgreiche Erfahrungen im Inland voraus. Eine dynamische europäische Umweltpolitik ist also in einem ersten Schritt nicht Voraussetzung, sondern Folge einer dynamischen nationalen Umweltpolitik. Erst in einer zweiten Phase erlaubt eine europäische Einigung auf hohem Niveau, wiederum national weiter voranzugehen.

- Auf der internationalen Ebene ist die Einführung bzw. Fortentwicklung von ökologischen und sozialen Standards im internationalen Handel notwendig. Damit die Entwicklungsländer solche Maßnahmen nicht als reinen Protektionismus bewerten, müssen die Industrieländer den Entwicklungsländern Chancen auf Einnahmen eröffnen, z. B. durch gezielte Förderungen wie Marktzugang, Technologietransfer und die in Rio zugesagte Entwicklungshilfe von 0,7 % des deutschen Bruttosozialproduktes. Bereits erreichte Standards der Industrieländer sollten möglichst gehalten werden. Lt. Hey und Schleicher-Tappeser ist der europäische Wirtschaftsraum „so stark innenorientiert, daß er erhebliche soziale und umweltpolitische Niveauunterschiede zum Rest der Welt-Ökonomie verkraften kann."

  Weiter müssen internationale Umweltabkommen (wie z. B. das Abkommen zum Schutz der Weltmeere oder das Montrealer Protokoll zum Schutz der Ozonschicht) als Rahmen für den Freihandel fungieren. Diese Abkommen müssen im Streitfall Vorrang erhalten gegenüber dem Prinzip des Freihandels.

  Auf der internationalen Ebene sollten auch die Initiativen zur Vereinbarung von Verhaltenscodex (code of conduct) von internationalen Unternehmen für ihre Aktivitäten, Investitionen und Joint Ventures gefördert werden. Ökologische und gesundheitliche Mindestanforderungen sind dabei ebenso zu berücksichtigen wie soziale, demokratisch betriebliche und Arbeitsschutzaspekte.

5.4 Institutionelle Innovationen zur Förderung einer nachhaltig zukunftsverträglichen Entwicklung

Im Sinne des Leitbildes einer nachhaltig zukunftsverträglichen Entwicklung müssen sich Innovationen daran messen lassen, ob sie zu mehr Langfristorientierung und Strategiefähigkeit in Staat, Wirtschaft und Gesellschaft führen. Das heißt, jeder innovative Schritt soll am Ende zu einer nachhaltigen Gesamtentwicklung führen. Dies geschieht gegenwärtig in zu geringem Maße. So ist der Umgang mit den natürlichen Ressourcen größtenteils nicht nachhaltig. Aber trotz hohen Umweltbewußtseins bei allen Akteuren gelingt es in vielen Bereichen nicht, in Richtung einer nachhaltig zukunftsverträglichen Entwicklung umzusteuern. Ebenso wenig scheint es derzeit – ungeachtet der allenthalben geäußerten Einsicht in die Notwendigkeit – nicht möglich, die Kreditaufnahme des Staates und die Gewährung von Ansprüchen, die folgenden Generationen wachsende Schuldenberge hinterläßt und steigende Verpflichtungen aufbürdet, zu bremsen.

Die Enquete-Kommission ist daher zu der Auffassung gelangt, daß Hemmnisse für Fortschritte im Sinne einer nachhaltig zukunftsverträglichen Entwicklung auch im gegenwärtigen institutionellen Gefüge der Bundesrepublik zu suchen sind und mahnt entsprechend institutionelle Innovationen an. Hierzu hat die Kommission grundlegende Regeln aufgestellt, aus denen sich ein Handlungsbedarf bzw. eine Handlungsaufforderung ableitet, und die im Konfliktfall eine Entscheidungsgrundlage für das Handeln aller schaffen. Allerdings kann das Aufstellen von grundlegenden Regeln allein noch keine nachhaltig zukunftverträgliche Entwicklung garantieren. So besteht hinsichtlich der Anwendung der Regeln auf den Einzelfall jeweils Interpretationsbedarf bzw. Interpretationsspielraum. Die einzelnen Orientierungen der Regeln können in Konflikt bzw. Konkurrenz zueinander treten. Es können Unstimmigkeiten bei der Abstimmung nacheinanderfolgender Innovationsschritte auftreten, usw.

Ebenso notwendig für die Realisierung einer integrativen Politik und die aktive Ausgestaltung der nachhaltig zukunftsverträglichen Entwicklung ist deshalb ein institutionelles Arrangement, das – entsprechend dem Querschnittcharakter des Leitbildes – hilft, politische Entscheidungsprozesse mit gesellschaftlichen Entwicklungstrends zu verzahnen und am Nachhaltigkeitsgedanken auszurichten. Dazu bedarf es einerseits der Aufrechterhaltung einer innovationsfördernden, effizienten und dezentral koordinierenden Wettbewerbsstruktur. Weiterhin bedarf es der Richtlinienkompetenz einer demokratisch legitimierten politischen Führung, um die Integration des Leitbildes im Rahmen einer ressortübergreifenden Politik in den politischen Prozeß zu gewährleisten und die Vermittlung des Leitbildes in der Gesellschaft sicherzustellen. Schließlich ist eine effektive Verwaltungsstruktur notwendig.

Die Kommission hat vor diesem Hintergrund eine Studie zum Thema „Institutionelle Reformen für eine Politik der Nachhaltigkeit" in Auftrag gegeben.[427]) Die Studiennehmer, das Institut für Wirtschaft und Ökologie an der Universität St. Gallen (IWÖ-HSG) und das Institut für Organisationskommunikation, Bensheim (IFOK), entwickeln vier institutionelle Basisstrategien, die auf eine Erhöhung der gesellschaftlichen Reflexivität[428]), durch Partizipation und Selbstorganisation, verbesserte Ausgleichs- und Konfliktregelungsmechanismen sowie durch Stärkung der gesellschaftlichen und wirtschaftlichen Innovationsfähigkeit zielen. Für jede der Strategien definiert die Studie Teilstrategien und entwirft Institutionenvorschläge zur Umsetzung. Während manche Empfehlungen die konkrete inhaltliche Gestaltung von Institutionen zum Gegenstand haben, haben andere einen prozessualen oder reflexiven Charakter und sind insoweit auf eine Erhöhung der Lernfähigkeit von Institutionen und Akteuren gerichtet.

---

[427]) Vgl. Minsch u. a. (1998)

[428]) Unter dem Begriff „Reflexivität" versteht man die Wahrnehmung, Erfassung und Artikulation von Problemlagen sowie die Fähigkeit des wissenden bzw. adäquaten Handelns im Rahmen sich verändernder Bedingungen. Die Forderung nach Institutionen zur Steigerung der gesellschaftlichen Reflexivität läßt sich aus der zunehmenden funktionalen Ausdifferenzierung moderner Gesellschaften z.B. aufgrund der fortschreitenden Arbeitsteilung ableiten. Zwar können durch Arbeitsteilung Spezialisierungsvorteile realisiert werden. Andererseits entwickeln sich zwischen den Spezialdisziplinen aber auch Kommunikationsschwierigkeiten und es besteht die Gefahr, daß auf Einzeloptimierung gerichtetes Handeln mit unbeabsichtigten Nebenfolgen einhergeht. Dadurch kann im Laufe der Zeit das gesamtgesellschaftliche Zusammenwirken der unterschiedlichen Akteuren insgesamt gefährdet werden. Reflexivitätsstrategien versuchen diesem Problem entgegenzuwirken, indem sie die Aufmerksamkeit bzw. Wachsamkeit für neue Problemsituationen schärfen und Handlungskapazitäten entwickeln helfen.

Als mögliche Strategien zur Erhöhung der Reflexivität werden in der Studie aufgeführt:

- Internalisierungsstrategien, die darauf abzielen, die externen Effekte des Handelns in die Handlungskalküle der Akteure einzubeziehen.
- Kooperations- und Integrationsstrategien, die auf die Mobilisierung von Synergieeffekten abzielen.
- Informationsstrategien dienen der Aufklärung.
- Strategien des institutionellen Wettbewerbs können effiziente Innovationsergebnisse gewährleisten, während Förderstrategien konkrete Projekte finanzieren.

Daneben zählt die Studie die Hinwendung zu mehr Partizipation und Selbstorganisation zu den wesentlichen Ansätzen der Reflexivitätserhöhung. Konstatiert wird, daß aufgrund der fortschreitenden Ausdifferenzierung der Gesellschaft in vielen Fällen handlungsfähige Koalitionspartner fehlen. Die gesellschaftliche Handlungsfähigkeit könne daher durch die Förderung von Anteilnahme und Vernetzung verbessert werden. Voraussetzung für die Bereitschaft zu partizipativen Prozessen, die ja immer auch die Bereitschaft zu Kompromissen beinhalten, ist ein Umfeld des Vertrauens. Dazu sind faire Verhandlungsstrukturen vonnöten. Diskutiert werden in diesem Zusammenhang

- Advokatorische Institutionen, die als „Anwälte" von Interessen auftreten.
- Institutionen des Ressourcen- und Machtausgleichs, die auf Waffengleichheit zwischen konkurrierenden Interessen zielen.
- Mitspracherechte an Normbildungsprozessen, die individuelle Anteilnahmemöglichkeiten sichern, während
- administrative Institutionen die Rechte von Anspruchsgruppen repräsentativ wahrnehmen.

Die im Rahmen der Studie erstellte Vorschlagsliste umfaßt über 60 konkrete Institutionenvorschläge für eine Politik der Nachhaltigkeit. Die Vorschläge entstammen der aktuellen wissenschaftlichen und politischen Debatte, basieren auf existierenden Institutionen in anderen Ländern sowie auf insbesondere in Experten-Workshops diskutierten neuen Institutionenideen. Sie sind in der nachfolgenden Übersicht zusammengestellt:

1. Erhöhung der Reflexivität

- Diskursive Erarbeitung einer nationalen Nachhaltigkeitsstrategie
- Partizipative Erarbeitung und Auswahl von Nachhaltigkeits-Indikatoren

- Ökologische und soziale Produktkennzeichnungen (Labels)
- Nachhaltigkeitsorientierte Haushaltspläne der öffentlichen Hand
- Nachhaltigkeitsberichte von Ministerien
- Expertengremien zur Gesetzesvorbereitung
- Technikfolgenabschätzung: von der Politik- zur Gesellschaftsberatung
- Bürgerforen für Politiker und Gremien
- Gesetzesfolgenabschätzung im Sinne der Nachhaltigkeit
- Konsensuskonferenzen
- Diskursive Weiterentwicklung des Instituts Enquete-Kommission
- Transparenz durch Subventionsberichte
- Nachhaltigkeitsorientierte Forschungspolitik
- Zukunftfähige Reform des Bildungswesens
- Netzwerke von Wissenschaft und Politik

2. Verbesserung der Selbstorganisation

- Regelverantwortung der Wirtschaft durch Selbstverpflichtungen und Wahrnehmung einer Vorreiterfunktion
- Prospektive Intervention und marktliche Akteurnetze
- Branchendiskurse
- Stärkung der kommunalen Ebene
- Ausweitung der Lokalen Agenden 21
- Spendenparlamente
- Ehrenamt, Selbsthilfe, Eigenarbeit
- Öffentlichkeitsrechte bei Verwaltungshandeln
- Direktdemokratische Elemente
- Wahlpflicht
- Mediation
- Planungszellen, Bürgergutachten
- Partizipative Projektentwicklung nach dem Energie-Tisch-Modell
- Mehrstufige dialogische Verfahren
- Stadt- und Verkehrsforen
- Weitere diskursive Verfahren

3. Konfliktregelung und Ausgleich

- Nachhaltigkeitsausschuß des Deutschen Bundestages
- Nachhaltigkeitsrat bei der Bundesregierung
- Staatsminister im Bundeskanzleramt für Nachhaltigkeit und Ombudsleute in den Ministerien
- „Nachhaltigkeitsdienst" in anerkannten Organisationen
- Nachhaltigkeitslotterie
- Ökologische Grundrechte
- Freedom of Information Act
- Entgelt und Finanzierung von Nichtregierungsorganisationen für Beratungsdienstleistungen und Gremienteilnahmen
- Ausgleich von Ungleichgewichten im Bereich der Werbung
- Monopolkontrolle
- Stärkere Einbindung von Nichtregierungsorganisationen in nationale und internationale Verhandlungsprozesse
- Diskursive Öffnung von Gesetzgebungsverfahren
- Verbandsbeschwerderechte und Verbandsklagerechte
- Gremienbesetzung: Vorschlagsrecht von Nichtregierungsorganisationen
- Verwaltungsreform
- Neue Steuerungsmodelle in der Umweltpolitik
- Integrierte Planungsabläufe

4. Innovationsstrategien

- Haftungsrecht
- Nachhaltigkeitsorientierte Finanzordnung
- Dynamisierung im Umweltrecht
- Kooperative Entwicklung der regionalen Ebene
- Intermediäre Kooperationen zwischen Politik, Wirtschaft, Wissenschaft und Gesellschaft
- Staatliche Förderung von Innovationsbündnissen
- Unternehmensrankings und Benchmarks
- Weiterentwicklung des Öko-Audit
- Funktionaler Föderalismus

- Nachhaltigkeitsorientierte Ausweitung der Förder- und Stiftungstätigkeit
- Förderung von Risikokapital für nachhaltigkeitsorientierte Unternehmen
- Nachhaltigkeitsorientierte Direktzahlungen
- Nachhaltigkeitsorientierte Innovationsförderung durch Netzwerke

Die Kommission hat die in ihrer jeweiligen Tragweite höchst unterschiedlichen Alternativen institutioneller Arrangements diskutiert. Die Ausführungen zum Thema *Rat für nachhaltig zukunftsverträgliche Entwicklung* in Kapitel 3.4.2. (siehe Seite 74) geben einen Hinweis darauf, welche komplexen Sachverhalte dabei zu berücksichtigen sind. Auf der Grundlage der Studie und unter Berücksichtigung weiterer Vorschläge sowie einer internen Anhörung eines Verfassungs- und Parlamentsjuristen schlägt die Kommission einige institutionelle Vorschläge für eine intensive Prüfung vor. Die Kommission ist davon überzeugt, daß es zur Integration von Ökologie, Ökonomie und Sozialem unter Beachtung langfristiger Folgewirkungen auch institutioneller Anpassungen und Verbesserungen bedarf. Notwendig ist insoweit eine tiefgehende Auseinandersetzung mit Fragen der demokratischen Legitimation. Die Einordnung in das System der repräsentativen parlamentarischen Demokratie, in das bestehende Geflecht der staatlichen Organisationsstruktur bedarf intensiver Klärung. Insoweit sollte aber nicht das Argument herhalten, die Verfassung verbiete derartige institutionelle Veränderungen, ließe sich doch manches über eine Verfassungsänderung bewerkstelligen. Es geht vielmehr um eine Beurteilung und Abschätzung möglicher Folgen. Nur wenn die Vorschläge geeignet erscheinen, den Prozeß in Richtung nachhaltig zukunftsverträgliche Entwickung voranzutreiben, können sie die Unterstützung der Enquete-Kommission erhalten. Dazu stützt sich die Kommission bei ihren Überlegungen auch auf Entwicklungen und Reformen in der Parlaments- und Regierungsarbeit der Vergangenheit.

Als Beispiel sei der Vorschlag der Einrichtung eines Nachhaltigkeitsausschusses im Deutschen Bundestag herausgegriffen. Grundsätzlich unterstützt die Kommission das Anliegen, eine integrative Politik auch institutionell zu verankern. Die Einrichtung eines Nachhaltigkeitsausschusses würde aber mit Blick auf den Querschnittcharakter der Aufgabenstellung eine Fülle von Problemen aufwerfen, erst recht wenn man einem solchen Gremium das Recht zubilligt – so die Studie –, bei jedem Gesetzgebungsverfahren die parlamentarische Federführung an sich zu ziehen. Die Dimensionen Ökologie, Ökonomie und Soziales würden im Grunde eine Allzuständigkeit dieses Ausschusses, möglicherweise sogar verbunden mit der Vorstellung, für den gesamten Bundestag zu sprechen, auslösen. Nach Vorstellung der Enquete-Kommission gilt es, die Anforderungen an Integration und Langfristigkeit in anderer Weise in die parlamentarische und Regierungsarbeit einzufügen.

Die Enquete-Kommission hat auch Bedenken hinsichtlich der meisten Vorschläge, die auf Partizipation, Selbstorganisation und Verbesserung der Ausgleichs- und Konfliktregelungsmechanismen zielen. Partizipation ist unbestritten ein Grundpfeiler der Nachhaltigkeitsstrategie (siehe Kapitel 3, Seite 55 ff.). Häufig wird jedoch der Eindruck vermittelt, daß durch die Schaffung einer Vielzahl von Beteiligungs- und Konfliktlösungsformen außerhalb von Parlament und Regierung der Prozeß der nachhaltig zukunftsverträglichen Entwicklung ungleich leichter in Gang gesetzt und gehalten werden kann als es das repräsentative demokratische System zu leisten vermag.

Allerdings umfaßt die Forderung nach institutionellen Innovationen und Reformen auch die Frage, welche bestehenden Institutionen aus der Sicht des Leitbildes überflüssig oder gar kontraproduktiv sind und deshalb abgeschafft werden sollten. Dies gilt in besonderem Maße für das bestehende Beirats- und Kommissionswesen, welches sich bei der Bundesregierung im Laufe der Jahrzehnte aufgebaut hat. So existieren für die unterschiedlichsten Fragestellungen eine Fülle von Kommissionen, Räten, Foren und Runden Tischen. Einer unveröffentlichten Untersuchung aus dem Jahre 1984 zufolge beraten die Bundesregierung 528 Gremien mit mehr als 7 000 Mitgliedern. Eine aktuellere Untersuchung liegt nicht vor. Eine wesentliche Verminderung dieser Zahl dürfte allerdings kaum eingetreten sein. Ähnlich verhält es sich mit dem Berichtswesen der Bundesregierung. Zur Zeit sind es 133 Berichte, die der Bundesregierung in unterschiedlichen Zeitabständen erstattet werden (Stand 1987). Die Enquete-Kommission empfiehlt hier dringend eine kritische Bestandsaufnahme und Überprüfung.

Im einzelnen sollten nach Auffassung der Kommission folgende Elemente institutioneller Arrangements einer intensiven Auseinandersetzung zugeführt werden:

Integration von nachhaltiger Entwicklung in die Arbeit der Ressorts und Ausschüsse

Die Ideen und Ziele einer nachhaltig zukunftsverträglichen Entwicklung gehören noch nicht zum „Mainstream" der Politik. Das Leitbild muß integraler Bestandteil jeder Ressortpolitik werden.

Ansätze zu ressortübergreifendem Arbeiten gibt es in der Organisationsstruktur der Bundesregierung bereits in Form von Interministeriellen Arbeitsgruppen (IMA) zu speziellen Problemfeldern. Die Bundesregierung hatte beispielsweise 1990 die Interministerielle Arbeitsgruppe „CO_2-Reduktion" unter Federführung des Bundesumweltministeriums eingesetzt, um Vorschläge für Maßnahmen zur Umsetzung des nationalen Klimaschutzprogramms zu erarbeiten. Nach Vorlage des inzwischen 4. IMA-Berichtes umfaßt das CO_2-Minderungsprogramm der Bundesregierung Maßnahmen aus den Bereichen Energieversorgung, Verkehr, Gebäude, neue Technologien sowie Land- und Forstwirtschaft. Das Minderungsprogramm wird somit vom Ansatz her dem Querschnittscharakter der Klimapolitik gerecht. Das Problem dabei ist jedoch, daß die zugehörigen Gremien auf der Arbeitsebene nicht entscheidungsbefugt sind.

Diese Einsicht bewog die britische Regierung 1991 dazu, „Green Ministers" einzusetzen. Die „Green Ministers", Staatssekretäre aller Ressorts („Green Cabinet"), stehen in einem ständigen Austausch von Erfahrungen und Anregungen und sollen in ihrem jeweils eigenen Ressort die Auswirkungen der Politik auf die Umwelt beurteilen. Darüber hinaus sollen die Green Ministers sicherstellen, daß ihre Verwaltungen selbst einen „nachhaltigen" Umgang mit Ressourcen pflegen. Der Umweltminister kann das „Green Cabinet" einberufen und dazu auffordern, sich mit bestimmten Themen zu befassen.

Die Erfahrungen der ersten Jahre zeigten allerdings, daß die institutionelle Zuweisung nicht umfassend genug angesetzt war. Daher setzte die Labour-Regierung 1997 auf Ministerebene ein neues Gremium ein, das Cabinet Committee on the Environment (ENV), das alle Initiativen der Regierung im Bereich der Nachhaltigkeit koordiniert. Das „Green Cabinet" ist dem ENV direkt zugeordnet. Darüber hinaus wurde im Herbst 1997 ein „Untersuchungsausschuß" für Nachhaltigkeit eingerichtet, das „Parliamentary Environmental Audit Committee". Dieser Ausschuß setzt sich aus 15 Mitgliedern der im britischen Unterhaus vertretenen Parteien zusammen und ist befugt, alle Regierungsbereiche dahingehend zu prüfen, inwieweit die Politik und die Programme der Ministerien und öffentlichen Regierungsstellen zum Umweltschutz und zur nachhaltigen Entwicklung beitragen. Der Ausschuß kann Beratung und Unterstützung von Ministern und Beamten aller Ministerien verlangen und den Rat unabhängiger Experten, das „Government Panel on Sustainable Development", einholen.

Auch in Deutschland kommen Regierung und Parlament nicht um eine strukturelle Reform herum. Im Kanzleramt könnte einer der Staatsminister mit der Aufgabe betraut werden für die Integration der Fachpolitiken im Sinne der Nachhaltigkeit Sorge zu tragen. Dabei könnte er durch ein Kabinettsgremium – besetzt durch Parlamentarische Staatssekretäre – unterstützt werden.

Auf parlamentarischer Ebene könnten in jedem Ausschuß die Fraktionen jeweils mindestens ein Mitglied damit betrauen, die zu beratenden Vorlagen auf die Anforderungen einer Nachhaltigkeitspolitik zu überprüfen. Auf Fraktionsebene würde sich auf diese Weise der Nachhaltigkeitsgedanke in allen fachpolitischen Beratungen und Entscheidungen durchsetzen. Es bedarf nicht der Einrichtung neuer Institutionen auf Regierungs- und Parlamentsebene.

Stabilitäts- und Wachstumsgesetz

Die Wirtschaftspolitik ist durch die im Gesetz zur Förderung der Stabilität und des Wachstums der Wirtschaft festgelegten Ziele gekennzeichnet. Das Stabilitäts- und Wachstumsgesetz fordert wirtschafts- und finanzpolitische Maßnahmen so zu treffen, „daß sie im Rahmen der marktwirtschaftlichen Ordnung gleichzeitig zur Stabililtät des Preisniveaus, zu einem hohen Beschäftigungsstand und außenwirtschaftlichen Gleichgewicht bei stetigem und angemessenen Wirtschaftswachstum beitragen".

Die Enquete-Kommission regt an zu prüfen, ob das Stabilitäts- und Wachstumsgesetz im Sinne der Nachhaltigkeit überhaupt wirksam ist oder ob ggf. aufgrund veränderter Rahmenbedingungen auf dieses Gesetz gänzlich verzichtet werden könnte.

Regelverantwortung der Wirtschaft durch Selbstverpflichtung und Wahrnehmung einer Vorreiterfunktion

Unternehmen agieren als Wettbewerber auf Märkten und passen sich dabei einerseits den vorliegenden Rahmenbedingungen an. Andererseits sollten sie als gesellschaftliche Akteure eine gemeinsame Verantwortung für diese Rahmenbedingungen wahrnehmen, da sie diese durch ihre Aktivitäten entscheidend mitgestalten. So können sie durch ihre Geschäftstätigkeit beispielsweise dazu beitragen, daß sich anspruchsvolle ökologische und soziale Standards weltweit verbreiten.

Ein wirkungsvolles Instrument zur Wahrnehmung von Regelverantwortung können Selbstverpflichtungen darstellen. Selbstverpflichtungen sind in der Regel Branchenabkommen von Verbänden, die das Ergebnis intensiver Verhandlungen mit staatlichen Stellen sind und die förmlich übergeben werden. Bei Selbstverpflichtungen handelt es sich um Erklärungen gegenüber der Bundesregierung oder um Vereinbarungen ohne Rechtsverbindlichkeit. Das bestehende Ordnungsrecht bleibt von Selbstverpflichtungen im Prinzip unberührt. Selbstverpflichtungen können aber auf geeigneten Gebieten Ordnungsrecht oder andere Formen staatlichen Handelns entbehrlich machen.

Auch beim kooperativen Handeln wird der Staat seiner politischen Verantwortung für Gefahrenabwehr und Daseinsvorsorge gerecht. Ob er den Weg der Selbstverpflichtung wählt, kann er souverän entscheiden. Wird dem Staat von der Wirtschaft nur „business as usual“ angeboten, wird er andere Handlungsformen wählen.

Selbstverpflichtungen sollten quantifizierte Ziele enthalten, die in Zahlenwerten (absolute Werte oder Prozentsätze) festgelegt werden. Beziehen sich Selbstverpflichtungen auf Produkteigenschaften o. ä., so sind auch hier klare, qualitative oder quantitative Ziele zu formulieren. Selbstverpflichtungen sollten auch Angaben über die Zeiträume, die zur Umsetzung der Ziele veranschlagt werden, enthalten. Bei Selbstverpflichtungen mit langfristig zu erreichenden Zielen bietet sich zusätzlich die Aufnahme quantifizierter Zwischenziele an, damit alle Parteien frühzeitig beurteilen können, ob die bisherigen Maßnahmen für die Zielerreichung genügen und um flexibel reagieren zu können.

Die Ergebnisse bzw. Zwischenergebnisse sollten überwacht werden, wobei die Art der Überwachung in der Vereinbarung festgelegt werden sollte. Die Überwachung muß so erfolgen, daß eine ausreichende Zuverlässigkeit und Genauigkeit gewährleistet ist. Folglich ist es notwendig, unbedingt vollständige und vergleichbare Daten zu erarbeiten. In besonderen Fällen, wenn es sich etwa um einen in der Gesellschaft als besonders kontrovers beurteilten Themenbereich handelt, bietet es sich an, sowohl weitere Teilnehmer in den Aushandlungsprozeß einzubinden als auch eine unabhängige Prüfung der Ergebnisse vornehmen zu lassen (Verifizierung). Die Selbstverpflichtung sollte in einem der Öffentlichkeit zugänglichen Dokument veröffentlicht werden.

Inwieweit Selbstverpflichtungen in allgemeine gesetzliche Strukturen bzw. Rahmenbedingungen eingepaßt werden können und sollen, bedarf weiterer Dialoge und Prüfungen, wie zum Beispiel im Rahmen der aktuellen Diskussion über den Entwurf der Unabhängigen Sachverständigenkommission zum Umweltgesetzbuch. Die Ausgestaltung einer Selbstverpflichtung in vertraglicher Form („normersetzender Vertrag") ist in solchen Fällen denkbar, in denen Vereinbarungen auf unmittelbarem Wege, d. h. zwischen einzelnen Unternehmen und der Bundesregierung getroffen werden sollen. Bei all diesen Überlegungen ist allerdings zu berücksichtigen, daß die notwendige Flexibilität und Einzelfallbetrachtung erhalten bleiben muß, damit der Reiz des institutionellen Arrangements der Selbstverpflichtung nicht konterkariert wird.

Nachhaltigkeitsorientierte Finanzreform

Der Staat übt über seine Einnahmen- und Ausgabenpolitik einen erheblichen Einfluß auf die wirtschaftliche, soziale und ökologische Entwicklung in Deutschland aus. Die Gebietskörperschaften zählen zu den wichtigsten Investoren und Nachfragern in manchen Sektoren. Subventionen sind für einige Branchen bedeutsamer als die sonstigen Einnahmen. Die Steuer- und Sozialabgaben beeinflussen wiederum die relativen Preise von Produktionsfaktoren und Produkten. Staatliche Einnahmen- und Ausgabenpolitik übt somit eine spürbare Wirkung auf die vorherrschenden Konsum-, Investitions- und Produktionsentscheidungen aus.

Eine Strategie zugunsten einer nachhaltigen Entwicklung kann daher nur Erfolg haben, wenn es gelingt, die staatliche Finanzpolitik konsequent am Leitbild einer nachhaltigen Entwicklung zu orientieren. Im Zentrum einer nachhaltigkeitsorientierten Finanzreform sollte das Ziel stehen, die Finanzbeziehungen zwischen Staat und Steuerzahlern bzw. Transferbegünstigten so zu gestalten, daß ökonomische Anreize für eine am Ziel der nachhaltigen Entwicklung orientierte Konsum- und Produktionsweise geschaffen und diesbezügliche kontraproduktive Anreize abgebaut werden.

Vor diesem Hintergrund werden auf der Einnahmenseite folgende Ansatzpunkte diskutiert:

- Ausrichtung bestehender Steuervergünstigungen und -befreiungen am Ziel der nachhaltigen Entwicklung (Abbau kontraproduktiver Steuersubventionen, Umschichtung entsprechend dem Leitbild nachhaltiger Entwicklung bzw. Verbesserung der Wirksamkeit);
- Einführung neuer, am Ziel der Nachhaltigkeit orientierter Abgaben bei gleichzeitiger Entlastung hinsichtlich anderer Abgaben.

Auf der Ausgabenseite geht es in der Diskussion im wesentlichen um

- die Ausrichtung der staatlichen Subventionsausgaben (Zuschüsse, zinsvergünstigte Kredite und Bürgschaften) am Ziel der Nachhaltigkeit;
- die Erhöhung der Wirksamkeit und Effizienz bestehender, nachhaltigkeitskonformer Subventionsausgaben;

- stärkere Nachhaltigkeitsorientierung sonstiger Staatsausgaben (u. a. Investitionsausgaben und sonstige Beschaffungsaufgaben);
- Berücksichtigung von Nachhaltigkeitskriterien bei Transfers zwischen den verschiedenen Gebietskörperschaften (z. B. beim kommunalen Finanzausgleich).

Generationenbilanz

Die Generationenbilanz soll ein vergleichendes Bild geben von den Entwicklungsmöglichkeiten verschiedener Altersjahrgänge in einer Gesellschaft. Sie soll Störungen der Nachhaltigkeit ausweisen und damit Fragen der langfristigen Steuerungsqualität der herrschenden Rahmenordnungen für das ökologische, ökonomische und soziale System und deren Vernetzung beantworten.

Aufbauend auf einer Analyse der Lastenstruktur heutiger und zukünftiger Generationen beschreiben die heute existierenden Ansätze des „generational accounting" auf der Basis weniger komprimierter Indikatoren vor allem die unterschiedlichen Positionen der Generationen, z. B. bei der Finanzierung der sozialen Sicherungssysteme oder der Finanzierung der Ausbildungssysteme. Sie geben Aufschluß darüber, in welchem Verhältnis verschiedene Generationen Leistungen von der Gesellschaft erhalten oder durch Finanzierung der nächsten Generation noch erhalten sollen und welcher Teil des erwirtschafteten Sozialproduktes dafür der öffentlichen Verwendung zugeführt werden muß.

Dieses Instrument sollte Eingang in die offiziellen Statistiken finden. Weiterhin soll es in dem Sinne weiterentwickelt werden, daß über die Gegenüberstellung von Belastungsdaten verschiedener Generationen hinaus mit Blick auf die Zukunft auch die Qualität der ökonomischen und sozialen Infrastruktur sowie des Umweltzustandes in die Bewertung einbezogen werden. Fragen nach Strapazierung der Umwelt als natürlicher Lebensgrundlage des Menschen, der Qualität des Wirtschaftssystems zur Versorgung mit Gütern und Dienstleistungen sowie des Sozialsystems als Rahmen des Zusammenlebens sollten als Ausgangspunkt für die Analyse der Eignung der bestehenden Rahmenordnungen für eine nachhaltige Entwicklung dienen. Zu diesem Zweck ist es notwendig, die in den einzelnen Bereichen existierenden Indikatorensysteme, wie z. B. das „Umwelt-Barometer Deutschland"[429], Nachhaltigkeitsindikatoren entsprechend dem Konzept der Commission on Sustainable Development der Vereinten Nationen (siehe CSD-Arbeitsprogramm von 1995–2000, E/CN.17/1995/18) und Ergebnisse der Umweltökonomischen Gesamtrechnungen des Statistischen Bundesamtes in geeigneter Weise fortzuentwickeln und in die Generationenbilanz zu integrieren.

Die Bundesregierung sollte einmal im Jahr eine Generationenbilanz vorlegen, in der über die Leistungen und Belastungen der Generationen von heute und morgen umfassend berichtet wird: Auf der einen Seite stehen die Leistungen z. B. für

---

[429]) Vgl. BMU (1998 a)

Bildung, Kultur, Ausbildung, Infrastruktur, Umwelt und soziale Sicherheit – auf der anderen Seite die Belastungen durch Staatsverschuldung, Pensionslasten, Kosten der sozialen Sicherungssysteme und Umweltschäden. Eine solche Offenlegung der Zusammenhänge im Zeitablauf stärkt das Bewußtsein und Interesse der Menschen am Nachhaltigkeitsgedanken, fördert das Bewußtsein für das Miteinander verschiedener Generationen und stärkt damit den Zusammenhalt der Generationen untereinander. Es erscheint deshalb angezeigt, auch größere Reformvorhaben einer Prüfung durch die Generationenbilanz zu unterziehen.

Gesetzesfolgenabschätzung

Es wäre zweifellos ein wichtiger Schritt zur Förderung einer nachhaltig zukunftsverträglichen Entwicklung, wenn im Rahmen der Gesetzgebung jeweils die ökonomischen, sozialen und ökologischen Folgen eines legislativen Vorhabens untersucht, dargelegt und bedacht würden.

Bei jeder Gesetzesvorlage sollten somit die abschätzbaren Folgen in allen drei Dimensionen dargestellt werden, und zwar sowohl des geplanten Gesetzes als auch des Verzichts auf gesetzgeberisches Handeln, sowohl auf der Mikro- als auch auf der Makroebene.

Zweifellos ist ein solches Vorhaben äußerst anspruchsvoll, da Methoden und Indikatoren für diese Folgenabschätzung teilweise erst entwickelt werden müssen. Eine Verwirklichung kann daher nur schrittweise erfolgen.

Auf einer ersten Stufe könnten z. B. die ökonomischen Folgen von geplanten Gesetzen umfassender als bisher ermittelt werden.

Es ist seit langem üblich, daß der Gesetzgeber bedenkt, welche finanziellen Folgen ein geplantes Gesetz für den Staatshaushalt haben kann. Wie hoch die Kosten eines Gesetzes für die Wirtschaft sind, wird demgegenüber nur in einigen Ländern untersucht. Maßgeblich hierfür ist der Umstand, daß die Wirtschaft nicht unbegrenzt belastet werden kann, sondern Ressourcen schonend und zugleich wirksam eingesetzt werden müssen, wenn die Wettbewerbsfähigkeit der Unternehmen erhalten und gesteigert und die Situation am Arbeitsmarkt verbessert werden soll. Die Vielzahl der Gesetze und Verordnungen gebietet es, auch in Deutschland eine Kosten-/Nutzenbetrachtung über geplante Gesetzgebungsvorhaben (Gesetzesfolgenabschätzung) durchzuführen. Während in der 10. Legislaturperiode 612 Gesetzesvorhaben eingebracht wurden, waren es in der 12. Legislaturperiode bereits 895. In der laufenden Legislaturperiode wird auch diese Zahl vermutlich überschritten. Der Bestand des geltenden Bundesrechts beläuft sich auf knapp 2 000 Gesetze und knapp 3 000 Rechtsverordnungen mit etwa 85 000 Einzelvorschriften.

Das Instrument der Gesetzesfolgenabschätzung gewinnt im Ausland zunehmend an Bedeutung. Es kann einen erheblichen Beitrag dazu leisten, die Staatsaufgaben auf Wesentliches zu konzentrieren. Das Instrument ermöglicht eine bessere Transparenz bei der Frage der Notwendigkeit gesetzgeberischer Tätigkeit und es erfordert eine frühzeitige Betrachtung der durch das Gesetz geplanten Folgen.

Die praktische Ausgestaltung einer Methode zur Gesetzesfolgenabschätzung muß sich am jeweiligen nationalen demokratischen Rechtsetzungssystem ausrichten. So sind denn auch die in anderen Ländern (USA, Großbritannien, Dänemark) praktizierten Systeme durchaus unterschiedlich strukturiert. Einige Kernelemente sind für eine effektive Folgenabschätzung jedoch unerläßlich.

Im ersten Schritt wird überprüft, ob gesetzgeberisches Handeln erforderlich ist (sog. qualifizierte Legitimationspflicht). Anschließend sind die finanziellen Lasten des Vorhabens auf staatlicher und privater Seite unter Beteiligung der Normadressaten zu erheben. Ein dritter Schritt dient der Verbesserung der Transparenz gesetzgeberischer Tätigkeit, indem die Ergebnisse des ersten und zweiten Schrittes für Parlament und Öffentlichkeit offengelegt werden. Abschließend ist eine Gesamtbeurteilung unter Berücksichtigung der Ergebnisse der ersten drei Schritte durch eine unabhängige Stelle durchzuführen. Das amerikanische Congressional Budget Office (CBO) verfährt nach diesem Raster. Die Arbeit des CBO genießt hohe Anerkennung.

Eine „Ermittlung der ökonomischen Folgewirkungen von Gesetzen“ könnte vor allem dann wertvoll und handlungsleitend sein, wenn in ihr auch die ökonomischen Folgen unterlassenen Handelns und gegebenenfalls anderer Alternativen enthalten sind. Diese wären kurz-, mittel- und langfristig darzustellen, wobei den Kosten ein durch strukturelle Veränderungen zu erwartender Nutzen gegenüberzustellen wäre. „Ökonomische Folgewirkungen“ sollten umfassend ermittelt werden. Soziale und ökologische Kosten und Vorteile sind gegenzurechnen, nicht nur auf einzelwirtschaftlicher Ebene, sondern auch auf volkswirtschaftlicher Ebene.

Instrumente zur Stimulierung eines Nachhaltigkeitswettbewerbs

Ein Nachhaltigkeitswettbewerb soll die Bereitschaft und die Fähigkeit von Staat, Wirtschaft und Gesellschaft unterstützen, sich am Such-, Lern- und Entscheidungsprozeß einer nachhaltig zukunftsfähigen Entwicklung zu beteiligen und diesen aktiv mitzugestalten. Mit Blick auf den integrativen Charakter des Leitbildes entsprechen die meisten bisher bekannten Instrumente i. d. R. nicht den Anforderungen, die an diesen Prozeß des Ausgleichs und der Nutzung von Integrations- und Synergiepotentialen gestellt werden müssen. Die bereits auf Unternehmensebene bewährten „neuen Managementregeln“ könnten zur Förderung einer nachhaltig zukunftsverträglichen Entwicklung genutzt werden. Zu solchen Ansätzen gehören die Einführung von Managementsystemen auf der betrieblichen Ebene (vom Qualitäts- über das Umwelt- zum Nachhaltigkeits-Managementsystem, Zertifizierung durch unabhängige Dritte), die Einführung von wettbewerbsstimulierenden Vergleichs- und Bewertungsstrategien (Benchmarking, Ranking[430])) auf zwischenbetrieblicher und die Förderung und Stärkung von Innovationssystemen (Networking) auf regionaler und nationaler Ebene.

Benchmarking ist der kontinuierliche Vergleich von Produkten, Dienstleistungen, Prozessen, Methoden, Unternehmen, Branchen und Standorten, um die Leistungslücke zum jeweiligen Klassenbesten systematisch zu erschließen. Grundidee ist es, festzustellen, welche Unterschiede und warum diese Unterschiede bestehen und welche Verbesserungsmöglichkeiten es gibt. Die Ermittlung von unternehmens- und branchenbezogenen Benchmarks hat sich z. B. seit geraumer Zeit in der Wirtschaft bewährt. Sie dienen kontinuierlichen Verbesserungen und können damit ein wichtiges Instrument der Unternehmen im Wettbewerb sein. Benchmarking und Ranking gelten dabei als Voraussetzungen für eine besondere Form des Lernens, der das ständige Streben nach Besserem zugrundeliegt. Genauso wie bei Unternehmen können Benchmarks in Verwaltungen, Hochschulen oder anderen öffentlichen Einrichtungen wettbewerbsanaloge Strukturen schaffen.

Wichtige Schritte sind dabei die Auswahl von zu vergleichenden Objekten, die Begründung, inwiefern eine führende Position auf dem Weg in Richtung Nachhaltigkeit beim Referenzobjekt besteht, die Begründung der Vergleichbarkeit der Objekte, die Feststellung von Leistungslücken und deren Ursachen, die Motivation und Willensbildung für Veränderungen und schließlich die Festlegung und Durchführung von Verbesserungsmaßnahmen. Ziel ist die Verbreitung und Nutzung der Erfahrungen und Kenntnisse anderer Institutionen und Akteure für die Lösung eigener Probleme.

Während beim bisherigen unternehmensorientierten Benchmarking seit geraumer Zeit entsprechende Orientierungs- und Vergleichsgrößen entwickelt sowie von spezialisierten Beratern und Instituten erhoben und verwaltet werden, gibt es die entsprechende Erhebung von Nachhaltigkeitskennzahlen bisher ebensowenig wie die unabhängigen Institutionen, die solche am Nachhaltigkeitsziel ausgerichtete wettbewerbsstimulierende Vergleichs- und Bewertungsstrategien durchführen könnten.

Innovationsfähigkeit von Akteuren, Unternehmen, Kommunen und Regionen ist eine der zentralen Voraussetzungen für Schritte in Richtung Nachhaltigkeit. Gesprächs- und Kooperationsfähigkeit in vernetzten Innovationssystemen gewinnt zunehmend an Bedeutung. Nachhaltigkeit bedarf einer Stimulierung der generel-

---

430) Ranking ist eine Methode der Datenerhebung, bei der die Untersuchungsobjekte beurteilt und in einer Rangreihe angeordnet werden. Derzeit findet Ranking oft noch auf einer sehr unbefriedigenden methodischen Basis statt.

len Innovationsfähigkeit und damit einer Stärkung von Infrastruktur, Innovationsbündnissen und Netzwerken, was oft mit einer Abkehr von zentralistischer Steuerung, von Einzeleingriffen und Versuchen zur Detailsteuerung verbunden ist, da auf jeder Handlungsebene angepaßte Lösungen gefunden werden müssen und sich weder die Technologien von morgen noch die Bedürfnisse künftiger Generationen voraussagen lassen.

Instrumente zur Beeinflussung individueller Verhaltensmuster

Eine nationale Nachhaltigkeitsstrategie, die allein auf technische Innovationen abstellt, wird nicht genügen, um die gesetzten Handlungsziele zu erreichen. Sie muß um weitere Innovationen ergänzt werden. Dabei geht es um die Veränderung individueller Verhaltensmuster und gesellschaftlicher Werte im Sinne des Nachhaltigkeitspostulates. Zentrale Ansatzpunkte zur Veränderung von Verhaltensweisen und Lebensstilen sind:

- Förderung von Nachhaltigkeitsbewußtsein;
- Qualifizierung zu vernetztem, langfristorientiertem Denken, zu handlungsorientierter Kommunikation und zu kooperativem Handeln;
- Förderung gegenstands- und umweltbezogener Motivationen.

Ähnlich wie in Kapitel 3 für wirtschaftliche Akteure beschrieben, handeln auch Individuen in ihrem gegebenen Umfeld zweckrational. Darum gilt es, das Umfeld so zu gestalten, daß zweckrationales Handeln der Individuen Nachhaltigkeit fördert. In diesem Zuammenhang hat das Umweltbundesamt in seinem Bericht „Nachhaltiges Deutschland – Wege zu einer dauerhaft-umweltgerechten Entwicklung"[431]) vor allem folgende Instrumente zur Diskussion gestellt:

- Instrumente der Information und Beratung (Instrumente der Bildungspolitik, Förderung von Umweltinformationen, Umweltzeichen usw.);
- Stärkung der Vorreiterrolle des öffentlichen Beschaffungswesens;
- Abbau hemmender steuerlicher Regelungen (z. B. Kilometerpauschale);
- Ausbau finanzieller Anreize im Rahmen von Steuern, Gebühren und Beiträgen (für den Erwerb umweltfreundlicher Produkte);
- Ausbau des ordnungsrechtlichen Instrumentariums in bezug auf Energieeffizienz, Rücknahmeregelungen, Kennzeichnungspflichten;
- freiwillige Selbstbeschränkungen;
- Ausbau des Infrastrukturangebots (insbes. im Bereich der öffentlichen Verkehrsinfrastruktur);
- Förderung von Nutzungs- und Leasingkonzepten.

---

[431]) UBA (1997 a)

Sondervotum zu Kapitel 2 des Abschlußberichtes des Kommissionsmitgliedes Prof. Dr. Jürgen Rochlitz:

„Das Leitbild einer nachhaltig zukunftsverträglichen Entwicklung"

2.0 Vorwort

2.1 Grundsätzliches

2.2 Nachhaltigkeit und Wirtschaftswachstum

2.3 Management der Nachhaltigkeit: 5 Regeln für den Umgang mit der Natur

2.4 Zum „magischen" Viereck: Ökologie, Sozialwesen, Ökonomie, Kultur

2.0 Vorwort

Im folgenden soll kurz begründet werden, warum hiermit ein Sondervotum zum gesamten Kapitel 2 des Endberichtes der Enquete-Kommission „Schutz des Menschen und der Umwelt" vorgelegt wird. Der von der Mehrheit der Kommission formulierte Text erinnert allzu sehr an Kurt Tucholskys Lied vom Kompromiß mit dem Refrain:

Schließen wir einen kleinen Kompromiß!

Davon hat man keine Kümmernis.

Einerseits – und andrerseits –

so ein Ding hat manchen Reiz...

Sein Erfolg in Deutschland ist gewiß:

Schließen wir 'nen kleinen Kompromiß!

Die Enquete-Kommission bleibt mit den Vorstellungen zum Leitbild der nachhaltigen Entwicklung zum Teil vage, wenn sie auf Seite 16 des Kapitels 2 formuliert: „Folglich kann auch nicht vorgegeben oder definiert werden, wie eine nachhaltig zukunftsverträgliche Gesellschaft oder eine nachhaltige Wirtschaft konkret auszusehen hat." Mit einer solchen Auffassung verabschiedet sie sich nicht nur aus der internationalen Debatte um die Konkretisierung des Leitbildes, sondern widerspricht sich auch selbst, wenn sie an anderer Stelle des Endberichtes (in Kapitel 3) die Festlegung von Qualitäts- und Handlungszielen für die Bereiche Umwelt, Soziales und Ökonomie empfiehlt. Die Festlegung von konkreten Qualitätszielen mit Angaben darüber, wie beispielsweise unsere Umwelt aussehen soll, impliziert, daß die Gesellschaft konkrete – wenn auch revidierbare – Vorstellungen über eine nachhaltige Gesellschaft entwickelt und festhält.

Die von verschiedenen Institutionen und Autoren, wie vom Umweltbundesamt[1], Sachverständigenrat für Umweltfragen[2,3], Sachverständigenkommission zum Umweltgesetzbuch[4] u. a. formulierten ökologischen Grenzen aller menschlichen Aktivitäten und die daraus resultierende Abhängigkeit der Dimensionen des Sozialwesens und der Ökonomie von der ökologischen Dimension der Nachhaltigkeit wird von der Mehrheit der Kommission nicht in der nötigen Deutlichkeit gesehen. Es wird vernachlässigt, daß die Gefahr besteht, daß der Umweltschutz mit dem Argument der Dreidimensionalität wieder den sozialen und ökonomischen Zielen nachgestellt wird, anstatt die Dimensionen tatsächlich zu verknüpfen. Die Erkenntnis, daß konsequente Beachtung der Ökologie nichts anderes ist, als Langzeitökonomie zugunsten lebender und zukünftiger Generationen wurde von der Kommission einem Integrationsmodell von Nachhaltigkeit geopfert, dem der Autor dieses Sondervotums nicht folgen konnte. Es birgt mindestens die Gefahr, daß Umweltfragen noch stärker als derzeit untergehen im aktuellen politischen Geschehen.

Hinzu kommt, daß die Auffassung von der Dreidimensionalität der Nachhaltigkeit in der von der Enquete-Kommission beschriebenen Weise unvollkommen ist, angesichts des von der Brundtland-Kommission, aber auch in der Agenda 21 angemahnten entwicklungspolitischen und kulturellen sowie bildungspolitischen Aspekts der Nachhaltigkeit. Die Enquete-Kommission vernachlässigt beide Aspekte und bezieht sich allein auf die nationale Gleichrangigkeit von Ökologie, Sozialem und Ökonomie. Eines der zentralen Anliegen der UN-Konferenz ‚Umwelt und Entwicklung' in Rio de Janeiro 1992 – nämlich die Förderung der Entwicklungschancen für die Entwicklungsländer bei gleichzeitigem Erhalt der Umwelt – rückt damit aus dem Blickfeld. Mit dem hier vorliegenden Sondervotum wird versucht, diese Aspekte zumindest im Ansatz aufzugreifen.

Der Sachverständigenrat für Umweltfragen hat formuliert, daß zum Erreichen eines nachhaltigen Entwicklungsweges eine grundsätzliche ökonomische Transformation nötig ist. Dies ist nach seiner Auffassung auch eine kulturelle Aufgabe und eine Aufgabe der Bildung. In diesem Sondervotum wird die Nachhaltigkeit begriffen als von vier Dimensionen bestimmte Größe, zu denen Kultur und Bildung als vierte – in Ergänzung zu den drei Dimensionen Ökologie, Soziales und Ökonomie – gehören. Hier sei auch herausgestellt, daß der Prozeß der Transformation in Richtung nachhaltiger Entwicklung aus dem Zustand von Unnachhaltigkeit von heute einen erheblichen Zeitbedarf benötigt, der über mehrere Legislaturperioden geht.

Mitgetragen werden können auch nicht die von der Kommission vorgeschlagenen Nachhaltigkeitsregeln für Ökonomie und Soziales, die im wesentlichen den Istzustand der bundesdeutschen Marktwirtschaft festhalten. Von der unter dem Leitbild der Nachhaltigkeit notwendigen Veränderung dieses Istzustandes in Richtung einer zukunftsfähigen, also nachhaltigen, ökologisch-sozialen Marktwirtschaft, noch weniger von einer Vision für die dafür nötige Entwicklung, ist in den Vorschlägen der Kommission leider nichts zu finden. Eine erforderliche Diskussion der bestehenden wirtschaftlichen Ziele – wie die im Stabilitäts- und Wachstumsgesetz – wird nicht einmal angedeutet. Es wird gefordert, die Ziele, „die seit langem bekannt sind und die im Rahmen der sozialen Marktwirtschaft angestrebt werden sollen, ernsthafter und konsequenter zu verfolgen, ...".

Dieses Sondervotum soll mit seinen Grundsatzreflexionen einen Diskussionsanstoß auch in den Kreisen liefern, denen die ökologischen, sozialen und ökonomischen Grenzen unserer Welt noch nicht deutlich geworden sind.

Schließlich konnte sich die Kommission zunächst nicht auf die Übernahme einer fünften Regel – in Ergänzung zu den bestehenden vier Regeln – zur Nachhaltigkeit einigen. Die Mehrheit war nicht einmal bereit, überhaupt den Diskussionsstand um diese fünfte Regel außerhalb und innerhalb der Kommission im Bericht zu dokumentieren. Erst unter dem Eindruck dieses Sondervotums wurde eine 5. Regel formuliert, allerdings lediglich bezogen auf die menschliche Gesundheit. Eine solche fünfte ökologische Regel, die den Risiko- und Vorsorgeaspekt für die menschliche Gesundheit und die natürliche Umwelt durch anthropogenes Handeln berücksichtigt, gehört zu den wesentlichen Kriterien für einen nachhaltigen Umgang mit der Natur. Zusammen mit den übrigen Nachhaltigkeitsregeln, welche Ökologie als langfristig orientierte Ökonomie zum Hintergrund haben, repräsentiert sie die Tatsache, daß Nachhaltigkeit letztlich langfristig orientierte Klugheit darstellt. Dieses Sondervotum befindet sich damit im Einklang mit dem neuesten Umweltgutachten (1998) des Sachverständigenrats für Umweltfragen[5], der als Elemente des Leitbildes einer dauerhaft umweltgerechten Entwicklung neben Ressourcen-Effizienz und Tragekapazität die Erhaltung der Biodiversität und den Gesundheitsschutz genannt hat (Tab.1.4.1).

Die hier formulierte Sicht von einer nachhaltigen Entwicklung soll einen Diskussionsbeitrag darstellen für die Rahmenbedingungen einer dauerhaft umweltverträglichen und sozialen Marktwirtschaft.

2.1 Grundsätzliches

Die durch die menschliche Zivilisation, ganz besonders durch ihre Industrialisierungsprozesse ausgelösten Veränderungen der globalen Umwelt bedrohen die Natur und die künftigen Handlungsmöglichkeiten, wenn nicht gar die Existenz der Menschheit. Zur Sicherung ihrer Zukunft, zur Aufrechterhaltung eines Sozialwesens und zur Ermöglichung von ökonomischem Handeln sind globale wie auch lokale Maßnahmen dringend erforderlich. Ohne entschiedene Gegenmaßnahmen zur derzeitigen Entwicklung werden sich die anthropogenen Veränderungen in den kommenden Jahrzehnten erheblich verschärfen.

Die wichtigsten naturwissenschaftlichen Anzeichen für diese gefährliche Entwicklung sind:

- das Ansteigen der mittleren globalen Luft- und Erdoberflächentemperaturen seit Ende des vorigen Jahrhunderts um 0,3 – 0,6° C;
- Anstieg der mittleren Lufttemperatur auf den seit 1866 höchsten Wert von 15,39° C in 1995;
- Anstieg der Wassertemperaturen in den letzten 50 Jahren um 0,5° C im Bereich der tropischen Ozeane;
- 1997 wärmstes Jahr seit Beginn von Temperaturaufzeichnungen;
- das Ansteigen des Meeresspiegels um 10–25 cm in den letzten 100 Jahren;
- das Abschmelzen von Gletschern weltweit in den letzten Jahrzehnten;
- die Zerstörung der stratosphärischen Ozonschicht;
- die zunehmende Geschwindigkeit des Artenschwunds.

Hinzu kommen die Zeichen für eine Überbeanspruchung der Senken:

- der rapide Verlust fruchtbarer Böden und die Zerstörung ihrer natürlichen Funktionen als Lebensraum für Mensch, Flora und Fauna;
- die Verschmutzung der Weltmeere mit persistenten und eutrophierenden Stoffen;
- die schleichende Überbeanspruchung des Naturhaushalts durch anthropogene Einträge wie z. B. versauernd wirkende Stoffe.

Schließlich gehören die folgenden weiteren Aspekte zu den global alarmierenden Anzeichen einer Überbeanspruchung der Erde:

- der ungebremste Verbrauch von nichterneuerbaren Rohstoffen, insbesondere von treibhausrelevanten Produkten aus der Rohölverarbeitung;
- die fortgesetzte Zerstörung und Ausbeutung großflächiger Biome wie des tropischen Regenwaldes und der borealen Wälder, die Überfischung der Meere bei den 200 wichtigsten Fischbeständen;
- das ungebremste Ansteigen von Kfz-Lawinen mit der Folge von Durchlärmung und Luftverschmutzung der Landschaften, die vermehrt von Verkehrsachsen zerschnitten und zerstückelt werden;
- die unbeherrschten Abfallströme als Anzeichen für unnötigen Rohstoffverbrauch;
- die in kritischen Regionen zu beobachtende Aufrüstung zur Verteidigung von Ressourcen.

Das Umweltbundesamt schätzt die weltweite Zerstörungsbilanz eines einzigen Tages wie folgt[1]:

- Vernichtung von 50 000 ha Tropenwald;
- Abnahme des verfügbaren Ackerlandes um 20 000 ha;
- Aussterben von 100 bis 200 Arten;
- Belastung der Atmosphäre durch 60 Mio. t CO_2.

Dabei verbrauchen etwa 20 % der Menschheit ca. 80 % der Rohstoffe für Energie- und Materialwirtschaft. Ein in der Europäischen Gemeinschaft geborenes Kind wird während seiner Lebenszeit über 20 mal mehr an natürlichen Ressourcen verbrauchen als die Kinder, die in den meisten Entwicklungsländern zur Welt kommen[6].

Zu den Belastungen der Umwelt kommen weltweit die sozialen und ökonomischen Probleme, die zum Teil wieder miteinander verknüpft sind. Beispiele wie die Brandrodungen der Tropenwälder zeigen, daß nicht allein die wirtschaftlichen Interessen, sondern auch Armut die Ursache von Umweltzerstörungen sein kann. Weiterhin führen knappe Ressourcen und Umweltbelastungen nicht nur zu Hunger und Epidemien, sondern lösen auch Kriege und Flüchtlingsbewegungen aus. Auf der Konferenz für Umwelt und Entwicklung der Vereinten Nationen wurde 1992 in Rio de Janeiro das Ziel formuliert, alle Menschen in die Lage zu versetzen, ihre Existenz nachhaltig zu sichern. Doch sind nach Schätzungen der Ernährungs- und Landwirtschaftsorganisation der Vereinten Nationen (FAO) in den Entwicklungsländern immer noch ca. 840 Millionen Menschen von Hunger und Unterernährung betroffen. Und die Kluft zwischen armen und reichen Staaten wächst weiter; das Pro-Kopf-Einkommen der ärmsten Länder ist in den letzten Jahren beständig gesunken.

Die internationale Staatengemeinschaft wie auch einzelne Staaten haben auf diese Herausforderungen zwar angefangen zu reagieren. Dies geschieht jedoch bisher zumeist immer noch punktuell oder zeitlich begrenzt, bzw. nur durch Absichtserklärungen ohne konkrete Handlungsergebnisse. Selbst wenn Hunger und militärische Bedrohungen weltweit beherrscht würden, ist die Menschheit dabei, sich durch Übernutzung von Natur und Umwelt ihrer Existenzgrundlage zu berauben, wenn nicht schnellstens entscheidende Gegenmaßnahmen ergriffen werden. Als erste Einzelaktivitäten in dieser Richtung seien nur die Reaktion der OPEC-Staaten zur Sicherung der Erdölreserven für ihre künftigen Generationen (1973), sowie die Walfangabkommen (1971) und die internationalen Beschlüsse zur Rettung der stratosphärischen Ozonschicht (Montreal 1987 usw.) erwähnt.

Erst die Brundtland-Kommission der Vereinten Nationen hat mit der Idee des Sustainable Development einen umfassenderen Ansatz zur Lösung der globalen Probleme präsentiert. Sie berücksichtigte auch, daß Umwelt- und Entwicklungsproblematik untrennbar miteinander verbunden sind. Sustainable Development, meist übersetzt mit „nachhaltiger" oder „dauerhaft umweltgerechter" oder „zukunftsfähiger" Entwicklung, wird von ihr als eine Form der ökonomischen, ökologischen und sozialen Entwicklung begriffen, die „die Bedürfnisse der Gegenwart befriedigt, ohne zu riskieren, daß künftige Generationen ihre eigenen Bedürfnisse nicht befriedigen können."[7]

Die damit aufgestellte Forderung nach dauerhafter „Verantwortung für soziale Gerechtigkeit zwischen den Generationen, die sich logischerweise auch bezieht auf die Gerechtigkeit innerhalb jeder Generation" wurde vor dem Hintergrund einer eindringlichen Warnung ausgesprochen: „Die Hoffnungen, die unsere Kommission an die Zukunft setzt, sind indessen an die Bedingung geknüpft, daß ein entschlossenes politisches Vorgehen möglichst bald die Voraussetzungen für eine umfassende Verwaltung der Umweltressourcen schafft, da nur so dauerhafter Fortschritt und darüber hinaus das Überleben der Menschheit gewährleistet werden können. Wir stellen somit keine Prognose – wir sprechen eine Warnung aus. Eine dringliche Warnung, die auf den neuesten und modernsten wissenschaftlichen Erkenntnissen basiert, und deren Hauptaussage darin besteht, daß die Zeit reif ist, um die für die Erhaltung der Lebensgrundlagen dieser und künftiger Generationen notwendigen Entscheidungen zu treffen."[7] (Pkt. 4)

Heute, mehr als zehn Jahre nach dem Brundtland-Bericht und sechs Jahre nach den Beschlüssen in Rio 1992, ist diese Warnung offensichtlich verdrängt und vergessen – wenn man die nationale und internationale Umweltpolitik betrachtet. Trotzdem ist die Idee einer nachhaltigen Entwicklung in den letzten Jahren zu einem Leitbild in der umwelt- und entwicklungspolitischen Diskussion geworden. Nicht nur die Vereinten Nationen und die Weltbank haben diese Idee aufgegriffen, sondern von nationalen Regierungen, politischen Parteien, Kommunen, sowie Verbänden und Unternehmen wurde „Nachhaltigkeit" diskutiert und verwendet. Aus dem zunächst wohldefinierten Begriff wurde leider eine oft mißbrauchte Allerweltsformel.

In der 1992 durchgeführten UNO-Konferenz über Umwelt und Entwicklung (UNCED) in Rio de Janeiro spielte das Leitbild der nachhaltigen Entwicklung die überragende Rolle bei allen Überlegungen. Mehr als 300 Seiten umfaßt die Liste der Empfehlungen, die hierzu in der Agenda 21 zusammengefaßt sind. Damit ist Rio zum Symbol des neuen Bewußtseins der gemeinsamen Verantwortung für die „Eine Welt" geworden. 178 Staaten haben auf den dringenden Handlungsbedarf zur Erhaltung der Lebensgrundlagen auf der Erde hingewiesen und hierauf bezogene Erklärungen über die Förderung einer nachhaltigen Entwicklung und eine weltweite Zusammenarbeit in der Umwelt- und Entwicklungspolitik abgegeben. Mit der Klimarahmenkonvention und der Konvention zur biologischen Vielfalt, der „Walderklärung" und der Rio-Deklaration sowie dem Aktionsprogramm für das 21. Jahrhundert „Agenda 21" und dem Beschluß zur Einrichtung einer Kommission der Vereinten Nationen für nachhaltige Entwicklung

(CSD) hat die Konferenz die konzeptionellen Grundlagen für eine qualitativ neue Zusammenarbeit in der Umwelt- und Entwicklungspolitik geschaffen. Dennoch zeigen die schwachen Ergebnisse der Nachfolge-Konferenzen in Berlin (1995), New York und Kyoto (1997), daß der Anstoß der Brundtland-Kommission zur Sicherung der Lebensgrundlagen für die Menschen noch nicht zu konkreten Umsetzungen mit überzeugender Wirkung geführt hat.

Wenn die Erkenntnisse der Brundtland-Kommission wie selbst diejenigen von der Rio-Konferenz mittlerweile verblassen, dann liegt das vornehmlich an der weltweiten Ökonomisierung. Teile der Wirtschaft sind, insbesondere vor diesem Hintergrund, stärker an kurzfristigen Gewinnen orientiert als an einer langfristigen Sicherung der Wirtschaft und des Gemeinwesens. Dies geht zu Lasten von Arbeitsplätzen. Zur kurzfristigen Reduktion von Kosten werden ökologische und soziale Standards vermindert oder vermieden. Gerade in Deutschland macht sich dieser Prozeß in verschiedenen Deregulierungen des Umweltrechts und in den sogenannten Beschleunigungsgesetzen, zugunsten der Wirtschaft, aber zulasten von Umwelt und bürgerrechtlicher Mitgestaltung, bemerkbar. Eine weitere Folge dieser Entwicklung ist ein Rückstand in der Entwicklungspolitik: Der Anteil der bundesdeutschen Entwicklungshilfe ist auf 0,28 % des Bruttosozialprodukts gesunken, demgegenüber wurden 0,7 % in Rio vereinbart und zugesagt.

Die Vorreiterrolle in der Umweltpolitik haben andere europäische Länder übernommen: Dänemark, die Niederlande, Schweden, Österreich, die Schweiz, neuerdings auch Finnland. Diese Länder haben beispielsweise Elemente einer ökologischen Steuerreform eingeführt oder – von der Agenda 21 geforderte – nationale Umweltpläne mit konkreten umweltpolitischen Zielen und Maßnahmen verabschiedet, die stetig erweitert und den Erfahrungen angepaßt werden. In Deutschland hingegen wird dieser Prozeß zerredet, weil Einschätzungen zum Umweltschutz von vor Jahrzehnten wieder ausgegraben werden: Umweltschutz sei hauptsächlich etwas für diejenigen, die ihn sich leisten könnten. Und in der weltweiten verschärften Konkurrenz könne er der Wettbewerbsfähigkeit schaden. Dabei wird übersehen, daß mit Umweltschutz durch die Entwicklung innovativer, umweltfreundlicher und gleichzeitig kostensenkender Verfahren und Produkte auch Vorteile auf dem Weltmarkt erreicht werden können.

Die oben genannten Länder sind wie Deutschland in den Weltmarkt eingebunden und vom Export abhängig. Dänemark und die Niederlande gelten zudem auch als Vorreiter in der Beschäftigungspolitik. Deutschland ist dagegen im Begriff, aus Angst vor der Zukunft die Zukunft selbst zu verpassen. Es ist schon ziemlich lange her, daß Umweltpolitik eine Verheißung war: saubere Luft, saubere Seen und Flüsse. So einfach ist es nicht mehr, denn die Probleme haben sich verschoben bzw. sind komplexer geworden. Vor allem droht die Gefahr einer weltweiten Klimaveränderung mit unbekannten lokalen Auswirkungen; Tier- und Pflanzenarten sterben rapide aus; der Zustand des Bodens und des Grundwassers ist besorgniserregend, bei sommerlichen Temperaturen drohen europaweit Ozonbelastungen, und der Verkehrslärm ist eine Belastung für die Bevölkerung geworden mit ungewissen Folgen für die Gesundheit.

Umweltpolitik bedeutet heute daher nicht mehr allein Maßnahmen, Vorschriften, Verbote für Industriebetriebe. Umweltschutz kann heute nicht mehr nur additiv – mit Filtertechniken am Ende der Produktion (end of the pipe) – oder subtraktiv mit Grenzwerten für Schadstoffe industrieller Anwender betrieben werden. Umweltpolitik geht jeden an und bedeutet dann zwangsläufig die Vermeidung umweltbelastender Verhaltensweisen und Gewohnheiten, die in der millionenfachen Summe zu den oben genannten Problemen führen. So formuliert das Umweltbundesamt: „Eines ist sicher: Wir müssen unser Verhalten ändern; nur so können wir uns schrittweise an die enger gewordenen Spielräume anpassen, die uns die Umwelt setzt.“ [1] Damit erhält die Umweltpolitik eine ganz neue Perspektive: Sie wird – wenn sie wirksam werden will – mit sozialen und in deren Folge mit ökonomischen Fragen engstens verwoben. Die Umweltpolitik am Ausgang des Industriezeitalters wird sich damit zu einer Nachhaltigkeitspolitik wandeln müssen.

Diese gewandelte Umweltpolitik wird jedoch mit lohnenswerten Zielen aufwarten können:

- weniger Verkehrslärm, weniger Ozonbelastung, weniger Tote und Verletzte dank einer neu organisierten Mobilität mit mehr Schienen- und Telekommunikationsverkehr;
- weniger Schäden durch Hochwasser oder Stürme durch ein mitreißendes Programm zum Klima-, Natur- und Hochwasserschutz;
- gesunde und schmackhafte Lebensmittel aus einer chemie- und gentechnikfreien, damit endlich zukunftsfähigen Landwirtschaft,

um hier nur drei Beispiele zu nennen.

Eine nachhaltige Entwicklung muß einerseits die Armut in den Entwicklungsländern überwinden und andererseits den materiellen Wohlstand in den Industrieländern mit der Erhaltung der Natur als Lebensgrundlage in Einklang bringen (UBA S.4) [1]. Gegenüber der bislang vorherrschenden Umweltpolitik betont das Leitbild der nachhaltigen Entwicklung die engen Beziehungen zwischen ökologischer, ökonomischer, sozialer und kultureller Entwicklung (UBA S.5) [1]. Dabei müssen die ökonomische und soziale Dimension der Nachhaltigkeit immer auch den entwicklungspolitischen Ansatz beinhalten. Dieser bedeutet als Ziel soziale Stabilität und Frieden, Förderung der wirtschaftlichen Entwicklung der Entwicklungsländer bei gleichzeitiger Verbesserung von Bildung und Gesundheit. In der nationalen Diskussion um das Leitbild der Nachhaltigkeit wird dieser entwicklungspolitische Aspekt häufig vernachlässigt, so auch im Bericht der Enquete-Kommission.

Die sogenannte Dreidimensionalität von Ökologie, Sozialem und Ökonomie der Nachhaltigkeit [9,10] kann dazu führen, daß umweltpolitische Ziele wie der Umweltschutz gegenüber den sozialen und ökonomischen nachrangig behandelt werden, wenn für die nachhaltige Entwicklung nicht die nötige Vernetzung vorgenommen wird. So wird vernachlässigt, daß Natur und Umwelt die Grundlage allen Handelns und Wirtschaftens ist. Die Effizienz der Ökonomie kann kein eigenständiges Ziel sein, sondern allenfalls ein Instrument zum Erhalt der Grundlagen des Lebens und des sozialen Gefüges [11].

Das Umweltbundesamt führt zum Verhältnis von Wirtschaft und Umwelt aus: „Wenn die Brundtland-Kommission auf die Frage, was denn Priorität habe, das Wirtschaftswachstum oder eine nachhaltige Entwicklung, noch keine Antwort gegeben hat, so nehmen die Schlußdokumente von Rio hier klar Stellung: Für sie bedeutet die Gleichrangigkeit von Umwelt und Entwicklung, daß es keine Priorität kurzfristiger wirtschaftlicher Interessen mehr geben kann. Was die Frage angeht, ob der Umwelt in allen strittigen Fragen ein Vorrang eingeräumt werden muß, kommt der Erdgipfel von Rio zu einer neuen Einsicht: Alles Wirtschaften und auch die Wohlfahrt im klassischen Sinne stehen unter dem Vorbehalt der ökologischen Nachhaltigkeit. Nur in dem Maße, in dem die Natur als Lebensgrundlage nicht gefährdet wird, ist Entwicklung und damit auch Wohlfahrt möglich. Damit soll ein ökologischer Rahmen für die Wirtschaft aufgezeigt und spürbar gemacht werden. Wenn die Politik Nachhaltigkeit gezielt gestalten will, dann muß sie die Tragekapazität der Umwelt als letzte, unüberwindliche Schranke für alle menschlichen Aktivitäten zur Kenntnis nehmen. Es kann nur darum gehen, wie die heutige Menschheit den ihr gegebenen Spielraum am besten nutzen kann", ohne ihn zulasten nachfolgender Generationen einzuengen – muß hinzugefügt werden. Das Umweltbundesamt führt weiter aus: „Die wirtschaftliche und soziale Dimension des Problems ist hoch brisant: Die Menschheit als Ganzes hat nur dann eine Chance, mit dem sehr viel schmaler gewordenen Möglichkeitsraum auszukommen, wenn die sozioökonomischen Rahmenbedingungen der Naturnutzung grundlegend umgestaltet werden. Eine marktwirtschaftliche Ordnung, die nur dann überlebensfähig wäre, wenn sie immer größere Stoffströme in Bewegung setzt, würde mit einer nachhaltigen Entwicklung genausowenig vereinbar sein wie eine zentralverwaltungswirtschaftliche Ordnung, der es nicht gelingt, die Grundbedürfnisse der Menschen zu befriedigen."[1]

Mit diesen Aussagen des Umweltbundesamtes wird den Gesetzmäßigkeiten der Natur und der Umwelt, damit der ökologischen Dimension ein Vorrang-Charakter zugebilligt. Die unabhängige Sachverständigenkommission zum Umweltgesetzbuch argumentiert in ihrem Entwurf ähnlich: „In materieller Hinsicht war die Sachverständigenkommission bestrebt, das Leitbild der dauerhaft umweltgerechten Entwicklung zu konkretisieren und mit dem Umweltgesetzbuch geeignete Instrumente zu schaffen, die einer ökologisch und wirtschaftlich nachhaltigen Entwicklung zum Erfolg verhelfen. Dies bedeutet, daß der Umweltschutz ein unabdingbarer Bestandteil der zukünftigen gesellschaftlichen Gesamtentwicklung werden muß und daß die Funktionsfähigkeit des Naturhaushalts sowie die Regenerationsfähigkeit der Naturgüter als unübersteigbare Grenzen für die ökonomische Entwicklung zu beachten sind. Es ist unverkennbar, daß das Leitziel der dauerhaft-umweltgerechten Entwicklung zu tiefgreifenden Veränderungen unserer heutigen Lebensweise führen muß, soll es nicht als unverbindliche Leerformel und Deckmantel herhalten, um das gesellschaftliche Versagen vor den Herausforderungen der Zukunft zu kaschieren. Letztlich geht es darum, daß der Umweltschutz wieder in die Offensive gebracht und zukünftig als ein unverzichtbares Mittel für das Überleben der Menschheit begriffen wird. Als Fortschritt kann demnach nur bezeichnet werden, was von den Bedingungen der Natur mitgetragen wird. Ökologische, ökonomische und soziale Fragestellungen dürfen dabei nicht isoliert betrachtet werden, sondern bedürfen der Verzahnung und Verknüpfung."[4] (UGB, Seite 6)

Zur Erarbeitung einer Strategie der Nachhaltigkeit ist gerade die Vergegenwärtigung dieses damit zum Ausdruck kommenden Modells der Ökologie als Langzeitökonomie entscheidend. Es ist sehr empfehlenswert, sich dazu nicht von der totalen Ökonomisierung und dem Diktat des Marktes anstecken zu lassen, wenn statt zukunftsfähiger Langfriststrategien kurzatmige Taktiken dominieren. Die Hektik der Börsenkurse, die Federstriche zum Zusammenkaufen von Riesenkonzernen, die global players, die Hazardeure in den Vorstandsetagen und Kabinetten bestimmen derzeit das Geschehen. Doch die Grenzen dieser Marktwirtschaft ohne die Adjektive sozial und ökologisch werden um so schneller sichtbar, je mehr auf ökonomische Beschleunigung gesetzt wird, wie in Süd- und Ostasien geschehen. Seit etwa fünfundzwanzig Jahren kennen wir die ökologischen Grenzen des derart unkontrollierten Wachstums als Begrenzung der natürlichen Ressourcen und eingeschränkte Belastbarkeit der Erde für die Folgeprodukte menschlichen Wirtschaftens. In den letzten fünfzehn Jahren haben wir die sozialen Grenzen des Wachstums demonstriert bekommen: millionenfache Arbeitslosigkeit in den Industriestaaten trotz ökonomischen Wachstums („jobless growth"). Dies wären genug Gründe dafür, daß es Zeit ist, den „Roman" des ungebremsten Wachstums zu beenden. Es ist Zeit für eine reale Politik der Nachhaltigkeit, die weltweit sowohl die ökologischen als auch die sozialen Realitäten zur Kenntnis nimmt, berücksichtigt und zur Sicherung der Bedürfnisse künftiger Generationen wie auch der heutigen Generation handelt.

2.2 Nachhaltigkeit und Wirtschaftswachstum

Erschöpfung von Ressourcen hat es in der europäischen Geschichte immer wieder gegeben; die bedeutendsten sind die Waldzerstörung rund ums Mittelmeer und die Zerstörung der Getreidelandwirtschaft in Nordafrika durch die Römer. Beide ökologischen Katastrophen haben zum ökonomischen Niedergang des römischen Kaiserreichs beigetragen. Auch der wachsende Holzeinschlag in Mitteleuropa und die daraus und als Folge des Dreißigjährigen Kriegs resultierende Zerstörung der hiesigen Wälder hätte ähnliche Effekte für die Ökonomie der zentraleuropäischen Staaten haben können. Doch zwei andersartige Verhaltensweisen haben den Niedergang abgewendet: Einerseits setzte sich allmählich Klugheit durch – ganz im Gegensatz zur jetzigen Moderne –, nämlich mit einer Waldbewirtschaftung nach dem Motto „Nicht mehr Holz schlagen, als nachwächst" die Ressource Holz auch für nachfolgende Generationen zu erhalten[12]. Andererseits gelang die innovative Nutzung der „unterirdischen Wälder" in Form der Steinkohle, mit der dann allerdings auch so umgegangen wurde, als wenn sie unerschöpflich wäre. Doch mit der vorsorglichen Waldbewirtschaftung des vorigen Jahrhunderts waren die Wälder erst einmal gerettet und der industrielle Siegeszug der damaligen Basis-Innovation Steinkohle gesichert und – es war der Begriff der nachhaltigen Wirtschaftsweise, der Begriff der Nachhaltigkeit geboren.

Doch erst in den letzten 25 Jahren dieses Jahrhunderts hat der Begriff Nachhaltigkeit (im Englischen Sustainability) richtig Karriere gemacht, nachdem er zunehmend eine ökologische Ausprägung erfahren hat. In der neoklassischen und postkeynesianischen Wachstumstheorie der 50er und 60er Jahre war der Begriff sustainable growth noch der Idee eines grenzenlosen Wachstums des Sozialprodukts verpflichtet, derzufolge jede wirtschaftliche Begrenzung oder Stagnation nur als Störung registriert wurde. Erst zu Beginn der 70er Jahre, vor allem gestützt auf den ersten Bericht des Club of Rome[13], kommen Überlegungen zu Wachstumsgrenzen und zu nachhaltiger Entwicklung immer deutlicher zum Vorschein.

1982 hat das Worldwatch Institute unter der Überschrift „Six Steps to a Sustainable Society" abermals die Diskussion aufgegriffen und die „Stabilisierung der Weltbevölkerung", die „Schonung der Ressourcen und Lebensräume" und eine „Abkehr von der Wegwerfgesellschaft" als Strategieelemente vorgeschlagen[14]. Aber erst mit der

1983 von den Vereinten Nationen eingesetzten Weltkommission „für Umwelt und Entwicklung“ unter der Federführung der norwegischen Ministerpräsidentin Gro Harlem Brundtland startete der Karrieren-Höhenflug des Begriffs Nachhaltigkeit. Mit ihrem Report von 1987 „Our Common Future“, kurz Brundtland-Bericht, beeinflußte und stimulierte die Kommission die nachfolgende Diskussion über nachhaltige Entwicklung entscheidend. Dies lag sowohl an den eingängigen und konsensorientierten Formulierungen der Handlungsempfehlungen, die „den Prozeß der dauerhaften Entwicklung einleiten sollten“ (V. Hauff im Vorwort zur deutschen Übersetzung) als auch an der Forderung nach einer Gerechtigkeit zwischen den Generationen (siehe auch Seite 3 dieses Kapitels).[7]

Allerdings wurde mit dem Brundtland-Bericht auch der Keim gelegt für Mißverständnisse um den Begriff und die Bedeutung der „nachhaltigen Entwicklung“. So wird die Vorstellung von sustainability als einem bewußten Planungs- und Bewirtschaftungskonzept entwickelt, das die anstehenden globalen Probleme auch tatsächlich wird lösen können[12]. Dies wird besonders deutlich in der weitgehenden Gleichsetzung von ‚nachhaltiger Entwicklung‘ und ‚nachhaltigem Wachstum‘, wie sie unter Nr. 27 zum Ausdruck kommt: „Die Menschheit wäre durchaus in der Lage, die Voraussetzungen für eine dauerhafte Entwicklung zu schaffen; eine Entwicklung, die den gegenwärtigen Bedarf zu decken vermag, ohne gleichzeitig späteren Generationen die Möglichkeit zur Deckung des ihren zu verbauen. Zwar schließt ein solches Konzept eines dauerhaften Wachstums Grenzen ein – doch sind dies keine absoluten Grenzen. Es sind vielmehr lediglich technologische und gesellschaftliche Grenzen, die uns durch die Endlichkeit der Ressourcen und die begrenzte Fähigkeit der Biosphäre zum Verkraften menschlicher Einflußnahme gezogen sind. Technologische und gesellschaftliche Entwicklungen aber sind beherrschbar und können auf einen Stand gebracht werden, der eine neue Ära wirtschaftlichen Wachstums ermöglicht.“[7]

Diese Vorstellung von nachhaltiger Entwicklung als nachhaltigem Wachstum ist ebenso attraktiv wie irreführend: Hohe Wachstumsraten in den Entwicklungsländern und immer noch positive Steigerungen in den Industrieländern scheinen den Verteilungskonflikt zwischen den heutigen Generationen in der Ersten und Dritten Welt zu entschärfen, ohne daß in bestehende Besitzstände vor allem der Industrieländer eingegriffen werden müßte.

Zwei entscheidende Fragen werden hierbei außer acht gelassen. Zum einen drängt sich die Frage nach der Endlichkeit des Wirtschaftswachstums und seiner Wirkungen hinsichtlich des „Wohlstandes“ auf. Andererseits muß die Frage beantwortet werden, ob ein im herkömmlichen Sinn verstandenes Wachstum bei Erhalt der natürlichen Grundlagen des Wirtschaftens möglich ist. Die erste Frage gilt der Dauer eines Wachstums, das sowohl umfassende Beschäftigungsmöglichkeiten als auch soziale Absicherung bietet; sie gilt auch der Realitätsnähe eines solchen Wachstums, wie auch seinem Volumen zur Erfüllung der daran geknüpften Forderungen. Hier wird auch der Sinn der Definition von Wohlstand angesprochen und dessen künftige Bedeutung; damit verbunden ist auch die Frage, ob das Bruttosozialprodukt als Indikator der richtige Ansatz zur Messung von Wohlstand ist.

Nach den heute vorliegenden Simulationsmodellen etwa der Meadows-Studien oder von „Global 2000“ ist es höchst unwahrscheinlich, daß die Erde eine fünf- bis zehnfache Zunahme des Wirtschaftsvolumens – wie im Brundtland-Bericht erwartet – verkraften kann. Die Brundtland-Kommission merkt zwar an, daß die „Wachstumsraten dauerhaft in Bezug auf die Umwelt sein können, wenn die Industrienationen weiterhin wie kürzlich ihr Wachstum derart verändern, daß weniger material- und energieintensiv gearbeitet wird, und daß die effiziente Nutzung von Materialien und Energie verbessert wird" (WCED, Seite 55)[7]. Hier wird deutlich, daß die Brundtland-Kommission den möglichen Beitrag der Technologien zur Öko-Effizienz für eine nachhaltige Entwicklung überschätzt hat, während sie die sozioökonomischen und politischen Parameter zur Minderung des Umweltverbrauchs (Öko-Suffizienz) weniger beachtet hat. So werden die tatsächlichen Substitutionsmöglichkeiten von Techniken nicht untersucht und die sozialen Hemmnisse bei der Diffusion von innovativen Techniken bleiben unerwähnt. In der Praxis zeigt sich nämlich, daß die ingenieurwissenschaftliche Entwicklung innovativer Techniken, etwa zur Umweltentlastung oder zur Ressourcenschonung, alleine nicht ausreicht (man beachte die Diskussion um das Drei-Liter-Auto). Vielmehr müssen innovative soziale Strukturen und geeignete, kreative ökonomische Rahmenbedingungen hinzukommen.[15]

Gerade im Hinblick auf die Aufnahmefähigkeit der Umwelt für die den Treibhauseffekt verursachenden Spurengase erscheint eine weltweite Verallgemeinerung des europäisch-nordamerikanischen Entwicklungsweges als extrem nachhaltigkeitswidrig. Wenn das zur Deckung der Grundbedürfnisse oder gar das für einen bescheidenen Wohlstand in den Entwicklungsländern dringend erforderliche Wachstum in ökologisch verträglicher Weise vonstatten gehen soll, wird dies nach allen uns vorliegenden Befunden nur möglich sein, wenn über Steigerungen der Öko-Effizienz und die Wahl weniger energieintensiver Entwicklungsalternativen hinaus zugleich substantielle Verzichte der Industrieländer bei ihrer Nutzung von fossilen Energieträgern geleistet werden.[16]

Derartige Anforderungen an die Reduzierung des Energie- und Rohstoffbedarfs erfordern eine grundsätzliche Diskussion um die Weiterverfolgung des quantitativen Wachstums. Die Industrieländer werden sich der Aufgabe stellen müssen, die Nutzung von fossilen Energieträgern und anderen nicht erneuerbaren Rohstoffen über die Potentiale der Effizienzsteigerungen hinaus einzuschränken. Die weltweiten Entwicklungen werden dabei von allen, aber zunächst vor allem von den Industrieländern, Anstrengungen abverlangen. „Nachhaltige Entwicklung setzt einen tiefgreifenden Wandel von Wirtschaft und Gesellschaft voraus[1]." (UBA, Seite 5) Neben der Erhöhung der Effizienz auf der Produktionsseite ist auf der Nachfrageseite ein verändertes Konsumverhalten (zugunsten von Dienstleistungen, zulasten materieller Güter) erforderlich. Hierzu gehört z. B. auch eine streß- und staufreie Mobilität mit weniger Lärm- und Abgasbelastung sowie mit verminderten Kosten z. B. durch Carsharing oder einen attraktiven Öffentlichen Personennahverkehr. Dies muß keine Minderung der Lebensqualität bedeuten, wie in der öffentlichen Debatte häufig behauptet wird. Vielmehr kann dies auch eine Verbesserung und damit Wohlbefinden zur Folge haben.

Aber es ergeben sich entscheidende politische Fragen: Werden die Industrieländer bereit sein, ihre Einschränkungen beim Einsatz fossiler Energieträger über den Punkt hinauszutreiben, an dem drohende Wohlstandsverluste durch Effizienzsteigerungen und Substitutionsprozesse noch abgefangen werden können? Werden sie bereit sein, Abstriche von ihren bisherigen Wohlstandsvorstellungen hinzunehmen und damit die Verbesserung der Effizienz auf der Produktionsseite durch eine erhöhte Suffizienz, also Beschränkung auf der Nachfrageseite, so zu stützen, daß es zu einem Ausgleich zwischen den Ländern der Ersten und der Dritten Welt kommt, der nicht zulasten der zukünftigen Generationen geht?

Die Annahme der Brundtland-Kommission, daß es für das wirtschaftliche Wachstum keine absoluten Grenzen gebe, wurde zwar in den folgenden Debatten auf UN-Ebene (Rio 1992 ff) abgeschwächt. Dennoch setzt sich der Glaube oder die Hoffnung an die Möglichkeit des Neben- oder Miteinander von nachhaltigem Wachstum und nachhaltiger Entwicklung fort. Dies resultiert möglicherweise daraus, daß die Wissenschaft von der Ökonomie bisher noch nicht wahrnehmen wollte, daß auch für die Ökonomie die physikalischen Gesetze der Thermodynamik gelten. Diese Gesetze beschreiben die Grenzen der Effizienz von Wärmekraftmaschinen und stellen damit fundamentale Gesetzmäßigkeiten dar. Als solche gelten sie auch für „ökonomische Maschinen" wie Volkswirtschaften und die Weltwirtschaft es sind. [17,18,19,20]

Für die Volkswirtschaft gilt danach, daß sie nicht wie ein perpetuum mobile zweiter Art ständig von der Nutzung der Natur und der natürlichen Ressourcen angetrieben werden kann. Der Abbau der Ressourcen und die Anhäufung der Folgeprodukte machen dies auf Dauer ebenso unmöglich wie in der Thermodynamik. Hierzu ein kleiner Exkurs in die Thermodynamik, der dies verdeutlichen soll. Der erste Hauptsatz der Thermodynamik fordert: In einem abgeschlossenen System bleibt die Energie konstant. (Ein perpetuum mobile erster Art wäre eine Maschine, die entgegen dieser Gesetzmäßigkeit ohne Zufuhr von Energie von außen Arbeit leisten könnte). Der zweite Hauptsatz ergänzt: In einem abgeschlossenen System strebt die Entropie einem Maximum zu. Entropie ist ein Maß für den Grad der Unordnung von Materie und Energie. Der zweite Hauptsatz stellt fest, daß Materie und Energie nur in einer Richtung verändert werden können, nämlich von einer nutzbaren Form in eine nicht nutzbare, von einer verfügbaren in eine nichtverfügbare, von einer geordneten in eine ungeordnete. Wann und wo immer auf der Erde eine geordnete Struktur geschaffen wird, geschieht dies nach dem Entropiegesetz auf Kosten der Ordnung in der jeweiligen Umgebung bzw. in Verbindung mit der neuen Struktur. Danach muß bei jeder Umwandlung von Energie oder Materie in einen anderen Zustand ein bestimmter Preis bezahlt werden. Dieser Preis besteht in einem Verlust an verfügbarer Energie oder Materie, die künftig nicht mehr genutzt werden kann (z. B. Abfallwärme, Abfälle), er wird physikalisch als Entropie gemessen. Ein perpetuum mobile zweiter Art wäre eine Maschine, die fortwährend verfügbare Energie verlustlos – also ohne Entropieerhöhung – nutzbar machen könnte.

„Das Entropiegesetz in seiner umfassenden Form setzt dem spezifischen Lebensstil der menschlichen Spezies materielle Grenzen" schrieb Nicholas Georgescu-Roegen 1980 im Nachwort zu Rifkins „Entropie". Der Entropiesatz setzt tatsächlich dem Wirtschaften zusätzliche Grenzen: Nicht nur die begrenzten Resssourcen und Senken für Schadstoffe und Abfälle sind zu beachten sondern auch die Tatsache, daß mit dem Ressourcenverbrauch eine zwangsläufige Ressourcenverschwendung einhergeht. Selbst ein verstärktes Bemühen um Steigerung der Wirkungsgrade bei der Nutzung von Ressourcen endet bei der zwangsläufigen Mitproduktion von nicht mehr nutzbaren Abfällen und Abwärme und bei Verlusten von Rohstoffen vom Moment ihrer Gewinnung an.

Im Gegensatz zur zivilisatorischen Nutzung der Ressourcen mit ihrer Entropievermehrung steht die belebte Natur. Alle ihre Systeme sind auf geringen Energiefluß eingestellt. Sie sind um so lebenstüchtiger, je weniger Energie sie in Entropie umwandeln, die sie abführen müssen. Der ökonomische Prozeß der Industriegesellschaft mit seinem Massenumsatz von nutzbarer Energie und konzentrierten Rohstoffen und der daraus folgenden Massenproduktion von Entropie in Form von Abwärme, Abfall, Umweltverschmutzung und Naturzerstörung ist das genaue Gegenteil des überlebensfähigen Systems der Natur. Auch als gigantische Durchflußwirtschaft ist die Industriegesellschaft das genaue Gegenteil der strikt ökonomisch in Kreisprozessen arbeitenden belebten Natur. Für eine an Nachhaltigkeit orientierte Zivilisation kommt es also nicht nur darauf an, durch Ökoeffizienz die Ressourcen-Nutzung zu optimieren und durch Suffizienz für eine Adaption der Bedürfnisse an die Knappheit von Ressourcen und Senken zu erreichen. Sondern dringend erforderlich ist eine vermehrte Orientierung an der Natur, an ihren Kreisprozessen; diese Naturorientierung muß in eine Öko-Konsistenz mit ihr münden. Effizienz, Suffizienz und Konsistenz sind also die drei Elemente der Nachhaltigkeit, die es zu steigern gilt.

2.3 Management der Nachhaltigkeit: 5 Regeln für den Umgang mit der Natur

Die seit der Rio-Konferenz für die internationale Völkergemeinschaft verbindlich gewordene umfassende politische Zielbestimmung „sustainable development" enthält eine Programmatik für die Bewältigung der gemeinsamen Zukunft der Menschheit, die – wenn sie ernst genommen wird – revolutionär ist. Was sich mit diesem Leitbegriff verbindet, ist nichts geringeres als die Erkenntnis, daß weltweit ökonomische, soziale und ökologische Entwicklungen notwendig als eine innere Einheit zu sehen sind. Denn soziale Not kann einem verantwortungslosen Umgang mit den Ressourcen der Natur ebenso Vorschub leisten wie rücksichtsloses wirtschaftliches Wachstumsdenken.

Dauerhafte Entwicklung schließt eine umweltgerechte, an der Aufnahmefähigkeit der ökologischen Systeme und Senken ausgerichtete Koordination der ökonomischen Prozesse ebenso ein wie eine entsprechende der sozialen Ausgleichsprozesse innerhalb und zwischen den sich in ihrer Leistungskraft immer weiter auseinanderentwickelnden Volkswirtschaften. Gleichzeitig bedeutet dies eine tiefgreifende Korrektur bisheriger Fortschritts- und Wachstumsvorstellungen, die sich so nicht länger als tragfähig erweisen (SRU, Pkt.1 ff)[2]. Das Schicksal der Menschheit wird davon abhängen, ob es ihr gelingt, sich zu einer Entwicklungsstrategie durchzuringen, die der wechselseitigen Abhängigkeit dieser drei Dimensionen der Nachhaltigkeit, der ökonomischen, der sozialen und der ökologischen, gerecht wird.

Die schwierigste Frage ist dabei, wie Nachhaltigkeit aus einer prinzipiell nicht-nachhaltigen Ausgangssituation heraus so angesteuert werden kann, daß der von der Brundtland-Kommission angestrebte Kompromiß der nachhaltigen Entwicklung mehr wird als die formelhafte Verschleierung einer schwierigen Streitfrage. Aber nicht nur die weitgehende Gleichsetzung von Entwicklung mit – wenn auch sozial und ökologisch angereichertem – qualitativem Wachstum und der damit angelegte Konflikt mit langfristiger Nachhaltigkeit machen deutlich, wie anspruchsvoll der Begriff der nachhaltigen Entwicklung ist, wenn man ihn näher betrachtet, konkretisiert und gar umzusetzen versucht.

Für den Übergang zu einer nachhaltigen Wirtschaftsweise ist nicht nur die Frage der Ersetzbarkeit von erschöpfbaren durch regenerierbare Ressourcen von zentraler Bedeutung. Auch die Frage der Substitutierbarkeit von menschen-gemachtem Kapital und Naturkapital entscheidet darüber, wie eine sinnvolle Interpretation von Nachhaltigkeit im Hinblick auf ein globales Entwicklungskonzept aussehen kann. Hält man Naturkapital für beliebig ersetzbar durch menschengemachtes Kapital, so vertritt man das Konzept der ‚schwachen Nachhaltigkeit' (weak sustainability). Demzufolge wäre es gleichgültig, in welcher Form wir unseren Kapitalbestand an die nächste Generation weitergeben. Die Weitergabe einer ärmeren Umwelt ist danach unschädlich, solange dieser Mangel durch einen vermehrten Bestand an Straßen und Maschinen ausgeglichen wird. Umgekehrt können weniger Straßen hinterlassen werden, falls dies durch einen größeren Bestand an Feuchtgebieten und Wiesen oder aber auch durch mehr Erziehung und Bildung ausgeglichen wird. Schwache Nachhaltigkeit bedeutet also die vollständige Austauschbarkeit verschiedener Formen von Kapital[21] . Bei dieser Auffassung wird übersehen, daß die Natur nicht nur Lieferantin für den ökonomischen Prozeß ist, sondern sie ist darüber hinaus ein Lebenserhaltungssystem und damit die Grundvoraussetzung überhaupt jedes Wirtschaftens.[12]

Zudem übersieht diese Perspektive leicht den Umstand, daß technisch mögliche Substituierbarkeit oftmals nur sehr begrenzt und keineswegs beliebig ausdehnbar ist. Diese Begrenztheit ergibt sich vor allem aus der Gefahr irreversibler Vernichtung von Naturkapital, wie beim Aussterben von Tier- und Pflanzenarten, aber auch beim nicht mehr rückgängig zu machenden Zerstören ganzer ökologischer Systeme und Funktionen. Daraus folgt unmittelbar, daß die schwache Nachhaltigkeit im Hinblick auf die Interessen künftiger Generationen ein unzureichendes Ziel ist. Unabhängig davon muß der Natur ein Eigenwert jenseits der menschlichen Nutzung zugestanden werden, der einer Austauschbarkeit durch menschen-gemachtes Kapital entgegensteht. Dem entspricht die Forderung nach „Bewahrung der Schöpfung" als Bestandteil einer nachhaltigen Entwicklung.[22]

Das Hauptproblem einer Operationalisierung von Nachhaltigkeit ist, daß die Wirtschaft aller Industrienationen zentral auf den Einsatz nichterneuerbarer Ressourcen ausgerichtet ist, deren Nutzung im strengen Sinne überhaupt nicht nachhaltig sein kann. Unter diesem Aspekt einer „strong sustainability" (starken Nachhaltigkeit) dürfte es keine Form von Substituierbarkeit zwischen menschen-gemachtem und natürlichem Kapital geben. Um nicht jede menschliche Inanspruchnahme von Natur nichtnachhaltig werden zu lassen, bedarf es eines Maßstabes oder Regeln zur nachhaltigen Nutzung der Natur. Diese sollten der Politik als Leitlinien dienen, damit beim Übergang zu einer nachhaltigen Entwicklung den künftigen Generationen ein möglichst ungeschmälerter Bestand an Naturressourcen hinterlassen wird.

Der Sachverständigenrat für Umweltfragen hat hierzu im Umweltgutachten 1994 unter Nr. 9 ausgeführt: „Gefordert ist nach Meinung des Umweltrates die Einbindung der Zivilisationssyteme in das sie tragende Netzwerk der Natur, und damit die dauerhafte Ausrichtung der sich fortschreitend entwickelnden Ökonomien an der Tragekapazität der ökologischen Systeme. Die hier maßgebliche ethische Kategorie heißt also „Gesamtvernetzung", oder mit einem vom lateinischen rete (das Netz) abgeleiteten Begriff „Retinität". Ein Handeln, das diesem Prinzip gerecht werden soll, verlangt sowohl schöpferische Intelligenz im Bereich technischer und organisatorischer Innovationen, wie ebenso auch auf Gegensteuerung und Restriktion gerichtete ordnungsrechtliche und preispolitische Maßnahmen. All dies erfordert zugleich eine grundlegende ökonomische Transformation: die Abkehr vom traditionellen wirtschaftlichen Fortschritts- und Wachstumsmodell und die Hinwendung zum Modell der Entkopplung von wirtschaftlicher Entwicklung einerseits, Ressourcenverbrauch und Beeinträchtigung der Umweltfunktionen andererseits. Auch jede soziale Entwicklung wird in Zukunft nur unter der Bedingung einer solchen auf Schonung der natürlichen Ressourcen ausgerichteten Entkoppelung möglich sein[2]." Dabei sollte versucht werden, die Konflikte zwischen Ökologie und Ökonomie soweit wie möglich aufzulösen, indem beide einen Gewinn aus der Entkopplung von wirtschaftlicher Entwicklung und Umweltbelastung ziehen.

Dem Retinitätsprinzip als Schlüsselprinzip der Umweltethik ist voll und ganz zuzustimmen. „Denn letztlich geht es um die Frage der Stimmigkeit des Verhältnisses von Mensch und Natur als ganzer, damit auch um die Rückbindung der menschlichen Kulturwelt – mitsamt der Dynamik der sie mitbestimmenden Wirtschaft – in das sie tragende Netzwerk einer sich ebenfalls, aber ganz anders, dynamisch verhaltenden Natur. Will der Mensch seine personale Würde als Vernunftwesen im Umgang mit sich selbst und mit anderen wahren, so kann er der damit verbundenen Verantwortung für die Natur als ganzer nur gerecht werden, wenn er die Gesamtvernetzung all seiner zivilisatorischen Tätigkeiten und Erzeugnisse mit dieser ihn tragenden Natur zum Prinzip seines Handelns macht."[2]

Auf die Ebene der politischen Entscheidungsprozesse angewandt führt die Retinitätsproblematik unmittelbar zur Frage nach der entsprechenden Umweltverträglichkeit konkreter gesellschaftlicher und politischer Zielsetzungen. Die generelle Forderung der Einbindung unserer zivilisatorischen Systeme in das sie tragende Netzwerk der Natur läßt sich nur einlösen, wenn zur Festlegung und Beurteilung der Umweltverträglichkeit konkrete Umweltqualitäts- und -handlungsziele als Handlungsmaßstäbe zur Verfügung stehen. Diese werden aus naturwissenschaftlich, öko- und humantoxikologisch begründeten und meßbaren Größen gewonnen. Dabei wird sich zeigen, daß Umweltziele immer auch in soziokulturellen Bewertungszusammenhängen stehen, die zusammen mit den sich aus Naturzusammenhängen ergebenden Schwellenwerten berücksichtigt werden sollten. Umweltziele sind somit abhängig von gesellschaftlichen und ethischen Prioritätensetzungen, vom jeweiligen Maß an Risikobereitschaft in Relation zum Erkenntnisstand oder auch vom Erfahrungsumgang mit Restriktionen und Verzicht. Von daher sind die Ziele das Ergebnis eines vieldimensionalen Analyse-, Bewertungs-, Abwägungs- und Entscheidungsprozesses und darin letztlich das Resultat gesamtgesellschaftlicher Diskurse und politischer Entscheidungen[2] (vgl. SRU, Nr. 37). Grundlage für solche Entscheidungsprozesse sollen die sogenannten Managementregeln zur Nachhaltigkeit sein. Die ersten vier der nachfolgenden Regeln wurden schon von der Vorgänger-Enquete-Kommission veröffentlicht.[9,23]

Damit sind folgende Regeln als Leitlinien einer dauerhaft umweltgerechten Entwicklung zu beachten:

1. **Die Abbaurate erneuerbarer Ressourcen soll deren Regenerationsraten nicht überschreiten. Dies entspricht der Forderung nach Aufrechterhaltung der ökologischen Leistungsfähigkeit, d. h. (mindestens) nach Erhaltung des von den Funktionen her definierten ökologischen Realkapitals.**

2. **Nicht-erneuerbare Ressourcen sollen nur in dem Umfang genutzt werden, in dem ein physisch und funktionell gleichwertiger Ersatz in Form erneuerbarer Ressourcen oder höherer Produktivität der erneuerbaren sowie der nicht-erneuerbaren Ressourcen geschaffen wird.**

3. **Stoffeinträge in die Umwelt sollen sich an der Belastbarkeit der Umweltmedien orientieren, wobei alle Funktionen zu berücksichtigen sind, nicht zuletzt auch die „stille“ und empfindlichere Regelungsfunktion.**

4. **Das Zeitmaß anthropogener Einträge bzw. Eingriffe in die Umwelt muß im ausgewogenen Verhältnis zum Zeitmaß der für das Reaktionsvermögen der Umwelt relevanten natürlichen Prozesse stehen.**

Diesen vier Regeln fügte der Sachverständigenrat (SRU, Pkt 136)[2] eine weitere hinzu, die Risiken für die menschliche Gesundheit für nicht nachhaltig erklärt: **„Gefahren und unvertretbare Risiken für die menschliche Gesundheit durch anthropogene Einwirkungen sind zu vermeiden.“**

Das Umweltbundesamt hat diese Regel als Handlungsgrundsatz für eine nachhaltige Entwicklung übernommen und etwas erweitert: **„Gefahren und unvertretbare Risiken für den Menschen und die Umwelt durch anthropogene Einwirkungen sind zu vermeiden.“**[1]

Auch die Sachverständigenkommission zum Umweltgesetzbuch formuliert vergleichbar in § 4, Nr. 5: **„Der Schutz der Umwelt und des Menschen ist auch in Verantwortung für die künftigen Generationen, insbesondere dadurch zu gewährleisten, daß Gefahren und Risiken für die Umwelt und den Menschen vermieden werden.“**[4]

In diesem Sinne müssen besondere Risiken – wie bei den Nutzungen der Atomenergie und der Gentechnik – als nicht nachhaltig gekennzeichnet werden. Dies gebietet allein das Vorsorgeprinzip. Selbst wenn wir nicht in der Lage sind, die möglichen Folgen von Eingriffen in soziale und ökologische Systeme genau zu prognostizieren, so zeigt die Erfahrung doch, daß mit zunehmender Eingriffstiefe in die Systeme und mit zunehmender Wirkmächtigkeit der Maßnahmen auch die unbeabsichtigten Neben- und Folgewirkungen zunehmen. Es steigt die Zahl und die Länge der ausgelösten Wirkungsketten in Raum und Zeit bis hin zu globalen und irreversiblen Wirkungen (A. von Gleich für die Kommission).

Aus diesen Gründen wird hier in Anlehnung an die zitierten Vorschläge eine fünfte Regel vorgeschlagen:

5. **Gefahren und unvertretbare Risiken für die menschliche Gesundheit und für den natürlichen Bestand der biologischen Arten und ihrer Diversität sowie für die Umwelt als Ganzes sind zu vermeiden.**

Die hier formulierte 5. Regel gebietet dort, wo mögliche Handlungsfolgen als besonders kritisch bis katastrophal einzuschätzen sind, nach Möglichkeit den Rückgriff auf behutsamere, weniger tief greifende, fehlertolerante und möglichst rückholbare Techniken und Maßnahmen.

Die vier ersten Regeln zielen eher auf die Stoffentnahme und -einträge in die Natur ab. Sie berücksichtigen jedoch die besonderen Risiken und Gefahren für den Menschen, für die Flora und Fauna, und das Vorsorgeprinzip nur unzureichend.

Diese fünf notwendigen Managementregeln beschreiben in Analogie zu naturwissenschaftlichen Erhaltungssätzen die Grenzen für menschlichen Eingriffe in den Naturhaushalt, d. h. in das ökologische Realkapital. Damit werden zugleich die ökologischen Grenzen des Wirtschaftens aufgezeigt, bei deren Überschreiten auch dieses gefährdet ist. Begrenztheit der nicht erneuerbaren Ressourcen – von Rohstoffen bis zum Boden und der Artenvielfalt – ist noch leicht erfahrbar zu machen. Auch die Begrenztheit der Aufnahmefähigkeit für die Abfallprodukte der technischen Zivilisation ist einsehbar. Schwieriger zu akzeptieren ist allerdings die Begrenztheit für die Geschwindigkeit von Eingriffen, womit das nachhaltige Zeitmaß gefordert wird. Dies fällt gerade in einer Zeit schwer, in der im Prozeß der Globalisierung die ökonomischen Akteure angeblich zu immer größeren Geschwindigkeiten der Markt- und Produktionsanpassung gezwungen werden. Die Forderung nach einem nachhaltigen Zeitmaß geht parallel mit der Forderung nach einer Kreislaufwirtschaft an Stelle der zu beobachtenden Durchflußwirtschaft. Diese Umstellung ist eine Notwendigkeit im Interesse der Öko-Konsistenz und der Öko-Effizienz. Gerade die biotischen Prozesse stellen eine Abfolge von ineinander greifenden Kreisprozessen dar, die in ihrer Gesamtfunktion einen quasi reversiblen Zustand von Fließgleichgewichten stabilisieren[9].

Verglichen damit ist die technische Zivilisation und damit das menschliche Wirtschaften ein linearer dynamischer und irreversibler Prozeß. Auf dem Weg zur nachhaltigen Entwicklung muß stattdessen cirkulare Dynamik und Reversibilität angestrebt werden, dem sollen die fünf Regeln der Nachhaltigkeit dienen. Im nächsten Abschnitt wird die Verknüpfung dieser naturwissenschaftlich begründeten, von der Ökologie als Wissenschaft letztlich diktierten Begrenzungsregeln mit Ökonomie und Sozialwesen zu behandeln sein. Insgesamt sollen die fünf Regeln den Weg in eine „starke Nachhaltigkeit“ markieren, für die der Erhalt der Naturfunktionen für eine Reihe von Generationen die Gefahr mindert, daß irreversible, katastrophale Folgen gegenwärtigen unachtsamen Wirtschaftens und schleichende Nachteile für das globale Ökosystem eintreten.

Allerdings wird es nötig sein, dieses Ziel in einer nicht zu fernen Zukunft sozial verträglich und ökonomisch interessant zu machen. Dies läuft auf einen Vermittlungsprozess zwischen Ökonomie und Sozialwesen einerseits und den oben geschilderten ökologischen Erfordernissen andererseits hinaus. Dieser Vermittlungsprozeß bedarf ganz neuer Institutionen, die nicht nur in der Politik, sondern in Kultur und Bildung verankert sein müssen.

2.4 Zum „magischen“ Viereck: Ökologie, Sozialwesen, Ökonomie, Kultur

Die vorangegangene Enquete-Kommission „Schutz des Menschen und der Umwelt“ hat in ihrem Bericht „Die Industriegesellschaft gestalten ...“ unter 3.3 formuliert: „Die Menschheit steht an einer Wegscheide. Es wird immer klarer, daß die verfügbaren Umweltressourcen, vor allem die Aufnahmekapazitäten der Umwelt, begrenzt sind, was die Möglichkeit ihrer Nutzung durch uns dramatisch einschränkt. Wechselwirkungen zu wirtschaftlichen und sozialen Krisenerscheinungen werden deutlich. Aus dieser existentiell bedrohlichen Situation gibt es nur dann einen wirklichen Ausweg, wenn

Ökonomie, Ökologie und sozialer Ausgleich als Einheit begriffen werden, wenn politisches wie wirtschaftliches Handeln künftig alle drei Aspekte gleichermaßen ins Kalkül einbezieht, statt sie gegeneinander auszuspielen." [9]

Um die wechselseitigen Beziehungen zwischen ökologischer, sozialer und ökonomischer Dimension anschaulich darzustellen, schlägt Dierkes vor, den aus der Stabilitätspolitik bekannten Begriff des „magischen Dreiecks" zu verwenden." Und weiter: „Im magischen Dreieck einer nachhaltig zukunftsverträglichen Entwicklung stehen sich wirtschaftliche, soziale und ökologische Ziele gegenüber."

Diesem Gedanken folgte nun erneut die Mehrheit der Kommission der 13. Legislaturperiode, indem sie die Gleichrangigkeit dieser drei Zielkategorien und Dimensionen betonte und darüber hinaus jeweils für die ökonomische und die soziale Dimension ebenfalls vier Nachhaltigkeitsregeln aufstellte (Kap. 2.2.1ff).

Inhaltlich halten die vorgeschlagenen, ausdrücklich als noch nicht abschließend diskutiert gekennzeichneten Nachhaltigkeitsregeln im wesentlichen den Ist-Zustand des bundesdeutschen marktwirtschaftlichen Modells fest. Von der unter dem Leitbild der Nachhaltigkeit notwendigen Veränderung dieses Ist-Zustandes, noch weniger von einer Vision für die dafür nötige Entwicklung ist leider nichts darin zu finden.

Demgegenüber ist das Umweltbundesamt in seiner Publikation „Nachhaltiges Deutschland" einen deutlichen Schritt weiter gelangt. Neben der notwendigen Veränderung der Produktionsmuster werden auch die Veränderungen der Konsumgewohnheiten, ganz besonders in den Industrieländern, als wesentliche Voraussetzung für das Erreichen einer nachhaltigen Entwicklung angesehen. Immerhin belaufe sich der Anteil des privaten Verbrauchs auf 57,7 % des Bruttosozialprodukts (1993). Auf der Tutzinger Tagung (1997) definierte O. Renn nachhaltigen Konsum: Wir sollten weniger kaufen, Produkte länger und gemeinschaftlich nutzen; wir sollten bewußter konsumieren, also umweltverträglich hergestellte Produkte bevorzugen und immaterielle Bedürfnisse nicht materiell befriedigen.

Der geschilderte Suffizienzansatz läßt sich mit der Ökonomie des status quo nicht vereinbaren; vielmehr wird für die Praxis deutlich, was der Sachverständigenrat für Umweltfragen mit der „grundlegenden ökonomischen Transformation", der „Abkehr vom traditionellen wirtschaftlichen Wachstumsmodell" (Nr. 9) gemeint hat[2]. Schon in der Agenda 21 (Kapitel 4) wird angesprochen, daß die Veränderung industriegesellschaftlicher Konsumgewohnheiten zu den wesentlichen Aspekten der sozialen und ökonomischen Dimensionen einer nachhaltigen Politik gehört[24]. Dies umfaßt aber auch die Förderung der Schulbildung, des öffentlichen Bewußtseins und der beruflichen Aus- und Fortbildung (Kap. 35)[24]. Der Ausbau der Umweltbildung als Motor des Wertewandels ist hier erforderlich. Denn eine Veränderung des Konsumverhaltens wird nicht per Verordnung, noch weniger per Bekehrung zu leisten sein. Sie wird sich zusammen mit erforderlichen z. B. preislichen Rahmenbedingungen (ökologisch wertvolle Produkte nicht teurer als ökologisch minderwertige) nur als soziokultureller Prozeß mit den nötigen Bildungs- und Kulturinhalten organisieren lassen. Damit müssen „sowohl die Wertorientierungen der Individuen als auch die kulturellen Trends, soll das Überleben unter menschenwürdigen Bedingungen gesichert sein, den ökologischen Notwendigkeiten angepaßt werden (vgl. UBA, S. 221)." [1]

Die Ausführungen weisen Kultur und Bildung, die letztendlich die drei anderen Dimensionen Ökologie, Sozialwesen und Ökonomie beeinflussen, die wichtige Rolle einer vierten Dimension zu. Kultur und Bildung werden künftig bestimmen, wie behutsamer Umgang mit der Natur, sparsamer Umgang mit den Ressourcen aber auch die Rücksicht auf Mitmenschen und Vorsorge für die Zukunft verstanden werden. Dazu gehört auch, daß der angemessene Umgang mit Natur und Umwelt als auch die Aufrechterhaltung eines lebendigen Kulturbetriebes finanziell ermöglicht wird. Bei der Nachhaltigkeit bzw. bei einer wie immer gearteten Nachhaltigkeitsstrategie handelt es sich also – geometrisch gesehen – um ein „Magisches Viereck“ (siehe Abb.):

Abbildung: Magisches Viereck der Nachhaltigkeit

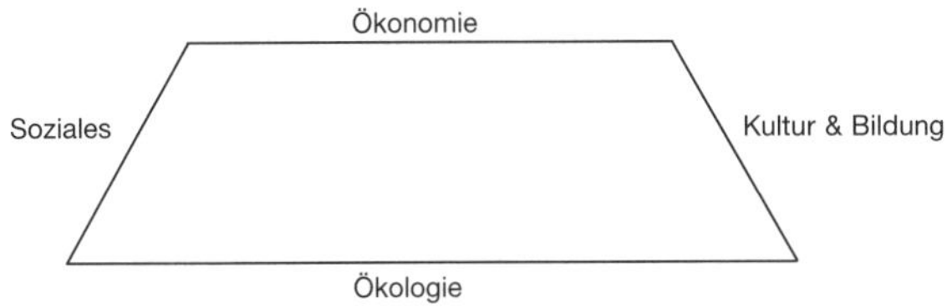

Hierbei bestimmen die Ökologie und das Sozialwesen den Umfang ökonomischer Veränderungen. Kultur und Bildung sind die für alle Bereiche, d.h. für unser ökologisches, soziales und ökonomisches Verhalten stimulierenden Faktoren. Sie haben dabei die Vermittlungsfunktion für ein neues Wohlstandsmodell, in dem die Konsumentwicklung nicht mehr im Zentrum steht. Die Problematik beschreibt Hillary Clinton auf dem Weltwirtschaftsforum: „Wir schaffen eine vom Konsum getriebene Kultur, die Werte und Ethiken vertritt, welche sowohl Kapitalismus wie Demokratie untergraben[25].“ Das Leitbild der nachhaltigen Entwicklung könnte diesen destruktiven Werten und Ethiken ein Konzept der ökologischen Bewahrung, der Generationen-Gerechtigkeit, der Entwicklungschancen für alle und der kulturellen Stimulation entgegenstellen und damit zu einer neuen Sinnstiftung beitragen. Hierzu „bleibt nur die Chance der Aufklärung und des konsequenten, die Menschen überzeugenden umwelt- und sozialpolitischen Handelns, damit das Thema nachhaltige Konsummuster zu einem Anliegen für uns alle und für jeden einzelnen werden kann (vgl. UBA, S. 221).“[1]

Aus den oben in Abschnitt 2.3 dargestellten ökologischen Regeln zur Nachhaltigkeit lassen sich ökologische Qualitäts- und Handlungsziele ableiten, die allerdings bereits soziale und ökonomische Aspekte berücksichtigen sollten. Solche Ziele werden im Zwischenbericht der Kommission, samt Sondervotum hierzu, aufgestellt. Damit auch sozial und ökonomisch orientierte Ziele aufgestellt werden können, muß versucht werden, analoge Regeln für die übrigen Dimensionen der Nachhaltigkeit aufzustellen.

Die folgenden Formulierungen stellen einen ersten Vorschlag dar und bedürfen einer weiteren Diskussion und Entwicklung. Unveränderbar soll dabei aber eines bleiben: die klare Zukunftsorientierung und die Ableitbarkeit von politischen Zielen höchster Priorität. Wie oben ausgeführt, werden sowohl die ökologischen als auch die sozialen Grenzen einer allein auf den Markt vertrauenden Wirtschaftsweise immer sichtbarer. Wie schon zu den ökologischen Grenzen hat der Club of Rome auch zu den sozialen

Grenzen einen richtungsweisenden Beitrag geliefert[26]. Art und Umfang der Massenarbeitslosigkeit in den Industriestaaten ist mit dem Anspruch eines Sozialstaates nicht vereinbar, widerspricht der Menschenwürde und gefährdet die Demokratie. Ihre Bekämpfung muß daher an vorderster Stelle der politischen Tagesordnung stehen. Vor allem kann nicht hingenommen werden, daß häufig Gewinne durch den konsequenten Abbau von Arbeitsplätzen erwirtschaftet werden. Auch bei staatlichen Haushalten sollte nicht versucht werden, durch undifferenzierte „Verschlankungen“ und damit verbundenen Stellenabbau Sanierungen zu erreichen.

Wer die Zukunftsprobleme in stabilen, demokratischen Gemeinwesen lösen will, muß dem neuen Plädoyer des Club of Rome folgen und eine neue Politik der umfassenden Beschäftigung beginnen. Hierzu müssen sämtliche wirksamen Instrumente eingesetzt werden – von Arbeitszeitverkürzungen, über die Senkung der Lohnnebenkosten im Rahmen einer ökologisch-sozialen Steuerreform bis hin zu einer Grundversorgung mit Arbeit.[26]

Eine solche zukunftsfähige soziale und ökologische Marktwirtschaft wird einer wirkungsvollen Rahmensetzung durch den Staat bedürfen. Während viel vom Umbau des Sozialstaats gesprochen, jedoch eher dessen Abbau betrieben wird, muß ein zukunftsfähiger Sozialstaat nicht nur Grundsicherung und Chancengleichheit gewährleisten, sondern er muß lebenslange Bildung und Grundversorgung mit Arbeit bieten. Dieser moderne Sozialstaat hat also die bisher zu beobachtende Steigerung der ökonomischen Effizienz auf Kosten der Verteilungsgerechtigkeit – wie auch auf Kosten der ökologischen Nachhaltigkeit – zu stoppen. Die ökonomische Effizienz muß sowohl der Verteilungsgerechtigkeit als auch der ökologischen Stabilität dienen.

Auch der Sachverständigenrat für Umweltfragen hat diese Problematik gesehen, wenn er in seinem Gutachten 1994 unter Nr. 45 schreibt: „Nicht ohne Grund bedarf es deshalb starker zusätzlicher, staatlich organisierter Regulative, soll sich moderne Wirtschaft in ihren Aktivitäten konstruktiv für das Wohl des Ganzen auswirken. Genau darin liegt denn auch die Funktion entsprechender vom Staat gesetzter rechtlicher Rahmenordnungen, die die ökonomischen Akteure gleichermaßen in die Pflicht nehmen und damit gleichen Handlungsbedingungen unterwerfen.“[2]

Eine Grundregel für die Nachhaltigkeit des Sozialstaats sollte daher lauten:

Sowohl die Grundsicherung für Gegenwart und Zukunft jedes Mitglieds der Gesellschaft als auch seine Grundversorgung mit Arbeit ist zu gewährleisten, ohne damit künftigen Generationen Schaden zuzufügen.

Mit einer so verstandenen sozialen Nachhaltigkeit würde einem Prozeß widerstanden, der von H. Afheldt folgendermaßen beschrieben wurde: „Absinken der Löhne für die große Masse der arbeitenden Bevölkerung und Arbeitslosigkeit einerseits, andererseits aber große Verdienstchancen und Einkommen bisher ungekannter Höhe für eine kleine Gruppe von Spitzenmanagern, Weltfirmen und Großkapital – die Gesellschaft zerfällt so in Gruppen unterschiedlicher Interessen. Robert Reich, der Arbeitsminister der USA, sieht die Bevölkerung in drei verschiedenen Booten. Im ersten Boot sitzt die wirtschaftliche Spitzengruppe, die sich mit ihren Interessen von denen der übrigen Bevölkerung löst. Ihr Interesse ist, ihren Reichtum und ihre Fähigkeiten möglichst ungehindert jeweils dahin zu verlagern, wo die höchsten Gewinnchancen winken und die jeweiligen örtlichen Behörden möglichst große Freiräume einräumen, wenig Steuern erheben und möglichst große Zuschüsse leisten. Das Interesse der Reichen und Superreichen ist, ungehindert ihr Kapital überall in der Welt „arbeiten zu lassen“, wo die größten Gewinne und die niedrigsten Steuern winken. Die Interessen der anderen beiden Gruppen, der in der Produktion gutverdienenden und derjenigen, die von schlecht bezahlten Dienstleistungen leben, sind diesen Interessen mehr oder weniger entgegengesetzt[27].“ Bezeichnend für dieses zitierte Bild des US-amerikanischen Arbeitsministers ist, daß die chancenlosen „Schiffbrüchigen“, die Arbeitslosen, schon gar nicht mehr erwähnt werden.

Für die Formulierung von ökonomischen Regeln soll auf den Ansatz der Brundtland-Kommission zurückgegriffen werden, die eine intergenerative Gerechtigkeit eingefordert hat. Diese bedeutet, daß die lebenden Generationen nicht zulasten oder gar auf Kosten der nachfolgenden wirtschaften dürfen. Ebenso wie der Widerstand gegen Zugriffe auf Einkommen und Arbeitsplätze marginalisiert worden ist, ebenso wie auch ein organisierter internationaler Widerstand der unterprivilegierten Länder gegen die reichen fast ausgeschlossen ist, verbleibt der Vorgriff in die „Kassen“ der folgenden Generationen ohne Sanktionen – sie haben weder Presse noch Medien, noch Abgeordnete, – es sei denn diejenigen in den Enquete-Kommissionen zu Umwelt und zum demografischen Wandel.

Weiterhin sollte beachtet werden, daß der Wohlstandsbegriff aus der Nachkriegsära und erst recht das damalige Motto Ludwig Erhards „Wohlstand für alle“, im Sinne von ständig anwachsendem Besitz materieller Güter, ausgedient haben. Das damalige Wachsen des Wohlstands, gespeist durch Ausbeutung von Natur und Ressourcen, entsprach nur in den ersten beiden Jahrzehnten einem Anwachsen der Einkommen der Bevölkerung. Nachfolgend resultierten die noch möglichen Steigerungen des Bruttosozialprodukts aus Investitionen in den Ersatz menschlicher Arbeit durch Maschinen und aus der insbesondere seit den achtziger Jahren stattfindenden Staatsverschuldung. In Zukunft werden wir uns weder ein Anwachsen noch einen Erhalt des materiellen Wohlstands auf Kosten der Natur und der nachfolgenden Generationen leisten können. Dagegen müssen wir uns die Zunahme des immateriellen Wohlbefindens leisten können: die Freude über die eigene Gesundheit und die der Kinder, der Genuß eines natürlich gewachsenen Apfels, der Spaß an bunt blühenden Wiesen und an einem zwitschernden Frühling sollten zu wertvolleren Zielen werden als bisher.

In diesem Kontext ist die erste ökonomische Regel zu verstehen:

1. **Gewinne und materielle Zuwächse zulasten oder auf Kosten nachfolgender Generationen sind zu minimieren, schließlich gänzlich zu vermeiden.**

Hierzu gehört z. B. die verantwortungslose Verschwendung der Ressource Erdöl. Es wird nur das Wohlergehen jetziger Generationen berücksichtigt, die Betrachtung der Folgen für spätere leichtfertig beiseite geschoben.

Auch die Fortsetzung der Anhäufung von Schulden der öffentlichen Hand gilt es zu begrenzen. Es ist kein zukunftverträgliches Wachstum vorstellbar, welches diese gigantischen Schuldenberge (1990 schon 1600 % von 1950)[27] jemals abtragen könnte. Diese Aufgabe hinterlassen wir den nachfolgenden Generationen. Dabei wissen wir nicht, ob diese für die Gegenleistung wie z. B. die das Land zunehmend zerstückelnden Straßen dankbar sein werden. Die zweite ökonomische Regel beschreibt dieses Dilemma:

2. **Schulden der öffentlichen Hand müssen von der politisch verantwortlichen Generation abgetragen werden, es sei denn sie betreffen nachgewiesenermaßen nachhaltig zukunftsfähige Investitionen zugunsten nachfolgender Generationen.**

Hier geht es um ein langfristiges Ziel bzw. eine Politik, die über mehrere Legislaturperioden erreicht werden soll.

Wie schon oben diskutiert (S. 222), läßt sich der Einsatz nicht erneuerbarer Rohstoffe nicht von heute auf morgen so deutlich reduzieren, wie es aus ökologischen Gründen erforderlich wäre – auch nicht wenn man der zweiten ökologische Nachhaltigkeitsregel folgt. Die schon in der Vergangenheit zu beobachtende Steigerung der Effizienz bei der Rohstoffnutzung aus Gründen der Kosteneinsparung, aber auch als Folge von Preiserhöhungen (wie z. B. durch die erste Ölkrise von 1973, später von 1979) muß weiter optimiert werden. Das Mittel hierzu ist eine ökologische Steuerreform, mit deren Hilfe die Nutzung der Natur und ihrer Ressourcen mit den ‚ökologisch wahren' Preisen versehen werden. Damit können die ökonomischen Rahmenbedingungen zum Erhalt der natürlichen Lebensgrundlagen beitragen und gleichzeitig die Kosten der menschlichen Arbeit verringern. Schließlich sollte die Effizienz der Ökonomie nicht als eigenständiges Ziel angesehen werden, sondern als Instrument den Zielen der Ökologie und des Sozialen dienen.

In diesem Sinne könnte die dritte Regel lauten:

3. **Die ökonomischen Rahmenbedingungen sind so zu gestalten, daß sie dem Ziel des Erhalts der natürlichen Lebensbedingungen, damit auch des Erhalts der ökonomischen Grundlagen, sowie der Förderung der Beschäftigung dienen.**

Diese Regel ermöglicht Maßnahmen gegen den hohen Verbrauch nicht regenerierbarer Rohstoffe, wie z. B. des Erdöls. Deren Einsatz in nicht nachhaltigen Wirtschaftsprozessen, insbesondere in den Industrieländern, erfordert eine Veränderung der Konsumgewohnheiten und Produktionsweisen, damit spätere Generationen nicht schlechter gestellt werden als die heutige Generation. Um dies zu erreichen, ist die Aufklärung der VerbraucherInnen ein wichtiger Schritt. Produktinformationen und ökonomische Lenkungsinstrumente müssen hinzukommen. Gerade die ökologische Ausgestaltung von Abgaben kann die umweltgerechte Produktauswahl nicht nur erleichtern, sondern lenken.

Eine zukunftsfähige, folgende Generationen weniger belastende Produktionsweise sollte folgenden Kriterien genügen:

- Schaffung von Stoffkreisläufen durch Verwendung regenerativer Ressourcen und Energien sowie eine möglichst weitgehende Recyclebarkeit von Produkten;
- Verringerung der Stoffeinträge durch Erhöhung der Material- und Energieproduktivität;

- Verlangsamung des Stoffflusses durch Reparaturfreundlichkeit, technische Anpassungsfähigkeit und Langlebigkeit von Produkten;
- umweltverträgliche Entsorgbarkeit der Produkte und ihrer Rückstände;
- Fehlerfreundlichkeit von Technik und Reversibilität;
- Vermeidung der Freisetzung von Schadstoffen.

Die Umsetzung dieser Kriterien (UBA)[28] dürfte die heute übliche Wirtschaftsweise erheblich verändern. Nicht mehr auf häufigem, technisch oder modisch begründetem Produktwechsel, nicht auf Rohstoff- und Naturverbrauch gegründetes Wachstum fände statt, sondern Wachstum von rohstoffschonenden Produkten und Dienstleistungen, soweit es die ökologischen Rahmenbedingungen gestatten. Ein besonders wirksames Instrument zur Forcierung dieser Entwicklung ist eine ökologisch-soziale Steuerreform. Sie kann nicht nur einen Beitrag leisten, die Lebens- und Produktionsgrundlagen künftiger Generationen zu sichern. Sie kann auch einen Beitrag zur Lösung der bisher unbewältigten Beschäftigungskrise leisten, sofern die Einnahmen aus den erhobenen Umwelt-, Energie- und Rohstoffabgaben dazu verwandt werden, die Belastung des Produktionsfaktors Arbeit durch Steuern und Sozialabgaben zu senken. Die Nutzung des Produktionsfaktors Natur, von knappen Rohstoffen und Energieträgern würde auf diese Weise teurer, der Produktonsfaktor Arbeit hingegen billiger. Dies hätte zur Folge, daß Rationalisierungsinvestitionen weitaus stärker als heute darauf ausgerichtet wären, Umweltbelastungen zu reduzieren bzw. Energie und Material einzusparen. Rationalisierungsinvestitionen, die der Erhöhung der Arbeitsproduktivität dienen und damit tendenziell zur Freisetzung von Arbeitskräften führen, würden sich dagegen vergleichsweise weniger lohnen als heute.

Für die dargestellte Form der nachhaltigen Entwicklung, bei der die ökonomische Effizienz in den Dienst der Erhaltung des natürlichen wie auch des sozialen Kapitals gestellt werden soll, sind zwei Voraussetzungen nötig: Einerseits müssen Bildung und Kultur so einbezogen werden, daß sich ein Ethos der Nachhaltigkeit entwickelt, wodurch die Verantwortlichkeit des Menschen für seine natürliche Umwelt und für seine soziale Mitwelt einen maximalen Stellenwert bekommt. Andererseits muß das wirtschaftliche Leben umgestellt werden von der Ausbeutung des natürlichen und sozialen Kapitals auf die Nutzung der einzigen, unbegrenzt ausbeutbaren Energiequelle, der Sonne; womit ein bedeutender Schritt zur Öko-Konsistenz vollzogen würde. Der Übergang in dieses solare Zeitalter kann nur gelingen, wenn eine solare Produktions- und Lebensweise entsteht. Von E. Altvater stammt in diesem Zusammenhang eine Forderung an die Geschwindigkeit dieses Prozesses: Diese Entwicklung ist nur erfolgreich, „wenn mit den Techniken zur Ernte der Sonnenenergie die ökonomischen und sozialen Institutionen, ein politisches System und Verhaltensnormen einer solaren Gesellschaft entstehen. Von der industriellen Revolution bis zum Höhepunkt des Fordismus, der mit den fossilen Energieträgern leicht zu erreichen war, auf dessen anderer Seite sich aber ein Abgrund auftut, sind mehr als 200 Jahre vergangen; eine kurze Zeitspanne, in der fossile Ressourcen aus zig Millionen Erdenjahren verpulvert worden sind. Für die solare Revolution muß eine geringere Zeitspanne veranschlagt werden, denn sonst könnte es geschehen, daß sie auf einer menschenleeren Erde stattfindet."[18]

Das Leitbild der nachhaltigen Entwicklung erfordert nicht nur eine grundsätzliche Transformation der bisherigen Vorstellungen bei Ökonomie und Fortschritt. Ein behutsamer Umgang mit Natur und Umwelt, ein sparsamer Verbrauch der Ressourcen bedürfen eines verstärkten Verantwortungsbewußtseins für Um- und Mitwelt. Gut leben statt viel haben, Nutzung solarer Energie statt Ausbeutung fossiler Energieträger, Kreislauf- statt Durchflußwirtschaft, Vermeidung und Verzicht bei unverträglichen Verhaltensweisen für Um- und Mitwelt sind die großen Herausforderungen am Ende dieses Jahrhunderts. Das nötige Umdenken kann nur gelingen, wenn in Bildung, Aus- und Fortbildung und im kulturellen Leben Angebote gemacht werden. Im Bildungsbereich sind – möglichst auch in den Kindergärten-Aktivitäten erwünscht, die das Leitbild der nachhaltigen Entwicklung den Menschen von klein auf vertraut machen. An den Hochschulen fehlt es an Instituten für Nachhaltigkeit und an Elementen zur Vermittlung des Leitbildes in den Curricula der Hochschulen. Auch Kunst und Künstler könnten sich in Umkehrung ihrer darstellerischen Begleitung der Zerstörung unserer Welt am Entwurf einer Welt der Bewahrung, an einer Vision von ihrer Zukunftsfähigkeit beteiligen. Auch eine neue Mode des Langlebigen, eine Ästhetik des Natürlichen, ein Lebensstil mit Achtsamkeit auf Natur und Mitwelt, ein Lebensstil der behutsamen Langsamkeit können Beiträge zu mehr Nachhaltigkeit liefern.

Das Leitbild einer nachhaltigen, einer dauerhaft umweltgerechten Entwicklung ist – so das Fazit – nur mit erheblichen Anstrengungen zu verwirklichen, die sämtliche Möglichkeiten und Instrumentarien unserer Gesellschaft aktivieren. Dieser Prozeß wird eine Zeitspanne benötigen, die weit über eine Legislaturperiode hinausgeht, wenn nicht die Natur uns zu einem schnelleren Vorgehen zwingt. Das Ergebnis ist jedoch in einem kürzeren Zeitraum erwünscht: Wohlbefinden und Wohlergehen für alle in einer vor weiterer Zerstörung bewahrten Natur.

Literaturverzeichnis zum Sondervotum des Kommissionsmitgliedes Prof. Dr. Rochlitz

1 Umweltbundesamt: „Nachhaltiges Deutschland – Wege zu einer dauerhaft umweltgerechten Entwicklung“, 1997

2 Rat von Sachverständigen für Umweltfragen: „Umweltgutachten 1994 – Für eine dauerhaft-umweltgerechte Entwicklung“, 1994

3 Rat von Sachverständigen für Umweltfragen: „Umweltgutachten 1996: Zur Umsetzung einer dauerhaft umweltgerechten Entwicklung“, 1996, Drs.13/4108

4 Unabhängige Sachverständigenkommission zum Umweltgesetzbuch: Umweltgesetzbuch (UGB-KomE), 1998

5 Rat von Sachverständigen für Umweltfragen: „Umweltgutachten 1998“

6 Entschließung des Rates und der im Rat vereinigten Vertreter der Regierungen der Mitgliedstaaten vom 1. Februar 1993 über ein Gemeinschaftsprogramm für Umweltpolitik und Maßnahmen im Hinblick auf eine dauerhafte und umweltgerechte Entwicklung (5. Umweltaktionsprogramm der EU)

7 Weltkommission für Umwelt und Entwicklung: „Unsere gemeinsame Zukunft“, übersetzt von Volker Hauff, 1987

8 L. Volmer et al., Drs.13/9597

9 Enquete-Kommission „Schutz des Menschen und der Umwelt – Die Industriegesellschaft gestalten – Perspektiven für einen nachhaltigen Umgang mit Stoff- und Materialströmen“ Endbericht 1994, Drs.12/8260

[10] Enquete-Kommission „Schutz des Menschen und der Umwelt": „Konzept Nachhaltigkeit-Fundamente für die Gesellschaft von morgen", Zwischenbericht, 1997

[11] G. Maier-Rigaud „Schritte zur ökologischen Marktwirtschaft", 1997

[12] H. G. Nutzinger „Von der Durchflußwirtschaft zur Nachhaltigkeit – zur Nutzung endlicher Ressourcen in der Zeit" in Bievert, Held „Zeit in der Ökonomik", 1995

[13] D.L. Meadows et al., Club of Rome „Grenzen des Wachstums", 1972

[14] L.R. Brown, P. Shaw – Worldwatch Paper 48 :„Six Steps to a Sustainable Society", 1982

[15] R. Kreibich et al. „Das Leitbild der nachhaltigen Entwicklung in der wissenschaftlichen und politischen Diskussion" , Umweltbundesamt-Texte 43/95

[16] F. C. Matthes „Nachhaltige Energiewirtschaft" in Nutzinger „Nachhaltige Wirtschaftsweise und Energieversorgung", 1995

[17] J. Rifkin „Entropie, ein neues Weltbild", 1982

[18] N. Georgescu Roegen „The Steady State and Ecological Salvation", 1977

[19] Christian Schütze: „Das Grundgesetz vom Niedergang", 1989

[20] E. Altvater „Der Preis des Wohlstands", 1992

[21] D.W. Pearce, G.D. Atkinson „Measuring Sustainable Development", 1993

[22] Unterrichtung durch die Bundesregierung: „Umwelt 1994, Politik für eine nachhaltige umweltgerechte Entwicklung", 1994, Drs. 12/8451

[23] Enquete-Kommission „Schutz des Menschen und der Umwelt": „Verantwortung für die Zukunft – Wege zum nachhaltigen Umgang mit Stoff- und Materialströmen", 1993

[24] Agenda 21 – Konferenz der Vereinigten Nationen für Umwelt und Entwicklung im Juni1992 in Rio de Janeiro

[25] H. Clinton, Weltwirtschaftsforum Davos, 1998

[26] O. Giarini, P.M. Liedtke, Club of Rome, „Wie wir arbeiten werden", 1998

[27] H. Afheldt „Wohlstand für niemand?", 1994

[28] Umweltbundesamt:„ Umweltabgaben in der Praxis", 1994

Erklärung zum Abschlußbericht der Enquete-Kommission „Schutz des Menschen und der Umwelt" des Kommissionsmitgliedes Rolf Köhne:

Fast vier Jahre hat die Enquete-Kommission gearbeitet – und dabei im Detail durchaus beachtliche Ergebnisse hervorgebracht. Dennoch ist das Gesamtergebnis keinesfalls richtungsweisend für eine nachhaltig zukunftsverträgliche Entwicklung. Vielmehr ist davon auszugehen, daß selbst dann, wenn die Politik den Empfehlungen der Kommission folgt, das Ziel nicht erreicht wird, sondern die bedrohlichen, zukunftsunfähigen Basistrends eher noch verstärkt werden.

Ein Beleg (unter vielen) findet sich z. B. im Kapitel 2.1 des Endberichtes, wo es heißt: „Vieles deutet (...) darauf hin, daß überkommene Regelungen bzw. Verhaltensweisen geändert werden müssen, damit Gesellschaftssysteme wichtigen Datenänderungen Rechnung tragen. Dies gilt (...) beispielsweise für die (...) Globalisierung der Märkte und (...) die Verkürzung der Produktlebenszyklen (...)."

Die Kommissionsmehrheit hält es also für notwendig, daß sich die Gesellschaftssysteme an solche Trends wie Globalisierung oder Verkürzung der Produktlebenszyklen anpassen. Übersehen wird, daß es die Gesellschaftssysteme und speziell ihre Ökonomie sind, die diese Trends hervorrufen. Übersehen wird, daß es insbesondere die systemimmanenten Wachstums- und Beschleunigungstrends sind, die sowohl die Menschen als auch die übrige Natur überlasten (vgl. Fritz Reheis, „Kreativität der Langsamkeit“) Und übersehen wird, daß es sich dabei keinesfalls um naturgesetzliche Notwendigkeiten handelt, sondern um politisch veränderbare Zustände (vgl. Wouter van Dieren, „Mit der Natur rechnen“).

Der Ansatz der Kommissionsmehrheit läuft deshalb darauf hinaus, die Ursachen zu belassen und das Gesellschaftssystem nur soweit anzupassen, daß Individuen und Natur die unzumutbaren Belastungen noch eine Zeitlang ertragen können. Dagegen wäre es notwendig gewesen, sich auf eine grundlegende Änderung der Produktions- und Lebensweise zu orientieren. Die Lebensinteressen der Menschen und der übrigen Natur, also die sozialen und ökologischen Erfordernisse sind die „harten“ Bedingungen, an die das Gesellschaftssystem, seine Ökonomie und sein kultureller Überbau angepaßt werden müssen.

Dieser Gedankengang findet sich vom Ansatz her lediglich im Minderheitenvotum des Abg. Prof. Dr. Jürgen Rochlitz. Ich schließe mich daher diesem Sondervotum an und lehne den Bericht der Kommissionsmehrheit komplett ab.

Abkürzungsverzeichnis

a	Jahr
AbfG	Abfallgesetz
Afa	Abschreibung für Abnutzungen
AFNOR	Association Française de Normalisation – Französisches Normungsinstitut
AG	Arbeitsgruppe
BauGB	Baugesetzbuch
BauNVO	Baunutzungsverordnung
BBR	Bundesamt für Bauwesen und Raumordnung
BDE	Bundesverband der Deutschen Entsorgungswirtschaft e. V.
BDI	Bundesverband der Deutschen Industrie
BfLR	Bundesforschungsanstalt für Landeskunde und Raumordnung
Bill.	Billionen
BImSchG	Bundesimmissionsschutzgesetz
BImSchVO	Bundesimmissionschutzverordnung
BMBau	Bundesministerium für Raumordnung, Bauwesen und Städtebau
BMBF	Bundesministerium für Bildung, Wissenschaft, Forschung und Technologie
BMELF	Bundesministerium für Ernährung, Landwirtschaft und Forsten
BMI	Bundesminsterium des Inneren
BMU	Bundesministerium für Umwelt, Naturschutz und Reaktorsicherheit
BMWi	Bundesministerium für Wirtschaft
BNatSchG	Bundesnaturschutzgesetz
BT	Bundestag
BT-Drs.	Bundestagsdrucksache
CAD	Computer Aided Design
CBO	Congressional Budget Office
CD	Compact Disc
CEN	Comité Européen de Normalisation – Europäisches Komitee für Normung
ChemVerbotsV	Chemikalienverbotsverordnung
CO_2	Kohlendioxid

CORINAIR	Koordination von Informationen über Luftreinhaltung (CORINE: coordination d'information environmentale, 85/338 EEC)
CPU	Central Processing Unit – Zentraleinheit (Steuerzentrum) von EDV-Anlagen
CSD	Commission on Sustainable Development – Kommission der Vereinten Nationen für nachhaltige Entwicklung
d	Tag
DDC	Direct Digital Control
DfE	Design for Environment
DIN	Deutsches Institut für Normung e. V.
DIW	Deutsches Institut für Wirtschaftsforschung
dpa	Deutsche Presseagentur
E	Einwohner
EACEM	European Association of Consumer Electronic Manufacturers
ECMA	European Computer Manufacturer Association – Europäische Vereinigung der Computerindustrie
EDV	Elektronische Datenverarbeitung
EG	Europäische Gemeinschaften
EigZulG	Eigenheimzulagengesetz
ENVO	Energienutzungsverordnung
EPA	Environmental Protection Agency – US-amerikanische Umweltschutzbehörde
EPHOS	European Procurement Handbook for Open Systems – Europäisches Beschaffungshandbuch für offene Systeme
EPP	Environmentally Preferable Products
EStG	Einkommensteuergesetz
EU	Europäische Union
EUREKA	European Research Coordination Agency – Europäische Forschungsagentur
Eurobit	European Association of Manufacturers of Business Machines and Information Technology
FAO	Food and Agriculture Organisation
FFH-Richtlinie	Flora-Fauna-Habitat – Richtlinie der Europäischen Gemeinschaften
Fifo	Finanzwissenschaftliches Forschungsinstitut an der Universität zu Köln
FKZ	Forschungskennziffer

g	Gramm
G 8	Gruppe der Acht (führenden Industrienationen)
GEA	Group of Efficient Appliances
Gmol	Gigamol = Mrd. Mol; 1 Gmol Versauerungsäquivalente sind 1000 t Protonen (Säureteilchen)
h	Stunde
ha	Hektar
HBES	Home and Building Electronic System
HiFi	High Fidelity – Qualitätsbezeichung für elektroakustische Geräte
ICLEI	The International Council for Local Environmental Initiatives
ifib	Institut für industrielle Bauproduktion
IHS	Integrierte Haussysteme
IIASA	International Institute for Applied Systems Analysis
ISO	International Organzation for Standardization
IT	Informationstechnik
ITAS	Institut für Technikfolgenabschätzung und Systemtechnik
IuK	Information und Kommunikation
IZM	Fraunhofer-Institut für Zuverlässigkeit und Mikrointegration
IZT	Institut für Zukunftsstudien und Technologiebewertung
k. A.	keine Angabe
KDrs.	Kommissionsdrucksache
KfW	Kreditanstalt für Wiederaufbau
KrW-/AbfG	Kreislaufwirtschafts- und Abfallgesetz
m^2	Quadratmeter
MCC	Microelectronics and Computer Technology Corporation
mg	Milligramm
μg / l	Mikrogramm (Millionstel Gramm) pro Liter
Mio.	Millionen
Mrd.	Milliarden
MWSt	Mehrwertsteuer
NE	Nichteisen
NEC	Nippon Electric Company
NEPP	National Environmental Policy Plan – Nationaler Niederländischer Umweltplan
NH_3	Ammoniak
NII	National Information Infrastructure

NO_x	Sammelbezeichnung für alle bei Verbrennungsvorgängen entstehenden gasförmigen Stickoxide mit unterschiedlichen Oxidationsstufen.
NRO	Nichtregierungsorganisation
ÖPNV	Öffentlicher Personennahverkehr
p. a.	per annum pro Jahr
PAK	Polychlorierte Aromatische Kohlenwasserstoffe
PC	Personalcomputer
PCB	Polychlorierte Biphenyle
PJ	Petajoule (Billiarden Joule)
ppm	Parts per million
PTA	Personal Travel Assistant
PWB	Printed Wiring Board
RAL	Deutsches Institut für Gütesicherung und Kennzeichnung e. V., früher: Reichsausschuß für Lieferbedingungen
RAVEL	Impulsprogramm „Rationelle Verwendung von Elektrizität“
RDM	Ring Deutscher Makler
RL	Richtlinie
ROG	Raumordnungsgesetz
s	Sekunde
SC	Subcommittee – Unterkomitee
SO_2	Schwefeldioxid
SRU	Der Rat von Sachverständigen für Umweltfragen
STD	Sustainable Technology Development
t	Tonne
TA	Technische Anleitung
TAB	Büro für Technikfolgen-Abschätzung des Deutschen Bundestages
TC	Technical Committee – Technisches Komitee
TCO	Tjänstemännes Centralorganisation – The Swedish Confederation of Professionel Employees
TR	Technical Report
TV	Television
TWh	Terrawattstunden (Billionen Wattstunden)
Tz.	Textziffer
UBA	Umweltbundesamt
UFOPLAN	Umweltforschungsplan
UN	United Nations

UNDP	United Nations Development Programme
UN-ECE	United Nations Economic Commission for Europe – Wirtschaftskommission der Vereinten Nationen für Europa
UNEP	United Nations Environment Programme
UZ	Umweltzeichen
VO	Verordnung
VCI	Verband der Chemischen Industrie
VDMA	Verband Deutscher Maschinen- und Anlagenbau e. V.
VN	Vereinte Nationen
VOC	Verdingungsordnung für Bauleistungen
VOL	Verdingungsordnung für Leistungen
WBGU	Wissenschaftlicher Beirat der Bundesregierung Globale Umweltveränderungen
WHO	World Health Organization – Weltgesundheitsorganisation
WTO	World Trade Organization – Welthandelsorganisation
ZVEI	Zentralverband Elektrotechnik- und Elektroindustrie e. V.

Verzeichnis der Abbildungen und Tabellen

Seite

Abbildungen

Abbildung 1: Politisch-gesellschaftliche Diskursebene 80

Abbildung 2: Entscheidungszyklus 81

Abbildung 3: Handlungszyklus 82

Abbildung 4: Emissionsentwicklung von Säurebildnern 1970–2025 ... 96

Abbildung 5: Gesamtdeposition von Säurebildnern 1993 97

Abbildung 6: Überschreiten der Critical Loads für Säure 1993 98

Abbildung 7: Energiebedarf durch Leerlaufverluste von elektrischen und elektronischen Geräten 162

Abbildung 8: Prozentualer Anteil des Umsatzes mit Informations- und Kommunikationstechnik am BIP 1997 174

Abbildung 9: Weltmarkt für Informations- und Kommunikationstechnik 1997 175

Abbildung 10: Prozentualer Anteil des Extra-EU-Außenhandels am gesamten Außenhandel 1996 176

Abbildung 11: Pro-Kopf-Ausgaben für Informations- und Kommunikationstechnik 1997 176

Abbildung 12: Entwicklung des Informationssektors 1882–2010 in Anteilen der Beschäftigung 186

Abbildung 13: Ausgewählte Ziele für die drei Dimensionen im Bereich „Informations- und Kommunikationstechniken" 198

Abbildung 14: Innovationspfade bis 2015 209

Abbildung 15: Ausgewählte Zieldimensionen für den Bereich „Bauen und Wohnen" 234

Abbildung 16: Wirkungsgefüge säkularer Trends und Rahmenbedingungen 243

Seite

Abbildung 17: Grundstücksgröße und Geschoßflächendichte bei Wohngebäuden nach siedlungsstrukturellen Regionstypen ausgewählter Bundesländer ... 248

Abbildung 18: Siedlungsflächeninanspruchnahme in Deutschland, Frankreich, Großbritannien und den Niederlanden ... 248

Abbildung 19: Produktion primärer mineralischer Baurohstoffe in Westdeutschland 1955 bis 1995 ... 250

Abbildung 20: Entwicklung der mittleren jährlichen Massenflüsse und des Stofflagers in Deutschland ... 254

Abbildung 21: Übersicht über Materiallager Materialinput und Materialoutput des Hochbaubestandes in Deutschland und in der Schweiz 1991 ... 256

Abbildung 22: Kreislaufschließung und Problemstoffe ... 260

Abbildung 23: Entwicklung von Stoffflüssen und Umweltindikatoren für Bauherstellung und Nutzung ... 260

Abbildung 24: Nachfrage nach primären mineralischen Baurohstoffen (im mittleren Entwicklungspfad) sowie Sekundärmaterial aus dem Hochbau ... 262

Abbildung 25: Wirkungszusammenhänge zwischen Flächenverbrauch und Stoffströmen ... 263

Abbildung 26: Bruttoinlandsprodukt und Bauvolumen ... 265

Abbildung 27: Sparziele der Bevölkerung 1996 ... 270

Abbildung 28: Systematik wohnungspolitischer Instrumente in der Bundesrepublik Deutschland ... 271

Abbildung 29: Wichtige wohnungsbaupolitische Maßnahmen 1987 bis 1998 ... 274

Abbildung 30: Miet- und Preisentwicklung von Wohn- und Gewerbeimmobilien in Westdeutschland 1975 bis 1995 ... 280

Abbildung 31: Entwicklung der Mietbelastung der Hauptmieterhaushalte in Westdeutschland ... 286

Abbildung 32: Die drei Ebenen der Auseinandersetzung bei Technikdebatten ... 369

Seite

Tabellen

Tabelle 1:	Emissionen von Säurebildnern aus Sektoren im Jahr 1994	100
Tabelle 2:	Struktur der SO_2- und NO_x-Emissionen aus stationären Quellen in den alten Bundesländern im Jahr 1990	102
Tabelle 3:	Importe und Exporte von Säurebildnern (Mittelwerte 1986 bis 1995)	105
Tabelle 4:	Minderungspotentiale und Vermeidungskosten der verschiedenen Instrumente	108
Tabelle 5:	Maßnahmen zur Senkung der Emissionen in einzelnen Sektoren	111
Tabelle 6:	Schwefel- bzw. Schwefeldioxidabgaben	119
Tabelle 7:	Stickoxidabgaben	120
Tabelle 8:	Bestand an IuK-Geräten in Deutschland 1996	154
Tabelle 9:	Prozentuale Zusammensetzung von IuK-Geräten	156
Tabelle 10:	Stoffflüsse von Materialien bzw. Komponenten bei IuK-Geräten	157
Tabelle 11:	Auswahl von Problemstoffen in Produkten aus dem Informations- und Kommunikationssektor, insbesondere bei Herstellung und Entsorgung	159
Tabelle 12:	Abfallaufkommen von Elektro- und Elektronikschrott	164
Tabelle 13:	Erwerbstätige in der Informationswirtschaft	178
Tabelle 14:	Übersicht über Prognosen der Beschäftigungseffekte von Informations- und Kommunikationstechniken	185
Tabelle 15:	Inhalte der MCC-Roadmap von 1996	204
Tabelle 16:	Elemente einer Roadmap	207
Tabelle 17:	Bodennutzung in der Bundesrepublik Deutschland 1997	245
Tabelle 18:	Bevölkerung, Wohnungen und Wohnfläche in ausgewählten Ländern der Europäischen Union	247

Seite

Tabelle 19:	Vergleich zwischen Lebenszyklus- und Stoffstromansatz 1991	252
Tabelle 20:	Bauabfallaufkommen der Bundesrepublik Deutschland nach Angaben der offiziellen Statistiken und sonstiger statistischer Erhebungen	255
Tabelle 21:	Problemstoffe im Bauschutt	258
Tabelle 22:	Prognose der Wohnflächennachfrage pro Person – Eigentümer und Mieter	267
Tabelle 23:	Durchschnittliche Baukosten ohne Baunebenkosten inkl. MWSt (Preisstand 1993)	278
Tabelle 24:	Einpersonenhaushalte nach Altersgruppen 1993	283
Tabelle 25:	Wohneigentumsquoten in den alten und neuen Bundesländern im europäischen Vergleich	285
Tabelle 26:	Mietbelastungsquote in Westdeutschland nach Haushaltsgröße	286
Tabelle 27:	Durchschnittliche Bruttowarmmiete in den alten und neuen Bundesländern nach Haushaltsgröße (1996)	288
Tabelle 28:	Spezifische Heizkosten von Düsseldorfer Gebäuden im Jahr 1996, Heizspiegel	288
Tabelle 29:	Arbeitslose und offene Stellen in den Bauberufen in den alten und neuen Bundesländern 1996 bis 1997 (Juni)	291
Tabelle 30:	Ziele und Instrumente zur Stärkung städtischer Strukturen gegen Zersiedelung und Suburbanisierung	299
Tabelle 31:	Die Steuerklassen der Flächennutzungsteuer	307
Tabelle 32:	Ziele und Instrumente zur Umsetzung der Strategie „Konzentration auf den Wohnungsbestand“	313
Tabelle 33:	Steuervergünstigungen und Finanzhilfen für das Wohnungswesens im Jahr 1996	317
Tabelle 34:	Öffentlich diskutierte Maßnahmen und Instrumente zur Förderung ressourcensparenden Bauens und Wohnens	327
Tabelle 35:	Abschätzung der Wirkungsrichtung der Instrumente	337

Sachregister

A

Abluftbehandlung 134
Abwassergebühr 303
Agenda 21 27
  Lokale Agenda 21 27, 64
Akteurskooperation 320, 353
Altlasten 310, 350
Arbeitsplätze in der Baubranche 290
Architektenausbildung 320
Ausbildung im Baugewerbe 320

B

Basisinnovationen 170
Baubedarf 271
Baulandkosten 276
Bauleistungspreise 278
Bauliche Mindestkennziffern 328
Baumaßnahmen der öffentlichen Hand 272
Baustoffkennzeichnung 331
Bauvorgaben 328
Brundtland-Bericht 27

C

Charta von Aalborg 295

D

Delphi-Studie 1998 150
Demographische Entwicklung 266
Design for Environment 201
Dezentrale Konzentration 294

E

Einkommen 268, 282
Electronic Commerce 193
Energieeinsparung 325, 333, 351
  Energieeinsparverordnung 333
  Wärmeschutzverordnung 333

Energiekennzahlen 331
Energieverbrauch 263
Erdgipfel 27
Ersparnisbildung 269
Europäische Union: 5. Umweltaktionsprogramm 56

F

FFH-Richtlinie 239
Finanzierungskosten 269
Flächenbindung der Tierhaltung 130
Flächeninanspruchnahme 167, 233
  Gewerbebauflächen 249
  Verkehrsfläche 249
  Wohnbauflächen 249
Fonds zur Finanzierung von Sanierungen 310
Fütterung 134

G

Gebäudepaß 331, 353
Gemeinschaftsstrategie gegen die Versauerung 106
Geographische Informations-Systeme 168
Gerätepaß 218
Grundlegende Regeln 33
  im Bereich Ökologie 33, 46
  im Bereich Ökonomie 48
  im Bereich Soziales 51
Gülle
  Biogaserzeugung 135
  regionale Umverteilung 135
Gülleabgabe 133
Gülleausbringung und -einarbeitung 132
Güllelagerung 132

H

Habitat II 232, 296
Handelbare Flächenausweisungsrechte 302
Heizenergiekosten 287
Honorarordnung der Architekten und Ingenieure 328

I

Immissionsschutz 309
Indikatoren für nachhaltige Siedlungsentwicklung 296
Informations- und Kommunikationstechnik 147
Informationsgesellschaft 174
Informationszugang 189
Innenentwicklung 294, 296
Innovation 355
  Akteure 358, 365
  Bewertungsmethoden 362
    Barwertmethode 365
    Kosten-Nutzen-Analyse 364
    Ökobilanz 365
    Risikoanalyse 364
    Szenarienmethode 363
    toxikologische Prüfung 365
    Umweltverträglichkeitsprüfung 365
  Definition 356
    Institutionelle Innovation 356
    Soziale Innovation 356
    Technische Innovation 356
  Innovationsfähigkeit 367
Instrumente 109
  Instrumente im Bereich „Bauen und Wohnen“ 271

K

Kaskadenmodell der technischen Entwicklung 327
Kilometerpauschale 309, 350
Kommunaler Finanzausgleich 304, 349
Kommunikationsstrategien
  Bildungskonzept 376
  Machbarkeitskonzept 376
  Popularisierungskonzept 375
Konferenz der Vereinten Nationen für Umwelt und Entwicklung 55
Kreislaufschließung und Problemstoffe 260

L

Lebenszyklusanalyse 251
Lernende Organisation 72, 358
Luftreinhaltepläne 113

M

Maßnahmen 109
Medienkompetenz 187, 196
Miete 271, 279, 286
Mietrecht 275
Mobilität 165
Modernisierung 325
Monitoring 354
Multimedia-Kommunikation 147

N

Nachhaltig zukunftsverträgliche Entwicklung 27
Nachhaltigkeitsstrategie 56, 59, 69, 79
  Akteure 72
  Entscheidungszyklus 80
  Handlungszyklus 82
  Politisch-gesellschaftliche Diskursebene 80
  Qualitativer Zielfindungsprozeß 82
  Quantitativer Zielfindungsprozeß 82
  Rolle des Staates 73
Nachverdichtung 294, 308
Neubau
  Mietwohnungsneubau 313
Normung 219
Nutzungsmischung 297

O

Öko-Bonus 328
Öko-Labeling 194
Ökologischer Landbau 131

P

Produktionsfaktor Information 172
Produktlinien-Controlling 205

R

Race-to-the-bottom-Wettbewerb 379
Rahmenbedingungen
  Rahmenbedingungen im Bereich „Bauen und Wohnen" 244

Raumordnung 291
Rebound-Effekt 149, 161, 193, 225
Regionalplanung 300, 349
Risiko- und Technikakzeptanz 368
Roadmapping 203

S

Sanierung 321
Satellitengestützte Positionierungssysteme 168
Soziale Infrastruktur 291
Soziale Sicherungssysteme 52
Sozialer Wohnungsbau 289, 314
Sozio-demographische Faktoren 283
Staatliche Förderung 351, 273, 280
  Staatliche Förderung des Wohnungswesens 289, 312
  Städtebauförderung 308
Stadt der kurzen Wege 295
Steuern 309, 350
  Bodenflächensteuer 306
  Flächennutzungssteuer 306
  Grunderwerbsteuer 308
  Grundsteuer 305
    Baulandsteuer 305
    Zoniertes Satzungsrecht 305
  Umsatzsteuer 308
Stickstoffabgabe 133
Stickstofflizenzen 133
Stoffstromanalyse 250
Stoffströme im Bereich „Bauen und Wohnen“ 250, 251, 263, 352
Subsidiaritätsprinzip 70
Suburbanisierung 298
Subventionen
  siehe hierzu auch Staatliche Förderung 273, 282, 289, 351
Sustainable Development
  siehe hierzu auch Nachhaltig zukunftsverträgliche Entwicklung 27
Syndromkonzept des WBGU 63

T

Telekommunikationsgesetz 190

U

Umweltbewußtsein- und verhalten 373
Umwelthandlungsziel 34
  CO_2-Minderungsziel 83
  Freihaltung einer Mindestfläche von anthropogener Nutzung 240
  Reduzierung der Flächeninanspruchnahme 239
Umweltinformationssysteme 168
Umweltmonitoring 168
Umweltplan 57
Umweltpolitik 31
Umweltqualitätsziel 34
Umzugsmanagement 325, 350

V

Verkehr 309, 350
  Verkehrsinfrastruktur 309
Vermögen
  Vermögensbildung 270
Versauerungspotentiale 98

W

Wald
  bundesweite Bodenzustandserhebung 94
Waldschäden
  neuartige Waldschäden 93
Wohneigentum
  Wohneigentumsnachfrage 293
  Wohneigentumsquote 285
Wohngeld 314
Wohnungsbestand 311, 315
Wohnungsbestand
  Förderung des Wohnungsbestandes 315
Wohnungseigentumsrecht 275

Z

Zersiedelung 233, 298
Ziele 32
Ziele im Bereich „Bauen und Wohnen“ 233, 237

Literaturverzeichnis

Alibiew, Aras; Georg Phantomaschwili; Kari Katurian (1998): Klima und Kaukasus. Übersetzung Jakob Maria Mierscheid. Bonn.

Angerer, G. u. a. (1993): Verwertung von Elektronikschrott – Stand der Technik, Forschungs- und Technologiebedarf. Studie im Auftrag des BMFT. Berlin.

Angerer, G. u. a. (1997): Innovationspotentiale von Umwelttechnologien – Innovationsstrategien im Spannungsfeld von Technologie, Ökologie und Ökonomie. Karlsruhe.

Apel, D.; D. Henckel u. a. (1995): Flächen sparen, Verkehr reduzieren – Möglichkeiten zur Steuerung der Siedlungs- und Verkehrsentwicklung. Deutsches Institut für Urbanistik – Beiträge zur Stadtentwicklung 16. Berlin.

Arbeitsgemeinschaft Energiebilanzen (1995): Energiebilanzen der Bundesrepublik Deutschland. Frankfurt.

Bach, S.; B. Bartholmai (1996): Zur Neuregelung von Vermögen- und Erbschaftsteuer; in: DIW Wochenbericht, Heft 30. Berlin.

Bankes, S.; C. Builder (1992) Seizing the moment: Harnessing the Information Technologies; in: The Information Society, Vol. 8, No. 1, 1–59.

Bartholmai, B.; S. Bach (1995): Immobilienvermögen privater Haushalte – Erhebungen nach § 7 BStatG. Statistisches Bundesamt (Hrsg.). Wiesbaden.

Baukrowitz, A.; A. Boes (1996): Arbeit in der „Informationsgesellschaft“ – Einige Überlegungen aus einer (fast schon) ungewohnten Perspektive; in: Virtuelle Arbeitswelten – Arbeit, Produktion und Subjekt in der „Informationsgesellschaft“. Schmiede, R. (Hrsg.). 129–157. Berlin.

Baukrowitz, A. u. a. (1997): Veränderungstendenzen der Arbeit im Übergang zur Informationsgesellschaft – Befunde und Defizite der Forschung. INPUT Consulting GmbH. Studie im Auftrag der Enquete-Kommission „Zukunft der Medien in Wirtschaft und Gesellschaft“ des Deutschen Bundestages. Stuttgart.

Bayerisches Staatsministerium für Landesentwicklung und Umweltfragen (Hrsg.) (1996): Die umweltbewußte Gemeinde – Leitfaden für eine nachhaltige Kommunalentwicklung. Studie von B.A.U.M. Consult GmbH. München.

BBR – Bundesamt für Bauwesen und Raumordnung (1998 a): Rohstoffsicherung in den Regionalplänen. Materialien zur Raumentwicklung in Vorbereitung. Bonn.

BBR – Bundesamt für Bauwesen und Raumordnung (1998 b): Rohstoffsicherung. Informationen zur Raumentwicklung (IzR)-Themenheft in Vorbereitung. Bonn.

BBR – Bundesamt für Bauwesen und Raumordnung (1998 c): Prognose der mittel- und langfristigen Nachfrage nach mineralischen Baurohstoffen; in: Reihe Forschungsberichte der BBR, Heft 85. Bonn.

BDE – Bundesverband der Deutschen Entsorgungswirtschaft e. V. (1995): Elektrogeräte. Kreislaufwirtschaft in der Praxis, Nr. 1. Köln.

Becker, H. (1992): Reduzierung des Düngemitteleinsatzes – Ökonomische und ökologische Bewertung von Maßnahmen zur Reduzierung des Düngemitteleinsatzes. Eine quantitative Analyse für Regionen der Europäischen Gemeinschaft. Schriftenreihe des BMELF, Reihe A, Angewandte Wissenschaft, Heft 416. Münster-Hiltrup.

Behrendt, S. u. a. (1998 a): Ökobilanzierung komplexer Elektronikprodukte – Innovationen und Umweltentlastungspotentiale durch Lebenszyklusanalyse. Institut für Zukunftsstudien und Technologiebewertung. Berlin, Heidelberg.

Behrendt, S. u. a. (1998 b): Innovationen zur Nachhaltigkeit – Ökologische Aspekte der Informations- und Kommunikationstechniken. Studie des Instituts für Zukunftsstudien und Technologiebewertung (IZT) und des Deutschen Instituts für Wirtschaftsforschung (DIW) im Auftrag der Enquete-Kommission „Schutz des Menschen und der Umwelt" des Deutschen Bundestages (Hrsg.). Studienprogramm Konzept Nachhaltigkeit. Berlin, Heidelberg.

Beirat für Raumentwicklung der Bundesregierung (1998): Empfehlungen des Beirats für Raumordnung ‚Beitrag der Siedlungsflächenpolitik zum Ziel nachhaltiger Entwicklung' vom 1. Januar 1998.

BfLR – Bundesforschungsanstalt für Landeskunde und Raumordnung (1993): Die soziale Dimension der Raumordnungs- und Städtebaupolitik. Heft 2. Bonn.

BfLR – Bundesforschungsanstalt für Landeskunde und Raumordnung (1994): Bestand, Bedarf und Verfügbarkeit von Baulandreserven – Umfrageergebnisse und Regionalerhebungen. Materialien zur Raumentwicklung. Bonn.

BfLR – Bundesforschungsanstalt für Landeskunde und Raumordnung (1996 a): Raumordnungsprognose 2010. Materialien zur Raumentwicklung, Heft 74. Bonn.

BfLR – Bundesforschungsanstalt für Landeskunde und Raumordnung (1996 b): Nachhaltige Stadtentwicklung. Herausforderungen an einen ressourcenschonenden und umweltverträglichen Städtebau. Städtebaulicher Bericht. Bonn.

BfLR – Bundesforschungsanstalt für Landeskunde und Raumordnung (1996 c): Ausmaß der Bodenversiegelung und Potentiale zur Entsiegelung – Handlungsansätze für einen nachhaltigen Bodenschutz. Arbeitspapiere, Heft 1. Bonn.

BfLR – Bundesforschungsanstalt für Landeskunde und Raumordnung (Hrsg.) (1997 a): Bauland- und Immobilienmarktbericht 1996. Bonn.

BfLR – Bundesforschungsanstalt für Landeskunde und Raumordnung (Hrsg.) (1997 b): Strukturwandel des Wohnungsmarktes in den neuen Bundesländern. Informationen zur Raumentwicklung, Heft 11/12. Bonn.

BIPE Conseil u. a. (1996): The Effects on Employment of the Liberalisation of the Telecommunications Sector. Final Report. BIPE Conceil, ifo Institut, Lentic-Institut. Brüssel.

Bizer, K. u. a. (1998): Mögliche Maßnahmen, Instrumente und Wirkungen einer Steuerung der Verkehrs- und Siedlungsflächennutzung. Studie des Finanzwissenschaftliches Forschungsinstitut an der Universität zu Köln im Auftrag der Enquete-Kommission „Schutz des Menschen und der Umwelt“ des Deutschen Bundestages (Hrsg.). Studienprogramm Konzept Nachhaltigkeit. Berlin, Heidelberg. Veröffentlichung in Vorbereitung.

Bliefert C. (1994): Umweltchemie. Weinheim.

Blume, H.-P. u. a. (1995): Handbuch der Bodenkunde. Landsberg.

BMA – Bundesministerium für Arbeit und Sozialordnung (1998): Arbeitslose und offene Stellen nach Bauberufsabschnitten; in: Bundesarbeitsblatt, Heft 1 (1998). 92–93.

BMBau – Bundesministerium für Raumordnung, Bauwesen und Städtebau (1993 a): Baulandbericht 1993. Bonn.

BMBau – Bundesministerium für Raumordnung, Bauwesen und Städtebau (Hrsg.) (1993 b): Raumordnungsbericht 1993. Bonn.

BMBau – Bundesministerium für Raumordnung, Bauwesen und Städtebau (Hrsg.) (1996 a): Dritter Bericht über Schäden an Gebäuden. Bonn.

BMBau – Bundesministerium für Raumordnung, Bauwesen und Städtebau (Hrsg.) (1996 b): Raumordnung in Deutschland. 2. Auflage. Bonn.

BMBau – Bundesministerium für Raumordnung, Bauwesen und Städtebau (Hrsg.) (1996 c): Siedlungsentwicklung und Siedlungspolitik. Nationalbericht Deutschland zur Konferenz HABITAT II. Bonn.

BMBau – Bundesministerium für Raumordnung, Bauwesen und Städtebau (Hrsg.) (1997 a): Haus und Wohnung – Im Spiegel der Statistik 1997/98. Bonn.

BMBau – Bundesministerium für Raumordnung, Bauwesen und Städtebau (1997 b): Presseinformation 52/97 vom 23. Juli 1997. Bonn.

BMBau – Bundesministerium für Raumordnung, Bauwesen und Städtebau (Hrsg.) (1997 c): Nachhaltige Baupolitik zwischen Ökologie und Ökonomie. Bonn.

BMBau – Bundesministerium für Raumordnung, Bauwesen und Städtebau (1997 d): Konzept für einen Gebäudepaß für Eigenschaften von Wohngebäuden. Bonn.

BMELF – Bundesministerium für Ernährung, Landwirtschaft und Forsten (Hrsg.) (1997): Deutscher Waldbodenbericht 1996. Band. 1 und 2. Bonn.

BMU – Bundesministerium für Umwelt, Naturschutz und Reaktorsicherheit (Hrsg.) (1993): Konferenz der Vereinten Nationen für Umwelt und Entwicklung im Juni 1992 in Rio de Janeiro – Dokumente – Agenda 21. Umweltpolitik – Eine Information des Bundesumweltministeriums. Bonn.

BMU – Bundesministerium für Umwelt, Naturschutz und Reaktorsicherheit (Hrsg.) (1996): Tagungsband zur Diskussionsveranstaltung ‚Schritte zu einer nachhaltigen, umweltgerechten Entwicklung'. Bonn.

BMU – Bundesministerium für Umwelt, Naturschutz und Reaktorsicherheit (Hrsg.) (1997 a): Auf dem Weg zu einer nachhaltigen Entwicklung in Deutschland. Bonn.

BMU – Bundesministerium für Umwelt, Naturschutz und Reaktorsicherheit (1997 b): Zeit zu Handeln – 5 Jahre nach Rio: Die Aktivitäten der gesellschaftlichen Gruppen für eine nachhaltige Entwicklung in Deutschland. Bonn.

BMU – Bundesministerium für Umwelt, Naturschutz und Reaktorsicherheit (1997 c): Schritte zu einer nachhaltigen, umweltgerechten Entwicklung. Berichte der Arbeitskreise anläßlich der Zwischenbilanzveranstaltung am 13. Juni 1997. Bonn.

BMU – Bundesministerium für Umwelt, Naturschutz und Reaktorsicherheit (1997 d): Pressemitteilung, 33/97 vom 4. 7. 97. Bonn.

BMU – Bundesministerium für Umwelt, Naturschutz und Reaktorsicherheit (Hrsg.) (1997 e): Umweltgesetzbuch (UGB-Kom-E). Entwurf der Unabhängigen Sachverständigenkommission zum Umweltgesetzbuch beim Bundesminsierium für Umwelt, Naturschutz und Reaktorsicherheit. Bonn.

BMU – Bundesministerium für Umwelt, Naturschutz und Reaktorsicherheit (1998 a): Nachhaltige Entwicklung in Deutschland – Entwurf eines umweltpolitischen Schwerpunktprogramms. Bonn.

BMU – Bundesministerium für Umwelt, Naturschutz und Reaktorsicherheit (1998 b): Wegweiser ‚Lokale Agenda 21' – Literatur, Ansprechpartner. Bonn.

BMU – Bundesministerium für Umwelt, Naturschutz und Reaktorsicherheit (1998 c): Testing of UN-CSD Indicators of Sustainable Development in Germany. Report submitted by Germany to the Fourth International Workshop on the CSD Indicators of Sustainable Development, hosted by the Governement of Czech Republic in Prague, from 19–21 January 1998. Bonn.

BMU – Bundesministerium für Umwelt, Naturschutz und Reaktorsicherheit; UBA – Umweltbundesamt (1998): Handbuch Lokale Agenda 21 – Wege zur nachhaltigen Entwicklung in den Kommunen. Bonn.

BMWi – Bundesministerium für Wirtschaft (Hrsg.) (1995): Die Informationsgesellschaft – Fakten, Analysen, Trends. Bonn.

BMWi – Bundesministerium für Wirtschaft (1996): Energie Daten '96 – Nationale und internationale Entwicklung. Bonn.

Boes, A. (1996): Formierung und Emanzipation – Zur Dialektik der Arbeit in der „Informationsgesellschaft"; in: Virtuelle Arbeitswelten – Arbeit, Produktion und Subjekt in der „Informationsgesellschaft". Schmiede, R. (Hrsg.). 159–178. Berlin.

Böndel, B. (1995): Zahlen gegriffen; in: Wirtschaftswoche, 24. 8. 95, Heft 35, 76–82.

Bosch, G. (1997): Die Auswirkungen der neuen Informationstechnologien auf die Beschäftigung. Studie im Auftrag der Enquete-Kommission „Zukunft der Medien in Wirtschaft und Gesellschaft" des Deutschen Bundestages. Gelsenkirchen.

Brand, K.-W. u. a. (1996): Determinanten des Umweltbewußtseins im Alltag. Studie im Auftrag des Umweltbundesamtes. FKZ 101 07 127. Unveröffentlichtes Manuskript. München.

Brunner, P. H.; D. E. Stämpfli (1993): Material Balance of a Construction Waste Sorting Plant; in: Waste Management & Research, Heft 11, 27–48.

Bullinger, H.-J. (1997): Wirtschaft 21 – Perspektiven, Prognosen, Visionen; in: Enquete-Kommission „Zukunft der Medien in Wirtschaft und Gesellschaft". 69–142.

BUND; Misereor (1996): Zukunftsfähiges Deutschland – Ein Beitrag zu einer global nachhaltigen Entwicklung. Basel, Berlin, Boston.

Bundesrat (Hrsg.) (1995): Entschließung des Bundesrates zur Flächenbindung in der Tierhaltung. Bundesrat-Drucksache 301/95. Bonn.

Cansier, D.; R. Krumm (1996): Empirische Analyse zur Besteuerung von Luftschadstoffen. Tübinger Diskussionsbeitrag Nr. 68. Wirtschaftswissenschaftliche Fakultät der Eberhard-Karls-Universität Tübingen.

Coenen, R. u. a. (1996): Integrierte Umwelttechnik – Chancen erkennen und nutzen. Studien des Büros für Technikfolgen-Abschätzung beim Deutschen Bundestag. Berlin.

Cowell, D. A.; H. M. ApSimon (1997): Cost-effective Strategies for the Abatement of Ammonia Emissions from European Agriculture – Atmospheric Environment. London.

CSD – Commission on Sustainable Development (1998): United Nations Programme on Indicators of Sustainable Development. UN DESA. New York.

Deutsche Bundesbank (1997): Die fiskalische Belastung zukünftiger Generationen – Eine Analyse mit Hilfe des „Generational Accounting“ in: Monatsberichte der Deutschen Bundesbank. Heft November 1997. 17–30.

Deutscher Bundestag (Hrsg.) (1971): Umweltplanung – Materialien zum Umweltprogramm der Bundesregierung 1971. BT-Drucksache VI/2710. Bonn.

Deutscher Bundestag (Hrsg.) (1975): Städtebaubericht 1975 der Bundesregierung. BT-Drucksache 7/3583. Bonn.

Deutscher Bundestag (1985): Bodenschutzkonzeption der Bundesregierung, BT-Drucksache 10/2977. Bonn.

Deutscher Bundestag (1987): Maßnahmen zum Bodenschutz. Unterrichtung durch die Bundesregierung. BT-Drucksache 11/1625. Bonn.

Deutscher Bundestag (Hrsg.) (1994 a): Drohende Grundwasserversauerung und fortschreitende Bodenversauerung. BT-Drucksache 12/7282. Bonn.

Deutscher Bundestag (Hrsg.) (1994 b): Bericht der Experten-Kommission Wohnungspolitik, Wohnungspolitik auf dem Prüfstand. BT-Drucksache 13/159. Bonn.

Deutscher Bundestag (Hrsg.) (1994 c): Handlungsrahmen für eine Initiative zum kosten- und flächensparenden Bauen. BT-Drucksache 13/2247. Bonn.

Deutscher Bundestag (Hrsg.) (1995 a): Einsetzung einer Enquete-Kommission. Schutz des Menschen und der Umwelt – Ziele und Rahmenbedingungen einer nachhaltig zukunftsverträglichen Entwicklung. BT-Drucksache 13/1533. Bonn.

Deutscher Bundestag (Hrsg.) (1995 b): Umwelt- und sozialverträgliche Technik (2) – Grüne Elektronik/CARE VISION 2000. Antwort der Bundesregierung. BT-Drucksache 13/2430. Bonn.

Deutscher Bundestag (1995 c): Bericht der Bundesregierung über die Entwicklung der Finanzhilfen des Bundes und der Steuervergünstigungen gemäß § 12 des Gesetztes zur Förderung der Stabilität und des Wachstums der Wirtschaft (StWG) vom 8. Juli 1997 für die Jahre 1993 bis 1997 (15. Subventionsbericht). BT-Drucksache 13/2230. Bonn.

Deutscher Bundestag (Hrsg.) (1996 a): Zusammenhänge zwischen Luftschadstoffen, Waldschäden, Boden- und Gewässerschädigungen. BT-Drucksache 13/6621. Bonn.

Deutscher Bundestag (Hrsg.) (1996b): Info 2000 – Deutschlands Weg in die Informationsgesellschaft. Bericht der Bundesregierung. BT-Drucksache 13/4000. Bonn.

Deutscher Bundestag (Hrsg.) (1997a): Beschlußempfehlung und Bericht des Ausschusses für Bildung, Wissenschaft, Forschung, Technologie und Technikfolgenabschätzung (19. Ausschuß) zu dem Entschließungsantrag der SPD – BT-Drucksache 13/3511 und zu der Großen Anfrage der Fraktion der SPD – Drucksache 13/771, 13/1389 – „Forschungspolitik für eine zukunftsverträgliche Gestaltung der Industriegesellschaft". BT-Drucksache 13/6855. Bonn.

Deutscher Bundestag (Hrsg.) (1997 b): Antrag zur Erstellung eines nationalen Umweltplans der Fraktion Bündnis 90/Die Grünen. BT-Drucksache 13/7884. Bonn.

Deutscher Bundestag (Hrsg.) (1997 c): Info 2000 – Deutschlands Weg in die Informationsgesellschaft. Fortschrittsbericht der Bundesregierung. BT-Drucksache 13/8859. Bonn.

Deutscher Bundestag (Hrsg.) (1997d): Ökologie der Informationsgesellschaft (I) – Telearbeit. Antwort der Bundesregierung. BT-Drucksache 13/9271. Bonn.

Deutscher Bundestag (1997 e): Aufkommen und Recycling von Abfällen aus dem Bausektor. BT-Drucksache 13/5152 und 13/5317. Bonn.

Deutscher Bundestag (1997 f): Bericht der Bundesregierung über die Entwicklung der Finanzhilfen des Bundes und der Steuervergünstigungen gemäß § 12 des Gesetzes zur Förderung der Stabilität und des Wachstums der Wirtschaft (StWG) vom 8. Juni 1967 für die Jahre 1995 bis 1998 (16. Subventionsbericht). BT-Drucksache 13/8420. Bonn.

Deutscher Städtetag (1997): Stadt und Region – Anforderungen, Ziele und Chancen einer effektiven interkommunalen Zusammenarbeit in den deutschen Stadtregionen; in: Eildienst, Heft 20 (1997) 528–535.

Deutscher Städtetag (1998): Gemeindefinanzbericht 1998. Köln.

DIN/NABau – Normenausschuß Bau (1997): Leitfaden zur Beurteilung von Bauprodukten unter Gesundheitsaspekten. NABau-KOA 03 Nr. 14–97.

DIW – Deutsches Institut für Wirtschaftsforschung; Prognos (1996): Künftige Entwicklung des Mediensektors. DIW Beiträge zur Strukturforschung, Heft 162. Berlin.

Dostal, W. (1988): Informatisierung und Wandel der Berufsstruktur; in: Dienstleistungen im Strukturwandel. Beihefte der Konjunkturpolitik – Zeitschrift für angewandte Wirtschaftsforschung, Heft 35, 105–122. Berlin.

Dostal, W. (1994): Berufswelt im Wandel: Arbeitsformen in der Informationsgesellschaft; in: Personalführung, Heft 6, 498–505.

Dostal, W. (1995): Die Informatisierung der Arbeitswelt – Multimedia, offene Arbeitsformen und Telearbeit; in: Mitteilungen aus der Arbeitsmarkt- und Berufsforschung, 28. Jg., Heft 4, 527–543.

DTI – Department of Trade and Industry, J. O'Sullivan (Hrsg.) (1995): Telecoms Software – An Opportunity for the UK? Ursprüngl. Quelle EITO (1994). London.

Eberle, U.; R. Grießhammer (Hrsg.) (1996): Ökobilanzen und Produktlinienanalysen. Freiburg.

ECMA – European Computer Manufactures Association (1997): Standardizing Information and Communication Systems – Product Related Environmental Attributes. Technical Report TR 70. Genf.

EITO – European Information Technology Observatory (1997): European Information Technology Observatory. Mainz.

Elixmann, D. u. a. (1997): Beschäftigungseffekte von Privatisierung und Liberalisierung im Telekommunikationsmarkt. Diskussionsbeitrag Nr. 178. Bad Honnef.

EMEP – Co-operative Programme for Monitoring and Evaluation of the Long Range Transmission of Air Pollutants in Europe; MSC-W – Meteorological Synthesizing Centre-West (1997): Transboundary Air Pollution in Europe. MSC-W Status Report 1997. EMEP/MSC-W Report 1/97. Oslo.

Enquete-Kommission „Entwicklung, Chancen und Auswirkungen neuer Informations- und Kommunikationstechnologien in Baden-Württemberg" (1995): Entwicklung, Chancen und Auswirkungen neuer Informations- und Kommunikationstechnologien in Baden-Württemberg. Bericht und Empfehlungen der Enquete-Kommission (Multimedia-Enquete). Landtagsdrucksache 11/6400. Stuttgart.

Enquete-Kommission „Schutz der Erdatmosphäre" des 12. Deutschen Bundestages (1992): Klimaveränderung gefährdet globale Entwicklung. Zukunft sichern – jetzt handeln. Bonn.

Enquete-Kommission „Schutz der Erdatmosphäre" des 12. Deutschen Bundestages (1994a): Mobilität und Klima – Wege zu einer klimaverträglichen Verkehrspolitik. Bonn.

Enquete-Kommission „Schutz der Erdatmosphäre" des 12. Deutschen Bundestages (1994b): Schutz der grünen Erde – Klimaschutz durch umweltgerechte Landwirtschaft und Erhalt der Wälder. Bonn.

Enquete-Kommission „Schutz der Erdatmosphäre" des 12. Deutschen Bundestages (1995): Mehr Zukunft für die Erde – Nachhaltige Energiepolitik für dauerhaften Klimaschutz. Bonn.

Enquete-Kommission „Schutz des Menschen und der Umwelt" des 12. Deutschen Bundestages (1993): Verantwortung für die Zukunft – Wege zum nachhaltigen Umgang mit Stoff- und Materialströmen. Bonn.

Enquete-Kommission „Schutz des Menschen und der Umwelt“ des 12. Deutschen Bundestages (1994): Die Industriegesellschaft gestalten – Perspektiven für einen nachhaltigen Umgang mit Stoff- und Materialströmen. Bonn.

Enquete-Kommission „Schutz des Menschen und der Umwelt“ des 13. Deutschen Bundestages (1995): Kurzprotokoll der 8. Sitzung der Enquete-Kommission „Schutz des Menschen und der Umwelt – Ziele und Rahmenbedingungen einer nachhaltig zukunftsverträglichen Entwicklung“ am 4. Dezember 1995. Diskussion mit Dr. Angelika Zahrnt (BUND) über die Studie „Zukunftsfähiges Deutschland“. Bonn.

Enquete-Kommission „Schutz des Menschen und der Umwelt“ des 13. Deutschen Bundestages (1997): Konzept Nachhaltigkeit – Fundamente für die Gesellschaft von morgen. Bonn.

Enquete-Kommission „Zukunft der Medien in Wirtschaft und Gesellschaft“ des 13. Deutschen Bundestages (Hrsg.) (1997a): Meinungsfreiheit Meinungsvielfalt Wettbewerb – Rundfunkbegriff und Regulierungsbedarf bei den Neuen Medien. Band 1. Bonn.

Enquete-Kommission „Zukunft der Medien in Wirtschaft und Gesellschaft“ des 13. Deutschen Bundestages (Hrsg.) (1997 b): Zur Ökonomie der Informationsgesellschaft – Perspektiven, Prognosen, Visionen. Band 2. Bonn.

Enquete-Kommission „Zukunft der Medien in Wirtschaft und Gesellschaft“ des 13. Deutschen Bundestages (Hrsg.) (1997 c): Medienkompetenz im Informationszeitalter. Band 4. Bonn.

Enquete-Kommission „Zukunft der Medien in Wirtschaft und Gesellschaft“ des 13. Deutschen Bundestages (Hrsg.) (1998): Deutschlands Weg in die Informationsgesellschaft. BT-Drucksache 13/11004. Bonn.

EU – Europäische Union (1993): Entschließung des Rates und der im Rat vereinigten Vertreter der Regierungen der Mitgliedstaaten vom 1. Februar 1993 über ein Gemeinschaftsprogramm für Umweltpolitik und Maßnahmen im Hinblick auf eine dauerhafte und umweltgerechte Entwicklung. ABl. C 138 vom 17. 5. 1993. Brüssel.

Europäische Kommission (1995): Grünbuch zur Innovation. Ratsdok. 4332/96, KOM(95)688 endg. Brüssel.

Europäische Kommission (1996): Eine europäische Informationsgesellschaft für alle – Erste Überlegungen der Gruppe hochrangiger Experten. DG V. Brüssel.

Europäische Kommission (1997): Eine europäische Informationsgesellschaft für alle. Abschlußbericht der Gruppe hochrangiger Experten. Brüssel.

Europäische Kommission (1997): Mitteilung an den Rat und das Parlament über eine Gemeinschaftsstrategie gegen die Versauerung. KOM(97) 88 endg. Brüssel.

Europäische Umweltagentur (1997): Luftverschmutzung in Europa 1997. Deutsche Zusammenfassung des Berichts „Air Pollution in Europe 1997". Kopenhagen.

EWG – Europäische Wirtschaftsgemeinschaft (1992): Richtlinie 92/43/EWG – FFH-Richtlinie. Brüssel.

Fachverband Informationstechnik im VDMA und ZVEI, Fachverband Kommunikationstechnik im ZVEI (1997): Wege in die Informationsgesellschaft – Status Quo und Perspektiven Deutschlands im internationalen Vergleich. Frankfurt.

Fachverband Informationstechnik im VDMA und ZVEI, Fachverband Kommunikationstechnik im ZVEI (1998): Wege in die Informationsgesellschaft – Status Quo und Perspektiven Deutschlands im internationalen Vergleich. Frankfurt.

Feger, K.-H. (1995): Schutz vor Säuren; in: Handbuch der Bodenkunde. Blume, H.-P. u. a. Landsberg.

Forum Umwelt & Entwicklung (1997): Wie zukunftsfähig ist Deutschland? – Entwurf eines Indikatorensystems. Werkstattbericht des AK Indikatoren des Forums Umwelt & Entwicklung. Bonn.

Friedrichs, J. (1977): Stadtanalyse, soziale und räumliche Organisation der Gesellschaft. Reinbek.

Friends of the Earth Netherlands – Milieudefensie (Hrsg.) (1993): Action Plan Sustainable Netherlands. Amsterdam; niederländisch (1992).

Geiger, W. u. a. (Hrsg.) (1997): Umweltinformatik '97 – 11. internationales Symposium der Gesellschaft für Informatik (GI). Umweltinformatik aktuell, Band 15. Marburg.

Gerlach, H. (1997): Niveauvergleich bei Mietern und Wohnkostenbelastung der Hauptmieterhaushalte zwischen den alten und neuen Bundesländern Ende 1996; in: Strukturwandel des Wohnungsmarktes in den neuen Bundesländern. BfLR (Hrsg.). Informationen zur Raumentwicklung, Heft 11/12. Bonn.

Gerlach, H.; M. Waltersbacher (1998): Mieten und Mietbelastung nach Bestandsveränderungen im älteren Geschoßwohnungsbestand; in: Strukturwandel des Wohnungsmarktes in den neuen Bundesländern. BfLR (Hrsg.). Informationen zur Raumentwicklung, Heft 11/12. Bonn.

Gerstenberger, W. u. a. (1991): Impact of Information Technologies on Future Employment in the European Community. Central Report. Studie im Auftrag der Europäischen Kommission (DG V und DG XIII). Munich.

GEWOS (Hrsg.) (1991): Erschließung neuer Marktfelder im Umweltbereich. Projektbericht für die RG-Bau im RKW. Eschborn.

Gilges, M.; R. Schaefer (1993): Wohnzufriedenheit, Wohnpräferenzen und ihre Umsetzung in kommunale Wohnungspolitik; in: Aus Politik und Zeitgeschichte. Beilage zur Wochenzeitung Das Parlament. Heft B 8–9 vom 19. Februar 1993. Bonn.

Görres, A. u. a. (1994): Der Weg zur ökologischen Steuerreform - Weniger Umweltbelastung und mehr Beschäftigung. Das Memorandum des Fördervereins ökologische Steuerreform. München.

Griese, H. u. a. (1997): Kreislaufwirtschaft in der Elektronikindustrie - Konzepte, Strategien, Umweltökonomie. Berlin.

Grote, A. (1995): Ermittlungen - Stoffdatenbank der TU München konkretisiert PC-Ökobilanz; in c't, Heft 8, 108.

Grote, A. (1997): Im Schatten des Komforts - Boom in der Fahrzeugelektronik belastet die Umwelt; in: c't, Heft 4.

Gruber, E. u. a. (1998): Akteurskooperationen im Bereich Bauen und Wohnen - Stoffstrommanagement in der Altbaumodernisierung. Studie des Fraunhofer Institut Systemtechnik und Innovationsforschung (ISI) im Auftrag der Enquete-Kommission „Schutz des Menschen und der Umwelt" des Deutschen Bundestages (Hrsg.). Studienprogramm Konzept Nachhaltigkeit. Berlin, Heidelberg. Veröffentlichung in Vorbereitung.

Hauser, J. A. (1997): Konsequenz für die demographische Transformationstheorie; in: Gaia, 6. Jg, Heft 2, 87–90.

Hedman, E. (Hrsg.) (1993): Housing in Sweden in an International Perspective. Karlskrona, Schweden.

Heinsdorf, D. u. a. (1991): Analyse über ‚neuartige' Waldschäden und Schlußfolgerungen. Forschungsbericht der Forschungsanstalt für Forst- und Holzwirtschaft Eberswalde. Studie im Auftrag des Umweltbundesamtes. Eberswalde.

Hellberg, J. (1994): The Swedish Experience of a Charge on Emissions of Nitrogen Oxides from Energy Production, where the Revenue from the Charge is Refunded to the Group of Plants that Pay it. Paper of the Swedish Environmental Protection Agency (SEPA) presented to the Task Force on Econonomic Aspects of Abatement Strategies, 8–9 December 1994, UN/ECE. Geneva.

Herkommer (1997): Stromverbrauch von Büro- und Haushaltsgeräten in Bereitschaftsschaltung „Stand-by-Schaltung" und technische Möglichkeiten für das Einsparen. Wissenschaftliche Dienste des Deutschen Bundestages 219/97. Bonn.

Hesselbach, J.; H.-K. von Werder (1995): Elektronikschrott-Recycling - Der Engpaß ist die Demontage. me Mikroelektronik, Heft 1, 9.

Hey, C.; Schleicher-Tappeser, R. (1998): Nachhaltigkeit trotz Globalisierung – Handlungsspielräume auf regionaler, nationaler und eurpäischer Ebene. Studie des Instituts für Regionale Studien in Europa (EURES) im Auftrag der Enquete-Kommission „Schutz des Menschen und der Umwelt“ des Deutschen Bundestages (Hrsg). Studienprogramm Konzept Nachhaltigkeit. Berlin, Heidelberg.

IBM – Industriell Business Machines (1995): ‚Wir sind o. k.!‘ – Stimmungen, Einstellungen, Orientierung der Jugend in den 90er Jahren. Die IBM-Jugendstudie. Studie des Instituts für empirische Psychologie. Köln.

ifo – Institut für Wirtschaftsforschung (1996 a): Qualitative und quantitative Auswirkungen der Informationsgesellschaft auf die Beschäftigung. Studie im Auftrag des Bundesministeriums für Wirtschaft. München.

ifo – Institut für Wirtschaftsforschung (1996 b): Qualitative und quantitative Auswirkungen der Informationsgesellschaft auf die Beschäftigung – Eine Literaturauswertung; in: ifo Schnelldienst, Heft 10, 12–24. München.

ifo – Institut für Wirtschaftsforschung (1996 c): Bauvorausschätzung Westdeutschland 1996 – 2006. München.

IFOK – Institut für Organisationskommunikation (Hrsg.) (1997): Bausteine für eine zukunftsfähiges Deutschland – Diskursprojekt im Auftrag des VCI und IG Chemie-Papier-Keramik. Wiesbaden.

IIASA – International Institute for Applied Systems Analysis (1997): Cost-effective Control of Acidification and Ground-level Ozone. Third Interim Report to the European Commission, DG XI. Laxenburg.

IIP – Institut für Industriebetriebslehre und Industrielle Produktion, Universität Karlsruhe (1998): interne Arbeitsergebnisse.

Informationsdienst BINE; Lang, J. (1996): Energiemanagement in verteilten Liegenschaften. BINE-Profi-Info II/1996. Karlsruhe.

INFRAS – Infrastruktur-, Umwelt- und Wirtschaftsberatung (1996): Nachhaltigkeit des Bauens in der Schweiz – Ein Diskussionsbeitrag. Koordinationsgruppe des Bundes für Energie- und Ökobilanzen. Zürich.

IPCS – International Programme on Chemical Safety; G. Esch (1994): Brominated Diphenyl Ethers. Environmental Health Criteria, 162.

Isermann, K. (1997): Stellungnahme zur Zwischenbilanz des Bundesministeriums für Umwelt, Naturschutz und Reaktorsicherheit ‚Schritte zu einer nachhaltigen umweltgerechten Entwicklung’ am 13. 6. 1997 in Bonn.

IZT – Institut für Zukunftsstudien und Technologiebewertung (1995): Ökologische Bewertung der Telefonkonzepte Loewe Alpha E und ‚Grünes Telefon’. Unveröffentlichte Studie. Berlin.

Jänicke, M. u. a. (1997): Nationale Umweltpläne in ausgewählten Industrieländern. Studie der Forschungsstelle für Umweltpolitik an der Freien Universität Berlin und der Gesellschaft für Internationale und Europäische Umweltforschung (Ecologic) im Auftrag der Enquete-Kommission „Schutz des Menschen und der Umwelt" des Deutschen Bundestages (Hrsg). Studienprogramm Konzept Nachhaltigkeit. Berlin, Heidelberg.

Kath, D. (1988): Sozialpolitik; in: Vahlens Kompendium der Wirtschaftstheorie und Wirtschaftspolitik. Band 2. 401–450. München.

Kohler, N.; H. Paschen (1998): Stoffströme und Kosten in den Bereichen Bauen und Wohnen. Studie des Instituts für Technikfolgenabschätzung und Systemanalyse (ITAS), des Instituts für industrielle Bauproduktion (ifib) u. a. im Auftrag der Enquete-Kommission „Schutz des Menschen und der Umwelt" des Deutschen Bundetages (Hrsg.). Studienprogramm Konzept Nachhaltigkeit. Berlin, Heidelberg. Veröffentlichung in Vorbereitung.

Kopp, D. u. a. (1996): Erkundungsergebnisse zur Bodenzustandsentwicklung in den Wäldern Mecklenburg-Vorpommerns. Ministerium für Landwirtschaft und Naturschutz des Landes Mecklenburg-Vorpommern. Schwerin.

Koschel, H. u. a. (1998): Handelbare SO_2-Zertifikate für Europa – Konzeption und Wirkungsanalyse eines Modellvorschlags. Heidelberg. Veröffentlichung in Vorbereitung.

Kubicek, H. u. a. (1995): Multimedia-Anwendungen im öffentlichen Bereich. Studie im Auftrag des Büros für Technikfolgen-Abschätzung des Deutschen Bundestages. Bremen.

Kubicek, H. (1996): Allgemeiner Zugang und informationelle Grundversorgung in der Informationsgesellschaft; in: Deutschlands Weg in die Informationsgesellschaft – Herausforderungen und Perspektiven für Wirtschaft, Wissenschaft, Recht und Politik. Tauss, J. u. a. (Hrsg.). Baden-Baden.

Kuckartz, U. (1998): Umweltbewußtsein- und Umweltverhalten. Studie im Auftrag der Enquete-Kommission „Schutz des Menschen und der Umwelt" des Deutschen Bundestages (Hrsg). Studienprogramm Konzept Nachhaltigkeit. Berlin, Heidelberg.

Kunert, U. (1997): Kfz-Steuerreform: Nur geringe Umweltentlastung zu erwarten. DIW-Wochenbericht, Heft 35. Berlin.

LAGA – Länderarbeitsgemeinschaft Abfall (Hrsg.) (1995): Anforderungen an die stoffliche Verwertung von mineralischen Reststoffe/Abfällen (Technische Regeln).

Lassen (1990): Unzerschnittene verkehrsarme Räume über 100 km^2 – eine Ressource für die ruhige Erholung; in: Natur und Landschaft, Heft 6.

Leeuwen, E. P. van u. a. (1996): Mapping dry deposition of acidifying components and base cations on a small scale in Germany. RIVM report no. 722108012. Bilthoven, NL.

Lieberoth, I. (1982): Bodenkunde. 3. Auflage. Berlin.

Linster, W.; A. Schmidt (1996): Asbest – Kompendium für Betroffene, Planer und Sanierer. 2. überarbeitete Auflage. Heidelberg.

Little, Arthur D. (1994): Multimedia – Europa am Scheideweg. Wettbewerbsfähiger Mitspieler oder Konsument und Gebührenzahler. Berlin.

Little, Arthur D. (1996): Innovationen und Arbeit für das Informationszeitalter. Arthur D. Little International Inc.. Studie im Auftrag des Bundesministeriums für Bildung, Wissenschaft und Forschung. Köln.

Lövgren, K. (1994): Economic Instruments for Air Pollution Control in Sweden; in: Economic instruments for air pollution control.

Lux, R. (1993): Erbprozesse – Lösung aller Eigenkapitalprobleme. Schriftenreihe LBS-Marktforschung, Heft 7.

Malley, J. (1997): Voraussetzungen für eine nachhaltige Entwicklung der Informationsgesellschaft – Bewertende Literatur- und Akteursrecherche. Studie im Auftrag der Enquete-Kommission „Zukunft der Medien in Wirtschaft und Gesellschaft“ des Deutschen Bundestages. Bonn.

Matthes, F. C. u. a. (1998): Bodenbelastungen durch Luftschadstoffe. Studie des Öko-Instituts und des Anwaltsbüros Gaßner, Groth & Siederer im Auftrag der Enquete-Kommission „Schutz des Menschen und der Umwelt“ des Deutschen Bundestages (Hrsg). Studienprogramm Konzept Nachhaltigkeit. Berlin, Heidelberg. Veröffentlichung in Vorbereitung.

MCC – Microelectronics and Computer Technology Corporation (1993): Environmental Consciousness – A Strategic Competitiveness Issue for the Electronics and Computer Industry. Austin, Texas.

MCC – Microelectronics and Computer Technology Corporation (1994): Electronics Industry Environmental Roadmap. MCC Report. Austin, Texas.

MCC – Microelectronics and Computer Technology Corporation (1996): Electronics Industry Environmental Roadmap. MCC Technical Report. MCC-ECESM-001-96. Austin, Texas.

Meadows, D. u. a. (1973): Die Grenzen des Wachstums – Bericht des Club of Rome zur Lage der Menschheit. Stuttgart; englisch: The Limits to Growth (1972)

Metier Consortium (1995): The Impact of Advanced Communications in European Growth and Trade. Final Report. Studie im Auftrag der Europäischen Kommission DG XII. Brüssel.

Miller, F. (1997): Das intelligente Haus; in: Der Fraunhofer, Heft 1.

Mittag, M. (Loseblattsammlung): Arbeits- und Kontrollhandbuch zu Bauleitplanung zu Bauplanung und Bauausführung nach § 15 HOAI. Augsburg.

Moldan, B. u. a. (Hrsg.) (1997): Sustainability Indicators – A Report on the Project on Indicators of Sustainable Development. SCOPE – Scientific Committee on Problems of the Environment. Chichester, England.

Moldan, B. u. a. (Hrsg.) (1998): Report of the Fourth International Workshop on Indicators of Sustainable Development, hosted by the Government of Czech Republic supported by the European Commission, 19–21 January 1998. Charles University Environmental Center. Prague, Czech Republic.

Möller, A. u. a. (1997): Öko-Controlling in Handelsunternehmen – Ein Leitfaden für das Stoffstrommanagement. Berlin, Heidelberg.

Müller W., C.-C. Wiegandt (1998): Nutzungsmischung und Bauplanungsrecht; in: ExWOSt-Informationen zum Forschungsfeld Nutzungsmischung im Städtebau. Experimenteller Wohnungs- und Städtebau ein Forschungsprogramm des BMBau betreut vom BBR. 22–23.

Nell-Breuning, O. von (1964): Christliche Soziallehre. Mannheim.

OECD – Organization for Economic Co-operation and Development (1994): Environmental Indicators – OECD Core Set. Paris.

OECD – Organization for Economic Co-operation and Development (1995 a): Planning for Sustainable Development – Country Experience. Paris.

OECD – Organization for Economic Co-operation and Development (1995 b): Environmental Taxes in OECD Countries. Paris.

OECD – Organization for Economic Co-operation and Development (1998): Environmental Indicators – Towards Sustainable Development. Paris.

Öko-Institut; V. Strubel; C. O. Gensch (1996): Orientierende ökologische Abschätzung von Gebrauchsgütern; in: Nutzen statt Besitzen. Verbraucherzentrale Baden-Württemberg. Heft 47, Band 1. Studie im Auftrag des Ministeriums für Umwelt und Verkehr Baden-Württemberg. Stuttgart.

Öko-Institut (1996): Nachhaltige Entwicklung und Stoffstrommanagement am Beispiel Bau. Freiburg.

Öko-Institut (1997): Umweltschutz im Cyberspace – Zur Rolle der Telekommunikation für eine nachhaltige Entwicklung. Freiburg.

Paul, C. u. a. (1992): Entwicklung der Privathaushalte bis 2010; in: Wirtschaft und Statistik, Heft 9.

Perillieux, R., G. Vogelsang (1996): Informationsgesellschaft – Märkte und Perspektiven in Deutschland; in: Deutschlands Weg in die Informationsgesellschaft – Herausforderungen und Perspektiven für Wirtschaft, Wissenschaft, Recht und Politik. Tauss, J. u. a., 452–480.

Petschow, U. u. a. (1998): Nachhaltigkeit und Globalisierung – Herausforderungen und Handlungsansätze. Studie des Instituts für Ökologische Wirtschaftsforschung (IÖW) im Auftrag der Enquete-Kommission „Schutz des Menschen und der Umwelt" des Deutschen Bundestages (Hrsg). Studienprogramm Konzept Nachhaltigkeit. Berlin, Heidelberg.

Petzet M.; U. Hassler (Hrsg.) (1996): Das Denkmal als Altlast?; in: ICOMOS-Hefte des deutschen Nationalkomitees XXI. München.

Philipp Holzmann AG – IMS Ingenieurgesellschaft mbH (1997): Erforschung von Handlungsmöglichkeiten für ökologisches Wirtschaften – Grundlagen und Perspektiven einer nachhaltigen Bauwirtschaft. Phase A: Zustandsanalyse des für die Bauwirtschaft relevanten Ressourcenverbrauchs (ökologische und ökonomische Relevanz). Bad Isenburg.

Pohle, H. (1990): Polybromierte Diphenylether – Verbot als Flammschutzmittel; in: Umweltwissenschaften und Schadstoff-Forschung (UWSF), Z. Umweltchem. Ökotox. 2 (3), 148–150.

Raffelhüschen, B.; J. Walliser (1997): Was hinterlassen wir zukünftigen Generationen? – Ergebnisse der Generationenbilanzierung.

Renn, O.; M. M. Zwick (1997): Risiko- und Technikakzeptanz. Studie der Akademie für Technikfolgenabschätzung in Baden-Württemberg im Auftrag der Enquete-Kommission „Schutz des Menschen und der Umwelt" des Deutschen Bundestages (Hrsg). Studienprogramm Konzept Nachhaltigkeit. Berlin, Heidelberg.

Rentz, O. u. a. (1995): Strategies for Reducing Emissions and Depositions in Central and Eastern European Countries. Endbericht. Studie im Auftrag des Umweltbundesamt, Ministry of Housing, Physical Planning and the Environment (Niederlande) und Swedish Environmental Protection Agency (Schweden). Institut für Industriebetriebslehre und Industrielle Produktion. Karlsruhe.

Roland Berger und Partner GmbH (1997): Zehn Thesen zur Ökonomie der Informationsgesellschaft am Standort Deutschland im 21. Jahrhundert; in: Zur Ökonomie der Informationsgesellschaft – Perspektiven, Prognosen, Visionen. Enquete-Kommission „Zukunft der Medien in Wirtschaft und Gesellschaft" des Deutschen Bundestages (Hrsg.) (1997 a). Bonn.

Rürup, B. (1997): Informationsgesellschaft – Arbeitswelt in Bewegung. Konsequenzen für die Systeme der sozialen Sicherung. Studie im Auftrag der Enquete-Kommission „Zukunft der Medien in Wirtschaft und Gesellschaft" des Deutschen Bundestages. Darmstadt.

Rußig, V. u. a. (1997): Bauvorausschätzung Westdeutschland 1997–2007. ifo – Institut für Wirtschaftsforschung. Datenband und Textband. München. (unveröffentlicht)

Rußig, V.; A. Spillner (1996a): Bauvorausschätzung Westdeutschland 1996–2006. ifo – Institut für Wirtschaftsforschung. München.

Rußig, V.; A. Spillner (1996b): Bauarbeitsmarkt 2004 – Entwicklung und Prognose von Arbeitskräftebedarf und Arbeitskräfteangebot im deutschen Bauhauptgewerbe. Gutachten des ifo-Instituts für den Hauptverband der Deutschen Bauindustrie. Reihe ifo Studien zur Bauwirtschaft, Band 19. München.

Schader-Stiftung (Hrsg.) (1996a): Neue Wege in der Wohnungsversorgung; in: Dialog. Mai 1996.

Schader-Stiftung (Hrsg.) (1996b): Umzugswünsche und Umzugsmöglichkeiten älterer Menschen. Studie im Auftrag der Schader-Stiftung und des Bundesministeriums für Raumordnung, Bauwesen und Städtebau. Darmstadt.

Schader-Stiftung (Hrsg.) (1997): Neue Wohnungen auch im Alter – Folgerungen aus dem demographischen Wandel für Wohnungspolitik und Wohnungswirtschaft. Darmstadt.

Schafhausen, F. (BMU) (1997): Die Erklärung der deutschen Wirtschaft zur Klimavorsorge – Instrumentenmix als Ansatz für eine nachhaltig wirksame Umweltvorsorgepolitik. Referat anläßlich der Tagung „Umweltbezogene Selbstverpflichtungen der Wirtschaft – Chancen und Grenzen für Umwelt, mittelständische Unternehmen und Umweltpolitik" am 9./10. Januar 1997 in Bonn.

Schmitz, H. u. a. (1994): Instandsetzung/Sanierung/Modernisierung/Umnutzung. Köln.

Schramm, E. u. a. (1996): Stoffflüsse ausgewählter umweltrelevanter chemischer Stoffe – Produktliniencontrolling. Studie im Auftrag des Umweltbundesamtes. Frankfurt.

Seufert, W. (1996): Beschäftigungswachstum in der Informationsgesellschaft? – Forschungsbefunde zu den Arbeitsmarkteffekten digitaler Informationstechniken; in: Media Perspektiven, Heft 6, 499–506.

Siemens (1997): Siemens-Norm SN 36350-2. Umweltverträgliche Produkte. Teil 1: Leitlinien zur Produktgestaltung; Teil 2: Gefährliche Stoffe, Verbotsliste, Vermeidungsliste.

Spectrum Strategy Consultants (1997): Moving into the Information Society. Studie im Auftrag des Department of Trade and Industry. London.

SRU – Der Rat von Sachverständigen für Umweltfragen (1985): Umweltprobleme der Landwirtschaft. Sondergutachten. Stuttgart.

SRU – Der Rat von Sachverständigen für Umweltfragen (1994): Umweltgutachten 1994 – Für eine dauerhaft-umweltgerechte Entwicklung. BT-Drucksache. 12/6995. Bonn.

SRU – Der Rat von Sachverständigen für Umweltfragen (1996a): Umweltgutachten 1996. BT-Drucksache 13/4108. Bonn.

SRU – Der Rat von Sachverständigen für Umweltfragen (1996a): Umweltgutachten 1996. BT-Drucksache 13/4108. Bonn.

SRU – Der Rat von Sachverständigen für Umweltfragen (1996a): Umweltgutachten 1996. BT-Drucksache 13/4108. Bonn.

SRU – Der Rat von Sachverständigen für Umweltfragen (1996b): Konzepte einer dauerhaft-umweltgerechten Nutzung ländlicher Räume. Sondergutachten. BT-Drucksache 13/4109. Bonn.

SRU – Der Rat von Sachverständigen für Umweltfragen (1998a): Umweltgutachten 1998. Umweltschutz – Erreichtes Sichern, neue Wege gehen. Wiesbaden.

SRU – Der Rat von Sachverständigen für Umweltfragen (1998b): Pressemitteilung UG 98/1. Wiesbaden.

Stadt Düsseldorf – Umweltamt (1998): Heizspiegel. Düsseldorf.

Stahel, W. R. (1993): Langlebigkeit und Materialrecycling von Abfällen im Bereich der Produkte. Essen

Statistisches Bundesamt (1997): Statistisches Jahrbuch 1997 für das Ausland. Wiesbaden.

Statistisches Bundesamt (1998): Flächenerhebung für den Zeitraum 1993 – 1997. Veröffentlichung in Vorbereitung.

Stehr, N. (1994): Arbeit, Eigentum und Wissen – Zur Theorie von Wissensgesellschaften. Frankfurt.

Stehr, N. (1995): Wissensberufe; in: Vorgänge, Heft 3, 38ff.

Stevels, A. L. N. (1996): Eco-efficiency and Sustainability at Philips Sound & Vision. Conference on Product Innovation and Ecoefficiency. Amsterdam.

Stieß, I.; P. Wekking (1997): Nachhaltige Entwicklung der Sozialwissenschaften; in: Gaia, 6. Jg, Heft 2.

Sturm, N. (1994): Wo fünf Millionen neue Arbeitsplätze winken; in: Süddeutsche Zeitung, 25. 7. 1994.

TAB – Büro für Technikfolgen-Abschätzung beim Deutschen Bundestag (1995): Multimedia – Mythen, Chancen und Herausforderungen. BT-Drucksache 13/2475. Bonn.

TAB – Büro für Technikfolgen-Abschätzung beim Deutschen Bundestag; Katz, C. u. a. (1997): Monitoring ‚Forschungs- und Technologiepolitik für eine nachhaltige Entwicklung‘. Sachstandsbericht. TAB-Arbeitsbericht Nr. 50. Bonn.

TAB – Büro für Technikfolgen-Abschätzung beim Deutschen Bundestag (1998): Entwicklung und Analyse von Optionen zur Entlastung des Verkehrsnetzes und zur Verlagerung von Straßenverkehr auf umweltfreundlichere Verkehrsträger. TAB-Arbeitsbericht Nr. 56. Bonn.

Tauss, J. u. a. (Hrsg.) (1996): Deutschlands Weg in die Informationsgesellschaft – Herausforderungen und Perspektiven für Wirtschaft, Wissenschaft, Recht und Politik. Baden-Baden.

Telekom (1997): Persönliche Mitteilung von Herrn Otto. Zentralstelle für Umweltschutz der Deutschen Telekom. 9. 7. 97.

Thome, R. (Hrsg.) (1997): Arbeit ohne Zukunft? – Organisatorische Konsequenzen der wirtschaftlichen Informationsverarbeitung. München.

Tiltmann, K. O.; A. Schüren (Hrsg.) (1994): Recyclingpraxis Elektronik. Köln.

Torghele, K. (1995): Beton im Wohnbau – ökologische Gesichtspunkte; in: Beton – Materialien für eine neue biologische und ökologische Position. Österreichisches Institut für Baubiologie und -ökologie. 113–136. Wien.

Troge A. (1997): Der Staat darf sich nicht zur Ruhe setzen.; in: Frankfurter Rundschau, 15. 7. 1997. Frankfurt/M.

Tuchscherer, C. (1992): Personen in Berlin (West) mit weiterer Wohnung am 25. Mai 1987; in: Berliner Statistik, Heft 7, 191–198. Berlin.

UBA – Umweltbundesamt; Ball, M. u. a. (1992): Weiterführende Untersuchungen zur Bildung von polybromierten Dioxinen und Furanen bei der thermischen Belastung flammgeschützter Kunststoffe und Textilien. UBA-Texte 45/92. Berlin.

UBA – Umweltbundesamt (1994 a): Umweltqualitätsziele, Umweltqualitätskriterien und -standards. Berlin.

UBA – Umweltbundesamt (1994 b): Jahresbericht 1994. Berlin.

UBA – Umweltbundesamt (1994 c): Stoffliche Belastung der Gewässer durch die Landwirtschaft und Maßnahmen zu ihrer Verringerung. Berichte 2/94. Berlin.

UBA – Umweltbundesamt (1994 d): Umweltabgaben in der Praxis – Sachstand und Perspektiven. Texte 27/94. Berlin.

UBA – Umweltbundesamt (1996 a): Jahresbericht 1996. Berlin.

UBA – Umweltbundesamt (1996 b): Ausmaß und ökologische Gefahren der Versauerung von Böden unter Wald. Berichte 1/96. Berlin.

UBA – Umweltbundesamt; Böttcher-Tiedemann, C. (1996 c): Perspektiven eines Umweltzeichens für Elektro- und Elektronikgeräte im Haushalt – Bestandsermittlung und Energieverbrauch von ausgewählten Gerätegruppen. UBA-Texte 42/96. Berlin.

UBA – Umweltbundesamt; Büll, U. u. a. (1996 d): Stand der Entsorgung von elektrischen und elektronischen Kleingeräten in der Bundesrepublik Deutschland. UBA-Texte 61/96. Berlin.

UBA – Umweltbundesamt; Ökoforum (Hrsg.) (1996 e): Stoffflüsse ausgewählter umweltrelevanter chemischer Stoffe – Beispiele für ein Produktliniencontrolling. UBA-Texte 80/96. Berlin.

UBA – Umweltbundesamt (1997 a): Nachhaltiges Deutschland – Wege zu einer dauerhaft-umweltgerechten Entwicklung. Berlin.

UBA – Umweltbundesamt (1997 b): Daten zur Umwelt – Der Zustand der Umwelt in Deutschland. Berlin.

UBA – Umweltbundesamt; Augustin, S. u. a. (1997 c): Auswertung der Waldschadensforschungsergebnisse (1982–1992) zur Aufklärung komplexer Ursache-Wirkungsbeziehungen mit Hilfe systemanalytischer Methoden. Berichte 6/97. Berlin.

UBA – Umweltbundesamt; eböк – Ingenieurbüro für Energieberatung, Haustechnik und ökologische Konzepte. (1997d): Klimaschutz durch Minderung von Leerlaufverlusten bei Elektrogeräten – Sachstand, Projektionen, CO_2-Minderungspotentiale. UBA-Texte 45/97. Berlin.

UMK – Umweltministerkonferenz (1997): Jenaer-10-Punkte-Erklärung der Umweltminister. Umweltschutz im Verhältnis zur Gesamtpolitik. Leitziele einer modernen Umweltpolitik. Thüringer Ministerium für Landwirtschaft, Naturschutz und Umwelt. Erfurt.

UMK/AMK-AG – Arbeitsgruppe aus Vertretern der Umwelt- und der Agrarministerkonferenz (1997): Stickstoffminderungsprogramm. Alfred Toepfer Akademie für Naturschutz, NNA-Berichte 4/97. Hannover.

UN – United Nations (1996): Indicators of Sustainable Development – Framework and Methodologies. New York.

Vetter, H. (1993): Ammoniak und Umwelt. Prof. Udo Riemann-Stiftung, Heft 18. Kiel.

Walz, R. u. a. (1997): Grundlagen für ein nationales Umweltindikatorensystem. Weiterentwicklung von Indikatorensystemen für die Umweltberichterstattung. Studie im Auftrag des Umweltbundesamtes. FKZ 101 05 016. UBA-Texte 37/97. Karlsruhe.

WBGU – Wissenschaftlicher Beirat der Bundesregierung Globale Umweltveränderungen (1994): Die Gefährdung der Böden – Welt im Wandel. Jahresgutachten 1994. Bremerhaven.

WBGU – Wissenschaftlicher Beirat der Bundesregierung Globale Umweltveränderungen (1996 a): Wege zur Lösung globaler Umweltprobleme – Welt im Wandel. Jahresgutachten 1995. Bremerhaven.

WBGU – Wissenschaftlicher Beirat der Bundesregierung Globale Umweltveränderungen (1996 b): Herausforderung für die Wissenschaft – Welt im Wandel. Jahresgutachten 1996. Berlin und Heidelberg.

Weizsäcker, E.-U. von (1997): Gastbeitrag im General-Anzeiger vom 9. 7. 1997. Bonn.

Welsch, J. (1996): Die Multimedia-Industrie – Sozialer und ökologischer Reformbedarf? Arbeit und Umwelt in einer „Zukunftsbranche“ in: WSI Mitteilungen, 49. Jg., Heft 9, 544–555.

Welsch, J. (1998): Der Telekommunikationssektor – ‚Beschäftigungslokomotive‘ der Informationsgesellschaft? Beschäftigungseffekte von Multimedia in einer Schlüsselbranche der Zukunft.; in: WSI Mitteilungen, 51. Jg., Heft 1.

Wietschel, M. (1995): Die Wirtschaftlichkeit klimaverträglicher Energieversorgung – Entwicklung und Bewertung von CO_2-Minderungsstrategien in der Energieversorgung und -nachfrage. Berlin.

Wietschel, M. u. a. (1996): Die UN-ECE-Protokolle der zweiten Generation. Elektrizitätswirtschaft, Jg. 95, Heft 15. Bonn.

Wirtschafts- und Sozialausschuß der Europäischen Gemeinschaften (1997): Stellungnahme zum Thema ‚Nachhaltige Entwicklung – Bauen und Wohnen in Europa‘ (Initiativstellungnahme).

Wittenbecher, C. (1998): Rohstoffabbau – eine nur vorübergehende Nutzung?; in: Rohstoffsicherung in den Regionalplänen. Bundesamt für Bauwesen und Raumordnung (Hrsg.). Materialien zur Raumentwicklung in Vorbereitung. Bonn.

Wohlrab, E. u. a. (1995): Oberflächennahe Rohstoffe – Rohstoffe, Abbau, Rekultivierung, Folgenutzung. Jena, Stuttgart.

Wuppertal Institut für Klima, Umwelt, Energie (1997): Material Flow Accounts of Selected Products and Substances Harmful to the Environment. Studie im Auftrag von EUROSTAT. Veröffentlichung in Vorbereitung.

Verzeichnis der Kommissionsdrucksachen

Nr.	Titel	Datum
1	**Fragen- und Sachverständigenkatalog** für die öffentliche Anhörung am 29./30. April 1996 zum Thema „Nachhaltigkeitskonzepte in der Wirtschaft“	2. Februar 1996
1 a	**Stellungnahmen der Sachverständigen** zu dem Fragenkatalog (KDrs 13/1) für die öffentliche Anhörung am 29./30. April 1996 VEBA AG, Düsseldorf Institut der deutschen Wirtschaft (Forschungsstelle Ökonomie/Ökologie), Köln Wilkhahn-Wilkening + Hahne GmbH & Co, Bad Münder Henkel KGaA, Düsseldorf AURO GmbH, Braunschweig Haindl Papier GmbH, Augsburg	2. April 1996
1 b	**Stellungnahmen der Sachverständigen** zu dem Fragenkatalog (KDrs 13/1) für die öffentliche Anhörung am 29./30. April 1996 Neumarkter Lammsbräu, Neumarkt Institut für Weltwirtschaft, Kiel Unternehmensgruppe Tengelmann, Wiesbaden AEG Hausgeräte GmbH, Nürnberg	10. April 1996
1 c	**Stellungnahmen der Sachverständigen** zu dem Fragenkatalog (KDrs 13/1) für die öffentliche Anhörung am 29./30. April 1996 Rank Xerox GmbH, Neuss Günther GmbH & Co., Lengerich Wirtschafts- und Sozialwissenschaftliches Institut der Hans-Böckler-Stiftung, Bremen BASF Schwarzheide GmbH, Schwarzheide Mannesmann AG, Düsseldorf Max Schön GmbH, Lübeck	16. April 1996
1 d	**Stellungnahmen der Sachverständigen** zu dem Fragenkatalog (KDrs 13/1) für die öffentliche Anhörung am 29./30. April 1996 Warsteiner Brauerei Haus Cramer GmbH & Co.KG, Warstein Stahlwerke Bremen GmbH, Bremen Lurgi Energie und Umwelt GmbH, Frankfurt a.M. Kunert AG, Immenstadt Migros-Genossenschafts-Bund, Zürich	18. April 1996

Nr.	Titel	Datum
1 e	**Stellungnahmen der Sachverständigen** zu dem Fragenkatalog (KDrs 13/1) für die öffentliche Anhörung am 29./30. April 1996 Institut für ökologische Wirtschaftsforschung, Berlin Pelzer Haustechnik GmbH, Meerbusch Wilkhahn-Wilkening + Hahne GmbH & Co, Bad Münder (Modifizierte Stellungnahme zu 13/1 a)	23. April 1996
1 f	**Stellungnahmen der Sachverständigen** zu dem Fragenkatalog (KDrs 13/1) für die öffentliche Anhörung am 29./30. April 1996 Dupré Bau GmbH & Co. KG, Speyer Hermann Wärmesysteme GmbH, Schwerte Pelzer Haustechnik GmbH, Meerbusch (Modifizierte Stellungnahme zu 13/1 e)	22. Mai 1996
2	**Fragen- und Sachverständigenkatalog** für die öffentliche Anhörung am 3./4. Juni 1996 zum Thema: „Soziale Entwicklungen und Innovationen im Lebensbereich Bauen und Wohnen“	19. März 1996
2 neu	**Fragen- und Sachverständigenkatalog** für die öffentliche Anhörung am 3./4. Juni 1996 zum Thema „Soziale Entwicklungen und Innovationen im Lebensbereich Bauen und Wohnen“ (Ergänzte Fassung)	25. April 1996
2 a	**Stellungnahmen der Sachverständigen** zu dem Fragenkatalog (KDrs 13/2) für die öffentliche Anhörung am 3./4. Juni 1996 Deutsches Institut für Urbanistik, Berlin Institut für Erhaltung und Modernisierung von Bauwerken, Berlin Wochenpost Berlin Umweltbundesamt, Berlin Arbeitsgemeinschaft der für das Bau-, Wohnungs- und Siedlungswesen zuständigen Minister der Länder, Bonn Humboldt Universität, Berlin	21. Mai 1996
2 b	**Stellungnahmen der Sachverständigen** zu dem Fragenkatalog (KDrs 13/2) für die öffentliche Anhörung am 3./4. Juni 1996 Hochschule für Architektur u. Bauwesen, Weimar Technische Universität Berlin	23. Mai 1996

Nr.	Titel	Datum
2c	**Stellungnahmen der Sachverständigen** zu dem Fragenkatalog (KDrs 13/2) für die öffentliche Anhörung am 3./4. Juni 1996 Ministerium für Bauen und Wohnen des Landes Nordrhein Westfalen, Düsseldorf Bundesforschungsanstalt für Landeskunde und Raumordnung, Bonn Hochschule für Architektur und Bauwesen, Weimar	28. Mai 1996
2d	**Stellungnahmen der Sachverständigen** zu dem Fragenkatalog (KDrs 13/2) für die öffentliche Anhörung am 3./4. Juni 1996 Firma Baufritz, Erkheim Ministerium für Bauen und Wohnen des Landes NRW, Düsseldorf (Ergänzung zu 13/2 c)	30. Mai 1996
2e	**Stellungnahmen der Sachverständigen** zu dem Fragenkatalog (KDrs 13/2) für die öffentliche Anhörung am 3./4. Juni 1996 Deutscher Städtetag, Köln	31. Mai 1996
2f	**Stellungnahmen der Sachverständigen** zu dem Fragenkatalog (KDrs 13/2) für die öffentliche Anhörung am 3./4. Juni 1996 Institut für Stadtforschung und Strukturpolitik, Berlin Institut Wohnen und Umwelt, Darmstadt	31. Mai 1996
2g	**Stellungnahmen der Sachverständigen** zu dem Fragenkatalog (KDrs 13/2) für die öffentliche Anhörung am 3./4. Juni 1996 Bundesminister für Raumordnung, Bauwesen u. Städtebau, Bonn	3. Juni 1996
2h	**Stellungnahmen der Sachverständigen** zu dem Fragenkatalog (KDrs 13/2) für die öffentliche Anhörung am 3./4. Juni 1996 Architekt Reinhard Großmann, Berlin Institut für Erhaltung und Modernisierung von Bauwerken (IEMB), Berlin Bundesforschungsanstalt für Landeskunde und Raumordnung, Bonn Bundesministerium für Raumordnung, Bauwesen und Städtebau, Bonn (Ergänzung)	5. Juni 1996

Nr.	Titel	Datum
3	**Fragen- und Sachverständigenkatalog** für die öffentliche Anhörung am 18. Nov. 1996 zum Thema: „Kommunen und nachhaltige Entwicklung – Beiträge zur Umsetzung der Agenda 21“	24. Sept. 1996
3a	**Stellungnahmen der Sachverständigen** zu dem Fragenkatalog (KDrs 13/3) für die öffentliche Anhörung am 18. Nov. 1996 Stadtbezirk Berlin-Köpenick Stadt Germering Landeshauptstadt München Stadt Osnabrück Stadt Leipzig Ulmer Initiativkreis nachhaltige Wirtschaftsentwicklung e. V. Bundesvereinigung der kommunalen Spitzenverbände, Köln	6. Nov. 1996
3b	**Stellungnahmen der Sachverständigen** zu dem Fragenkatalog (KDrs 13/3) für die öffentliche Anhörung am 18. Nov. 1996 ICLEI-Internationaler Rat für kommunale Umweltinitiativen, Freiburg Gemeinde Dörverden Freie und Hansestadt Hamburg	12. Nov. 1996
3c	**Stellungnahmen der Sachverständigen** zu dem Fragenkatalog (KDrs 13/3) für die öffentliche Anhörung am 18. Nov. 1996 Stadt Heidelberg Stadt Rostock	14. Nov. 1996
4	**Fragen- und Sachverständigenkatalog** für die öffentliche Anhörung am 29. September 1997 zum Thema „Nichtregierungsorganisationen und nachhaltige Entwicklung – Beiträge und Perspektiven“	23. Juni 1997
4a	**Stellungnahmen der Sachverständigen** zu dem Fragenkatalog (KDrs. 13/4) für die öffentliche Anhörung am 29. September 1997 BJU – Bundesverbvand Junger Unternehmer der ASU e. V., Bonn NABU – Naturschutzbund Deutschland e. V., Bonn DIHT – Deutscher Industrie- und Handelstag, Bonn Stiftung Bauhaus Dessau, Dessau AgV – Arbeitsgemeinschaft der Verbraucherverbände e. V., Bonn	10. Sept. 1997

Nr.	Titel	Datum
4 b	**Stellungnahmen der Sachverständigen** zu dem Fragenkatalog (KDrs. 13/4) für die öffentliche Anhörung am 29. September 1997 Forschungszentrum Karlsruhe, Institut für Technikfolgenabschätzung und Systemanalyse, Karlsruhe BUND – Bund für Umwelt und Naturschutz Deutschland e. V., Bonn Forum Umwelt & Entwicklung, Bonn ASU – Arbeitsgemeinschaft Selbständiger Unternehmer e. V., Bonn	22. Sept. 1997
4 c	**Stellungnahmen der Sachverständigen** zu dem Fragenkatalog (KDrs. 13/4) für die öffentliche Anhörung am 29. September 1997 Rat der Evangelischen Kirche Deutschlands (EKD), Bonn Deutscher Bauernverband e. V. (DBV), Bonn Prof. Dr. Dieter Rucht, Wissenschaftszentrum Berlin für Sozialforschung gGmbH(WZB)	23. Sept. 1997
4 d	**Stellungnahme der Sachverständigen** zu dem Fragenkatalog (KDrs. 13/4) für die öffentliche Anhörung am 29. September 1997 Deutsche Bischofskonferenz, Bonn	24. Sept. 1997
4 e	**Stellungnahmen der Sachverständigen** zu dem Fragenkatalog (KDrs. 13/4) für die öffentliche Anhörung am 29. September 1997 Greenpeace e. V., Hamburg	25. Sept. 1997
4 f	**Stellungnahmen der Sachverständigen** zu dem Fragenkatalog (KDrs. 13/4) für die öffentliche Anhörung am 29. September 1997 ADAC e. V., München	25. Sept. 1997
5	**Fragenkatalog und Stellungnahme** für die öffentliche Anhörung am 9. Februar 1998 zum Thema „Umweltgesetzbuch-Entwurf der Unabhängigen Sachverständigenkommission beim Bundesministerium für Umwelt, Naturschutz und Reaktorsicherheit“ Prof. Dr. Michael Kloepfer stellvertr. Vorsitzender der Sachverständigenkommission, Berlin	15. Jan. 1998

Nr.	Titel	Datum
6	**Fragen- und Sachverständigenkatalog** für die öffentliche Anhörung am 9. Februar 1998 zum Thema „Die Rolle des Haftungsrechts und der Versicherer bei der Umsetzung einer nachhaltig zukunftsverträglichen Entwicklung“	21. Jan. 1998
6a	**Stellungnahme der Sachverständigen** zu dem Fragenkatalog (KDrs. 13/6) für die öffentliche Anhörung am 9. Februar 1998 Dr. Reimund Schwarze, Institut für Volkswirtschaftslehre an der Technischen Universität Berlin	5. Februar 1998
6a neu	**Stellungnahmen der Sachverständigen** zu dem Fragenkatalog (KDrs. 13/6) für die öffentliche Anhörung am 9. Februar 1998 Dr. Reimund Schwarze, Institut für Volkswirtschaftslehre an der Technischen Universität Berlin (Modifizierte Stellungnahme)	5. Februar 1998
6b	**Stellungnahmen der Sachverständigen** zu dem Fragenkatalog (KDrs. 13/6) für die öffentliche Anhörung am 9. Februar 1998 Dr. rer. nat. Gerhard Berz, Mitglied der Direktion Zentralbereich Rückversicherung: Entwicklung, Forschung Münchener Rückversicherungs-Gesellschaft, München	6. Februar 1998
6c	**Materialien** zu dem Fragenkatalog (KDrs. 13/6) für die öffentliche Anhörung am 9. Februar 1998 Peter Paul Geppert Gerling Konzern Allgemeine Versicherungsaktiengesellllschaft, Köln	6. Februar 1998
7	**Fragen- und Sachverständigenkatalog** für die öffentliche Anhörung mit der Enquete-Kommission „Zukunft der Medien in Wirtschaft und Gesellschaft – Deutschlands Weg in die Informationsgesellschaft“ am 23. März 1998 zum Thema „Nachhaltig zukunftsverträgliche Informationsgesellschaft“	4. Februar 1998
7 neu	**Fragen- und Sachverständigenkatalog** für die öffentliche Anhörung mit der Enquete-Kommission „Zukunft der Medien in Wirtschaft und Gesellschaft – Deutschlands Weg in die Informationsgesellschaft“ am 23. März 1998 zum Thema „Nachhaltig zukunftsverträglicheInformationsgesellschaft“	9. März 1998

Nr.	Titel	Datum
7a	**Stellungnahmen der Sachverständigen** zu dem Fragenkatalog (KDrs. 13/7) für die öffentliche Anhörung am 23. März 1998 Prof. Dr. Kreibich, geschäftsführender Direktor Institut für Zukunftsstudien und Technologiebewertung (IZT), Berlin Peter Zoche (M.A.), Abteilungsleiter Informations- und Kommunikationssysteme Fraunhofer-Institut für Systemtechnik und Innovationsforschung (ISI), Karlsruhe Dr. Andreas Troge, Präsident Umweltbundesamt (UBA), Berlin	12. März 1998
7b	**Stellungnahme der Sachverständigen** zu dem Fragenkatalog (KDrs. 13/7) für die öffentliche Anhörung am 23. März 1998 Fachverband Informationstechnik im ZVEI und VDMA, Fachverband Kommunikationstechnik im ZVEI und der Arbeitsgemeinschaft CYCLE im VDMA, Frankfurt Dr.-Ing. Peter Draheim, Philips GmbH, Unternehmensbereich SMST, Hamburg Prof. Dr. Ernst-Ulrich von Weizsäcker, Präsident des Wuppertal-Instituts für Klima, Umwelt, Energie, Wuppertal	17. März 1998